郁賢皓
周福昌　注譯
姚曼波
傅武光　校閱

新譯
左傳讀本
（下冊）

三民書局

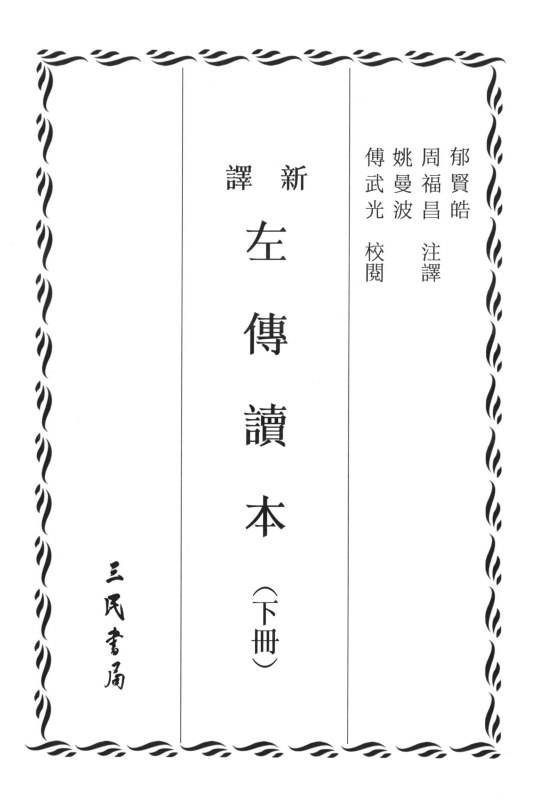

國家圖書館出版品預行編目資料

新譯左傳讀本(下)／郁賢皓,周福昌,姚曼波注譯;傅武光校閱.－－二版六刷.－－臺北市：三民，2022
冊；　公分.－－(古籍今注新譯叢書)

4710841099946（平裝）
1.左傳－註釋

621.732

古籍今注新譯叢書

新譯左傳讀本(下)

注譯者　郁賢皓　周福昌　姚曼波
校閱者　傅武光

發行人　劉振強
出版者　三民書局股份有限公司
地　址　臺北市復興北路386號(復北門市)
　　　　臺北市重慶南路一段61號(重南門市)
電　話　(02)25006600
網　址　三民網路書店 https://www.sanmin.com.tw

出版日期　初版一刷2002年9月
　　　　　初版二刷2006年3月
　　　　　二版一刷2007年8月
　　　　　二版六刷2022年9月
書籍編號　S032400
　　　　　4710841099946

新譯左傳讀本 目次

下冊

昭 公

【題 解】魯昭公，名裯。襄公之庶子，齊歸所生。周景王四年（西元前五四一年）即位，時年十九，猶如頑童，居喪不哀。不到襄公下葬，其喪服已換了三次。後來其生母去世，他也毫不表示悲哀，喪禮很不像樣。並聽任執政大臣孟孫、叔孫、季孫三家不顧國君守喪之忌，公然在比蒲舉行軍事演習。外人評論說：這樣不思親，得不到祖宗保佑，魯公室衰微了。三年之喪竟沒有一天哀戚，表明這個國家不尊重喪禮，人民也就不畏忌國君了。國君將要失去君位了，果然，於西元前五一七年，發生了昭公被逐的事件。起因是季氏宗族內部發生矛盾。季平子聽信讒言，擅殺季公鳥家臣申夜姑，引起了季公鳥的怨恨；季氏專權，侵占郈氏地基擴建府邸；又肆意干涉臧氏家族內政；越禮在家廟舉行禘祭跳〈萬〉舞，並把為襄公禘祭表演〈萬〉舞的人都拉到了家廟，結果襄廟〈萬〉舞僅二佾，而季氏卻有六佾，勢傾公室，終觸犯眾怒。魯昭二十五年，昭公在季公鳥、郈、臧氏等大臣慫恿下舉兵討伐季氏，結果反被三家的聯合反攻所打敗。昭公被驅逐出境，流亡齊、晉，寄居八載，五十二歲死在國外，諡號「昭」。（據《逸周書・諡法解》：「昭德有勞曰昭」、「容儀恭美曰昭」、「聖聞周達曰昭」。）

其實到魯昭公時，魯君喪失政權已是第四代了，而季氏專政已是三世了。早在襄公時季氏就曾擴建三軍，「三家私分公室而各有其一」。到魯昭四年，季氏撤中軍，四分公室而獨占其二。同時排除異己，侵占他族，擁兵自重，昭八年三家聯合舉行大規模軍事演習，由東及西陣車千乘。所以當昭公想討伐季氏時，三家輕而易舉地打敗了昭公。季氏堂而皇之地取而代之，獨攬了魯政。為鞏固自己的統治地位，季氏賄賂齊、晉之權臣，阻止昭公歸國就位，逼使魯君亡命異邦。「社稷無常奉，君臣無常位」——《左傳》作者藉史墨之口，不僅深刻揭示了魯國的歷史劇變，而且也是對當時各國政治發展總趨勢的基本概括。

魯昭二十一年，周王室發生了長達六年的「王子朝之亂」。周景王去世，周大夫單旗（穆公）、劉狄（伯蚠）立景王長子猛即悼王。景王庶子王子朝依靠舊官，百工之失業者，靈、景之族，與悼王爭位。以晉為首的各國派兵勤王，打敗了王子朝。子朝奔楚，敬王即位。

時晉、齊、宋、陳等國亦禮崩政敗，民心叛離，公室卑弱，政在家門。晉六卿滅舊世族祁氏、羊舌氏而進一步弱公室，並分其封地為十個縣，直屬國家吏治。齊國陳氏以大斗出、小斗進收買民心，同時利用舊貴族欒氏、高氏與田氏、鮑氏間的矛盾，推波助瀾，挑起雙方爭鬥，趕跑了欒、高二氏而坐大。宋國則爆發了長達三十五年的華、向之亂。宋華、向之族勢盛，世代主持國政，宋元公謀去之。華、向先下手，誘殺元公之黨公子寅、公子御戎、公子朱、固及公孫援、丁等，拘元公另三子為質；元公也執華、向三子為抵押，後又殺之，驅逐華、向氏。華貙劫持大司馬費遂，召回華、向氏，據宋南里頑抗；華登也從吳國帶兵回來接應。齊、晉、曹、衛派兵救宋，打敗了華氏，平熄了宋亂。

魯昭八年陳國廢嫡立庶，引起宮室大亂，太子被殺，國君自縊。楚靈王趁機滅陳為縣。魯昭二十七年吳國公子光刺吳王僚而篡位。

政治危機促使統治集團內部變法革新。魯昭四年鄭子產作「丘賦」；魯昭六年鑄刑書。魯昭二十九年晉執政趙鞅鑄刑鼎，標誌著由禮治向法治的過渡。

晉、楚則在內憂外患中凌遲，宣告了稱霸時代的結束。

元 年

庚申，西元前五四一年。周景王貴四年、齊景公杵臼七年、晉平公彪十七年、秦景公后伯車三十六年、楚郟敖麇四年、宋平公成三十五年、衛襄公惡三年、陳哀公溺二十八年、蔡靈公般二年、曹武公滕十四年、鄭簡公嘉二十五年、杞文公益姑九年、吳夷昧二年、許悼公買六年。

經 元年春王正月，公即位。

叔孫豹會晉趙武、楚公子圍、齊國弱、宋向戌、衛齊惡、陳公子招、蔡公孫歸生、鄭罕虎、許人、曹人于虢。

三月，取鄆。

夏，秦伯之弟鍼出奔晉。

六月丁巳，邾子華卒。

晉荀吳帥師敗狄于大鹵。

秋，莒去疾自齊入于莒。莒展輿出奔吳。

叔弓帥師疆鄆田。

葬邾悼公。

冬十有一月己酉，楚子麇卒。

傳 元年春，楚公子圍❶聘于鄭，且娶於公孫段氏❷。伍舉為介❸。將入館❹，鄭人惡之❺，使行人❻子羽與之言，乃館於外❼。既聘❽，將以眾逆❾。子產患之❿，使子羽辭⑪，曰：「以敝邑褊小⑫，不足以容從者，請墠⑬聽命。」令尹⑭命大宰伯州犁對曰：「君辱貺⑮寡大夫⑯圍，謂圍將使豐氏撫有而室⑰。圍布几筵，告於莊、共之廟而來⑱。若野⑲賜之，是委君貺於草莽⑳也，是寡大夫不得列於諸卿㉑也。不寧唯是㉒，又使圍蒙㉓其先君，將不得為寡君老㉔，其蔑以復㉕矣。唯大夫圖之。」子羽曰：「小國無罪，恃實其罪㉖。將恃大國之安靖己㉗，而無乃包藏禍心以圖之㉘？小國失恃，而懲諸侯，使莫不憾者，距違君命，而有所壅塞不行是懼㉙。不然，敝邑，館人之屬也㉚，其敢愛豐氏之祧㉛？」伍舉知其有備也，請垂櫜而入㉜。許之。正月乙未，入，逆而出。遂會於虢㉝，尋㉞宋之盟也。祁午謂趙文子曰：「宋之盟，楚人得志㉟於晉。今令尹之不信，諸侯之所聞也。子弗戒㊱，懼又如宋。子木之信稱於諸侯，猶詐晉而駕焉㊲，況不信之尤㊳者乎？楚重㊴得志於晉，晉之恥也。子相晉國，以為盟主，於今七年矣㊵。再合諸侯㊶，三合大夫㊷，服齊、狄，寧東夏㊸，平秦亂㊹，城淳于㊺，師徒不頓㊻，國家不罷，民無謗讟㊼，諸侯無怨，天無大災，子之力也。有令名㊽矣，而終之以恥，午也是懼，吾子其不可以不戒。」文子曰：「武受賜矣。然宋之盟，子木有禍人之心，武有仁人之心，是楚所以駕於晉也。今武猶是心也，楚又行僭㊾，非所害也。武將信以為本，循而行之。譬如農夫，是穮是蓘[50]。雖有飢饉，必有豐年[51]。且吾聞之，能信不為人下，吾未能也。《詩》曰：『不僭不賊，鮮不為則[52]。』信也。能為人則者，不為人下矣。吾不能是難[53]，楚不為患。」楚令尹圍請用牲讀舊書加于牲上而已[54]，晉人許之。三月甲辰，盟。楚公子圍設服離衛[55]。叔孫穆子曰：「楚公子美矣，君哉！」鄭子皮曰：「二執戈者前矣[56]。」蔡子家曰：「蒲宮[57]有前，不亦可乎？」楚伯州犁曰：「此行也，辭而假[58]之寡君。」鄭行人揮曰：「假不反[59]矣。」伯州犁曰：「子姑憂子皙之欲背誕[60]也。」子羽曰：「當璧猶在，假而不反，子其無憂乎[61]？」齊國子[62]曰：「吾代二子愍[63]矣。」陳公子招曰：「不憂何成？二子樂矣。」衛齊子[64]曰：「苟或知之，雖憂何害[65]？」宋合左師曰：「大國令，小國共[66]，吾知共而已。」晉樂王鮒曰：「〈小旻〉之卒章善矣，吾從之[67]。」

退會，子羽謂子皮曰：「叔孫絞而婉[68]，宋左師簡而禮，樂王鮒字而敬[69]，子與子家持[70]之，皆保世之主也。齊、衛、陳大夫其不免乎？國子代人憂，子招樂憂，齊子雖憂弗害。夫弗及[71]而憂，與可憂而樂，與憂而弗害，皆取憂之道也，憂必及之。〈大誓〉[72]曰：『民之所欲，天必從之。』三大夫兆憂[73]，憂能無至乎？言以知物[74]，其是之謂矣。」

【注釋】❶楚公子圍　即襄二十九年、三十年傳之王子圍。或稱公子，或稱王子，本無一定。❷公孫段氏　公孫段家女子。公孫段，鄭公室。公孫，諸侯之孫或從孫、再從孫。段，以封邑名氏。❸介　出國使者之副手。國君之隨行大員及賓之高級隨從。❹入館　進城住客館。❺鄭人惡之　鄭國人討厭他們。知道楚公子圍他們懷有詐謀。❻行人　官名，負責外交、朝覲、聘問。❼館於外　住宿在城外。❽既聘　聘問之禮已畢。❾以眾逆　率兵眾迎娶新婦。逆，迎。古代婚禮，最後為親迎。眾，這裏指所帶的兵眾。❿患之　以之為患。患，禍害；憂慮；厭惡。⓫辭　拒絕。⓬褊小　狹小。褊，本義指衣服狹小。⓭墠　供祭祀用的經清除的整潔地面。《禮記・祭法》「王立七廟，一壇一墠」。鄭玄注：「封土曰壇，除地曰墠。」古代親迎，新郎必須在女家祖廟迎娶新娘。子產不願楚公子圍這班人馬入城，所以要他們除地為墠，代豐氏之廟，行親迎之禮。⓮令尹　即公子圍，當時為楚令尹。⓯貺　賜。⓰寡大夫　州犁稱公子圍，猶異國人之稱其國君曰寡君。⓱謂圍將使句　對圍說將讓豐氏把女兒嫁給你做妻。豐氏，即公孫段。公孫段時已賜氏為豐。撫，即有，同義詞連用。而，同「爾」。室，妻子。《禮記・曲禮》：「三十曰壯有室。」鄭注：「夫以妻為室。」⓲布几筵二句　曾祭告於祖父與父廟而來娶婦。布，陳列。几筵，祭席，几所以使神靈憑倚，筵為神靈所坐之席。莊，莊王，圍之祖。共，共王，圍之父。⓳野　郊外。墠係城外一平地，故曰野。⓴草莽　深草叢。草深曰莽。㉑列於諸卿　置身於卿的行列。據杜預注，意謂不得享卿的禮遇。㉒不寧唯是　不僅如此。寧，語中助詞，無義。㉓蒙　欺騙。蒙其先君意為：此行曾告祭於先君而來，卻不得成禮於女氏之廟，故以為欺騙先君在天之靈。㉔老　天子諸侯大夫之臣之長皆曰老。㉕復　返國復命。㉖恃實其罪　依靠大國而不設防備是它的罪過。㉗將恃大國句　納豐氏之女，本圖仰仗大國安定自己國家。㉘無乃句　無乃猶今言「不是」，多用於反問句。本句意謂楚國該不是包藏禍心來打我們小國的壞主意吧。㉙小國失恃五句　意謂懼鄭國失楚國之依靠，又將使諸侯各國對楚引起戒懼之心，使之怨恨楚國從而抗拒叛離，楚國的命令就將壅塞行不通。懲，戒止。憾，恨。㉚敝邑二句　敝國即是楚國的賓館。屬，類。㉛其敢愛豐氏之祧　豈敢愛惜豐氏的祖廟。其，用法同「豈」。祧，祖廟。㉜垂櫜而入　倒垂兵器袋入城，表示內無武器。櫜，古時裝兵器的口袋。入，入城入廟。㉝虢　指東虢，周文王弟叔所封的古國，後為鄭所滅，平王即以其地與鄭。故城在今河南省鄭州市北古滎鎮。㉞尋　重溫盟約。㉟得志　達到願望。這裏指盟會時先歃。㊱戒　警惕戒備。㊲詐晉而駕焉　欺騙晉國而凌駕於晉國之上。㊳尤　特異；突出。㊴重　再次。㊵子相晉國三句　趙武從魯襄公二十五年執晉國之政，作為盟主，至此已滿七年多。㊶再合諸侯　晉於魯襄公二十五年會子夷儀，伐齊以報朝歌之役。襄二十六年，晉再次召諸侯以討衛，合魯、宋、鄭、曹於澶淵。㊷三合大夫　襄二十七年晉趙武會楚屈建、魯叔孫豹、蔡、衛、陳、鄭、許、曹等國大夫於宋以弭兵。三十年會澶淵及今會虢共三次。㊸東夏　華夏東方各國，實指齊。襄二十五年同盟於重丘，襄二十八年齊侯白狄朝晉。㊹平秦亂　自殺之戰後秦晉不和，故曰秦亂。襄二十六年秦晉修成和約。㊺城淳于　修築淳于城。襄二十九年城杞之淳于，杞遷都。淳于在今山東省安丘縣東北三十餘里。㊻頓　疲弊；挫傷。㊼謗讟　誹謗。㊽令名　美名。㊾僭　假；不信。㊿是穮是蔉　除草培土。穮，田中除草。蔉，培土附苗根。(51)雖有飢饉二句　比如農夫勤苦勞作，即使偶遇水旱而有一時的餓肚子，但年年如此終有豐年。喻晉趙武自己堅持行仁信，楚雖一時駕凌晉國，但晉終必得諸侯歸心。(52)不僭不賊二句　不騙人不害人，待人以信，很少不可以為他人楷模。僭，不信實。賊，傷害。則，取法。(53)不能是難　難於不能。是，結構助詞，起提賓作用。(54)請用牲句　請求使用犧牲，僅僅宣讀一下宋盟時的舊盟約，然後把它放在犧牲上面。舊書，指宋之盟約。正本已埋於宋盟之坎，此所讀乃其副本。宋盟時楚先歃，這次楚怕晉先歃，故欲從舊盟約加於牲上了事，不歃血。(55)設服離衛　陳設國君的儀仗服飾，用一對（兩個）衛兵。設，陳設；設施。服，凡服飾儀仗用品皆可謂之服。離，通「麗」。麗又通「儷」，即偶、對、雙的意思。(56)二執戈句　有兩個執戈的衛兵站在前面。據《禮記・喪服大記》：國君登位或出行時，有兩個衛兵拿著戈站在前面。(57)蒲宮　楚君離宮。此指令尹——楚公子圍在國時已住在國君之宮。(58)假　借用。(59)反　同「返」。歸還。(60)背誕　違背君命放蕩不法。襄三十年，鄭子皙殺伯有，放肆不法，將釀成危及國家的大禍。(61)當璧猶在三句　句謂楚國將為當璧者所有。今令尹借王之儀節品物而欲真為王，你難道沒有憂慮嗎。當璧，指楚平王。楚共王立嗣，有寵子五人，以璧祭神，祈禱道：「當璧而拜者，神所立也。」埋璧於庭，使五子入拜。唯平王（公子棄疾）壓璧鼻。(62)國子　指國弱，齊臣。(63)吾代二子愍　我為這兩位憂慮。二子，指圍與伯州犁。圍於這年冬篡位，後又被弒，未自終。州犁則不久即被圍所殺。(64)齊子　齊惡，衛大夫。(65)苟或知之二句　意謂如能事先知道作好準備，即使有憂難，也無所損害。(66)共　通「恭」。供職事。(67)小旻之卒章二句　《小旻》的最後一章意思很好，我照著那個辦。小旻，《小雅》篇名。其最後一章是：「不敢暴虎，不敢馮河。人知其一，莫知其他。戰戰兢兢，如臨深淵，如履薄冰。」樂王鮒講這些話，表示不贊同諸國大夫公開譏評，認為還是小心謹慎為妙。(68)絞而婉　恰切而委婉。(69)字而敬　自愛而恭敬。字，愛。(70)持　持模稜兩可、不置可否的態度。雖知圍之不可，言語不露譏切。(71)弗及　不關及自己，代人憂。及，到達。(72)大誓　《尚書》篇名。今天所見古文《尚書》，為東晉梅賾所偽造。(73)兆憂　事先開了憂患的預兆。(74)言以知物　從言語可以知道事後的結果。這三位大夫結局果然不好。昭公八年陳招殺公子過，當年十一月楚滅陳。國弱之子國夏於哀六年逃亡魯國。齊惡之子齊豹被殺。

【語　譯】魯昭公元年春天，楚國公子圍到鄭國聘問，同時到公孫段家娶妻。伍舉作為副手。將要入城住客館，鄭人討厭他，派外交官子羽婉言拒絕，於是就住在城外。聘問舉行以後，打算帶兵去迎娶。子產擔心這事，派子羽謝絕。說：「由於敝邑狹小，不能夠容納您的隨從，請讓我們清除地面作墠，再聽候您的吩咐吧。」令尹命令太宰伯州犁回答說：「承蒙貴君賜惠給寡大夫圍，他對圍說，將要讓豐氏把女兒嫁給你做妻子。為此，圍陳列祭席，在莊王、共王的神廟中祭告然後前來。如果在野外賜給我，這是把貴君的恩賜丟在草叢裏了，這也是讓寡大夫不能立足於卿的行列裏。不僅如此，又讓圍欺騙了先君，將不能再做寡君的大臣之長（令尹），恐怕也沒法回去復命了。請大夫考慮一下。」子羽說：「小國沒有罪過，依靠大國而不設防是它的罪過。小國打算仰仗大國安定自己，但恐怕大國會包藏禍心來算計它吧？只怕小國失去了依靠，就會讓諸侯因此戒懼而全都怨恨大國，抗拒叛離，使大國的君令壅塞不通。否則，敝邑就等於貴國的賓館，豈敢愛惜豐氏的祖廟？」伍舉知道鄭國有了準備，請求倒掛箭袋進入國都。鄭國同意了。正月十五日，公子圍進城入廟，迎娶而出。於是就和叔孫豹、晉國趙武、齊國國弱、宋國向戌、衛國齊惡、陳國公子招、蔡國公子歸生、鄭國罕虎、許人、曹人在虢地會見，這是為了重溫宋國盟會的友好邦交。祁午對趙文子說：「在宋國的會盟，楚國人佔了晉國的先。現在令尹不守信用，這是諸侯都聽說的。您如果不戒備，只怕又要像在宋國一樣。子木的講信用是諸侯所稱道的，尚且欺騙晉國而要壓在上頭，何況是不守信用的人呢？如果再次讓楚國佔了晉國的便宜，那是晉國的恥辱。您輔佐晉國作盟主，至今七年了。兩度會合諸侯，三次會合大夫，使齊國、狄人歸服，使華夏的東方安寧，平定秦國造成的動亂，在淳于修築城牆，軍隊不勞頓，國家不疲乏，百姓沒有誹謗，諸侯沒有怨恨，上天不降大災，這是您的功勞。有了好名聲了，反而用恥辱作結束，午怕的就是這個。先生您恐怕不能不警惕。」趙文子說：「我接受您的美意了。然而在宋國的結盟，子木有害人之心，武有愛人之心，這是楚國所以能凌駕於晉國上頭的原因。現在武還是這樣的心，楚國又幹不守信用的事，這無損於我們。武將要用信用為根本，按照這個原則去做。就像農民，只要辛勤除草培土，雖然也會有一時饑饉，最終必有豐收。而且我聽說，能守信用的就不會居於別人下面，我只怕自己不能做到守信用啊。《詩經》裏說：『不作假不害人，很少不做典範。』這是守信的緣故。能夠做別人榜樣的，不會處在別人的下面了。我難在不能做到這一點，楚國不能造成禍患。」楚國的令尹圍請求使用犧牲，僅僅宣讀一下宋盟舊約並把它放在犧牲上面。晉國人答應了。三月二十五日，結盟。楚國的公子圍盜用國君的服飾排場，兩個衛兵持戈侍立。叔孫穆子說：「楚國的公子真神氣，像個國君啦！」鄭國的子皮說：「有兩個拿著戈的人站在前面了。」蔡國的子家說：「蒲宮有一對執戈衛士站在前面，不也可以嗎？」楚國的伯州犁說：「這次出來的時候，向國君請求而借來的。」鄭國的行人子羽說：「借了不會還了。」伯州犁說：「您還是去擔心一下您們子晳肆無忌憚違命作亂吧。」子羽說：「公子棄疾還在那裏，借了不還，您難道沒有憂慮嗎？」齊國的國子說：「我替這兩位擔心哪。」陳國的公子招說：「不憂愁怎麼能辦成事情？這兩位可高興啦。」衛國的齊子說：「如果有人事先知道，雖然有憂慮又有什麼危害？」宋國的合左師說：「大國發令，小國恭敬，我知道恭敬就是了。」晉國的樂王鮒說：「〈小旻〉的最後一章很好，我照著那個辦。」

盟會散場，子羽對子皮說：「叔孫言辭恰切而委婉，宋國左師語言簡明而合於禮儀，樂王鮒自愛而恭敬，您和子家說話得體，都是可以保持幾代爵祿的大夫。齊國、衛國、陳國恐怕不能免於禍難吧？國子替人憂慮，子招以高興代替憂慮，齊子雖然有憂慮卻不當作危害。凡是憂慮沒有到自己身上而替人憂慮，和可以憂慮反而高興，和憂慮而不當作危害，這都是招來憂慮的原因，憂慮必然到他的頭上來。〈大誓〉說：『百姓所要求的，上天必然聽從。』三位大夫有了憂慮的徵兆，憂慮能不來嗎？從言語來瞭解事情的後果，說的就是這個了。」

【說　明】楚國仗著國大勢強，時刻想吞併小國，稱霸中原。楚公子圍更是詭譎多端，野心勃勃。他這次出使鄭國，想藉娶親帶兵入鄭都，一舉滅鄭。子產及時識破險惡用心，派子羽婉言拒絕其入城。公子圍命令隨行的大宰伯州犁強辭奪理，要挾鄭國：若不讓楚公子圍入城成禮於女氏之廟，便會使公子圍在公卿中無法立足，並且欺騙祖宗神靈，無法歸國復命。面對楚人的無恥要挾，鄭國外交官子羽一針見血地戳穿了楚國的「包藏禍心」，逼使楚人「垂櫜而入」，陰謀未能得逞。

緊接著，在虢的諸侯盟會上，楚公子圍處心積慮地與晉國爭奪領先權。晉國自城濮之戰打敗楚國，一舉成為中原霸主。之後，晉楚多次爭霸。襄二十七年宋國盟會上，楚國搶執牛耳，領先晉國。而晉國趙文子執政以來，兩合諸侯三合大夫，政績卓著。所以這次楚公子圍要想繼續凌駕於晉國之上頗難實行。於是就提出不立新盟，只宣讀一下宋盟舊約放在犧牲上了事，以維護楚國的地位。而晉國趙文子則表現克制、禮讓、以信取威的理智態度。

在盟會上，楚公子圍還肆無忌憚地公然僭用國君的禮儀服飾，招來了與會各國大夫的紛紛非議。這些議論，既從側面烘托了公子圍的性格形象、急不可耐的篡權野心，又不同程度地反映了各國與楚國之間的關係，並且各各顯示了說話者的不同個性。作者最後通過子羽的評論，點明各個人物的性格特點，預示了人物的不同命運，為後文作伏筆。

傳 季武子❶伐莒，取鄆。莒人告於會❷。楚告於晉曰：「尋盟❸未退，而魯伐莒，瀆齊盟❹，請戮其使❺。」樂桓子相❻趙文子，欲求貨❼於叔孫，而為之請❽。使請帶焉❾，弗與。梁其踁曰：「貨以藩身，子何愛❿焉？」叔孫曰：「諸侯之會，衛社稷也。我以貨免，魯必受師⓫，是禍之也，何衛之為？人之有牆，以蔽惡⓬也。牆之隙⓭壞，誰之咎⓮也？衛而惡之，吾又甚焉⓯。雖怨季孫，魯國何罪？叔出季處⓰，有自來矣，吾又誰怨？然鮒也賄⓱，弗與，不已。」召使者，裂裳帛而與之，曰：「帶其褊矣。」⓲趙孟聞之，曰：「臨患不忘國⓳，忠也；思難不越官⑳，信也；圖國忘死，貞也；謀主三者，義也。有是四者，又何戮乎？」乃請諸楚曰：「魯雖有罪，其執事不辟難，畏威而敬命㉑矣。子若免之，以勸㉒左右，可也。若子之羣吏，處不辟汙㉓，出㉔不逃難，其何患之有？患之所生，汙而不治，難而不守，所由來也。能是二者，又何患焉？不靖㉕其能，其誰從之？魯叔孫豹可謂能矣，請免之，以靖能者。子會而赦有罪，又賞其賢，諸侯其誰不欣焉望楚而歸之，視遠如邇㉖？疆埸之邑，一彼一此，何常之有？王、伯之令㉗也，引㉘其封疆，而樹之官，舉之表旗㉙，而著之制令㉚，過㉛則有刑，猶不可壹㉜。於是乎虞有三苗㉝，夏有觀、扈㉞，商有姺、邳㉟，周有徐、奄㊱。自無令王，諸侯逐進㊲，狎㊳主齊盟，其又可壹乎？恤大㊴舍小，足以為盟主，又焉用之？封疆之削，何國蔑有？主齊盟者，誰能辯焉？吳、濮有釁㊵，楚之執事豈其顧盟㊶？莒之疆事，楚勿與知㊷，諸侯無煩㊸，不亦可乎？莒、魯爭鄆，為日久矣。苟無大害於其社稷，可無亢㊹也。去煩宥善㊺，莫不競勸，子其圖之。」固請諸楚，楚人許之，乃免叔孫。

令尹享趙孟，賦〈大明〉之首章㊻，趙孟賦〈小宛〉之二章㊼。事畢，趙孟謂叔向曰：「令尹自以為王矣，何如？」對曰：「王弱，令尹彊，其可㊽哉！雖可，不終㊾。」趙孟曰：「何故？」對曰：「彊以克弱而安之，彊不義㊿也。不義而彊，其斃必速。《詩》曰：『赫赫宗周，褒姒滅之。』(51)彊不義也。令尹為王，必求諸侯。晉少懦(52)矣，諸侯將往。若獲諸侯，其虐滋甚(53)，民弗堪也，將何以終？夫以彊取，不義而克(54)，必以為道。道以淫虐，弗可久已矣。」

【注釋】❶季武子　又稱季孫、季孫宿、武子，魯國重臣，自魯襄公十二年到昭公七年執魯國政。❷告於會　赴虢之會告狀。主要是向楚國求助。魯季武子伐莒取鄆在三月，正是虢之會舉行之時。❸尋盟　尋弭兵之盟。虢之會重申宋弭兵之盟。❹瀆齊盟　褻瀆盟約。瀆，褻瀆；輕慢。齊，同「齋」。古人盟誓必先齋戒，故盟誓亦言「齋盟」。❺戮其使　誅殺它（魯國）的使者。戮，誅殺。當時參加虢之會的魯使是叔孫豹。❻樂桓子相　樂王鮒作輔佐。桓子，即樂王鮒，有時又稱王鮒，晉臣。相，佐；助手。❼求貨　索取賄賂。❽為之請　為叔孫向趙武說情，請求免去「懲罰」。❾使請帶焉　派人（向叔孫）要他的帶子。這是向叔孫索賄賂的藉口。❿梁其踁三句　梁其踁，叔孫家臣，「梁其」為複姓。藩，保衛。愛，吝惜。⓫我以貨免二句　意謂我如以財貨免禍，魯國必然受到軍隊的討伐。因為如不誅罰其國使者，則必伐其國以逞。⓬惡　指盜賊。⓭牆之隙壞　牆從裂縫開始壞。隙，裂縫。⓮咎　罪責。⓯衛而惡之二句　惡之，使之受惡。本當衛護社稷，現在反使魯國受到攻擊，我的罪責又超過了牆的裂縫。⓰叔出季處　叔孫出使，季孫守國。⓱賄　愛受賄。⓲裂裳帛三句　撕裂裙帛作為帶子給鮒的使者，歉意地說：「帶子恐怕太狹小了吧。（所以要撕絲帛的裙子作帶送給他）」委婉地表示拒絕賄賂。褊，狹小。⓳臨患不忘國　面對禍患，先為國家著想。寧願自己受誅戮，不讓魯國受討伐。⓴思難不越官　想到危難不棄職守。越，失。㉑畏威而敬命　畏懼楚國恭敬服從楚國的命令。㉒勸　鼓勵。㉓污　指困難的事。㉔出　出國，相對上文之「處」而言。處，指在國內。出，指在國外。㉕靖　安定。㉖視遠如邇　看待遠方的楚國如同左近的鄰邦。遠，指楚國。㉗王伯之令　三王五伯的政令。王，三王，夏禹、商湯、周文。五伯，即五霸。楊伯峻注，認為此是夏昆吾、商大彭、豕韋、周齊桓、晉文。一般所說的春秋五霸指齊桓公、宋襄公、晉文公、秦穆公、楚莊王；或是齊桓公、晉文公、楚莊王、吳王闔閭、越王句踐。令，政令。㉘引　正。㉙表旗　標誌。如後世界碑之類。㉚制令　章程法令。㉛過　越過境界。㉜壹　一成不變。㉝三苗　古國名，縉雲氏之後，為諸侯，號饕餮。《尚書・舜典》：「竄三苗于三危。」㉞觀扈　觀，古國名，《後漢書・郡國志》：「衛，本觀故國，姚姓。」《漢書・地理志》，東郡有畔觀縣。楊伯峻考定觀國在山東省觀城廢縣治西，今范縣境內。扈，亦稱有扈，亦古國名，在今陝西省戶縣北。㉟姺邳　姺，亦作「侁」，古國名，亦稱有莘氏，其地相傳即今山東省曹縣北之莘塚集。邳，亦古國，據杜注，即今江蘇省之邳縣舊治邳城鎮。㊱徐奄　徐，徐國，故址當在今江蘇省泗洪縣南，近洪澤湖。奄，亦古國名，相傳徐、奄皆嬴姓。據《山東通志》：「奄里在曲阜縣東境，古奄國。」㊲逐進　競相擴張。逐，追逐；競爭。進，進逼；侵犯鄰國以擴大地盤。㊳狎　更；代。㊴恤大　憂慮大的禍亂。恤，憂慮。大，指篡弒滅亡之禍。㊵吳濮有釁　吳國、百濮有間隙可以利用。濮，百濮，種族名，按部落散居，謂之百濮。據《偽孔傳》，「濮在江、漢之南」。此之百濮，當在楚之南，即今湖北省石首縣附近。釁，釁隙；間隙；有矛盾隔閡。㊶楚之執事句　意指楚的鄰國吳、濮如有可乘之機，楚國當政者哪裏會顧及盟約而不攻之。㊷與知　參與，過問。㊸無煩　指諸侯不勞動軍隊伐魯。㊹亢　扞蔽、庇護之義。㊺去煩宥善　免去諸侯勞師動眾之勞苦，赦免善人（叔孫豹）。宥，寬宥；赦罪。㊻賦大明之首章　誦〈大明〉的第一章。大明，《詩經・大雅》篇名。首章講文王明光臨照下面，所以功勳赫赫隆盛於上。令尹特請首章，自我標榜。㊼趙孟賦小宛句　趙孟賦〈小宛〉的二章警戒令尹。小宛，《詩經・小雅》篇名。二章義取「各敬爾儀，天命不又」，意思是各人要謙恭敬畏地對待禮儀，天命一去不可復還。以此警告令尹。㊽其可　恐怕可以成功。其，義如殆，推測性語氣副詞。可，可成。指令尹弒君篡位之事。㊾不終　不得善終。㊿彊不義　恃彊殺弱不仁義。(51)詩曰三句　引自〈小雅〉。赫赫彊盛的宗周，因為褒姒而滅亡了。(52)少懦　「少」義同「稍」。懦，弱。(53)其虐滋甚　他（楚令尹）暴虐更嚴重。(54)克　成功；取勝。

【語　譯】季武子攻打莒國，佔取了鄆地。莒國人向盟會報告。楚國向晉國請求說：「重溫宋國弭兵之盟的盟會還沒結束，魯國就已攻打莒國了，這是褻瀆盟約，請誅戮他的使者。」樂鮒桓子做趙文子的輔相，想要向叔孫索取賄賂，便為他向趙文子說情。派人向叔孫要裙帶，叔孫沒給。梁其踁說：「財物本是用來保護身體的，你又何必捨不得呢？」叔孫說：「諸侯盟會，本為保衛國家。我用財物得免於誅罰，魯國就一定要遭到軍隊的進攻，這是給它帶來禍患啊，哪裏是保衛它呢？人所以要有牆，是用來阻擋盜賊的。牆壁裂縫頹壞，是誰的罪過？本應保衛它卻反而使它受攻擊，我的罪過又超過了牆壁的裂縫。雖然理當埋怨季孫，魯國有什麼罪過？叔孫出使，季孫守國，由來已久，我又能怨誰？然而王鮒喜歡賄賂，不給他，不罷休。」叫來使者，撕下自己所著綢裙的一條裙邊給他，說：「身上的帶子恐怕太窄了。」趙孟聽說這事，說：「面臨禍難不忘國家，這是忠心。考慮禍難不棄職守，這是誠信。為國打算忘掉個人生死，這是堅貞。思想以忠、信、貞為主體，這是道義。具有這四點，又怎能殺他呢？」於是就向楚國請求說：「魯國雖然有罪，但它的主事人不避禍難，敬畏貴國的威嚴而恭敬地奉命了，您如能赦免他，用來勉勵您的左右，這是行的。如果您的那班官吏，在國內時能不避困難工作，到國外後能不逃災禍患難，國家還有什麼可憂慮的？憂患所以產生，就由於困難工作不治理，遇到禍難不挺住。能夠做到這兩點，還擔心什麼呢？不穩定賢能的人，那誰還跟他走？魯國叔孫豹可以說是賢能了，請赦免了他，以便穩定賢能的人。您參加盟會而赦免有罪的國家，又獎賞它的賢人，諸侯各國還有誰不心悅誠服歸向楚國，看待遠方的楚國就如近鄰一樣？邊境上的城邑，一會屬那，一會屬這，哪有什麼固定？三王五伯的政令，劃正它們的疆界，在那裏設置官員樹立界碑，寫明邊界章程法令，越境就要懲罰，然而還是不能使邊界一成不變。由於這樣，虞舜時代有三苗，夏朝有觀氏、扈氏，商代有姺氏、邳氏，周朝有徐國、奄國叛亂。自從沒有了英明的天子，諸侯爭相擴張，交替主持盟會，哪裏又能一成不變呢？憂大禍而捨小過，足以做盟主，又何去必管這些小事？邊界被侵削，哪個國家沒有？主持結盟的，誰能管得了這些？吳國、濮人間有空隙可鑽，楚國的當事人難道會顧及盟約不去利用麼？莒國邊境的事情，楚國還是不要去過問，諸侯各國不至於勞動軍隊，不也就行了嗎？莒國、魯國爭奪鄆地，日子已很久了。如果對他們國家沒有大的損害，可以不必去庇護，免除煩勞，赦免善人，大人們就沒有不爭相努力的。您還是考慮一下吧。」晉人堅持向楚國請求，楚國人終於答應了，就赦免了叔孫。

令尹設宴招待趙孟，賦〈大明〉的第一章。趙孟賦了〈小宛〉的第二章。事後，趙孟對叔向說：「令尹自以為是君王了，怎麼樣？」叔向答道：「楚王弱，令尹強，大概是可以成功的吧！雖然可以成功，不能善終。」趙孟說：「什麼緣故？」回答說：「仗著強力制服弱小而心安理得，雖強而不仁義。不仁義而強大，他的滅亡必定迅速。《詩》說：『聲威赫赫的宗周，褒姒滅亡了它。』這就是強大而不合道義的緣故。令尹做了楚王，一定尋求諸侯的支持。晉國有點懦弱了，諸侯必將投靠他。如果得到諸侯的擁護，他的暴虐更加厲害，老百姓無法忍受，那怎麼會有善終？憑強力奪取王位，不仁義而成功，必定以此為常道。把淫威暴虐作為常道，是不可能持久的啊！」

【說　明】 本段圍繞虢會期間發生的魯國季武子伐莒取鄆事件，在盟會上晉楚之間引發的一場爭議，揭示了諸侯國之間相互侵奪、相互爭霸的矛盾鬥爭，同時刻畫了一組個性鮮明的人物羣像。莒國被侵，到盟會上向楚國尋求庇護，剛剛爭得盟主位置的楚令尹，想藉機炫耀一下自己的威勢，就要求誅戮魯國使者叔孫豹。而晉樂王鮒為了向叔孫豹索取賄賂而為之向趙文子說情。叔孫豹不願以賄賂手段使自己免禍而讓國家蒙難，所以拒絕向樂王鮒賄賂。他這種「臨患不忘國」、忠於社稷的精神感動了晉國趙孟，他拒絕楚國的「戮其使」的要求，折服了楚國，赦免了叔孫。在事件的描寫過程中，作者注意突出典型人物的典型性格：楚令尹圍的好弄權柄淫虐好殺、晉國趙孟的主持道義、安賢宥善、叔孫的剛毅愛國、樂王鮒的貪財好賄，相互形成對照，相得益彰。

最後，作者通過令尹設宴賦詩，刻畫了他自以為王、狂妄自大、不可一世的囂張氣焰，而叔向與趙孟的冷峻剖析，揭示了令尹「不義而彊」的本質，預示「其斃必速」不得善終的可悲下場。這種正面描寫與側面解剖相結合的手法，大大加深了人物形象刻畫的力度和深度，達到了歷史真實與藝術真實的統一。

作者圍繞一個中心事件，把錯綜複雜的矛盾、性格各異的人物都有條不紊地寫出來，不枝不蔓，表現了很高的駕馭材料的能力。

傳 夏四月，趙孟、叔孫豹、曹大夫入于鄭，鄭伯兼享之❶。子皮戒❷趙孟，禮終❸，趙孟賦〈瓠葉〉❹。子皮遂戒穆叔，且告之❺。穆叔曰：「趙孟欲一獻❻，子其從之。」子皮曰：「敢乎❼？」穆叔曰：「夫❽人之所欲也，又何不敢？」

及享，具五獻之籩豆於幕下❾。趙孟辭❿，私於子產⓫曰：「武請於冢宰⓬矣。」乃用一獻。趙孟為客。禮終乃宴⓭。穆叔賦〈鵲巢〉⓮，趙孟曰：「武不堪⓯也。」又賦〈采蘩〉⓰曰：「小國為蘩⓱，大國省穡⓲而用之，其何實非命⓳？」子皮賦〈野有死麕〉之卒章⓴，趙孟賦〈常棣〉㉑，且曰：「吾兄弟比以安㉒，尨也可使無吠㉓。」穆叔、子皮及曹大夫興，拜，舉兕爵㉔曰：「小國賴子，知免於戾㉕矣。」飲酒樂，趙孟出，曰：「吾不復此㉖矣！」

天王㉗使劉定公㉘勞趙孟於潁㉙，館於雒汭㉚。劉子曰：「美哉禹功㉛！明德遠矣。微㉜禹，吾其㉝魚乎？吾與子弁冕端委㉞，以治民臨諸侯，禹之力也。子盍㉟亦遠績㊱禹功而大庇民乎？」對曰：「老夫罪戾是懼㊲，焉能恤遠？吾儕偷食㊳，朝不謀夕，何其長也？」劉子歸，以語王曰：「諺所謂老將知而耄及之者㊴，其趙孟之謂乎？為晉正卿，以主諸侯，而儕於隸人㊵，朝不謀夕，棄神、人㊶矣。神怒、民叛，何以能久？趙孟不復年㊷矣。神怒，不歆其祀㊸；民叛，不即其事㊹。祀、事不從，又何以年？」

叔孫歸，曾夭㊺御季孫以勞之。旦及日，中不出。曾夭謂曾阜㊻曰：「旦及日中，吾知罪㊼矣。魯以相忍為國也。忍其外㊽，不忍其內㊾，焉用之？」阜曰：

「數月於外[50]，一旦於是[51]，庸何傷[52]？賈而欲贏[53]，而惡囂乎？」皐謂叔孫曰：「可以出矣。」叔孫指楹，曰：「雖惡是，其可去乎[54]？」乃出見之。

【注釋】❶兼享之　同時設宴款待他們。之，指代趙孟、叔孫豹、曹大夫。❷戒　告。古代燕會，預先告訴賓客曰戒，戒有禮節。❸禮終　戒禮結束。❹瓠葉　《詩經・小雅》篇名。瓠，葫蘆科植物。果可食，葉則不食，而古代窮人也有吃葉的。此詩內容，主要敘述低級貴族舉行酒禮的情形。趙孟賦此詩，是告訴子皮，宴會食品應簡樸些。❺告之　把趙孟的意思轉告穆叔。❻一獻　士飲酒之禮。貴族宴飲禮儀中最低的檔次，主人向來賓只進酒一次，則其他食品儀節也相應減少。❼敢乎　敢這樣做嗎。意思是不敢，怕太怠慢了客人。❽夫　遠稱指示詞，義同「那」。❾五獻句　準備了五獻的器物用品於東房。五獻，據杜注，古代朝聘的制度招待大國的卿大夫用五獻之禮。籩，古代盛棗、栗、梅、菱芡、乾肉、乾糧之類食品的竹製器具，形似豆。豆，盛肉、鹹菜類的禮器，狀似高腳托盤。幕下，東房。❿辭　推辭。⓫私於子產　私下對子產說。⓬冢宰　本為周官名，百官之長。這裏指代子皮，因他是鄭國上卿，所以這樣稱他。⓭禮終乃宴　饗禮完畢就舉行宴會。古代設宴會賓，先舉行饗禮儀式，向賓客獻醴酒，客人也只是象徵性地品嘗一下。饗禮過後，主客才正式燕飲。如饗禮隆重，如上公饗禮九獻（主人向來賓進九次酒）、侯伯七獻，禮儀作樂、酬幣（主人向客勸飲時所贈禮品），時間亦長，燕禮往往拖到次日。此次趙孟要求一獻，故享禮就行燕禮。⓮穆叔賦鵲巢　叔孫豹賦〈鵲巢〉這首詩。宴禮，主人之司正奉命請賓客升坐，撤去祭具，擺上食物，參加宴會的彼此可互相賦詩交談。鵲巢，《詩經・召南》中的篇名，詩中有「維鵲有巢，維鳩居之」之句，穆（叔孫豹）比趙孟為鵲，自比為鳩，意思是晉國主盟，自己得以安居，免於被誅罰，向趙孟表示感戴之意。⓯不堪　擔當不起。⓰賦采蘩　亦〈召南〉中的詩篇。詩中說：「于以（何處）采蘩？于沼于沚。于以用之？公侯之事。」蘩，白蒿，菊科植物。叔孫豹賦此詩，以蘩自比己國，表示願為大國效勞之意。⓱小國為蘩　小國作蘩菜。這是自謙，意謂小國貢獻菲薄。⓲穡　通「嗇」。愛惜。⓳其何實非命　哪裏敢不服從命令。其，同「豈」。實，同「是」。語氣助詞，起強調作用。非命，以命為非，不服從。⓴野有死麕之卒章　〈野有死麕〉的最後一節：「舒而脫脫兮，無感（撼，動）我帨（佩巾，或曰蔽膝，類似圍裙）兮，無使尨（長毛狗）也吠。」本為描寫男女幽會之詞。子皮賦此，喻趙孟以義安撫諸侯，而不以非禮侵犯凌辱小國。〈野有死麕〉是《詩經・召南》中的名篇。㉑賦常棣　常棣，〈小雅〉篇名。取其「凡今之人，莫如兄弟」之義。表達了真摯的願望，加強兩國間兄弟般的親密關係。㉒比以安　親密而安寧和好。比，兩人緊靠，關係親密。安，相安；和好相處。㉓尨也可句　可以讓狗不叫。尨，長毛狗，這裏影射破壞團結安定的壞人。㉔兕爵　犀牛角做的酒杯，形似雀。爵，古代酒器，有流、柱、鋬和三足。㉕免於戾　免於罪。戾，罪。㉖不復此　不再見到如此的快樂。㉗天王　周景王。㉘劉定公　劉夏，周朝大臣。定公，謚號。㉙潁　本周邑，後屬鄭。地處今河南省登封縣東。㉚雒汭　雒，同「洛」。古地名，指雒水（今洛河）入古黃河處。在今河南省鞏義市西。㉛美哉禹功　大禹的功績美好啊。這是倒裝句式，義為「禹功美哉」。㉜微　同「無」。沒有。㉝其　表推測，語氣副詞，義同「殆」。恐怕；可能。㉞弁冕端委　古代禮帽禮服。弁冕，古卿大夫之禮帽。端委，古代禮服。端，正，古制禮服，不斜裁，布寬二尺二寸，整做，故稱為端；委，文服袖長，故稱為委。㉟盍　「何不」二字合音。㊱遠績　遙承。績，繼。㊲罪戾是懼　害怕遭到罪責。是，語助詞，起提賓作用。㊳吾儕偷食　我們這班人吃飯混日子。儕，輩。偷，苟且。㊴諺所謂句　俗話說人老了會聰明卻老糊塗了。知，同「智」。耄，八十、九十的老人稱耄。㊵儕於隸人　等同於下人。儕，等輩；儕於；把自己看作是同一類人。隸人，因罪沒入官的奴隸或職位低微的役吏。㊶棄神人　被神、人所棄。倒裝句式。㊷不復年　不再過新年；活不到年終。㊸不歆其祀　不享用他的祭祀。歆，饗；祭祀時神靈享其氣。㊹不即其事　不為他幹事。即，就。不即事猶不從事，怠工。㊺曾夭　季孫的家臣。古有鄫國，相傳是夏少康封少子曲烈於鄫，春秋被莒所滅，鄫太子巫流亡到魯，為曾氏。㊻曾阜　據《通志．氏族略二》，曾阜為鄫太子巫的兒子。杜預注則說曾阜是叔孫家臣。㊼吾知罪　我們（季孫）已經知道自己的過錯了。季孫伐莒，使叔孫差點在虢之會被戮。故特地上門慰勞叔孫，久候不離開，是知罪的表現。㊽忍其外　在國外忍讓。㊾不忍其內　在國內不忍讓，向對方發怒使氣。㊿數月於外　叔孫勞苦在國外幾個月。(51)一旦於是　一早等到現在。(52)庸何傷　有什麼損傷；有什麼妨礙。庸，同「何」。(53)贏　有餘；贏利。(54)雖惡是二句　雖然討厭這個（楹柱），難道能丟掉嗎。楹，堂上的大柱子，在兩門階之間，房屋靠它支撐，把它比喻季孫。其，同「豈」。反詰語氣。

【語　譯】夏四月，趙孟、叔孫豹、曹大夫進入鄭國，鄭伯同時設享禮款待他們。子皮鄭重通知趙孟，通知的戒禮結束後，趙孟賦了〈瓠葉〉這首詩。子皮就又鄭重通知穆叔，在戒禮中同時把趙孟賦詩的情形告訴他。穆叔說：「趙孟的意思是享禮只要一獻，您還是聽他的吧。」子皮說：「敢嗎？」穆叔說：「那是人家想要的，又有什麼不敢？」等舉行享禮時，準備了五獻的器物用品擺在東房。趙孟謝絕，私下對子產說：「我已經向冢宰請求過了。」於是就用一獻。趙孟為主賓。饗禮結束就燕飲。穆叔賦〈鵲巢〉詩向趙孟表示感恩之情。趙孟說：「趙武不敢當啊。」穆叔又賦〈采蘩〉，說：「小國蘩菜，大國珍惜使用它，豈敢不聽從大國的使喚？」子皮賦〈野有死麕〉的末章，趙孟賦〈常棣〉，並說：「我們兄弟國家親密無間，安好相處，就可以讓長毛狗閉嘴了。」穆叔、子皮和曹國大夫起身拜謝，舉起犀角杯說：「小國仰仗您，知道可以免於罪過了。」喝酒喝得很高興，趙孟出來，說：「我怕再不能見到今天的歡樂了。」

周天子派劉定公到潁來慰勞趙孟，下榻於雒水之濱。劉子說：「大禹的功績多麼美好啊！他光輝的功德留傳千古！沒有大禹，我們恐怕都變成魚了吧？我跟您能戴著禮帽穿著禮服，來治理百姓，統領諸侯，都是大禹的功勞。您何不遠承大禹的功德而大力庇護百姓呢？」趙孟道：「我這老頭子惟恐犯下罪過，哪裏還考慮得那麼長遠？我們這班混飯吃的人，早上不考慮晚上的事，哪裏想得那麼長遠？」劉子回去，把這事告訴周天子說：「俗話所說的，人老了應該聰明卻反而糊塗了，講的恐怕就是趙孟這種人吧？身為晉國的正卿以統領諸侯，卻等同於下等人，早上想不到晚上的事，神靈百姓都要拋棄他了。鬼神發怒，百姓叛離，怎麼能長久？趙孟恐怕過不了這一年了。神靈發怒，不享用他的祭祀；百姓叛離，不幹他交付的事。祭祀和事情都不能辦理，又怎能過得了年？」

叔孫回國，曾夭為季孫趕車去他家慰勞。從早上直等到中午也不見他出來。曾夭對叔孫的家臣曾阜說：「從早晨到中午一直等著，我們也算是知罪了，魯國一向靠相互忍讓治國。他能在國外忍讓，在國內卻不能忍讓，那又何必呢？」曾阜說：「人家在外面受幾個月的罪，我們等一個早上，又有什麼關係？做生意就要贏利，難道還能討厭市場上的吵鬧嗎？」曾阜去對叔孫說：「可以出去了。」叔孫指著庭柱，說：「雖然討厭它，難道可以把它丟掉嗎？」於是就出去接見季孫。

【說　明】本段主要記敘了虢之會結束後，趙孟和叔孫豹在回國途中經歷的幾件事，既為虢之會劃上了圓滿的句號，又進一步深入刻畫這兩個主角的性格形象。作者濃墨重彩地描寫了趙孟在鄭伯款待的享禮上的表現。

鄭是小國，晉是一代霸主的大國，作為晉國執政者的趙孟，不僅沒有擺出霸主的架子，相反，卻是十分謙虛禮讓，體諒小國，堅持要用一獻——貴族燕飲的最低待遇，免得對方破費。當叔孫對他的救助之恩表示感恩戴德時，他謙虛地說：「不敢當。」在鄭、魯、曹這些小國面前他以「兄弟」相待，充分表現了一位仁厚長者的風範。

然而《左傳》作者描寫人物決不是平面式的，因為任何一個活生生的人，都是立體多面的。所以緊接著在記敘周天子派劉定公慰勞趙孟時，作者便著重揭示了這個人物的另一個側面，即暮氣沉沉，胸無大志，「朝不謀夕」。並預示了他「不復年矣」的結局。這是劉定公的惋惜，也是作者的惋惜。

作者還著重刻畫了叔孫的個性，記敘了他回國後如何對待季孫（導致他到虢會上險些受戮的罪魁禍首）的事情，這樣，一方面呼應前面，交代了事情的結局；另一方面又進一步豐滿了叔孫的性格形象。當季孫坐著馬車，一大早趕到他家慰勞他時，叔孫故意不出來接見，讓他等到中午。別人批評他是「能忍其外」而「不忍其內」。然而，最後為了國家的利益，他還是出來接見了季孫，因魯是「忍讓治國」的，季孫是國家的重臣，能否團結，關係到國家的興亡。作者寫「叔孫指楹，曰：『雖惡是，其可去乎？』」生動形象地表現了叔孫以國為重、捐棄個人恩怨好惡的道德修養和高尚襟懷。

《左傳》作者總是把敘事與寫人有機結合起來，在事件的矛盾衝突中凸顯人物個性，又通過人物間的個性衝突把事件寫得波瀾起伏、有聲有色、趣味盎然。虢之會中，作者抓住晉楚這兩個大國的執政者趙孟和令尹圍為中心人物，一方面多側面地刻畫他們的性格特點，另一方面形象地展示了兩個大國間的爭霸鬥爭。作者又抓住魯伐莒取鄆這個典型事件，表現了大國與大國、大國與小國、小國與小國之間錯綜複雜的矛盾。

傳 鄭徐吾犯❶之妹美，公孫楚聘之❷矣，公孫黑又使強委禽❸焉。犯懼，告子產，子產曰：「是國無政❹，非子之患也。唯所欲與❺。」犯請於二子，請使女擇焉❻。皆許之。子皙盛飾❼入，布幣❽而出。子南戎服入，左右射，超乘❾而出。女自房觀之曰：「子皙❿信美矣，抑⓫子南，夫也⓬。夫夫婦婦⓭，所謂順⓮也。」適⓯子南氏。子皙怒，既而櫜甲⓰以見子南，欲殺之而取其妻。子南知之，執戈逐之，及衝⓱，擊之以戈。子皙傷而歸，告大夫曰：「我好見之，不知其有異志⓲也，故傷。」大夫皆謀之。子產曰：「直鈞⓳，幼賤有罪⓴，罪在楚也。」乃執子南，而數之㉑，曰：「國之大節有五，女皆奸㉒之。畏君之威，聽其政㉓，尊其貴，事其長，養其親，五者所以為國也。今君在國，女用兵焉，不畏威也；奸國之紀㉔，不聽政也；子皙上大夫，女嬖大夫㉕，而弗下之㉖，不尊貴也；幼而不忌㉗，不事長也；兵其從兄㉘，不養親也。君曰：『余不女忍殺㉙，宥女以遠㉚，勉，速行乎，無重而㉛罪！』」五月庚辰㉜，鄭放游楚㉝於吳。將行子南㉞，子產咨於大叔㉟。大叔曰：「吉不能亢身，焉能亢宗㊱？彼，國政也，非私難也㊲。子圖㊳鄭國，利則行之㊴，又何疑焉？周公殺管叔而蔡蔡叔㊵，夫豈不愛㊶？王室故也㊷。吉若獲戾㊸，子將行之㊹，何有於諸游㊺？」

【注釋】❶徐吾犯　鄭大夫。名犯，「徐吾」為複姓。魯成公元年傳「王師敗績于徐吾氏」，《廣韻》吾字注：「鄭公子有食采邑於徐吾之鄉，後以為氏。」❷公孫楚聘之　公孫楚已聘她為妻。楚，字子南，鄭穆公孫，故稱公孫楚。聘即今之所謂訂婚，已納幣。❸委禽 下聘禮。古代婚禮，第一件事就是納采，納采用雁。委，致送。禽，指雁。❹無政 政治沒有治理好。❺唯所欲與 只有聽憑（女方）她想要嫁給誰就嫁給誰。省略了主語「其」，意即「唯其所欲與」。所，結構助詞。與，心許；親附。❻擇焉 同「擇之」。選擇他。焉，指示代名詞，用與「之」同。❼盛飾 盛裝打扮。❽布幣 獻上求婚的禮品。布，陳列；擺開。幣為贄幣。初見時的禮品，男用玉帛或禽鳥如野雁子之類，陳列於堂上。❾超乘 一躍跳上車子。超，躍登；跳過。❿子皙 即公孫黑，字子皙。⓫抑 然而，表示轉折的連詞。⓬夫也 有男子漢的氣概。⓭夫夫婦婦 丈夫要像丈夫，妻子要像妻子。第一個「夫」與「婦」為名詞，第二個「夫」與「婦」作動詞用。⓮順 常理。⓯適 嫁。⓰櫜甲 外衣裏穿皮甲衣。⓱衝 大道四通八達的交叉口處。⓲異志 懷有不測之心。⓳直鈞 曲直相等。直，曲直。鈞，同「均」。⓴幼賤有罪 年少而位低的有罪。㉑數之 歷數其罪。㉒奸 犯。㉓聽其政 服從他的（國君）的政治。聽，聽從。㉔紀 法紀。㉕嬖大夫 晉、鄭、吳皆謂下大夫為嬖大夫。㉖下之 即自處於其下，在他的下面，即服從他的意思。㉗忌 敬。㉘兵其從兄 用武器對付堂兄。兵，武器。這裏作動詞用。從兄，同祖或同伯叔的兒子而年齡比自己大的，都稱為從兄，今稱堂兄。㉙不女忍殺 不忍殺你。倒裝句式。女，同「汝」。你。㉚宥女以遠 寬赦你免於死而驅逐到遠方去。宥，宥赦。以，介詞。用。以遠，用遠逐代替死刑。㉛而 同「爾」。㉜庚辰 二日。㉝游楚 即子南。㉞將行子南 將使子南行。「行」作使動用法。㉟咨於大叔 向大叔徵求意見。大叔即游吉，為游氏宗族的宗主。古代宗主，為一族之長，全族的人都要聽他的。大叔雖然只是游楚哥哥的兒子即姪子，但也得服從大叔，所以子產特地向他徵求意見。㊱焉能亢宗 哪裏能庇護宗族。焉，同「何」。疑問副詞。哪裏。亢，扞蔽，保護的意思。游吉是宗主，任卿大夫，有「保族宜家」的責任。㊲彼國政也三句 子南傷子皙，屬於國家的政紀，不是私人的患難。彼，指示代詞，指子南傷子皙這件事。㊳圖 謀劃。㊴利則行之 對國家有利就執行它。㊵周公殺管叔句 周公殺管叔流放蔡叔。據《史記・管蔡世家》，管叔鮮、周公旦、蔡叔度俱為周文王正妃子，武王同母弟。管叔是周公之兄，蔡叔是他的弟。成王年小，周公攝政，管叔蔡叔挾持殷紂之子武庚作亂。周公誅伐武庚、殺管叔、放蔡叔。「蔡蔡叔」的前一「蔡」字，《說文》作「殺」，音亦讀作蔡，同音假借。杜注「蔡，放也」，流放。〈周書・作雒〉篇則說「管叔經而卒」，是上吊自殺，不是周公殺的。㊶夫豈不愛 難道不愛憐他的哥哥和弟弟嗎。省略了賓語「其兄與弟」。㊷王室故也 為鞏固王室的緣故。㊸戾 罪。㊹行之 施行罪罰。㊺何有於諸游 何必顧慮到游氏幾人。有，同「為」。諸，眾。

【語　譯】鄭國徐吾犯的妹妹長得漂亮，公孫楚已經聘她為妻，公孫黑又派人硬要送上聘禮。徐吾犯感到害怕，把這事報告給子產。子產說：「這是國家政治沒治理好，不是你個人的憂患。這事只有聽憑女子自己的心意，她願嫁誰就嫁誰。」徐吾犯徵請這兩位的意見，請求允許女方自己選擇。他們都同意了。子皙盛裝打扮，進了門呈獻上財禮然後出去。子南一身軍服走進門來，左右開弓射了一通，一躍登上車子出去。女子從房間裏觀看了他們，說：「子皙確實算得漂亮了，不過子南更像個男子漢。丈夫要像丈夫，妻子要像妻子，這是所說的常理。」就嫁到子南家。子皙大怒，不久就在外衣下套上皮甲而去見子南，想殺了他然後佔取他的妻子。子南知道了他的意圖，就拿起戈追趕他，進到了十字路口，用戈去敲他。子皙受了傷回去，告訴大夫說：「我好好地去見他，不知道他別有用心，所以受了傷。」大夫們都商量這事，子產說：「是非曲直相等，年小位低的有罪，罪在於公孫楚。」於是抓了公孫楚而歷數了他的罪狀：「國家的大節有五條，你都觸犯了。敬畏國君的威嚴，服從他的政令，尊重地位高貴的，事奉長上，奉養親老，這五條是用來治國的。現在國君在國都裏，你竟動用武器，這是不敬畏國君威嚴，觸犯國家的法紀，這是不服從管理。子皙是上大夫，你是下大夫，而不甘處於他的下面不順從他，這是不尊重位高的人。年紀小而不恭敬，這是不敬奉長上。用武器對付堂兄，這是不奉養親屬。國君說：『我不忍殺你，赦免你遠放他方，趕緊走吧，不要再加重你的罪行。』」五月二日，鄭國流放公孫楚到吳國。在將要實施放逐子南時，子產徵詢太叔的意見，太叔說：「游吉我連自己都保不住，哪裏能庇護宗族？他這事屬於國家政紀，不是私家危難，您為鄭國打算，對國家有利就執行，又何必有顧慮？周公殺掉管叔，放逐蔡叔，難道不愛自己兄弟？他是為了鞏固王室的緣故啊。游吉我要是獲罪，您也要實施懲罰的，何必顧及游氏幾人？」

【說　明】本段記敘了鄭國兩位青年貴族在婚姻上為奪一位美麗的女子而發生的爭鬥，以及執政者子產對矛盾的妥善處理，從一個側面反映了鄭國貴族集團上層與下層間的矛盾，也表現了子產治國執政的藝術。

鄭徐吾犯的妹妹長得漂亮，公孫楚已經聘她為妻，公孫黑仗著自己是上大夫，位高勢強，強行要再聘她。

這表面上看是生活矛盾，但子產卻看作「是國無政」的問題，親自處理。先提出讓女方自己選擇的方案，使雙方都消了口實。當女子嫁給了公孫楚後，公孫黑仍不罷休，想殺死公孫楚霸佔他的妻子，結果反被對方擊傷。於是公孫黑倒打一耙，誣對方暗算他。

這件事明明是公孫黑無理，但鄭子產卻歷數了五大罪狀把公孫楚放逐到吳國。表面看，這很不公平，似乎子產在袒護公孫黑。實際上，這是明智的策略。首先，是為穩定國內政局的需要。鄭國地居列國中心，內政外交矛盾重重。子產上臺執政、從事改革剛剛兩年多（魯襄公三十年，子產始執政），政治尚不穩定。而公孫黑是上大夫，又事先已在大夫中大造輿論，如懲罰公孫黑，會在統治上層引起大的動亂。其次，從公孫楚個人來說，留在國內，並無好處。公孫黑仗勢欺人，報復心強，又受了傷，定會伺機報復。所以只能放逐下大夫的公孫楚。

本段故事情節完整，人物勾勒簡勁生動。「子皙盛飾入，布幣而出。子南戎服入，左右射，超乘而出」。前者虛矯，華貴傲慢；而後者灑脫矯健，充滿青春的活力。作者對人物服飾動作的簡潔描寫，形成人物個性的鮮明對比，形象躍然紙上。加上女子從旁觀察的評論：「子皙信美矣，抑子南，夫也。」正面描寫與側面渲染結合，使人物刻畫達到了浮雕般的效果。

傳 秦后子❶有寵於桓，如二君於景❷。其母曰：「弗去，懼選❸。」癸卯，鍼適晉，其車千乘。書曰「秦伯之弟鍼出奔晉」，罪秦伯也。

后子享晉侯，造舟❹于河，十里舍車❺，自雍及絳❻。歸取酬幣❼，終事八反❽。司馬侯問焉，曰：「子之車盡於此而已乎？」對曰：「此之謂多矣。若能少此，吾何以得見⑨？」女叔齊以告公，且曰：「秦公子必歸。臣聞君子能知其過，必有令圖⑩。令圖，天所贊⑪也。」后子見趙孟，趙孟曰：「吾子其曷歸⑫？」對曰：「鍼懼選於寡君，是以在此，將待嗣君。」趙孟曰：「秦君何如？」對曰：「無道。」趙孟曰：「亡乎⑬？」對曰：「何為⑭？一世無道，國未艾⑮也。國於天地，有與立焉⑯。不數世淫，弗能斃⑰也。」趙孟曰：「夭⑱乎？」對曰：「有焉。」趙孟曰：「其幾何？」對曰：「鍼聞之，國無道而年穀和熟，天贊之也。鮮不五稔⑲。」趙孟視蔭⑳，曰：「朝夕不相及，誰能待五？」后子出，而告人曰：「趙孟將死矣。主民，翫歲而愒日㉑，其與幾何㉒？」

鄭為游楚㉓亂故，六月丁巳，鄭伯及其大夫盟于公孫段氏。罕虎㉔、公孫僑㉕、公孫段、印段㉖、游吉、駟帶私盟于閨門㉗之外，實薰隧㉘。公孫黑強與於盟㉙，使大史書其名，且曰「七子」。子產弗討。

晉中行穆子㉚敗無終㉛及羣狄於大原，崇卒㉜也。將戰，魏舒曰：「彼徒我車，所遇又阨㉝，以什共車㉞，必克。困諸阨㉟，又克。請皆卒㊱，自我始。」乃毀車以為行㊲，五乘為三伍㊳。荀吳之嬖人㊴，不肯即卒㊵，斬以徇㊶。為五陳以相離㊷，兩於前，伍於後，專為右角，參為左角，偏為前拒，以誘之㊸。翟人笑之，未陳而薄之㊹，大敗之。

【注釋】❶后子 秦桓公之子，景公同母胞弟，名鍼。❷如二君於景 在景公時和景公有如兩君並列。❸懼選 恐怕要遭到驅逐。選，驅遣；放逐。❹造舟 船隻相併搭成的浮橋。❺十里舍車 每隔十里停放車乘若干。❻自雍及絳 從秦國國都雍到晉國國都絳。雍，秦國都城，今陝西省鳳翔縣。絳，晉國都，今山西翼城東。據杜預注，從雍到絳相距千里，每十里停車十乘。❼酬幣 主人勸酒時贈送給客人的禮物叫酬幣。古代享禮，先由主人敬酒，叫獻；再由客人還敬，叫酢；然後再由主人先酌酒自飲，同時勸客一起飲，叫酬。獻、酢、酬合稱一獻。❽終事八反 到享禮結束，取幣往返八次。后子享晉侯，用的是最隆重的九獻之禮，每一獻酬幣一次。第一次酬幣是后子隨身載去的，後八次，則一次次地從秦往返運去。后子要多酬幣以厚賂晉侯，故往返八次運載禮品。❾若能少此二句 如果能比這些少，我怎麼會見到你。少此，少於此；比這少。何以，以何；因為什麼。賓語與介詞倒裝。得見，得以見你，省略了賓語。❿令圖 良好的意圖。⓫贊 助。⓬其曷歸 大概何時回去。其，推測性語氣副詞。大約。曷，何時。⓭亡乎 國家將滅亡嗎。⓮何為 即為何，為何滅亡。⓯艾 絕；國運斷絕。⓰有與立焉 有贊助立國的。與，贊助；輔佐。⓱斃 通「踣」。倒下；垮臺。⓲夭 短命；不得壽終。⓳鮮不五稔 少也不過五年。鮮，少。稔，年，穀熟為稔，一熟為一年，故亦謂年為稔。秦景實魯昭公五年死，不過五年。⓴蔭 太陽的影子。㉑翫歲而愒日 即翫愒歲日，苟且偷安，蹉跎歲月。翫，同「玩」。愒，急。㉒其與幾何 即其幾何歟，他還能混多久。其，人稱代詞，他，其即「其為」二字之義，「為」被省略。與，語氣助詞。㉓游楚 即子南。㉔罕虎 即子皮，鄭國上卿，魯襄二十九年，代父為上卿，掌國政。㉕公孫僑 即子產。㉖印段 字子石，鄭臣。公孫段與印段皆字子石。㉗闉門 鄭國都城門。㉘薰隧 城門外道路名。㉙強與於盟 強行參加盟誓。公孫黑硬要把自己等同六卿的地位。㉚中行穆子 即荀吳。晉臣，又稱「中行伯」、「中行吳」、「鄭甥」。其父為荀偃。偃死於魯襄公十九年，指定荀吳為自己職位的繼承人。故至今已是有多年經驗的老將。㉛無終 古代山戎國名。春秋時原分布在今山西太原，後遷河北省玉田縣西北無終山，因山名得名。㉜崇卒 重視步兵。崇，尚；看重。卒，徒兵。㉝阨 險隘。㉞以什共車 用十人對付一輛戰車。古代兵法，平坦的地區作戰，則一車當步兵八十人，即八十人才能對付一輛戰車。險阻隘道作戰，則一車當四十人，四十人對付一輛戰車。現魏舒提出以十人抵擋一車，是地方特狹隘，此十人乃極精銳之兵。㉟困諸阨 把敵人圍困在險隘地帶。諸，「之於」二字合音。㊱請皆卒請全部用步兵。不用兵車，利用其險隘的地形。㊲毀車以為行　丟開車，改編為步兵的行列。㊳五乘為三伍　五乘戰車改編為三個伍。伍是戰鬥的最小組織。㊴嬖人　寵臣。㊵即卒　就位於步兵行列。即，就。㊶斬以徇　斬首並且巡行示眾。㊷為五陳以相離　編組全軍為五種陣形，相次比附，相互組合成陣。離，通「麗」。附著。㊸兩於前六句　兩在前面，伍在後面，專作右翼，參為左翼，偏作為前鋒方陣，用這來引誘敵人。兩，兩個伍。專，獨，即一伍。參，通「叁」。三個伍共十五人。偏，五十人。據《司馬法》及《周禮・小司徒》，百人為卒。卒為二偏（見宣十二年傳），則偏為五十人。五陣不過百來人，故敵人譏笑他們。㊹未陳而薄之　沒有等狄人擺開陣勢，晉兵就逼近攻擊，大敗狄人。

【語　譯】秦國后子受到桓公的寵愛，在景公時跟景公就像兩位國君並列。他的母親對他說：「不離開，恐怕要被放逐。」二十五日，后子到晉國去，他的車子上千輛。《春秋》記載道：「秦伯的弟弟鍼出逃到晉。」這是歸罪於秦伯。

后子設享宴請晉侯，在黃河上排列船隻搭成浮橋，每隔十里停放一批車子，從秦都雍直到晉都絳連續不斷。回去取酬客的禮品，到享禮結束，共往返八次。司馬侯問道：「您的車輛全在這裏，就這些嗎？」回答說：「這就夠多的了。如果我能自願減少一點就不會招致猜忌，我哪裏會到這裏見您呢？」司馬侯把這告訴了晉侯，並且說：「秦公子一定能回國。我聽說君子能知道自己的過錯，就一定會有良好的想法。有良好的意圖，這是上天所要贊助的。」后子拜見趙孟。趙孟說：「您大概要什麼時候回國？」回答道：「鍼害怕被我們國君放逐，所以在這裏，準備等待繼位的國君。」趙孟說：「秦國的國君怎麼樣？」回答道：「昏庸無道。」趙孟說：「會滅亡嗎？」回答說：「為什麼？一代人無道，國家還不至於走到絕路。立國在天地之間，必定有輔佐他的力量。沒有幾代的荒淫，不會滅亡的。」趙孟說：「國君會短命麼？」回答說：「會的。」趙孟說：「大約多久呢？」回答說：「鍼聽說，國家無道而糧食豐收，這是老天在輔助他。少不過五年。」趙孟看了看太陽的影子說：「早晨等不到晚上，誰能等得了五年？」后子出來以後對別人說：「趙孟將要死了。主持百姓的事，蹉跎歲月而又急不可待，他還能活多久呢？」

由於游楚的作亂，鄭伯於六月初九，和他的六卿在公孫段家裏結盟，罕虎、公孫僑、公孫段、印段、游吉、駟帶在閨門外的薰隧路祕密結盟。公孫黑強行參加盟會，讓太史寫下他的姓名，而且稱為「七子」。子產沒有處理。

晉國中行穆子在大原打敗了山戎無終和各部狄人，是因為重視發揮步兵的作用的緣故。打仗以前，魏舒獻計說：「他們是步兵我們是車兵，兩軍相遇的地形又險隘，不便車戰。把十個步兵跟一車甲士共同組合作戰，一定能勝。把他們圍困在險隘地帶，又可以進一步勝他們。請都使用步兵，從我們開始。」於是就丟開戰車改編成步兵的行列。五乘戰車的甲士編為三個伍。荀吳的寵臣不肯編到步兵中，就斬首示眾。部隊編成五種陣勢相互配合呼應。「兩」在前面，「伍」在後面，「專」在右翼，「參」在左翼，「偏」作前鋒方陣，用來引誘敵人。狄人譏笑他們。他們沒等敵人擺好陣勢就逼近進攻，大敗狄人。

【說　明】本段記敘秦桓公的兒子后子為了躲避哥哥秦景公的迫害而出亡晉國的故事，反映了統治階級內部的相互傾軋、骨肉相殘的醜惡本質。秦桓公過度地寵愛后子，使他與景公「並列如兩君」，對景公的統治構成嚴重威脅，所以必然將遭到被放逐的命運。后子為到晉國避難，厚賂晉侯，動用了無數的船隻和上千的車輛，來回八次專程運送財物，其物質生活的奢華、錢財的大肆揮霍可見一斑。

在這個故事中作者主要刻畫了三個人物：后子、景公和趙孟。后子雖然是從小受寵的貴公子，但他善於從現實教訓中醒悟，認識到過分的受寵和奢華正是給自己造成禍患的根源：「此之謂多矣。若能少此，吾何以得見？」短短數語道出了他的悔悟。知過而有「令圖」，不失為明智之士，特別是他對趙孟苟且度日的消極態度的尖銳批評和強烈不滿，更反映了這個人物是一位有識見的才智之士。

作者對秦景公未作任何正面刻畫，但從后子避難這事本身足以說明他決非仁厚賢明的長者，既連親兄弟都容不下，則其為人可見一斑。從趙孟與后子的五問五答中，反映出景公是個昏庸無道並且將迅速夭亡的昏君。作者以背面敷粉的手法寫出了秦景公的形象，筆墨省儉。

本段還記載了晉國在大原打敗強悍的山戎無終和各部狄人的聯合進攻，大獲全勝。中行穆子虛心聽取了魏舒的意見，根據地形險隘不便車戰及敵人皆徒兵的特點，把車兵改編為徒兵，與步兵共同組成靈活的戰陣，克敵制勝，反映了靈活機動的戰略戰術。作者描寫戰爭筆墨十分簡潔，記事明晰。短短百來字，就把整個戰爭要言不煩地記敘清楚了。

傳 莒展輿立，而奪羣公子秩❶。公子召去疾于齊❷。秋，齊公子鉏納去疾，展輿奔吳❸。叔弓❹帥師疆❺鄆田，因莒亂也。於是莒務婁、瞀胡及公子滅明，以大厖與常儀靡奔齊❻。君子曰：「莒展❼之不立，棄人❽也夫！人可棄乎？《詩》曰：『無競維人❾。』善矣。」

晉侯有疾，鄭伯使公孫僑如晉聘，且問疾❿。叔向問焉，曰：「寡君之疾病，卜人曰『實沈、臺駘為祟⓫』，史莫之知，敢問此何神也？」子產曰：「昔高辛氏有二子，伯曰閼伯，季曰實沈，居于曠林⓬，不相能⓭也，日尋干戈⓮，以相征討。后帝不臧⓯，遷閼伯于商丘，主辰⓰。商人是因⓱，故辰為商星。遷實沈于大夏⓲，主參⓳，唐⓴人是因，以服事㉑夏、商。其季世曰唐叔虞㉒。當武王邑姜方震大叔㉓，夢帝謂己：『余命而子曰虞㉔，將與之唐，屬諸參㉕，而蕃育其子孫。』及生，有文在其手曰『虞』，遂以命之。及成王滅唐而封大叔焉㉖，故參為晉星。由是觀之，則實沈，參神也。昔金天氏㉗有裔子㉘曰昧，為玄冥師㉙，生允格、臺駘。臺駘能業其官[30]，宣[31]汾、洮，障大澤[32]，以處大原[33]。帝用嘉之[34]，封諸汾川；沈、姒、蓐、黃實守其祀[35]。今晉主汾[36]而滅之矣。由是觀之，則臺駘，汾神也。抑[37]此二者，不及君身。山川之神，則水旱癘疫[38]之災於是乎禜[39]之；日月星辰之神，則雪霜風雨之不時，於是乎禜之。若君身，則亦出入[40]、飲食、哀樂之事也，山川、星辰之神又何為焉？僑聞之，君子有四時[41]，朝以聽政，晝以訪問[42]，夕以脩令[43]，夜以安身。於是乎節宣其氣[44]，勿使有所壅閉湫底[45]以露[46]其體，茲[47]心不爽[48]，而昏亂百度[49]。今無乃壹之[50]，則生疾矣。僑又聞之，內官[51]不及同姓，其生不殖[52]。美先盡矣[53]，則相生疾，君子是以惡之。故《志》曰：『買妾不知其姓，則卜之[54]。』違此二者[55]，古之所慎也。男女辨姓，禮之大司[56]也。今君內實有四姬[57]焉，其無乃是也乎？若由是二者，弗可為[58]也已。四姬有省猶可，無則必生疾矣。」叔向曰：「善哉！肸[59]未之聞也，此皆然矣。」叔向出，行人[60]揮[61]送之。叔向問鄭故[62]焉，且問子皙。對曰：「其與幾何[63]？無禮而好陵人[64]，怙富[65]而卑其上，弗能久矣。」晉侯聞子產之言，曰：「博物[66]君子也。」重賄之[67]。

晉侯求醫於秦，秦伯使醫和視之，曰：「疾不可為也，是謂近女室，疾如蠱[68]。

非鬼非食，惑以喪志(69)。良臣將死，天命不祐。」公曰：「女不可近乎？」對曰：「節之(70)。先王之樂，所以節百事也，故有五節(71)；遲速本末以相及，中聲以降(72)。五降(73)之後，不容彈矣。於是有煩手淫聲(74)，慆堙心耳(75)，乃忘平和，君子弗聽也。物亦如之(76)，至於煩(77)，乃舍(78)也已，無以生疾。君子之近琴瑟(79)，以儀節也，非以慆心(80)也。天有六氣(81)，降生五味(82)，發為五色(83)，徵(84)為五聲，淫生六疾(85)。六氣曰：陰、陽、風、雨、晦、明也，分為四時，序為五節，過則為菑：陰淫寒疾，陽淫熱疾，風淫末疾(86)，雨淫腹疾，晦淫惑疾(87)，明淫心疾(88)。女，陽物而晦時(89)，淫則生內熱惑蠱之疾。今君不節、不時(90)，能無及此乎？」出，告趙孟。趙孟曰：「誰當良臣？」對曰：「主是謂矣(91)。主相晉國，於今八年，晉國無亂，諸侯無闕(92)，可謂良矣。和聞之，國之大臣，榮其寵祿，任其寵節(93)。有菑禍興，而無改焉(94)，必受其咎。今君至於淫以生疾，將不能圖恤社稷(95)，禍孰大焉？主不能禦(96)，吾是以云也。」趙孟曰：「何謂蠱？」對曰：「淫溺惑亂之所生也。於文，皿蟲為蠱。穀之飛亦為蠱。在《周易》，女惑男，風落山謂之〈蠱〉䷑(97)，皆同物(98)也。」趙孟曰：「良醫也。」厚其禮而歸之(99)。

【注釋】❶秩　俸祿。古代的秩祿，有的是田地，有的是穀物。❷公子召句　公子們把去疾從齊國叫回來。公子，即羣公子。去疾，莒公子。犁比公原來立展輿為世子，後又被廢。於是展輿弒父自立（魯襄公三十一年）。去疾是展輿的異母弟，只好出逃到母親的故國——齊國去。現在羣公子因受展輿的虐待，故把他叫回，趕展輿下臺。❸展輿奔吳　展輿出逃投奔吳國。因為其母為吳國女。❹叔弓　魯宗族，魯宣公弟叔肸的曾孫，叔老的兒子，又稱子叔敬叔。❺彊　定疆界。杜注「正其疆界」。❻務婁二句　莒展輿的同黨務婁、瞀胡和公子滅明帶著大厖與常儀靡投奔齊國。大厖、常儀靡，是莒國的兩個封邑。❼展　展輿的簡稱。❽棄人　拋棄人材。❾無競維人　要強大只有得到人材。無，發語詞，沒有意義。競，強。❿問疾　探視疾病。⓫為祟　興妖作怪。⓬曠林　空曠的樹林，或曠野。杜預注為地名。⓭不相能　互不服氣，不能相容。⓮日尋干戈　天天用武器打仗。尋，用。⓯后帝不臧　帝堯認為不好。后，與帝同義，帝王、君主。臧，善。⓰主辰　主祀大火星定節氣。辰，大火星，亦名商星，有星三顆，即天蠍星座的δ、α、τ三星，心宿二是赤紅色一等星，故名大火。古代根據大火星的位置變化定農業季節。⓱是因　「因是」的倒裝，因循這個（指依據大火星定節氣）。⓲大夏　地名，今太原市，一說在「汾、澮之間」（服虔），即今山西翼城、隰縣、吉縣一帶。⓳參　星宿，有星七顆，即獵戶星座的ζ、ε、δ、α、γ、π、β等星。⓴唐　古國名，堯之後裔。相傳祁姓，在今山西翼城西，為周成王所滅，後作為其弟唐叔虞的封邑。㉑服事　歸服事奉。㉒唐叔虞　古唐國末期的君主，事奉殷商。㉓當武王句　當武王的后妃邑姜正懷著太叔。㉔夢帝謂己二句　邑姜夢見天帝對自己說：「我給你兒子取名叫虞。」命，名。而，同「爾」。㉕屬諸參　屬於參星。㉖封大叔焉　封叔虞於此（唐）。大叔，即叔虞。焉，兼詞「於（介詞）此（代詞）」二字。㉗金天氏　即少昊氏，據說是黃帝的兒子，名契，字青陽。承黃帝之後而立，王以金德，號稱金天氏。㉘裔子　遠代子孫。裔，遠；後代。㉙為玄冥師　為水官的酋長。玄冥，水官。㉚業其官　世代承襲官位。業，世，繼承世業。㉛宣　疏通。㉜障大澤　築堤防，堵大澤。障，築堤防。㉝處大原　居住在寬闊平坦的地帶。處，安居。大原，不是地名，而是指汾水流域廣闊的高原地區。㉞帝用嘉之　顓頊因此而嘉獎他。用，因。介詞。帝，據杜預注，為顓頊。㉟沈姒蓐黃　沈、姒、蓐、黃四國世世守護它的祭祀。沈、姒、蓐、黃，指古代四個國家，據傳是臺駘的後裔，四國都在晉國境內。㊱主汾　為汾水流域之主，已滅四國。㊲抑　或許。選擇連詞。㊳癘疫　傳染病。㊴禜　古代禳災之祭，聚草木束成把，設祭處，以牲口、圭璧等為祭品祈禱鬼神，去禍求福。㊵出入　指勞逸。孔穎達《正義》引《家語》「飲食不時，逸勞過度者，病共殺之」。㊶四時　指一天中的四段時間：即早上、白天、晚上、深夜。㊷訪問　查訪徵詢，瞭解或交流情況、意見。㊸脩令　修治確定政令。㊹節宣其氣　有節制地發散體氣血氣。㊺湫底　鬱積滯留。㊻露　同「羸」。

羸弱。露其體，使他的身體羸弱。㊼茲　承上啟下之詞，義同「是以」，因此，為「茲用」的省略。㊽爽　傷敗。㊾昏亂百度　處事昏亂無常。百度，法度變化多端。度，法度。㊿壹之　專一之。謂人生精氣專用之於某一處。壹，專一。名詞意動用法，對某事專一處之。51內官　此處指國君的妃妾。52其生不殖　他生育的後代不昌盛。殖，繁殖。周禮規定同姓不能通婚。本傳僖公二十三年「男女同姓，其生不蕃」。53美先盡矣　貪戀絕美之色，精力老早都盡情傾注在一個人身上。54買妾二句　買妾不知女方的姓，就通過龜卜決定。周禮規定娶妻不娶同姓。55二者　兩點，一指日夜昏亂無度，一指娶同姓的美女。56大司　大主管。57內實有四姬　宮內有四個姬姓的妻妾。內實，指宮內姬妾。58弗可為　不能治療。為，治。59肸　叔肸即叔向，又稱「羊舌肸」、「楊肸」。60行人　外交官名。61揮　即子羽。62鄭故　鄭國的政治情況。故，事。63其與幾何　他還能維持多久。此句為「其幾何與」的變句。64陵人　陵駕於人上。65怙富　恃仗著富有。66博物　對各種事物知識淵博。67重賄之　贈送以厚禮。這是聘問之禮終結時的禮節，贈賄之禮。68蠱　惑亂。69惑以喪志　迷惑於女色，喪失意志。70節之　節制女色。71五節　五聲的節奏。即宮、商、角、徵、羽五聲。72中聲以降　調和而得中和之聲然後降於無聲。以，而。73五降　五聲皆降。降，罷退；降於無聲。74煩手淫聲　繁複的手法，淫靡的樂聲。75慆堙心耳　心意淫蕩，耳裏煩雜。慆，淫。堙，塞；沒。76物亦如之　百事也都像音樂一樣（不可失節）。77煩　指過度。78舍　捨棄；停止。79琴瑟　此指女色。《詩經・關雎》「窈窕淑女，琴瑟有之」，〈小雅・常棣〉「妻子好合，如鼓琴瑟」，故此用琴瑟指代妻室女色。80慆心　放縱心志。81六氣　天有六種氣象，即後面的「陰陽、風雨、晦明」。82五味　指辛、酸、鹹、苦、甘五味。83五色　即白、青、黑、赤、黃五色。84徵　驗證。85淫生六疾　過度就生六種疾病（即指後面所說的寒、熱、末、腹、惑、心等方面的病）。86風淫末疾　風寒過度得四肢手腳的病。末，指四肢。87晦淫惑疾　夜生活過度就得迷亂病。晦，暮夜。男女同寢常在夜裏，故稱晦。88明淫心疾　白天沒有節制是心病。89女陽物而晦時　女人附於陽性物事而時間在夜裏。女陰隨男陽，所以稱陽物。90不節不時　女色不節制，不分晦明時間。91主是謂矣　這（良臣）說的是你了。為「是謂主矣」的倒裝。是，代詞，代指良臣。92闕　缺失。93任其寵節　承擔國家的重大責任。94無改焉　沒有改變挽救國家菑（同災）禍。焉，兼詞。於此。95圖恤社稷　為國家圖謀擔憂。96禦　禁止。97風落山謂之蠱䷑　風吹落山木叫作〈蠱〉卦䷑。98同物　同類。99厚其禮句　贈給厚禮送他回秦國。歸之，使動用法。使之歸。

【語　譯】莒國展輿即位，剝奪了公子們的俸祿。公子們把去疾從齊國召回來。秋天，齊國公子鉏把去疾送回莒國即位，展輿逃亡到吳國。叔弓帶領軍隊在鄆地劃正疆界，是乘莒國內亂。這時莒國的務婁、瞀胡和公子滅明帶著大厖和常儀靡出逃到齊國。君子說：「莒展不能當國，是因為他拋棄人材的緣故吧。人材是可以丟棄的麼？《詩》上說：『要強大只有靠人材』說得好啊。」

晉侯有病，鄭伯派子產到晉國聘問，同時探望病情。叔向請教子產：「我們國君病重，卜人說是『實沉、臺駘在作怪』，太史也不懂得，請問這是什麼神呢？」子產說：「從前，高辛氏有兩個兒子，大的叫閼伯，小的叫實沉，住在曠林，兩人互不相容，天天刀槍相見，相互攻打。帝堯覺得不好，就把閼伯遷移到商丘，主祀大火星定時節。商朝人沿襲下來，所以大火星成了商星。又把實沉遷移到了大夏，主祀參星來定時節，唐國人沿襲下來，以歸順事奉夏朝、商朝。他們的末代叫唐叔虞。當時武王妃子邑姜正懷著大叔，夢見天帝對自己說：『我給你的兒子取名為虞，準備把唐國給他，屬於參星，而繁衍養育他的子孫。』等到生下來，在他的掌心上有紋路像『虞』字，於是就取名為虞。等到成王消滅了唐國，就封給了大叔，所以參星是晉國的星宿。由此看來，那麼實沈就是參星的神了。從前金天氏有後代叫昧，做水官，生了允格、臺駘。臺駘能世代繼承他的官位，疏通汾水、洮河，圍堵大澤，以安居在廣闊的高原地區。顓頊帝因而嘉獎他們，把他封在汾川，沈、姒、蓐、黃四國世代為他守祀。現在晉國主宰了汾水一帶而滅了這些國家。由此看來，那麼臺駘是汾水的神了。然而這兩位神靈，並不涉及您的身體。山川的神靈，遇到水旱瘟疫的災禍就向他們祭祀消災；日月星辰的神靈，遇到霜雪風雨不調的時節，就向他們祭祀祈禱。至於您的身體疾病，那麼也就是起居、飲食、哀樂之類事情的關係，山川、星辰的神靈又哪裏相干呢？僑聽說，君子一天分四段時間，早晨用來坐朝聽政，白天用來探訪諮詢，晚上用來制定政令，深夜用來安歇身子。這樣就能有節制地散發體氣，不讓它閉塞鬱結而體質虛弱，心裏不清爽，致百事昏亂失度。現在恐怕就是精氣專用於一處，所以就生病了吧。僑又聽說，內宮侍妾不能有同姓，因為它子孫不能昌盛。先盡享美色於一人身上，那就會致病。君子因此非常厭惡這個。所以舊《志》上說：『買姬妾如不知她們的姓，那就要占卜。』違背這兩條，是古代所慎重的。男女辨別姓氏，是禮儀的大事。現在國君內宮有四個姬姓侍妾。該不就是這個緣故吧？如果是由於這兩條，那就不能治。去掉這四個姬姓女子還可以，不然就一定生病了。」叔向說：「對啊！肸從沒聽過的，這些都是很確實的。」叔向出來，行人子羽送他。叔向問起鄭國的政情，同時詢問了子晳的情況。子羽回答說：「他還能支撐多久？不講禮儀而喜歡凌駕於人，仗著富有而輕視上司，不能長久了。」晉侯聽了子產的話，說：「他是知識淵博的君子啊。」重賞了他一份厚禮。

晉侯在秦國求醫，秦伯讓醫和去看病。說：「病不能治了，這叫近女色，得病好像蠱惑。不是因為鬼神，也不是因為飲食，而是被迷惑喪失了意志。良臣將要死，上天不保佑。」晉侯說：「女人不能親近嗎？」答道：「要節制。先王的音樂，是用來節制百事的，所以有五聲的節奏；快慢本末相互調節，聲音和諧然後降下來。五聲下降而停止後，就不容許再彈奏了。這時再彈就會手法繁複聲音淫靡，使人心蕩耳煩，就會忘記平正和諧音，因此君子是不聽的。許多事情也像音樂一樣。一到過度，就該住手，不要因此而生病。君子的接近女色，應當用禮儀節制，不該用來放縱心意。天有六種氣候，派生出辛、酸、鹹、苦、甘五種味道，表現出五種顏色，應驗為五種聲音，因以上種種的過度而滋生出六種疾病。所謂六氣就是陰、陽、風、雨、晦、明。一天分為四段時間，按順序為五聲的節奏，過了度就變成災禍。陰氣過度得寒病，陽氣過度得熱病，風寒過度得四肢關節病，雨水過度得腹病，夜生活過度得迷亂病，白天放縱過度得心病。女色，事情屬陽性，發生在夜裏，女色過度就會生內熱蠱惑的病。現在您不加節制不分晝夜，能不落到這地步嗎？」醫和出來，告訴趙孟。趙孟說：「誰當得良臣？」醫和回答道：「就是您了。您輔佐晉國，到現在八年了，晉國沒有內亂，諸侯國間沒有失誤，可以說是良臣了。和聽說，國家的大臣，榮耀地享受寵任和爵祿，承擔起國家的大任，有災禍發生而不能改變它，一定會受到罪罰。現在國君到了沒有節制而生病，將要不能為國家謀慮的地步，還有比這更大的災禍嗎？您不能制止，因此我才說這話。」趙孟說：「什麼叫蠱？」醫和答道：「這是沉迷惑亂所引起的。在文字上，器皿中的毒蟲是蠱。稻穀中的飛蟲也是蠱。在《周易》裏，女人迷惑男人、大風吹落山木叫〈蠱〉䷑，都是同類事物。」趙孟說：「真是好醫生啊。」贈給他很重的禮物讓他回去。

【說明】本段寫了莒國的政治內亂和晉平公請人診病兩事。從不同角度反映了春秋時期統治階級內部的腐敗。莒國展輿因為剝奪公子們的俸祿失去人心終被趕下臺，反映了統治階級的貪婪竟連骨肉手足之間也難以相容。作者藉「君子」之口說展輿「失人矣」，一針見血地點出要害所在。

晉平公診病的事則反映了統治者生活上的腐敗。作者通過鄭子產和秦醫和的先後分析病症，集中地揭露晉君的縱情女色、荒淫無度，指出它所導致的不可救藥的滅亡命運以及對國家的禍害——「良臣將要死，上天不保佑」，作者向所有荒淫無度的統治者敲響了警鐘。

作者以正筆寫晉國統治者的面目，側筆通過叔向與子產的對話，透露鄭國執政者子晳無禮淩人、仗富傲上因而難以長久維持政局。

在短短的篇幅中，作者寫出了莒、晉、鄭三個國家的動盪不安的國情，文筆多變，或簡筆勾勒，或詳筆濃描；或正面展開，或側筆透視，相互映襯，集中反映了春秋末期整個統治階層的不可挽救的衰亡沒落；他們或爭權奪利，或縱欲無度，沉湎女色，或驕上傲下、非棄禮法，他們一同面臨著不可逃避的滅亡命運。作者的筆調是冷峻而沉重的，飽含著犀利的鞭撻、辛辣的嘲諷，也有不可遏制的哀婉痛惜——如對趙孟這樣的「良臣」，因無力挽回國運、阻止災禍的發生，也要遭到上蒼的懲罰，也要死亡。他是時代的殉葬品，這不能不令人掩卷三歎！

傳 楚公子圍使公子黑肱❶、伯州犁城犨、櫟、郟❷。鄭人懼。子產曰：「不害❸。令尹將行大事❹，而先除二子❺也。禍不及鄭，何患焉？」冬，楚公子圍將聘于鄭，伍舉為介。未出竟❻，聞王有疾而還。伍舉遂聘❼。十一月己酉，公子圍至❽，入問王疾，縊而弒之❾，遂殺其二子幕及平夏❿。右尹子干⓫出奔晉，宮麇尹子晳出奔鄭⑫。殺大宰伯州犁于郟，葬王于郟，謂之郟敖⑬。使赴于鄭⑭，伍舉問應為後之辭焉⑮，對曰：「寡大夫圍。」伍舉更之⑯，曰：「共王之子圍為長。」

子干奔晉。從車五乘，叔向使與秦公子同食⑰，皆百人之餼⑱。趙文子曰：「秦公子富⑲。」叔向曰：「厎祿以德⑳，德鈞以年㉑，年同以尊㉒。公子以國㉓，不聞以富。且夫以千乘去其國，彊禦㉔已甚。《詩》曰：『不侮鰥寡，不畏彊禦㉕。』秦、楚匹也。」使后子與子干齒㉖，辭曰：「鍼懼選㉗，楚公子不獲㉘，是以皆來㉙，亦唯命㉚。且臣與羈齒，無乃不可乎㉛？史佚有言曰：『非羈，何忌㉜？』」

楚靈王㉝即位，薳罷為令尹㉞，薳啟彊為大宰㉟。鄭游吉如楚葬郟敖，且聘立君㊱。歸，謂子產曰：「具行器矣㊲。楚王汰侈㊳，而自說其事，必合諸侯，吾往無日矣。」子產曰：「不數年未能也㊴。」

十二月，晉既烝㊵，趙孟適南陽，將會孟子餘㊶。甲辰朔，烝于溫㊷。庚戌，卒。鄭伯如晉弔㊸，及雍㊹乃復。

【注釋】❶黑肱　王子圍的弟弟子晳。❷犨櫟郟　本鄭邑，後已屬楚。犨在今河南省魯山市東南五十里，即葉縣西。櫟在今河南省新蔡縣北二十里。郟在今三門峽市西北之郟縣舊治。❸不害　不妨害。❹令尹將行大事　指公子圍將實行篡位弒君的陰謀。❺二子　指黑肱、伯州犁。❻竟　同「境」。❼遂聘　伍舉一人獨往鄭行聘。❽至　指到達楚國首都。❾縊而弒之　公子圍乘探病的機會用冠纓絞殺楚子麇。❿幕及平夏　楚子兩個兒子的名。⓫右尹子干　即右尹王子比，共王的兒子。右尹，楚特有的官名，是令尹的副手。⓬宮廄尹子晳出奔鄭　子晳築城在外，見楚子麇被弒，出逃到鄭國。宮廄尹也是楚國特有的官。⓭謂之郟敖　稱他為郟敖。楚人沒給楚子麇諡號，就用葬地稱他。敖，即今之酋長。⓮使赴于鄭　楚國派使者以郟敖的喪事訃告鄭國。⓯伍舉問句　伍舉先奉使在鄭，故問使者，誰當立為楚王的繼承人。⓰伍舉更之　伍舉修改楚使的答話。把「大夫圍」改成「共王之子圍」，為掩飾真相，不以篡弒訃告諸侯。⓱同食　食祿相同。⓲百人之餼　足供一百人需求的食祿。上大夫食祿，一卒之田，卒為百人，為田百畝。二公子享受上大夫的待遇。⓳秦公子富　意思是秦公子鍼富有，秩祿不宜與子干相同。⓴底祿以德　致祿應當依據道德的厚薄為高下。底，致。㉑德鈞以年　如道德厚薄相鈞同，則以年齡的高下為依據。㉒年同以尊　年齡相同，則以地位尊卑為高下之別。㉓公子以國　兩個皆貴為公子，則依據他們國家的大小為別。㉔彊禦　強梁。㉕不侮鰥寡二句　《詩經・大雅・烝民》中的詩句。㉖齒　並列；年齡相等。㉗選　放逐。㉘不獲　不獲得在上的信任賞識。即被懷疑、厭惡。㉙是以皆來　因此都來奔。「是以」即「以是」，由於這原因。㉚亦唯命　即「亦唯命是聽」，一切都聽你的。㉛且臣與羈齒二句　指子干是初到晉國的客人，我這主人與客人相同待遇，恐怕不妥當。羈，羈旅之客。㉜非羈何忌　不敬羈客當敬誰呢。忌，敬。㉝楚靈王　公子圍即位，更名熊虔，是為楚靈王。㉞薳罷為令尹　薳罷代公子圍為令尹。薳罷，蔿氏的旁支。㉟薳啟彊為大宰　薳啟彊做大宰，代被除掉的伯州犁之位。㊱鄭游吉如楚葬郟敖二句　鄭派游吉到楚國參加故君郟敖的葬禮，同時聘問新立的國君。㊲具行器矣　準備行裝吧（準備參加盟會之用）。㊳汏侈　驕縱過度。汏即侈。㊴不數年未能也　沒有幾年的時間，未必能合諸侯。㊵烝　冬祭。㊶會孟子餘　會，讀為檜。《說文》：「檜，會福祭也。」祭祀趙武的曾祖趙衰。孟子餘，趙武的曾祖趙衰的字。趙氏世稱趙孟，故稱其祖為孟某。㊷溫　今河南省溫縣西南。㊸如晉弔　到晉國弔唁趙孟。㊹雍　雍地處於今河南省修武縣西。

【語　譯】楚國的公子圍派公子黑肱、伯州犁到犫、櫟、郟築城。鄭國人對此感到害怕。子產說：「沒有什麼妨礙。令尹正要幹大事，而要先除掉這兩個人。禍害不到鄭國，有什麼可擔心的？」冬，楚國公子圍準備到鄭國聘問，伍舉作副手。還沒走出國境，聽說楚王有病就回來了，就讓伍舉到鄭國聘問。十一月初四日，公子圍到郢都，進宮問候楚王病情，把楚王勒死了。乘機殺死了他的兩個兒子幕和平夏。右尹子干出逃到晉國，宮廄尹子晳逃亡到鄭國。把大宰伯州犁殺死在郟。葬楚王在郟，稱他為郟敖。派使者到鄭國訃告。伍舉向使者打聽關於繼承人的措辭，使者答道：「寡大夫圍。」伍舉更改道：「共王的兒子圍是老大。」

子干出逃到晉國，隨帶的車子有五輛，叔向讓他跟秦公子食祿相同，都是百人的口糧。趙文子說：「秦公子富有。」叔向說：「得到俸祿依據德行，德行相同根據年齡，年齡相同則依據地位高低。公子的食祿依據他國家的大小，沒聽說根據財富的多少。況且帶著上千輛車子離開他的國家，強梁得太過分了。《詩經》裏說：『不欺侮鰥夫寡婦，不害怕強梁。』秦國、楚國，地位匹配。」讓后子跟子干地位平等。后子辭謝道：「鍼怕被驅逐，楚公子得不到國君的信任，所以都來到晉國，一切都唯命是聽了。況且下臣與新來的客人平起平坐，恐怕不合適吧？史佚有句話說：『不是羈旅客人，為什麼對他恭敬？』」

楚靈王即位，薳罷當令尹，薳啟疆做大宰。鄭國的游吉到楚國參加郟敖的葬禮，同時向新立的國君表示聘問。回國後對子產說：「打點行裝吧，楚王驕奢而自我得意，必定要會合諸侯稱霸，我前去赴會的日子沒幾天了。」子產說：「沒有幾年是辦不到的。」

十二月，晉國冬祭之後，趙孟到南陽，準備祭祀高祖孟子餘。初一日，在溫地祖廟舉行烝祭。初七日，去世。鄭伯到晉國弔唁，到雍地就返回了。

【說　明】本段著重記敘楚公子圍有計畫有步驟地實現弒君篡位陰謀的經過。他先把弟弟公子黑肱和大宰調離都城，派去犨、櫟、郟地築城，調虎離山，剷除楚王的左右臂。然後在出國聘問之際，一聽楚王生病，立即返回，利用探病之機，親手用冠纓把楚王祕密絞殺，並殘忍地把楚王的兩個兒子和大宰伯州犁一起殺死，以斬草除根，表現了陰險毒辣的本性。

作者又巧妙地借用鄭國使者游吉的眼睛和嘴巴，透露出楚靈王上臺後驕奢跋扈、洋洋自得不可一世、急欲稱霸諸侯的囂張氣焰。游吉對子產說的「具行器矣。楚王汰侈，而自說其事，必合諸侯，吾往無日矣」，寫的雖是游吉的感覺，但透過字面我們活脫脫地感受到了楚靈王自鳴得意，似乎稱霸諸侯指日可得的虛驕恣肆的氣焰。而子產的「不數年未能也」的冷語，則進一步襯托出靈王的盲目自大。這種背面敷粉的冷峻，往往可收一石二鳥之功，筆墨極省儉而刻畫人物入木三分。

文章最後，作者簡筆交代趙孟的去世，與前文伏筆遙相呼應。

二年

辛酉，西元前五四〇年。周景王貴五年、齊景公杵臼八年、晉平公彪十八年、秦景公三十七年、楚靈王虔元年、宋平公成三十六年、衛襄公惡四年、陳哀公二十九年、蔡靈公三年、曹武公十五年、鄭簡公二十六年、杞文公十年、吳夷昧四年、許悼公七年。

經 二年春，晉侯使韓起來聘。

夏，叔弓如晉。

秋，鄭殺其大夫公孫黑。

冬，公如晉，至河乃復。

季孫宿如晉。

傳 二年春，晉侯使韓宣子來聘❶，且告為政，而來見，禮也❷。觀書於大史氏❸，見《易》❹、象❺與《魯春秋》❻，曰：「周禮盡在魯矣，吾乃今知周公之德與周之所以王⑦也。」公享之。季武子賦〈緜〉之卒章⑧，韓子賦〈角弓〉⑨。季武子拜⑩曰：「敢拜子之彌縫⑪敝邑，寡君有望矣。」武子賦〈節〉⑫之卒章。既享，宴于季氏。有嘉樹焉，宣子譽⑬之。武子曰：「宿敢不封殖⑭此樹，以無忘〈角弓〉。」遂賦〈甘棠〉⑮。宣子曰：「起不堪⑯也，無以⑰及召公。」

宣子遂如齊納幣⑱。見⑲子雅。子雅召子旗，使見宣子。宣子曰：「非保家之主也，不臣⑳。」見子尾。子尾見彊，宣子謂之如子旗。大夫多笑之，唯晏子信之，曰：「夫子，君子也。君子有信，其有以知之矣。」自齊聘於衛，衛侯享之。北宮文子賦〈淇澳〉㉑，宣子賦〈木瓜〉㉒。

夏四月，韓須如齊逆㉓女。齊陳無宇送女㉔，致少姜㉕。少姜有寵於晉侯，晉侯謂之少齊㉖。謂陳無宇非卿，執諸中都㉗。少姜為之請，曰：「送從逆班㉘。畏大國也，猶有所易㉙，是以亂作㉚。」

叔弓聘于晉，報宣子也。晉侯使郊勞㉛，辭曰：「寡君使弓來繼舊好，固曰：『女無敢為賓㉜』，徹命㉝於執事，敝邑弘㉞矣，敢辱郊使？請辭。」致館㉟，辭曰：「寡君命下臣來繼舊好，好合使成，臣之祿㊱也。敢辱大館！」叔向曰：「子叔子知禮哉！吾聞之曰：『忠信，禮之器㊲也；卑讓，禮之宗也。』辭不忘國㊳，忠信也；先國後己，卑讓也。《詩》曰：『敬慎威儀，以近有德[39]。』夫子近德矣。」

秋，鄭公孫黑將作亂，欲去游氏而代其位[40]，傷疾作而不果。駟氏與諸大夫欲殺之[41]。子產在鄙[42]，聞之，懼弗及，乘遽[43]而至。使吏數之[44]，曰：「伯有之亂，以大國之事，而未爾討也。爾有亂心無厭，國不女堪[45]。專伐[46]伯有，而[47]罪一也；昆弟爭室[48]，而罪二也；薰隧之盟，女矯君位[49]，而罪三也。有死罪三，何以堪之[50]？不速死，大刑將至。」再拜稽首，辭曰：「死在朝夕，無助天為虐[51]。」子產曰：「人誰不死？凶人不終[52]，命也。作凶事，為凶人。不助天，其助凶人乎？」請以印為褚師[53]。子產曰：「印也若才，君將任之；不才，將朝夕從女[54]。女罪之不恤[55]，而又何請焉？不速死，司寇將至[56]。」七月壬寅，縊[57]。尸諸周氏之衢[58]，加木焉[59]。

晉少姜卒。公如晉，及河，晉侯使士文伯來辭，曰：「非伉儷[60]也，請君無辱[61]。」公還。季孫宿遂致服[62]焉。

叔向言陳無宇於晉侯曰：「彼何罪？君使公族[63]逆之，齊使上大夫送之，猶曰不共[64]，君求以貪[65]。國則不共，而執其使。君刑已頗[66]，何以為盟主？且少姜有辭67。」

冬十月，陳無宇歸。

十一月，鄭印段如晉弔。

【注釋】❶來聘　為魯昭公即位而派使者來聘問。❷且告為政三句　而且通告魯國，晉國以韓宣子代趙武執政。晉國雖是盟主，但為修好同盟國，特來聘問，這是禮。❸大史氏　大史辦事的處所。大史，讀為太史，掌國史文獻檔案策書及祭祀、冊命等。氏，古代世業職官稱號。❹易　《周易》，其六十四卦與卦辭、爻辭作於西周初，其十翼則作於戰國之後。❺象　即象魏，又名象闕或觀，為宮門外懸掛法令的地方，故象成為法令的代稱。這裏的象當是魯國歷代的政令。又，象與易連讀，指《周易》的卦象。❻魯春秋　魯國史書名。《春秋》為列國史的通名。《魯春秋》為魯國史。❼周之所以王　周朝之所以統治天下的原因。「王」名詞作動詞用。❽緜之卒章　《詩經・大雅・緜》的最後一章。其內容是：「虞、芮質厥成，文王蹶厥性。予曰有疏附，予曰有先後，予曰有奔奏，予曰有御侮。」意謂讚頌文王擁有團結上下四方、謀劃效力、奔走各國的外交大臣及抗禦外侮的國防大臣。引此卒章，暗比晉侯為文王，把韓宣子比作文王的各方得力大臣。❾賦角弓　朗誦《詩・小雅・角弓》，意取其「兄弟昏姻，無胥遠矣」之義，意思是講兄弟之國應相親善。❿拜　古代享禮不坐，所以拜不必起身。⓫彌縫　彌補缺憾，意指增強兩國間的團結。⓬節　《詩經・小雅》篇名。其卒章取其「式訛爾心，以畜萬邦」。式，應該。訛，化。畜，養。引此意謂晉國的德惠可以畜養萬邦。⓭譽　讚美。⓮封殖　培植。封，給樹培土。⓯甘棠　《詩經・召南》篇名。〈甘棠〉讚揚周初王臣召伯。傳說召伯曾憩息於甘棠樹下，詩人借樹思人。武子在這裏以嘉樹喻甘棠，把宣子比為召伯。⓰不堪　擔當不起。⓱無以　沒有什麼。「以」作介詞，後面省略了賓語。⓲納幣　納聘禮。為平公聘少姜。⓳見　拜見。⓴不臣　沒有臣服忠順之心。這裏指觀察他的言行舉動桀傲不馴，有不順的氣象。㉑淇澳　《詩經・衛風》中的篇名，內容是讚美武公。這裏用來比擬宣子有武公的美德。㉒木瓜　《詩經・衛風》的篇名，意思是投桃報李，要厚報對方的盛情。㉓逆　迎親。周禮諸侯不親迎。少姜不是晉侯的正夫人，所以只派晉大夫韓須去迎親。㉔送女　為少姜遣嫁。送，古代的遣嫁之禮。㉕致少姜　護送少姜到達目的地，交給來迎嫁的人。這裏的「致」與上文的「送」有不同的含義。「送」特指遣嫁之禮，「致」

指一般意義的護送。㉖謂之少齊　稱她為「少齊」。按當時的禮，婦女應稱娘家姓。現在不稱姜，而用她的祖國名為稱呼，用來表示特別寵愛。㉗謂陳無宇二句　說陳無宇不是國卿，把他關押在中都。按當時禮節，凡是公侯嫁女到匹配的國家（地位相等），國君的姊妹則上卿護送，國君的女兒則下卿護送。對於大國，即使是國君女兒，也要上卿護送。晉國是頭等大國，所以認為派「非卿」的陳無宇送是無禮。㉘送從逆班　護送的人地位高低跟隨來迎親的人的地位而定。逆班，來迎親者的地位高低。逆，迎。班，排列等級。㉙猶有所易　還是有所改變。來迎親的韓須僅是公族大夫，而陳無宇卻是上大夫。齊國害怕晉國，不敢派公族大夫，而派地位高一級的上大夫送。㉚是以亂作　所以出亂子。㉛郊勞　到郊外去慰勞。聘禮的一種形式，迎賓禮。㉜女無敢為賓　你不能接受迎賓禮。㉝徹命　傳達命令。㉞弘　光大。㉟致館　請他住賓館。㊱祿　福。㊲禮之器　裝載禮儀的器具。㊳辭不忘國　言辭不忘國家。㊴敬慎威儀二句　敬慎，慎重，勿濫用威儀。有德，有德者。㊵欲去游氏句　公孫黑欲除掉游吉而取代其宗主的位置。游氏，指游吉，游吉為游氏宗主。㊶駟氏句　公孫黑的族人駟氏和一班大夫都想把公孫黑殺了。駟氏，公孫黑的族人，怕公孫黑會引禍到族。㊷鄙　邊城。㊸遽　傳車，即驛站馬車。每站換車馬，所以速度快。㊹數之　歷數他（公孫黑）犯下的罪狀。㊺國不女堪　即「國不堪汝」，國家無法容忍你。㊻專伐　專權而征伐好攻。㊼而　同「爾」。你。㊽昆弟爭室　與兄弟爭奪妻室。指公孫黑與游楚爭娶徐吾犯之妹。見昭公元年。㊾薰隧之盟二句　大夫們在薰隧盟約時，你假託君命。薰隧，類似後世的複道或窟室。此薰隧特指鄭國內宮的北門的複道。昭公元年六月丁巳，因游楚之亂，罕虎、公孫僑、公孫段、印段、游吉、駟帶六大夫私盟於薰隧，公孫黑強行參與盟約，並讓大史書其名，稱「七子」，假稱君命。㊿何以堪之　怎能容忍得了你。之，指代「死罪三」。(51)死在朝夕二句　我創傷發作，早晚要死，老天爺已虐待我，你們不要幫助老天施虐了。(52)凶人不終　凶惡的人沒有善終的。(53)請以印為褚師　（公孫黑）請求讓他兒子印做褚師。褚師，市官。(54)不才二句　印如果沒有才，那麼早晚要隨你之後就死的。(55)恤　顧慮；憂慮。(56)不速死二句　不立即自裁，司刑的將親自處死你。(57)縊　自縊而死。(58)尸諸周氏之衢　陳列公孫黑的屍體在周氏的衢道示眾。周氏之衢，在鄭都的南郊。(59)加木焉　把罪狀寫在木上加放於屍上，即宣布其罪狀。(60)非伉儷　不是正室。不能與丈夫相匹配即非伉儷。(61)請君無辱　請您不必屈駕光臨。按當時的禮儀，即使諸侯嫡配的喪事，諸侯也無親臨弔唁的。(62)致服　送去少姜下葬的衣服。(63)公族　指公族大夫韓須。(64)不共　不恭。共，同「恭」。(65)以貪　太奢求的意思。以，同「已」。(66)已頗　太偏頗；不公正。(67)少姜有辭　少姜生前為他說過話。（曾請求釋放陳無宇。）

【語　譯】昭公二年春天，晉侯派韓宣子前來聘問，同時報告他執政而特來進見，這是合乎禮的。韓宣子到太史那裏觀看書籍圖冊，看到《易》、象和《魯春秋》，說：「周禮都在魯國了。我今天才懂得周公的德行，和周之所以能成就王業的原因。」襄公設享禮招待他，季武子朗誦了〈緜〉的最後一章，韓宣子吟誦〈角弓〉，季武子叩拜道：「請允許我拜謝您彌合了我國與貴國間的關係，我們國君有指望了。」季武子吟誦了〈節〉的最後一章。享禮既畢，在季武子家宴飲。那裏有一棵好樹，韓宣子讚美了它，武子說：「宿豈敢不培植好這棵樹，以此不忘〈角弓〉。」就吟誦了〈甘棠〉這首詩。韓宣子說：「起不敢當，我沒有什麼比得上召公的。」

宣子就到齊國奉獻定親財禮。進見子雅。子雅召來子旗，讓他拜見韓宣子。韓宣子說：「這不是保住家族的大夫，不像做臣子的。」進見子尾，子尾讓彊拜見韓宣子，韓宣子對他的評論跟對子旗的一樣。大夫大多譏笑他，只有晏子相信他，說：「他老人家是君子。君子有誠心，他所認識的是有依據的。」韓宣子從齊國到衛國聘問，衛侯設享禮招待他。北宮文子吟誦〈淇澳〉，韓宣子賦〈木瓜〉。

夏四月，韓須到齊國迎接齊女，齊國陳無宇護送少姜，把她送到晉國。少姜受到晉侯的寵愛，晉侯稱她少齊。說陳無宇不是國卿，把他扣押在中都。少姜為他求情，說：「送親的人地位應隨同迎親的人。因為害怕大國，還是作了改變，因此才出了亂子。」

叔弓到晉國聘問，這是為了回報韓宣子的來聘。晉侯派人到郊外慰勞，他辭謝道：「我們國君派叔弓來重續舊誼，一再堅持說：『你不能接受迎賓之禮』，只要把使命上達給貴國朝臣，已是敝國極大地沾光了，豈敢煩勞派人郊迎？請允許辭謝。」請他住賓館，他又辭謝道：「寡君授令下臣來續傳統的友誼，只要完成敦睦邦交的使命，這已是下臣的榮幸了，豈敢接受如此豪華大賓館！」叔向說：「子叔子真是懂得禮的人啊！我聽說：『忠信，是載禮的器具，謙恭禮讓，是禮的根本基礎。』辭讓中處處以國為念，不忘祖國，這是忠信啊。先國家後自己，這是謙讓。《詩經》說：『謹慎地對待威儀，以親近有道德的人。』他老人家已接近有德了。」

同年秋天，鄭國公孫黑準備發動暴亂，想除掉游氏並取代他的地位，因舊傷發作沒有實現。族人駟氏和那班大夫都想殺掉公孫黑。子產這時正在邊境，聽說後，害怕趕不及，乘了傳車趕到。派官吏歷數公孫黑的罪狀道：「伯有那次動亂，因當時忙於大國的事端而沒有討伐你。你懷有禍亂之心，沒有滿足的時候，國家無法容忍你。你專權攻打伯有，這是你的罪狀的第一條；與兄弟爭奪妻室，這是你的罪狀的第二條；薰隧的盟會，你假託君令，這是你罪狀的第三條。有三大死罪，怎麼能夠容忍？你不快點去死，死刑馬上就要臨頭。」公孫黑一再叩頭跪拜，推託說：「我早晚就要死的，你們不要再來幫老天來虐待我了。」子產說：「人誰能不死？惡人不得好死，這是天命。做惡事，就是惡人。不幫上天，難道還幫惡人麼？」公孫黑請求任命他兒子印擔任市官。子產說：「印如果確實有才，國君將會任命他；如果沒有才幹，那早晚會步你的後塵。你不想想自己的罪過，還請求什麼？不快點去死，司寇馬上就要到了。」七月初一，公孫黑上吊死了。暴屍在周市的要道上，屍體上加放了塊公布罪狀的木牌。

晉國少姜去世，昭公到晉國奔喪，趕到黃河，晉侯派士文伯來辭謝道：「不是正配，請您不必屈駕光臨了。」昭公回國。季孫宿就送去了下葬的服飾。

叔向為陳無宇的事情對晉侯說：「他有什麼罪？您派公族大夫去迎親，齊國派上大夫送嫁，還說是不恭敬。國君您的要求太過分了。我國自己就不恭敬，反而把對方的使者給抓起來。國君的刑罰太偏頗，又怎麼能當盟主？況且少姜生前也為他說過話。」

同年冬十月，陳無宇回國。

十一月，鄭國派印段到晉國弔唁。

【說　明】本年中主要記載了三件事：一是晉與魯互派使者聘問的情形，從中可以看出晉魯兩國的不同地位：晉國派新繼位的執政者韓起到魯國聘問，魯國君臣對他優禮有加，並把韓起比作歷史上享有崇高地位的召公。而魯國的使者聘問晉國時，則處處謙卑自抑，辭謝郊迎之禮，拒住大的賓館，雖然叔向讚之為使者叔弓「知禮」、「忠信」、「謙讓」、「有德」，實際上是魯國對高踞於盟主之位的晉國的敬畏自卑。

其次，本文還記敘了齊國與晉國聯姻在迎親之禮上發生的風波，突出地反映了晉國仗勢欺人的「霸氣」。按當時的禮儀，兩國諸侯結親，迎與送的人地位相等就可以。晉國只派公族大夫迎親，齊國派了上大夫陳無宇送親，晉國還嫌「不恭」，竟把陳無宇扣押起來。直到晉國的直臣叔向勸諫，尖銳批評國君要求太過分，刑罰不公正，晉國才放陳無宇回國。

本文還記敘了鄭國統治集團內部的尖銳矛盾。公孫黑想發動叛亂奪取游吉的地位而代之，因舊傷發作沒有付諸實施。公孫黑的族人駟氏害怕公孫黑的禍累及氏族，而與大夫們聯合起來想殺公孫黑。鄭國執政者子產為制止貴族集團的相互殘殺，維護鄭國的安定，搶先一步下手，逼令公孫黑自殺，及時平定了一場即將發生的內亂，表現了執政的英明果斷。

三年

壬戌，西元前五三九年。周景王六年、齊景公九年、晉平公十九年、秦景公三十八年、楚靈王二年、宋平公三十七年、衛襄公五年、蔡靈公四年、曹武公十六年、鄭簡公二十七年、燕惠公六年、吳夷昧五年、杞文公十一年、許悼公八年。陳哀公三十年。

經 三年春王正月丁未，滕子原卒。

夏，叔弓如滕。

五月，葬滕成公。

秋，小邾子來朝。

八月，大雩。

冬，大雨雹。

北燕伯款出奔齊。

傳 三年春王正月，鄭游吉如晉，送少姜之葬。梁丙與張趯見之。梁丙曰：「甚矣哉❶，子之為此來也！」子大叔曰：「將得已乎❷！昔文、襄之霸也，其務不煩諸侯，令諸侯三歲而聘，五歲而朝，有事而會，不協而盟❸。君薨，大夫弔，卿共葬事；夫人，士弔，大夫送葬。足以昭禮、命事、謀闕❹而已，無加命矣。今嬖寵之喪，不敢擇位❺，而數於守適❻，唯懼獲戾❼，豈敢憚煩？少姜有寵而死，齊必繼室。今茲❽吾又將來賀，不唯此行也。」張趯曰：「善哉，吾得聞此數也！然自今子其無事矣。譬如火❾焉，火中，寒暑乃退❿。此其極⓫也，能無退乎？晉將失諸侯，諸侯求煩不獲。」二大夫退。子大叔告人曰：「張趯有知，其猶在君子之後⓬乎！」

丁未，滕子原⓭卒。同盟，故書名。

齊侯使晏嬰請繼室於晉，曰：「寡君使嬰曰：『寡人願事君朝夕不倦，將奉質幣⓮以無失時⓯，則國家多難，是以不獲⓰。不腆⓱先君之適⓲以備內官⓳，焜燿⓴

寡人之望，則又無祿，早世隕命，寡人失望。君若不忘先君之好，惠顧齊國，辱收寡人，徼福㉑於大公、丁公㉒，照臨敝邑，鎮撫其社稷，則猶有先君之適及遺姑姊妹㉓若而人㉔。君若不棄敝邑，而辱使董振㉕擇之，以備嬪嬙㉖，寡人之望也。』」韓宣子使叔向對曰：「寡君之願也。寡君不能獨任其社稷之事，未有伉儷㉗，在縗絰之中㉘，是以未敢請。君有辱命，惠莫大焉。若惠顧敝邑，撫有晉國，賜之內主㉙，豈惟寡君，舉羣臣實受其貺，其自唐叔㉚以下實寵嘉之。」既成昏，晏子受禮，叔向從之宴，相與語。叔向曰：「齊其何如？」晏子曰：「此季世㉛也，吾弗知齊其為陳氏矣。公棄其民，而歸於陳氏。齊舊四量㉜，豆、區㉝、釜、鍾。四升為豆，各自其四，以登於釜㉞。釜十則鍾。陳氏三量皆登一焉㉟，鍾乃大矣。以家量貸，而以公量收之。山木如市，弗加於山；魚、鹽、蜃、蛤，弗加於海。民參其力，二入於公，而衣食其一。公聚朽蠹，而三老㊱凍餒。國之諸市，屨賤踊㊲貴。民人痛疾，而或燠休㊳之。其愛之如父母，而歸之如流水。欲無獲民，將焉辟㊴之？箕伯、直柄、虞遂、伯戲㊵，其相胡公、大姬㊶已在齊矣。」叔向曰：「然，雖吾公室，今亦季世也。戎馬不駕，卿無軍行㊷，公乘無人，卒列無長㊸。庶民罷敝，而宮室滋侈。道殣相望㊹，而女富溢尤㊺。民聞公命，如逃寇讎。欒、郤、胥、原、狐、續、慶、伯[46]降在皂隸[47]。政在家門[48]，民無所依。君日不悛[49]，以樂慆憂[50]。公室之卑，其何日之有[51]？〈讒鼎[52]之銘〉曰：『昧旦丕顯，後世猶怠[53]。』況日不悛，其能久乎？」晏子曰：「子將若何？」叔向曰：「晉之公族盡矣。肸聞之，公室將卑，其宗族枝葉先落，則公室從之[54]。肸之宗十一族，唯羊舌氏在而已。肸又無子[55]，公室無度，幸而得死[56]，豈其獲祀[57]？」

初，景公欲更晏子之宅[58]，曰：「子之宅近市，湫隘囂塵[59]，不可以居，請更諸爽塏[60]者。」辭曰：「君之先臣容焉，臣不足以嗣之，於臣侈矣[61]。且小人近市，朝夕得所求，小人之利也，敢煩里旅[62]？」公笑曰：「子近市，識貴賤乎？」對曰：「既利之，敢不識乎？」公曰：「何貴？何賤？」於是景公繁於刑，有鬻踊者，故對曰：「踊貴，屨賤。」既已告於君，故與叔向語而稱之。景公為是省於刑。君子曰：「仁人之言，其利博哉！晏子一言，而齊侯省刑。《詩》曰：『君子如祉，亂庶遄已[63]。』其是之謂乎！」及晏子如晉，公更其宅。反，則成矣。既拜，乃毀之，而為里室[64]，皆如其舊，則使宅人反之[65]，曰：「諺曰：『非宅是卜，唯鄰是卜[66]。』二三子先卜鄰矣。違卜不祥。君子不犯非禮，小人不犯不祥，古之制也。吾敢違諸乎？」卒復其舊宅，公弗許，因陳桓子以請，乃許之。

【注　釋】❶甚矣哉　禮儀太過分了吧。甚，超過。指以卿的高貴身分參加妾的葬禮，在禮上太過。❷將得已乎　豈能不這樣呢。將，殆；恐怕。已，止。❸不協而盟　諸侯間有不和睦而發生衝突就開盟會。❹謀闕　謀劃彌補缺失。闕，缺陷失誤。❺不敢擇位　不敢依禮數選擇合適職位的人，來參加國君寵妾的葬禮。❻數於守適　依照對待國君正夫人的禮數來參加妾葬。數，禮數。適，「嫡」的假借字，守適即嫡夫人，守內宮為長，故名。依古禮，妾夫人之喪僅士弔而大夫送葬，現在鄭國卻不得不派卿來弔妾喪。❼獲戾　獲罪。❽今茲　今年。茲，年。❾火　大火星。心宿二為一等星。❿火中寒暑乃退　大火星出現在天空中，寒氣或暑氣就要消褪。大火星，夏末於黃昏時出現在天空中，暑氣漸消。冬末天亮時出現在天空中，寒氣也將消。⓫此其極　這是他（晉平公）罪盛的極點。古人認為盛極必衰，故「盛之極」就是衰敗的開始。⓬君子之後　君子之類。《論語》孔子言「以吾從大夫之後」，意即曾在大夫之列。⓭滕子原　即滕成公，滕子名原。⓮質幣　禮物。質，通「贄」。⓯無失時　不錯過（朝貢）時機。即按時朝貢。⓰不獲　不得自來。⓱不腆　不厚。腆，厚。當時常用的謙詞。⓲先君之適　先君的嫡女。少姜可能是齊莊公嫡夫人之女，故稱嫡女。⓳備內官　聊充內官之數。謙詞。⓴焜燿　照耀。焜，明。燿，照。㉑徼福　求福。徼，求。㉒丁公　姜太公之子，齊國之祖。㉓遺姑姊妹　非先君嫡配所生者之稱。指靈公的庶妾之女，景公的大姑小姑。㉔若而人　若干人。㉕董振　慎重督選精擇。董，正。振，整；整理。㉖嬪嬙　天子諸侯的姬妾。㉗未有伉儷　指晉侯當時尚無正夫人。㉘在縗絰之中　在喪服期間。古制，為妻服喪，貴相同。也許是晉侯以正夫人之禮守少姜之喪，也可能是外交辭令。㉙內主　即內宮之主嫡夫人。㉚唐叔　晉國始祖。㉛季世　末世；衰微之世。㉜四量　四種容積單位的量具。㉝區　四豆為區，即一斗六升。㉞各自其四以登於釜　各再翻四倍，以成一釜。一釜為四區，六斗四升。㉟陳氏三量句　陳氏家用的三種量具，都比舊量增加一成，即以五升為豆，五豆為區，五區為釜。一鍾就比舊制增加廿五升。又「以家量貸」二句，用自家的大量器借貸給人，而用公家的小量器收回。㊱三老　年老辭官退位的老人。㊲踊　斷腿者所用的假肢一類的東西。㊳燠休　厚賜。燠，厚。休，賜。或因憐惜心疼而撫慰。㊴辟　同「避」。㊵箕伯直柄虞遂伯戲　四人都是虞的後代，陳氏的祖先。㊶胡公大姬　胡公，箕伯等四人的後裔，為周始封陳之祖。大姬，胡公妃。㊷戎馬不駕二句　戎車不再能駕馬，大卿不再率領公室的軍隊。政治離散，不能統一。㊸公乘無人二句　公室的車乘沒有御者和戎右，百人的卒伍和軍隊的行列都沒有可用的官長。㊹道殣相望　餓死於路的人相望於道。殣，餓死。㊺女富溢尤　嬖寵之家的富貴更加過分。溢、尤，都是「過」的意思。㊻欒郤胥原狐續慶伯　欒，欒枝（的後代）；郤，郤缺（的後代）；胥，胥臣（的後代）；原，原軫（的後代）；狐，狐偃（的後代）。欒、郤、胥、原、狐五氏都是世卿。續，續簡伯（的後代）；慶，慶鄭（的後代）；伯，伯宗

（的後代）。續、慶、伯都是大夫。這八姓，都是晉國的權要世族。㊼皂隸　賤臣，奴隸或差役。㊽政在家門　政治權力落在大夫私家。大夫專政。㊾悛　改悔；改過。㊿以樂慆憂　以尋歡作樂掩蓋憂患。慆，藏；隱。(51)其何日之有　哪裏還有什麼日子。意即日子已到頭了。(52)讒鼎　鼎名。楊樹達《讀左傳》認為讒鼎即鬵鼎，大釜，或指一種上大下小的釜。(53)昧旦丕顯二句　天不亮就起身，勤奮獲取顯赫聲名，後代還會懈怠。(54)其宗族枝葉先落二句　宗族就如國家之大樹的枝葉，樹將死時枝葉必先落，公室也就跟著衰敗凋零。(55)肸又無子　肸又沒有能繼承先業的賢子。(56)幸而得死　獲得壽終已屬僥倖。(57)豈其獲祀　難道還能獲得祭祀嗎。(58)更晏子之宅　改善更換晏子的住宅。(59)湫隘囂塵　低濕狹小喧鬧多塵。(60)爽塏　敞亮高燥。爽，明亮。塏，高燥。(61)臣不足以嗣之二句　下臣不足以繼承祖業，這裏對於我已屬過奢了。侈，過。(62)里旅　司里；里人。其職責掌管卿大夫的家宅。(63)君子如祉二句　君子如果行福，禍亂或許可迅速停歇。這是《詩經・小雅・節南山之什・巧言》第二章卒句。如，行。祉，福。遄，疾速。(64)乃毀之二句　就拆毀了新居，而重建被毀的鄰里。(65)使宅人反之　讓舊宅的居者重返故居。(66)唯鄰是卜　唯有鄰居需要占卜。意思是須擇善鄰。

【語　譯】三年春周曆正月，鄭國派游吉到晉國，為少姜送葬。梁丙與張趯進見他。梁丙說：「這也太過禮了吧，您竟為這事專程而來！」游吉說：「難道能不這樣做麼！從前晉文公、襄公領袖諸侯的時代，他們努力不煩勞諸侯，叫諸侯三年派大夫聘問一次，五年朝覲一次。有事才會見，不和睦才盟誓。國君去世，派大夫弔唁，卿參加安葬；夫人死了，士弔唁，大夫送葬。只要能昭明禮節、發布命令、商量補救闕失就行，此外不再有額外的命令。現在寵姬的喪事，別國不敢選擇適當地位的人赴喪，而禮數甚至超過了正夫人。唯恐獲罪，哪裏還敢嫌麻煩？少姜受寵而死，齊國一定繼續送嫁另外的公女。今年我還要再次來賀喜，不只是跑這一趟啊！」張趯說：「好啊，我總算見識這樣的禮數了。但是從今以後，您大概會沒事了。譬如像大火星，它出現在天空中，寒氣暑氣就會消褪。這一次就是他的頂點了，能不衰退嗎？晉國將會失去諸侯的擁戴，那時諸侯想要麻煩只怕也得不到呢！」兩位大夫告退。游吉對人說：「張趯有識見，恐怕還是算君子之類的人吧。」

同年正月二十四日，滕子原死。由於是同盟國，所以魯《春秋》記載了他的名字。

齊侯派晏嬰到晉國去，請求送嫁另外的公女作平公繼房，晏嬰說：「寡君派嬰來時說：『寡人願意事奉君王，早晚不敢懈怠，本想不失定時奉獻財禮，卻因國家多難，所以不能親自前來。鄙先君的嫡女得以聊充君王內宮之數，昭明寡人的願望，可惜她沒有福氣，短命而死，使寡人失望。君王如不忘先君的舊誼，加恩顧念齊國，不嫌棄包容寡人，徼福於太公、丁公的祖靈，賞光鄙國，安撫他的國家，那麼還有先君的嫡女和遺姑姊妹若干人。君王如不嫌棄鄙國，麻煩您派遣使命慎重選擇，以充內侍。這是寡人的願望。』」韓宣子派叔向回答說：「這是寡君的心願。寡君不能單獨主掌國家大事，沒有正式的配偶，只因尚在服喪期間，所以沒有敢提。承蒙貴君允命，沒有比這更大的恩惠了。如肯加恩顧念敝國，安定晉國，惠賜給晉國內主，豈只是寡人榮幸，實在是羣臣都受到恩惠，從唐叔以下的列祖列宗都感到榮幸而讚許它。」訂婚之後，晏子接受享禮，叔向跟他飲宴，相互交談。叔向說：「齊國情況怎樣？」晏子說：「這是到了末世了。我不保齊國不落到陳姓的手裏。國君不體恤百姓，而讓他們都歸附陳氏。齊國舊有四種量具，豆、區、釜、鍾。四升為一豆，各翻四倍，以成一釜。十釜就是一鍾。陳氏家三種量具都各增加一成，那一鍾的容量可就大了。他用私家的大量具借出，而用公家的小量具收回。山上的木料運到市上賣，價格不高過山上；魚鹽蜃蛤這些海產，市賣價格不高於海邊。百姓力氣所得分參分，兩份歸國君，自己只剩一份維持衣食。國君的蓄積腐朽生蟲，而老人們卻在挨凍受餓。國家的那些市場上，鞋子便宜而假肢昂貴。百姓病痛疾苦時，只要有人對他們體恤撫慰，百姓就會把他們當父母一樣愛戴，而像流水一樣歸附他。要想不讓他獲得民心，哪裏避得開呢？箕伯、直柄、虞遂、伯戲等陳氏祖先的神靈，恐怕都已隨著胡公、大姬的靈魂，已在齊國幫助陳氏了。」叔向說：「是這樣。即使是我們公室，現在也到了末世了。戰馬不駕戰車，國卿不統帥軍隊，公室的戰車沒有御手和戎右，步兵的行列沒有官長。平民百姓窮困不堪，而宮室日益奢侈。餓死於路上的人一個接著一個，嬖寵之家的財富多得裝不下。百姓聽到國君的命令，就像避仇敵。欒、郤、胥、原、狐、續、慶、伯這八大家舊臣的子孫，已淪為卑賤吏役。政事集於私家，百姓無所依靠，而君主老是不思悔改，以尋歡作樂掩蓋憂患。公室的卑微衰落，還能再等幾天？〈讒鼎之銘〉上說：『即使每天黎明起身，勤奮獲得顯赫聲名，後代子孫還是會懈怠。』何況天天不思悔改的，他還能長久嗎？」晏子說：「您打算怎麼辦？」叔向說：「晉國的公族都完蛋了。我聽說，公室將要卑微，它的宗族就像大樹上的枝葉先行凋落，公室也將隨著衰落。我的一宗十一族，只有羊舌氏還在。我又沒有個好兒子，能得善終就屬僥倖，難道還能奢望受到祭祀？」

起初，齊景公想為晏子改換住宅，說：「您的住宅靠近市場，低濕狹小喧鬧多塵，不能居住，請換到高爽的地方吧。」晏子辭謝說：「君王的先臣就住在這裏。下臣不足以繼承祖業，住在這裏已過奢了。而且小人靠近市場，早晚都能見到所需的東西，這是小人的便利，豈敢麻煩『里旅』為我再建新居？」景公笑道：「您既然住得靠近市場，知道物價的高低麼？」回答道：「既然以它為利，怎能不知道呢？」景公說：「什麼東西貴？什麼東西便宜？」當時景公正濫用刑罰，所以就有賣假腿的，因此晏子就回答說：「假腿貴，鞋子便宜。」晏子既已把這告訴了國君，所以跟叔向談話時就提起這事。景公為此而省減了刑罰。君子說：「仁人的話，帶給人民的利益是多麼廣大啊，晏子一句話，讓齊侯減輕了人民的刑罰。《詩經》說：『君子行福，那禍亂或許就迅速停止。』講的就是這樣的事吧。」等晏子到晉國，景公乘機給他改換了住宅。他回來，新居已落成。晏子拜謝過後，就拆毀了它，而復建鄰里的居室，都像它原來樣子，讓原住戶都住回來，說：「俗話說：『要占卜的不是住房，而是好鄰居。』這幾位都已告占卜過鄰居了。違背占卜不吉利。君子不犯不合禮制的事，小人不犯不祥的事，這是古代制度。我怎敢違背它呢？」最終又恢復了他的老房子。景公不允許，晏子託陳桓子代為請求，景公才答應了。

【說　明】本段主要通過晉平公和齊景公兩個人物的表現，突出地揭露了處於末世的統治階級的腐朽沒落，及其不可挽救的衰亡。晉平公驕奢淫逸，作威作福不可一世。其寵妾少姜死了，要以超過嫡夫人的禮數安葬，小國鄭國特派卿來弔唁。少姜剛死，齊國立即主動請求為之繼室，唯恐怠慢獲罪。然而筆者藉張趯之口預言：「此其極也，能無退乎？」這是垂死前的「迴光返照」而已。作者通過晉齊兩位賢明的政治家叔向與晏嬰的對話，集中地刻畫了當時晉齊兩國的「季世」圖象：晉國「戎馬不駕，卿無軍行，公乘無人，卒列無長。庶民罷敝，而宮室滋侈。道殣相望，而女富溢尤」、「民聞公命，如逃寇讎。……政在家門，民無所依」。軍備廢弛，階級對立尖銳，政權旁落，舊的宗族統治集團分崩離析，難以維持。而齊國同樣是「公聚朽蠹，而三老凍餒」，甚而至於「屨賤踊貴」、經濟壓榨加上殘酷的暴力統治，導致「公棄其民，而歸於陳氏」。陳氏以大斗出小斗進的惠民措施獲得民心。

作者在揭示這個時代性的歷史轉變時，採用正面敘述與側面渲染結合，正面人物的讚頌與對反面人物的批判相互襯托的手法，深刻揭示豐富的歷史內涵。如鄭游吉赴晉為少姜送葬之事，著重落墨於游吉與張趯對此事展開的議論開拓題旨，指出晉統治者的墮落及其衰敗的命運。寫齊使晏嬰請繼室於晉之後，特地濃墨重彩地寫了叔向與晏嬰對齊晉兩國政局的深刻剖析和批判。曾稱霸一世的齊、晉這些霸主國的衰敗，標誌著一個時代的結束。

本段還生動而完整地記敘了齊國傑出的政治家晏嬰不願更換舊宅，不肯佔用民宅、反對統治者濫用刑罰的感人事跡。故事情節完整而有波瀾。先通過景公的勸說，透露晏子居住環境惡劣，「子之宅近市，湫隘囂塵」，而晏嬰卻拒絕搬到高爽處。景公乘晏嬰出使晉國之際，強行為他建新宅，晏子歸來後拆了新居，為原住戶恢復舊居。這中間還穿插了晏子乘景公打聽市價之機，藉「踊貴屨賤」進諫，力糾暴政。最後以「卒復其舊宅」的情節，突出反映晏子關心人民疾苦、愛護百姓、廉潔奉公的高尚情懷，他與貪婪、自私、殘暴的齊國最高統治者恰恰形成了強烈的對照。故事生動，人物鮮明，對話議論精闢，構成了它的不朽魅力。

傳 夏四月，鄭伯❶如晉，公孫段相，甚敬而卑，禮無違者。晉侯嘉焉，授之以策❷，曰：「子豐❸有勞於晉國，余聞而弗忘。賜女州❹田，以胙乃舊勳❺。」伯石再拜稽首，受策以出。君子曰：「禮，其人之急也乎❻！伯石之汰❼也，一為禮於晉，猶荷❽其祿，況以禮終始乎？《詩》曰：『人而無禮，胡不遄死❾？』其是之謂乎？」

初，州縣，欒豹之邑也。及欒氏亡，范宣子、趙文子、韓宣子皆欲之，文子曰：「溫，吾縣也❿。」二宣子曰：「自郤稱以別，三傳矣⓫。晉之別縣不唯州，誰獲治之⓬？」文子病之⓭，乃舍之。二宣子曰：「吾不可以正議而自與⓮也。」皆舍之。及文子為政，趙獲⓯曰：「可以取州矣。」文子曰：「退！二子之言，義也。違義，禍也。余不能治余縣，又焉用州⓰？其以徼禍也。君子曰：『弗知實難⓱。』知而弗從，禍莫大焉。有言州必死！」豐氏故主韓氏⓲，伯石之獲州也，韓宣子為之請之，為其復取之之故⓳。

五月，叔弓如滕，葬滕成公⓴，子服椒為介。及郊，遇懿伯之忌㉑，敬子㉒不入。惠伯曰：「公事有公利㉓，無私忌。椒請先入。」乃先受館，敬子從之。

晉韓起如齊逆女。公孫蠆為少姜之有寵也，以其子㉔更公女，而嫁公子㉕。人謂宣子：「子尾㉖欺晉，晉胡㉗受之？」宣子曰：「我欲得齊，而遠其寵㉘，寵將來乎？」

秋七月，鄭罕虎如晉，賀夫人㉙，且告曰：「楚人日徵敝邑以不朝立王之故㉚。

敝邑之往，則畏執事其謂寡君而固有外心；其㉛不往，則宋之盟云，進退罪也㉜。寡君使虎布之。」宣子使叔向對曰：「君若辱有寡君，在楚何害？脩宋盟也。君苟思盟，寡君乃知免於戾矣。君若不有寡君，雖朝夕辱於敝邑，寡君猜㉝焉。君實有心，何辱命焉㉞？君其往也！苟有寡君，在楚猶在晉也。」張趯使謂大叔曰：「自子之歸也，小人糞除㉟先人之敝廬，曰子其將來。今子皮實來，小人失望。」大叔曰：「吉賤，不獲來㊱，畏大國，尊夫人也。且孟㊲曰：『而將無事。』吉庶幾焉㊳。」

小邾穆公來朝，季武子欲卑之㊴。穆叔曰：「不可；曹、滕、二邾，實不忘我好，敬以逆之，猶懼其貳㊵，又卑一睦，焉逆羣好也？其如舊而加敬焉。《志》曰：『能敬無災。』又曰：『敬逆來者，天所福也。』」季孫從之。

八月，大雩，旱也。

齊侯田於莒，盧蒲嫳見，泣，且請曰：「余髮如此種種㊶，余奚能為？」公曰：「諾。吾告二子。」歸而告之。子尾欲復之，子雅不可，曰：「彼其髮短而心甚長㊷，其或寢處我㊸矣。」九月，子雅放盧蒲嫳于北燕。

燕簡公多嬖寵，欲去諸大夫而立其寵人。冬，燕大夫比㊹以殺公之外嬖。公懼，奔齊。書曰：「北燕伯款出奔齊。」罪之也。

十月，鄭伯如楚，子產相。楚子享之，賦〈吉日〉㊺。既享，子產乃具田備㊻，王以㊼田江南之夢㊽。

齊公孫竈㊾卒。司馬竈㊿見晏子，曰：「又喪子雅矣。」晏子曰：「惜也！子旗不免[51]，殆哉！姜族弱矣，而嬀將始昌[52]。二惠競爽猶可[53]，又弱一个焉，姜其危哉！」

【注釋】❶鄭伯　鄭簡公。❷策　賜命之書。這是晉侯僭行天子之禮，對外國大臣策命。❸子豐　公孫段的父親。❹州　今河南沁陽東稍南五十里，即溫縣東北。魯隱公十一年周桓王賜鄭，後屬晉。❺胙乃舊勳　酬報你父親舊日功勳。胙，酬報。❻其人之急也乎　禮恐怕是人所急需的吧。其，推測性語氣副詞。❼汰　驕傲。❽荷　承擔。❾人而無禮二句　人如沒有禮，為什麼不速死。這兩句詩是《詩經・鄘風・相鼠》的末句。❿溫吾縣也　本屬州溫。溫，趙氏封邑。⓫自郤稱以別二句　從郤稱以後，州縣已傳了郤稱、趙氏、欒豹三家。⓬晉之別縣二句　晉國把一縣劃分出別的縣的，不僅只州縣，誰又能得以按原縣治理呢。⓭病之　以之為病；對此事感到頭疼、不好辦。⓮吾不可以正議而自與　我不可以公正要求別人而自己撈好處，自取其縣邑。⓯趙獲　趙武的兒子。⓰余不能治余縣二句　我如招禍，連我自己的縣邑都不能治理，又哪裏管得著州縣呢。⓱弗知實難　不知道禍是怎麼起的，這實在是最難的。⓲豐氏故主韓氏　豐氏過去居住在韓氏家。豐氏即公孫段之氏族，以子豐為氏。主，住於其家。⓳韓宣子為之請之二句　韓宣子為公孫段請州縣，目的是為了將來自己能重新得到它。⓴叔弓如滕二句　叔弓到滕，參加滕成公的葬禮。根據三十年傳，先王之制，諸侯之喪，士弔，大夫送葬。叔弓以卿送葬，主要因為兩國關係密切，所以厚禮相待。㉑及郊遇懿伯之忌　到了滕魯相接的郊外，又逢副使父親懿伯的忌日。古人在父母逝世的紀念日不舉樂，不做其他事。㉒敬子　叔弓的字。㉓公事有公利　公家的事情要考慮到公家利益。㉔子　女兒。古人男女都可稱子。㉕公子　指齊景公的女兒。㉖子尾　公孫蠆的字。㉗胡　何故；為什麼。㉘遠其寵　疏遠他寵幸的人。寵，寵幸的人。

指子尾。如不接受他的女兒，是疏遠了他。㉙賀夫人　祝賀晉平公繼室。㉚楚人日徵敝邑句　楚國人天天來問敝國不去朝賀他們楚王新立的原因。徵，問。楚靈王新立，而鄭未曾去朝賀。㉛其　如果。假設性語氣副詞。㉜宋之盟云進退罪也　宋之盟云，宋國的盟約規定要朝見。宋之盟，指向戌弭兵之會盟，有晉楚所屬國有交相見的約定。進退罪也，無論進還是退都獲罪。進退，指朝拜楚或不朝拜。朝楚則得罪晉，不朝則得罪楚。㉝猜　猜疑。㉞君實有心二句　鄭君如有心事晉，何必來告訴寡君。㉟糞除　打掃。㊱吉賤不獲來　游吉太卑賤，不得前來。游吉不是上卿，故曰賤。因害怕冒犯大國之尊，所以要派上卿。㊲孟　指張趯。㊳庶幾焉　或許可以無事於此。㊴卑之　看不起他，不想用諸侯的禮相待。㊵敬以逆之二句　恭敬地迎接他，不怕他產生外心。以，同「而」。連詞。逆，迎。貳，貳心；叛逆之心。㊶種種　形容短的樣子。㊷彼其句　彼其，就是「彼」的意思。「其」作「之」用。心長，與「髮短」對言。㊸其或寢處我　「其」「或」二字都是表示不肯定的副詞，意謂「恐怕要」、「或許將」。「寢處我」以我為寢處，即睡在我的皮上。襄公二十八年，嬰曾說過：「譬之如禽獸，吾寢處之矣。」㊹比　朋比；勾結。㊺吉日　《詩經・小雅・吉日》，宣王田獵的詩。楚王想與鄭伯一起田獵，故賦。㊻田備　田獵的用具。備，具。㊼以　與。作連詞。㊽江南之夢　江南的雲夢澤。㊾公孫竈　即子雅。㊿司馬竈　齊國大夫。(51)子旗不免　子旗不免要遭禍。(52)嬀將始昌　陳氏將開始昌盛。嬀，陳氏的姓。(53)二惠競爽猶可　如惠公的兩個孫子都彊大賢明，或許還可以維持姜氏的朝代。競，強。爽，明。

【語譯】當年夏天，四月，鄭伯到晉國聘問，公孫段作相禮者，態度極其恭敬謙卑，禮儀周到沒有違失。晉侯對此很讚賞，授策書給公孫段，說：「你父親子豐對晉國有功勞，我聽說後一直沒忘記，所以特地賜給你州縣的土田，以酬勞你們過去的功勳。」公孫段再三叩拜謝恩，接受了策書後退出。君子說：「禮，恐怕是人所急需的吧。以公孫段這樣的驕傲，一旦在晉國講究了禮儀，尚且可以承受它的福澤，何況那些終生奉行禮的人呢？《詩經》說：『人如果沒有禮，怎麼會不迅速死去？』大概說的就是這個意思吧？」

起初，州縣是欒豹的采邑，等到欒氏衰亡後，范宣子、趙文子、韓宣子三人都想要它。文子說：「州本是屬於我的溫縣的。」兩個宣子說：「自從郤稱劃分州縣以來，已經傳了三家了。晉國從一縣劃分出別縣的不只是溫縣，誰又能夠按原來的去治理？」文子感到棘手，就放棄了。兩個宣子說：「我們不能拿口頭上公正的道理給自己撈好處。」也都放棄了。等到文子執政，他兒子趙獲說：「現在可以把州縣拿過來了。」文子說：「出去！這兩位的話是合於道義的，違背道義，是禍患。到時我自己的采邑都不能治理，又哪裏談什麼州縣？恐怕只是招禍罷了。君子說：『人往往不知曉禍患，這實是很難的。』知道了而不去做，災禍沒有比這更大的了。以後再有談州縣的，一定處死。」豐氏原來住在韓氏那裏，公孫段得到州縣，是韓宣子為他請求來的，是為了自己以後能重新得到它的緣故。

五月，叔弓到滕國去，參加滕成公的葬禮，子服椒當他的副手。到了郊外，正逢子服椒父親懿伯的忌日，叔弓不進滕國，子服椒說：「公家的事情只能考慮公家的利益，無須顧及私人的忌諱，請讓我先進城。」就先下榻賓館，叔弓隨後跟著進了城。

晉國大夫韓起到齊國迎接齊女，公孫蠆因為少姜曾很得平公的寵愛，便把他的女兒換齊侯的女兒，而把齊侯女兒另嫁他人。有人對韓宣子說：「子尾欺騙晉國，晉國為什麼要接受？」宣子說：「我如想拉攏齊國，卻疏遠它的寵臣，寵臣還會來麼？」

秋天七月，鄭國罕虎到晉國，拜賀平公娶夫人，同時報告說：「楚國人天天來責問敝邑不去朝賀他們立新王的原因。敝邑如果派人去，又害怕執事會說寡君本來有外心。如果不去，那麼在宋國盟約又規定了要去朝見，進退都會獲罪。寡君派虎前來陳說此情。」宣子派叔向回答說：「貴君假如心裏有我們國君，到楚國又有什麼妨害？這是為修好宋國的盟會。貴君如果想的是要遵守盟約，那麼寡君便知道可以免於乖戾之過了。貴君如果心裏沒有寡君，那即使早晚光臨敝國，寡君也會有猜疑的。貴君確實心向寡君，何必來告訴寡君？貴君儘管去吧，如果心向寡君，在楚國就像在晉國一樣。」張趯派人對太叔說：「自從您回去以後，小人打掃先人的破屋，說您會來的。現在來的卻是子皮，實在使小人失望。」太叔說：「吉的地位低下，不得前來，這是因為害怕得罪大國，尊敬夫人的緣故。而且大哥曾說：『您將要沒事了。』吉或許真的可以沒事了。」

小邾穆公來魯國朝見，季武子想用低於諸侯的禮節接待他，穆叔說：「不可以的。曹、滕和兩個邾國，都是不忘與我們邦交友好的，恭敬地接迎我們，還害怕他們三心二意，反倒又降低一個友好國家的地位，怎麼能迎接許多友好國家呢？還是像過去一樣並更加恭敬。《志》上說：『能恭敬就可以沒有災禍。』又說：『恭敬地迎接來賓，這就是上天所降福的原因。』」季孫聽從了他的話。

八月，魯舉行求雨大典，這是因為旱災的緣故。

齊侯在莒國打獵，六年前被放逐的盧蒲嫳求見，哭著請求道：「我的頭髮都掉得只剩短髮了，我還能幹什麼？」齊侯說：「行，我回去就告訴子尾、子雅。」回去後就告訴了這事。子尾就主張恢復他的官位，子雅不同意，說：「他頭髮雖然短，但心機還很長，他恐怕還要睡在我的皮上。」九月，子雅把盧蒲嫳放逐到北燕。

燕簡公有很多寵愛的幸臣，他想要去掉許多大夫而任用寵臣。冬，燕國大夫相互聯合殺死燕簡公的寵臣，簡公驚恐不安，出逃到齊國。《春秋》記道：「北燕伯款出奔齊。」這是歸罪於他。

十月，鄭伯到楚國，子產作助手。楚王設享禮招待鄭伯，吟誦〈吉日〉這首詩。享禮之後，子產就準備好了打獵的用具，楚王與鄭伯到江南的雲夢澤打獵。

齊國公孫竈去世，司馬竈進見晏子說：「又失去了子雅了。」晏子說：「可惜啊！子旗不能免於禍患，危險啊！姜族衰落了，而媯姓將要開始興盛。惠公的兩個孫子都強盛賢明還可以維持，又喪失了一個，姜族恐怕要危險啦！」

【說　明】這部分除了記載晉與齊、鄭、楚之間的關係、外交活動外，還著重揭示了一些國家內部各派政治力量之間的矛盾和鬥爭，特別是晉國與齊國。晉國州縣本是欒氏的封邑，欒氏一倒臺，趙、范、韓三家都想搶佔這個地盤。最後韓宣子利用晉侯想封賞豐氏的機會，趁機為他的舊房客豐請求到州縣，目的是為自己以後能得到它，可見其用心之苦。韓、趙、范三氏搶奪州縣的鬥爭，透露了以後三家分晉的先聲。

齊國則從魯襄公時期慶氏之亂，王室與卿大夫各派勢力的鬥爭一直沒有停止。公孫蠆為了拉攏晉國，竟私自把自己的女兒換了齊侯的女兒嫁給晉侯，而把齊侯的女兒改嫁。如此膽大妄為，反映了公室地位之衰落，大夫勢力的擴張。正因為如此，當被流放到莒的慶氏餘黨盧蒲嫳藉口年老無用，請求回國時，子雅堅決不同意，說他「髮雖短，心甚長」，而把他流放到更荒遠的北燕去。鬥爭之激烈可見一斑。當子雅去世後，晏子預言：姜氏政權危險了，媯氏將興。

四年

癸亥，西元前五三八年。周景王七年、齊景公十年、晉平公二十年、秦景公三十九年、楚靈王三年、宋平公三十八年、衛襄公六年、陳哀公三十一年、蔡靈公五年、曹武公十七年、鄭簡公二十八年、燕惠公七年、吳夷昧六年、許悼公九年。

經 四年春王正月，大雨雹。

夏，楚子、蔡侯、陳侯、鄭伯、許男、徐子、滕子、頓子、胡子、沈子、小邾子、宋世子佐、淮夷會于申。

楚人執徐子。

秋七月，楚子、蔡侯、陳侯、許男、頓子、胡子、沈子、淮夷伐吳，執齊慶封，殺之。遂滅賴。

九月，取鄫。

冬十有二月乙卯，叔孫豹卒。

傳 四年春王正月，許男❶如楚，楚子止之❷。遂止鄭伯❸，復田江南，許男與焉。使椒舉如晉求諸侯❹，二君待之。椒舉致命❺曰：「寡君使舉曰：日君有惠❻，賜盟于宋❼，曰：『晉楚之從交相見也❽。』以歲之不易❾，寡人願結驩於二三君❿，使舉請閒⓫。君若苟無四方之虞⓬，則願假寵以請於諸侯⓭。」晉侯欲勿許，司馬侯曰：「不可。楚王方侈，天或者欲逞其心，以厚其毒，而降之罰⓮，未可知也。其使能終⓯，亦未可知也。晉、楚唯天所相，不可與爭。君其許之，而脩德以待其歸⓰。若歸於德，吾猶將事之，況諸侯乎？若適淫虐，楚將棄之⓱，吾又誰與爭⓲？」公曰：「晉有三不殆⓳，其何敵之有？國險⓴而多馬㉑，齊、楚多難；有是三者，何鄉㉒而不濟？」對曰：「恃險與馬，而虞㉓鄰國之難，是三殆也。四嶽㉔、三塗㉕、陽城㉖、大室㉗、荊山㉘、中南㉙，九州之險也，是不一姓㉚。冀之北土，馬之所生，無興國焉㉛。恃險與馬，不可以為固也，從古以然㉜。是以先王務脩德音以亨神人㉝，不聞其務險與馬也。鄰國之難，不可虞也。或多難以固其國，啟其疆土；或無難以喪其國，失其守宇㉞。若何虞難？齊有仲孫之難㉟，而獲桓公，至今賴之。晉有里、丕之難㊱，而獲文公，是以為盟主。衛邢無難，敵亦喪之㊲。故人之難，不可虞也。恃此三者，而不脩政德，亡於不暇㊳，又何能濟？君其許之！紂作淫虐，文王惠和㊴，殷是以隕，周是以興，夫豈爭諸侯？」乃許楚使。使叔向對曰：「寡君有社稷之事，是以不獲春秋時見㊵。諸侯，君實有之，何辱命焉㊶？」椒舉遂請昏，晉侯許之。

楚子問於子產曰：「晉其許我諸侯乎？」對曰：「許君。晉君少安㊷，不在諸侯。其大夫多求㊸，莫匡其君。在宋之盟又曰如一㊹。若不許君，將焉用之？」王曰：「諸侯其來乎？」對曰：「必來。從宋之盟，承君之歡，不畏大國㊺，何故不來？不來者，其魯、衛、曹、邾乎？曹畏宋，邾畏魯，魯衛偪於齊而親於晉，唯是不來。其餘，君之所及㊻也，誰敢不至？」王曰：「然則吾所求者無不可乎？」對曰：「求逞於人，不可；與人同欲，盡濟㊼。」

大雨雹。季武子問於申豐曰：「雹可禦㊽乎？」對曰：「聖人在上，無雹。雖有，不為災。古者日在北陸㊾而藏冰㊿，西陸(51)朝覿而出之。其藏冰也，深山窮谷，固陰沍寒(52)，於是乎取之。其出之也，朝之祿位(53)，賓、食、喪、祭(54)，於是乎用之。其藏之也，黑牡、秬黍以享司寒(55)。其出之也，桃弧棘矢，以除其災(56)。其出入也時，食肉之祿，冰皆與焉(57)。大夫命婦喪浴用冰(58)。祭寒而藏之(59)，獻羔而啟之(60)，公始用之(61)，火出而畢賦(62)，自命夫命婦至於老疾，無不受冰。山人(63)

取之，縣人[64]傳之，輿人納之，隸人藏之。夫冰以風壯[65]，而以風出。其藏之也周[66]，其用之也徧。則冬無愆陽[67]，夏無伏陰[68]，春無淒風[69]，秋無苦雨。雷出不震，無菑霜雹[70]，癘疾[71]不降，民不夭札[72]。今藏川池之冰棄而不用，風不越而殺，雷不發而震[73]。雹之為菑，誰能禦之？〈七月〉之卒章，藏冰之道也。」

夏，諸侯如楚，魯、衛、曹、邾不會。曹、邾辭以難，公辭以時祭[74]，衛侯辭以疾。鄭伯先待于申。六月丙午，楚子合諸侯于申。椒舉言於楚子曰：「臣聞諸侯無歸，禮以為歸[75]。今君始得諸侯，其慎禮矣。霸之濟否，在此會也。夏啟有鈞臺之享[76]，商湯有景亳之命[77]，周武有孟津之誓[78]，成有岐陽之蒐[79]，康有酆宮之朝[80]，穆有塗山之會[81]，齊桓有召陵之師，晉文有踐土之盟，君其何用[82]？宋向戌、鄭公孫僑在，諸侯之良也，君其選焉。」王曰：「吾用齊桓[83]。」王使問禮於左師與子產。左師曰：「小國習之，大國用之，敢不薦聞[84]？」獻公合諸侯之禮六[85]。子產曰：「小國共職，敢不薦守[86]？」獻伯子男會公之禮[87]六。君子謂：合左師善守先代[88]，子產善相小國。王使椒舉侍於後以規過[89]，卒事不規。王問其故，對曰：「禮，吾所未見者有六焉[90]，又何以規？」宋大子佐[91]後至，王田於武城[92]，久而弗見。椒舉請辭焉。王使往，曰：「屬有宗祧之事[93]於武城，寡君將墮幣焉，敢謝後見[94]。」

徐子[95]，吳出[96]也，以為貳焉，故執諸申[97]。

楚子示諸侯侈[98]，椒舉曰：「夫六王、二公[99]之事，皆所以示諸侯禮也，諸侯所由用命也。夏桀為仍[100]之會，有緡[101]叛之；商紂為黎之蒐[102]，東夷叛之；周幽為大室之盟[103]，戎狄叛之，皆所以示諸侯汰也，諸侯所由弃命也。今君以汰[104]，無乃不濟[105]乎？」王弗聽。子產見左師曰：「吾不患楚矣。汰而愎諫[106]，不過十年[107]。」左師曰：「然。不十年侈，其惡不遠。遠惡而後棄[108]。善亦如之，德遠而後興。」

秋七月，楚子以諸侯伐吳，宋大子、鄭伯先歸，宋華費遂、鄭大夫從。使屈申圍朱方[109]。八月甲申，克之，執齊慶封[110]而盡滅其族。將戮慶封，椒舉曰：「臣聞無瑕者可以戮人[111]。慶封惟逆命[112]，是以在此，其肯從於戮乎？播於諸侯[113]，焉用之？」王弗聽，負之斧鉞，以徇於諸侯[114]，使言曰：「無或如齊慶封弒其君[115]，弱其孤，以盟其大夫[116]！」慶封曰：「無或如楚共王之庶子圍弒其君——兄之子——麇[117]而代之，以盟諸侯！」王使速殺之。遂以諸侯滅賴。賴子[118]面縛[119]銜璧，士袒，輿櫬[120]從之，造於中軍[121]。王問諸椒舉，對曰：「成王克許[122]，許僖公如是。

王親釋其縛，受其璧，焚其櫬。」王從之，遷賴於鄢[123]。楚子欲遷許於賴，使鬬韋龜[124]與公子棄疾[125]城之而還。申無宇[126]曰：「楚禍之首[127]將在此矣。召諸侯而來[128]，伐國而克，城竟莫校[129]，王心不違[130]，民其居乎[131]？民之不處[132]，其誰堪之？不堪王命，乃禍亂也。」

九月，取鄫，言易也。莒亂，著丘公立而不撫[133]鄫，鄫叛而來，故曰取。凡克[134]邑，不用師徒[135]曰取。

【注釋】❶許男　許悼公，名買，靈公寧之子，為許第十四君。在位二十四年，世子止弒之，其元年當周靈王二十六年乙卯歲，西曆紀元前五四六年。❷止之　挽留他，不讓走。❸遂止鄭伯　當時鄭簡還在楚國沒走，所以楚王再次挽留。❹使椒舉如晉求諸侯　派椒舉到晉國去請求諸侯專會，尋求稱霸的機會。椒舉即伍舉。❺致命　傳達楚王的命令。❻日君有惠　往日曾受君之恩惠。❼賜盟于宋　指襄公二十七年向戌弭兵之年。❽晉楚之從交相見也　跟從晉、楚的國家相互朝見。❾不易　多難。歲之不易，講連年有災難。❿願結驩於二三君　希望討取幾位國君的歡心。驩，同「歡」。⓫使舉請閒　請以空隙的時間聽我講。⓬四方之虞　四方邊境的憂患。虞，戒備；憂患。⓭則願假寵句　希望借君的威寵招致各諸侯。假寵，藉您的光耀，外交辭令。楚想徵得晉的同意，會諸侯做盟主。⓮厚其毒而降之罰　使它積惡而加重對它的懲罰。⓯能終　能得善終。⓰脩德以待其歸　增修晉德以等待楚君的歸宿。⓱若適淫虐二句　如果楚君放縱淫慾暴虐，雖楚國自己也會拋棄他。⓲又誰與爭　又有誰與我們爭霸主。誰與爭，是「與誰爭」的倒句。⓳三不殆　有三個可恃仗之條件。殆，危。⓴國險　晉國河山險固。㉑多馬　晉境代北產馬足以供兵。㉒何鄉　何向。㉓虞　娛；樂。㉔四嶽　東嶽泰山，西嶽華山，南嶽衡山，北嶽恆山。襄十四年傳「我諸戎是四嶽之胄裔」，是四嶽是諸戎的發源地。㉕三塗　山名，在今河南省嵩縣西南十里伊水的三塗山，俗名崖口，又名水門。㉖陽城　古陽城在今河南省登封市東南，俗名城山嶺。㉗大室　即今河南省登封市北之嵩山。㉘荊山　即今湖北省漳縣西八十里的荊山。㉙中南　即今陝西省西安市南之終南山，又名中南、南山、泰山、泰嶺。㉚是不一姓　這些險要之地並不屬一姓所永遠擁有。意思是險不可據，險要之地亦有興有滅。㉛冀之北土三句　冀州地域之北境，雖為馬的產地，然而卻無興盛之國。意思是馬多並不可據。㉜從古以然　從古以來已如此。以，通「已」。㉝務脩德音以亨神人　致力於修德，則治民事神皆可使之悅。亨，通。或通「享」。㉞守宇　據守的疆界。守，守地。宇，「四垂為宇」，邊境。㉟齊有仲孫之難　齊國有公孫無知的禍難。事見莊八、九年。㊱晉有里丕之難　晉國有里克、丕鄭之災難。事見僖九年傳。㊲衛邢無難二句　衛邢二國雖沒有禍難，敵人也滅了它們。衛於閔二年被狄所滅，僖二十五年衛滅邢。㊳亡於不暇　救亡都來不及。「亡於不暇」猶云「不暇於救亡」。㊴惠和　仁惠慈和；仁慈和藹。㊵不獲春秋時見　不能於春秋時按時進見。意思是不能得以自往，謙詞。㊶何辱命焉　何必惠賜命令，意謂何必來徵求同意呢。㊷晉君少安　晉君安於小的、眼前的得益，意謂沒有遠大眼光。㊸求　貪。㊹如一　晉楚同心友好如一。㊺大國　特指晉國。㊻君之所及　您（楚王）威力所能達到。㊼求逞於人四句　想要逞威快意於人是不行的，與別人願望相同則事情都能成功。㊽禦　止；防止。㊾日在北陸　太陽在星宿虛宿和危宿的位置。地球公轉到這裏是小寒和大寒，正是夏曆十二月，極冷之時。㊿藏冰　周禮有藏冰制度，於十二月挖冰塊窖藏。(51)西陸　指昴宿和畢宿，即金牛星座17、19、21、20、23、η、27和金牛座ε、68、δ、γ、α、θ、71、λ諸星。當它們早晨出現，則出藏冰。其時值清明、穀雨，即夏曆四月。(52)固陰沍寒　寒氣凝涸。固，凝涸。陰，寒氣。沍，凝。(53)朝之祿位　指卿大夫士這些享有朝廷祿位者。(54)賓食喪祭　迎賓、君食、大喪、祭祀。喪指大喪共夷盤冰，祭指祭祀共冰鑑。(55)黑牡秬黍句　用黑毛公羊和黑色黍子祭祀司寒之神。(56)桃弧棘矢二句　用桃木的弓、棘的箭（置於儲冰室的門戶）以禳災。(57)食肉之祿二句　凡祿位是以吃肉的官吏都可以享用冰。與，參與；有份。(58)大夫命婦句　大夫及命婦死後擦身要用冰。(59)祭寒而藏之　祭祀司寒之神後而藏冰。寒，司寒之神。(60)獻羔而啟之　獻羔羊祭祖時開冰室。二月春分獻羔祭韭。(61)公始用之　國君首先用冰。(62)火出而畢賦　大火星出現時頒發完畢。火，大火星，於夏曆三月時出現。大火星即天蠍座α星。賦，頒發。(63)山人　即山虞，小官，負責到深山取冰。(64)縣人　縣正。(65)冰以風壯　冰因風而堅實。壯，壯實。(66)周　密。指冰藏得密封。(67)愆陽　遇於溫暖。愆，過。(68)伏陰　指夏寒。(69)淒風　寒風。(70)無菑霜雹　霜雹不形成災害。(71)癘疾　傳染病。(72)夭札　夭折。夭，短命而死。札，因傳染病亡。(73)風不越而殺二句　風不散而草木凋零，雷不鳴而電出傷亡人畜。(74)時祭　祭祖。(75)諸侯無歸二句　諸侯不歸服別的，只歸服於有禮的。無歸，依歸無常。禮以為歸，即「以禮為歸」，介賓倒裝以突出「禮」。(76)夏啟有鈞臺之享　夏啟有鈞臺的宴享。夏啟，夏禹的兒子。鈞臺，在今河南省禹州市南。(77)商湯有景亳之命　商湯有景亳的誓命。景亳，即偃師，今河南省偃師市南三十里有景山。或曰景亳在今商丘北五十里，山東省曹縣南。

(78)周武有孟津之誓　周武王有孟津的盟誓。孟津即盟津，在今河南省孟州市南十八里。周武曾兩次會諸侯於盟津。(79)成有岐陽之蒐　周成王有岐山之陽的狩獵。岐山在今陝西省岐山縣東北。蒐，田獵；閱兵習武。(80)康有酆宮之朝　周康王有酆宮的朝覲。酆宮，周文王廟，在今陝西省戶縣東五里。(81)穆有塗山之會　周穆王有塗山的朝會。塗山在今安徽省懷遠縣東南八里，淮河東岸。(82)君其何用　君王（在以上六王二公的事）選用什麼禮。(83)吾用齊桓　我用齊桓公的方式。指召陵之盟的禮。(84)薦聞　進獻所知曉的。薦，獻。(85)獻公合諸侯之禮六　獻上公侯會合諸侯的禮儀六項。公，公侯，因向戌的宋國爵位為公侯。(86)小國共職敢不薦守　小國為大國供奉職守，豈敢不進獻所守行以禮。(87)獻伯子男會公之禮　獻上伯子男會見公侯的儀節。即諸侯會盟主的儀節。向戌所獻則是盟主主會的儀節。(88)合左師善守先代　向戌善於守持前代的禮儀。前代，指宋襄公曾經想稱霸，所以有盟主會諸侯的禮儀。(89)王使椒舉侍於後以規過　楚王讓椒舉侍從於身後以便隨時糾正儀節上的失誤。(90)禮吾所未見者有六焉　禮儀我所沒見到的有六項。左師、子產所獻的六禮，楚國可能都不曾舉行過。(91)宋大子佐　宋平公成的兒子，後來（周景王三十四年，西元前五三一年）嗣立為宋的第二十五君，謚為元公，在位十五年。(92)武城　本是申地，後屬楚，在今河南省南陽縣北。(93)屬有宗祧之事　適有宗廟祭祀的事。指為宗廟而田獵。(94)寡君將墮幣焉二句　寡君將於宗廟會諸侯，接受宋的布幣，謹為不能及時接見您而致歉意。(95)徐子　徐國之君。徐在今安徽省泗縣西北五十里。(96)吳出　吳女所生。徐君是吳國的甥。(97)以為貳焉二句　楚王懷疑徐子有貳心（向著吳國），所以把他扣押在申地。這是講楚王憑著主觀懷疑抓諸侯。(98)侈　過分奢華。(99)六王二公　即前文的夏啟、商湯、周武、成王、康王、穆王以及齊桓、晉文。(100)仍　即任，太昊風姓的後裔。仍國在今山東省金鄉縣東北，或曰山東省濟寧縣。(101)有緡　即緡國，帝舜之後，姚姓。地在今山東省金鄉縣東北二十里。(102)黎之蒐　黎丘的田獵。黎，東夷之國。地不詳，或曰今山西省長治縣西南有古黎國，或曰非是。(103)周幽為大室之盟　大室的盟會。大室即嵩山。《竹書紀年》：「幽王十年春，王及諸侯盟于大室。十一年，申人、鄫人及犬戎人宗周弒王。」故曰「戎狄叛之」。(104)以汏　過於驕縱。以，同「已」。汏，驕傲凌人。(105)濟　成功。(106)汏而愎諫　驕縱而拒諫。愎，拒絕諫諍。(107)不過十年　不出十年就垮臺。(108)遠惡而後棄　罪惡遠播然後被拋棄。(109)朱方　吳國的城邑，襄公二十八年吳將它賜給齊之叛臣慶封。地在今江蘇省鎮江市丹徒南。(110)執齊慶封　抓住齊之叛臣慶封。慶封於襄二十八年發動齊國內亂，後兵敗逃亡吳國。楚國假為齊討賊滅其族。(111)無瑕者可以戮人　只有本身無罪過的人可以聲討別人的罪釁。(112)逆命　違抗叛逆君命。(113)播於諸侯　播揚（楚王）惡聲於諸侯各國。(114)負之斧鉞二句　讓慶封背上斧鉞，在諸侯各駐地巡行示眾。鉞，大斧。《太公六韜》：「大柯斧，重八斤，一名天鉞。」(115)無或如齊慶封弒其君　不要有人像齊國慶封弒他的國君。無，同「毋」。

或，不定代詞。齊崔杼弒君，慶封是他的同黨。(116)弱其孤以盟其大夫　削弱國君的孤兒，與他的大夫結盟。孤，指齊景公，慶封因他幼小而削弱他，並於襄二十五年與大夫盟於大宮：「所不與崔、慶者……」云云。(117)弒其君兄之子麇　殺掉他的國君——哥哥的兒子——麇。麇即郟敖，是圍的哥哥康王的兒子。圍殺楚君郟敖見昭公二年傳。(118)賴子　賴國之君。賴，子爵之國，故稱為子。(119)面縛　兩臂反縛。(120)輿櫬　把棺材裝在車子上，表示有罪當死或就死之意。(121)造於中軍　到中軍中。中軍是君王所親自統帥的軍隊。(122)成王克許　楚成王滅許。事見僖六年傳。(123)鄢　楚邑，地在今湖北省宜城縣南。(124)鬬韋龜　令尹子文的玄孫。時奉命與公子棄疾為許城鄢。(125)公子棄疾　楚共王之子，靈王之弟，後嗣位為楚國第二十七君，號平王。在位十三年，其元年當周景王十七年癸酉歲，西元前五二八年。(126)申無宇　申舟之子。(127)禍之首　禍根；災禍的開始。(128)召諸侯而來　召會諸侯而諸侯皆來。而，作轉折連詞。(129)城竟莫校　築城於外境而諸侯沒有與他抗爭。(130)王心不違　楚王的意圖都能一一得逞，沒有違逆的。(131)民其居乎　老百姓能安生嗎。居，安。(132)民之不處　老百姓不能安居。處，與「居」同意。(133)撫　安撫。(134)克　戰勝；攻下。(135)師徒　軍隊。徒，步兵。

【語　譯】四年春周曆正月，許男到楚國去，楚君挽留住他，隨即也挽留了鄭伯，再度到江南打獵，許男也一起參加。楚君派椒舉到晉國去求得諸侯擁護，鄭、許兩國國君留待聽命。椒舉傳達楚王的使命說：「我們國君派我來時說，從前蒙貴君的恩惠，賞臉讓鄙邑在宋結盟，說：『讓跟隨晉國和楚國的國家相互拜交。』由於年來鄙國多難，寡人希望能與諸位國君交好，特地派我前來請您得空聽取在下的請求。如果貴殿下沒有四方邊境的憂患，那麼就希望能藉您的威寵來向諸侯們轉達請求。」晉侯想不應允，司馬侯說：「不行。楚王正在張狂之時，老天或許正要讓他野心得逞，以加深別人對他的痛恨，然後降給他懲罰，這是說不定的。也許能讓他善終，這也是說不準的。晉國、楚國爭霸只有靠老天的幫助，不是自己能相爭的。您還是答應他吧，自己修養德行等待最終的結果。如果他最終歸於德行，我們也還要聽命於他，何況諸侯呢？如果落到荒淫暴虐，楚國自己就會拋棄他，還有誰跟我們爭霸呢？」晉侯說：「晉國有三不怕，還有什麼對手？我國地勢險要而多產馬匹，而齊國、楚國多有患難。有這三條，到哪兒不成功？」司馬侯回答說：「依賴險要地形和馬匹，僥倖鄰國的禍難，這是三危險。四嶽、三塗、陽城、大室、荊山、中南，都是九州中的天險，它們並不歸於一姓所有。冀州的北部地區，是產馬的，那裏並沒有新興的國家。仗著天險與馬匹，不能把它們作為固國的保證，自古以來就是這樣。所以前代君王致力於修明德行聲譽來享祭神靈，溝通神人感情，沒聽過他們致力於險要地形和馬匹的。鄰國的禍難，不能對它心存僥倖。有的或許多有患難反而鞏固了他們的國家，開拓了疆土；有的沒有禍難卻反而亡了國，失去國土，怎麼能幸災樂禍？齊國發生了仲孫的禍難而桓公得以為霸主。直到今天齊國仰賴他的餘蔭。晉國遭里克、丕鄭的禍難，而成就了晉文公，因此而當了盟主。衛國、邢國沒有禍難，敵人也滅亡了它們。所以對別人的禍難不能存僥倖心理。依仗著這三條，而不修治德政，只怕救亡都來不及，又怎麼能成功？您還是同意他們的要求吧！商紂荒淫暴虐，文王仁慈和藹，殷朝因此滅亡，周朝因此興起，哪裏只是爭奪諸侯？」於是應允了楚使的要求，派叔向回答說：「寡君因國事在身，所以不能在春秋時按時親往朝見。至於諸侯，君王本就擁有他們，何必再麻煩您賜命呢？」椒舉於是就為楚王求婚，晉侯答應了。

楚王詢問子產說：「晉國會答應讓諸侯歸服於我國嗎？」回答說：「會答應您的。晉侯貪圖眼前的暫時安逸，其志向不在於諸侯。他的大夫多貪求，沒有輔佐他們的國君的。在宋國的盟約又說兩國友好如同一國。如果不答應要求，那還締結宋國的盟約幹什麼？」楚王說：「諸侯們會來嗎？」回答說：「一定會來的。服從宋國的盟約，得到您的歡心，又不用害怕晉國不同意，為什麼不來？不來的國家，大概是魯、衛、曹、邾幾國吧？曹國害怕宋國，邾國害怕魯國，魯、衛受齊國的威逼而親近晉國，因此不來。其餘的國家，都是君王勢力所能達到的，誰敢不來？」楚王說：「那麼我所要求的沒有不行的了？」回答說：「想從別人那裏逞求快意，是不行的。跟別人願望一致，都能成功。」

天下起大冰雹，季武子問申豐說：「冰雹可以防止嗎？」申豐回答說：「聖人在上面，沒有冰雹。即使有，也不會造成災害。古時候，太陽轉到虛宿和危宿的位置就藏冰，當金牛星座昴宿和畢宿在早晨出現時就把冰取出來。在藏冰的時候，深山窮谷，寒氣凝結，就在這裏鑿冰藏用。當把冰取出來時，朝廷上享有祿位的，請客、用膳、喪葬、祭祀，都從這裏取用。當藏冰時，用黑色公羊、黑色黍子來祭祀司寒之神。當出冰的時候，門上掛起桃木弓荊棘箭，用來消災除難。它的收藏和取用都按照時令。凡是享受吃肉的俸祿的，都有用冰資格。大夫和他們的妻子死後擦身要用冰。祭祀司寒之神而藏冰，奉獻羔羊祭祖而打開冰室，國君最早用冰，大火星出現的夏三月分配完畢。從大夫和他們的妻子以至於年老生病退休的，沒有不分到冰的。山人取冰，縣人運輸，輿人交付，隸人收藏。冰由於寒風而堅實，而隨順著春風而取用。它的收藏很嚴密，它的使用很普遍，那麼，冬天沒有過於溫暖，夏天沒有陰寒，春天沒有淒風，秋天沒有苦雨，打雷不傷人，霜雹不成災，傳染病不流行，百姓不至於短命夭折。現在藏著河川池塘的冰放著不用，寒風不散而凋零草木，雷不轟鳴而人畜傷亡，冰雹成災，誰能防止得了它？〈七月〉這首詩的最後一章，講的就是藏冰的道理。」

夏天，諸侯到楚國，魯、衛、曹、邾幾國都沒有到會。曹國、邾國藉口國內不安定，魯昭公推託說要祭祖，衛侯推說生病。鄭伯先在申地等待。六月十六日，楚王聚合諸侯在申地。椒舉對楚王說：「臣下聽說，諸侯不歸服別的，只信服於有禮。現在君王剛剛得到諸侯，對禮儀可要慎重啊。霸業能否成功，都在這次聚會了。夏啟有鈞臺的宴享，商湯有景亳的誓命，周武王有孟津的盟誓，成王有岐陽的狩獵，康王有酆宮的朝覲，穆王有塗山的朝會，齊桓有召陵的會師，晉文有踐土的會盟。君王準備採哪一種？宋國的向戌、鄭國的公孫僑都在這裏，他們都是諸侯大夫中的能人，君王可以任意選用。」楚王說：「我用齊桓公的方式。」楚王派人向左師向戌和子產諮詢禮儀。左師說：「小國學習禮儀，大國使用禮儀，豈敢不進獻所聽的？」獻上公侯會合諸侯的禮儀六項。子產說：「小國的職責是供奉大國，豈敢不進獻該做的？」獻上伯子男拜會公侯的禮儀六項。君子評說合左師善於保持前代的禮儀，子產善於輔佐小國。楚王派椒舉侍於身後以糾正失誤，然而直到事情結束都沒有任何糾正。楚王問他什麼緣故，他答道：「禮儀，我所沒見過的有六種，又怎麼糾正呢？」宋國太子佐晚到，楚王正在武城田獵，長久沒有接見他。椒舉請楚王辭謝他，楚王派人前去說：「正為宗廟田獵的事在武城，寡君正要把財物獻給宗廟，為未能及時接見謹致歉意。」

徐子，是吳女所生，楚王認為他懷有二心，所以把他從申地抓起來。

楚王向諸侯們大擺排場。椒舉說：「六王二公的事跡，都是向諸侯們顯示禮制，所以諸侯也由此而俯首聽命。夏桀舉行仍地的朝會，有緡背叛了他；商紂舉行黎地的狩獵，東夷背叛他；周幽王舉辦大室的會盟，戎狄背叛他，都是藉以向諸侯炫耀鋪張，所以諸侯也由此而違棄命令。現在君王太鋪張驕縱，恐怕不易成功吧？」楚王不聽。子產見了左師說：「我不用擔心楚國了。驕縱而拒聽勸諫，過不了十年。」左師說：「是這樣。沒有十年的驕縱，他的惡名流傳得不遠。惡名遠播然後被拋棄。善行也是這樣，德譽遠播然後興盛。」

秋七月，楚王帶領諸侯攻打吳國。宋太子、鄭伯先回國，宋國華費遂、鄭國大夫隨從軍隊。派屈申包圍朱方。八月甲申，攻下了朱方，抓住了齊國的慶封而把他的族人全都消滅了。將殺慶封時，椒舉說：「下臣聽說，只有本身沒有缺陷的人可以殺戮別人。慶封只因違抗君命，所以才在這裏，他肯乖乖地服從誅戮嗎？如果醜聞在諸侯中流傳開來，又何必這樣做呢？」楚王不聽，讓慶封背了斧頭，在諸侯軍中遊行示眾，叫他說：「不要有人像慶封那樣殺死國君，削弱國君的孤兒，和他的大夫結盟！」慶封說：「不要有人像楚王的庶子圍那樣殺死他的國君——哥哥的兒子——麇而取代他的位置，來跟諸侯會盟。」楚王趕忙派人迅速殺掉他。於是率領諸侯滅掉賴國。賴君反綁雙手，嘴啣璧玉，士袒著背，抬著棺材跟隨在後面，來到中軍。楚王就這事詢問椒舉，回答說：「成王攻下許國，許僖公就像現在這樣。成王親自給他鬆綁，接受他的璧玉，燒掉他的棺材。」楚王聽從了他的意見，把賴國遷移到鄢地。楚王就遷移許國到賴國原境內，派鬬韋龜和公子棄疾為許築好城然後再回國。申無宇說：「楚國禍難將會在這裏開頭了。把諸侯召集來，攻打別國成功，在邊境築城竟沒有人爭議，君王的願望都能如意，百姓能安生嗎？老百姓不能安居，誰能忍受得了？不堪忍受君王的政令，就是禍亂。」

九月，取得鄫國，是說獲得很容易。莒國發生動亂，著丘公即位而不安撫鄫國，鄫國背叛了他而來歸附。所以說「取」。凡是攻下城邑，不使用武力叫作「取」。

【說　明】本部分主要寫了楚靈王剛上臺，就迫不及待地要奪取霸主的寶座，明目張膽要求晉國允許招徠諸侯。晉平公起初不願讓位，自以為憑著本國的險要地形和盛產馬匹的優越自然條件以及鄰國的禍難就可立於不敗之地，暴露了他的昏庸無知。司馬侯清醒地向他指出，盲目地依賴客觀條件而不務德修政，「三不怕」就會變成三危險，甚至導致亡國之災。勸他接受楚國的要求。事實上當時的晉國，公室衰落，國力空虛，統治腐敗，民不堪命，早已失去了霸主的實力。在這種情勢下，只能把霸主的寶座拱手相讓給驕縱狂妄野心勃勃的楚靈王。

楚靈王一登上霸主寶座，立即帶領諸侯打吳國，殺慶封、滅賴國、遷許國，暴露出侵略好戰的嘴臉。作者又通過楚王因為宋太子赴會遲到而不加理睬、最後拒不接見的細節，寫足了楚靈王的驕橫與霸氣。「汰而愎諫，不過十年」，子產的話，預示了這個人物的最終下場。

這一部分還穿插了一段關於魯國大下冰雹的敘述，以人物對話為主體，介紹了古代的藏冰之禮，然後進行古今對比，指出今不如昔：「今藏川池之冰棄而不用，風不越而殺，雷不發而震。雹之為菑，誰能禦之？」以天象影射人事，透露了魯國政治衰敗無道，字裏行間飽含作者對現實的憤懣不平。

傳 鄭子產作丘賦❶，國人謗❷之，曰：「其父死於路❸，己為蠆尾❹，以令於國，國將若之何？」子寬❺以告。子產曰：「何害？苟利社稷，死生以之❻。且吾聞為善者不改其度❼，故能有濟也。民不可逞，度不可改。《詩》曰：『禮義不愆❽，何恤❾於人言？』吾不遷矣。」渾罕曰：「國氏❿其先亡乎？君子作法於涼⓫，其敝⓬猶貪。作法於貪，敝將若之何？姬在列者⓭，蔡及曹、滕其先亡乎？偪而無禮⓮。鄭先衛亡，偪而無法。政不率法，而制於心⓯。民各有心，何上之有？」

冬，吳伐楚，入棘⑯、櫟⑰、麻⑱，以報朱方之役。楚沈尹⑲射奔命於夏汭⑳，葴尹宜咎城鍾離㉑，薳啟彊城巢㉒，然丹㉓城州來㉔。東國㉕水，不可以城。彭生罷賴之師㉖。

初，穆子去叔孫氏㉗，及庚宗㉘，遇婦人，使私為食而宿焉㉙。問其行㉚，告之故，哭而送之。適齊，娶於國氏，生孟丙、仲壬。夢天壓己，弗勝，顧而見人，黑而上僂㉛，深目而豭喙㉜，號之曰：「牛，助余！」乃勝之。旦而皆召其徒㉝，無之。且曰：「志之！」及宣伯奔齊㉞，饋之㉟。宣伯曰：「魯以先子㊱之故，將存吾宗，必召女。召女，何如？」對曰：「願之久矣。」

魯人召之，不告而歸㊲。既立，所宿庚宗之婦人獻以雉㊳。問其姓㊴，對曰：「余子長矣㊵，能奉雉而從我矣。」召而見之，則所夢㊶也。未問其名，號之曰「牛」，曰：「唯。」皆召其徒使視之，遂使為豎㊷。有寵，長使為政㊸。公孫明㊹知叔孫於齊㊺，歸，未逆國姜㊻，子明取之，故怒，其子長而後使逆之。

田於丘蕕㊼，遂遇疾焉。豎牛欲亂其室而有之，強與孟盟，不可。叔孫為孟鍾㊽曰：「爾未際㊾，饗大夫以落之㊿。」既具(51)，使豎牛請日(52)。入，弗謁(53)；出，命之日(54)。及賓至，聞鐘聲(55)。牛曰：「孟有北婦人之客(56)。」怒，將往，牛止之。

賓出，使拘而殺諸外[57]。牛又強與仲盟，不可。仲與公御萊書[58]觀於公[59]。公與之環[60]，使牛入示之[61]。入，不示[62]，出，命佩之[63]。牛謂叔孫：「見仲而何[64]？」叔孫曰：「何為[65]？」曰：「不見，既自見矣[66]，公與之環而佩之矣。」遂逐之，奔齊。疾急，命召仲，牛許而不召。杜洩[67]見，告之飢渴，授之戈[68]。對曰：「求之而至，又何去焉[69]？」豎牛曰：「夫子疾病，不欲見人。」使寘饋于个[70]而退。牛弗進，則置虛命徹。十二月癸丑，叔孫不食。乙卯，卒[71]。牛立昭子[72]而相之。公使杜洩葬叔孫。豎牛賂叔仲昭子[73]與南遺[74]，使惡杜洩於季孫而去之[75]。杜洩將以路葬[76]，且盡卿禮[77]。南遺謂季孫曰：「叔孫未乘路，葬焉用之[78]？且冢卿[79]無路，介卿[80]以葬，不亦左[81]乎？」季孫曰：「然。」使杜洩舍[82]路。不可，曰：「夫子受命於朝而聘于王，王思舊勳而賜之路[83]，復命[84]而致之君。君不敢逆王命而復賜之[85]，使三官書之[86]。吾子為司徒，實書名[87]；夫子為司馬，與工正書服[88]；孟孫為司空以書勳[89]。今死而弗以[90]，是弃君命也。書在公府而弗以[91]，是廢三官也。若命服，生弗敢服，死又不以，將焉用之？」乃使以葬。

季孫謀去中軍，豎牛曰：「夫子固欲去之。」

【注釋】❶丘賦　鄭子產所改革的田稅軍賦制度。一丘十六井，按古法，當出馬一匹、牛三頭。現在子產的丘賦要求牛馬之外再加田賦，使之交粟。所以民以為貪。❷謗　毀謗；詛咒。❸其父死於路　子產之父子國被尉氏所殺。❹已為蠆尾　講子產重賦毒害百姓如同蠆蠍的尾巴。蠆，蠍類，短尾為蠍，長尾為蠆，其後腹狹如尾，末端有毒鉤。❺子寬　鄭大夫渾罕的字。❻死生以之　意謂生死由它去，不計較個人得失。以，由。作動詞用。❼度　法制。❽愆　過失。❾恤　憂慮；顧及。❿國氏　指子產，以其父子國之字為氏。鄭國公族，其父如是公孫，常以父字為氏。⓫涼　涼薄；不厚道。⓬敝　流弊；惡果。⓭姬在列者　姬氏的在列國者。⓮偪而無禮　受逼迫於大國而沒守禮法。蔡受逼迫於楚，曹受逼脅於宋，滕受齊逼迫威脅。⓯政不率法而制於心　政策不遵循古法而隨意制訂。⓰棘　地處今河南省永城市南。⓱櫟　地在今河南省新蔡縣北二十里。⓲麻　在今安徽省碭山縣東北二十五里，舊有麻城集。⓳沈尹　沈縣長官。沈，縣名，過去沈國舊址，地處今安徽省臨泉縣。尹，楚人名縣長為尹。⓴夏汭　地名，在今西淝河——古亦稱夏肥水，其下游入淮水處，在今安徽省鳳台縣西南。㉑鍾離　地在今安徽省鳳陽縣東北二十里。㉒巢　居巢在今壽縣南約一百里。㉓然丹　鄭穆公孫，魯襄公十九年投奔楚國。㉔州來　今安徽省鳳台縣。㉕東國　楚國以東部分地區為東國，鍾離、巢、州來以及賴都屬於東國地邑。㉖彭生罷賴之師　彭生停止派往賴地築城軍隊的行動。彭生，楚國大夫。㉗穆子去叔孫氏　穆子（魯之叔孫豹）離開叔孫氏。其父莊叔得臣死後，其兄宣伯僑如嗣立為魯卿，而與成公母穆姜私通，並陰謀除掉季孫行父與孟孫蔑。穆子可能已覺察其兄的行為，為避禍而離開。㉘庚宗　魯地，在今山東省泗水縣東。㉙私為食而宿焉　（讓婦人）暗中偷偷地給他弄吃的，並與他睡覺。㉚問其行　婦人問他幹什麼。㉛上僂　駝背，肩部向前彎曲。㉜豭喙　嘴巴像豬。豭，公豬。喙，嘴。㉝徒　隨從人員。㉞宣伯奔齊　成公十六年宣伯發動內亂失敗而奔齊。宣伯即僑如，穆子之兄。㉟饋之　招待宣伯吃飯。因為穆子先奔齊，已安家。㊱先子　先人；先輩。叔孫氏先祖是魯莊公庶兄，公子慶父同母弟公子牙，號僖叔。僖叔生公孫茲，號戴伯。戴伯生得臣，號叔孫莊叔。僑如及豹都是莊叔的兒子。先人蓋指僖叔、戴伯、莊叔。㊲魯人召之二句　魯國人叫叔孫豹回國而立他為卿，豹不告訴僑如就徑直回去了。㊳獻以雉　敬獻野雞向穆子表示祝賀。庚宗婦人知道穆子被立為卿。㊴問其姓　問她孩子的情況。婦女生子叫「姓」，這裏「姓」，指的是子。㊵余子長矣　我們的兒子已長大了。襄公二年，庚宗婦人所生的孩子已五、六歲。㊶則所夢　就是夢中所見的人的樣子。㊷豎　小臣。㊸長使為政　等豎牛長大了便讓他管叔孫氏家政。㊹公孫明　齊大夫，字子明。㊺知叔孫於齊　叔孫在齊時，公孫明與他友善。㊻國姜　叔孫在齊所娶之婦，是孟丙、仲壬的媽媽。㊼丘蕕　地名。㊽叔孫為孟鐘　叔孫為其子孟丙鑄鐘。㊾爾未際　你還沒有與諸侯大夫交際。際，接。作為卿大夫的嫡子，應與卿大夫們酬應交往。(50)饗大夫以落之　宴饗大夫以舉行釁鐘儀式。落，釁鐘後舉行饗宴名之曰落，猶今之落成典禮。古代凡禮器如鐘鼓之類及宗廟完工後，先用豬、羊或雞之血祭之。(51)既具　準備就緒。(52)請日　請穆子訂享日。因為先要確定饗日，然後戒賓，享日宴賓。(53)入弗謁　走進穆子的房間並不向他報告（請示享日的事情）。謁，稟告。(54)出命之日　從穆子房裏出來後，假傳穆子命令訂下饗日。(55)聞鐘聲　穆子意外地聽到釁鐘享客的鐘聲（感到奇怪）。(56)孟有北婦人之客　孟丙那裏有北邊女人的客人。北婦人，指國姜。客，指公孫明，國姜後夫。意指孟丙是為了宴享公孫明而提前落鐘。(57)使拘而殺諸外　拘，拘禁。諸，「之於」二字合音。(58)公御萊書　昭公的御士萊書。萊書，人名。(59)觀於公　私下遊觀於昭公的宮室。(60)公與之環　昭公賜給仲壬玉環。(61)使牛入示之　仲壬派豎牛把賜環拿給穆子看。(62)入不示　豎牛進去後不把仲壬所託的玉環給穆子看。(63)命佩之　假傳穆子之命叫仲壬佩帶國君所賜的玉環。(64)見仲而何　派仲壬去見魯昭公如何。而何，如何。意思是以此確立仲壬承嗣地位。(65)何為　即「為何」，幹什麼。叔孫對豎牛的話感到困惑、不解，故問。(66)既自見矣　他（仲壬）已經自己跑去見昭公啦。(67)杜洩　叔孫氏的家宰（管家）。(68)告之飢渴二句　穆子告訴杜洩，豎牛不給他飯吃，因而又飢又渴，並把戈遞給他，想叫杜洩殺了豎牛。(69)求之而至二句　派人找他（豎牛），已經把他找到了，又何必除掉他。杜洩可能擔心自己無力除掉豎牛。(70)使寘饋于个　派人把食物放在廂房（正房之側室）。个，東西廂房；正室兩旁的耳房。故意讓穆子拿不到食物。(71)乙卯卒　癸丑至乙卯，叔孫斷食已三日，遂卒。(72)昭子　叔孫婼，叔孫豹的庶子。(73)叔仲昭子　名帶，僖叔孫彭生之孫，是叔孫婼的族兄弟。(74)南遺　季氏的家臣。(75)使惡杜洩句　豎牛叫叔仲昭子和南遺在季孫前面說杜洩壞話來去掉他。(76)路葬　用路車陪葬。路，天子的車，這是周王賜給叔孫豹的大車。(77)盡卿禮　完全按照國卿所應享有的禮儀葬叔孫豹。(78)叔孫未乘路二句　叔孫生前沒有乘路車，下葬何必用路車陪葬。(79)冢卿　居首位的國卿。(80)介卿　中卿或次卿。介，次。(81)左　不正；邪。(82)舍　捨棄；不用。(83)夫子受命於朝二句　他老人家接受朝廷的使命到周天子那裏聘問，天子感念他先人的功勳而賞賜給他路車。襄公二十四年傳記載，穆叔到周朝聘問，周王嘉獎他有禮，賞賜給他大路——天子所乘的大車。(84)復命　向國君回報天子的賜命。(85)君不敢逆王命句　國君不敢違逆天子的命令而再賜給他。古代卿大夫受賜於天子，回去必須先送給國君，國君有賜命才能服用。(86)使三官書之　魯君叫司徒、司馬、司空把叔孫豹受天子賞賜路車的事記入書策。(87)書名　記載姓名。定位號。周禮，司徒負責教化——「掌十二教」，第十一條便是「賢制爵」。(88)與工正書服　司馬和工正記下了車服器具。工正掌作車服。(89)孟孫為司空句　孟孫做司空，記下了他的功勳。(90)弗以　即不用路車下葬。以，用。(91)書在公府而弗以　記載藏在國家公府而不用路車。書名書服書勳都藏在公府。

【語　譯】鄭國子產制定丘賦制度，國內的人都責罵他，說：「他的父親不得好死，他自己做了蠍子尾巴毒害別人。把這政令公布於國，國家將怎麼辦？」子寬把這話告訴了子產，子產說：「這有什麼好怕的？如對國家有利，生死都由它去，況且我聽說：做好事的不改變它的既定法度，所以才能成功。民心不能放縱，法制不能隨意改變。《詩經》上說：『禮儀上沒有過失，何必擔憂別人說閒話？』我不會改變的了。」子寬說：「國氏恐怕要先滅亡了吧？君子制定法令從刻薄出發，它的惡果跟貪婪同樣；試問制定法令從貪婪出發，它的惡果將會怎麼樣呢？在列國中姬姓的國家，蔡國和曹國、滕國恐怕要先滅亡吧？因為它們太逼近大國卻又無禮。鄭國比衛國先亡，因為它逼近大國而沒有法度，政令不遵循法度而憑主觀意志決定。百姓各有各的打算，哪裏還能尊敬上面執政的人？」

冬天，吳國攻打楚國，進入棘、櫟、麻，以報復朱方那一戰。楚國沈尹射到夏汭奔赴應命，葴尹宜咎在鍾離築城，薳啟彊築巢城，然丹在州來築城。東部地區發大水沒法築城，彭生停止向賴地派部隊築城。

起初，穆子離開叔孫氏，到庚宗時，遇到一位婦女，在她家偷偷地要點東西吃，並跟她睡覺。女人問他幹什麼的，他把事情告訴了她，她哭著送走了穆子。到了齊國，在國氏那裏娶了妻子，生了孟丙、仲壬。一天，穆子夢見天塌下來壓住自己，要挺不住了，回頭看見有個人，黝黑而駝背，摳眼睛，豬嘴巴，就喊叫著說：「牛！快幫幫我！」這才頂住了。早上就把手下人全部召集起來，沒看到夢裏的人，就說：「把它記下來。」等到宣伯逃亡到齊國，穆子請他吃飯。宣伯說：「魯國因為我們先人的緣故，將會保存我們的宗祠，一定會召你回國。來召你，你怎麼樣呢？」回答說：「已期待長久了。」

魯國人來召他回國，他不告訴宣伯就回去了。立為國卿以後，在庚宗跟他睡過覺的那女人，獻給他野雞表示祝賀。問她兒子的情況，回答說：「我兒子已經長大了，會捧著野雞跟我跑了。」把孩子叫來見面，就像穆子夢裏所見的人，沒問他名字，就喊他「牛」，孩子答應說：「是的。」穆子便把手下的都召來，讓他們看這孩子。於是便讓他做自己的小臣，叫做豎牛，很受寵信，大了就讓他主持家政。叔孫豹在齊國時與公孫明交好，叔孫回國，沒有來接國姜，公孫明便娶了她，穆子便遷怒於兩個兒子，等他們長大後才派人來接回去。

穆子到丘蕕打獵，就在那得了病。豎牛想趁機攪亂他的家室從而佔有它，強行要與孟丙盟誓，孟丙不同意。叔孫為孟丙鑄造了一口鐘，說：「你還沒有正式開展社交與人交際，這次要宴享大夫們以舉行鐘的落成典禮。」享禮準備就緒，孟丙讓豎牛向穆子請示確定日期，豎牛進去後並不稟告這事，出來假傳穆子的命令訂定日子。等到賓客上門，穆子聽到了鐘聲，豎牛說：「孟丙那裏正招待北邊女人的客人。」穆子大怒，正準備前去，豎牛擋住他不讓去。等客人走後，穆子叫把孟丙關起來，並把他殺死在外邊。豎牛又硬要逼仲王跟他盟誓，仲王不答應。一天，仲王跟國君御士萊書到昭公宮室遊玩，昭公送給他玉環。回來後，仲王讓豎牛把它送給穆子看，豎牛進去不拿給他看，出來假傳命令叫仲王把玉環戴起來。然後豎牛對穆子說：「讓仲王去見國君怎麼樣？」叔孫說：「為什麼？」豎牛說：「不讓他見也已經自己去見過了；國君給了他玉環而他已戴在身上了。」穆子就把仲王趕走，仲王逃到齊國。後來，穆子病危，命令召回仲王，豎牛嘴上答應卻並不去召。家宰杜洩進見，穆子告訴他自己又飢又渴，遞給他一支戈叫他把豎牛殺了。杜洩答道：「既找了他來，又幹嘛把他除掉？」豎牛對人說：「他老人家病得很重，不想見人。」讓人把吃的東西放在廂房就退出去。豎牛不把飯送進去，就叫人撤走。十二月二十六日，穆子斷食，二十八日逝世。豎牛立了昭子而輔佐他。

昭公派杜洩安葬叔孫，豎牛賄賂叔仲昭子和南遺，叫他們在季孫面前講杜洩的壞話以便去掉他。杜洩準備用路車陪葬，並完全按照國卿的禮儀安葬。南遺對季孫說：「叔孫生前沒乘過路車，下葬哪裏用得著它？況且正卿沒有路車，次卿倒用路車送葬，不是太不正當了嗎？」季孫說：「是這樣。」便叫杜洩不要用路車。杜洩不肯，說：「他老人家接受朝廷的使命到天子那裏聘問。天子感念他先人的功勳而賞賜他路車，回來復命而把路車上交給國君，國君不敢違背天子的命令而再把路車賜給他，並讓三位官員記下了這事。當時，您是司徒，寫下名字定他的位號，他老人家是司馬，讓工正記下車服；孟孫是司空，記載了他的功勳。現在他死了卻不用路車，是違背了國君的命令。記載的策書藏在公府而不用路車，是廢棄了三位官員。如果上面賜命車服，活著不敢用，死後又不用，這樣，哪裏還用得著它？」於是，才讓路車陪葬。

季孫策劃撤掉中軍，豎牛說：「他老人家本來就想去掉它。」

【說 明】這部分主要講了兩件事：一是鄭國子產在國內大膽進行賦稅制度的改革，制定丘賦，結果遭到了國內一些人的反對以至咒罵。然而子產卻表現出了一個政治家所特有的膽識和高尚情懷，「只要對國家有利，生死由它去」，「我不會改變的」，因為當時鄭國處在楚、晉等大國之間，備受侵凌和壓迫，只有富國強兵、自強自立，所以改革制度，增加賦稅是勢在必行。所謂「丘賦」，就是在古法一丘（十六井）出一匹馬三頭牛的基礎上再加上田賦（糧粟）。這客觀上會增加人民負擔，也侵犯了地主貴族的利益。所以渾罕說它是「作法於貪」，並預言這會給子產的國氏宗族帶來滅亡的後果。但是當後來人們看到子產革新變法給人民帶來的富民強兵的實際效益時，又轉而歌頌子產了。所以孔子讚歎子產是「古之遺愛」也。

本部分還花了大量筆墨寫了魯國重臣叔孫氏的家族內鬨的悲劇，從而形象地揭示了魯國政治集團內部的多重矛盾、相互傾軋及其無可挽回的衰落。叔孫氏是魯莊公庶兄公子慶父同母弟公子牙的後裔，叔孫豹的嫡兄宣伯僑如嗣立為魯卿後，與成公的母親穆姜私通，並謀劃去掉另兩個政敵季孫行父與孟孫蔑，結果失敗，逃亡到齊國。穆子——叔孫豹比其兄有頭腦，早就預見其後果，事先避禍到齊，事後又被召回魯國嗣立為卿。遺憾的是穆子也並不高明，他竟相信夢兆，盲目信寵其私生子豎牛，中了他一系列的奸計，把自己的兩個親生兒子殺的殺，趕的趕，最後連自己也活活被餓死。豎牛陰謀的得逞，從根本上削弱了叔孫氏的力量，助長了其競爭對手季孫的政治野心，等到叔孫豹一死，立即提出廢除中軍，以進一步動搖了公室的地位，進而竊取魯國的權柄。

五 年

甲子，西元前五三七年。周景王八年、齊景公十一年、晉平公二十一年、秦景公四十年、楚靈王四年、宋平公三十九年、衛襄公七年、陳哀公三十二年、蔡靈公六年、曹武公十八年、鄭簡公二十九年、燕惠公八年、吳夷昧七年、許悼公十年、杞文公十三年。

經 五年春王正月，舍中軍。

楚殺其大夫屈申。

公如晉。

夏，莒牟夷以牟婁及防、茲來奔。

秋七月，公至自晉。戊辰，叔弓帥師敗莒師于蚡泉。

秦伯卒。

冬，楚子、蔡侯、陳侯、許男、頓子、沈子、徐人、越人伐吳。

傳 五年春王正月，舍中軍❶，卑公室❷也。毀中軍于施氏❸，成諸臧氏❹。初作中軍，三分公室，而各有其一。季氏盡征之❺，叔孫氏臣其子弟❻，孟氏取其半焉❼。及其舍之❽也，四分公室，季氏擇二，二子各一，皆盡征之，而貢于公❾。以書使杜洩告於殯❿，曰：「子固欲毀⓫中軍，既毀之矣，故告。」杜洩曰：「夫子唯不欲毀也，故盟諸僖閎，詛諸五父之衢⓬。」受其書而投之⓭，帥士而哭之⓮。

叔仲子⑮謂季孫曰：「帶受命於子叔孫曰：『葬鮮者自西門⑯。』」季孫命杜泄。杜泄曰：「卿喪自朝，魯禮也⑰。吾子為國政，未改禮而又遷之⑱。羣臣懼死，不敢自也⑲。」既葬而行⑳。

仲至自齊㉑，季孫欲立之㉒。南遺曰：「叔孫氏厚，則季氏薄。彼實家亂，子勿與知，不亦可乎？」南遺使國人助豎牛以攻諸大庫之庭，司宮射之，中目而死㉓。豎牛取東鄙三十邑以與南遺㉔。

昭子㉕即位，朝其家眾，曰：「豎牛禍叔孫氏㉖，使亂大從，殺適立庶；又披其邑㉗，將以赦罪㉘，罪莫大焉。必速殺之！」豎牛懼，奔齊。孟、仲之子殺諸塞關之外㉙，投其首於寧風㉚之棘上。仲尼曰：「叔孫昭子之不勞，不可能也㉛。周任有言曰：『為政者不賞私勞，不罰私怨㉜。』《詩》云：『有覺德行，四國順之㉝。』」

【注釋】❶舍中軍　廢除中軍。舍，廢除。中軍，春秋軍制多分中、左、右或中、上、下三軍，中軍為君王及其主帥所統領，為發號施令之所，主帥自將之。❷卑公室　魯國的公室是國君的政權及力量之所在，國君掌中軍就能壯大公室；中軍被廢除，被瓜分，魯國的公家軍和他郊區的軍賦田賦，必然落入瓜分者之手，故「廢中軍」是「卑公室也」。❸毀中軍于施氏　討論中軍的廢除是在大臣施氏家裏。這次季孫沒有參加，叔氏、孟氏兩家同大夫們討論。施氏為公子施父之族，魯國的大臣。❹成諸臧氏　臧氏為公子子臧之族，當時臧孫為魯國司寇，主管軍隊刑獄的長官。「成諸臧氏」即在臧氏家裏訂定廢除中軍的協議，季孫也沒有參加。❺季氏盡征之　分公室，是分魯公室之郊遂也。郊，郊區。遂，遠郊。就是季氏把分得的一軍，按照他在采邑封地徵集的辦法，郊遂的居民，部分當奴隸兵，不當兵的加倍徵收田賦。❻臣其子弟　以其子弟為臣。子弟，就是青壯年的兵士。❼取其半焉　孟氏把分得的一軍，一半作自由民，或出軍賦，或出田賦；另一半成為奴隸，或當奴隸兵，或作農業奴隸。❽及其舍之　即等到這次廢除中軍。及，等到。之，代中軍。❾皆盡征之而貢于公　即轄區（國君之郊遂）人民，全部為自由民，都要繳軍賦田賦，收入全歸各家所有，對昭公只是略微進貢一點罷了。❿以書使杜洩告於殯　全句缺主語「季孫」，意思是季孫拿告鬼書派杜洩向叔孫的靈柩告語。書，古代以申述自己的意思而寫在簡策上的叫書；告訴敵人的文字叫做書，告訴鬼神的也叫做書，此處指後一條。殯，指叔孫的靈柩。⓫毀　毀壞，此處作廢除解。⓬盟諸僖閎詛諸五父之衢　俱襄十一年初立中軍時事。叔孫豹當時知季孫宿以後會變易，故既盟之，又詛以禍福之言相要約也。僖閎，僖宮之門。詛，祈求神明降禍給違盟的人。五父之衢，魯國東南門外二里之大道。⓭受其書而投之　接過這份告鬼書就把它擲在地上，即拒絕向叔孫的靈柩祝告。投，擲地。⓮帥士而哭之　帶領他手下人對著叔孫的靈柩哭泣（叔孫受到季孫他們的誣蔑，杜洩他們感到十分悲憤）。帥，帶領。⓯叔仲子　又稱叔仲昭子，名叫帶，是叔孫豹的遠房姪子。他曾接受豎牛的賄賂，故偽造遺言，幫助季孫、豎牛誣蔑叔孫豹。⓰葬鮮者自西門　意即安葬不得善終的人從偏門出殯。鮮，沒有活到壽終而死亡，叔孫豹雖活到七十歲左右，是被餓三天而死的，叔仲子仍作「鮮者」論。自西門，省動詞，就是從西門出喪，西門不是魯朝的正門。⓱卿喪自朝魯禮也　執掌朝政的卿大夫的出喪從朝門走，這是魯國的禮法。⓲未改禮而又遷之　禮儀未曾正式修改，卻隨口亂說擅自篡改。遷，改變。⓳不敢自也　不敢從命。自，從也。⓴既葬而行　安葬完畢他就出走了。行，出逃也，畏懼季孫加罪，故出逃楚國避禍。㉑仲至自齊　仲壬得到其父叔孫死訊，從齊國來到魯國。仲，仲壬，叔孫豹之子。自，從。㉒欲立之　立之，確立他。季孫想要立他為叔孫的繼承人。㉓司宮射之中目而死　司宮，閹臣，係季氏的閹臣，後世稱太監。射之，用箭射擊他（仲壬）被射中眼睛而死。㉔取東鄙三十邑以與南遺　豎牛把叔孫家的采邑東部邊境的三十個城邑給與南遺。東鄙，是指叔孫氏采邑的東部邊境。與，給也。㉕昭子　叔孫豹之庶子叔孫婼，名昭子。豎牛計殺叔孫豹嫡子孟丙、仲壬，又餓死叔孫豹之後，立叔孫婼繼承卿位，企圖操縱昭子，由己專權。朝，朝見，此處指叔孫家裏昭子召集他的家族上下人等來朝見新主人。㉖禍叔孫氏　禍，使動用法。使受禍遭難。大從，重要的和順之道，例如父慈子孝。適，通借字，即嫡，正室所生之子。庶，為偏房之子。即豎牛使叔孫家受禍遭難，攪亂了家族重要的和順之道，殺了嫡子，立了庶子。㉗披其邑　披，析也，意同割裂。其邑，他的采邑封地。㉘將以赦罪　以，以之，之是代替上文「立庶」討好昭子、「披邑」賄賂南遺二事。

赦罪，赦與釋相同，使自己的罪惡得到開脫赦免。㉙孟仲之子殺諸塞關之外　即孟丙、仲壬的兒子把豎牛殺死在邊關的外面。孟，孟丙。仲，仲壬。塞關，特指為齊、魯兩國交界的關隘。之外，指魯國邊境線外，即已入齊國地界。㉚寧風　齊國邊境地方名。㉛叔孫昭子之不勞不可能也　即叔孫昭子的不酬報豎牛立己之功勞，而反殺之，這是一般人不可能做到的，難能可貴。勞，酬報。不可能，是說難能可貴。㉜為政者不賞私勞不罰私怨　即掌握政權的人，不因有恩於我而賞他，不因與我有仇而罰他。私，一己，即個人。怨，仇也。㉝有覺德行四國順之　出自《詩經・大雅》上。是說：有正直的德行，四面八方的國家都會遵循他。覺，直也，即正直。順，遵循的意思。

【語　譯】昭公五年春天周曆的正月裏，魯國當權派廢除中軍的制度，降低公室的地位。他們在施家商量廢除中軍的辦法，在臧家達成廢除中軍的協議。當初創建中軍的時候，曾把公室的軍隊一分為三，三家各掌一軍：季氏對他的一軍，採用他采邑裏的辦法，全部徵取私家兵或加倍繳田賦；叔孫氏把壯丁作為奴隸兵，老弱的人作為只繳軍賦田賦的自由民；孟氏則半數作為自由民，另一半作為奴隸，當奴隸兵或者農業奴隸。到了這次廢除中軍時，把公室的軍隊分為四份，季孫擇取四分之二，其餘兩家各得四分之一。全都作為自由民，採用徵收軍賦或田賦的辦法，各家以他收入的一部分貢獻給昭公。後來，季孫拿一個文書要杜洩向叔孫的棺材祝告：「你本是要廢除中軍的，現在已經廢掉了，所以告訴你。」杜洩說：「他老人家正因不想廢除中軍，所以才在僖公廟前盟誓，又在五父之衢詛咒的呀！」接下這個文書擲在地上，就帶著手下人對靈柩哭泣。

這時，叔仲子對季孫說：「帶曾向子叔孫領教過，說是：『安葬不得善終的人，從西門出殯。』」季孫就命令杜洩照辦，杜洩說：「卿的喪禮從朝門出去，這是魯國的禮儀。您主持國政，沒有正式修改禮儀，卻又隨口改為從西門出喪。我們下臣害怕違背禮法屈遭死刑，所以不敢從命。」安葬完畢，他就出走了。

仲壬得到父親的死訊，從齊國來到魯國，季孫宿想要立他為叔孫豹的繼承人。南遺說：「叔孫氏強大，季氏勢力就顯得薄弱。他們是家庭內亂，您不要參預，不也是可以的嗎？」南遺讓人們幫助豎牛在大庫的庭院裏攻打仲壬，太監用箭射他，仲壬眼睛中箭而死。後來，豎牛割取叔孫氏采邑東部邊境的三十個采邑送給了南遺。

昭子繼承了叔孫豹，即位以後，召集他家族的人，朝見時說：「豎牛使叔孫氏家受禍遭難，攪亂了家族傳統的和順之道；殺掉嫡子，立了庶子，又分割了采邑封地，打算以此使自己得到赦罪，真是罪大惡極！必須趕快殺掉他。」豎牛害怕了，出奔齊國。孟丙、仲壬的兒子把他殺死在邊關外，他的頭扔在齊國寧風地方的荊棘上。孔子說：「叔孫昭子不酬報豎牛立己之功，反而殺之，這是難能可貴的。周任有句名言：『掌權者不因有恩於我而賞他，不因與我有仇而罰他。』《詩經》上也說：『具有正直的德行，四方諸國都會遵照他做。』」

【說明】本部分首先披露了在季氏的授意下，施氏、臧氏等士大夫卑公室、廢中軍，公開奪取國家權力的史實。它標誌著魯國君主統治的進一步衰落，而被新興的卿士大夫所代替。

季氏為了掩蓋自己的明目張膽的侵權行徑，故意用策書讓杜洩向叔孫的棺材報告，把毀中軍說成是叔孫豹的意見。杜洩作為叔孫的忠實家臣，憤怒地揭穿了季氏的謊言，扔掉了策書，帶領手下人在靈柩前痛哭。

季氏為了鞏固和提高自己的地位，不擇手段地壓制競爭對手，利用南遺等人，加劇叔孫氏的家庭內亂，幫助豎牛射殺叔孫的繼承人嫡子仲壬，而立庶子昭子。

昭子看穿了豎牛和季氏的陰謀，果斷地宣布豎牛「罪莫大焉，必速殺之」。季氏與叔孫以及叔孫家庭的內部矛盾重重，顯示了春秋時期新舊統治階級內部尖銳複雜的矛盾。

傳 初，穆子之生❶也，莊叔❷以《周易》筮之❸，遇〈明夷〉䷣之〈謙〉䷎❹，以示卜楚丘❺曰：「是將行❻，而歸為子祀❼。以讒人入，其名曰牛，卒以餒死❽。〈明夷〉，日也。日之數十❾，故有十時❿，亦當十位⓫。自王已下，其二為公，其三為卿⓬。日上其中，食日為二，旦日為三⓭。〈明夷〉之〈謙〉，明而未融⓮，其當旦乎，故曰『為子祀』。日之〈謙〉，當鳥，故曰『明夷于飛⑮』。明而未融，故曰『垂其翼⑯』。象日之動，故曰『君子于行⑰』。當三在旦⑱，故曰『三日不食』。〈離〉，火也；〈艮〉，山也。〈離〉為火，火焚山，山敗。於人為言。敗言為讒⑲，故曰『有攸往，主人有言⑳，言必讒也』。純離為牛㉑，世亂讒勝，勝將適〈離〉，故曰『其名曰牛』。謙不足㉒，飛不翔㉓，垂不峻㉔，翼不廣㉕，故曰『其為子後乎㉖。吾子，亞卿也；抑少不終㉗』。」

【注釋】❶生　誕生。❷莊叔　穆子父，名得臣。❸以周易筮之　周易，就是《易經》。筮，古代用蓍草占卦，此處作占卜解；古人以《易經》的卦辭來占卜吉凶。❹遇明夷䷣之謙䷎　〈明夷〉䷣，上是坤，下是離，「離」是火、日，「坤」是地，〈明夷〉即日在地下。之，變成。謙䷎，上是坤，下是艮。由〈明夷〉變為〈謙〉卦之象，初九陽爻變為陰爻。❺示卜楚丘　示，給看。卜，占卜家。楚丘，人名。❻是將行　這（孩子）將會出奔國外。行，出奔；逃亡國外。❼為子祀　替您奉祭祀。（含有接續您家香火，祭祖掃墓；繼承您的事業，接「卿」的官位之意。）❽以讒人入三句　由於帶了一個奸邪的人進魯國，他的名字叫「牛」，這孩子最後被餓致死。讒人，挑撥離間造謠中傷的壞人。卒，最終。餒死，飢餓致死。❾日之數十　相傳古時天上有十個太陽。❿故有十時　古人以為太陽繞地球運行，按太陽的個數分一晝夜為十個時辰，大致為雞鳴、昧爽、旦、大昕、日中、日昃、夕、昏、宵、夜中等等。⓫亦當十位　十個時辰也是和十個太陽的位次相配的。⓬自王已下三句　人類也有貴賤，分十等：第一位為王（周天子）；王以下第二位為公（如昭公）；第三位為卿（如季孫宿、叔孫豹）——舉出與人的生日時辰好壞相應的人類社會中人的尊卑位次。⓭日上其中三句　太陽繞地球的軌道一圈，為十個時辰，日上其中，就是太陽向上運行在它自己軌道中點的開始，相當於公雞初啼開始的一個時辰，為最尊貴的第一位。食日為二，食，同「蝕」。是說太陽在運行中繼續被地球遮沒（地平線下）的一個時辰為第二，它的特點是「被蝕」直到日離地止，占卜家認為它同人類社會裏的第二位次相當。旦日為三，旦日是指太陽離開地平線繼續向上運行一個時辰之內叫旦日，是第三位次。旦日為卿。

⑭明而未融　明亮而未升高。融，高。⑮于飛　就是飛翔。于，詞頭。⑯垂其翼　翅膀下垂。指太陽明亮而不高，好像鳥有翅膀而無力。⑰君子于行　是說這位君子成長過程中要避難出奔的。⑱當三在旦　即旦日為三之意，說明第三個時辰，太陽已經升出地面，不再被地球所「蝕」了，說明地位卑低，距王、公遠了。⑲敗言為讒　講壞話就是進讒言。⑳有攸往二句　有人離開，預示著某人有壞話。攸往，離開之意。攸，所。主，有預示、顯現的意思。這句話的精神是：有人離開的這種現象，是有人在造謠誣蔑挑撥離間中傷他的緣故。㉑純離為牛　〈明夷〉上坤下離，以坤配離，故曰「純離」；《易經》以坤為牛。㉒謙不足　謙，不足也，即力量不夠。㉓飛不翔　即飛起時不會翱翔。㉔垂不峻　翼下垂，舉不高。峻，高也。㉕翼不廣　翅膀飛不遠。廣，廣遠也。㉖其為子後乎　大概是您的繼承人吧。㉗抑少不終　但是您的繼承者不得善終。少不終，言穆子雖老壽，而仍不得善終。抑，轉折詞。但是。

【語　譯】當初，穆子誕生的時候，父親莊叔用《周易》來占筮穆子的一生，得到〈明夷〉䷣變成〈謙〉䷎的卦象，就把它給占卜者楚丘看。楚丘說：「這個孩子將來要出奔外國，可又能回來給您祭祀，繼承事業。他帶了個奸邪的人回國，名叫牛，最後被餓而死。〈明夷〉是太陽，太陽的個數是十；所以一晝夜有十個時辰，也和十個太陽的位次相配。在人類社會，人的貴賤也分十等；周天子——王第一；從王以下，第二位是公；第三位是卿。孩子出生時辰和自然界的太陽上升相配合：太陽初從地底下上升，這個時辰生的孩子最為尊貴是第一；太陽繼續向上運行，到地平線上將露頭是第二；太陽剛剛升起，露出地平線是第三。〈明夷〉變為〈謙〉，太陽已亮但不高，相當於剛剛升出地面，故說可以『繼承卿位』『為您祭祀』。日變為〈謙〉，和鳥相配，故說『明夷飛翔』。太陽已亮而不高，故說『垂下它的翅膀』；象徵日的運動，故說『君子會出奔』；時辰相當第三位，故說『三日不食』。〈離〉是火，〈艮〉是山，離火燒山，山就毀壞。對人來說艮就是言語。講人壞話造謠中傷，就是讒言，所以說『有人受離間走開，顯示了是別人有說話過，這話一定是讒言』。配合離的是牛，時勢動亂而讒人勝利，勝利將會歸向於離。所以說『他名叫牛』。謙是力量不足，會飛而不能遠翔；翅膀下垂，不能高飛遠翔。所以說『這個孩子是您的繼承人吧。您，是亞卿，但是不得善終』。」

【說　明】末段追敘穆子出生的占策預言，為他的一生作了扼要的總結。但把叔孫穆子的悲慘結局說成是命運注定，這是宿命論的思想，是歷史的局限。

傳 楚子❶以屈申為貳於吳，乃殺之。以屈生為莫敖❷，使與令尹子蕩如晉逆女。過鄭，鄭伯勞子蕩于氾，勞屈生于菟氏❸。晉侯送女于邢丘❹。子產相鄭伯會晉侯于邢丘。

公如晉，自郊勞❺至于贈賄❻，無失禮。晉侯謂女叔齊曰：「魯侯不亦善於禮乎？」對曰：「魯侯焉知禮！」公曰：「何為？自郊勞至于贈賄，禮無違者，何故不知？」對曰：「是儀也，不可謂禮❼。禮，所以守其國，行其政令，無失其民者也。今政令在家，不能取❽也；有子家羈❾，弗能用也；奸大國之盟❿，陵虐小國⓫；利人之難⓬，不知其私⓭。公室四分，民食於他⓮。思莫在公，不圖其終⓯。為國君，難將及身，不恤其所⓰。禮之本末將於此乎在，而屑屑焉習儀以亟。言善於禮，不亦遠乎？」君子謂叔侯於是乎知禮。

晉韓宣子如楚送女⓱，叔向為介。鄭子皮、子大叔勞諸索氏。大叔謂叔向曰：「楚王汏侈已甚⓲，子其戒之⓳！」叔向曰：「汏侈已甚，身之災也，焉能及人？若奉吾幣帛，慎吾威儀；守之以信，行之以禮；敬始而思終⓴，終無不復㉑。從而不失儀㉒，敬而不失威㉓；道之以訓辭㉔，奉之以舊法㉕，考之以先王㉖，度之以二國㉗，雖汰侈，若我何㉘？」及楚。楚子朝其大夫，曰：「晉，吾仇敵也。苟得志焉㉙，無恤其他。今其來者，上卿、上大夫也。若吾以韓起為閽，以羊舌肸為司宮，足以辱晉，吾亦得志矣。可乎？」大夫莫對。薳啟彊曰：「可。苟有其備，何故不可？恥匹夫不可以無備，況恥國乎㉚？是以聖王務行禮㉛，不求恥人。朝聘有珪，享覜有璋㉜；小有述職，大有巡功。設机而不倚，爵盈㉝而不飲；宴有好貨㉞，飧有陪鼎㉟，入有郊勞，出有贈賄，禮之至也㊱。國家之敗，失之道也，則禍亂興。城濮之役，晉無楚備㊲，以敗於邲。邲之役，楚無晉備，以敗於鄢。自鄢以來，晉不失備，而加之以禮，重之以睦㊳，是以楚弗能報㊴，而求親焉。既獲姻親，又欲恥之，以召寇讎，備之若何？誰其重此㊵？若有其人，恥之可也。若其未有，君亦圖之。晉之事君，臣曰可矣：求諸侯而麇至㊶；求昏而薦女㊷，君親送之，上卿及上大夫致之㊸。猶欲恥之，君其亦有備矣。不然，奈何？韓起之下，趙成、中行吳、魏舒、范鞅、知盈；羊舌肸之下，祁午、張趯、籍談、女齊、梁丙、張骼、輔躒、苗賁皇，皆諸侯之選也。韓襄為公族大夫，韓須㊹受命而使矣；箕襄、邢帶、叔禽、叔椒、子羽，皆大家也。韓賦七邑㊺，皆成縣也。

羊舌四族，皆彊家[46]也。晉人若喪韓起、楊肸，五卿、八大夫[47]輔韓須、楊石，因其十家九縣，長轂[48]九百，其餘四十縣，遺守[49]四千，奮其武怒[50]，以報其大恥。伯華謀之[51]，中行伯、魏舒帥之，其蔑不濟[52]矣。君將以親易怨[53]，實無禮以速寇[54]，而未有其備，使羣臣往遺之禽[55]，以逞君心，何不可之有？」王曰：「不穀[56]之過也，大夫無辱[57]。」厚為韓子禮。王欲敖[58]叔向以其所不知，而不能，亦厚其禮。韓起反[59]，鄭伯勞諸圉。辭不敢見，禮也。

鄭罕虎如齊，娶於子尾氏。晏子驟見之[60]。陳桓子問其故。對曰：「能用善人，民之主也。」

夏，莒牟夷以牟婁及防、茲來奔。牟夷非卿而書，尊地也。莒人愬于晉[61]，晉侯欲止公[62]。范獻子曰：「不可。人朝而執之，誘也；討不以師，而誘以成之[63]，惰也。為盟主而犯此二者，無乃[64]不可乎！請歸之，間而以師討焉[65]。」乃歸公。

秋七月，公至自晉。

莒人來討，不設備。戊辰，叔弓敗諸蚡泉[66]，莒未陳也[67]。

冬十月，楚子以諸侯及東夷[68]伐吳，以報棘、櫟、麻之役。薳射以繁揚之師會於夏汭。越大夫常壽過帥師會楚子于瑣。聞吳師出，薳啟彊帥師從之[69]，遽[70]

不設備，吳人敗諸鵲岸。楚子以馹至於羅汭。吳子使其弟蹶由犒師[71]，楚人執之，將以釁鼓[72]。王使問焉，曰：「女卜來吉乎[73]？」對曰：「吉。寡君聞君將治兵[74]於敝邑，卜之守龜[75]，曰：『余亟使人犒師[76]，請行以觀王怒之疾徐[77]，而為之備，尚克知之[78]！』龜兆告吉，曰：『克可知也[79]。』君若驩[80]焉好逆[81]使臣，滋敝邑休怠[82]，而忘其死，亡無日矣[83]。今君奮焉震電馮怒[84]，虐執使臣[85]，將以釁鼓，則吳知所備矣。敝邑雖羸，若早修[86]完，其可以息師[87]。難易有備[88]，可謂吉矣。且吳社稷是卜，豈為一人？使臣獲釁軍鼓，而敝邑知備，以禦不虞[89]，其為吉，孰大焉？國之守龜，其何事不卜？一臧一否，其誰能常之[90]？城濮之兆，其報[91]在邲。今此行也，其庸有報志[92]？」乃弗殺。楚師濟[93]於羅汭，沈尹赤會楚子，次[94]於萊山。薳射帥繁揚之師先入南懷，楚師從之，及汝清。吳不可入。楚子遂觀兵[95]於坻箕之山。是行也，吳早設備，楚無功而還，以蹶由歸。楚子懼吳，使沈尹射待命于巢，薳啟彊待命于雩婁，禮也。

秦后子復歸於秦[96]，景公卒故也。

【注釋】❶楚子　楚靈王。❷以屈生為莫敖　屈生，屈建子。莫敖，楚國官名。❸鄭伯勞二句　鄭簡公在氾地慰勞子蕩，在菟氏慰勞屈生。氾、菟氏皆鄭地，氾在今河南省襄城縣南，菟氏在今河南省尉氏縣西北四十里。據《儀禮．聘禮》，他國之使過境，先由使者之副助手「次介」用束帛請求借道，東道國則由下大夫取其束帛入朝報告。若同意借道，便接受束帛，並給以飲食。今由國君親往慰勞，而且勞令尹於氾，勞莫敖於菟氏，是對楚表示特別恭敬。❹晉侯送女于邢丘　據桓三年傳，各國嫁女，國君皆不自送。又據《儀禮・士昏禮》，父母送女不下堂。今晉平公親送女出國境，想亦是敬楚之故。❺自郊勞　從郊外迎接慰勞，行朝聘之禮。❻賄　財物。❼是儀也不可謂禮　這是儀式，不能說是禮。儀，儀式。❽政令在家不能取　政令在於私家，不能拿回來。家，大夫曰家；此指魯國的政權落在大夫之手，私家即廢除中軍的三大家族——季孫、叔孫、孟孫三家。取，拿；收回政權。❾子家羈　是魯莊公的玄孫懿伯。❿奸大國之盟　觸犯大國的盟約。奸，是觸犯，這裏是說干犯昭公元年會虢之盟。⓫陵虐小國　是指魯國伐莒取鄆。陵虐，欺淩虐待。⓬利人之難　乘人之危取得利益。指往年莒國內亂，魯國奪取他的鄆地。⓭不知其私　不知道他自己也存在著危難。私，自己。⓮公室四分民食於他　公室軍隊一分為四後，百姓取食於三大家族。他，指瓜分魯君郊遂、軍民的季孫、叔孫、孟孫三家。民食於他，公室被瓜分，百姓歸附別人（三大家族）謀食。⓯思莫在公不圖其終　人民的心思已不放在魯國公室，昭公的心裏也不考慮後果。思，人民的思想；民心。終，最後結局。⓰難將及身不恤其所　危難將要落到自己身上，還不憂慮自己的處境。⓱晉韓宣子如楚送女　上年椒舉使楚，為楚靈王請婚，晉許之，至是使韓宣子如楚送女。⓲汏侈已甚　驕縱淩人，自高自大，太過分了。汏、侈兩字，都是驕縱過分的意思，同義詞連用。已甚，太過分。⓳子其戒之　您還是當心點兒。其，副詞，在祈使句中表希望、勸勉的語氣，含有「還是」或者「該、可」一類的意思。戒，戒備。⓴敬始而思終　做事情開頭，就嚴肅認真地考慮到最終的效果。敬，對工作嚴肅認真。㉑終無不復　事物發展到最終沒有不返回復行的。㉒從而不失儀　隨順主人不失身分，確保上卿之儀表與風度。儀，儀度；體統。㉓敬而不失威　敬重主人掌握分寸，不失大國之尊嚴與威望。威，威嚴；威望。㉔道之以訓辭　宣揚先王聖賢的教誨，啟發開導。道，稱道；開導。㉕奉之以舊法　恪守出使外國的向例與舊制。奉，奉行；恪守。㉖考之以先王　比照先王古賢的範例。考，稽考。㉗度之以二國　以晉楚兩國的得失來衡量以解決問題。㉘若我何　把我怎麼樣。意思是「無奈我何」。㉙苟得志焉　倘使能在他們那兒滿足報仇雪恥的願望。苟，倘若；如果。得志，得行其志，滿足願望。焉，於彼。指在晉國那兒。㉚況恥國乎　何況使國家受羞辱呢。恥，使動用法。使國蒙受恥辱。㉛務行禮　致力推行禮治（以禮治國）。務、行都是做的意思。㉜朝聘有珪二句　珪璋，皆玉器。《禮記》「圭以見國君，璋以見后夫人」。㉝爵盈　杯中酒滿。爵，宴享之酒杯。㉞好貨　專用名詞，專指席間相贈的禮品。杜預注：「衣服車馬，在客所無」。投客之所好。㉟陪鼎　正菜之外的加菜，表殷勤之情意。㊱禮之至也　這是禮儀的最高形式。至，極點之意。㊲晉無楚備　晉國勝後沒有防楚再犯的準備。㊳睦　和睦相處。[39]是以楚弗能報　因此楚國不能報復。是以，因此。[40]誰其重此　哪個承擔這個責任。其，副詞，加強語氣。重，猶言承擔。此，這個責任。[41]求諸侯而麇至　您要諸侯集會，他們就羣聚申城。麇，羣也。按：去年楚君求會諸侯，晉君許之，諸侯麇至晉國申地。[42]求昏而薦女　昏，「婚」的通借字。薦女，進奉晉女之意。薦，獻也；奉獻。[43]致之　送他到我國。致，送到。[44]韓須　韓起的兒子。[45]韓賦七邑　韓氏徵收賦稅的七個城邑。賦，收賦。[46]彊家　強盛的家族。彊，強也。[47]五卿八大夫　趙成、中行吳、魏舒、范鞅、知盈為晉國韓起之下的五卿，都是中軍的將領；羊舌肸之下的祁午、張趯、籍談、女叔齊、梁丙、張骼、輔躒、苗賁皇皆為大夫，合稱「八大夫」。[48]長轂　兵車。[49]遺守　留守。[50]奮其武怒　發揚他們的勇武義憤。[51]伯華謀之　伯華為這次戰爭出謀劃策。伯華，是叔向的哥哥。[52]其蔑不濟　就沒有不成功的。其，副詞，表揣測。蔑，無；沒有。濟，成；成功。[53]以親易怨　把親善換成怨仇。[54]速寇　招來敵人。速，招；招請。[55]遺之禽　即送給晉國捉拿。遺，贈送。之，他（晉國人）。禽，擒；捉拿。[56]不穀　自貶之稱。楚語。君王自謙稱己為「不穀」，相當於「寡人」。[57]無辱　是臣子竭力勸諫，國君已知過錯而表示歉意時的習慣用語，表示歉意。[58]敖　同「傲」。[59]韓起反　韓起回國。反，同「返」。[60]驟見之　屢次進見。驟，屢，屢次。[61]愬于晉　莒人向晉國控訴魯國。愬，說；訴苦。[62]止公　扣留昭公。止，阻；扣留。[63]討不以師而誘以成之　討伐不用部隊武力解決，卻用引誘來實現討伐的目的。[64]無乃　猶「不是」，表否定性推測語氣，常與「不」連用，多用於反問句。[65]間而以師討焉　有暇再用部隊討伐他們。焉，代詞。之；他們。[66]敗諸蚡泉　在蚡泉打敗他們。諸，「之於」合音。[67]未陳也　是沒有擺開陣勢的緣故。陳，同「陣」。動詞。布陣。[68]東夷　今江蘇省清江市至揚州市以東近海之夷人。夷，我國古代對東方各族的泛稱，含有對文化落後的東方諸部落的輕蔑意味。東夷與南蠻、北狄、西戎相類。[69]從之　緊跟吳軍迎戰拒吳。[70]遽　匆忙；倉促。[71]蹶由犒師　吳國蹶由犒勞楚國部隊。蹶由，吳王夷昧之弟。犒，以酒食或財物慰勞。[72]將以釁鼓　殺之以其血祭新鼓。[73]女卜來吉乎　你占卜過，來這裏吉利嗎。女，同「汝」。你。卜，占卜。[74]治兵　即用兵或演習練兵。[75]守龜　國家卜吉凶之龜殼。[76]曰余亟使人犒師　對守龜祝告說：「我立即派人去犒勞楚軍。」亟，急也，可譯立刻、趕緊。[77]怒之疾徐　發怒的（快慢）大小。[78]尚克知之　請神能使我們知道。尚，庶幾乎。知之，讓我們知道。之，代我們。[79]克可知也　勝利是可以知道的。[80]驩　同「歡」。高興。[81]好逆　好好地迎接。[82]滋敝邑休怠　滋長敝國士氣的鬆懈懶散。[83]亡無日矣　離滅亡沒有幾天了。[84]奮焉震電馮怒　激怒得如電擊雷震。馮怒，盛怒也。馮，同「憑」。盛也。[85]虐執使臣　虐待並逮捕使臣。[86]修　修飾；裝備；整治。[87]息師　休兵；停止戰事。[88]難易有備　對患難與平安都有準備。難，患難。易，平安。[89]以禦不虞　以抵禦意外。禦，抵擋。不虞，想不到的，即意外。虞，預料。

❾⓪ 誰能常之　誰能肯定落在哪件事上。說吉凶所在無人能定常在某事。常，大多。❾① 報　報應；應驗。❾② 其庸有報志　占卜的卦象也許會有應驗的。其、庸，反詰副詞連用，相當「豈」，難道。豈有報志，是說，我來楚得吉兆被殺，豈不會應驗在下次戰事吳國得勝利上麼。報志，報應之心。❾③ 濟　渡；過渡。❾④ 次　軍隊或人停留某地三宿以上曰次。❾⑤ 觀兵　檢閱軍隊。❾⑥ 秦后子復歸於秦　杜預注：「元年奔晉」，即后子於魯昭公元年出奔，這次回國，故曰復歸。

【語　譯】楚靈王認為屈申與吳國有勾結，就殺了他。讓屈生做莫敖，派他和令尹子蕩到晉國迎接晉君的女兒。經過鄭國，鄭伯在氾地慰勞子蕩，在菟氏慰勞屈生。晉侯送女兒到邢丘，子產輔佐鄭伯在邢丘會見晉侯。

魯昭公去到晉國，從接受郊外慰勞一直到贈送財貨，從來沒有失禮。晉侯對女叔齊說：「魯侯不是精通禮嗎？」女叔齊回答說：「魯侯哪裏懂得禮！」晉侯說：「為什麼？從郊外慰勞一直到贈送財貨，沒有違背禮節，為什麼說他不懂禮？」女叔齊答道：「這是儀式，不能說是禮。禮，是用來保有國家、推行政令、不失去百姓的禮法的。現在魯國的政權在以卿為首的三大家族手裏，不能收回來；有莊公的玄孫子家羈這樣的人才，不能任用；觸犯大國的盟約，欺侮虐待小國，攻打莒國取其鄆城；利用莒國內亂奪其鄫地，卻不知自己也存在著種種危難。公室四分後，百姓就食於三大家族。民心已經喪失，無人心存公室，昭公心裏也不考慮後果。做一個國君，危難將要來到身上，卻不去憂慮自己的處境。禮的根本和枝節就在於此，他卻瑣瑣屑屑地急於去學習儀式。說他精通禮法，不是差得遠了嗎？」君子認為女叔齊在這點上是熟知禮法的。

晉國的韓宣子護送國君的女兒去楚國，叔向做副手。鄭國的子皮、子大叔在索氏地方慰勞他們。大叔對叔向說：「楚王驕縱凌人，實太過分，您還是當心點兒吧。」叔向說：「驕縱過分，是他自身的災殃，哪兒會禍及別人？只要奉獻我們的財禮，慎保我們的威儀；守信用，行禮儀；事先嚴肅認真，考慮到最終效果，事後就都可以照樣重做。順從主人而不過度，恭敬而不失身分，稱頌聖賢的教誨，恪守出使的舊法，查考先王的事例，考慮兩國的得失，楚王雖然驕縱，又能把我怎麼樣呢？」到了楚國。楚靈王讓大夫們上朝，說：「晉國，是我們的敵人。假使我們能在他們身上報復，讓我們稱心快意，就不用顧慮其他。現在他們來的人，是上卿、上大夫。如果我們給韓起受刖刑，當守門人；給叔向受宮刑，做太監，這樣足以使晉國受辱，我們也滿足了願望。行嗎？」大夫們沒有一個回答的。太宰薳啟彊說：「行。如果有這種防備的話。為什麼不行？羞辱一個普通人還不能不作防備，何況羞辱一個國家呢？因此聖王致力於推行禮儀，不想羞辱別人。朝覲聘問有珪，宴享進見有璋，小國有述職的規定，大國有巡狩的制度。陳設了桌几而不依靠，酒杯滿了而不喝它，宴會時贈友好的禮品，吃飯時有陪鼎，入境有郊外的慰勞，離開有贈送的財貨，這都是禮儀的最高形式。國家的衰敗，由於不履行禮聘燕好之道，那麼禍亂就會發生。城濮那次戰役，晉國得勝而沒有防備楚國，因此在邲地吃了敗仗。邲地那次戰役，楚國得勝而沒有防備晉國，因此在鄢地吃了敗仗。自從鄢地戰役以來，晉國沒有喪失防備，而且對楚國禮儀有加，和睦為重，因此楚國戰敗鄢陵之恥不能報復，而只能求取親善了。既已和他們結成姻親關係，又想羞辱報復他們，以自找仇敵。預防晉國來犯的戰備部署得怎樣？誰來承擔這個重大的責任？如果有賢人來抵禦晉人的話，那是可羞辱他們的。如果沒有的話，君王還是考慮一下。晉國的事奉君王，下臣認為很可以了：要求聚會諸侯，晉侯許可，楚遂會諸侯於申；要求結親，就進奉女子，國君親自送她，上卿和上大夫送到我國。還要羞辱他們，君王您也許作好準備了吧！否則的話，怎麼行呀？韓起的下面，有趙成、中行吳、魏舒、范鞅、知盈三軍之將佐；叔向的下面，有祁午、張趯、籍談、女齊、梁丙、張骼、輔躒、苗賁皇，都是諸侯所應選的人材。韓襄做公族大夫，韓須接受命令而出使了；箕襄、邢帶、叔禽、叔椒、子羽，都是大家族。韓氏徵收賦稅的七個城邑，都是大縣。羊舌氏四族，都是強盛的家族。晉國人如果喪失韓起、叔向，那麼五卿、八大夫輔助韓須、楊石，靠了他們的十家九縣，戰車九百輛，其餘四十縣，留守的戰車有四千輛，發揚他們的勇猛英武，同仇敵愾，以報復他們的奇恥大辱。伯華為他們出謀劃策，中行伯、魏舒率領他們，就沒有不成功的了。君王將要把親善換成怨恨，確實違背聖王禮法，催招外敵進犯，而又沒有應戰的防備，讓下臣去當俘虜，以滿足您的心意，有什麼不行呢？」楚王說：「這是我的過錯，大夫不用再說了。」便對韓起厚加優禮。楚王想要用叔向不知道的事物來問難他，然而未達目的，於是也對他厚加優禮。韓起回去時，鄭伯趕到圉地迎接慰勞他。韓起謝絕不敢當國君親勞，這是禮啊！

鄭國的罕虎去到齊國，在子尾氏那裏娶親。晏子多次去看他。陳桓子問他緣故。晏子回答道：「他能任用經時濟世之賢人，是為民作主的好人。」

五年夏天，莒國的牟夷帶了牟婁和防地、茲地逃亡到魯國。牟夷不是卿，但《春秋》加以記載，這是由於看重這三個地方。莒人向晉國起訴，晉侯想要扣留昭公。范獻子說：「不行。別人來朝見卻逮捕了他，這就如同引誘。討伐他不用軍隊，而用引誘來取得成功，這是怠惰。做盟主者犯了這兩條，恐怕不行吧！請讓他回去，等有時間再用軍隊去討伐他。」於是讓昭公回國。秋七月，昭公從晉國回到魯國。

莒國人前來討伐魯國，但他們自己不設防。十四日，魯國的叔弓在蚡泉地方擊敗了他們，這是由於莒國人沒有擺開陣勢的緣故。

同年冬十月，楚靈王帶領諸侯和東夷的軍隊攻打吳國，以報復棘地、櫟地、麻地的那次戰役。薳射帶領繁陽的軍隊在夏汭會師。越國的大夫常壽過領兵和楚王在瑣地會合。聽到吳軍出動，薳啟彊領兵迎戰，匆忙中沒有設防，吳國人在鵲岸擊敗了他。楚王乘坐驛車到達羅汭。吳王派他的兄弟蹶由到楚營犒勞軍隊，楚國人把他逮捕起來，準備殺了他用血祭鼓。楚王派人詢問他說：「你占卜過，來這裏吉利嗎？」蹶由回答說：「吉利。寡君聽說君王將要在敝邑用兵，就用守龜占卜，致告龜甲說：『我立即去犒勞軍隊，請前去以觀察楚王火氣的大小而加以戒備，請神能使我預先知道吉凶。』占卜的卦象告訴我們說吉利，說：『得勝是可以預知的。』君王如果高高興興地迎接使臣，增加敝邑的懈怠而忘記危險，我們離滅亡就沒有幾天了。現在君王大發雷霆，虐待和逮捕使臣，將要用來祭鼓，那麼吳國就知道該怎麼戒備了。敝邑雖然疲弱，如果早日把城郭武器修繕完備，也許可以阻止貴軍。對患難平安都有準備，這可以說是吉利了。而且吳國為國家而占卜，豈只是為了使者一個人？使臣得以用血祭祀軍鼓，而敝邑就知道防備，以抵禦意外，難道說還有比這更大的吉利嗎？國家的守護神龜，有什麼事情不能占卜？一吉一凶，誰能夠肯定落在哪件事情上？城濮的卦象，在邲地應驗。現在這一趟出使，占卜的卦象也許會有應驗的吧？」楚靈王於是不殺蹶由。楚國的軍隊在羅汭渡河，沈尹赤和楚王會合，駐紮在萊山。薳射率領繁陽的軍隊先進入南懷，楚軍跟上去，到達汝清。不能進入吳國。楚靈王就在坻箕之山檢閱軍隊。這一次行動，吳國早已設防，楚國沒有建功就回師，只帶著蹶由回國。

楚靈王懼怕吳國，派沈尹射在巢地待命，薳啟彊在雩婁待命，這是合於禮的。

秦國的后子再次回到秦國，這是由於秦景公死去的緣故。

【說　明】本部分開頭記敘魯昭公到晉國的事。雖然他禮節周到，但晉國大臣女叔齊說：「這僅是熟習禮儀，而談不上懂禮。真正的禮是用來保有國家，推行政令，不失去百姓的。」昭公則政權旁落於私家，不能拿回，有賢才子家羈，不能任用；外失盟國，內失民心，公室軍民與稅收被大夫瓜分。君位危在旦夕，昭公卻只知「屑屑焉習儀以亟！」這段話是對季氏等卿大夫篡權原因的深刻分析，是對魯昭公這種昏君的尖銳批判。在結構上又對前文作了有力的收束與呼應，用筆不多而極有分量。

本部分記敘重點是繼續敘寫楚國的野心勃勃大肆擴張。楚靈王一方面與晉國締結姻親，一方面又時刻想著要把晉國踩在腳下，這次是異想天開，竟要把晉國送親的韓起、叔向扣留下來，進行虐待侮辱，以逞一時之快，毫不考慮後果，這恰恰表現了他的狂暴昏庸。經大臣薳啟彊的剖析是非，陳說得失，楚王才收回了愚蠢的念頭，轉為厚禮相送。

薳啟彊的勸諫在本文中佔了很大比重，它不僅指出楚王想侮辱友好使者，有違先王禮義傳統；破壞晉楚聯姻的親善關係，而且會引來難以逆料的後果。他擺出韓起與叔向手下強大的卿大夫集團勢力：擁有「十家九縣，戰車九百輛；其餘四十縣，留守的戰車有四千輛」。薳啟彊的話，也從一個側面透露了晉國與魯國一樣，國家的實際權力已落到了卿大夫集團的手中。

本文還寫了楚王所幹的另一件蠢事，帶諸侯和東夷的軍隊攻打吳國，並扣留受命來楚營犒賞軍隊的吳王之弟蹶由，準備殺了他用血祭鼓。幸而蹶由臨危不懼，以機智巧妙的回答指出，如果殺了他，就會引起吳國戒懼，加強戰備，全力以赴來挫敗楚國。這才使楚王不敢殺他。楚王本想攻打吳國以報復棘地、櫟地、麻地之役的失敗，但由於吳國早有防備，最終只得無功而回。

本文所寫的兩件事，都反映了楚靈王雖驕橫跋扈，好戰成性，與魯昭公膽小守禮、軟弱無能截然相反，但他們的腐朽沒落及最終滅亡的下場是一樣的。

六年

乙丑，西元前五三六年。周景王九年、齊景公十二年、晉平公二十二年、秦哀公元年、楚靈王五年、宋平公四十年、衛襄公八年、陳哀公三十三年、蔡靈公七年、曹武公十九年、鄭簡公三十年、燕惠公九年、吳夷昧八年、杞文公十四年、許悼公十一年。

經 六年春王正月，杞伯益姑卒。

葬秦景公。

夏，季孫宿如晉。

葬杞文公。

宋華合比出奔衛。

秋九月，大雩。

楚薳罷帥師伐吳。

冬，叔弓如楚。

齊侯伐北燕。

傳 六年春王正月，杞文公卒。弔如同盟❶，禮也。

大夫如秦，葬景公，禮也。

三月，鄭人鑄刑書❷。叔向使詒❸子產書，曰：「始吾有虞❹於子，今則已矣。昔先王議事以制❺，不為刑辟，懼民之有爭心也。猶不可禁禦❻，是故閑之以義❼，糾之以政❽，行之以禮，守之以信，奉之以仁；制為祿位❾，以勸其從；嚴斷刑罰❿，以威其淫⓫。懼其未也，故誨之以忠，聳之以行⓬，教之以務⓭，使之以和⓮，臨之以敬⓯，涖之以彊⓰，斷之以剛。猶求聖哲之上⓱、明察之官、忠信之長、慈惠之師，民於是乎可任使也，而不生禍亂。民知有辟⓲，則不忌⓳於上。並有爭心，以徵於書⓴，而徼幸以成之，弗可為矣。夏有亂政，而作《禹刑》；商有亂政，而作《湯刑》；周有亂政，而作《九刑》：三辟之興㉑，皆叔世㉒也。今吾子相鄭國，作封洫㉓，立謗政㉔，制參辟㉕，鑄刑書，將以靖民，不亦難乎？《詩》曰：『儀式刑文王之德㉖，日靖四方。』又曰：『儀刑文王，萬邦作孚㉗。』如是，何辟之有？民知爭端矣，將棄禮而徵於書，錐刀之末㉘，將盡爭之。亂獄滋豐㉙，賄賂並行。終子之世，鄭其敗乎？肸聞之，『國將亡，必多制』，其此之謂乎。」復書曰：「若吾子之言，僑不才，不能及子孫，吾以救世㉚也。既不承命，敢忘大惠㉛！」士文伯㉜曰：「火㉝見，鄭其火乎！火未出，而作火以鑄刑器，藏爭辟焉。火如象㉞之，不火㉟何為？」

夏，季孫宿如晉，拜莒田㊱也。晉侯享之，有加籩㊲。武子㊳退，使行人告曰：「小國之事大國也，苟免於討，不敢求貺㊴。得貺不過三獻㊵。今豆㊶有加，下臣弗堪㊷，無乃戾㊸也？」韓宣子曰：「寡君以為驩也。」對曰：「寡君猶未敢，況下臣，君之隸也，敢聞加貺？」固請徹加，而後卒事㊹。晉人以為知禮，重其好貨。

宋寺人柳有寵，大子佐惡之。華合比曰：「我殺之。」柳聞之，乃坎、用牲、埋書，而告公曰：「合比將納亡人㊺之族，既盟于北郭矣。」公使視之，有焉，遂逐華合比。合比奔衛。於是華亥㊻欲代右師，乃與寺人柳比㊼，從為之徵㊽，曰：「聞之久矣。」公使代之。見於左師，左師曰：「女夫也必亡㊾。女喪而宗室㊿，於人何有，人亦於女何有。《詩》曰：『宗子維城，毋俾城壞，毋獨斯畏(51)。』女其畏哉！」

六月丙戌，鄭災。

楚公子棄疾如晉，報韓子也。過鄭，鄭罕虎、公孫僑、游吉從鄭伯以勞諸柤(52)，辭不敢見。固請，見之。見如見王。以其乘馬八匹私面[53]。見子皮如上卿，以馬六匹；見子產以馬四匹；見子大叔以馬二匹。禁芻牧採樵[54]，不入田，不樵樹，不采蓺[55]，不抽屋[56]，不強匄[57]。誓曰：「有犯命者，君子廢[58]，小人降！」舍不為暴，主不慁賓[59]。往來如是，鄭三卿[60]皆知其將為王也。韓宣子之適楚也，楚人弗逆。公子棄疾及晉竟，晉侯將亦弗逆。叔向曰：「楚辟我衷[61]，若何效辟？《詩》曰：『爾之教矣，民胥效矣。』從我而已，焉用效人之辟？《書》曰：『聖作則[62]。』無寧以善人為則，而則人之辟乎？匹夫為善，民猶則之，況國君乎？」晉侯說，乃逆之。

秋九月，大雩[63]，旱也。

徐儀楚聘于楚，楚子執之。逃歸。懼其叛也，使薳洩伐徐。吳人救之。令尹子蕩帥師伐吳，師于豫章，而次於乾谿[64]。吳人敗其師於房鍾[65]，獲宮廐尹棄疾。子蕩歸罪於薳洩而殺之。

冬，叔弓如楚，聘，且弔敗也。

十一月，齊侯如晉，請伐北燕也。士匄相士鞅逆諸河，禮也。晉侯許之。十二月，齊侯遂伐北燕，將納簡公[66]。晏子曰：「不入。燕有君矣，民不貳。吾君賄⑥⑦，左右諂諛，作大事不以信，未嘗可也。」

【注　釋】❶弔如同盟　因為早在魯襄公二十九年時，魯國強迫杞國歸還很多田，以致杞國對魯國抱有怨恨。可是當這次杞文公之喪時，魯國仍把杞國當同盟國弔唁。所以才特別強調魯國很懂禮節。❷鑄刑書　把刑法鑄在鼎上。❸詒　送給。❹虞　憂慮，此處作希望解。❺議事以制　考慮事情輕重來判罪。議，揣度考慮。制，斷案判罪。❻禁禦　禁止抵制。❼閑之以義　用仁義來防範。閑，防閑；防備。杜預注：閑，防也。❽糾之以政　以政令來約束。賈疏：糾有約束之義。❾制為祿位　制定官品俸祿的大小。❿嚴斷刑罰　嚴厲地斷案判刑。⓫以威其淫　以威脅肆無忌憚的人。⓬聳之以行　表揚善行以獎勵他們。聳，韋注曰：聳，獎也。⓭務　指專業知識技藝。⓮使之以和　以和悅友善的態度使用他們。⓯臨之以敬　以嚴肅認真去接觸他們。臨，接觸。⓰涖之以彊　以莊重威嚴面對他們。涖，同「蒞」。臨到也。彊，威嚴。⓱猶求聖哲之上　還要訪求賢能的卿相。⓲辟　法律。⓳忌　畏；憚。⓴以徵於書　徵引刑法作為根據。書，刑書；法律也。徵，驗證。㉑三辟之興　三辟，指《禹刑》、《湯刑》、周朝的《九刑》。興，興起；產生。㉒叔世　季世；晚世。㉓作封洫　制定田界水溝，事在魯襄公三十年。封洫，田界水溝。㉔立謗政　設置挨人臭罵的政務。謗政，指子產在魯昭公四年時作丘賦，改革田稅軍賦之制，鄭人責罵他。㉕制參辟　制定三種法律。參，同「叁」。㉖儀式刑文王之德　意即法度，用文王的德政作榜樣。儀式，法度。刑，同「型」。模仿；效法。㉗作孚　作，開始。孚，信服。㉘錐刀之末　比喻刑書上的一字一句。錐刀，在鼎上刻字之工具。㉙滋豐　更加繁多。㉚救世　拯救當世生民。㉛大惠　把對方的諍言作為恩惠。大，表示對他的尊敬。㉜士文伯　即士匄。㉝火　又稱大火，多半是指二十八宿中的心宿之星（天蠍座的中心），並非指九大行星中的火星。㉞象　預兆。㉟火　發生大火災。名詞作動詞。㊱拜莒田　指「拜謝不討伐佔取莒國土田」事。㊲加籩　外加的菜餚。籩，宴會時盛乾食品的竹器。㊳武子　季孫宿又名季武子。㊴貺　賞賜。㊵三獻　三種類宴享用的食品。㊶豆　一種木製盛濕食品的器皿，此處代菜餚。㊷弗堪　受不起。㊸戾　罪過。㊹卒事　完事；享宴之禮完畢。㊺亡人　亡人是指華臣，在魯襄公十七年從宋國逃到陳國。㊻華亥　華合比的弟弟。㊼比　勾結，朋比為奸的比。㊽徵　證明；作證。㊾女夫也必亡　女，汝。夫，人。女夫，輕視之詞。亡，出逃。㊿喪而宗室　你葬送了你的宗族。喪，葬送。而，代詞「你」。(51)宗子維城三句　這三句見《詩經・大雅・板》。宗子，詩原意是太子。毋，不要。俾，使。斯畏，即畏斯，斯指宗子。(52)相　鄭地，在今新鄭縣南境，為當時楚、鄭往來的通路。

53私面　私覿；私人進見。54禁芻牧採樵　禁，禁約部下。芻牧，割草放牧。採樵，採摘砍柴。55采蓺　採摘菜蔬瓜果。蓺，今作「藝」，種植。56抽屋　拔出屋裏的木料，即拆房子。57強匄　匄，即乞丐的「丐」字，強匄即強行乞討之意。58君子廢　做官的撤職。廢，指撤銷官職。59不慁賓　慁，打擾；污辱。不慁賓即不被賓慁。60鄭三卿　指鄭國的三個掌權者：罕虎、公孫僑、游吉。61楚辟我衷　楚國邪曲，我們正直。杜注：「辟，邪也；衷，正也。」62則　準則。63大雩　即舉行較大的求雨之祭禮。雩，古代求雨的儀式。64乾谿　據《江南通志》說：「(乾谿)在今安徽省亳縣東南七十里。」65房鍾　吳地，在今安徽省鳳台縣西北百里，近蒙城界。也就是該省潁州附近。66簡公　是北燕的君主，魯昭公三年時，就出奔齊國。67賄　財物；貪財。

【語譯】魯昭公六年春周曆正月，杞文公死。魯國前去弔唁好似對同盟的國家一樣，這是合於禮的。

魯國大夫去到秦國，參加秦景公的葬禮，這是合於禮的。

三月，鄭國把刑法鑄在鼎上。叔向派人送給子產一封信，說：「起初，我對您寄予希望，現在完了。從前，先王衡量事情的輕重來判罪，不制定刑法，這是害怕百姓有爭奪之心的緣故。還是不能禁止，因此用道義來防範，用政令來約束，用禮儀來推行，用信用來保持，用仁愛來培養；制定祿位，以勉勵服從的人；嚴厲判罪，以威脅放縱的人。還恐怕不能收效，所以用忠誠教誨他們，根據善行獎勵他們，用專業知識技藝教導他們，用和悅的態度使用他們，用嚴肅認真來面對他們，用威嚴接觸他們，用堅決的裁決判刑對付違犯的人；還要訪求聰明叡智的卿相、明白事理的官吏、忠誠守信的鄉賢、慈祥和藹的老師，百姓在這種情況下才可以使用而不發生禍亂。百姓知道有法，就對上面不恭敬。大家都有爭奪之心，徵引刑法作為根據，而且徼倖得到成功，那就不能治理了。夏朝有違犯政令的人，就制定《禹刑》；商朝有違犯政令的人，就制作《湯刑》；周朝有觸犯政令的人，就制定《九刑》，三種法律的產生，都在很晚的時候了。現在您輔佐鄭國，制定田界水溝，設置推行挨罵的政事，制訂三種法律，把刑法鑄在鼎上，打算用這樣的辦法安定百姓，不也是很難嗎？《詩經》說：『效法文王的德行，每天撫定四方。』又說：『效法文王，萬邦信賴。』像這樣，何必要有法律？百姓知道了爭奪的依據，將會丟棄禮儀而徵引刑書，一字一句，都要爭個明白。觸犯法律的案件更加繁多，賄賂到處使用。在您活著的時候，鄭國恐怕就要衰敗吧？我聽說，『國家將要滅亡，必然多訂法律』，說的就是這個吧！」子產覆信說：「按照您所說，——僑沒有才能，不能考慮到子孫，我是用來挽救當代的。既然不能接受您的命令，又豈敢忘了您的賜予！」士文伯說：「大火星出現，鄭國恐怕會發生大火災吧！大火星還沒有出現，就使用火來鑄造刑器，這包藏著引起爭奪的法律。大火星如果象徵這個，不引起火災還會怎麼樣？」

同年的夏天，季孫宿去到晉國，這是為了拜謝不討伐佔取莒國土田的緣故。晉平公設享禮招待他，有外加的菜餚。季孫宿退出，派行人報告說：「小國事奉大國，如果免於被討伐，不敢再求賞賜。得到賞賜也不超過三獻。現在菜餚有增加，下臣不敢當。這樣也許是罪過吧？」韓宣子說：「寡君用它來討取您的歡心。」季孫宿回答說：「寡君尚且不敢當，何況下臣是君王的奴隸，豈敢聽到有外加的賞賜？」堅決請求撤去加菜，然後結束享宴。晉國人認為他懂得禮儀，在宴禮中重重地送他財貨。

宋國的寺人柳受到宋平公寵信，太子佐討厭他。華合比說：「我去殺了他。」寺人柳聽到了，就挖坑、殺牲口、把盟書放在牲口上埋起來，然後報告宋公說：「合比準備接納逃亡在外的人，已經在北邊外城結盟了。」宋公派人去看，有這回事，就驅逐了華合比。華合比逃亡到衛國。當時華亥想要取代華合比的右師這一官職，就和寺人柳勾結，跟著為他作證明，說：「這件事我也聽到很久了。」宋公讓他代替了華合比。華亥進見左師，左師說：「你這個人一定會逃亡。你毀壞你的宗族，對別人會怎麼樣，別人也會對你怎麼樣。《詩經》上說：『族長就是城垣，不要使城垣毀壞，不要使自己孤立而有所害怕。』你大約會害怕的吧！」

同年六月初七日，鄭國發生火災。

楚國的公子棄疾去到晉國，這是為了回報韓宣子的致送晉女。經過鄭國，鄭國的子皮、子產、子大叔跟從鄭簡公在柤地慰勞他。公子棄疾婉言謝絕，不敢接受。鄭簡公堅決請求，這才肯見面。進見鄭伯好像晉見楚王，用駕車的馬八匹作為私人進見的禮物。進見子皮好像進見楚國的上卿，用馬六匹；進見子產用馬四匹；進見子大叔用馬兩匹。同時公子棄疾又下令隨員，絕對不許隨便割草、放牧、採摘、砍柴，尤其不可擅自侵入田地，更不可砍折路旁的樹木，不摘菜蔬，不拆房屋，不強行討取。發誓說：「敢有觸犯這道命令的，君子撤職，小人降等！」寄住的時期不肆凶暴，主人不用擔心客人。前去和回來都像這樣，鄭國的三個卿都知道他將要做楚王了。韓宣子去到楚國的時候，楚國人不出來迎接。公子棄疾到達晉國國境，晉侯也打算不派人迎接。叔向說：「楚國的作法不合理，而我們的政治清明，為什麼去學不合理？《詩經》說：『你的教導，百姓都要倣效。』根據我們自己的就是了，哪裏用得著學別人的歪門邪道？《逸書》說：『聖人做出準則。』寧可以善人做準則，還是去學別人的不正派呢？一個普通人做好事，百姓還以他為準則，何況國君？」晉侯高興了，就派人迎接公子棄疾。

秋九月，舉行大的雩祭，這是由於發生了旱災。

徐國大夫儀楚到楚國聘問，楚靈王把他抓起來，可是不久他就脫逃回去了。楚王擔心徐國會背叛，於是就派薳洩攻打徐國。吳國派援兵救徐。因此，楚令尹子蕩率領軍隊攻打吳國，在豫章發兵而住在乾谿。吳國人在房鍾打敗了令尹子蕩的軍隊，俘虜了宮廄尹棄疾。子蕩把這次戰敗的罪過推在薳洩身上而殺了他。

同年冬天，魯國的叔弓到楚國去訪問，同時安慰楚國的被吳戰敗。

十一月，齊景公到晉國訪問，請求同意攻打北燕。當時士匄擔任士鞅的禮賓官，他輔佐士鞅到黃河邊上迎接齊景公，這是合於外交禮節的。晉侯同意了。十二月，齊景公就發兵攻打北燕，並準備把燕簡公送回去繼位。宰相晏子說：「簡公送不回去的。因為燕國已有新國君在位，百姓對他沒有二心。我們的國君貪財，左右的人阿諛奉承，辦大事不講信用，所以還不可以呢！」

【說　明】本文寫了鄭、宋、晉、楚諸國的幾件大事。首先是鄭子產變法改革、鑄刑鼎引起了軒然大波，以致其友叔向特地從晉國來信，對此舉表示了強烈的反對。他認為應保持先王的禮治，以仁義忠信感化人心。而子產的變法，只會使「民知爭端」「棄禮而徵於書」「亂獄滋豐」，最終導致亡國。面對朋友的勸阻，鄭子產表示了毫不動搖的決心，指出此舉目的是「以救世也」，顯示了一位政治家的膽識和堅定不移的意志。

叔向與子產之爭執，代表著春秋末期新舊統治階級的革新與守舊的兩條政治路線的鬥爭。叔向的恪守先王禮義之道，在這上昏下亂的末世，已經行不通了。國家之亡，不在於民之知法爭法，而在於舊統治階級之專權獨裁，無法無天，「臣弒其君者有之，子弒其父者有之」，先王的仁義禮治蕩然無存。正是為了懲治統治階級的腐敗沒落，子產才鑄刑鼎，把法交給人民。子產是偉大的法治主義先驅。但《左傳》作者對這一行為顯然不能給予應有的理解和肯定，所以借用士文伯的預言，說它會帶來災難。

本文還記敘了魯國大臣季孫宿為拜謝不討伐而赴晉聘問。晉侯設宴招待他，對季孫的謙卑和懂禮儀特加厚賞，而對魯國的侵略行徑不置一辭。晉國這種本末倒置的做法，使人感到晉國早已背棄了當年霸主的職責，無心主持道義庇護小國。當齊國國君為貪財而藉口送燕簡公回國提出攻打北燕的請求時，晉國竟一口答應，與之同流合污。

宋國的統治者也與魯、晉、齊同樣昏庸。宋君偏寵寺人柳，導致右師華合比受陷害而遭驅逐，奸邪小人趁機佔取右師之位。

這些記載都反映了共同的時代特點：即舊的統治階級的腐朽沒落不限於一國一君。

全篇唯一形象光彩照人的是楚公子棄疾，當他赴晉途經鄭國時，一掃楚國歷來的大國架子、霸主作風，而表現出極度的謙恭好禮的君子之風，把一向受楚國擺布的小國之君當作楚王一般敬重，對鄭國君臣厚禮有加，並嚴令隨從不准騷擾鄭國百姓。鄭國三卿一致預言他將為楚王。在這個人的身上，似乎寄託著作者的莫大安慰與希望。

七年

丙寅，西元前五三五年。周景王十年、齊景公十三年、晉平公二十三年、秦哀公二年、楚靈王六年、宋平公四十一年、衛襄公九年、陳哀公三十四年、蔡靈公八年、曹武公二十年、鄭簡公三十一年、燕悼公元年、吳夷昧九年、杞平公郁釐元年、許悼公十二年。

經 七年春王正月，暨齊平。

三月，公如楚。

叔孫婼如齊涖盟。

夏四月甲辰朔，日有食之。

秋八月戊辰，衛侯惡卒。

九月，公至自楚。

冬十有一月癸未，季孫宿卒。

十有二月癸亥，葬衛襄公。

傳 七年春王正月，暨齊平❶，齊求之也。癸巳，齊侯次于虢❷。燕人行成❸，曰：「敝邑知罪，敢不聽命？先君之敝器請以謝罪。」公孫皙曰：「受服而退，俟釁❹而動，可也。」二月戊午，盟于濡上❺。燕人歸燕姬❻，賂以瑤甕、玉櫝、斝耳❼。不克而還❽。

楚子之為令尹也，為王旌以田❾。芋尹無宇斷之❿，曰：「一國兩君，其誰堪之？」及即位，為章華之宮⑪，納亡人以實之⑫。無宇之閽⑬入焉。無宇執之，有司弗與，曰：「執人於王宮，其罪大矣。」執而謁諸王。王將飲酒，無宇辭⑭曰：「天子經略⑮，諸侯正封⑯，古之制也。封略⑰之內，何非君土？食土之毛⑱，誰非君臣？故《詩》曰：『普天之下，莫非王土；率土之濱⑲，莫非王臣。』天有十日，人有十等。下所以事上，上所以共神也。故王臣公，公臣大夫，大夫臣士，士臣皁，皁臣輿，輿臣隸，隸臣僚，僚臣僕，僕臣臺。馬有圉⑳，牛有牧，以待百事。今有司曰：『女胡執人於王宮？』將焉執之？周文王之法曰，『有亡，荒閱㉑』，所以得天下也。吾先君文王，作僕區之法㉒，曰，『盜所隱器㉓，與盜同罪』，所以封汝㉔也。若從有司，是無所執逃臣也。逃而舍之，是無陪臺㉕也。王事無乃闕乎？昔武王數紂之罪以告諸侯曰：『紂為天下逋逃主，萃淵藪㉖。』故夫致死焉。君王始求諸侯而則紂㉗，無乃不可乎？若以二文㉘之法取之，盜有所在矣。」王曰：「取而㉙臣以往。盜有寵㉚，未可得也。」遂赦之。

楚子成章華之臺，願以諸侯落㉛之。大宰薳啟彊曰：「臣能得魯侯。」薳啟彊來召公，辭曰：「昔先君成公命我先大夫嬰齊曰：『吾不忘先君之好，將使衡父照臨㉜楚國，鎮撫其社稷，以輯寧爾民。』嬰齊受命于蜀。奉承以來，弗敢失隕，而致諸宗祧㉝。日我先君共王引領㉞北望，日月以冀㉟，傳序相授，於今四王㊱矣。嘉惠㊲未至，唯襄公之辱臨我喪。孤與其二三臣悼心㊳失圖，社稷之不皇㊴，況能懷思君德㊵？今君若步玉趾，辱見寡君，寵靈楚國㊶，以信㊷蜀之役，致君之嘉惠，是寡君既受貺矣，何蜀之敢望？其先君鬼神實嘉賴之，豈唯寡君？君若不來，使臣請問行期㊸，寡君將承質幣而見于蜀㊹，以請先君之貺。」公將往，夢襄公祖㊺。梓慎曰：「君不果行。襄公之適楚也，夢周公祖而行。今襄公實祖，君其不行。」子服惠伯曰：「行！先君未嘗適楚，故周公祖以道之；襄公適楚矣，而祖以道君。不行，何之？」三月，公如楚。鄭伯勞于師之梁。孟僖子為介，不能相儀㊻。及楚，不能答郊勞。

夏四月甲辰朔，日有食之。晉侯問於士文伯㊼曰：「誰將當日食㊽？」對曰：「魯、衛惡之。衛大，魯小。」公曰：「何故？」對曰：「去衛地如魯地，於是有災，魯實受之。其大咎㊾其衛君乎！魯將上卿。」公曰：「《詩》所謂『彼日而食，于何不臧』者，何也？」對曰：「不善政之謂也。國無政，不用善，則自取謫于日月之災，故政不可不慎也。務三㊿而已：一曰擇人，二曰因民，三曰從時。」

晉人來治杞田51，季孫將以成52與之。謝息53為孟孫守，不可，曰：「人有言曰：『雖有挈缾之知54，守不假器，禮也。』夫子從君，而守臣喪邑，雖吾子亦有猜55焉。」季孫曰：「君之在楚，於晉罪也。又不聽晉，魯罪重矣。晉師必至，吾無以待之56，不如與之。間晉而取諸杞。吾與子桃57，成反，誰敢有之？是得二成也。魯無憂，而孟孫益邑58，子何病焉？」辭以無山，與之萊、柞。乃遷于桃。晉人為杞取成。

楚子享公于新臺，使長鬣者相59。好以大屈。既而悔之。薳啟彊聞之，見公。公語之，拜賀。公曰：「何賀？」對曰：「齊與晉、越欲此久矣。寡君無適與也，而傳諸君。君其備禦三鄰，慎守寶矣，敢不賀乎？」公懼，乃反之。

【注釋】❶暨齊平　（北燕）和齊國講和了。暨，和；同。平，講和。❷虢　燕境。在河北省任邱縣西十七里。❸行成　休戰講和。❹釁　空隙；爭端。❺濡上　在河北省任邱縣西北，容城東南。濡，江河名。❻歸燕姬　把燕姬嫁給齊侯。杜注：「嫁女與齊侯。」北燕，姬姓國。❼瑤罋玉櫝斝耳　都是玉器的一種。瑤，美玉。罋，也作「甕」。櫝，今稱櫃。斝，一種古代酒器，相當現在的酒杯。❽不克而還　齊國沒有取得勝利而回國。❾為王旌以田　打著楚王的旌旗去打獵。田，佃獵；打獵。❿芋尹無宇斷之　芋尹，為毆獸（趕打野獸）之官。斷之，斬斷旗上的飄帶，減少數目或長度（以飄帶長度、數目標明級別高低）。⓫章華之宮　據《春秋彙纂》說：「在湖北監利縣東五里，有華容城。」⓬納亡人以實之　即接納逃亡之人安置在裏面。納，接納。實之，充實章華宮。⓭閽　司閽；守門人。⓮辭　申訴其理。⓯經略　策劃治理天下。經，經營；治理。略，疆界；天下。⓰正封　正，治理；經營。封，封地；領土。⓱封略　封界；領有土地的邊界。⓲毛　草。指五穀。⓳率

土之濱　即沿著大地的邊界之內。率，循也；沿著。濱，邊界。⑳馬有圉　養馬有馬夫。圉，養馬的人。㉑荒閱　荒，大也。閱，搜索。㉒僕區之法　懲罰窩藏的法令（說，「隱藏盜賊的贓物，和盜賊同罪」）。僕，隱也。區，匿也。僕區是窩藏的意思。㉓盜所隱器　隱藏盜賊的贓物（杜注：隱盜所得「器」）。㉔封汝　得了直到汝水的疆土。㉕陪臺　謂逃亡而被重新抓獲的罪奴。㉖萃淵藪　萃，聚集。淵，深潭，魚羣集處。藪，多草泥地，獸聚集處。㉗始求諸侯而則紂　剛獲得諸侯卻去學紂王。求，需求；獲得。而，卻。則，法；學；效法。㉘二文　指周文王、楚文王。㉙而　你；你的。㉚盜有寵　（有一個）盜賊正受到恩寵（這是一句戲言：按二文之法我為窩主；但我「承天寵也」）。㉛落　舉行落成之祭與享宴諸侯之禮。㉜照臨　光臨，外交上的客套話。㉝宗祧　即宗廟。祧，古代稱祖先的廟為「祧」。㉞引領　伸長項頸。㉟以冀　盼望魯國來朝見。冀，盼望。杜注：「冀魯朝。」㊱今四王　四王是指楚共王、楚康王、郟敖、楚靈王。㊲嘉惠　嘉，美好的。惠，好處；送來的財物。㊳悼心　心搖撼不定。悼讀掉，搖也。㊴皇　空暇。㊵君德　君，指魯襄公。德，恩德。指「辱臨我喪」。㊶寵靈楚國　使楚國獲得恩寵福澤。靈，福。㊷信　同「伸」。伸展；繼續。㊸請問行期　請問君王出兵的日期。（這是恐嚇，其實是說：楚又將出兵，你要問日期麼？）㊹承質幣而見于蜀　捧著進見的財幣到蜀地朝見君王。（這也是說反了的話，實意是，你將來到蜀地來求我吧！）質，同「贄」。古代初次拜見尊長時所送的禮物。蜀，蜀地；魯國領地。㊺祖　祭路神。古人出行必祭路神，這是風俗。㊻相儀　相，古代主持禮節儀式的人。此指協助主持禮節儀式，動詞。㊼士文伯　即士匄。㊽當日食　當，承受。日食即日蝕。古人迷信以為日蝕會使人遭殃。㊾咎　災禍。㊿務三　致力於三條：擇人、因民、從時。(51)晉人來治杞田　因為以前女叔侯還沒全部歸還杞田，現在乘魯昭公到楚國去的機會，晉國才又要求把杞田全部歸還。(52)成　是孟孫的封邑，本來是杞田。(53)謝息　孟僖子的家臣。(54)挈缾之知　即只能汲水的小智慧。挈，汲也；提也。缾，同「瓶」。古作汲水之用。知，同「智」。(55)猜　猜疑。有猜，懷疑不忠。(56)待之　抵擋他們。待，抵禦。(57)桃　據江永說：「以桃鄉與萊柞相去不遠。」(58)益邑　增加封邑。益，增加。(59)使長鬣者相　讓魁偉長鬚的人相禮。鬣，鬍鬚。

【語　譯】魯昭公七年春周曆正月，北燕和齊國媾和，這是由於齊國的主動要求。十八日，齊景公住在虢地。燕國人求和，說：「敝邑知道罪過，豈敢不聽從貴國的命令？如今獻上先君的器物以表示謝罪。」齊大夫公孫皙說：「接受他們的歸服而退兵，等待有機可乘，再採取行動，可以這樣做。」二月十四日，齊、燕在濡水邊上結盟。燕國人把燕姬嫁給齊侯，還送給他玉甕、玉櫝、玉斝。齊國沒有取得全勝而回國。

楚靈王做令尹的時候，使用楚王的旌旗去打獵，芋尹無宇砍斷旌旗的飄帶，說：「一個國家兩個君主，有誰忍受得了？」等到楚靈王即位以後，建造章華之宮，接納逃亡的罪奴安置在裏面。無宇的守門人也逃到章華宮裏。無宇要抓他，管理宮室的官員不讓，說：「在國王的宮裏抓人，這罪過就大了。」於是就把無宇抓起來去見楚靈王。當時靈王正準備喝酒，無宇申訴說：「天子治理天下，諸侯嚴守自己的封疆，這是古代的傳統制度。邊境之內，哪裏不是國君的土地？吃著土地上的出產，誰不是國君的下臣？所以《詩經・小雅》篇說：『普天之下，全是天子的土地；土地上的人民，都是君王的臣子。』天有十個太陽，人有十個等級。下邊以此奉事上邊，上邊以此祭祀神靈，所以王統治公，公統治大夫，大夫統治士，士統治皁，皁統治輿，輿統治隸，隸統治僚，僚統治僕，僕統治臺。養馬有馬夫，放牛有牧人，各有專司以應付各種事情。現在官員說：『你為什麼在王宮裏邊抓人？』不在王宮，又在哪裏抓他呢？周文王的法令說，『有逃亡的，搜捕』，因此就得了天下。我們的先君楚文王制訂懲罰窩藏的法令，說，『隱藏盜賊的贓物，和盜賊同罪』，因此就得到了直到汝水之濱的疆土。如果按照宮內官員的說法，這就是沒有地方去抓逃亡的奴隸了。逃亡的就讓他逃亡，這就沒有陪臺了。這樣，國家的工作恐怕就會有所缺失了吧？從前武王列舉殷朝紂王的罪狀通告天下諸侯說：『紂是天下逃亡者的窩主，使殷都成為逃犯的大本營。』因此天下人才都反對紂王。如今君王剛開始求取諸侯而又效法紂王，這是不可以的吧？如果用周文王和楚文王的法令來抓盜賊，盜賊是有地方可抓的。」楚靈王說：「就把你的看門人帶走吧，有盜賊受到恩寵，你就還不能抓住他。」於是就赦免了無宇。

楚靈王建成章華之臺，希望和諸侯一起舉行落成典禮。太宰薳啟彊說：「下臣能夠邀到魯侯。」於是薳啟彊前來邀請昭公，致辭說：「從前貴國的先君成公曾命令我大夫嬰齊說：『我不忘記先君的友好，將要派衡父光臨楚國，鎮定安撫國家，以使你們百姓安寧。』魯成公二年，嬰齊在蜀地訂盟接受了命令。自從訂盟接受命令回來，不敢丟棄遺失，而祭告於宗廟。過去我們先君共王伸長了脖子北望，每天每月都在盼著。世代相傳，到今天經歷四位君王了。恩賜沒有來到，只有魯襄公為了我國康王的喪事而光臨。我和羣臣哀痛萬分，治理國家尚且無暇，哪裏還能夠懷念您貴國的恩德呢？現在君王如果移步屈尊，和寡君見面，使我楚國得到恩寵福澤，以繼續蜀地那次會盟，送來君王的恩惠，這樣，寡君就已經受到恩賜，哪裏敢希望再像蜀地那次結盟一樣？敝邑的先君鬼神也會嘉許和依靠它，豈獨寡君一人？如果賢君不來我楚國，使臣請問君王領兵出動的日期，寡君將要奉著進見的財幣而到蜀地去見君王，以請問魯先君成公的恩賜。」魯昭公準備前往楚國，夢見襄公為他出行祭祀路神。梓慎說：「君王終久是去不了的。從前襄公去楚國的時候，夢見周公祭祀路神然後出行。現在夢見襄公在祭祀路神，君王還是不去為好。」子服惠伯說：「去！先君從沒有去過楚國，所以周公祭祀路神以引導他；襄公去到楚國了，然後祭祀路神來引導君王。不去，去哪裏？」同年三月，魯昭公去楚國，鄭簡公在鄭國城門師之梁慰勞昭公。當時孟僖子做副手，他不能相禮；到達楚國，也不能對郊外的慰勞答禮。

夏四月初一，魯國一帶發生了日蝕。晉平公向士文伯詢問說：「誰將要承受這次日蝕的災難呢？」士文伯說：「魯國和衛國會遭到凶險。不過衛國遭大凶，魯國受禍小。」晉平公說：「什麼緣故？」士文伯回答說：「這次日蝕是從衛國開始，蝕到魯國就結束了。在這種情況下衛國發生災禍，魯國只是受到波及。所以這次大凶將落在衛君的身上，而魯國的災難將由上卿來承當。」晉平公說：「《詩》所說的『那個日頭發生日蝕，是什麼地方不好』，是什麼意思？」士文伯回答說：「這說的是國家沒有辦好政事。國家無道，不能任用賢能之士，如此就會招致日月蝕的天災，所以在施政上是不能不謹慎。在施政上只要注意三條就行：第一是選拔人才，第二是依靠百姓，第三順應時勢。」

晉國派人前來劃定杞國的田界，季孫打算把成地給他們。謝息為孟孫鎮守成地，不同意，說：「人們有這樣的一句話：『雖然只有小智小慧，守著器物就不能出借，這是禮。』他老人家跟隨國君，而守臣卻丟掉他的城邑，即使是您也會懷疑我不忠的。」季孫說：「國君在楚國，對於晉國來說就是罪過。又不聽從晉國，魯國的罪過就加重了。晉君必然來攻打魯國，我們魯國無力抵抗，不如把成地送給他。等晉國有機可乘而再從杞國收回。我給你桃地；成地如果重歸於我國，誰敢佔有它？這就是得到兩份成地了。魯國沒有憂患而孟孫氏增加了封邑，你又擔什麼心呢？」謝息推辭說桃地沒有山，季孫又給他萊山和柞山。謝息這才遷到桃地。

晉國人為杞國收回成地。

楚靈王為魯昭公在新臺設享禮招待，讓那高大長鬚的人任禮賓官。宴席結束，把大屈之弓送給昭公。可是楚靈王不久又後悔了。薳啟彊聽說這件事，進見昭公。昭公跟他說起這件事，薳啟彊下拜祝賀。昭公問：「為什麼祝賀？」薳啟彊回答說：「齊國和晉國、越國想要這張弓很久了，寡君並沒有專門給他們，而送給了君王。君王可要防備抵禦三個鄰國，謹慎地保有寶物，豈敢不祝賀呢？」昭公害怕，就把大屈弓還給楚王。

【說明】這一部分重點記敘了楚靈王上臺後驕奢淫逸，大造章華之臺，並收納逃亡。這便引起了與臣屬之間的矛盾。作者藉追尋逃亡的芋尹無宇之口，把靈王與商紂相提並論，透露了靈王在國內的不得人心。靈王造成章華之臺，想在諸侯面前炫耀一番，所以希望諸侯們來參加落成典禮。但太宰薳啟彊軟硬兼施，也只召來一個魯昭公，說明楚靈王在國際外交上也空前孤立。這個內外無親的殺君逆賊，其稱霸的夢想只能成為夢幻泡影。

就在魯昭公赴楚之際，晉國派人前來劃定杞國田界，季孫想迎合晉國心願，把孟孫的封邑成地送給了對方。晉國的貪婪、魯國的軟弱，季孫的賣國妥協，都在這件事上得到了體現。

傳 鄭子產聘于晉。晉侯有疾，韓宣子逆客，私焉，曰：「寡君寢疾，於今三月矣，並走羣望，有加而無瘳❶。今夢黃熊入于寢門，其何厲鬼也？」對曰：「以君之明，子為大政，其何厲之有？昔堯殛鯀于羽山❷，其神化為黃熊，以入于羽淵，實為夏郊，三代祀之。晉為盟主，其或者未之祀也乎！」韓子祀夏郊，晉侯有間❸，賜子產莒之二方鼎。子產為豐施❹歸州田於韓宣子，曰：「日君以夫公孫段為能任其事，而賜之州田。今無祿早世，不獲久享君德。其子弗敢有，不敢以聞於君，私致諸子。」宣子辭。子產曰：「古人有言曰：『其父析薪，其子弗克負荷❺。』施將懼不能任其先人之祿，其況能任大國之賜？縱吾子為政而可，後之人若屬有疆埸之言❻，敝邑獲戾❼，而豐氏受其大討。吾子取州，是免敝邑於戾，而建置❽豐氏也，敢以為請。」宣子受之，以告晉侯。晉侯以與宣子。宣子為初言❾，病有之❿，以易原縣於樂大心。

鄭人相驚以伯有⓫，曰：「伯有至矣。」則皆走，不知所往。鑄刑書之歲二月⓬，或夢伯有介⓭而行，曰：「壬子，余將殺帶⓮也。明年壬寅，余又將殺段也。」及壬子，駟帶卒，國人益懼。齊、燕平之月，壬寅，公孫段卒，國人愈懼。其明月，子產立公孫洩⓯及良止⓰以撫之，乃止。子大叔問其故。子產曰：「鬼有所歸，乃不為厲，吾為之歸也。」大叔曰：「公孫洩何為？」子產曰：「說也。為身無義而圖說，從政有所反之⓱，以取媚也。不媚，不信。不信，民不從也。」及子產適晉，趙景子⓲問焉，曰：「伯有猶能為鬼乎？」子產曰：「能。人生始化曰魄⓳，既生魄，陽曰魂。用物精多，則魂魄強，是以有精爽至於神明。匹夫匹婦強死⓴，其魂魄猶能馮依㉑於人，以為淫厲㉒，況良霄，我先君穆公之胄，子良之孫，子耳之子，敝邑之卿，從政三世矣。鄭雖無腆㉓，抑諺曰『蕞爾國』。而三世執其政柄，其用物也弘矣，其取精也多矣，其族又大，所馮厚矣，而強死，能為鬼，不亦宜乎？」

子皮之族飲酒無度，故馬師氏與子皮氏有惡㉔。齊師還自燕之月，罕朔㉕殺罕魋。罕朔奔晉。韓宣子問其位於子產。子產曰：「君之羈㉖臣，苟得容以逃死，何位之敢擇？卿違，從大夫之位；罪人以其罪降，古之制也。朔於敝邑，亞大夫也；其官，馬師也，獲戾而逃，唯執政所寘之。得免其死，為惠大矣，又敢求位？」宣子為子產之敏也，使從嬖大夫。

【注釋】❶瘳　病好了。❷昔堯殛鯀于羽山　據《讀史方輿紀要》說：「郯城縣東七十里，與江南贛榆縣接界處有羽山，山前有羽潭，一名羽池。《左傳》鯀化為黃熊，入於羽淵是也。」殛，誅殺。鯀，夏禹的父親。❸有間　有點好起來了。❹豐施　鄭國公孫段之子。❺弗克負荷　不能肩挑背負回家（此喻兒子不能繼承父之大業）。負，背馱。荷，扛；擔。❻疆場之言　謂以晉之州田與鄭人（可作興師問罪之口實）。❼獲戾　將得「鄭取晉邑」的罪名。戾，罪；罪過。❽建置　扶持。❾初言　以前的舊話，指昭公三年與趙文子爭州田之事。❿病有之　感到佔有州田有點慚愧。⓫鄭人相驚以伯有　事見魯襄公三十年。⓬鑄刑書之歲二月　事在魯昭公六年。⓭介　鎧甲。作動詞。穿著鎧甲。⓮帶　駟帶，助子皙殺伯有。⓯公孫洩　是魯襄公十九年被殺的子孔之子。⓰良止　伯有的兒子。⓱從政有所反之　從政的人對禮儀有些違背。⓲趙景子　即趙成。⓳人生始化曰魄　此說等於是強調人有兩個魂魄，跟近代初民社會的學說完全吻合，可見這種學說的淵源非常古老。⓴強死　不得善終，俗稱「橫死」。㉑馮依　馮，即憑，靠著。依，依附。㉒淫厲　惡鬼。此作動詞用。㉓腆　豐厚。㉔有惡　關係很壞。

㉕罕朔　指馬師氏。㉖羈　寄居在外。

【語　譯】鄭國的子產到晉國訪問，正巧碰到晉平公生病，韓宣子迎接客人，私下說：「寡君臥病，到現在已有三個月了，所應該祭祀的山川都去祈禱過了，但是病情只有增加而沒有減輕。現在夢見黃熊進入寢門，這是什麼惡鬼？」子產回答說：「以君王的英明，您做正卿，哪裏會有惡鬼？從前堯在羽山殺死了鯀，他的精靈變成黃熊，鑽進羽淵裏，為夏朝所郊祭，三代都祭祀他。晉國做盟主，或者沒有祭祀他吧！」韓宣子聽了他的話就去祭祀鯀。晉侯的病逐漸痊愈，就把莒國的兩個方鼎賜給子產。子產為豐施把州地的土田歸還給韓宣子，說：「過去君王認為那個公孫段能夠承擔任務，因而賜給他州地的土田。現在他不幸早死，不能長久地享有君王這份賜予。他的兒子不敢佔有，也不敢上奏讓君王聽到，所以私下送給您。」宣子一再推辭，可子產卻說：「古人有話說：『父親劈柴，兒子不能肩挑背負。』施將會害怕不能承受他先人的俸祿，更何況擔當大國的賜與？即使您執政而可以使他免於罪戾，後來的人如果剛好有關於邊界的閒話，則敝國得罪，豐氏也會受到大討伐。您取得州地，這是使敝國免於罪責，又等於扶持豐氏。謹致此請求。」宣子接受了州田，把這事報告晉平公，平公就把州地賞給了宣子。宣子由於以前舊話，佔有州地覺得慚愧，把它向樂大心調換了原縣。

在鄭國人中，互相常用伯有來嚇人，一說「伯有來了！」全都撒腿就跑，也不知該跑到哪裏。把刑法鑄在鼎上的那年二月，有人夢見伯有披甲而行，他說：「三月初二日，我將要殺死駟帶。明年正月二十七日，我還將殺死公孫段。」到去年三月二日那一天，駟帶果然暴死，從此鄭國人更加害怕。在齊國和燕國議和的一月二十七日，公孫段果然也死了，人們被嚇得失魂落魄。下一月，子產立了子孔的兒子公孫洩和伯有的兒子良止為大夫，藉此安撫伯有的鬼魂，這才不再發生驚嚇之事。子太叔問其緣故。子產說：「鬼有歸宿，才不做惡鬼，我是為他尋找歸宿啊！」大叔曰：「立公孫洩幹什麼？」子產說：「為了使他們高興。立身無道義而圖高興，執政者對禮儀有所違背，這是用來取得百姓歡心。不得百姓歡心，不能使人信服。不能使人信服，百姓是不會聽從你的。」等到子產到晉國訪問時，晉大夫趙景子問他，說：「伯有還能作怪嗎？」子產說：「能。因為人在降生時，首先形成的就叫魄。魄形成之後，有陽氣附身就叫魂。隨後攝物養身，假如精力足夠的人，魂和魄也就強有力，因此有現形的能力一直達到神化。即使是一個普通的男人和女人，一旦由於意外事故而橫死，他的魂魄也會附在別人身上，大肆作怪，惑亂暴虐，何況伯有是我們先君穆公的後代、子良的孫子、子耳的兒子、敝邑的卿，執政已經三代了。鄭國雖然弱小，就像俗諺說的『小小的蕞爾國』。伯有既然三代執掌政權，他養身之物也夠多的，他在其中汲取的精粹很多，他的家族又大，所憑藉的勢力雄厚。如今伯有既然是橫死，他的魂魄會作祟，不是當然之理嗎？」

鄭國子皮的族人喝酒無度，所以馬師氏和子皮氏的關係變得很壞。齊軍從燕國回去的那個月，馬師氏罕朔殺死了子皮的弟弟罕魋。罕朔畏罪逃亡到晉國。韓宣子向子產詢問到安排他什麼官位。子產說：「君王的寄居之臣，如果能夠容他逃避死罪，還敢選擇什麼官位？卿離開本國，隨大夫的班位；有罪的人根據他的罪行降等，這是古代的制度。朔在敝邑的班位，是亞大夫；他的官職，是馬師。得罪而逃亡，就聽憑執政安排了。能夠免他一死，所施的恩惠就很大了，又豈敢要求官位？」宣子由於子產答覆恰當，讓他隨下大夫的班位。

【說　明】 本部分主要記述鄭子產內政外交上的幾件事，反映子產超人的學識和才幹。

子產為晉侯占疾消病，雖有迷信色彩但說明了子產對歷史典故、神話傳說的熟悉。他為豐施（公孫段之子）歸州田給晉國重臣韓宣子。州田本是晉國封賞給公孫段的。現在公孫段已死，如留在鄭國，會成為世家豪門紛爭的禍根。及時歸還晉國，既有利於密切晉鄭之邦交，又可消除引起國內紛爭的隱患，實是明智之舉。

文中詳寫了子產處理伯有鬧鬼的事。伯有是鄭穆公後裔，身為國卿、從政三世，於魯襄公三十年因故被殺。伯有死後，他在社會上的影響依然存在。人們依然生活在他的陰魂統治下，「鄭人相驚以伯有」，有人夢見他的鬼魂揚言要殺人。——他的鬼魂並未出現於現實中，而是存在於人們心裏。子產立伯有之子良止及子孔之子公孫洩，以安撫鬼魂，平息鬧鬼風波。這位不信天命的政治家，未必真的信鬼，而只是為迎合當時的社會形勢，安撫人心息事寧人罷了。

傳 秋八月，衛襄公卒。晉大夫言於范獻子曰：「衛事晉為睦❶，晉不禮焉，庇其賊人而取其地❷，故諸侯貳。《詩》曰：『鶺鴒在原❸，兄弟急難。』又曰：『死喪之威，兄弟孔懷❹。』兄弟之不睦，於是乎不弔❺；況遠人，誰敢歸之？今又不禮於衛之嗣❻，衛必叛我，是絕諸侯也。」獻子以告韓宣子。宣子說，使獻子如衛弔，且反戚田。衛齊惡告喪于周，且請命❼。王使郕簡公❽如衛弔，且追命襄公曰：「叔父陟恪，在我先王之左右，以佐事上帝，余敢忘高圉、亞圉❾？」

九月，公至自楚。孟僖子❿病不能相禮，乃講學之，苟能禮者從之。及其將死也，召其大夫，曰：「禮，人之幹也。無禮，無以立。吾聞將有達⓫者曰孔丘，聖人之後也，而滅於宋⓬。其祖弗父何以有宋而授厲公⓭。及正考父⓮，佐戴、武、宣，三命茲益共⓯，故其鼎銘⓰云：『一命而僂，再命而傴，三命而俯⓱，循牆而走，亦莫余敢侮⓲。饘於是，鬻於是⓳，以餬余口⓴。』其共也如是。臧孫紇㉑有言曰：『聖人有明德者，若不當世，其後必有達人。』今其將在孔丘乎！我若獲沒㉒，必屬說與何忌㉓於夫子，使事之，而學禮焉，以定其位。」故孟懿子與南宮敬叔師事仲尼。仲尼曰：「能補過者，君子也。《詩》曰：『君子是則是效㉔。』孟僖子可則效已矣。」

單獻公棄親用羈㉕。

冬十月辛酉，襄、頃之族殺獻公而立成公。十一月，季武子卒。晉侯謂伯瑕曰：「吾所問日食，從矣㉖。可常乎？」對曰：「不可。六物不同，民心不壹，事序不類，官職不則㉗。同始異終，胡可常也？《詩》曰：『或燕燕㉘居息，或憔悴㉙事國。』其異終也如是。」公曰：「何謂六物？」對曰：「歲、時、日、月、星、辰，是謂也。」公曰：「多語寡人辰而莫同，何謂辰？」對曰：「日月之會是謂辰，故以配日。」

衛襄公夫人姜氏無子，嬖㉚人婤姶生孟縶。孔成子夢康叔㉛謂己：「立元，余使羈之孫圉與史苟相之。」史朝亦夢康叔謂己：「余將命而子苟與孔烝鉏之曾孫圉相元。」史朝見成子，告之夢，夢協㉜。晉韓宣子為政聘于諸侯之歲，婤姶生子，名之曰元㉝。孟縶之足不良能行。孔成子以《周易》筮之，曰：「元尚享衛國，主其社稷。」遇〈屯〉䷂。又曰：「余尚立縶，尚克嘉之。」遇〈屯〉䷂之〈比〉䷇。以示史朝。史朝曰：「『元亨』，又何疑焉？」成子曰：「非長之謂乎？」對曰：「康叔名之，可謂長矣。孟非人也㉞，將不列於宗㉟，不可謂長。且其繇曰：『利建侯。』嗣吉，何建？建非嗣也。二卦皆云，子其建之！康叔命之，二卦告之，筮襲於夢，武王所用也，弗從何為？弱足者居。侯主社稷，臨祭祀，奉民人，事鬼神，從會朝，又焉得居？各以所利，不亦可乎？」故孔成子立靈公。十二月癸亥，葬衛襄公。

【注釋】❶衛事晉為睦　衛國事奉晉國是親善的。《說文》：「睦，自順也。一曰，敬和也。」《尚書》注：「睦，親也。」❷庇其賊人而取其地　意思是庇護他的賊人孫林父，而佔領衛國的田地戚（指取衛國懿氏邑六十以與林父）。❸鶺鴒在原　鶺鴒，也寫作「脊令」，巢居水潭石隙間，到了平原遇險（見《詩經・小雅・常棣》）。❹兄弟孔懷　兄弟要互相關懷。孔，甚。懷，思也。❺不弔　即不淑，不善。❻嗣　後嗣。指嗣位之國君。❼請命　請求賜予恩命。命，賜予恩命。❽郕簡公　周王的卿士。❾高圉亞圉　高圉、亞圉都是周天子的遠祖，而且都是周文王的子孫。〈周本紀〉云「高圉卒，子亞圉立」，皆周朝之先代，殷朝時賢諸侯。❿孟僖子　即仲孫。⓫達　顯貴；得志。⓬滅於宋　孔子六代祖孔父嘉，被華父督殺害，因此他的子孫才逃難到魯國。杜注：「孔子六代祖先孔父嘉，為宋督所殺，其子奔魯。」⓭以有宋而授厲公　孔子的先祖弗父何是宋湣公的世子，厲公之兄，以「有宋」言，湣公之嫡嗣，父卒，當立；而讓位與弟弟厲公。⓮正考父　是弗父何的曾孫。⓯三命茲益共　杜注：「三命，上卿也，言位高益恭。」曾受周王朝所命之諸侯之卿，曰命卿；命，猶後世之受封；諸侯之卿以三命為最高。茲，同「滋」。茲、益同義詞連用，是更加的意思。共，同「恭」。⓰銘　刻在器物上（例如鼎上）記述生平、事業或警戒自己的文字。⓱一命而僂三句　僂，低頭。傴，駝背。俯，深深彎腰。杜注：「俯共（恭）于傴，傴共（恭）于僂。」⓲亦莫余敢侮　現代語序不同，為「亦莫敢侮余」，即也沒人會欺侮我。⓳饘於是二句　饘，稠粥。鬻，通「粥」。稀粥也。⓴餬余口　餬口，舊社會指勉強吃飽肚子。杜注：「言至儉也」，生活非常節儉。㉑臧孫紇　魯國大臣，又名臧武仲、臧孫。㉒獲沒　善終。㉓何忌　即孟懿子。㉔是則是效　是，代君子。則，取法。效，倣效；模仿。㉕單獻公棄親用羈　單獻公是周天子卿士，單靖公的兒子，他之用人，不喜歡任用親屬為官吏，而專門重用外國來的客卿。棄，丟棄。羈，寄居在外；寄居在外的人（客臣）。㉖從矣　應驗了。七年夏四月初一，日蝕「去衛如魯」，士文伯（伯瑕）答晉侯，「其大咎其衛君乎！魯將上卿」，八月衛侯卒，十一月季武子（魯上卿）卒。先後兩次言中，故晉侯說「從矣！」——從，是說凶兆在前，衛君、魯上卿先後卒，應驗了四月初一日的預言。㉗官職不則　官員好壞不一樣。則，猶等也。官職不同，謂賢否不同也。㉘燕燕　安逸的樣子。㉙憔悴　今《毛詩》作「盡瘁」，見《詩經・小雅・北山》。㉚嬖　寵愛。㉛康叔　衛國的始封祖（始祖）。㉜夢協　指兩夢相合，即史朝的夢與孔成子的夢相一致。㉝元　是衛襄公的次子，也就是後來的衛靈公。㉞孟非人也　孟縶實非其人。非其人，說不是衛國始祖看中的「為首」的人。孟縶，是衛襄公的長子。㉟宗　宗主；一個家族的首要者。

【語　譯】同年秋八月，衛襄公死。晉國的大夫對范獻子說：「衛國事奉晉國恭敬親近，晉國不加禮遇，還包庇它的叛亂者佔取它的土地，所以諸侯離心離德。《詩經》上說：『鶺鴒在平原，遇到急難，兄弟互相救援。』又說：『死喪是那麼可怕，兄弟要互相關懷。』兄弟不和睦，因此就不相親善，何況遠方的人們，誰敢前來歸服？現在又對衛國的後嗣不加禮遇，衛國必然背叛我們，這種做法會斷絕諸侯的。」獻子把話告訴韓宣子。宣子很高興，派獻子去衛國弔喪，同時歸還戚地的土田。衛國的齊惡專程去向周朝報告衛襄公的喪事，同時請求賜予恩命。周天子派郕簡公去衛國弔唁，同時追命襄公說：「叔父升天，在我先王的左右，以輔佐事奉上帝，我豈敢忘了我先祖高圉、亞圉呢？」

同年九月，魯昭公從楚國回來。孟僖子不滿意自己對禮儀不精通，就學習禮儀，遇到有精通禮儀的人就跟他學習。孟僖子臨死時，召集手下的大夫說：「禮儀，是一個人立身處世的根本。沒有禮儀，不能自立。我聽人說有一個賢達之士，名叫孔丘，他是聖人成湯的後代，可他的家族卻在宋國滅亡了。他的祖上弗父何是宋閔公的長子，本應被立為宋君，可是他卻讓位給弟弟宋厲公。到了正考父，輔佐戴公、武公、宣公，三次接受王命而做了上卿就更加恭敬，所以考父的鼎銘上刻著說：『一命低頭，二命躬身，三命深深彎腰。沿著牆快步走，沒人把我欺壓。稠粥在此燒煮，稀粥在此燒煮，用來餬我嘴巴。』他是如此地恭敬。臧孫紇有句話說：『聖人只要具有高深的道德，如果當時不能做國君，他的後代必然會出賢達之人。』現在恐怕會應驗在孔丘身上吧！我如得以善終，一定把說和何忌託給他老人家，讓他們事奉孔丘，學習禮儀，以穩定他們的地位。」所以孟懿子和南宮敬叔把孔子作為老師來事奉。孔子說：「能夠彌補過錯的人就是君子啊。《詩經》上說：『取法倣效君子。』孟僖子可以取法倣效啊。」

單獻公丟棄親族而任用寄居的客臣。

這年冬天十月二十日，襄公、頃公的族人殺了獻公而立了成公。同年十一月，季孫宿死了。晉文公對伯瑕說：「我問過你的關於日蝕的事情，應驗了。可以經常這樣占驗嗎？」伯瑕說：「不行。六種事物不相同，百姓心志不統一，事情輕重不相類，官員好壞不一樣，開始相同而結果相異，怎麼可以經常這樣做呢？《詩經》上說：『有人舒舒服服地安居休息，有人精疲力盡地為國操勞。』它的結果相異就像這樣。」晉侯說：「六種事物說的是什麼？」伯瑕回答說：「這說的就是歲、時、日、月、星、辰。」晉侯說：「很多人告訴我『辰』的意義而沒有相同的，辰是什麼？」伯瑕回答說：「日和月相會叫做辰，所以用來和日相配。」

衛襄公夫人姜氏沒有兒子，他的寵姬婤姶生了孟縶。孔成子夢見康叔對自己說：「立元為國君，我讓羈的孫子圉和史苟輔佐他。」史朝也夢見康叔對自己說：「我將要命令你的兒子苟和孔烝鉏的曾孫圉輔佐元。」史朝進見孔成子，告訴他夢見的情況，兩夢相合。晉國韓宣子執政向諸侯聘問的那年（魯昭公二年），婤姶生了兒子，為他取名元。孟縶的腳不好走路，孔成子用《周易》來占筮，祝告說：「元希望享有衛國，主持國家。」得到〈屯〉卦䷂。又祝告說：「我還想立縶，希望能夠允許。」得到〈屯〉卦䷂變成〈比〉卦䷇，把卦象給史朝看。史朝說：「『元亨』就是元將會享有，又有什麼可以懷疑呢？」孔成子說：「『元』不是為首的嗎？」史朝回答說：「康叔為他取名，可以說是為首的了。孟不是這樣的人，他將不能立在宗主裏，不能叫做為首的。而且它的繇辭說：『利建侯。』嫡子嗣位而吉利，還『建立』什麼『侯』？建立就不是嗣位。兩次卦象都那麼說，您還是『建立』他為好。康叔命令了我們，兩次卦象告訴了我們，占筮和夢境相合，這是武王所經驗過的，為什麼不聽從？腳有毛病只能待在家裏。國君主持國家，親臨祭祀，奉養百姓，事奉鬼神，參加會見朝覲，又哪能待在家裏？各人按照他有利的去做，不也可以嗎？」所以孔成子立了靈公。十二月二十三日，安葬衛襄公。

【說　明】本段寫了衛襄公與魯國季武子的死，照應前文士文伯關於日食將降禍衛君和魯臣的預言。值得深思的是，作者特意詳寫晉侯與伯瑕關於日食是否可以經常占驗的議論。結論是否定的，因為「六種事物不同」：百姓的心志、事情的輕重、官員的好壞等等不同，「結果也就相異」。這表現了作者的理性觀點。

最後文中寫了衛國立嗣之事。孔成子和史朝都說康叔託夢立元，堅持立小兒子元，不立其長子孟縶。這說明了《周禮》的嫡長制也在動搖與瓦解之中。

本文還插敘了孟僖子臨終囑兒子說與何忌向孔子習禮之事。據考，二人師事孔子在昭公二十四年以後，本年尚未出生。此為後人誤筆。

八年

丁卯，西元前五三四年。周景王十一年、齊景公十四年、晉平公二十四年、秦哀公三年、楚靈王七年、宋平公四十二年、衛靈公元年、陳哀公三十五年、曹武公二十一年、鄭簡公三十二年、燕悼公二年、蔡靈公九年、吳夷昧十年、許悼公十三年、杞平公二年。

經 八年春，陳侯之弟招殺陳世子偃師。

夏四月辛丑，陳侯溺卒。

叔弓如晉。

楚人執陳行人干徵師殺之，陳公子留出奔鄭。

秋，蒐于紅。

陳人殺其大夫公子過。

大雩。

冬十月壬午，楚師滅陳。執陳公子招，放之于越，殺陳孔奐。

葬陳哀公。

傳 八年春，石言于晉魏榆❶。晉侯問於師曠曰：「石何故言？」對曰：「石不能言，或馮❷焉。不然，民聽濫也。抑❸臣又聞之曰：『作事不時，怨讟❹動于民，則有非言之物而言。』今宮室崇侈，民力彫盡，怨讟並作，莫保其性，石言，不亦宜乎？」於是晉侯方築虒祁之宮❺，叔向曰：「子野之言君子哉！君子之言，信而有徵❻，故怨遠於其身。小人之言，僭❼而無徵，故怨咎及之。《詩》曰：『哀哉不能言，匪舌是出，唯躬是瘁。哿矣能言，巧言如流，俾躬處休。』其是之謂乎！是宮也成，諸侯必叛❽，君必有咎，夫子知之矣。」

陳哀公元妃鄭姬生悼大子偃師❾，二妃生公子留，下妃生公子勝。二妃嬖，留有寵，屬諸徒招與公子過。哀公有廢疾❿，三月甲申，公子招、公子過⓫殺悼大子偃師而立公子留。夏四月辛亥，哀公縊⑫。干徵師⑬赴于楚，且告有立君。公子勝愬⑭之于楚，楚人執而殺之⑮。公子留奔鄭。書曰「陳侯之弟招殺陳世子偃師」，罪在招也；「楚人執陳行人干徵師殺之」，罪不在行人也。

叔弓如晉，賀虒祁也。游吉相鄭伯以如晉，亦賀虒祁也。史趙見子大叔，曰：「甚哉其相蒙⑯也！可弔也，而又賀之。」子大叔曰：「若何弔也？其非唯我賀，將天下實賀。」

秋，大蒐⑰于紅⑱，自根牟至于商、衛⑲，革車千乘。

七月甲戌，齊子尾⑳卒。子旗欲治其室。丁丑，殺梁嬰。八月庚戌，逐子成、子工、子車㉑，皆來奔㉒，而立子良氏之宰。其臣曰：「孺子㉓長矣，而相吾室，欲兼我也。」授甲㉔，將攻之。陳桓子善於子尾，亦授甲，將助之。或告子旗，子旗不信，則數人告。將往，又數人告於道，遂如陳氏。桓子將出矣，聞之而還，游服㉕而逆之，請命㉖。對曰：「聞彊氏授甲將攻子，子聞諸？」曰：「弗聞。」「子盍亦授甲，無宇㉗請從。」子旗曰：「子胡然㉘？彼，孺子也。吾誨之，猶懼其不濟，吾又寵秩之，其若先人何㉙？子盍謂之。〈周書〉曰：『惠不惠，茂不茂㉚。』康叔所以服弘大㉛也。」桓子稽顙㉜曰：「頃、靈福子，吾猶有望。」

遂和之如初。

陳公子招歸罪於公子過而殺之。九月，楚公子棄疾帥師奉孫吳㉝圍陳，宋戴惡會之。冬十一月壬午，滅陳。輿嬖㉞袁克殺馬毀玉以葬。楚人將殺之，請寘之㉟。既又請私。私於幄，加絰㊱於顙而逃。使穿封戌㊲為陳公，曰：「城麇之役不諂㊳。」侍飲酒於王，王曰：「城麇之役，女知寡人之及此，女其辟㊴寡人乎！」對曰：「若知君之及此，臣必致死禮以息楚㊵。」

晉侯問於史趙曰：「陳其遂亡乎！」對曰：「未也。」公曰：「何故？」對曰：「陳，顓頊之族㊶也，歲在鶉火㊷，是以卒滅。陳將如之。今在析木之津㊸，猶將復由㊹。且陳氏得政于齊而後陳卒亡。自幕至于瞽瞍㊺無違命，舜重之以明德，寘德於遂㊻。遂世守之。及胡公不淫㊼，故周賜之姓㊽，使祀虞帝。臣聞盛德必百世祀。虞之世數未也，繼守將在齊，其兆既存㊾矣。」

【注　釋】❶魏榆　晉地，今山西省太原市。❷馮　通「憑」。藉；依附。❸抑　轉接連詞。但。❹讟　誹謗；怨言。❺虒祁之宮　據《讀史方輿紀要》上說：「宮在今山西曲沃縣西南四十九里，新絳縣南六里。」《水經．汾水注》云：「汾水西逕虒祁宮北，橫水有故梁截汾水中，凡有三十柱，柱徑五尺，截與水平，蓋晉平公之故梁也。物在水，故能持久而不敗。」❻信而有徵　信，誠實。徵，證明。❼僭　虛假；不真實。❽諸侯必叛　十三年傳云：「晉成虒祁，諸侯朝而歸者皆有貳心。」❾悼大子偃師　陳哀公夫人所生兒子名偃師。大子，即太子。因他是夫人嫡子。大子偃師死後，給他的謚號「悼」，整個稱號為「悼大子偃師」。⑩廢疾　痼疾；積久難治的頑症。⑪公子招公子過　公子招及公子過都是哀公的弟弟。⑫縊　用繩子勒死；哀公上吊自殺。⑬干徵師　陳國行人（外交人員）。⑭愬　同「訴」。此指起訴。⑮執而殺之　把陳國行人干徵師抓住，殺死。⑯甚哉其相蒙　甚，過分。蒙，蒙騙。⑰大蒐　大檢閱。⑱紅　據《讀史方輿紀要》上說：「泰安有紅亭，即昭公八年大蒐於紅是也。」⑲根牟商衛　根牟在山東省沂水縣南，所謂商衛即魯、宋、衛交界處。⑳子尾　即公孫蠆。㉑子成子工子車　子成、子工是齊頃公的兒子，子車是齊頃公的孫子。㉒來奔　《左傳》是根據魯國史官的《春秋》來寫的，所以用「來奔」。㉓孺子　指子良。㉔授甲　即授甲、兵之省略說法。甲，頭盔，戰袍。兵，是兵器。㉕游服　燕遊之服，即禮服。燕，古代常作「宴」字用。游，優遊，交誼活動。㉖請命　請問意圖。㉗無宇　即陳子桓的名字。㉘胡然　胡，何故。然，如此。㉙其若先人何　怎麼對待先人。子旗與子尾是同族人，同屬惠公的子孫。其，副詞，加強語氣，表現子旗的激情。㉚惠不惠茂不茂　施惠於不知施惠的人，勸勉那不受勸勉的人。惠，恩惠。使動用法。施恩惠。茂，同「懋」。勸勉。㉛服弘大　服，從事，做。弘，同「宏」。寬大。弘、大，同義詞連用。㉜稽顙　本凶禮中之最重的，舊稱叩響頭。㉝孫吳　是悼太子偃師的兒子惠公。㉞輿嬖　掌管陳國國君車駕的寵大夫。輿，車；轎。嬖，國君寵幸的大夫。㉟寘之　寘，同「置」。赦免。之，代詞。代嬖大夫袁克。㊱絰　古代喪服用的麻帶。㊲穿封戌　楚大夫，滅陳為縣，使戌為陳公。㊳城麇之役不諂　城麇之役，戌囚皇頡，時靈王為公子，與之爭之。㊴辟　同「避」。避讓；不和他爭執。㊵致死禮以息楚　一定冒死來安定楚國。致死禮，以死向前楚王郟敖盡君臣之禮。㊶陳顓頊之族　陳是顓頊後代。陳祖虞，虞祖顓頊。㊷歲在鶉火　顓頊崩於歲星在鶉火之星次之年。㊸析木之津　歲星在天河的析木之位次。津，天河。㊹復由　復生。㊺幕至于瞽瞍　從陳先祖幕到瞽瞍。據劉耽〈呂梁碑〉，歷顓頊—幕—窮蟬—敬康—喬牛—瞽瞍。㊻遂　舜之後代虞遂。㊼胡公不淫　陳之祖。不淫為胡公滿之字。㊽賜之姓　賜胡公姓媯。㊾存　在；有。

【語　譯】魯昭公八年春天，晉國的魏榆有塊石頭會說話。晉平公詢問師曠：「石頭為什麼說話？」師曠回答：「石頭不能說話，有東西附在它上面；否則，就是百姓聽錯了。不過下臣又聽說：『做事情不合時令，百姓有怨言誹謗，就有不能說話的東西說話。』現在宮室高大奢侈，百姓的財力用盡，怨恨誹謗一齊起來，沒有人能確保自己的生活，石頭說話，不也是相宜的嗎？」當時晉侯正在建造虒祁之宮，叔向說：「子野的話真是君子啊！君子的話，誠實而有證據，所以怨恨遠離他的身邊。小人的話，虛偽而沒有證據，所以怨恨災禍來到他身上。《詩經》上說：『不會說話多可悲，唇槍舌劍滿天飛，只使自己倒大霉。善於說話多麼好，漂亮的話語像流水，使自己安逸。』說的就是這個吧！這座宮殿落成，諸侯必然背叛，國君必然有災殃，他老人家已經知道這一點了。」

陳哀公的第一夫人鄭姬生了悼太子偃師，第二夫人生了公子留，第三夫人生了公子勝。第二夫人受到寵愛，公子留得寵，哀公把他託付司徒招和公子過。哀公患有長期不愈的頑症。三月十六日，公子招、公子過殺了悼太子偃師而立公子留做了太子。同年夏天四月十三日，哀公上吊自殺，干徵師到楚國報喪，同時報告又立了國君。公子勝向楚國起訴，楚國人抓住干徵師殺了他。公子留逃亡到鄭國。《春秋》記載說「陳侯之弟招殺陳世子偃師」，這是由於罪過在於公子招；「楚人執陳行人干徵師殺之」，這是由於罪過不在於行人。

叔弓去到晉國，是祝賀虒祁之宮的落成。游吉輔佐鄭伯去到晉國，也是祝賀虒祁之宮的落成。史趙見到游吉，說：「太過分了，這樣的相互矇騙！明明是值得可悲可以弔唁的，卻來祝賀它！」游吉說：「怎麼弔唁啊？不僅我國祝賀，天下都將會來祝賀。」

同年秋，在紅地舉行大檢閱，從根牟直到和宋國、衛國邊境線上，革車有一千輛。

同年七月初八日，齊國的子尾死了，子旗想要接管子尾的家政。十一日，子旗殺死子尾的家宰梁嬰。八月十四日，驅逐了子成、子工、子車三個大夫。他們都逃亡到魯國，於是子旗就為子良立了家宰。子良的家臣說：「孩子已經長大了，子旗卻要幫管我們的家事，這是想要兼併我們。」就把武器發下去，準備攻打子旗。陳桓子和子尾相好，也把武器發下去，準備幫助子良的家臣。有人報告了子旗，子旗不相信；又有幾個人來報告，子旗打算去子良家裏；又有幾個人在路上向他報告，因此他就去到陳氏那裏。桓子正打算出動，聽到子旗來，就轉回去，換上禮服迎接子旗。子旗請問桓子的意圖。桓子回答說：「聽說子良家裏把武器發下去，準備攻打您，您聽到了嗎？」子旗說：「沒有聽說。」「您何不也把武器發下去，我請求跟從您。」子旗說：「您為什麼要這樣做？他是個孩子。我教導他，還怕不能成功，我又寵信他，為他立了家臣頭子。如果和他相打，怎麼對得起先人？您何不前去勸阻他。〈周書〉說：『施惠於不會施惠的人，勸勉不受勸勉的人。』

這就是康叔做事寬大的原因。」陳桓子叩著響頭說：「頃公、靈公神靈保佑您，我還希望您賜惠於我呢。」就這樣，兩家和好如初。

陳國的公子招歸罪公子過，殺死了他。九月，楚國的公子棄疾領兵奉事太孫吳包圍陳國，宋國大夫戴惡領兵來會合。冬十一月某日，滅亡了陳國，掌管國君車駕的下大夫袁克殺了馬、毀了玉為陳侯殉葬。楚國人打算殺他，他請求赦免，不久又請求讓他小便。他在帳幕裏小便，把麻帶纏住頭部逃走了。楚王派穿封戌做陳公，說：「在城麇那次事件中他不諂媚。」穿封戌事奉楚靈王飲酒，楚王說：「城麇那次事件，你要是知道寡人能到這一步，你大約會讓讓我吧！」穿封戌回答說：「如果知道您會到這一步，下臣一定冒死來安定楚國。」

晉平公向史趙詢問說：「陳國大約就此滅亡了吧！」史趙說：「沒有。」晉平公說：「什麼緣故？」史趙回答說：「陳國，是顓頊的後代。歲星在鶉火，顓頊氏因此終於滅亡。陳國也將和過去一樣。現在歲星在箕宿、斗宿間的銀河中，陳國還將復興。而且陳氏要在齊國取得政權以後才最終滅亡。這一族從幕一直到瞽瞍都沒有違背天命，舜又增加了盛德，德行一直落到遂的身上。遂的後代保持了它。到了胡公不淫，所以周朝給他賜姓，讓他祭祀虞帝。下臣聽說，盛德一定享有一百代的祭祀。現在虞的世代數字不滿一百，將會在齊國繼續保持下去，它的預兆已經在那裏了。」

【說　明】本年傳一開頭就寫了「石言于晉魏榆」這件怪事。作者隨即藉師曠之口，毫不隱諱地指出，這是由於晉國統治者窮奢極欲，大建宮室，不顧百姓死活，財力耗盡，民不聊生，民怨天怒，以致頑石開口「怨讟並作，莫保其性（生），石言，不亦宜乎？」字裏行間，浸透了對統治者的怨憤與批判。當時晉國正在興建虒祁之宮。叔向斷言，虒祁之宮建成之日，就是諸侯叛離、國君遭殃之時。而具有諷刺意味的是當虒宮建成之時，魯、鄭等國紛紛派使者來向晉侯表示祝賀。史趙詰問鄭使子大叔：「這是可悲可弔的事，為什麼卻來恭賀？」子大叔微言含諷地答道：「怎麼弔唁呢？不僅我國祝賀，天下都會來慶賀！」

文章開頭是直言痛斥，後面的慶賀轉為微言諷刺，一正一反，用筆善變，意留言外，發人深省。作者又以犀利的史筆，披露了陳國這個小小的國家，由於陳哀公得廢疾，其子弟之間便手足相殘，殺的殺逃的逃，逼得哀公上吊自殺。楚國利用陳的內鬨，趁機吞滅陳國，把它改建為自己的一個縣。

小國內亂，大國也不太平，齊國卿大夫子尾剛剛去世，他的堂房兄弟子旗立即動手兼併其家室，打著幫助子尾之子子良治家的幌子，殺掉子尾的家宰梁嬰，驅逐子尾之族齊大夫子成、子工、子車。這些血淋淋的史實告訴讀者，各國統治階級已經拋棄了禮義的外衣，開始了赤裸裸的血腥的權力爭奪。政治集團與集團之間、國與國之間的兼併，正愈演愈烈。最後作者通過史趙之言，預示「陳氏得政于齊而後陳卒亡」。卿大夫將取代諸侯執政，泱泱大國也難免為異姓所有。這是宗族制的挽歌，也是新時代走近的腳步聲。

九年

戊辰，西元前五三三年。周景王十二年、齊景公十五年、晉平公二十五年、秦哀公四年、楚靈王八年、宋平公四十三年、衛靈公二年、陳惠公元年、曹武公二十二年、鄭簡公三十三年、燕悼公三年、蔡靈公十年、吳夷昧十一年、杞平公三年、許悼公十四年。

經 九年春，叔弓會楚子于陳。

許遷于夷。

夏四月，陳災。

秋，仲孫貜如齊。

冬，築郎囿。

傳 九年春，叔弓、宋華亥、鄭游吉、衛趙黶會楚子于陳。

二月庚申，楚公子棄疾遷許于夷，實城父❶。取州來、淮北之田❷以益之，伍舉授許男田。然丹遷城父人於陳❸，以夷濮西田益之❹。遷方城外人於許。

周甘人❺與晉閻嘉❻爭閻田。晉梁丙、張趯率陰戎❼伐潁❽。王使詹桓伯辭於晉❾，曰：「我自夏以后稷，魏、駘❿、芮、岐、畢，吾西土也。及武王克商，蒲姑、商奄⓫，吾東土也；巴、濮、楚、鄧⓬，吾南土也；肅慎⓭、燕、亳，吾北土也。吾何邇⓮封之有？文、武、成、康之建母弟⓯，以蕃屏周⓰，亦其廢隊是為，豈如弁髦⓱，而因以敝⓲之？先王居檮杌⓳于四裔，以禦螭魅⓴，故允姓之姦㉑居于瓜州㉒。伯父惠公歸自秦，而誘以來㉓，使偪我諸姬㉔，入我郊甸㉕，則戎焉取之。戎有中國，誰之咎也？后稷封殖㉖天下，今戎制之，不亦難乎！伯父㉗圖之！我在伯父，猶衣服之有冠冕，木水之有本原，民人之有謀主也。伯父若裂冠毀冕，拔本塞原，專棄謀主，雖戎狄，其何有余一人？」叔向謂宣子曰：「文之伯㉘也，豈能改物？翼戴天子，而加之以共㉙。自文以來，世有衰德，而暴滅㉚宗周，以宣示其侈，諸侯之貳，不亦宜乎？且王辭直㉛，子其圖之。」宣子說。王有姻喪，使趙成如周弔，且致閻田與禭，反潁俘。王亦使賓滑執甘大夫襄以說於晉，晉人禮而歸之。

夏四月，陳災。鄭裨竈㉜曰：「五年陳將復封，封五十二年而遂亡。」子產問其故。對曰：「陳，水屬也㉝；火，水妃㉞也。而楚所相㉟也。今火出而火陳㊱，逐楚而建陳㊲也。妃以五成，故曰五年。歲五及鶉火，而後陳卒亡，楚克有之㊳，天之道也，故曰五十二年㊴。」

晉荀盈如齊逆女，還，六月，卒于戲陽㊵。殯于絳㊶，未葬。晉侯飲酒，樂㊷。膳宰屠蒯趨入㊸，請佐公使尊㊹，許之。而遂酌以飲工，曰：「女為君耳，將司聰㊺也。辰在子卯㊻，謂之疾日㊼，君徹宴樂，學人舍業，為疾故也。君之卿佐，是謂股肱。股肱或虧，何痛如之？女弗聞而樂，是不聽也。」又飲外嬖嬖叔，曰：「女為君目，將司明也。服以旌禮，禮以行事，事有其物，物有其容。今君之容，非其物也；而女不見，是不明也。」亦自飲也，曰：「味以行氣，氣以實志，志以定言，言以出令。臣實司味，二御失官㊽，而君弗命，臣之罪也。」公說，徹酒。初，公欲廢知氏而立其外嬖，為是悛㊾而止。秋八月，使荀躒佐下軍以說㊿焉。

孟僖子如齊殷聘[51]，禮也。

冬，築郎囿，書，時也。季平子[52]欲其速成也，叔孫昭子曰：「《詩》曰：『經始勿亟，庶民子來[53]。』焉用速成，其以勦民[54]也？無囿猶可；無民，其可乎？」

【注釋】❶實城父　實，充實。楚有兩個城父，這裏的城父稱「夷城父」，取自陳國。今安徽省渦陽縣西北有城父故城。❷州來淮北之田　《正義》說：「州來邑民，有田在淮北者，許國盡遷于夷，夷田少，故取以益之。」州來在安徽省鳳台縣治。❸遷城父人於陳　城父之人本陳人，楚故意遷之以實陳縣。❹以夷濮西田益之　據《水經注》說：「夏肥水，上承河水，東南逕城父縣故城，春秋所謂夷田，在濮水西者也。」杜注：以夷田在濮水西者與城父人。❺周甘人　周朝甘大夫襄。❻晉閻嘉　晉國閻縣大夫。❼陰戎　又稱陸渾戎，居住在從洛水到黃河一帶之間。❽潁　在今河南省登封市西南。❾辭於晉　到晉國去責備。辭，杜注「責，讓也」，即責備、批評。❿駘　據《武功縣志》說：「古邰城在今縣南八里，后稷始封之國也。」⓫蒲姑商奄　服虔曰：「蒲姑，齊也。商奄，魯也。」據《一統志》上說：蒲姑，「在今山東博興縣東北十五里。商奄，江永說，「在今山東省曲阜縣東二里。」⓬巴濮楚鄧　巴在今四川省重慶，濮在今湖北省石首縣。楚初居丹陽，鄧在今湖北省襄陽縣東北。⓭肅慎　在今吉林省。⓮邇　近也。⓯建母弟　封同母兄弟建立國家。⓰蕃屏周　作周屏障，護衛周朝。蕃，通「藩」。屏障。屏，屏障。⓱弁髦　弁，古帽。此指要丟棄的舊帽。髦，古稱幼兒額髮。此指剪下的棄髮。⓲敝　棄也；棄而不用。⓳檮杌　堯舜時四凶之一，可能是威懾中原的古代蠻族之一，此處只舉檮杌為其代表。⓴螭魅　螭，同「魑」。魑魅，傳說中山林裏的害人怪物。㉑允姓之姦　就是允姓之戎的意思，也就是陰戎的祖先，早期是住在瓜州，後來遷居到敦煌。姦，壞人。這裏是對允姓陰戎的蔑稱。㉒瓜州　在今甘肅省敦煌。㉓伯父惠公歸自秦而誘以來　伯父惠公，周王在此稱晉之先君惠公為伯父，事見魯僖公十五、二十二年。㉔偪我諸姬　偪，同「逼」。威脅侵犯。諸姬，周朝（姓姬）的各個同母兄弟建立的國家。㉕郊甸　邑外為郊，郊外為甸，此言戎取周的郊甸之地。㉖封殖　封，培土。殖，生長五穀，是說后稷教民種莊稼；這裏含有創立天下之義。㉗伯父　周天子稱同母兄弟國家的國君排輩分分別稱為伯、叔、兄、弟。㉘文之伯　文，晉文公。伯，同

「霸」。為霸主。文公請隧（築天子墳墓之地下道），周天子不許。㉙共　同恭敬的「恭」。㉚暴滅　暴，蠻橫。滅，欺祖滅宗也。㉛辭直　言辭有理。直，理直氣壯。㉜鄭裨竈　鄭臣。㉝陳水屬也　由於陳是顓頊的後人，所以說他屬於水。㉞水妃　水的配偶。妃，同「配」。火與水相附而成，故曰配。㉟楚所相　即楚所主治。相，杜注：「相，治也。」㊱今火出而火陳　大火星出現而陳國發生火災。前一「火」指大火星；後一「火」字動詞，使動用法，使陳國火燒或遭火災。㊲逐楚而建陳　逐出楚人而復建陳國。㊳楚克有之　楚國戰勝並佔有它（陳）。克，勝。有，佔有。㊴五十二年　此年歲星在星紀，經五年之後朝大梁，從此運行到鶉火四年，環繞鶉火四次是四十八年，兩者合共五十二年。㊵戲陽　衛地，在今河南省內黃縣北。一說，在安陽縣東二十五里。㊶殯于絳　停棺在絳地。殯，柩；停放靈柩。㊷樂　奏樂。此作動詞。㊸屠蒯趨入　屠，宰殺禽畜的廚工。蒯，姓。趨，快步走。㊹使尊　使，使用；酌酒。尊，同「樽」、「罇」。現在的酒杯。㊺司聰　負責讓它聽敏。杜注：「樂，所以聰耳。」㊻子卯　子，商紂死的日子（甲子）。卯，夏桀死亡的日子（乙卯），簡稱為「子卯」。㊼疾日　當時人民以「子卯」兩日為疾日。疾日，即忌日。㊽二御失官　二御，指樂工、嬖叔。失官，失職；未負責任；沒盡到職責。謂不能司耳、司目。㊾悛　改也。㊿說　對上述事情自行解說。(51)殷聘　特別豐盛的聘問（魯齊兩國已二十年不相聘問）。(52)季平子　即季孫意如，悼子之子，武子之孫。悼子先於武子死；季武子卒，平子以嫡孫嗣位。(53)庶民子來　庶民，百姓。子來，兒子一般地跑來，子是來的狀語。(54)勦民　使百姓受勞累。勦，同「剿」。勞累。

【語譯】魯昭公九年春，魯國的叔弓、宋國華亥、鄭國游吉、衛國趙黶在陳國會見楚靈王。

同年二月庚辛日，楚公子棄疾把許國遷到夷地，充實城父。拿州來、淮北的土田來補給許國，由伍舉把土田授給許男。然丹把城父人遷到陳地，用夷地、濮地西部的土田補給城父人。把方城山外邊的人遷到許地。

周朝的甘地大夫襄和晉國閻縣大夫閻嘉爭閻地的土田。晉國的梁丙、張趯率領陰戎進攻潁地。周天子派詹桓伯到晉國責備說：「我們在夏代由於后稷的功勞，魏國、駘國、芮國、岐國、畢國，就是我們的西部領土。到武王戰勝商朝，蒲姑、商奄，成為我們的東部領土；巴國、濮國、楚國、鄧國，成為我們南部領土；肅慎、燕國、亳國，成為我們的北部領土。我們有什麼近處的封疆領土？文王、武王、成王、康王建立同母兄弟的國家，用來護衛周室，也是為救助後世廢墜的兄弟之國，難道只是像丟棄的舊帽和剪掉的亂髮，完事了就拋棄嗎？先王讓檮杌住在四方邊遠的地方，以抵禦山林中的精怪，所以允姓中的壞人住在瓜州。伯父惠公從秦國回去，就引誘他們前來，讓他們侵逼我們姬姓的國家，進入我們的郊區，戎人於是就佔取了這些地方。戎人佔有中原，這是誰的罪責？后稷教會人民種莊稼地，現在被戎人當作牧場，我做天子的真難為啊！伯父考慮一下，我們對於伯父來說，猶如衣服有冠冕，樹木流水有本源，百姓有謀主。伯父如果撕裂皇冠毀壞御冕，拔木塞源，專橫地丟掉宗族的尊長，即使是戎狄，心日中哪會有我這個天子？」叔向對宣子說：「文公曾是霸主，也不能改變禮法吧？他輔佐、擁戴天子，十分恭敬。從文公以來，代代都有道德衰退的現象，踐踏宗族蔑視王室，以宣揚他的驕橫；諸侯的離心離德，不也是應該的嗎？而且天子的責備，理直氣壯，您還是考慮一下。」宣子心服。周天子有姻親的喪事，宣子就派趙成到成周弔唁，而且送去閻地的土田和入殮的衣服，遣返在潁地抓到的俘虜。周天子也派賓滑抓了甘地的大夫襄討晉國的喜歡，晉國人對他加以禮遇並放他回去。

夏四月，陳地發生火災。鄭國的裨竈說：「過五年陳國將會重新受封，受封以後五十二年被滅亡。」子產問這樣說的緣故。裨竈回答說：「陳國，是水的隸屬；火，是水的配偶，而且是楚國所主治的。現在大火星出現而陳國發生火災，這是驅逐楚人而復建陳國。陰陽五行用五來相配，所以說五年。當歲星環繞鶉火五次時，陳國就會完全滅亡，楚國戰勝而全部佔領陳地，這是天道循環的結果，所以說是五十二年。」

晉國的荀盈去到齊國迎接齊女，回來，六月，死在戲陽，停棺在絳地，沒有安葬。晉侯喝酒、奏樂。廚工屠蒯快步走進，請求幫著斟酒，晉侯答應了。屠蒯就斟酒給樂工喝，說：「你作為國君的耳朵，職責是讓它靈敏。日子在甲子、乙卯，叫做忌日，國君撤除宴會奏樂，學音樂的人停止演奏，這是為了忌日的緣故。國君的卿佐，這叫做股肱。股肱有了虧損，這是何等的痛心？你沒有使他聽到荀盈的喪葬而奏樂，這是使國君耳朵不靈敏。」又斟酒給寵愛的臣子嬖叔喝，說：「你作為國君的眼睛，職責是讓它明亮。服飾用來表示禮儀，禮儀用來推行事情，事情有它的樣子，類別有它的外貌。現在國君的音容笑貌，不是眼前大臣喪事的樣子。而你使國君看不見當前喪事，是讓國君眼目不亮啊！」他自己也喝了一杯，說：「口味用來讓氣血流通，氣血用來充實意志，意志用來確定語言，語言用來發布命令。下臣的職責是調和口味，兩個侍候國君的人失職，而國君沒有下令治罪，這是下臣的罪過。」晉侯高興了，撤除了酒宴。起初，晉侯想要廢掉荀盈而立他的寵臣，因為上述這件事而改變想法沒有辦。秋八月，派荀躒繼任父職，輔佐下軍，對這件事自加解說。

孟僖子去到齊國舉行盛大的聘禮，這是合於禮的。

同年冬天，魯國修造郎囿。《春秋》加以記載，這是由於合於時令。季平子想要加速完成，叔孫昭子說：「《詩經》上說：『營造剛剛開始，不必要著急；百姓像兒子一樣，會自動跑來的。』哪裏用得著加快進度使百姓勞累呢？沒有園林還是可以的；沒有百姓，可以嗎？」

【說　明】本年的傳開頭就寫出了楚晉致力於領土的爭奪。楚國是大規模遷移人口以徹底佔領侵奪來的許、陳等國。而晉國也不甘落後，先是和周朝的甘地人爭奪閻地的土田，繼而大張旗鼓地率領戎狄一起進攻周朝的潁地。周天子不得不派大臣責備晉國的不義，歷舉周朝自古以來所擁有的世襲領地的範圍，指明作為同母兄弟國家蕃屏周室的職責，斥責歷史上晉惠公引戎人入中原給姬姓國家帶來的危害，最後義正辭嚴地責備晉國背信棄義的行為，說他們如同戎狄，目中沒有周天子。叔向緊接著勸說韓宣子，指出晉文公做霸主，也是擁戴天子遵從周制，輕視與損害王室會使諸侯離心，這才使晉國執政者回心轉意，歸還周室的土地和俘虜。從這件事中，一方面反映了周朝的日益衰落，領地日益縮小，天子的威勢徒存虛名。另一方面也反映了晉國雖然野心勃勃，覬覦周室的土地，然而畢竟還是懾於社會輿論、諸侯間的相互鉗制力量，不敢過於放肆。

晉國不僅在尊王上，「德行衰滅」，而且對待自己的大臣也是麻木不仁。晉國的股肱之臣荀盈死於外聘途中，晉君照樣飲酒作樂。作者特地通過廚師屠蒯為此給樂工、寵嬖和自己罰酒，一一數落。在這悲痛的日子，不阻止國君作樂是他們的「失聰」、「失明」。最後把這一切歸罪於自己——一個負責調味的廚師身上，這顯然是對晉君的莫大諷刺。這位昏君在廚師的諷諫下撤酒罷樂，並打消了原來想廢掉荀盈立其寵臣的念頭。這段文字詼諧辛辣，痛快淋漓。突出地位卑下的廚師，尚能深明大義；堂堂一國之君，顯得如此昏庸可笑。地位與人格強烈的反差，增強了諷刺效果。

文章最後寫到魯國季平子督促修造郎囿之事，叔孫昭子教訓他：「何必以加快工程進度使百姓勞累？沒有園林還可以，沒有百姓可以嗎？」叔孫的話十分警策，這該是作者對整個統治階層的忠告吧。

十年

己巳，西元前五三二年。周景王十三年、齊景公十六年、晉平公二十六年、秦哀公五年、楚靈王九年、宋平公四十四年、衛靈公三年、陳惠公二年、蔡靈公十一年、曹武公二十三年、鄭簡公三十四年、燕悼公四年、吳夷昧十二年、杞平公四年、許悼公十五年。

經 十年春王正月。

夏，齊欒施來奔。

秋七月，季孫意如、叔弓、仲孫貜帥師伐莒。

戊子，晉侯彪卒。

九月，叔孫婼如晉，葬晉平公。

十有二月甲子，宋公成卒。

傳 十年春王正月，有星出于婺女❶。鄭裨竈言於子產曰：「七月戊子，晉君將死。今茲歲在顓頊之虛❷，姜氏、任氏實守其地，居其維首❸，而有妖星焉，告邑姜❹也。邑姜，晉之妣❺也。天以七紀❻，戊子逢公以登，星斯於是乎出❼，吾是以譏之❽。」

齊惠欒、高氏❾皆耆酒❿，信內多怨⓫，彊⓬於陳、鮑氏而惡之。夏，有告陳桓子曰：「子旗、子良將攻陳、鮑。」亦告鮑氏。桓子授甲而如鮑氏。遭子良醉而騁，遂見文子，則亦授甲矣。使視二子⓭，則皆從飲酒。桓子曰：「彼雖不信，聞我授甲，則必逐我。及其飲酒也，先伐諸？」陳、鮑方睦，遂伐欒、高氏。子良曰：「先得公⓮，陳、鮑焉往？」遂伐虎門⓯。晏平仲端委⓰立于虎門之外，四族⓱召之，無所往。其徒曰：「助陳、鮑乎？」曰：「何善焉？」「助欒、高乎？」曰：「庸愈乎？」「然則歸乎？」曰：「君伐⓲，焉歸？」公召之，而後入。公卜使王黑以靈姑銔⓳率，吉，請斷三尺⓴焉而用之。五月庚辰，戰于稷㉑，欒、高敗，又敗諸莊㉒。國人追之，又敗諸鹿門㉓。欒施、高彊來奔。陳、鮑分其室㉔。晏子謂桓子：「必致諸公！讓，德之主也。讓之謂懿德㉕。凡有血氣，皆有爭心，故利不可強，思義為愈。義，利之本也。蘊利生孽㉖。姑使無蘊乎！可以滋長。」桓子盡致諸公，而請老于莒。

桓子召子山㉗，私具幄幕、器用、從者之衣屨，而反棘㉘焉。子商亦如之，而反其邑。子周亦如之，而與之夫于㉙。反子城、子公、公孫捷㉚，而皆益其祿。凡公子、公孫之無祿者，私分之邑。國之貧約孤寡者，私與之粟。曰：「《詩》云：『陳錫載周。』能施也。桓公是以霸。」公與桓子莒之旁邑，辭。穆孟姬㉛為之請高唐，陳氏始大。

秋七月，平子伐莒，取郠㉜。獻俘，始用人於亳社。臧武仲在齊，聞之，曰：「周公其不饗魯祭乎！周公饗義㉝，魯無義。《詩》曰：『德音孔昭㉞，視民不佻㉟。』佻之謂甚矣，而壹用之，將誰福㊱哉？」

戊子，晉平公卒。鄭伯如晉，及河，晉人辭之。游吉遂如晉。九月，叔孫婼、齊國弱、宋華定、衛北宮喜、鄭罕虎、許人、曹人、莒人、邾人、滕人、薛人、杞人、小邾人如晉，葬平公也。鄭子皮將以幣行㊲，子產曰：「喪焉用幣？用幣必百兩，百兩必千人。千人至，將不行。不行，必盡用之。幾千人而國不亡？」子皮固請以行。既葬，諸侯之大夫欲因見新君。叔孫昭子曰：「非禮也。」弗聽。叔向辭之，曰：「大夫之事畢矣，而又命孤。孤斬㊳焉在衰絰㊴之中，其以嘉服㊵見，則喪禮未畢；其以喪服見，是重受弔也，大夫將若之何？」皆無辭以見。子皮盡用其幣。歸，謂子羽曰：「非知之實難，將在行之。夫子知之矣，我則不足。《書》曰：『欲敗度，縱㊶敗禮。』我之謂矣。夫子知度與禮矣，我實縱欲，而不能自克也。」昭子至自晉，大夫皆見，高彊見而退。昭子語諸大夫曰：「為人子不可不慎也哉！昔慶封亡，子尾多受邑，而稍致諸君，君以為忠，而甚寵之。將死，疾于公宮，輦而歸，君親推之。其子不能任，是以在此。忠為令德，其子弗能任，罪猶及之，難不慎也？喪夫人之力，棄德、曠宗㊷，以及其身，不亦害乎？《詩》曰：『不自我先，不自我後。』其是之謂乎！」

冬十二月，宋平公卒。初，元公㊸惡寺人柳，欲殺之。及喪，柳熾炭于位，將至，則去之。比葬，又有寵。

【注釋】❶有星出于婺女　杜預說星是「客星」，在婺女星中出現。所謂「婺女」，就是二十八宿中的女宿。❷今茲歲在顓頊之虛　現在歲星行經玄枵，而玄枵就是顓頊之虛。也就是魯襄公二十八年先出的虛宿。因為顓頊帝是水德，他居住在北國，國都的廢墟就稱為「顓頊之虛」。後來天人感應思想出現以後，就把玄枵的虛宿視為顓頊之虛。❸居其維首　二十八宿分為十二次，維即星次。婺女（女宿）為玄枵，三宿之首，故曰「居其維首」。❹邑姜　姜太公的女兒，晉國始祖唐叔之母。❺妣　原指母親，後指已經死去的母親。❻七紀　七宿，二十八星宿分布四方，每方七宿。❼戊子逢公以登二句　逢公是商代諸侯，葬在齊地方。以，於。介詞。登，登天，即死亡。斯，為；是。此二句謂「逢公於戊子日死，而妖星出現」。❽是以譏之　譏，同「卟」。《說文》「卟，卜以問疑也」。這句是說，以星象卜之，吾因此知之。❾齊惠欒高氏　按《世本》記載：齊惠公有二子，長子名子欒，次子名子高，這就是以後的欒餘、高氏。❿耆酒　耆，同「嗜」。嗜酒即以酒為嗜好，愛喝酒。⓫信內多怨杜預注：「說（悅）婦人言，多怨也。」即愛聽家裏的妻妾之言，使很多人怨恨。⑫彊　同「強」。⑬文子三句　文子，鮑國之字。二子，指子旗與子良。⑭先得公　先取得國君的支持。⑮伐虎門　虎門是進國君寢宮的門戶。伐，攻打。杜注：「欲入，公不聽，故伐公門。」⑯端委　穿著朝服。晏平仲身穿上朝的衣服，表示不是來參加這場動刀動槍的鬥爭。⑰四族　即雙方——欒、高與陳、鮑。⑱君伐　即國君被（子良）攻打。伐，被伐。⑲靈姑銔　旗名。周天子曾賞齊桓公以大輅、龍旗九旒，此靈姑旗即齊桓公之龍旗。⑳請斷三尺　據《禮緯》諸侯之旗七仞九旒，大夫五仞五旒。王黑以大夫身分而用齊侯龍旗，實為奉齊侯命令，故請求「斷三尺」表示恭敬。㉑稷　齊國首都的「稷門」，為城門之一，齊都城中祭后稷的地方。㉒敗諸莊　在莊大街打敗他們。莊，臨淄城內一條大街名莊。㉓鹿門　齊國首都「東南門曰鹿門」。㉔分其室　瓜分了他們（欒高）的「室」。室，指大夫家的妻子兒女及一切家財，包括其家臣。㉕懿德　美德。懿，美；好。㉖蘊利生孽　蘊，積也。孽，妖害。㉗子山　子商的兒子，是魯襄公三十一年所逐公子中的一個。杜注：「子山、子商、子周，襄三十一子尾所逐羣公子。」㉘棘　在今臨淄縣西北，與稷門相近。㉙夫于　在今山東省長山縣南三十里，有夫于村。㉚反子城子公公孫捷　杜注：「三子，八年子旗所逐。」子城是齊頃公的兒子，公孫捷是頃公的孫子。㉛穆孟姬　是齊景公的母親。㉜郥　在今山東省沂水縣東境。㉝饗義　接受合於仁義的祭祀。饗，這裏指鬼神享用祭品。㉞德音孔昭　道德教化十分明白。孔，甚。昭，明。㉟佻　輕薄隨便。㊱誰福　降福給誰。㊲以幣行　帶財物前去。杜注：「見新君之贄（見面禮）。」㊳斬　讀為「憯」，哀痛貌。㊴衰絰　衰，通「縗」。古代的喪服。絰，麻做的喪帶。㊵嘉服　吉服。㊶縱　縱情；放縱而從心所欲。㊷曠宗　即使祖宗之廟空閒而不祭祀。曠，空閒。㊸元公　是宋平公的太子佐。

【語　譯】魯昭公十年春周曆正月，有一顆星出現在婺女宿。鄭國的裨竈對子產說：「七月戊子日，晉國國君將要死去。今年歲星在玄枵，姜氏、任氏保持著這裏的土地，婺女宿正當玄枵的首位，而有了妖星，這是預告災禍將要歸於邑姜。邑姜，是晉侯的先妣。上天用七來記數，戊子是逢公的死日，而有妖星出現，我是用它占卜而知道的。」

齊國的欒氏、高氏都喜歡喝酒，聽信女人的話，所以別人的怨恨很多，勢力比陳氏、鮑氏大而又討厭陳氏、鮑氏。同年夏天，有人告訴陳桓子說：「子旗、子良打算攻打陳氏、鮑氏。」同時也告訴了鮑氏。陳桓子把兵器發給部下並且親自到鮑氏那裏。路上遇到子良喝醉了酒而縱馬奔馳，就進見鮑文子，鮑文子也已經把兵器發下去了。派人去看子旗、子良，他們都準備喝酒。陳桓子說：「他們將攻打我們的傳聞即使靠不住，但是他們聽說我發下兵器，就一定會驅趕我們。趁著他們在喝酒，搶先攻打他們怎麼樣？」陳氏、鮑氏正在和睦的時候，就同去攻打欒氏、高氏。子良說：「先得到國君的支持，陳氏、鮑氏能跑到哪裏去？」於是就攻打虎門。晏平仲穿著朝服站在虎門外邊，四個家族召見他，他都不去。他的手下人說：「幫助陳氏、鮑氏嗎？」晏平仲說：「他們有什麼好處值得幫助？」「幫助欒氏、高氏嗎？」晏平仲說：「難道能勝過陳氏、鮑氏嗎？」「那麼回去嗎？」晏平仲說：「國君被攻打，我回哪裏去？」齊景公召見他，然後進去。齊侯為了派王黑用龍旗領兵而占卜，吉利，要求砍去三尺以後加以使用。同年五月，庚辰日，在稷地作戰，欒氏、高氏戰敗，在莊街又把他們擊敗。國內的人們追趕他們，又在鹿門再次把他們擊敗。欒施、高彊逃亡到魯國來，陳氏、鮑氏分了他們的家產。晏子對陳桓子說：「一定要交給國君！謙讓是德行的主幹，讓給別人叫做美德。凡是有血氣之人，都有爭奪之心，所以利益不能強取，想著道義就能勝過別人。道義，是利益的根本。積聚利益就生出妖孽。姑且讓它不要積聚吧！可以讓它慢慢地生長。」陳桓子把陳氏、鮑氏的家產全部交給齊侯，而請求在莒地告老退休。

陳桓子召見子山，私下準備了帷幕、器物、從者的衣服鞋子，而把陳地還給了他。對子商也這樣，而把封邑還給了他。對子周也這樣，而把夫于給了他。讓子城、子公、公孫捷回來，而都增加了他們的俸祿。凡是公子、公孫中沒有俸祿的，私下把自己的封邑分給他們。對國內貧困孤寡的人，私下給他們糧食。他說：「《詩經》上說：『把受到的賞賜拿出來賜給別人就創建了周朝。』這就是能夠施捨的緣故。齊桓公也因這樣而成為盟主。」齊侯把莒地旁邊的城邑賜給陳桓子，他謙讓謝絕。穆姜姬為他請求高唐，陳氏開始昌盛發達起來。

秋七月，魯國平子進攻莒國，佔取郠地。奉獻俘虜，在亳社開始用人祭。臧武仲在齊國，聽到了，說：「周公大約不去享用魯國的祭祀了吧！周公享用合於道義的祭祀，魯國不合於道義。《詩經》說：『那先王美好的話特別分明，讓百姓不要輕佻隨便。』現在的做法可以說輕佻隨便得過分了，而又專門這樣做，上天將會降福給誰呢？」

同年七月初三日，晉平公死。鄭簡公去晉國，到達黃河，晉國人辭謝了。游吉就去到晉國。九月，叔孫婼、齊國弱、宋國華定、衛國北宮喜、鄭國罕虎、許人、曹人、莒人、邾人、滕人、薛人、杞人、小邾人去到晉國，這是為了安葬平公。鄭國的子皮準備帶了財禮前去，子產說：「弔喪哪裏要用財禮？用財禮一定要一百輛車，一百輛車一定要一千人。一千人到那裏，一時不會回來。不回來，財物一定全部用盡。一千人的禮物出去幾次，國家還有不滅亡的？」子皮堅決請求帶了出去。安葬完畢，諸侯的大夫想要順便拜見新的國君。叔孫昭子說：「這是不合於禮的。」大家不聽。叔向辭謝他們，說：「大夫們的事情已經完畢，又命令孤。孤哀痛地處在服喪期間，如果用吉服相見，那麼喪禮還沒有完畢；如果以喪服相見，這就是再受一次弔唁，大夫們打算怎麼辦？」大家都沒有理由再請求拜見。子皮全部用完了財禮。回國，對子羽說：「並不是難在懂得道理，難在實行。他老人家懂得道理，我連道理還懂得不夠。《書經》說：『欲望敗壞法度，放縱敗壞禮儀。』說的就是我啊。他老人家懂得法度和禮儀了，我確實是放縱欲望而不能自己克制。」昭子從晉國回來，大夫們都來進見，高彊進見以後就退了出去。昭子對大夫們說：「做一個人的兒子不能不謹慎啊！過去慶封逃亡，子尾接受的城邑很多，而稍稍送還給國君一部分，國君認為他忠誠，因而很寵信他。臨死以前，在公宮得病，坐上人力拉的車子回家，國君親自推著他走。他的兒子不能繼承，因此在這裏。忠誠是美德，他的兒子不能繼承，罪過尚且到他身上，怎麼能不謹慎呢？喪失了個人的功勞，丟掉德行，讓宗廟閒空而不得祭祀，而罪過就到他身上，不是禍害嗎？《詩經》上說：『憂患的來到不在我前頭，也不在我後頭。』說的就是這個吧！」

同年冬天十二月，宋平公死。起初，宋元公討厭寺人柳，想要殺他。等到有了喪事，寺人柳在元公所坐的地方燒上炭，元公將要到達，就把炭撤去。等到安葬以後，寺人柳又受寵信。

【說　明】本年傳詳敘了齊國欒、高、陳、鮑四大家族相互兼併的經過。先以鄭國裨竈觀星象，預言齊國將要降臨災禍及其後果，為全文埋下伏筆。接著便寫了事件的源起。表面上看這場內戰最初是有人傳播流言引發，但實際上是醞釀已久，不可避免的。欒氏、高氏勢力比陳、鮑大，而又討厭陳氏、鮑氏。陳、鮑也早對欒、高的家產垂涎三尺。於是陳桓子藉著流言先發制人，攻其不備，與鮑氏首先發起進攻。欒氏、高氏則棋錯一著，想攻破虎門，挾持國君制服陳、鮑，結果大敗而逃。陳、鮑如願以償，分佔了欒氏、高氏的家產。陳桓子在晏子的勸說下，將其上交國君，接著故作姿態地在莒地告老退休。暗中卻以封邑與財物大肆收買黨羽，籠絡民心，積極地準備奪權。實際上，這場兼併戰爭，陳桓子既是發起者，也是最終的得益者，它為陳氏的全面奪權掃清障礙。作者於文末，通過魯國叔孫昭子之口，對逃亡到魯國的高彊發表評論，把他的失敗歸之於兒子不能忠誠於國君，以致喪失先人之功德，宗廟曠廢不得祭祀，這看法顯然是皮相的。作者沒有看到這是新興的統治階層與沒落貴族的權力之爭，它的發生和最終結局都是不可避免的。

作者於文中還揭露了魯國攻打莒國、掠奪土地並用俘虜在亳社人祭的罪惡。臧武仲說周公將不享魯祭，表現了極大憤慨。魯國，這個周公的後裔國，曾被人讚為「周禮盡在魯矣」的禮義之邦，現在也徹底背叛了祖宗的仁義之道。那麼，周禮還會有它的存身之地嗎？

十一年

庚午，西元前五三一年。周景王十四年、齊景公十七年、晉昭公夷元年、秦哀公六年、楚靈王十年、宋元公佐元年、衛靈公四年、陳惠公三年、蔡靈公十二年、曹武公二十四年、鄭簡公三十五年、燕悼公五年、吳夷昧十二年、杞平公五年、許悼公十六年。

經 十有一年春王二月，叔弓如宋。

葬宋平公。

夏四月丁巳，楚子虔誘蔡侯般殺之于申。

楚公子棄疾帥師圍蔡。

五月甲申，夫人歸氏薨。

大蒐于比蒲。

仲孫貜會邾子，盟于祲祥。

秋，季孫意如會晉韓起、齊國弱、宋華亥、衛北宮佗、鄭罕虎、曹人、杞人于厥慭。

九月己亥，葬我小君齊歸。

冬十有一月丁酉，楚師滅蔡，執蔡世子有以歸，用之。

傳 十一年春王二月，叔弓如宋，葬平公也。

景王問於萇弘❶曰：「今茲諸侯何實吉？何實凶？」對曰：「蔡凶。此蔡侯般弒❷其君之歲也，歲在豕韋❸，弗過此矣。楚將有之，然壅❹也。歲及大梁❺，蔡復，楚凶，天之道也。」楚子在申，召蔡靈侯。靈侯將往，蔡大夫曰：「王貪而無信，唯蔡於感❻。今幣重而言甘，誘我也，不如無往。」蔡侯不可。三月丙申，楚子伏甲⑦而饗⑧蔡侯於申，醉而執之。夏四月丁巳，殺之。刑其士七十人。公子棄疾帥師圍蔡。韓宣子問於叔向曰：「楚其克乎？」對曰：「克哉！蔡侯獲罪⑨於其君，而不能其民，天將假手於楚以斃之，何故不克？然肸聞之，不信以幸⑩，不可再也。楚王奉孫吳以討於陳，曰：『將定而國⑪。』陳人聽命，而遂縣之⑫。今又誘蔡而殺其君，以圍其國，雖幸而克，必受其咎，弗能久矣。桀克有緡，以喪其國。紂克東夷，而隕⑬其身。楚小位下，而亟暴⑭於二王，能無咎乎？天之假助不善，非祚之也，厚其凶惡而降之罰也。且譬之如天其有五材，而將用之，力盡而敝之，是以無拯，不可沒振⑮。」

五月甲申，齊歸薨⑯。大蒐于比蒲，非禮也。

孟僖子⑰會邾莊公，盟于祲祥⑱，脩好，禮也。泉丘人有女，夢以其帷幕孟氏之廟，遂奔僖子，其僚從之。盟于清丘之社⑲，曰：「有子，無相棄也！」僖子使助薳氏之簉⑳。反自祲祥，宿于薳氏，生懿子及南宮敬叔於泉丘人。其僚無子，使字敬叔。

楚師在蔡，晉荀吳謂韓宣子曰：「不能救陳，又不能救蔡，物以無親㉑，晉之不能亦可知也已。為盟主而不恤㉒亡國，將焉用之？」

秋，會于厥憖㉓，謀救蔡也。

鄭子皮將行，子產曰：「行不遠，不能救蔡也。蔡小而不順，楚大而不德，天將棄蔡以壅楚，盈而罰之，蔡必亡矣。且喪君而能守者鮮矣！三年，王其有咎乎？美惡周必復㉔，王惡周㉕矣。」晉人使狐父㉖請蔡于楚，弗許。

單子會韓宣子于戚，視下言徐。叔向曰：「單子其將死乎！朝有著定㉗，會有表㉘；衣有襘㉙，帶有結㉚。會朝之言必聞于表著之位，所以昭事序也；視不過結襘之中，所以道容貌也。言以命之，容貌以明之，失則有闕。今單子為王官伯㉛，而命事於會，視不登帶㉜，言不過步㉝，貌不道容㉞，而言不昭矣。不道，不共；不昭，不從。無守氣㉟矣。」

九月，葬齊歸，公不慼。晉士之送葬者，歸以語史趙。史趙曰：「必為魯郊㊱。」侍者曰：「何故？」曰：「歸姓也，不思親，祖不歸㊲也。」叔向曰：「魯公室其卑乎！君有大喪，國不廢蒐。有三年之喪，而無一日之慼㊳。國不恤喪㊴，不忌君也；君無慼容，不顧親也。國不忌君，君不顧親，能無卑乎？殆其失國。」

冬十一月，楚子滅蔡，用隱大子㊵于岡山㊶。申無宇曰：「不祥，五牲不相為用，況用諸侯乎？王必悔之！」

十二月，單成公卒。

楚子城陳、蔡、不羹㊷，使棄疾為蔡公。王問於申無宇曰：「棄疾在蔡何如？」對曰：「擇子莫如父，擇臣莫如君。鄭莊公城櫟㊸而寘子元焉，使昭公不立㊹。齊桓公城穀㊺而寘管仲焉，至于今賴之。臣聞五大不在邊㊻，五細不在庭㊼。親不在外，羈㊽不在內。今棄疾在外，鄭丹㊾在內，君其少戒。」王曰：「國有大城，何如？」對曰：「鄭京、櫟實殺曼伯㊿，宋蕭、亳實殺子游，齊渠丘實殺無知(51)，衛蒲、戚實出獻公(52)。若由是觀之，則害於國。末大必折(53)，尾大不掉，君所知也。」

【注釋】❶萇弘　杜注：萇弘，周大夫。❷弒　古時候稱臣殺君、子殺父母的行為。❸豕韋　二十八宿中的室宿叫「豕韋」。❹壅　積聚。積其罪惡，使其盈滿，而後罰之。❺歲及大梁　楚靈王弒立之年，歲星在大梁星次，到昭十三年，歲星復在大梁星次，「美惡周必復」，故知楚凶。歲，指歲星，即木星。❻唯蔡於感　恨蔡國不服順。感，同「憾」。恨。❼伏甲　甲，古代士兵穿的皮做的護身服裝。此處指穿甲的士兵。❽饗　用酒食招待人。❾獲罪　指蔡侯弒君。杜注：謂「弒父而立」。❿不信以幸　不信，指欺騙。以幸，而僥倖得利。⓫將定而國　定，穩定；安定。而，同「爾」。你的；你們的。⓬縣之　把陳國改建成縣。縣，以陳為縣，把它制成縣邑。⓭隕其身　使他自身滅亡。隕，通「殞」。死亡。⓮亟暴　亟，次數更多。暴，更凶暴。亟暴「於二王」，比桀紂。⓯沒振　沒，終；最後。振，興；振興。⓰齊歸薨　薨，死亡。古代稱侯王死亡叫薨。齊歸，魯昭公母，故稱薨。齊是謚法，歸是姓。⓱孟僖子　即仲孫貜。⓲祲祥　地名，在今山東省曲阜縣境。⓳清丘之社　清丘，地名。社，土地廟。⓴簉　副；附屬。簉室即妾。㉑物以無親　物，人。此處作動詞用。為人。親，親附。㉒恤　救助。㉓厥

愆　衛地，今河南省新鄉縣境。㉔周必復　指（善惡吉凶）逢歲星運行一圈，一定有報應。周，歲星繞一圈。復，報也。㉕王惡周　楚靈王的罪惡將到歲星繞滿一圈了。杜注：「元年，楚子弒君而立，歲在大梁。再後三年，十三年歲星周復于大梁。」㉖狐父　晉國大臣。㉗朝有著定　朝廷上，卿、大夫、士有一定位置，都在門內屏外，按高低貴賤排定遠近位次。朝位既定，故叫「著定」。㉘會有表　天子或霸主會諸侯，諸侯皆依次設位，位上有標幟，謂之「表」。㉙襘　衣衿交結之處（左右衿交結當胸）。㉚帶有結　古人帶繫於腰間，交結處用紐固定。㉛官伯　百官之首。伯，長也。㉜視不登帶　即目光不高過腰腹。登，高過。帶，在腰部。㉝言不過步　講話聲浪不出一步。即一步之外的人聽不見。㉞貌不道容　外貌不能保持端莊嚴肅的威儀。㉟守氣　守，守住；保持。氣，身心健康的元氣。㊱必為魯郊　杜注：「言昭公必出在郊野，不能有國」。即必定失去君位，出奔寄食國外。㊲祖不歸　歸，依也；附也。引申為助、佑。不歸即不助、不佑。㊳慼　憂愁悲哀。㊴國不恤喪　國家不為喪事而憂傷。恤，哀也；憂也。㊵用隱大子　隱大子即蔡靈公的太子。用，殺了他以祭神。㊶岡山　今河南省上蔡縣東十五里有蔡岡，是為岡山。㊷不羹　東不羹在河南省舞陽縣西北，西不羹在襄城縣南二十里，俗叫堯城。㊸櫟　在今河南省禹州市。㊹使昭公不立　鄭莊公二子打敗燕軍後，厲公子元從櫟侵鄭，昭公出，厲公入，使昭公不能成為國君，故曰「使昭公不立」。㊺穀　齊邑，在今山東省東阿縣治。㊻五大不在邊　五大指：太子、母弟、貴寵公子、公孫、累世正卿。邊，邊境。㊼五細不在庭　五細指：「賤妨貴、少陵長、遠間親、新間舊、小加大」中的「賤、少、遠、新、小」五種人。庭，朝庭。㊽羈　指他國來此寄居之臣。㊾鄭丹　是羈旅之臣，五「細」之內，而為右尹。杜注：「襄十九年丹奔楚。」㊿曼伯　鄭莊公之後的公，以京、櫟兩座大城而殺死曼伯昭公。(51)齊渠丘實殺無知　事在魯莊公九年。(52)衛蒲戚實出獻公　蒲是甯殖的邑，戚是孫林父的邑；衛國驅逐獻公，事在魯襄公十四年。(53)末大必折　樹枝大，主幹細，必會折斷。

【語　譯】魯昭公十一年春周曆二月，叔弓去到宋國，這是為了安葬平公。

周景王向萇弘詢問說：「現在諸侯之中，哪裏吉利？哪裏不吉利？」萇弘回答說：「蔡國不吉利。這是蔡侯般殺死他國君的年份，歲星在豕韋，不會過這一年了。楚國將會據有蔡國，然而這是積累邪惡。歲星到達大梁，蔡國復國，楚國不吉利，這是上天的常道。」楚靈王在申地，召見蔡靈侯。靈侯打算前去，蔡國的大夫說：「楚王貪婪而沒有信用，唯獨怨恨蔡國。現在財禮重而說話甜，這是誘騙我們，不如不去。」蔡靈侯不同意。三月十五日，楚王在申地埋伏甲士而設享禮招待蔡侯，乘他喝醉就抓住他。夏四月初七日，殺了他，還殺了他的隨從七十人。公子棄疾領兵包圍蔡國。韓宣子向叔向詢問說：「楚國會戰勝嗎？」叔向回答說：「可以戰勝的！蔡侯殺了父親而自立為國君，得不到他的百姓，上天將要借楚國的手來處死他，為什麼不能戰勝？然而我聽說，由於沒有信用而得利，不能有第二回。楚靈王事奉太孫吳討伐陳國，說：『將要安定你們的國家。』陳國人聽從了他的命令，就滅了陳國建置為縣。現在又誘騙蔡國而殺了他們的國君，來包圍他們的國家，雖然僥倖而得勝，必然受到它的災殃，不能長久了。夏桀戰勝了有緡而丟掉了國家，商紂戰勝了東夷而喪失了生命。楚國疆域小地位低，而一再表現得比上面兩個帝王還要暴虐，能夠沒有災禍嗎？上天借助於壞人，不是降福給他，而是增多他的凶惡然後降罰給他。而且比如上天有金、木、水、火、土五種材料而由人加以使用，材力用盡就丟了，因此楚國不能拯救了，最後也不能興盛了。」

同年五月初四日，魯昭公的母親齊歸死，昭公在比蒲舉行盛大的閱兵，這是不合於禮的。

孟僖子會見邾莊公，在祲祥結盟，重修舊好，這是合於禮的。泉丘人有一個女兒，夢見用她的帷幕覆蓋了孟氏的祖廟，就私奔到孟僖子那裏，她的同伴也跟著去了。在清丘的土地神廟裏盟誓說：「有了兒子，不要丟掉我！」孟僖子讓她們住在薳氏地方做妾。孟僖子從祲祥回來，住在薳氏，泉丘女人生了懿子和南宮敬叔。她的同伴沒有兒子，讓她撫養敬叔。

楚國的軍隊在蔡國，晉國的荀吳對韓宣子說：「不能救援陳國，又不能救援蔡國，別人因此就不來親附了。晉國的不行也就可以知道了。做盟主的不去救助滅亡的國家，又哪裏用得著盟主呢？」

同年秋天，〔季孫意如和晉國韓起、齊國國弱、宋國華亥、衛國北宮佗、鄭國罕虎、曹人、杞人〕在厥憖會見，為了商量救援蔡國。

鄭國的子皮將要出行。子產說：「走不遠的，已經不能救援蔡國。蔡國小而不順服，楚國大而不施仁德，上天將會拋棄蔡國來使楚國積累邪惡，滿了數然後懲罰它，蔡國一定滅亡了。而且喪失了國君而能守住國家的也是很少的。到了三年，楚王大約有災殃吧？善和惡在歲星繞行一周的時候必然會有報應，楚王的邪惡已經要到歲星繞行一周的時候了。」晉國人派狐父到楚國請求楚國寬免蔡國，楚國不答應。

單成公在戚地會見韓宣子，目光向下，說話遲緩。叔向說：「單成公大約將要死了吧！朝見有規定的位置，會見有標誌，衣服有交叉，衣帶有交結。會見和朝見的言語一定要使在座者都能聽到，用它來表明事情有條不紊；目光不低於衣服交叉和衣帶交結之處，用它來端莊儀容外貌。言語以發布命令，儀容外貌以表明態度，做不到就有錯誤。現在單子做天子的百官之長，在盟會上宣布天子的命令，目光不高於腰帶，聲音不能傳出一步之外，外貌不能使儀表端莊嚴肅，言語就不能明白了。不嚴肅端莊，臣下就不恭敬；不明確清晰，別人就不會順從。他已經沒有保養身心之元氣了。」

同年九月，安葬齊歸，昭公不悲痛。晉國送葬的士大夫，回去把情況告訴史趙。史趙說：「他一定會逃亡去到別國。」侍從的人說：「什麼緣故？」史趙說：「他是歸氏所生，不想念母親，祖先不保祐。」叔向說：「魯國的公室大約要衰落了！國君母死大喪，國家卻不停止閱兵；有三年的喪期，卻沒有一天悲痛。國家不為喪事而憂傷，這是不怕國君；國君沒有悲痛的容貌，這是不顧親人。國家不怕國君，國君不顧親人，能夠不衰落嗎？恐怕會失去他的國家。」

冬十一月，楚靈王滅亡蔡國，殺了隱太子以祭祀岡山。申無宇說：「不吉祥，五種牲口不能並用，何況用諸侯呢？國君一定要後悔！」

十二月，單成公死。

楚靈王在陳地、蔡地、不羹築城，派棄疾做蔡公。楚王向申無宇詢問說：「棄疾在蔡地怎麼樣？」申無宇回答說：「選擇兒子沒有像父親那樣合適的，選擇臣子沒有像國君那樣合適的。鄭莊公在櫟地築城而安置子元，讓昭公不能立為國君。齊桓公在穀地築城而安置管仲，直到現在還仗他得利。臣聽說五種大人物不應在邊境，五種小人物不宜在朝廷。親近的人不應在外邊，寄居的人不宜在裏邊。現在棄疾在外邊，鄭丹在裏邊，君王恐怕要稍加戒備！」楚王說：「國都有高大的城牆，怎麼樣？」申無宇回答說：「實在是鄭國的京地、櫟地殺了曼伯；宋國的蕭地、亳地實在害殺了子游；齊國的渠丘害殺了無知；衛國的蒲地、戚地趕走了獻公。如果從這樣來看，就有害於國都。樹枝太大，主幹一定折斷，尾巴太大，就不能搖擺，這是君王所知道的。」

【說　明】本年傳著重圍繞著楚滅亡蔡的事件，揭露了楚靈王的暴虐無道，歷敘諸侯各國的態度和評論，斷言滅亡蔡國的結果，只會加速楚靈王的滅亡。

本文先以萇弘的預言提絜全文，然後記述楚靈王「幣重而言甘」誘殺蔡侯，處死其隨從人員七十人，四月出兵楚公子棄疾包圍蔡國，楚王於十一月滅蔡國，殺蔡太子血祭。叔向評論：蔡侯弒君篡國而又失民，得此下場罪有應得。而楚王用欺騙和暴虐的手段僥倖得逞，是老天讓他積惡然後懲罰他。預言楚國將不再興盟。鄭子產明確斷言，再過三年，楚王就要遭殃。作者引用了這兩位政治家的評論，強烈譴責了楚靈王。

晉國本想救蔡卻無能為力，再次顯示了它的霸主地位已難以維持。

文中插寫了周朝王官單子與晉國韓宣子會見時，連眼睛都不敢抬，說話都不敢大聲的可憐相，叔向預言他將活不長，已經沒了養生之氣。這位王官的可憐相，使人不能不聯想到周室的可悲命運，單子似乎是它的縮影。

作者同時還敘寫了魯國安葬國母齊歸時，國君不悲，「國不忌君」，三位執政大臣毫無顧忌地舉行大規模的閱兵儀式，目中無君。叔向斷言「魯公室卑矣」。國君不孝，臣民不忠，禮失則國亡，這是作者所要表明的觀點。

最後，寫楚靈王在強佔來的陳、蔡、不羹三地大築城市，並派棄疾為蔡公。他問申無宇對這兩件事的看法。無宇答以「五大不在邊」（太子、同母弟等五種大人物不能在邊疆）和「五大」佔據大城池「於國有害」。他斷言棄疾不能做蔡公，佔蔡城。為昭公十三年棄疾以陳蔡作亂作了伏筆。

十二年

辛未，西元前五三〇年。周景王十五年、齊景公十八年、晉昭公二年、秦哀公七年、楚靈王十一年、宋元公二年、衛靈公五年、陳惠公四年、曹武公二十五年、鄭簡公三十六年、燕悼公六年、吳餘眛元年、杞平公六年、許悼公十七年。

經 十有二年春，齊高偃帥師納北燕伯于陽。

三月壬申，鄭伯嘉卒。

夏，宋公使華定來聘。

公如晉，至河乃復。

五月，葬鄭簡公，楚殺其大夫成熊。

秋七月。

冬十月，公子憖出奔齊。

楚子伐徐。

晉伐鮮虞。

傳 十二年春，齊高偃納北燕伯款于唐，因其眾也❶。

三月，鄭簡公卒。將為葬除❷，及游氏之廟，將毀焉。子大叔使其除徒執用❸以立，而無庸毀，曰：「子產過女，而問❹何故不毀，乃曰：『不忍廟❺也。諾，將毀矣。』」既如是，子產乃使辟❻之。司墓之室有當道者，毀之，則朝而塴❼；弗毀，則日中而塴。子大叔請毀之曰：「無若諸侯之賓何？」子產曰：「諸侯之賓能來會吾喪，豈憚日中？無損於賓，而民不害，何故不為？」遂弗毀，日中而葬。君子謂子產於是乎知禮。禮，無毀人以自成也。

夏，宋華定來聘，通嗣君❽也。享之，為賦〈蓼蕭〉❾；弗知，又不答賦。昭子曰：「必亡❿。宴語之不懷，寵光⓫之不宣，令德⓬之不知，同福之不受⓭，將何以在⓮？」

齊侯、衛侯、鄭伯如晉，朝嗣君也。

公如晉，至河，乃復。取郠之役⓯，莒人愬于晉。晉有平公之喪，未之治也，故辭公。公子慭遂如晉。晉侯享諸侯，子產相鄭伯，辭於享⓰，請免喪而後聽命。晉人許之，禮也。晉侯以齊侯宴，中行穆子⓱相。投壺⓲，晉侯先，穆子曰：「有酒如淮⓳，有肉如坻⓴，寡君中此，為諸侯師㉑。」中之。齊侯舉矢，曰：「有酒如澠㉒，有肉如陵，寡人中此，與君代興。」亦中之。伯瑕謂穆子曰：「子失辭。吾固師諸侯矣，壺何為焉，其以中儁也？齊君弱吾君，歸弗來矣。」穆子曰：「吾軍帥彊禦，卒乘競勸，今猶古也，齊將何事？」公孫傁㉓趨進曰：「日旰㉔君勤，可以出矣！」以齊侯出。

楚子謂成虎，若敖之餘也，遂殺之。或譖㉕成虎於楚子，成虎知之，而不能行。書曰「楚殺其大夫成虎」，懷寵也。

六月，葬鄭簡公。

晉荀吳偽會齊師者，假道於鮮虞㉖，遂入昔陽㉗。秋八月壬午，滅肥㉘，以肥子緜皋歸。

周原伯絞㉙虐，其輿臣㉚使曹逃㉛。冬十月壬申朔，原輿人逐絞，而立公子跪尋。絞奔郊㉜。

甘簡公無子，立其弟過。過將去成、景之族㉝。成、景之族賂劉獻公㉞。丙申，殺甘悼公㉟，而立成公之孫鰌㊱。丁酉，殺獻大子之傅庾皮之子過，殺瑕辛于市，及宮嬖綽、王孫沒、劉州鳩、陰忌、老陽子㊲。

季平子㊳立，而不禮於南蒯。南蒯㊴謂子仲㊵：「吾出季氏㊶，而歸其室於公，子更其位㊷，我以費為公臣。」子仲許之。南蒯語叔仲穆子㊸，且告之故。季悼子之卒也，叔孫昭子以再命為卿。及平子伐莒克之，更受三命。叔仲子欲構二家㊹，謂平子曰：「三命踰父兄，非禮也㊺。」平子曰：「然。」故使昭子㊻。昭子曰：

「叔孫氏有家禍，殺適立庶，故婼也及此，若因禍以斃之[47]，則聞命[48]矣。若不廢君命，則固有著[49]矣。」昭子朝，而命吏曰：「婼將與季氏訟，書辭無頗。」季孫懼，而歸罪於叔仲子。故叔仲小、南蒯、公子憖謀[50]季氏。憖告公，而遂從公如晉。南蒯懼不克[51]，以費叛如齊。子仲還，及衛，聞亂，逃介而先[52]。及郊，聞費叛，遂奔齊。南蒯之將叛也，其鄉人或知之，過之而歎，且言曰：「恤恤乎，湫乎攸乎[53]！深思而淺謀，邇身而遠志，家臣而君圖，有人矣哉！」南蒯枚筮[54]之，遇〈坤〉䷁〈比〉䷇，曰：「黃裳元吉[55]。」以為大吉也。示子服惠伯，曰：「即欲有事，何如？」惠伯曰：「吾嘗學此矣，忠信之事則可[56]，不然，必敗。外彊內溫，忠也；和以率貞，信也，故曰：『黃裳元吉』。黃，中之色也，裳，下之飾也；元，善之長也。中不忠，不得其色；下不共，不得其飾；事不善，不得其極。外內倡和為忠，率事以信為共，供養三德為善，非此三者弗當。且夫《易》，不可以占險，將何事也？且可飾乎？中美能黃，上美為元，下美則裳，參成可筮[57]，猶有闕[58]也，雖吉，未也。」將適費，飲鄉人酒。鄉人或歌之曰：「我有圃，生之杞[59]乎！從我者子乎，去我者鄙乎，倍其鄰[60]者恥乎！已乎已乎！非吾黨之士乎！」平子欲使昭子逐叔仲小。小聞之，不敢朝。昭子命吏謂小待政於朝，曰：

「吾不為怨府[61]。」

楚子狩于州來，次于潁尾[62]，使蕩侯、潘子、司馬督、囂尹午、陵尹喜帥師圍徐[63]以懼吳。楚子次于乾谿[64]，以為之援。雨雪，王皮冠、秦復陶，翠被[65]，豹舄[66]，執鞭以出。僕析父從。右尹子革夕，王見之，去冠、被，舍鞭，與之語，曰：「昔我先王熊繹[67]與呂伋[68]、王孫牟[69]、燮父[70]、禽父，並事康王，四國皆有分，我獨無有。今吾使人於周，求鼎以為分，王其與我乎？」對曰：「與君王哉！昔我先王熊繹辟在荊山，篳路藍縷[71]以處草莽，跋涉山林[72]以事天子，唯是桃弧棘矢[73]以共禦王事。齊，王舅也；晉及魯、衛，王母弟[74]也。楚是以無分，而彼皆有。今周與四國服事君王，將唯命是從，豈其愛鼎？」王曰：「昔我皇祖伯父昆吾，舊許是宅。今鄭人貪賴[75]其田，而不我與。我若求之，其與我乎？」對曰：「與君王哉！周不愛鼎，鄭敢愛田？」王曰：「昔諸侯遠我而畏晉，今我大城陳、蔡、不羹，賦皆千乘，子與有勞焉，諸侯其畏我乎！」對曰：「畏君王哉。是四國者，專足畏也，又加之以楚，敢不畏君王哉？」工尹路請曰：「君王命剝圭以為鏚柲[76]，敢請命。」王入視之，析父謂子革：「吾子，楚國之望也。今與王言如響[77]，國其若之何？」子革曰：「摩厲以須，王出，吾刃將斬矣。」王出，復語。左史倚相趨過，王曰：「是良史也，子善視之！是能讀《三墳》、《五典》、《八索》、《九丘》78。」對曰：「臣嘗問焉，昔穆王欲肆79其心，周行天下，將皆必有車轍馬跡焉。祭公謀父80作〈祈招〉81之詩以止王心，王是以獲沒82於祗宮。臣問其詩而不知也。若問遠焉，其焉能知之？」王曰：「子能乎？」對曰：「能，其詩曰：『〈祈招〉之愔愔83，式昭德音。思我王度，式如玉，式如金。形民之力，而無醉飽之心。』」王揖而入，饋不食，寢不寐，數日，不能自克，以及於難84，仲尼曰：「古也有志：『克己復禮，仁也。』信善哉！楚靈王若能如是，豈其辱於乾谿？」

晉伐鮮虞，因肥之役也。

【注釋】❶因其眾也　憑著它的兵眾。杜注：「因唐眾欲納之。」其，代「唐」。❷葬除　為出殯埋葬清除道路障礙。❸執用　拿著工具。用，工具鍬鎬之類。❹而問　如問。而，假設連詞。假如的「如」。❺廟　指祖廟。❻辟　同「避」。❼堋　同「堋」。謂葬時下棺於壙中也。❽通嗣君　為新立的宋君通好。❾賦蓼蕭　賦，朗誦。蓼蕭，《詩經·小雅》的一首詩名。❿必亡　一定逃走。⓫寵光　恩寵光榮。⓬令德　美好的德行。⓭同福句　「萬福攸同」，華定卻不答賦，這是不接受。昃同福，同享福祥。⓮何以在　何以終其位。⓯取郠之役　事在魯昭公十年。⓰辭於享　謝絕宴會。當時鄭伯（定公）因父死喪事未畢，故請不參加享禮。⓱中行穆子　即荀吳。⓲投壺　古代宴飲中的娛樂。投箭進大口之壺，投中者勝，勝者酌酒，負者飲酒。⓳如淮　像淮河水（酒很多）。⓴坻　像水中高地（肉很多）。㉑師　長也。統帥諸侯，稱霸。㉒澠　古代河名，在今山東臨淄一帶。㉓公孫傁　齊大夫。㉔旰　晚。㉕譖　說壞話誣陷別人。㉖鮮虞　位於今河北省西部新樂縣的一個小城邦。(27)昔陽　位於今河北省晉縣的小城邦鼓國首都（和今山西省東部的昔陽縣無關）。(28)肥　今河北省藁城縣的小城邦，和鮮虞、昔陽等同為狄人之國。(29)原伯絞　周大夫原公。(30)輿臣　輿，眾也。輿臣即許多手下人。(31)曹逃　成羣地逃走。曹，羣也。(32)郊　周地，不是城池的郊外，而是邑名。(33)成景之族　甘成公、甘景公都是甘過的祖先。(34)劉獻公　周之卿士，劉定公的兒子。(35)甘悼公　即甘之國君過。(36)鰌　甘平公。鰌，同「鰍」。平公名。(37)殺瑕辛于市二句　這些被殺的人，都是悼公甘過的黨羽。(38)季平子　即季孫意如。他繼承祖父季武子（季孫宿）為卿。(39)南蒯　南遺之子，是季孫氏費邑的宰。(40)子仲　公子憖。(41)出季氏　趕走季家人。(42)子更其位　你接替他的卿位。更，取代。(43)叔仲穆子　叔仲帶的兒子，名叔仲小。(44)欲構二家　想離間季平子和叔孫昭子。構，羅織陷害。此處指挑撥兩家不和。(45)三命踰父兄非禮也　古代禮制：一命之官於鄉里中依年齡大小為次；二命之官於父輩中論年齡大小；三命之官則不論年齡，其官大，可以在父輩兄輩之先。叔仲子說「三命踰父兄，非禮也」，其用心所在是在伐莒主帥季平子面前，指出叔孫昭子本人不參加伐莒，不得有三命。(46)故使昭子　「使昭子自貶黜」即是使他自動請求降低級別，不受「三命」。(47)因禍以斃之　意即藉這家族內亂懲處搞垮我。禍，亂，此指家族內鬨。斃，倒下；垮臺。(48)聞命　聽命；聽你擺布。(49)固有著　本來已有君命職位。著，著定；位次。(50)謀　算計；打別人的主意害他。(51)懼不克　害怕失敗。公子憖和南蒯初謀藉晉國援助來除去季氏，故憖隨昭公赴晉。正值晉拒昭公，不得入晉，蒯因此害怕失敗，改為叛逃齊國。(52)逃介而先　丟下副使的職務，先逃回國。介，助手；副使。憖子赴晉相公，為副使。(53)恤恤乎湫乎攸乎　恤、湫、攸三字同義。湫，「愁」之通假字；攸，「悠」之通假字，兩字與「恤」都是「憂」的意思。三句一意，深憂之，故重言之。(54)枚筮　古代卜筮必先述所卜筮的事情，若不講所卜筮之事，叫做「枚筮」。(55)黃裳元吉　黃裳元是《易經・坤》六五爻辭，吉是吉利。每一個卦，《易經》都有「卦辭」，以便作分析吉凶的提示。(56)則可　那就可如筮大吉。(57)參成可筮　杜注：「參美盡備，吉可如筮」，參即「叁」，三。(58)闕　缺；缺少。(59)杞　杞柳，不能成材的樹，喻南蒯。(60)倍其鄰　背叛他的親人。倍，通「背」。鄰：親人。暗指季氏。(61)怨府　怨恨所聚集之人，大家怨恨的對象。(62)潁尾　今安徽正陽關北，為壽縣、鳳台、潁上三縣接界處。(63)圍徐　徐國與吳國為與國，舅甥之國，故圍徐以逼吳。(64)乾谿　在安徽省亳縣東南七十里。(65)翠被　翠羽做的斗篷、披風。(66)豹舄　用豹皮做的鞋子。舄，鞋子。(67)熊繹　楚國始封的君主名。(68)呂伋　姜太公子丁公。(69)王孫牟　衛康叔的兒子康伯。(70)燮父　晉國唐叔的兒子。(71)篳路藍縷　坐著柴車穿著破衣。篳路，柴車。藍縷，破衣。(72)跋涉山林　跋山涉水。跋，翻山越嶺。涉，蹚著水行走。(73)桃弧棘矢　桃木弓、棘木箭。(74)王母弟　魯國姬旦、衛國康叔皆周武王同母所生的弟弟。(75)貪賴　貪圖其田之利。貪，貪心。賴，利。(76)剝圭以為鏚柲　破圭玉以飾斧柄。鏚，斧。柲，柄。(77)如響　響，回聲。(78)三墳五典八索九丘　古書，已失傳。(79)肆　恣意；放縱。（恣意實行心願。）(80)祭公謀父　周公之孫，成公之父，名叫謀父。(81)祈招　樂曲名，也是詩名。(82)獲沒　善終。(83)愔愔　形容安靜和悅。(84)難　蒙難（後縊死）。

【語譯】魯昭公十二年春天，齊國的高偃把北燕伯款送到唐地，這是因為唐地的羣眾願意接納他。

三月，鄭簡公死，將要為安葬而清除道路。到達游氏的祖廟，就打算拆毀它。子大叔讓那些清道的人拿工具站著，而不要去拆，說：「子產經過你們這裏，如果問你們為什麼不拆，就說：『不忍心拆，是祖廟啊。對，準備拆了。』」這樣一番以後，子產就讓清道的人避開游氏的祖廟，去走別的道路。司墓的房屋有位於當路的，拆了它，就可以在早晨下葬；不拆，就要到中午才能下葬。子大叔請求拆了它，說：「如果不拆，把各國的賓客怎麼辦？」子產說：「各國的賓客能夠前來參加我們的喪禮，難道會怕遲到中午？對賓客沒有損傷而百姓不遭危害，為什麼不做？」於是就不拆，到中午下葬。君子認為子產在這裏懂得禮。禮，沒有毀壞別人而成全自己的事。

同年夏天，宋國的華定前來魯國訪問，為新立的宋君通好。魯國設享禮招待他，為他朗誦〈蓼蕭〉這首詩，他不懂得，又不朗誦詩歌回禮。昭子說：「他必將逃亡。詩中說到宴會的笑語，他不聯繫自己思考思考；說到恩寵、榮耀，不知道謝宣揚；詩中讚美善德，我國藉以讚美他，竟不理會；詩句『萬福攸同』，我們朗誦，他不回禮是不接受。他將怎麼有好的結果？」

齊侯、衛侯、鄭伯去到晉國，朝見新立的國君。

魯昭公去到晉國，到達黃河，就回去了。佔取郠地的那一次戰役，莒國人向晉國起訴，晉國正好有平公的喪事，沒有能夠辦理，所以辭謝昭公。公子慭就去到晉國。晉昭公設享禮招待諸侯，子產輔佐鄭定公，請求不參加享禮，喪服滿期然後聽從安排。晉國人答應了，這是合於禮的。晉昭公和齊景公飲宴，中行穆子相禮。投壺娛樂時，晉昭公先投，穆子說：「有酒像淮流，有肉像高丘。寡君投中，統帥諸侯。」投中了。齊侯舉起矢，說：「有酒像澠水，有肉像山陵。寡人投中，代君強盛。」也投中。伯瑕對穆子說：「您的話不恰當。我們本來就稱霸諸侯了，壺有什麼用，把投中看成希罕事？齊君認為我們國君軟弱，回去以後不會來了。」穆子說：「我們軍隊統帥強而有力，士兵爭相勸勉，今天就像從前一樣，齊國能怎麼樣？」公孫傁快步走進說：「天晚了，國君疲勞，可以出去了！」就和齊侯一起出去。

楚靈王認為成虎是若敖的餘黨，就殺了他。有人曾在楚王那裏誣陷成虎，成虎知道了，但是不能出走。《春秋》記載說「楚殺其大夫成虎」，這是由於他留戀寵幸。

同年六月，安葬鄭簡公。

晉國的荀吳假裝會合齊軍的樣子，向鮮虞借路，就乘機進入昔陽。秋八月初十日，滅亡肥國，帶了肥子緜皐回國。

周朝的原伯絞殘暴，他的許多手下人成羣結隊地逃走。冬十月初一，原地大眾趕走原伯絞，立了公子跪尋，絞逃亡到郊地。

甘簡公沒有兒子，立了他兄弟甘過做國君。過打算去掉成公、景公的族人。成公、景公的族人賄賂劉獻公，二十五日，殺死了悼公甘過，立了成公的孫子鰌。二十六日，殺了獻太子保傅、庾皮的兒子過，在市上殺了瑕辛，又殺了宮嬖綽、王孫沒、劉州鳩、陰忌、老陽子。

魯季平子即位，對南蒯不加禮遇。南蒯對子仲說：「我趕走季氏，把他的家產歸公，您取代他的地位，我帶著費邑作為公臣。」子仲答應了，南蒯告訴叔仲穆子，同時把原因告訴了他。季悼子死的時候，叔孫昭子由於再命而做了卿。等到平子攻打莒國得勝，昭子改受三命。叔仲穆子想要離間季氏和叔孫氏兩家，對平子說：「三命超過了父兄，這是不合於禮的。」平子說：「是這樣。」所以就讓昭子自己辭謝。昭子說：「叔孫氏發生家禍，殺死嫡子立了庶子，所以婼才到了這一步。倘因禍亂來罷免我，那我聽命於你。如國君命令沒有廢除，那我本來就有位次。」昭子上朝，命令官吏說：「我要和季氏爭訟，寫訴訟辭不要偏袒。」季平子害怕了，就歸罪於叔仲子。因此叔仲穆子、南蒯、子仲就想算計季氏。子仲要求昭公，跟他去了晉國。南蒯害怕打不贏，帶了費邑叛逃齊國。子仲回國，到達衛國，聽到動亂的情況，丟下副使的任務先逃回國；到達郊外，聽到費邑叛亂，就逃亡到齊國。南蒯打算叛變的時候，他的家鄉有人知道情況，走過他家，歎口氣說：「憂愁啊！憂愁！手辣心狠，可惜智謀短淺；主僕貼身，卻是離心離德；討好國君，竟要叛賣季氏室！竟有這樣的奴才啊！」南蒯不提出所問的事情而占筮，得到〈坤〉卦䷁變為〈比〉卦䷇，卦辭說，「黃裳元吉」，就以為是大吉大利。他給子服惠伯看，說：「如果有事情，怎麼樣？」惠伯說：「我曾學過《易經》，如果是忠信的事情就可以〔合於卦辭的預測〕，否則的話，一定失敗。外面強盛內部溫順，這是忠誠；用溫順來實行卜問之事，這是信用，所以說『黃裳元吉』。黃，是內衣的顏色；裳，是下身的服裝；元，是善的第一位。內心不忠誠，就和顏色不相符合；在下面不恭敬，就和服裝不相符合；事情辦理不善，就和標準不相符合。內外和諧就是忠，根據誠信辦事就是恭，崇尚上述三種德行就是善，不是這三種德行就當不起〔卦辭的預測〕。而且《易經》不能用來預測冒險的事情，您打算做什麼呢，而且能不能在下位而恭敬呢？中美就是黃，上美就是元，下美就是裳，這三者都具備了，才可以合於卦辭的預測。如果有所缺少，卦辭雖然吉利，還是不行的。」南蒯打算去費地，請鄉裏的人喝酒。鄉裏有個人唱歌說：「我有塊菜地，卻長出了這棵杞柳呵！跟我走的是男子漢呵，不跟我走的不是東西呵，背棄他的親人可恥呵！罷了罷了，不是我們鄉黨的人呵！」季平子想讓昭子趕走叔仲子。叔仲子聽見了，不敢朝見。昭子差官吏去，叫叔仲子在朝廷上等待任務，說：「我不充當大家怨恨的對象。」

楚靈王在州來狩獵閱兵，駐紮在潁尾，派蕩侯、潘子、司馬督、囂尹午、陵尹喜領兵包圍徐國，以威脅吳國。楚王住在乾谿，作為他們的後援。下雪，楚王頭戴皮帽子，身穿秦國的復陶羽衣，外披翠羽披肩，腳穿豹皮鞋，手拿鞭子走出來。大僕析父作為隨從。右尹子革晚上朝見，楚王接見他，脫去帽子、披肩，丟掉鞭子，和他說道：「從前我的先王熊繹，和呂伋、王孫牟、燮父、禽父一起事奉康王，四國都得到賞賜的珍寶，唯獨我國沒有。現在我派人到成周，請求把鼎作為賞賜，周天子會給我嗎？」子革回答說：「會給君王啊！從前我們先王熊繹僻處荊山，乘柴車、穿破衣，以開闢叢生的雜草，跋山涉水以事奉天子，只能用桃木弓、棘木箭作為進貢。齊國，是天子的舅父；晉國和魯國、衛國，是天子的同胞兄弟。楚國因此得不到賞賜，而他們都有。現在是周朝和四國順服事奉君王了，將會唯命是從，難道還愛惜鼎？」楚王說：「以前我們的皇祖伯父昆吾，居住在舊許，現在鄭人貪得這裏的土田而不給我們。我們如果要求，他會給我們嗎？」子革回答說：「會給君王啊！周朝不愛惜鼎，鄭國敢愛惜土田？」楚王說：「從前諸侯認為我們偏僻而害怕晉國，現在我們大肆修築陳國、蔡國、兩個不羹的城牆，每地都有戰車一千輛——您是有功勞的——諸侯大約害怕我們了吧！」子革回答說：「害怕君王啊！光是這四個城邑，已足夠使人害怕了，又加上楚國全國的力量，豈敢不害怕君王呢？」工尹路請求說：「君王命破開圭玉以裝飾斧柄，謹請下令。」楚王走進去看。析父對子革說：「您，是楚國有聲望的人。現在和君王說話，他問您答好像回聲，國家怎麼辦？」子革說：「我磨快了刀等著，君王出來，快刀斬掉他邪惡的念頭。」楚王出來，重新說話。左史倚相快步走過，楚王說：「這個人是好史官，您要好好看待他！這個人能夠讀《三墳》、《五典》、《八索》、《九丘》。」子革回答說：「下臣曾經問過他，從前周穆王想要放縱他的私心，周遊天下，打算讓天下都有他的車轍馬跡。祭公謀父作了〈祈招〉這首詩來勸阻穆王的私心，穆王因此得以善終於祇宮。下臣問他這首詩，他不知道。如果問更遠的事情，他哪裏能知道？」楚王問：「您能知道嗎？」子革回答：「能。這首詩說：『〈祈招〉安祥和悅，表現有德者的聲音。想起我們君王的風度，好像玉，好像金。保存百姓的力量，而自己沒有縱欲之心。』」楚王向子革拱手，走進去了，送上飯來不吃。睡覺無法入寐，好幾天，不能戰勝自己，直至蒙難自縊。孔子說：「古時傳說：『克制自己回到禮儀上，這就是仁。』真是說得好啊！楚靈王如果能夠這樣，難道會在乾谿受到羞辱？」

晉國攻打鮮虞，這是由於滅亡肥國之後而順路進攻。

【說明】本年傳文披露了晉、齊、楚等大國的爭霸野心，也記述了一些卿大夫的內鬨與火拚。

作者採用寓莊於諧的手法寫前者，齊與晉的爭霸野心，是在祝賀晉新君的宴會上雙方投壺的祝辭中透露的。晉臣中行穆子以「為諸侯師」的老霸主國自居，不把齊放在眼裏，而齊侯則雄心勃勃地舉箭祝辭：「寡人中此，與君代興」，嚇得輔臣公孫傁急忙把他拉走。這個戲劇性的場面令人發噱。而楚靈王則一方面殺掉大夫成虎以徹底消除心腹隱患，另方面大肆對外擴張，親自領兵巡狩州來，派軍隊包圍徐國以威懾吳國。他著裝華麗，在與右尹子革閒聊中誇口將問鼎周室，徵田於鄭，逞威諸侯。他沉醉於迷人的幻想中，卻不自知面臨著覆滅的命運。儘管右尹子革賦〈祈招〉之詩微言相諷，使楚王幾天寢食不寧，但仍然按捺不住野心，終於遇上「乾谿之難」。真是飛蛾撲火，自取滅亡。

大國如此，小國與卿大夫家族內部也在紛紛進行鬥爭。周朝的原伯絞因暴虐引起反叛，被趕走；其弟公子跪尋上了臺。周朝卿士甘簡公因無子而立其弟過，結果引起了宗族間的大屠殺。魯國季平子的家宰南蒯因不甘受辱而陰謀挑起了季、叔、仲三家的矛盾和內亂，最後帶著費邑叛逃到齊國。作者特地引用南蒯鄉人之「歎」，批判他有「家臣而君圖」的狂妄野心，不忠不信，落得個去國逃亡的可恥下場。並記敘了費地鄉人作歌斥責他可「鄙」可「恥」，把他比作無用而有害的杞柳，進行嘲笑羞辱。作者的認真組材，濃墨渲染，有力地鞭撻了違禮犯上不守信義的野心家。

從全文看，作者再三強調的是懂禮、守信、復禮的重要。文末藉孔子之口說：「克己復禮，仁也」，楚靈王如能這樣，就不會在乾谿受辱了。這是畫龍點睛之筆。

十三年

壬申，西元前五二九年。周景王十六年、齊景公十九年、晉昭公三年、秦哀公八年、楚靈王十二年、宋元公三年、衛靈公六年、陳惠公吳五年、蔡平侯二年、曹武公二十六年、鄭定公寧元年、燕悼公七年、吳餘昧二年、杞平公七年、許悼公十八年。

經 十有三年春，叔弓帥師圍費。

夏四月，楚公子比自晉歸于楚，弒其君虔于乾谿。楚公子棄疾殺公子比。

秋，公會劉子、晉侯、齊侯、宋公、衛侯、鄭伯、曹伯、莒子、邾子、滕子、薛伯、杞伯、小邾子于平丘。

八月甲戌，同盟于平丘，公不與盟。晉人執季孫意如以歸。

公至自會。

蔡侯廬歸于蔡。陳侯吳歸于陳。

冬十月，葬蔡靈公。

公如晉，至河乃復。

吳滅州來。

傳 十三年春，叔弓圍費，弗克，敗焉。平子❶怒，令見費人執之，以為囚俘。冶區夫曰：「非也。若見費人，寒者衣之，飢者食之，為之令主❷，而共其❸乏困，費來如歸，南氏亡矣。民將叛之，誰與居邑？若憚之以威，懼之以怒，民疾而叛，為之聚也。若諸侯皆然，費人無歸，不親南氏，將焉入矣？」平子從之，費人叛南氏。

楚子之為令尹也，殺大司馬薳掩，而取其室❹。及即位，奪薳居❺田；遷許而質❻許圍。蔡洧❼有寵於王，王之滅蔡也，其父死焉，王使與於守而行。申之會，越大夫戮❽焉。王奪鬬韋龜❾中犨❿，又奪成然邑，而使為郊尹⓫。蔓成然故事蔡公⓬。故薳氏之族及薳居、許圍、蔡洧、蔓成然，皆王所不禮也，因羣喪職之族啟越大夫常壽過作亂，圍固城，克息舟⓭，城而居之。

觀起之死也，其子從在蔡，事朝吳⓮，曰：「今不封⓯蔡，蔡不封矣。我請試之⓰。」以蔡公之命召子干、子晳⓱，及郊而告之情，強與之盟，入襲蔡。蔡公將食，見之而逃。觀從使子干食，坎，用牲，加書，而速行。已徇⓲於蔡，曰：「蔡公召二子，將納之，與之盟而遣之矣，將師而從之⓳。」蔡人聚，將執之。辭曰：「失賊成軍，而殺余，何益⓴？」乃釋之。朝吳曰：「二三子若能死亡㉑，則如違之㉒，以待所濟。若求安定，則如與之㉓，以濟所欲。且違上，何適而可㉔？」眾曰：「與之！」乃奉蔡公，召二子而盟于鄧㉕，依陳、蔡人以國。楚公子比、公子黑肱、公子棄疾、蔓成然、蔡朝吳帥陳、蔡、不羹、許、葉之師，因四族㉖之徒，以入楚。及郊，陳、蔡欲為名㉗，故請為武軍㉘。蔡公知之，曰：「欲速，且役病矣㉙，請藩㉚而已。」乃藩為軍。蔡公使須務牟與史猈㉛先入，因正僕人㉜殺大子祿及公子罷敵㉝。公子比為王，公子黑肱為令尹，次于魚陂㉞。公子棄疾為司馬，先除王宮，使觀從從師于乾谿，而遂告之㉟，且曰：「先歸復所㊱，後者劓㊲。」師及訾梁㊳而潰。

王聞羣公子之死也，自投于車下，曰：「人之愛其子也，亦如余乎？」侍者曰：「甚焉！小人老而無子，知擠于溝壑矣。」王曰：「余殺人子多矣，能無及此乎？」右尹㊴子革曰：「請待于郊，以聽國人。」王曰：「眾怒不可犯也！」曰：「若入於大都㊵，而乞師於諸侯。」王曰：「皆叛矣。」曰：「若亡於諸侯，以聽大國之圖君也。」王曰：「大福不再，祇取辱焉。」然丹乃歸于楚。王沿夏，將欲入鄢㊶。芋尹無宇之子申亥曰：「吾父再奸王命㊷，王弗誅，惠孰大焉？君不可忍，惠不可棄，吾其從王。」乃求王，遇諸棘圍㊸以歸。夏五月癸亥，王縊于芋尹申亥氏。申亥以其二女殉㊹而葬之。

觀從謂子干曰：「不殺棄疾，雖得國，猶受禍也。」子干曰：「余不忍也。」子玉曰：「人將忍子，吾不忍俟也。」乃行。國每夜駭曰㊺：「王入矣！」乙卯夜，棄疾使周走㊻而呼曰：「王至矣！」國人大驚。使蔓成然走告子干、子皙曰：「王至矣，國人殺君司馬，將來矣。君若早自圖也，可以無辱。眾怒如水火焉，不可為謀。」又有呼而走至者曰：「眾至矣！」二子皆自殺。丙辰，棄疾即位，名曰熊居，葬子干于訾，實訾敖[47]。殺囚，衣之王服，而流諸漢[48]，乃取而葬之，以靖國人。使子旗[49]為令尹。

楚師還自徐，吳人敗諸豫章，獲其五帥。

平王封陳、蔡，復遷邑，致羣賂，施舍、寬民，宥罪、舉職[50]。召觀從，王曰：「唯爾所欲。」對曰：「臣之先佐開卜。」乃使為卜尹。使枝如子躬聘于鄭，且致犨、櫟之田。事畢弗致。鄭人請曰：「聞諸道路，將命寡君以犨、櫟，敢請命。」對曰：「臣未聞命。」既復，王問犨、櫟，降服[51]而對，曰：「臣過失命，未之致也。」王執其手，曰：「子毋勤！姑歸，不穀有事，其告子也。」

他年，芋尹申亥以王柩告，乃改葬之。

初，靈王卜曰：「余尚得天下！」不吉。投龜，詬天[52]而呼曰：「是區區者而不余畀[53]，余必自取之。」民患王之無厭也，故從亂如歸[54]。

初，共王無冢適[55]，有寵子五人，無適立焉。乃大有事于羣望[56]，而祈曰：「請神擇於五人者，使主社稷。」乃徧以璧見於羣望，曰：「當璧而拜者，神所立也，誰敢違之？」既，乃與巴姬密埋璧於大室之庭[57]，使五人齊[58]，而長入拜。康王跨之，靈王肘加焉，子干、子晳皆遠之。平王弱，抱而入，再拜，皆厭紐[59]。

鬬韋龜屬成然焉，且曰：「棄禮違命[60]，楚其危哉！」

子干歸，韓宣子問於叔向曰：「子干其濟[61]乎！」對曰：「難。」宣子曰：「同惡相求[62]，如市賈焉，何難？」對曰：「無與同好，誰與同惡？取國有五難：有寵而無人，一也；有人而無主，二也；有主而無謀，三也；有謀而無民，四也；有民而無德，五也。子干在晉，十三年矣。晉、楚之從，不聞達者，可謂無人。族盡親叛，可謂無主。無釁[63]而動，可謂無謀。為羈終世，可謂無民。亡無愛徵，可謂無德。王虐而不忌[64]，楚君子干[65]，涉五難以弒舊君，誰能濟之？有楚國者，其棄疾乎！君陳、蔡，城外屬焉。苛慝不作，盜賊伏隱，私欲不違，民無怨心。先神命之，國民信之。芈姓有亂，必季實立，楚之常也。獲神，一也；有民，二也；令德，三也；寵貴，四也；居常，五也。有五利以去五難，誰能害之？子干之官，則右尹也；數其貴寵，則庶子也；以神所命，則又遠之。其貴亡矣，其寵棄矣。民無懷焉，國無與焉，將何以立？」宣子曰：「齊桓、晉文不亦是乎？」對曰：「齊桓，衛姬之子也，有寵於僖。有鮑叔牙、賓須無、隰朋以為輔佐，有莒、衛以為外主，有國、高以為內主；從善如流，下善齊肅；不藏賄，不從欲，施舍不倦，求善不厭。是以有國，不亦宜乎？我先君文公，狐季姬之子也，有寵於獻；好學而不貳，生十七年，有士五人(66)。有先大夫子餘、子犯以為腹心，有魏犨、賈佗以為股肱，有齊、宋、秦、楚以為外主，有欒、郤、狐、先以為內主，亡十九年，守志彌篤。惠、懷(67)棄民，民從而與之。獻無異親，民無異望。天方相晉，將何以代文？此二君者，異於子干。共有寵子，國有奧主(68)，無施於民，無援於外，去晉而不送，歸楚而不逆，何以冀國(69)？」

【注釋】❶平子　即季孫意如。❷令主　好主人。令，美好；善。❸共其　供給他們。共，同「供」。❹殺大司馬薳掩而取其室　事在魯襄公三十年。❺薳居　是被殺的薳掩的本家。❻質　抵押；抵押品（包括人）。此處作動詞用。❼蔡洧　蔡洧在楚為官，他的父親死於蔡亡（楚靈王在魯昭公十一年滅亡蔡國時，蔡洧父親身亡）。❽戮　同「僇」。侮辱（申之會，侮辱越大夫常壽過）。❾鬬韋龜　令尹子文的玄孫。❿中犨　邑名，在今河南省魯山。⓫郊尹　治理郊區的大夫。⓬故事蔡公　（韋龜子成然）以前事奉蔡公。故，舊時。⓭息舟　在河南省息縣，東北四十里有固城集。⓮朝吳　蔡大夫，聲子的兒子。⓯封　建國。此指恢復（蔡國）。⓰我請試之　觀從因父死怨楚，且欲恢復祖國，而試作亂。⓱子干子晳　皆靈王弟。子干，即公子比；子晳即公子黑肱。元年，子干奔晉；子晳奔鄭。⓲徇　公開宣布。⓳師而從之　率領部隊跟上去。師，率領部隊。⓴失賊成軍而殺余何益　賊人已經走了，組成軍隊來殺我，沒有什麼好處。㉑死亡　為楚王而去死，或者逃亡。㉒則如違之　就應違棄蔡公的命令。如，應該。下同。㉓與之　幫助蔡公。與，助。㉔何適而可　何所適從，即無可適從。杜注：「言不可違上也。上謂蔡公。」㉕鄧　在今河南省郾城市東南。㉖四族　指薳氏、許國、蔡洧、蔓成然等人。㉗欲為名　想以討伐無道恢復祖國的名義。㉘為武軍　建築堡壘樹旗幟，稱之為武軍。當時陳、蔡兩國人民，屢次遭楚靈王的迫害，蔡侯頗具報復之心，因此才在這裏建勝利紀念碑。㉙役病矣　築城服役的役人已疲勞。病，疲勞。㉚藩　籬笆，即編籬笆（圍住軍營）。㉛須務牟與史猈　二人皆楚大夫，蔡公之黨。㉜正僕人　為僕人之長，此為太子之近官。㉝太子祿及公子罷敵　太子祿、公子罷敵二人，都是楚靈王的兒子。㉞魚陂　據《一統志》說：「甘魚陂在湖北省鍾祥縣南。」㉟從師于乾谿而遂告之　跟從乾谿的部隊，告訴他們情況，使部隊背叛楚靈王。㊱先歸復所　先回去的恢復祿位、居室、田里、資財。㊲劓　割掉鼻子的酷刑。㊳訾梁　地名，在今河南省信陽縣界。㊴右尹　副宰相。㊵大都　大縣，如陳、蔡、不羹、許等。㊶鄢　地在今湖北省宜城市西南九里。㊷再奸王命　謂「斷王旌，執人於章臺」二事，見昭公七年傳。㊸棘闈　棘水之口，按《讀史方輿紀要》：「河南新野鄉有棘水，經古棘陽城，至縣東南入濟水轉入於溪。」楚王沿夏入鄢之路為便利。㊹殉　殉葬。㊺駭曰　驚叫。㊻周走　四周跑。周，遍也。㊼訾敖　楚國君王無謚號者，多以葬地之名後面加個「敖」字。子干葬於訾，他就叫「訾敖」。㊽流諸漢　讓浮屍漂流在漢水上。㊾子旗　即蔓成然。㊿舉職　選賢才，復廢官。(51)降服　去上衣（後世改免冠），表示謝罪違命。(52)詬天　責罵上天。(53)畀　給與。(54)從亂如歸　參加動亂，好像回家一樣。(55)無冢適　沒有嫡長子。冢，大；長。引申為嫡子。(56)大有事于羣望　大有事，遍祭也。羣望，祭祀名山大川。望，祭祀山川曰望。(57)大室之庭　是楚國祖廟中間的庭。(58)齊　同「齋」。祭祀前齋戒整潔身心。(59)皆厭紐　即都當璧。厭，同「壓」。紐，璧之鼻。壓紐，壓在璧的中部。(60)棄禮違命　杜注：「棄立長之禮，違當璧之命，終致靈王之亂。」(61)濟　成功。(62)同惡相求　國人共同憎惡（靈王）者相互尋求對方的支持。指同謀造亂的人，如薳居、蔓成然之流。(63)釁　隙縫，空子；罪惡，災禍。(64)虐而不忌　靈王雖暴虐而不忌刻。俞樾《平議》：他「赦芋尹無宇及使穿封戌為陳公二事，殊有君人之度」。(65)楚君子干　楚國如以子干為君。(66)士五人　指隨晉文公出亡的才士五人，即狐偃（子犯）、趙衰（子餘）、顛頡、魏武子、司空季子。(67)惠懷　惠公、懷公，皆不得人心者。(68)奧主　識度深奧之君主。(69)冀國　希冀享有國位。

【語　譯】魯昭公十三年春天，叔弓包圍費地，沒有攻下，被擊敗。平子發怒，下令看見城外的費地人，就抓了他們作為俘虜。冶區夫說：「不對。如果看見費地人，挨凍的給他衣服，挨餓的給他飯吃，做他們的好主子，供應他們所缺乏的東西，費地人前來就會像回家一樣，南氏就滅亡了。百姓將要背叛他，誰跟他住在圍城裏？如果用威嚇使他們害怕，用發怒使他們畏懼，百姓懷恨而背叛您，這是為他招聚百姓了。如果諸侯都這樣，費地人沒有地方可去，他們不親近南氏，還會到哪裏去呢？」平子聽從了，費地人背叛了南氏。

楚靈王做令尹的時候，殺了大司馬薳掩，佔取了他的家財。等到即位以後，奪取了薳居的土田，把許地的人遷走而以許圍作為人質。蔡洧本來受到楚王的寵信，楚王滅亡蔡國的時候，他的父親死在那次戰爭裏，楚王讓他參與守衛國都的任務，然後自己出發到乾谿。申地的盟會，越大夫受到侮辱。楚王奪取了鬬韋龜的封邑中犨，又奪取了成然的封邑而讓他做郊尹。蔓成然以前事奉蔡公。所以薳氏的親族和薳居、許圍、蔡洧、蔓成然，都是楚王不加禮遇的人，憑著那些喪失職位者的親族，誘導越大夫常壽過發動叛亂，包圍固城，攻下息舟，築城而住在裏面。

觀起死的時候，他的兒子從在蔡地，事奉朝吳，說：「現在還不恢復蔡國，蔡國將永遠被滅亡了。我請求試一下。」用蔡公的名義召回子干、子皙，他們到達郊區，就把情況告訴了他們，強迫和他們結盟，進而襲擊蔡地。蔡公正要吃飯，見到這種情況就逃走了。觀從叫子干吃了蔡公的飯，再挖坑、殺牲口，把盟書放在牲口上，然後叫他趕快逃走。觀從自己對蔡地人公開宣布說：「蔡公召見這兩個人，打算送到楚國，和他們結盟以後，已經把他們派出去了，而且準備帶領軍隊跟上去。」蔡地人聚集起來，準備抓住觀從。觀從解釋說：「賊人無影無蹤了，組成軍隊殺我，有什麼好處？」蔡地人就放了他。朝吳說：「您幾位如果想為楚王而死或者逃亡，那就應當不聽蔡公的，以等待事情的成敗。如果要求安定，那就應當贊成他，以成就他的願望。而且要是違背上官，你們將何所適從呢？」大家說：「贊成他！」就奉事蔡公，召見子干他們兩個人而在鄧地會盟，用復國的許諾來發動陳地人和蔡地人。楚國的公子比、公子黑肱、公子棄疾、蔓成然，蔡國的朝吳率領陳、蔡、不羹、許、葉各地的軍隊，依靠四族的族人，進入楚國。到達郊區，陳地人、蔡地人想以討伐無道恢復祖國的名義，所以請求築起壁壘樹立陳蔡軍旗。蔡公知道了，說：「我們的行動需要迅速，而且役人已經很疲勞了，編成籬笆就行了。」於是就用籬笆圍起軍營。蔡公派須務牟和史猈先進入國都，靠著正僕殺了太子祿和公子罷敵。公子比做了王，公子黑肱做了令尹，駐軍在魚陂。公子棄疾做了司馬，先清除王宮，派觀從到乾谿和那裏的軍隊接觸，乘機告訴他們所發生的情況，同時說：「先回去的可以恢復祿位資產，後回去的受劓刑。」楚靈王的軍隊到達訾梁就潰散了。

楚靈王聽到太子和公子的死訊，自己摔到車下，說：「別人愛他的兒子，也像我一樣嗎？」侍者說：「還有超過的。小人老而沒有兒子，自己知道會被擠到溝壑裏去的。」楚王說：「我殺死別人的兒子很多了，能夠不到這一步嗎？」右尹子革說：「請在國都郊外等待，聽從國內人們的處置。」楚王說：「大眾的憤怒不可觸犯啊。」子革說：「也許可以去到大的都邑，然後向諸侯請求出兵。」楚王說：「都背叛了。」子革說：「也許可以逃亡到諸侯那裏，聽從別的大國為君王出主意。」楚王說：「不會做君王了，只能自取其辱。」子革於是離開了楚王而回到楚國去。楚王沿夏水而下，打算到鄢地去。芋尹無宇的兒子申亥說：「我父親兩次觸犯王命，君王沒有誅戮，還有比這更大的恩惠嗎？對國君不能忍心，恩惠不能丟棄，我還是跟著君王。」於是就尋找楚王，在棘門前遇到楚王而帶他回去。夏五月二十五日，楚王在芋尹申亥家裏上吊死了。申亥把他兩個女兒作為人殉，而安葬了楚靈王。

觀從對子干說：「如果不殺死棄疾，即使得到國家，還會受到災禍。」子干說：「我不忍心啊。」觀從說：「別人會對您忍心的，我不忍心等下去了。」於是就走了。都城裏常常有人驚叫說：「君王進來了！」十七日夜裏，棄疾派人走遍各處喊叫說：「君王到了！」都城裏的人們大為驚恐。派遣子旗跑去報告子干、子皙說：「君王到了，都城裏的人殺了您的司馬棄疾，就要殺來了。您如果早一點打主意，可以不受侮辱。眾怒好像水火，沒有法子可想了。」又有喊叫著跑來的人，說：「大夥都來到了！」子干他們兩個人都自殺。十八日，棄疾即位，改名為熊居。把子干安葬在訾地，稱之為訾敖。殺死一個囚犯，穿上國王的衣服，而讓屍體在漢水中漂流，又收屍而安葬，以安定國內的人心，讓子旗做了令尹。

楚軍從徐國回來，吳軍在豫章打敗楚軍，俘擄了他們五個將領。

楚平王重建陳、蔡兩國，讓遷移出去的人回來，賞賜財物給有功之臣，赦免罪人，舉拔被廢棄的官員。召見觀從，平王說：「你所要求的都可以照辦。」觀從說：「下臣的祖先是卜尹的助手。」於是就讓他做了卜尹。派枝如子躬到鄭國聘問，同時交還犨地、櫟地。聘問結束，並沒有交還。鄭國人請問說：「聽道路傳聞，打算把犨地、櫟地賜還給寡君，謹敢請命。」枝如子躬說：「下臣沒有聽到這樣的命令。」回國復命後，平王問起犨地、櫟地的事，枝如子躬脫去上服而回答說：「下臣故意違背王命，沒有交還。」平王拉著他的手，說：「您不要玷辱自己！先回去罷，不穀以後有事，還是會告訴您的。」

過了幾年，芋尹申亥把靈王的棺材所在報告平王，於是就改葬靈王。

起初，楚靈王占卜說：「我希望能得到天下！」結果不吉利。靈王把龜殼扔在地上，責罵上天說：「這一點點都不給我，我一定要自己拿到它。」百姓憂慮靈王的慾望永不滿足，所以參加動亂好像回家一樣。

當初，楚共王沒有嫡長子，有寵愛的兒子五個人，不知道應該立誰。於是就遍祭名山大川的神靈，祈禱說：「請求神靈在五個人裏選擇，讓他主持國家。」於是就把玉璧展示給名山大川的神靈，說：「正對著玉璧下拜的，是神靈所立的，誰敢違背？」祭祀完畢，就和巴姬祕密地把玉璧埋在祖廟的院子裏，讓這五個人齋戒，然後按長幼次序進去下拜。康王兩腳跨在玉璧上，靈王的胳臂放在玉璧上，子干、子晳都離開很遠。平王還小，抱了進來，兩次下拜都壓在璧紐上。鬬韋龜把成然囑託給平王，而且說：「拋棄禮法而違背天命，楚國大約危險了。」

子干回國，韓宣子向叔向詢問說：「子干恐怕會成功吧！」叔向回答說：「難。」韓宣子說：「人們有共同的憎惡而互相需求，好像商人一樣，有什麼難的？」叔向回答說：「沒有人和他有共同的喜好，誰會和他有共同的憎惡？得到國家有五條難處：有了顯貴的身分而沒有賢人，這是一；有了賢人而沒有人內應，這是二；有了人內應而沒有謀略，這是三；有了謀略而沒有百姓，這是四；有了百姓而沒有德行，這是五。子干在晉國十三年了，晉國、楚國跟從他的人中，沒有聽到知名的通達之士，可以說沒有賢人。族人被消滅，親人背叛，可以說沒有內應。沒有空子而輕舉妄動，可以說沒有謀略。一輩子在外邊作客，可以說沒有百姓。逃亡在外沒有人愛念他的徵兆，可以說沒有德行。楚王暴虐而不忌刻，楚國如果以子干為國君，關係到這五條難處而殺死原來的國君，誰能幫助他成功？享有楚國的，恐怕是棄疾吧！統治著陳、蔡兩地，方城山以外也歸屬於他，煩雜和邪惡的事情沒有發生，盜賊潛伏隱藏，即使有私欲也不違背禮，百姓沒有怨恨之心。神靈任命他，國內的百姓相信他，羋姓發生動亂，必然是小兒子立為國君，這是楚國的常例。得到神靈的保祐，這是一；有百姓，這是二；美德，這是三；愛寵而顯貴，這是四；年紀最小合於常例，這是五。有五條利益來除掉五條難處，誰能夠傷害他？子干的官職，不過是右尹；數他的地位，不過是庶子；論起神靈所命，那就遠離了玉璧。他的顯貴喪失了，他的寵信丟掉了。百姓沒有懷念他的，國內沒有親附他的，將憑什麼立為國君？」韓宣子說：「齊桓公、晉文公不也是這樣嗎？」叔向回答道：「齊桓公，是衛姬的兒子，受到僖公的寵愛；有鮑叔牙、賓須無、隰朋作為輔助；有莒國、衛國作為外援；有國氏、高氏作為內應；樂於接受別人的好意見，行動迅速，不貪財貨，不放縱私慾，施捨不知疲倦，求善不知滿足。由於這樣而享有國家，不是合適的嗎？我們的先君文公，是狐季姬的兒子，受到獻公的寵愛，喜歡學習而專心一志，生下來十七歲，得到了五個人才。有先大夫子餘、子犯作為心腹，有魏犨、賈佗作為臂膀，有齊國、宋國、秦國、楚國作為外援，有欒氏、郤氏、狐氏、先氏作為內應，逃亡在外十九年，堅守自己的大志，更加專一。惠公、懷公丟棄百姓，百姓一批批地親附文公。獻公沒有別的親人，百姓沒有別的希望。上天正在保祐晉國，將會用誰來代替晉文公？這兩位國君，和子干不一樣。共王還有受寵的兒子。國內還有高深莫測的君主；對百姓沒有施予，在外邊沒有援助，離開晉國沒有人送行，回到楚國沒有人迎接，子干憑什麼想享有楚國？」

【說　明】這部分記載了楚國發生的政變。它是楚靈王作惡多端、內外交惡、眾叛親離的結果。

發動政變的，多是受楚靈王迫害的人，有的是殺父之讎，有的有亡國之恨，有的被奪走封邑，有的被剝奪了官位。他們以恢復蔡國相號召，在蔡地舉事，逼蔡公就範，發動蔡人、陳人，聯合陳、蔡、不羹、葉的軍隊，攻進了楚都，殺了太子祿和公子罷敵。並派人到乾谿瓦解楚王的軍隊，楚王在死到臨頭時，才意識到自己罪孽深重，觸犯眾怒，諸侯叛離，無處存身，只得上吊自殺。公子棄疾在這場內亂中，憑著計謀登上了王位。他重建陳蔡、獎賞功臣、「寬民」、「宥罪」……深得人心。作者雖插敘了楚共王立嗣、求卜、祈神、拜廟之事，似乎暗示棄疾上臺乃天意。然而作者更通過叔向對此事的客觀剖析，說子干做王有「五難」；棄疾登位有「五利」。除了受神祐，還具備了有百姓、有美德等條件，表明作者鮮明的尚德貴民思想。

傳 晉成虒祁❶，諸侯朝而歸者皆有貳心。為取郠❷故，晉將以諸侯來討。叔向曰：「諸侯不可以不示威。」乃並徵會❸，告于吳。秋，晉侯會吳子于良❹，水道不可❺，吳子辭，乃還。

七月丙寅❻，治兵于邾南。甲車四千乘。羊舌鮒攝司馬❼，遂合諸侯于平丘。子產、子大叔相鄭伯以會。子產以幄、幕❽九張行，子大叔以四十，既而悔之，每舍，損焉❾，及會，亦如之。

次于衛地，叔鮒求貨於衛，淫芻蕘者❿。衛人使屠伯饋叔向羹與一篋錦，曰：「諸侯事晉，未敢攜貳，況衛在君之宇下，而敢有異志？芻蕘者異於他日，敢請之⓫。」叔向受羹反錦，曰：「晉有羊舌鮒者，瀆貨無厭⓬，亦將及矣。為此役也，子若以君命賜之，其已。」客從之，未退而禁之。

晉人將尋盟⓭，齊人不可。晉侯使叔向告劉獻公⓮曰：「抑齊人不盟，若之何？」對曰：「盟以厎⓯信，君苟有信，諸侯不貳，何患焉？告之以文辭，董⓰之以武師，雖齊不許，君庸⓱多矣。天子之老，請帥王賦⓲，『元戎⓳十乘，以先啟行』，遲速唯君。」叔向告于齊曰：「諸侯求盟，已在此矣。今君弗利，寡君以為請。」對曰：「諸侯討貳，則有尋盟。若皆用命，何盟之尋？」叔向曰：「國家之敗，有事而無業⓴，事則不經；有業而無禮，經則不序；有禮而無威，序則不共㉑；有威而不昭，共則不明㉒。不明棄共，百事不終，所由傾覆㉓也。是故明王之制，使諸侯歲聘以志業，間朝㉔以講禮，再朝而會㉕以示威，再會而盟㉖以顯昭明。志業㉗於好，講禮於等㉘，示威於眾，昭明於神。自古以來，未之或失也。存亡之道，恆由是興。晉禮主盟，懼有不治；奉承齊犧，而布諸君，求終事也。君曰『余必廢之』，何齊之有㉙？唯君圖之。寡君聞命矣。」齊人懼，對曰：「小國言之，大國制之，敢不聽從？既聞命矣，敬共以往㉚，遲速唯君。」叔向曰：「諸侯有間㉛矣，不可以不示眾。」八月辛未，治兵，建而不旆㉜。壬申，復旆之，諸侯畏之。

邾人、莒人愬于晉曰：「魯朝夕伐我，幾亡矣。我之不共㉝，魯故之以㉞。」晉侯不見公。使叔向來辭曰：「諸侯將以甲戌盟，寡君知不得事君矣，請君無勤㉟。」子服惠伯㊱對曰：「君信蠻夷㊲之訴，以絕兄弟之國，棄周公之後，亦惟君。寡君聞命矣。」叔向曰：「寡君有甲車四千乘在，雖以無道㊳行之，必可畏也。況其率道㊴，其何敵之有？牛雖瘠，僨㊵於豚上，其畏不死？南蒯、子仲之憂，其庸可棄㊶乎？若奉晉之眾，用諸侯之師，因邾、莒、杞、鄫㊷之怒，以討魯罪，間其二憂，何求而弗克？」魯人懼，聽命。甲戌，同盟于平丘，齊服也。

令諸侯日中造于除[43]。癸酉，退朝。子產命外僕速張於除，子大叔止之，使待明日。及夕，子產聞其未張也，使速往，乃無所張矣。及盟，子產爭承[44]，曰：「昔天子班貢，輕重以列。列尊貢重[45]，周之制也。卑而貢重者，甸服[46]也。鄭伯，男也，而使從公侯之貢，懼弗給也，敢以為請。諸侯靖兵[47]，好以為事。行理之命無月不至，貢之無藝[48]，小國有闕，所以得罪也。諸侯修盟，存小國也。貢獻無極，亡可待也。存亡之制，將在今矣。」自日中以爭，至于昏，晉人許之。既盟，子大叔[49]咎之曰：「諸侯若討，其可瀆[50]乎？」子產曰：「晉政多門，貳[51]偷之不暇，何暇討？國不競亦陵[52]，何國之為？」

公不與盟。晉人執季孫意如[53]，以幕蒙之[54]，使狄人守之。司鐸射[55]懷錦，奉壺飲冰，以蒲伏[56]焉。守者御之，乃與之錦而入。晉人以平子歸，子服湫[57]從。

子產歸，未至，聞子皮[58]卒，哭，且曰：「吾已[59]！無為為善[60]矣。唯夫子知我。」仲尼謂子產：「於是行也，足以為國基矣。詩曰：『樂只君子，邦家之基。』子產，君子之求樂者也。」且曰：「合諸侯，藝貢事[61]，禮也。」

鮮虞人聞晉師之悉起也，而不警邊，且不脩備。晉荀吳自著雍以上軍侵鮮虞，及中人，驅衝競，大獲而歸。

楚之滅蔡也，靈王遷許、胡、沈、道、房、申於荊[62]焉。平王即位，既封陳、蔡，而皆復之，禮也。隱大子之子廬歸于蔡，禮也。悼大子之子吳歸于陳，禮也。

冬十月，葬蔡靈公，禮也。

公如晉。荀吳謂韓宣子曰：「請侯相朝，講舊好也。執其卿而朝其君，有不好焉，不如辭之。」乃使士景伯辭公于河。

吳滅州來，令尹子期請伐吳。王弗許，曰：「吾未撫民人，未事鬼神，未修守備，未定國家，而用民力，敗不可悔。州來在吳，猶在楚也。子姑待之。」

季孫猶在晉，子服惠伯私於中行穆子曰：「魯事晉，何以不如夷之小國？魯兄弟也，土地猶大，所命能具。若為夷棄之，使事齊、楚，其何瘳[63]於晉？親親、與大，賞共、罰否[64]，所以為盟主也。子其圖之！諺曰『臣一主二』，吾豈無大國[65]？」穆子告韓宣子，且曰：「楚滅陳、蔡不能救，而為夷執親[66]，將焉用之？」乃歸季孫。惠伯曰：「寡君未知其罪，合諸侯而執其老。若猶有罪，死命可也。若曰無罪而惠免之，諸侯不聞，是逃命也，何免之為？請從君惠於會。」宣子患之，謂叔向曰：「子能歸季孫乎？」對曰：「不能。鮒也能。」乃使叔魚。叔魚見季孫，曰：「昔鮒也得罪於晉君，自歸於魯君，微武子之賜[67]，不至於今。雖獲歸骨於晉，猶子則肉之，敢不盡情？歸子而不歸，鮒也聞諸吏，將為子除館於西河㊳，其若之何？」且泣。平子懼，先歸。惠伯待禮。

【注釋】❶虒祁 事見魯昭公八年。❷取郠 事在魯昭公十年。❸乃並徵會 於是就召全體會見。並，普遍地。徵，召也。❹良 今江蘇省邳州市北六十里有良城故城。❺水道不可 吳都在今江蘇省蘇州市。由吳至良（開會地點）須乘船上溯邗溝，直至清江市轉入淮河；再上溯泗水入沂水，其道難通。❻丙寅 七月二十九日。❼羊舌鮒攝司馬 羊舌鮒代理司馬。羊舌鮒即叔魚，是叔向的弟弟。攝，代理。司馬，在宋、鄭諸國為執政大臣之一，掌軍事，在晉國，則僅軍中之軍法長官而已，位為大夫。❽幄幕 古代軍旅之帳，在旁曰帷，在上曰幕，都是布做的。四合象宮室曰幄，王所居之帳。幄幕九帳就是九幄九幕。❾每舍損焉 每住宿一次，減少幄幕一次。舍，住宿。損，減少。❿淫芻蕘者 淫，放縱；過分；縱容胡作非為。芻蕘者，割草砍柴的人。芻，割草（餵牲畜的草）。蕘，柴草。⓫敢請之 杜注「請止之」，請求阻止他們胡作非為。⓬瀆貨無厭 瀆貨，貪求財物污辱自己。瀆，褻瀆；輕慢。無厭，沒有個滿足。⓭尋盟 重溫盟約。尋，溫習。⓮劉獻公 周王的卿士劉子，劉子摯。⓯底 致也。⓰董 監督。⓱庸 功；利益。⓲帥王賦 統率天子的軍隊。賦，兵車。⓳元戎 大型的衝鋒陷陣的戰車。⓴無業 杜注：「業，貢賦之業。」業，財產。貢賦有或無，多或少，不經常。㉑有禮而無威序則不共 威，威嚴。序，分別高低上下。共，恭敬。㉒有威而不昭共則不明 昭，顯著。明，明確。㉓傾覆 原指物體倒下，後借指社稷敗亡。叔向以國家開始，以「所由傾覆」作結，首尾照應。㉔間朝 杜注：「三年而一朝，正班爵之義，率長幼之序。」㉕再朝而會 杜注：「六年而一會，以訓上下之則，制財用之節。」㉖再會而盟 杜注：「十二年而一盟，所以昭信義也。」㉗志業 記住自己的職責。志，同「誌」。記住。㉘講禮於等 用等級次序來演習禮儀。講，練習；演習。㉙何齊之有 齊，同「齋」。意為「齋盟」。何齋之有，意為「何盟之有」，今語為「何必結盟呢」、「哪裏用得著結盟」。㉚敬共以往 敬請讓我恭恭敬敬地前去。㉛有間 說諸侯對晉有嫌隙，不是真親睦。間，隙縫。㉜建而不旆 旆即旒，是裝飾軍旗的飄帶。不旆，不繫飄帶。㉝不共 共，同「供」。「不共」即不供貢賦。㉞魯故之以 常用語序為「以魯之故」，即：因為魯國的緣故。㉟不得事君二句 不能事奉魯君了，請您不必勞駕了。表示拒絕魯國參加結盟，實際上斷絕邦交。勤，勞。㊱子服惠伯 亦稱子服湫，子服子，魯臣。㊲蠻夷 指邾人和莒人。㊳無道 不按常道。㊴率道 循著正道。㊵僨 一般作敗壞講，此處作「仆」、「倒」

講。(41)棄　猶「忘」，意為「豈可置之腦後？」(42)邾莒杞鄫　四國毗近魯國，鄫已滅，其民猶在，故並以恐魯。(43)造于除　杜注：「除地為壇，盟會處。」造，到達。除，盟會場所。(44)爭承　爭論進貢物品的次序等級。承，杜注：「承，貢賦之次。」(45)列尊貢重　位尊貴，貢賦重；「公侯地廣，故所貢者多」。(46)甸服　謂天子畿內千里內受封地者。「畿內共職貢者」。古制王城外周圍五百里之地，因為是屬於天子直轄朝臣的封土，所以不論爵位的上下高低，一律向天子繳納四分之一的貢稅。(47)靖兵　靖，息也。靖兵即不要用兵。(48)貢之無藝　貢獻沒有個限度。藝，極也。(49)子大叔　即游吉。(50)其可瀆　其，作「豈」字用。瀆，褻瀆；輕慢；對人不恭敬。(51)貳　相互矛盾。(52)陵　通「淩」。侵犯；欺侮。(53)季孫意如　即季平子、平子，有時稱季孫、意如。(54)以幕蒙之　行軍中無牢獄，用幕圍成以關押平子。(55)司鐸射　魯大夫。司鐸，官名。射，名叫射。(56)蒲伏　即「匍匐」，爬行。(57)湫　即子服意伯。(58)子皮　子皮氏，罕虎。晉執政者。(59)吾已　我完了。已，止。(60)無為為善　無人助我為善。無為，無助。(61)藝貢事　制定對霸主貢獻之極限，防止他們貪得無厭。(62)遷許胡沈　許、胡、沈皆小國，道、房、申都是故諸侯，楚滅以為邑。荊，就是楚國。(63)瘳　杜注：「瘳，差也。」病稍痊癒，此僅有愈義。(64)親親與大賞共罰否　親該親之國，贊助土地大之國，獎賞能供貢賦之國，懲罰其不供貢賦之國。(65)豈無大國　言非獨晉可事，可另擇之。(66)為夷執親　給夷人逮捕親人。(67)微武子之賜　如果不是季武子的恩賜。季武子，即季孫宿，為季平子之祖父。微，如果不是；如果沒有。(68)除館於西河　除館，修繕賓館。西河，黃河西岸。

【語　譯】晉國的虒祁之宮落成，諸侯前去朝見而回的都有二心。為了佔取郠地的緣故，晉國打算帶領諸侯前來討伐。叔向說：「不能不向諸侯顯示一下威力。」於是就召全體諸侯會見，而且告訴吳國。秋，晉昭公到良地打算會見吳王，水路不通，吳王辭謝不來，晉昭公就回去了。

七月二十九日，在邾國南部檢閱軍隊。裝載武裝兵士的戰車有四千輛。羊舌鮒代理司馬，就在平丘會合諸侯。子產、子太叔輔助鄭定公參加會見，子產帶了帷布、幕布各九張出發，子太叔帶了各四十張，不久又後悔，每住宿一次，就減少一次。到達會見的地方，也就和子產一樣剩下各九張。

住在衛國境內，羊舌鮒向衛國索取財貨，放縱手下砍柴草的人胡作非為。衛人派屠伯送給叔向羹湯和一篋花緞，說：「諸侯事奉晉國，不敢有三心二意；何況我國在君王的房檐下，豈敢有別的念頭？砍柴的人和過去不大一樣，謹敢請您阻止他們。」叔向接受了羹湯，退回了花緞，說：「晉國有一個羊舌鮒，貪求財貨沒有滿足，也將要及於禍難了。為了這次的事情，您如果以君王的命令賜給他，事情就了結了。」客人照辦，還沒有退出去，羊舌鮒就下令禁止砍柴草者的非法行為。

晉國打算重溫過去的盟約，齊國不同意。晉侯派叔向告訴劉獻公說：「齊人不肯結盟，怎麼辦？」劉獻公答道：「結盟是用來表示信用的，君王如果有信用，諸侯就不三心二意，擔心什麼？用文辭告訴他們，用武力監督他們，即使齊國不同意，君王的利益已很多了。天子的卿士請求率領天子的軍隊，『大車十輛，在前開路』，遲早就憑君王決定。」叔向告訴齊國，說：「諸侯請求結盟，已經在這裏了。現在君王不欲參與結盟，寡君為此向您請求。」齊國人回答說：「諸侯討伐三心二意的國家，這才需要重溫過去的盟約。如果都能出力效勞，哪裏需要重溫舊盟？」叔向說：「國家的衰敗，有了事情而沒有貢賦，事情就不能經常；有了貢賦而沒有禮節，正常了也會失去上下的次序；有了禮儀而沒有威嚴，雖有次序也不能恭敬；有了威嚴而不能顯著，雖有恭敬也不能昭告神靈。不能昭告神靈而失去了恭敬，百事沒有結果，這就是國家敗亡的原因。因此明王的制度，讓諸侯每年聘問以記住自己的職責，每隔兩年朝覲一次以演習禮儀，再次朝覲而諸侯會見以表現威嚴，再次會見而結盟以顯示信義。在友好中記住自己的職責，用等級次序來演習禮儀，向百姓表現威嚴，向神靈顯示信義。自古以來，也許從未缺乏。存亡之道，常常由這裏興起。晉國按照先王禮儀而主持結盟，唯恐不能辦好，謹奉結盟的犧牲而展示於君王之前，以求得事情的圓滿結束。如君王說『我一定要廢除它』，這還哪裏用得著結盟呢？請君王考慮一下。寡君深盼聽到您的命令。」齊國人恐懼，回答說：「小國說了話，大國加以裁奪，豈敢不聽從？已經聽到了命令，我們會恭恭敬敬地前去，時間遲早聽憑君王的決定。」叔向說：「諸侯對晉國有嫌隙了，不能不向他們顯示一下威力。」八月初四日，檢閱軍隊建立旌旗而不加飄帶，初五日，又加上飄帶，諸侯感到畏懼。

邾人、莒人向晉國起訴說：「魯國經常攻打我國，我國快要滅亡了。我國不能進貢財禮，是由於魯國的緣故。」晉昭公不接見魯昭公，派叔向前來辭謝說：「諸侯將要在初七日結盟，寡君知道不能事奉君主了，請君王不必勞駕。」子服惠伯回答說：「君王聽信蠻夷的起訴，斷絕兄弟國家，丟棄周公的後代，也只能聽憑君主。寡君聽到命令了。」叔向說：「寡君有裝載甲士的戰車四千輛在那裏，即使不按常道辦事，也必然是可怕的了。何況按照常道，還有誰能抵擋？牛雖然瘦，壓在小豬身上，難道怕牠不死？對南蒯、子仲的憂慮，難道可以忘記嗎？如果晉國的大眾，使用諸侯的軍隊，依靠邾國、莒國、杞國、鄫國的憤怒，以討伐魯國的罪過，利用你們對兩個人的憂慮，要什麼得不到？」魯人害怕了，就聽從了命令。初七日，諸侯在平丘一起會盟，這是由於齊國順服了。命令諸侯在中午到達盟會地點。初六日，朝見晉國完畢。子產命令外僕趕緊在盟會的地方搭起帳篷，子太叔攔住僕人，讓他們等第二天再搭。到晚上，子產聽說他們還沒有搭起帳篷，就派他們趕緊去，到那裏已經沒有地方可以搭帳篷了。等到結盟的時候，子產爭論進貢物品的等級，說：「從前天子確定進貢物品的等級，輕重是根據地位決定的。地位尊貴，貢賦就重，這是周朝的制度。地位低下而貢賦重的，這是距天子較近的小國稱甸服。鄭伯，是男服。但讓我們按照公侯的貢賦標準，恐怕是不能如數供給的，謹敢以此作為請求。諸侯之間應當休戰息兵，從事於友好。晉國派人來催問貢賦的，沒有一個月不來，徵取貢賦沒有限度，小國不能滿足要求而有缺少，這就是得罪的原因。諸侯重修舊盟，這是為了使小國得以生存。貢賦沒有限制，滅亡的日子將會馬上到來。決定生存或是滅亡的規定，就在今天了。」從中午開始爭論，直到晚上，晉國人同意了。結盟以後，子太叔責備子產說：「諸侯如果來討伐……豈能輕慢，得罪盟主晉國呢？」子產說：「晉國的政事出於好多家族，離心離德，苟且偷安還來不及，哪裏有空討伐別人？國家不與別國力爭，也會遭到欺凌，還成個什麼國家？」

魯昭公不參加結盟。晉國人逮捕了季孫意如，用幕布圍成牢關押他，讓狄人看守。司鐸射懷裏藏了錦，捧著用壺盛著的冰水，偷偷地爬過去。看守人阻止他，就把錦送給看守人，然後進去。晉國人帶了季孫回到晉國，子服湫跟隨前去。

子產回國，還沒有到達，就聽說子皮死了。他號哭著說：「我完了！沒有人幫助我做好事了。只有他老人家了解我。」孔子認為子產：「在這次盟會中，足以成為國家的柱石了。《詩經》上說：『君子歡樂，因他是國家和家族的柱石。』子產，是君子中得以歡樂的人。」又說：「會合諸侯，制定貢賦的限度，這就是禮。」

鮮虞人聽說晉國軍隊全部出動，卻不警戒邊境，而且不整修武備。晉國的荀吳從著雍帶領上軍侵襲鮮虞，到達中人，驅使衝車和鮮虞人爭逐，大大地俘擄了一批人和財物然後回國。

楚國滅亡蔡國的時候，楚靈王把許國、胡國、沈國、道地、房地、申地的人遷到楚國國內。楚平王即位，在封了陳國、蔡國以後，就都讓他們遷回去，這是合於禮的。使隱太子的兒子廬回到蔡國，這是合於禮的。使悼太子的兒子吳回到陳國，這是合於禮的。

同年冬十月，安葬蔡靈公，這是合於禮的。

魯昭公到晉國去。荀吳對韓宣子說：「諸侯互相朝見，是重溫過去的友好。抓了他們的卿而讓他們的國君朝見，這是不友好的，不如辭謝他。」於是就派士景伯在黃河邊辭謝昭公。

吳國滅亡州來，令尹子期請求攻打吳國。楚王不答應，說：「我沒有安撫百姓，沒有事奉鬼神，沒有修繕防禦設備，沒有安定國家和家族，在這種情況下去使用百姓的力量，失敗了來不及後悔。州來在吳國，就像在楚國一樣。您姑且等著吧。」

季孫意如還被囚禁在晉國，子服惠伯私下對中行穆子說：「魯國事奉晉國，憑什麼說不如夷人的小國？魯國，是兄弟，版圖還很大，你們所規定的進貢物品都能具備。如果為了夷人而拋棄它，讓它事奉齊國、楚國，對晉國有什麼好處？親近兄弟國家，贊助版圖大的國家，獎賞能供給的國家，懲罰不能供給的國家，這就是能作為盟主的原因。您還是考慮一下！俗話說：『一個臣子要有兩個主人。』我們難道沒有大國可以去事奉了？」穆子告訴韓宣子，而且說：「楚國滅亡陳、蔡，我們不能救援，反而為了夷人逮捕了親人，這有什麼用？」於是就把季孫放回去。惠伯說：「寡君不知道自己的罪過，會合諸侯而逮了他的元老。如果有罪，可以奉命而死。如果說沒有罪而加恩赦免他，諸侯沒有聽到，這是逃避命令，這怎麼算是赦免呢？請求跟從您在盟會上賜給恩惠。」韓宣子擔心這件事，對叔向說：「您能讓季孫回去嗎？」叔向回答說：「辦不到。鮒是可以辦到的。」於是就讓叔魚去。叔魚進見季孫，說：「從前鮒得罪了晉國國君，自從到了魯國，如果不是武子的恩賜，不能到今天。即使老骨頭已經回到晉國，等於您再次給了我生命，豈敢不為您盡心盡力？讓您回去而您不回去，鮒聽官吏說，打算在西河造房子把您安置在那裏，那怎麼辦？」說著，掉下淚來。季孫害怕，就先回去了。惠伯不走，等晉國人以禮相送。

【說　明】本部分落墨於晉國為了挽回影響力，重振霸主雄風，而在平丘會合諸侯結盟的前後經過。

晉國虒祁之宮的落成、晉侯的驕奢，使諸侯有了貳心。晉國決定以清算佔取郠地事件為藉口召集諸侯征伐，於平丘會合諸侯。齊國起初不願聽命於晉而拒絕結盟，但受了晉國的一番恐嚇，被迫參加。飽受魯國侵辱的邾、莒兩國乘機向晉國起訴。為了維護霸主的形象，晉國不得不拒絕魯昭公參加盟會，並逮捕了魯執政季孫意如。然而這只是故作姿態的表面文章。不久就釋放季孫回國，而魯不僅不認罪，反而要求晉向諸侯公開宣布赦免令才肯罷休。結果還要請叔魚出面說服季孫才肯回去。說到底，晉魯統治者都是一丘之貉，就在盟會期間，晉國的軍隊就侵襲了鮮虞人，大肆掠奪財物和人口。結盟只是欺世盜名。大國並沒有停止恃強凌弱，壓榨小國。在盟會上，鄭子產就為減少進貢物品，冒著得罪大國的風險，從中午一直爭辯到晚上，才算獲得了晉人「減少貢品」的首肯。孔子稱頌子產是國家的柱石，而且說：「合諸侯，藝貢事，禮也。」

十四年

癸酉，西元前五二八年。周景王十七年、齊景公二十年、晉昭公四年、秦哀九年、楚平王熊居元年、宋元公四年、衛靈公七年、陳惠公六年、曹武公二十七年、鄭定公二年、燕共公元年、吳餘昧三年、杞平公八年、許悼公二十一年。

經 十有四年春，意如至自晉。

三月，曹伯滕卒。

夏四月。

秋，葬曹武公。

八月，莒子去疾卒。

冬，莒殺其公子意恢。

傳 十四年春，意如至自晉，尊晉罪己❶也。尊晉罪己，禮也。

南蒯之將叛也，盟費人❷。司徒老祁、慮癸❸偽廢疾❹，使請於南蒯曰：「臣願受盟而疾興。若以君靈不死，請待間❺而盟。」許之。二子因民之欲叛也，請朝眾而盟。遂劫❻南蒯曰：「羣臣不忘其君，畏子以及今❼，三年聽命矣。子若弗圖，費人不忍其君，將不能畏子矣。子何所不逞欲？請送子。」請期五日。遂奔齊。侍飲酒於景公。公曰：「叛夫！」對曰：「臣欲張公室也。」子韓皙曰：「家臣而欲張公室，罪莫大焉。」司徒老祁、慮癸來歸費❽，齊侯使鮑文子致之。

夏，楚子使然丹簡上國之兵❾於宗丘，且撫其民。分貧，振窮；長孤幼，養老疾；收介特❿，救災患；宥孤寡，赦罪戾；詰姦慝⓫，舉淹滯⓬；禮新，敘舊；祿勳，合親；任良，物官⓭。使屈罷簡東國⓮之兵於召陵，亦如之。好於邊疆，息民五年，而後用師，禮也。

秋八月，莒著丘公卒，郊公⑮不慼⑯，國人弗順，欲立著丘公之弟庚與⑰。蒲餘侯惡公子意恢，而善於庚與；郊公惡公子鐸，而善於意恢。公子鐸因蒲餘侯而與之謀，曰：「爾殺意恢，我出君而納庚與。」許之。

楚令尹子旗有德於王，不知度，與養氏比，而求無厭。王患之。九月甲午，楚子殺鬬成然⑱，而滅養氏之族。使鬬辛⑲居鄖，以無忘舊勳。

冬十二月，蒲餘侯茲夫殺莒公子意恢，郊公奔齊。公子鐸逆庚與於齊，齊隰黨、公子鉏⑳送之，有賂田。

晉邢侯㉑與雍子爭鄐田㉒，久而無成。士景伯如楚，叔魚攝理。韓宣子命斷舊獄㉓，罪在雍子。雍子納其女於叔魚，叔魚蔽罪㉔邢侯。邢侯怒，殺叔魚與雍子於朝。宣子問其罪於叔向。叔向曰：「三人同罪，施生㉕戮死可也。雍子自知其罪，而賂以買直㉖；鮒也鬻獄㉗；邢侯專殺㉘，其罪一也。己惡而掠美為昏，貪以敗官為墨，殺人不忌為賊。〈夏書〉曰：『昏、墨、賊，殺。』皋陶之刑也，請從之。」乃施邢侯而尸雍子與叔魚於市。

仲尼曰：「叔向，古之遺直㉙也。治國制刑，不隱於親㉚。三數叔魚之惡，不為末減㉛。曰義也夫㉜，可謂直矣！平丘之會，數其賄也，以寬衛國，晉不為暴。歸魯季孫，稱其詐也，以寬魯國，晉不為虐。邢侯之獄，言其貪也，以正刑書，晉不為頗。三言而除三惡㉝，加三利。殺親益榮㉞，猶義也夫！」

【注　釋】❶尊晉罪己　尊重晉國而譴責自己。己，指魯國。❷盟費人　和費邑有關諸官吏締結同盟，反對季氏。❸司徒老祁慮癸　皆為季氏家臣。此處之「司徒」，與魯國司徒不同，俗稱小司徒。❹偽廢疾　假裝發病。廢，同「發」。❺間　病稍痊時。❻劫　劫持。威逼、要挾、脅制之意。❼以及今　已經到今天。以，通「已」。已經。❽歸費　把費邑收歸魯國。❾簡上國之兵　簡，選擇並訓練、檢閱。上國，指楚國都之西（江河上游）的國土。兵，包括一切武備與士兵戰車。❿收介特　收留單身孤獨的人民。介特，猶言孤獨。⓫詰姦慝　禁制邪惡狡詐的壞人。詰，禁而治之。姦，邪惡；狡詐。慝，邪惡；惡念。⓬舉淹滯　舉拔未經敘用的賢才。淹滯，被埋沒的意思。⓭物官　量才德，授官職。物，物色。⓮東國　是指楚都以東之地，泛稱陳、蔡等國。⓯郊公　莒國國君著丘公之子。⓰不慼　不悲痛憂愁。慼，同「戚」。⓱庚與　就是後來的莒共公。⓲鬭成然　亦叫蔓成然，就是令尹子旗。⓳鬭辛　是子旗之子鄖公辛。鄖，國名，今湖北省安陸縣。⓴齊隰黨公子鉏　隰黨，齊臣。公子鉏，齊公子。鉏，同「鋤」。㉑邢侯　是楚申公巫臣的兒子。㉒鄐田　在今河南省修武縣。㉓斷舊獄　判決舊案。舊獄，久未判決之案件。㉔蔽罪　即判罪。杜注：「蔽，斷也。」㉕施生　活人殺死後跟已死的一同陳屍。陳屍曰施。㉖賂以買直　以賂收買勝訴，故稱買直。㉗鬻獄　鬻，賣也。法官受賄，不以情理判曲直，叫鬻獄。㉘專殺　擅自殺人。專，獨斷專行；擅自。㉙古之遺直　杜注：「言叔向之直有古人遺風。」㉚不隱於親　制刑對其親人，不包庇隱瞞（罪）。㉛末減　杜注：「末，薄也；減，輕也。」即不減輕。㉜曰義也夫　據王引之說：「『曰義也夫』，當作『由義也夫』，與下之『猶義也夫』相呼應。」語譯照改。㉝三惡　杜注：「三惡，暴、虐、頗也。三惡除則三利加。」㉞殺親益榮　殺親是說其弟叔魚因他的話，死而陳屍；益榮是說叔向他的名字更加顯著了。

【語　譯】魯昭公十四年春，季孫意如從晉國回來，〔《春秋》這樣記載，〕是尊重晉國而歸罪於我國。尊重晉國而歸罪於我國，這是合於禮的。

南蒯將要叛變的時候，和費地人結盟。司徒老祁、慮癸假裝發病，派人請求南蒯說：「下臣願意接受盟約，可是疾病卻發作了。如果託您的福而不死，請等病稍稍好一點再和您結盟。」南蒯答應了。這兩個人根據百姓的想叛南蒯，就要求集合他們一起結盟。於是就劫持了南蒯說：「下臣們沒忘他們的君主，但是，害怕您已經到了今天，服從您的命令三年啦！您如果不考慮，那麼費邑人因不忍對君主狠心，打算不能再怕您了。您在何處不能逞心遂願呢？讓我們送走您吧！」南蒯請求等待五天。到時，就逃亡到齊國。一天，侍奉齊景公喝酒，齊景公說：「叛徒！」南蒯回答說：「下臣是為加強公室啊。」子韓皙說：「家臣想要加強公室，罪過大極了。」後來，司徒老祁、慮癸來收回費邑，齊景公也派鮑文子送費邑還魯國。

同年夏，楚平王派然丹在宗丘選拔檢閱西部地區的軍隊，並且安撫當地的百姓。施捨貧賤，救濟窮困；撫育年幼的孤兒，奉養有病的老人，收容單身漢，救濟受災戶，寬免孤兒寡婦的賦稅，赦免有罪的人。禁治奸邪，舉拔被埋沒的賢才。禮遇新進，交往故舊，獎賞功勳，和睦親族，任用賢良，物色官吏。派屈罷在召陵選拔檢閱東部地區的武裝，也和西部一樣。和四邊的鄰國友好。讓百姓休養生息五年，然後用兵，這是合於禮的。

秋八月，莒國國君著丘公死了，郊公不哀痛。國內的人們不服從他，想要立著丘公的兄弟庚與。蒲餘侯討厭公子意恢而和庚與相好。郊公討厭公子鐸而和意恢相好。公子鐸依靠蒲餘侯並且和他商量，說：「你殺死意恢，我趕走國君而接納庚與。」蒲餘侯答應了。

楚國的令尹子旗對楚平王有過恩惠，不知節制，和養氏勾結，貪得無厭。楚王很擔心。九月初三日，楚王殺掉了子旗，滅掉養氏這一個家族。讓鬬辛住在鄖地，表示不忘過去的功勳。

同年冬十二月，蒲餘侯茲夫殺死了莒國的公子意恢。郊公逃亡到齊國。公子鐸在齊國迎接庚與，齊國的隰黨、公子鉏送行，莒國送給齊國土田。

晉國的邢侯和雍子爭奪鄐地的土田，很久也沒有調解成功。士景伯去楚國，叔魚代理他的職務。韓宣子命令他判處舊案，罪過在於雍子。雍子把女兒嫁給叔魚，叔魚宣判邢侯有罪。邢侯發怒，在朝廷上殺了叔魚和雍子。韓宣子向叔向詢問怎樣治理他們的罪。叔向說：「三個人罪狀相同，殺了活著的人而暴屍，暴露死者的屍體就可以了。雍子知道自己的罪過，而他用女兒作為賄賂來換得勝訴；鮒出賣法律；邢侯擅自殺人，他們的罪狀相同。自己有了罪惡而掠取別人的美名就是昏，貪婪而敗壞職責就是墨，殺人而沒有顧忌就是賊。《夏書》說，『昏、墨、賊，處死』，這是皋陶的刑法，請照辦。」於是就殺了邢侯暴屍，並且把雍子和叔魚的屍體在市上示眾。

孔子說：「叔向，他的正直是古代的遺風。治理國家制定刑律，不包庇、隱瞞他的親人。三次指出叔魚的罪惡，不給他減輕。做事合於道義啊，可以說得上正直了！平丘的盟會，指出他貪財，以寬免衛國，晉國就做到了不凶暴。讓魯國季孫回去，稱道他的欺詐，以寬免魯國，晉國就做到了不凌虐。邢侯這次案件，說明他的貪婪，以執行法律，晉國就做到了不偏頗。三次說話而除掉三次罪惡，加上三種利益。殺了親人而名聲更加顯著，這是做事合於道義啊！」

【說　明】本年傳文先補敘了南蒯以費叛而遭到費人的抵制和驅逐。逃到齊國後，連齊侯也輕蔑地稱他為「叛夫」，可想而知，南蒯在齊國境遇不會舒適。由於費人的反對，齊國最後把費邑歸還魯國。南蒯的唯一資本也失去了。

本文還以簡練的筆墨讚揚了楚平王治國安邦、扶貧濟困，救災，息民，睦鄰的一系列惠民措施，還以特筆寫了他不徇私情、執法嚴明的典型事例。在當時，楚平王算是難得的賢明仁義的明君。

晉國的叔向是作者熱情頌揚的賢臣典範之一，他在處置邢侯之獄中大義滅親，他指出其弟叔魚的三大罪行，事事以衛護國家的利益為重。作者對他的頌揚，只是引用了孔子盛讚叔向「古之遺直也」的一段百字語錄，讓孔子去分析叔魚的三惡（「賄」、「詐」、「貪」）和叔向的三加利（使晉不為「暴」、不為「虐」、不為「頗」），直到「三言而除三惡，加三利。殺親益榮，猶義也夫」結束，作者所要熱情頌揚的「古之遺直」賢臣叔向，可謂已表現得淋漓盡致，而用筆卻是不讚一字。

本傳中還插敘了莒國郊公臨父喪而「不慼」，沒有孝心，被驅逐出國，並引發了公室內鬨的事件，作者以此再次表明，「無禮不立」，禮為「國之幹」、「身之幹」的道理。

十五年

甲戌，西元前五二七年。周景王十八年、齊景公二十一年、晉昭公五年、秦哀公十年、楚平王二年、宋元公五年、衛靈公八年、陳惠公七年、曹平公元年、鄭定公三年、燕共公二年、吳餘昧四年、杞平公九年、許悼公二十二年。

經 十有五年春王正月，吳子夷末卒。

二月癸酉，有事于武宮。籥入，叔弓卒。去樂，卒事。

夏，蔡朝吳出奔鄭。

六月丁巳朔，日有食之。

秋，晉荀吳帥師伐鮮虞。

冬，公如晉。

傳 十五年春，將禘❶于武公，戒❷百官。梓慎曰：「禘之日其有咎乎！吾見赤黑之祲❸，非祭祥❹也，喪氛❺也。其在涖事❻乎！」二月癸酉，禘。叔弓涖事，籥❼入而卒。去樂，卒事，禮也。

楚費無極❽害朝吳之在蔡也，欲去之，乃謂之曰：「王唯信子，故處子於蔡。

子亦長矣，而在下位，辱，必求之，吾助子請。」又謂其上之人曰：「王唯信吳，故處諸蔡，二三子⑨莫之如也，而在其上，不亦難乎？弗圖，必及於難。」夏，蔡人逐朝吳，朝吳出奔鄭。王怒，曰：「余唯信吳，故寘諸蔡。且微吳⑩，吾不及此。女何故去之？」無極對曰：「臣豈不欲吳？然而前知其為人之異⑪也。吳在蔡，蔡必速飛⑫。去吳，所以翦其翼也。」

六月乙丑⑬，王大子壽卒。

秋八月戊寅，王穆后崩。

晉荀吳⑭帥師伐鮮虞，圍鼓⑮。鼓人或請以城叛，穆子⑯弗許。左右曰：「師徒不勤，而可以獲城，何故不為？」穆子曰：「吾聞諸叔向曰：『好惡不愆⑰，民知所適，事無不濟。』或以吾城叛，吾所甚惡也。人以城來，吾獨何好焉？賞所甚惡，若所好何？若其弗賞，是失信也，何以庇民？力能則進，否則退，量力而行。吾不可以欲城而邇姦，所喪滋多。」使鼓人殺叛人而繕守備。圍鼓三月，鼓人或請降。使其民見，曰：「猶有食色，姑修而城。」軍吏曰：「獲城而弗取，勤民而頓兵，何以事君？」穆子曰：「吾以事君也，獲一邑而教民怠，將焉用邑？邑以賈怠⑱，不如完舊⑲。賈怠無卒，棄舊不祥。鼓人能事其君，我亦能事吾君。

率義不爽[20]，好惡不愆，城可獲而民知義所[21]，有死命[22]而無二心，不亦可乎？」鼓人告食竭力盡，而後取之。克鼓而反，不戮一人，以鼓子鳶鞮[23]歸。

冬，公如晉，平丘之會故也[24]。

十二月，晉荀躒如周，葬穆后，籍談為介。既葬，除喪[25]，以文伯[26]宴，樽以魯壺。王曰：「伯氏，諸侯皆有以鎮撫王室[27]，晉獨無有，何也？」文伯揖[28]籍談，對曰：「諸侯之封也，皆受明器於王室，以鎮撫其社稷，故能薦彝器於王。晉居深山，戎狄之與鄰，而遠於王室，王靈不及，拜戎不暇，其何以獻器？」王曰：「叔氏[29]，而忘諸乎！叔父唐叔，成王之母弟也，其反無分乎？密須之鼓與其大路，文所以大蒐也；闕鞏之甲，武所以克商也[30]，唐叔受之，以處參虛，匡有戎狄[31]。其後襄之二路[32]，鏚鉞、秬鬯[33]，彤弓、虎賁[34]，文公受之，以有南陽之田，撫征東夏[35]，非分而何？夫有勳而不廢[36]，有績而載[37]，奉之以土田，撫之以彝器，旌之以車服[38]，明之以文章[39]，子孫不忘，所謂福也。福祚之不登，叔父焉在？且昔而高祖孫伯黶司晉之典籍，以為大政，故曰籍氏。及辛有之二子董[40]之晉，於是乎有董史。女，司典之後也，何故忘之？」籍談不能對。賓出，王曰：「籍父其無後乎！數典而忘其祖。」

籍談歸，以告叔向。叔向曰：「王其不終㊶乎！吾聞之：『所樂必卒焉。』今王樂憂，若卒以憂，不可謂終。王一歲而有三年之喪二焉，於是乎以喪賓宴，又求彝器，樂憂甚矣，且非禮也。彝器之來，嘉功之由，非由喪也。三年之喪，雖貴遂服㊷，禮也。王雖弗遂，宴樂以早，亦非禮也。禮，王之大經也。一動而失二禮㊸，無大經㊹矣。言以考㊺典，典以志㊻經。忘經而多言，舉典，將焉用之？」

【注釋】❶禘　顧炎武《補正》云：「此乃時禘，《記》所謂『春禘秋嘗』（《禮記・祭義》）之禘，而非五年大祭追遠之禘也。」——這次祭武公是時祭（春禘）。❷戒　警也；告也。即先期告戒百官，使之準備並齋戒。❸赤黑之祲　杜注以為是紅黑色的妖惡之氣。祲，古代迷信的人所謂的不（吉）祥之氣。❹祭祥　祭祀的祥瑞。祥瑞，吉利的預兆。❺喪氛　預示有人將死的妖氣。喪，死亡。❻涖事　涖，臨也。指當事主持祭禮之人。涖，同「蒞」。到、臨（會場）的意思，這裏作為主持（祭禮）解。❼籥　古代的一種管樂器。❽費無極　楚臣，有些書寫作費無忌。杜注：「朝吳，蔡大夫，有功于楚平王，故無極恐其有寵，疾害之。」❾二三子　當時的習慣用語，相當「你們幾位」。❿微吳　微，如果沒有、如果不是之意。吳，指朝吳。⓫異　有異心；不忠於楚。⓬速飛　意思是說，朝吳在蔡地，必能使蔡很快強大而背叛楚、離開楚。⓭乙丑　初九日。⓮荀吳　晉臣，又名荀偃子、中行伯、中行吳、中行穆子，鄭甥。⓯鼓　在今河北省晉縣，國名，姬姓，白狄之別種。晉國伐鮮虞時，鼓屬鮮虞，故被圍。⓰穆子　中行穆子，就是荀吳。⓱愆　過；過度。⓲賈怠　買來懈怠。賈，商人買賣，此處作買來百姓的懈怠。⓳完舊　猶言守舊。完，保守。舊，指不怠，勤慎。⓴率義不爽　率義，循義而行。不爽，不差。㉑民知義所　知義所在也。荀吳知道城必可獲，所以從這件事表現道義教育百姓。㉒死命　肯拚命。㉓鼓子鳶鞮　鳶鞮，鼓國國君之名。鳶，同「鳶」。㉔公如晉平丘之會故也　因為在平丘會盟時，季孫意如被晉國逮捕，後來晉國又把季孫釋放回魯，所以魯昭公才前往晉國答謝。㉕除喪　由喪服改穿吉服，或由重喪服改穿輕喪服。㉖文伯　荀躒名。㉗有以鎮撫王室　「有以」是一種省略中心詞的習慣句式，「有以鎮撫王室」是「有什麼（貢獻之物）足以鎮撫王室」的意思。㉘揖　拱拱手，請他回答。

❷⓽叔氏　周景王稱荀躒為伯父，稱籍談為叔氏，自以二人皆姬姓之後，不論因位之尊卑，抑年齡之大小。❸⓪密須之鼓等四句　密須也可簡稱為「密」，是古時姞姓蠻夷小城邦，後來被周文王所滅，位於今甘肅省東部靈臺一帶。闕鞏也是一個小城邦。密須鼓和闕鞏甲，都是春秋時代的寶物。❸❶匡有戎狄　匡，範圍，此處指國境內有異族戎狄。❸❷二路　路，車也。杜注：「周襄王賜晉文公大路、戎路。」❸❸鏚鉞秬鬯　鏚，是斧頭。鉞，兵器，似斧，即金斧頭（奉王命得專殺戮）。秬，是黑黍所作。鬯，是香酒。❸❹虎賁　古代指勇士。❸❺撫征東夏　事在魯僖公二十八年城濮之戰。東夏，指齊、魯、鄭、宋，皆在晉東，故曰東夏。❸❻有勳而不廢　有功勳在上的不忘其功而加重賞。❸❼載　寫上簡策。❸❽旌之以車服　即用車輛及其相稱之服裝來表彰。旌，表彰；表揚。❸❾明之以文章　用旌旗來顯耀他。杜注：「旌旗」。❹⓪二子董　第二個兒子董氏（世代為晉史官，稱「董史」）。❹❶其不終　恐怕將不得善終。其，副詞，表推測。終：壽終；善終（不是橫死）。❹❷雖貴遂服　遂服，如禮服喪三年。遂，終也。❹❸失二禮　指「以葬求器」及「宴樂太早」。❹❹無大經　大經，是大綱大常，是當時統治階級倫理道德的「三綱五常」（三綱：君為臣綱，父為子綱，夫為妻綱；五常是仁、義、禮、智、信）。「無大經」就是沒有三綱五常，沒有倫理道德。❹❺考　引證。❹❻志　記載。

【語　譯】魯昭公十五年春，將要對武公舉行春禘時，告戒百官齋戒。梓慎說：「禘祭的那一天恐怕會有災禍吧！我看到了紅黑色的妖氣，這不是祭祀的祥瑞，而是喪事的迷霧。恐怕會應在主持者身上吧！」二月十五日，舉行禘祭。叔弓主持祭祀，在奏籥的人進來時，一下子死去。於是便撤去音樂，把祭祀進行完畢，這是合於禮的。

楚國的費無極嫉妒朝吳在蔡國，想要去掉他，就對他說：「君王唯獨相信您，所以把您安置在蔡國。您的年紀也不小了，還處在下位，這是恥辱。一定要求得上位，我幫助您請求。」又對位在朝吳之上的蔡人說：「君王唯獨相信朝吳，所以把他安置在蔡國。您幾位不如他，卻在他的上面，不是難以相處嗎？不加圖謀，必遭災難。」夏天，蔡國人趕走了朝吳，朝吳逃亡到鄭國。楚王發怒，說：「我唯獨相信朝吳，所以把他安置在蔡國。而且如果沒有朝吳，我到不了今天的地步。你為什麼去掉他？」費無極回答說：「下臣難道不想要朝吳？可我早已知道他有異心。朝吳在蔡國，蔡國必然很快飛走。去掉朝吳，這就是剪除它的翅膀。」

六月初九日，王太子壽死。

秋八月二十二日，王穆后死。

晉國荀吳領兵攻打鮮虞，包圍鼓國。鼓國有人請求帶著城裏人叛變，荀吳不答應。左右隨從說：「軍隊不動刀槍，卻能得到城邑，為什麼不幹？」荀吳說：「我聽叔向說過：『喜好、厭惡都不過分，百姓知道行動的歸向，事情就沒有不成功的。』有人帶著我們的城邑叛變，這是我們所極其厭惡的；別人帶著城邑前來，我們為什麼獨獨喜歡這樣呢？獎賞我們所極其厭惡的，對所喜歡的又怎麼辦？如果不加獎賞，這就是失信，又用什麼庇護百姓？力量達得到的就進攻，達不到就退走，量力而行。我們不可以想要得到城邑而接近奸邪，這樣所喪失的會更多。」於是讓鼓國人殺了叛徒而修繕防禦設備。包圍鼓國三個月，鼓國有人請求投降。穆子讓鼓國人進見，說：「看你們的臉色還能吃上飯菜，姑且去修繕你們的城牆。」軍吏說：「能得城邑卻不佔領，勞累了百姓又損毀了武器，您以什麼事奉國君？」穆子說：「我這樣來事奉國君：得到一個城邑而教百姓懈怠，又哪裏用得著這個城邑？得到城邑而買來懈怠，不如保持一貫的勤快。買來懈怠，沒有好結果；丟掉一貫的勤快，不吉祥。鼓國人能夠事奉他們的國君，我也能夠事奉我們的國君。循義而行，就不會錯。喜好、厭惡都不過分，城邑可以得到而百姓懂得義，肯拚命而沒有三心二意，不也是可以的嗎？」後來，鼓國人報告糧食吃完、力量用盡，然後佔取了它。穆子攻下鼓國回國，不殺一個人，帶了鼓子䳒鞮回國。

同年冬，魯昭公去到晉國，這是由於平丘那次盟會的緣故。

十二月，晉國的荀躒去到成周，安葬穆后，籍談作為副使。喪事完畢，減除喪服。周天子和荀躒飲宴，把魯國進貢的壺作酒杯。周天子說：「伯父，諸侯都有禮器進貢王室，晉國獨獨沒有，為什麼？」荀躒向籍談作揖。籍談說：「諸侯受封的時候，都在王室接受了明德之器，以鎮撫他的國家，所以能獻彝器給天子。晉國住在深山裏，和戎狄相鄰而遠離王室，天子的威福不能達到，順服戎人還來不及，怎麼能進獻彝器？」周天子說：「叔父，你忘了吧！叔父唐叔是成王的同胞兄弟，難道反而沒有分得賞賜嗎？密須的鼓和它的大路之車，是文王所用來檢閱軍隊的；闕鞏的皮甲，是武王用來攻克商朝的，唐叔接受了，用來防守晉國的領土，鎮撫境內的戎狄。這以後，襄王所賜的大路、戎路之車，斧鉞、黑黍釀成的香酒，紅色的弓、勇士，文公接受了，保有南陽的土田，安撫和征伐東邊各國，這不是分得賞賜又是什麼？有了功勳而不廢棄，有了勞績而記載在策書上，用土田來奉養他，用彝器來安撫他，用車服來表彰他，用旌旗來顯耀他，子子孫孫不要忘記，這就是所謂福。這種福不記住，叔父的心哪裏去了呢？而且從前你的高祖孫伯黶掌管晉國的典籍，以主持國家大事，所以稱為籍氏。等到辛有的第二個兒子董到了晉國，在這時候就有了董氏的史官。你，是司典的後代，為什麼忘了呢？」籍談不能回答。客人出去之後，周天子說：「籍談的後代恐怕不能享有祿位吧！舉出了典故卻忘記了祖宗。」

籍談回國，把情況告訴叔向。叔向說：「天子恐怕不得善終吧！我聽說：『所據以歡樂的，必然以此致死。』現在天子把憂慮當成歡樂，如果因為憂慮致死，就不能說善終。天子一年而有兩次三年之喪，在這個時候和弔喪的賓客飲宴，又要求彝器，把憂慮當成歡樂實在太過分了，而且不合於禮。彝器的到來，由於嘉獎功勳，不是由於喪事。三年的喪禮，雖然貴為天子，服喪仍得滿期，這是禮。現在天子即使不能服喪滿期，飲宴奏樂也太早了，也是不合於禮的。禮，是天子奉行的大綱大常。一次舉動而失去了兩種禮，這就沒有三綱五常了。言語是用來引證典則的，典則是用來記載大經的。忘記大綱大常而多說話，亂舉典故，又有什麼用？」

【說　明】本年傳文記述楚費無極妒賢逐朝吳、晉荀吳拒降克鼓後，重點記載晉臣荀躒、籍談赴周弔喪之事。周王於享宴中向晉索要貢物器玩，談答以晉居深山，前代未受「禮器」封賞，故無器可獻。周天子立即列舉晉受封賞的名物，指責籍談「司典之後」而「數典忘祖」。事後，叔向評天子居大喪而求彝器，宴樂亦為時太早，是連做二件違禮之事——堂堂天子已把周禮置之腦後，周世之式微已見端倪！而籍談「數典忘祖」、荀躒臨宴「無辭」，可謂「不能專對」，也反映了末世貴族階級之缺乏文化教養。

十六年

乙亥，西元前五二六年。周景王十九年、齊景二十二年、晉昭六年、秦哀十一年、楚平三年、宋元六年、衛靈九年、陳惠四年、蔡平四年、曹平二年、鄭定四年、燕共三年、吳王僚元年、杞平十年、許悼二十三年。

經 十有六年春，齊侯伐徐。

楚子誘戎蠻子殺之。

夏，公至自晉。

秋八月己亥，晉侯夷卒。

九月，大雩。

季孫意如如晉。

冬十月，葬晉昭公。

傳 十六年春王正月，公在晉，晉人止公❶。不書❷，諱之❸也。

齊侯伐徐。

楚子聞蠻氏之亂也與蠻子之無質也，使然丹誘戎蠻子嘉❹殺之，遂取蠻氏。

既而復立其子焉，禮也。

二月丙申❺，齊師至于蒲隧❻，徐人行成❼。徐子及郯人、莒人會齊侯，盟于蒲隧，賂以甲父之鼎❽。叔孫昭子曰：「諸侯之無伯，害哉❾！齊君之無道也，興師而伐遠方，會之，有成而還，莫之亢❿也。無伯也夫⓫！《詩》⓬曰：『宗周既滅，靡所止戾。正大夫離居，莫知我肄。』其是之謂乎！」

三月，晉韓起聘于鄭，鄭伯享之。子產戒曰：「苟有位於朝，無有不共恪⓭！」孔張⓮後至，立於客間，執政禦之⓯；適客後，又禦之；適縣間⓰。客從而笑之⓱。事畢，富子諫⓲曰：「夫大國之人，不可不慎也，幾為之笑⓳，而不陵我？我皆有禮，夫猶鄙我。國而無禮，何以求榮？孔張失位，吾子之恥也。」子產怒曰：「發命之不衷⓴，出令之不信，刑之頗類㉑，獄之放紛㉒，會朝之不敬，使命之不聽，取陵㉓於大國，罷民㉔而無功，罪及而弗知，僑之恥也。孔張，君之昆孫子孔之後也，執政之嗣也，為嗣大夫；承命以使，周於諸侯；國人所尊，諸侯所知。立於朝而祀於家，有祿於國，有賦於軍，喪、祭有職，受脤、歸脤㉕。其祭在廟，已有著位。在位數世，世守其業，而忘其所㉖，僑焉得恥之？辟邪之人而皆及執政，是先王無刑罰也㉗。子寧以他規我。」

宣子有環，其一在鄭商㉘。宣子謁㉙諸鄭伯，子產弗與，曰：「非官府之守器也，寡君不知。」子大叔、子羽謂子產曰：「韓子亦無幾求，晉國亦未可以貳。晉國、韓子不可偷㉚也。若屬有讒人交鬥其間，鬼神而助之，以興其凶怒㉛，悔之何及？吾子何愛於一環，其以取憎於大國也？盍求而與之？」子產曰：「吾非偷晉而有二心，將終事之，是以弗與，忠信故也。僑聞君子非無賄之難㉜，立而無令名之患。僑聞為國非不能事大字小㉝之難，無禮以定其位之患。夫大國之人令於小國，而皆獲其求，將何以給之？一共一否㉞，為罪滋㉟大。大國之求，無禮以斥之，何饜㊱之有？吾且為鄙邑㊲，則失位㊳矣。若韓子奉命以使，而求玉焉，貪淫甚矣，獨非罪乎？出一玉以起二罪，吾又失位，韓子成貪，將焉用之？且吾以玉賈罪㊴，不亦銳乎㊵？」

韓子買諸賈人，既成賈矣。商人曰：「必告君大夫！」韓子請諸子產曰：「日起請夫環，執政弗義，弗敢復也。今買諸商人，商人曰『必以聞』，敢以為請。」子產對曰：「昔我先君桓公與商人皆出自周，庸次比耦㊶以艾殺此地，斬之蓬、蒿、藜、藋，而共處之；世有盟誓，以相信也，曰：『爾無我叛，我無強賈，毋或匄奪㊷。爾有利市寶賄㊸，我勿與知。』恃此質誓，故能相保以至于今。今吾子以好來辱，而謂敝邑強奪商人，是教敝邑背盟誓也，毋乃不可乎！吾子得玉，而失諸侯，必不為也。若大國令，而共無藝[44]，鄭敝邑也，亦弗為也。僑若獻玉，不知所成。敢私布之。」韓子辭玉，曰：「起不敏，敢求玉以徼[45]二罪？敢辭之。」

夏四月，鄭六卿餞宣子於郊。宣子曰：「二三君子請皆賦，起亦以知鄭志。」子齹[46]賦〈野有蔓草〉[47]。宣子曰：「孺子[48]善哉！吾有望矣。」子產賦鄭之〈羔裘〉[49]。宣子曰：「起不堪[50]也。」子大叔賦〈褰裳〉[51]。宣子曰：「起在此，敢勤子至於他人乎[52]？」子大叔拜。宣子曰：「善哉，子之言是！不有是事，其能終乎？」子游[53]賦〈風雨〉[54]。子旗[55]賦〈有女同車〉[56]。子柳[57]賦〈蘀兮〉[58]。宣子喜，曰：「鄭其庶乎！二三君子以君命貺起，賦不出鄭志[59]，皆昵燕好[60]也。二三君子，數世之主也，可以無懼矣。」宣子皆獻馬焉，而賦〈我將〉[61]。子產拜，使五卿皆拜，曰：「吾子靖亂，敢不拜德！」宣子私覲[62]於子產以玉與馬，曰：「子命起舍夫玉，是賜我玉[63]而免吾死也，敢不藉手[64]以拜！」

公至自晉，子服昭伯語季平子曰：「晉之公室其將遂卑矣。君幼弱，六卿彊而奢傲，將因是以習，習實為常，能無卑乎？」平子曰：「爾幼，惡識國[65]？」

秋八月，晉昭公卒。

九月，大雩，旱也。鄭大旱，使屠擊、祝款、豎柎有事於桑山。斬其木，不雨。子產曰：「有事於山，蓺山林也；而斬其木，其罪大矣。」奪之官邑66。

冬十月，季平子如晉葬昭公。平子曰：「子服回之言猶信67。子服氏有子哉！」

【注釋】❶止公　扣留魯昭公。❷不書　《春秋》上不記載。❸諱之　隱諱它。❹戎蠻子嘉　戎蠻是泛稱南方的蠻族。子嘉就是蠻王的名字。❺丙申　十四日。❻蒲隧　據《春秋彙纂》說：「(蒲隧)在今安徽省泗縣西北。」❼行成　求和。❽甲父之鼎　甲父是古代小城邦，該國所產的鼎很有名。❾無伯害哉　伯，同「霸」。霸主；諸侯中的領袖。害，禍害。❿亢　同「抗」。抗禦也。⓫也夫　都是語氣助詞。也，表陳述。夫，帶感歎。⓬詩　出於《詩經・小雅・雨無正》杜注：「戾，定也；肄，勞也。言周舊為天下宗，今乃衰滅，亂無息定。執政大夫離居異心，無有念民勞者。」⓭不共恪　不恭敬。共，同「恭」。恪，謹敬。⓮孔張　子孔之孫，名申，又曰公孫申。孔張為鄭臣，應就其原位。⓯執政禦之　執政，掌位列者；主司其事者。禦之，現在的說法，是「擋住他」(不讓入席)。⓰縣間　挂鍾、磬等樂器的地方。縣，同「懸」。⓱從而笑之　目光跟著子張而笑他。杜注：「笑其張皇失措，不知應至何處。」⓲富子諫　富子，鄭大夫。諫，規勸君主、尊長或朋友，使之改正錯誤和過失。⓳幾為之笑　幾，反詰副詞。豈；難道。為之，被他們。⓴不衷　不恰當。衷，當也。㉑頗類　頗，偏。類，不平。㉒獄之放紛　訴訟氾濫紛亂。獄，訴訟。放，縱。紛，亂。㉓取陵　同取辱。陵，通「淩」。淩辱；欺侮；侵犯。㉔罷民　罷，通「疲」。疲勞；疲乏。㉕受脤歸脤　脤，古代祭祀用的肉。諸侯祭社，賜肉給大夫，是曰受脤；大夫祭社，亦歸肉於公，叫做歸脤。㉖忘其所　所，官位及其邑、俸祿等。意即忘了他所處的身分和地位。㉗是先王無刑罰也　這等於先王沒有刑罪了。杜注：「言為過謬者，自應用刑罰」，不應委過於人，逃避罪責。㉘其一在鄭商　其一是說另一隻玉環在鄭國商人手中。玉環是用玉製的環狀飾物，兩隻才能配成一對，當時韓起只有其中一隻引以為憾，所以才想得到鄭國商人手中的那一隻。㉙謁　請；請求。㉚偷　薄也；輕視。不可偷，即不可輕視。㉛若屬三句　屬，恰好。讒人，挑撥的人。交鬥其間，離間鄭晉兩國。而，如也。凶怒，狂怒。㉜非無賄之難　不是怕沒有財物。難，害怕；擔憂。㉝事大字小　事，事奉。字，撫養救助。㉞一共一否　共，供。否，不供。㉟滋　副詞。益；更加。㊱饜　吃飽，引申為滿足。㊲吾且為鄙邑　且，將要。鄙邑，邊僻小縣。㊳失位　失去國家地位。㊴以玉賈罪　因為一只玉環而買個失國大罪。賈，買賣，這裏指買。㊵不亦銳乎　銳，細小。此處引申為不值得、太犯不著。㊶庸次比耦　猶言共同合作。㊷毋或匄奪　匄，同「丐」。乞求。奪，強奪。即不要有乞求、強奪。㊸利市寶賄　利市，好賣買。寶賄，奇貨。㊹無藝　無法則。㊺徼　通「邀」。求取。㊻子齹　子皮之子嬰齊。㊼野有蔓草　《詩經・鄭風》，取其「邂逅相遇，適我願兮」。㊽孺子　本義幼兒，小孩。因子皮死後，子齹嗣位未滿三年，故稱他「孺子」。㊾鄭之羔裘　《詩經・鄭風》有「彼其之子，舍命不渝」，是子產用來讚美韓起的守信義。㊿起不堪　謙讓，韓起表示自己不足以受此。(51)褰裳　《詩經・鄭風》杜注：「〈褰裳〉詩曰：『子惠思我，褰裳涉溱，子不我思，豈無他人。』言宣子思己，將有褰裳之志；如不我思，亦豈無他人？」褰裳，撩起裙。溱，鄭水。(52)起在此二句　言我在晉國執政，不致使汝勞累服事他國，必能護鄭。(53)子游　是駟帶的兒子。(54)風雨　杜注：「〈風雨〉詩，取其『既見君子，云胡不夷』。」表示見了您，多麼喜悅。(55)子旗　是公孫段的兒子。(56)有女同車　取其「洵美且都」愛宣子之志。言其貌既美好且風度嫻雅。(57)子柳　是印段的兒子。(58)蘀兮　〈蘀兮〉詩取其「倡予和女」，言宣子唱，己將和從之。(59)鄭志　即〈鄭詩〉，《詩經》的〈鄭風〉。(60)皆昵燕好　杜注：「昵，親也。賦不出其國，以示親好。」(61)我將　杜注：「取其『日靖四方，我其夙夜，畏天之威』，言志在靖亂，畏懼天威，蓋亦取『于時保之』，保小國也。」(62)私覲　私人會見。覲，朝見君主。(63)賜我玉　賜我金玉良言。(64)藉手　杜注：「以玉與馬藉手拜謝子產。」藉手，借此手持（玉）牽（馬）相贈。(65)惡識國　哪裏懂得國家大事。(66)奪之官邑　剝奪了他們的官爵和封邑。之，代詞。(67)猶信　還是真實的。

【語　譯】昭公十六年春周曆正月，魯昭公在晉國，晉國人扣留了昭公。《春秋》不加記載，這是由於隱諱。

齊景公發兵攻打徐國。

楚平王聽說蠻氏發生動亂和蠻子沒有信用，派然丹誘騙戎蠻子嘉而殺了他，就佔取了蠻氏部落。不久又重新立了他的兒子，這是合於禮的。

二月十四日，齊軍到達蒲隧。徐國人求和。徐子和郯人、莒人會見齊侯，在蒲隧結盟，送給齊侯甲父之鼎。叔孫昭子說：「諸侯沒有領袖，對小國是個禍害啊！齊國的國君無道，起兵攻打遠方的國家，會見了他們，締結了和約而回來，沒有人能夠抵禦，這是由於沒有霸主啊！《詩經》說：『宗周已經衰亡，無所安定。執政的大夫離散異心，沒有人知道我的困苦辛勞。』說的就是這個吧！」

三月，晉國的韓起到鄭國訪問，鄭定公設享禮招待他。子產告誡大家說：「在朝廷的享禮上，每個席位都不要發生不恭敬的事！」孔張後到，站在客人中間，主管典禮的人擋住他；去到客人後邊，主管典禮的人又擋住他；他只好到挂鍾磬等樂器的地方待著。客人的目光跟著孔張的走動笑他。事情結束，富子勸諫說：「對待大國的客人，是不可不慎重的。豈有笑話了我們而不欺負我們的？我們都做到有禮，那些人還會看不起我們。國家沒有禮儀，怎麼能求得光榮？孔張沒有站到位置上，這是您的恥辱。」子產發怒說：「發命不恰當，出令沒信用，刑罰偏頗不平，訴訟放任混亂，朝會失去禮儀，命令無人聽從，招致大國的欺負，使百姓疲憊而沒有功勞，罪過來到而還不知道，這是我的恥辱。孔張，是國君哥哥的孫子，子孔的後代，執政的繼承人，做了嗣大夫，受命而出使，遍及諸侯各國，為國人所尊敬，為諸侯所熟悉。他在朝中有官職，在家裏有祖廟，接受國家頒給的封邑爵祿，分擔戰爭所需的人力物力，喪事、祭祀有一定的職事，他接受國君所賜的祭肉，也把自家的祭肉歸公，輔助國君在宗廟裏祭祀，已經有了固定的地位。他家在朝的地位已經幾輩子，世世代代保有自己的產業，現在卻忘記了他所處的地位、他的官職、城邑和俸祿。僑哪能代他蒙受這分羞辱？而不正派的人卻把一切過失都歸罪於執政的我！如果對這件事不用刑法，那就等於先王沒有刑罰。寧願你用別的事情來規勸我。」

韓起有一副玉環，其中的一個在鄭國的商人手裏。韓起向鄭伯請求得到那只玉環，子產不給，說：「這不是公家府庫中保管的器物，寡君不知道。」子太叔、子羽對子產說：「韓子也沒有太多的要求，對晉國也不能三心二意。晉國和韓子都是不能輕慢的。如果正好有壞人在中間挑撥，鬼神如果再幫著壞人，以興起他們凶狂的怒氣，後悔還哪裏來得及？您為什麼愛惜一個玉環，而以此去惹大國的憎恨呢？為什麼不找來給他？」子產說：「我不是輕慢晉國而有三心二意，而是要始終事奉他們，所以才不給他，這是為了忠實和信義的緣故。僑聽說君子不怕沒有財物，是怕立為卿而沒有美名。僑又聽說治國不是怕不能事奉大國、撫養救助小國，而是怕沒有禮儀來安定他的地位。大國的人給小國下命令而都能滿足要求，將用什麼來不斷供給？一次給了，一次拒絕，得罪更大。大國的某些要求，如果不依禮駁斥，他們哪會有什麼滿足？我們將成為他們的邊僻小縣了，那就失去國家的地位了。如果韓子奉命出使而求取玉環，他的貪婪就太過分了，難道不是罪過嗎？拿出一只玉環而引起兩種罪過，我們又失去了國家地位，韓子成為貪婪，哪裏犯得著這樣？而且我們因為一只玉環而買來失國大罪，不是太犯不著了嗎？」

韓起向商人購買玉環，已經成交了。商人說：「我一定要告訴君大夫！」韓起向子產請求說：「前些時候，起請求弄到那只玉環，執政認為不合於道義，所以不敢再次請求。現在，在商人那裏購買，商人說『一定要把這件事情報告國君大夫』，為此請您通融一下。」子產回答說：「從前我們先君鄭桓公和商人們都是從周朝遷居出來的，並肩協力來清除這塊土地，砍去野草雜木，一起居住在這裏，世世代代都有盟誓，用以互相信賴。誓辭說：『你不要背叛我，我不要強買你的東西，不要乞求，不要掠奪。你有賺錢的買賣和寶貴的奇貨，我也不加過問。』仗著這個有信守的盟誓，所以能互相支持直到今天。現在您帶著友好的情誼光臨敝邑，而要求我們去強奪商人的東西，這是教導敝邑背棄盟誓，未免不可以吧！如果得到玉環而失去諸侯，那您一定是不幹的。如果大國有命令，要我們無原則地供應，那是把鄭國當成邊境小縣了，我們也是不幹的。僑如果獻上玉環，真不知道有什麼道理與好處。謹此背地裏向您布達。」韓起就派人把玉環退回，說：「起雖然不聰明，豈敢為買玉環而求取兩項罪過？讓我把它退回去吧！」

夏四月，鄭國的六卿為韓起在郊外餞行。韓起說：「請幾位大臣都賦詩一首，起也可以瞭解鄭國的意圖。」子齹賦〈野有蔓草〉。韓起說：「孺子好啊！我對你寄以厚望了。」子產賦鄭國的〈羔裘〉。韓起說：「起是不敢當的。」子大叔賦〈褰裳〉。韓起說：「有起在這裏，難道敢勞動您去事奉別人嗎？」子大叔拜謝。韓起說：「好啊，您朗誦了〈褰裳〉！要不是詩句警戒，恐怕不能善始善終地友好下去吧？」子游賦〈風雨〉。子旗賦〈有女同車〉。子柳賦〈籜兮〉。韓起很高興，說：「鄭國差不多要興盛了吧！幾位大臣用國君的名義賞賜起，所賦的詩不出鄭國之外，都是表示友好的。幾位大臣都是傳到幾世的大夫，可以因此而不再有所畏懼了。」韓起對他們都奉獻馬匹，而且賦了〈我將〉。子產拜謝，又讓其他五個卿也都拜謝，說：「您安定動亂，豈敢不拜謝恩德！」韓起用玉和馬作為禮物私下拜見子產，說：「您命令起捨棄那個玉環，這是賜給了我金玉之言而免我一死，豈敢不借此薄禮來拜謝！」

魯昭公從晉國回到國內，子服昭伯對季平子說：「晉國公室的地位恐怕將要降低了。國君年幼而力量薄弱，六卿強大而奢侈驕傲，將要由此而成習慣，習慣成為自然，能夠不降低嗎？」平子說：「你年輕，哪裏懂得國家大事？」

秋八月，晉昭公死。

九月，舉行盛大的雩祭，這是由於發生了旱災。鄭國大旱，派屠擊、祝款、豎柎祭祀桑山。砍去山上的樹木，不下雨。子產說：「祭祀山神應當培育和保護山林，現在反而砍去山上的樹木，他們的罪過就很大了。」於是就剝奪了他們的官爵和封邑。

冬十月，季平子去到晉國參加昭公的喪禮。平子說：「子服回的話還是真實的。子服氏有了好兒子了！」

【說　明】春秋末期，小國成為大國奴役的對象。本年傳寫了大國的兩類典型：齊國無道，「興師伐遠」，因沒有霸主撐腰，四小國訂了城下之盟，成為齊國的附庸。這是不想尊王攘夷專事侵略的典型。晉國則想尊王攘夷而力不從心，有時還搶奪地盤，也使小國畏懼。本年傳略寫齊國，為詳敘晉國作鋪墊。

韓起聘問鄭國，鄭君設享禮招待。事先執政子產諄諄告誡：享禮時要必恭必敬，不得失禮。不幸孔張遲到又失位，子產嚴辭斥責。大夫富子認為子產還有不足：「孔張失位，吾子之恥也！」接著韓起求取玉環，子產不採納五卿的意見「求而與之」（以免「興其凶怒，悔之何及。」）而且堅持原則，維護國格；愛人以德，忠告韓起：「吾子得玉，而失諸侯，必不為也。」促其醒悟而說出：賜我金玉良言「而免吾死也」。到餞行時，韓起表態：「起在此」，必護鄭國。還朗誦《詩・我將》，表示立志靖亂，安定四方小國。這才使鄭國六卿放下惴惴不安之心，改變誠惶誠恐態度。六卿下拜道謝，子產曰：「吾子靖亂，敢不拜德！」

十七年

丙子，西元前五二五年。周景王二十年、齊景二十三年、晉頃公去疾元年、秦哀十二年、楚平四年、宋元七年、衛靈十年、陳惠五年、蔡平五年、曹平三年、鄭定五年、燕共四年、吳僚二年、杞平十一年、許悼二十四年。

經 十有七年春，小邾子來朝。

夏六月甲戌朔，日有食之。

秋，郯子來朝。

八月，晉荀吳帥師滅陸渾之戎。

冬，有星孛于大辰。

楚人及吳戰于長岸。

傳 十七年春，小邾穆公來朝，公與之燕。季平子賦〈采叔〉❶，穆公賦〈菁菁者莪〉❷，昭子曰：「不有以國，其能久乎❸？」

夏六月甲戌朔，日有食之。祝史請所用幣❹。昭子曰：「日有食之，天子不舉❺，伐鼓於社；諸侯用幣於社，伐鼓於朝，禮也。」平子禦❻之，曰：「止也。唯正月朔，慝❼未作，日有食之，於是乎有伐鼓用幣，禮也。其餘則否。」大史曰：「在此月也。日過分而未至❽，三辰❾有災，於是乎百官降物❿；君不舉，辟⓫

移時；樂奏鼓，祝用幣，史用辭⑫。故〈夏書〉曰：『辰不集于房⑬，瞽奏鼓⑭，嗇夫馳，庶人走。』此月朔之謂也。當夏四月，是謂孟夏。」平子弗從。昭子退，曰：「夫子將有異志⑮，不君君矣⑯。」

秋，郯子⑰來朝，公與之宴。昭子問焉，曰：「少皞氏鳥名官⑱，何故也？」郯子曰：「吾祖也，我知之。昔者黃帝氏以雲紀，故為雲師而雲名⑲；炎帝氏以火紀⑳，故為火師而火名；共工氏以水紀㉑，故為水師而水名；大皞氏以龍紀㉒，故為龍師而龍名。我高祖少皞摯之立也，鳳鳥適至，故紀於鳥，為鳥師而鳥名：鳳鳥氏，歷正也㉓；玄鳥氏，司分者也；伯趙氏，司至者也㉔；青鳥氏，司啟者也㉕；丹鳥氏，司閉者也㉖。祝鳩氏，司徒也㉗；鴡鳩氏，司馬也㉘；鳲鳩氏，司空也㉙；爽鳩氏，司寇也㉚；鶻鳩氏，司事也㉛。五鳩，鳩民者也。五雉為五工正，利器用、正度量，夷民者也。九扈為九農正，扈民無淫者也。自顓頊以來，不能紀遠，乃紀於近。為民師而命以民事，則不能故㉜也。」仲尼聞之，見於郯子而學之。既而告人曰：「吾聞之，『天子失官，學在四夷』，猶信㉝。」

晉侯使屠蒯㉞如周，請有事㉟於雒與三塗㊱。萇弘㊲謂劉子㊳曰：「客容猛，非祭也，其伐戎乎！陸渾氏甚睦於楚，必是故也。君其備之！」乃警戒備㊴。九月丁卯，晉荀吳帥師涉自棘津[40]，使祭史先用牲于雒。陸渾人弗知。師從之。庚午，遂滅陸渾，數之以其貳於楚[41]也。陸渾子奔楚，其眾奔甘鹿[42]。周大獲[43]。宣子夢文公攜荀吳而授之陸渾，故使穆子[44]帥師，獻俘于文宮。

冬，有星孛于大辰[45]，西及漢。申須曰：「彗所以除舊布新[46]也。天事恆象[47]，今除於火，火出必布焉，諸侯其有火災乎！」梓慎曰：「往年吾見之，是其徵也。火出而見，今茲火出而章[48]，必火入而伏，其居火也久矣，其與不然乎[49]？火出，於夏為三月，於商為四月，於周為五月。夏數得天[50]，若火作[51]，其四國當之，在宋、衛、陳、鄭乎！宋，大辰之虛也[52]；陳，大皞之虛也；鄭，祝融之虛也，皆火房也。星孛及漢[53]，漢，水祥也。衛，顓頊之虛也，故為帝丘[54]，其星為大水，水，火之牡也[55]。其以丙子若壬午作乎！水火所以合也。若火入而伏，必以壬午，不過其見之月[56]。」鄭裨竈言於子產曰：「宋、衛、陳、鄭將同日火。若我用瓘斝[57]玉瓚[58]，鄭必不火。」子產弗與。

吳伐楚，陽匄[59]為令尹，卜戰，不吉。司馬子魚[60]曰：「我得上流，何故不吉？且楚故[61]，司馬令龜，我請改卜。」令曰：「魴也以其屬死之，楚師繼之，尚大克之！」吉。戰于長岸[62]，子魚先死，楚師繼之，大敗吳師，獲其乘舟餘皇。

使隨人與後至者守之，環而塹之，及泉，盈其隧炭，陳以待命。吳公子光63請於其眾，曰：「喪先王之乘舟，豈唯光之罪，眾亦有焉。請藉取之以救死。」眾許之。使長鬣者64三人潛伏於舟側，曰：「我呼『餘皇』，則對。」師夜從之。三呼，皆迭對。楚人從而殺之。楚師亂，吳人大敗之，取餘皇以歸。

【注釋】❶采叔　取其「君子來朝，何錫與之」以穆公喻君子。❷菁菁者莪　取其「既見君子，樂且有儀」以答。皆見《詩經・小雅》。❸不有以國其能久乎　不有，假設連詞。此句說：若無治國之人才，哪能國運如此長久呢。以，為也。其，豈。❹請所用幣　即請示用何種物祭社。幣，凡玉帛、財貨用為禮物、貢獻物者，都叫「幣」。❺不舉　指不辦豐盛菜餚。❻禦　阻止。❼慝　通「匿」。隱藏。此處解為「陰氣」。❽過分而未至　已過春分而未到夏至。分，春分。至，夏至。❾三辰　日、月、星合稱三辰。❿降物　素服。⓫辟　同「避」。⓬史用辭　杜注：「用辭而自責」。古人迷信日食為上天示譴，故自責。⓭辰不集于房　辰，日月交會，即日蝕。集，安居。房，舍。⓮瞽奏鼓　瞽，瞎子。奏鼓，擊鼓奏樂。⓯異志　異心；不忠之心。⓰不君君矣　不把國君當作國君看。前一「君」字為動詞，後一君字為名詞。⓱郯子　為少皞氏後裔。少皞氏，傳說中的古帝王。⓲少皞氏鳥名官　少皞氏以鳥為官名。⓳昔者黃帝二句　謂黃帝受命有雲瑞，故以雲紀事，百官師長皆以雲為名號。⓴炎帝氏以火紀　炎帝氏以火紀事，以火名官。㉑共工氏以水紀　共工氏以水紀事名官。㉒大皞氏以龍紀　太皞氏以龍紀事名官。㉓鳳鳥氏歷正也　鳳鳥氏是管理曆法的。㉔伯趙氏司至者也　伯趙是鳥名，也就是俗稱的伯勞鳥，負責管理夏至到冬至。㉕青鳥氏司啟者也　青鳥氏管理陽氣開啟之事。㉖丹鳥氏司閉者也　丹鳥氏管理陰氣閉鎖之事。㉗祝鳩氏司徒也　祝鳩氏負責督導人民。㉘鴡鳩氏司馬也　鴡鳩氏執掌司法。㉙鳲鳩氏司空也　鳲鳩氏管理土木工程。㉚爽鳩氏司寇也　爽鳩氏負責拿捕盜賊。㉛鶻鳩氏司事也　鶻鳩氏管理農工商人。㉜故　故舊；從前。㉝猶信　還是真實的。㉞屠蒯　晉侯之膳宰，以忠諫見進。㉟請有事　有事，祭祀也。為此而「請」。㊱雒與三塗　雒是雒水，三塗是山名，都在今河南省嵩縣。㊲萇弘　周室之執數者，掌天文曆數。㊳劉子　劉子摯，劉獻公，周臣。㊴警戒備　對戎區加強警戒戰備。㊵涉自棘津　涉，水行。棘津，孟津一帶。㊶數之以其貳於楚　即「以其貳於楚」數之。數之，數說其罪狀。貳於楚，暗投楚，對晉有貳心。㊷甘鹿河南宜陽縣東南五十里，有鹿歸山，在陸渾故城西北。㊸周大獲　周大獲所奔之戎眾為俘虜。㊹穆子　即荀吳。㊺孛于大辰　孛，古人以光芒四射者為孛，以長尾者為彗星。大辰，大火星。㊻除舊布新　彗（星）為掃帚，所以去塵，故云除舊布新。㊼天事恆象　韋昭注：「恆，常也。事善象吉，事惡象凶也。」㊽今茲火出而章　今年大火星出來，而彗星更明亮。今茲，今年。章，同「彰」。明顯；顯著。㊾其與不然乎　猶言「豈不然乎」。「其」作「豈」用。與，助詞，無義。意思是必然。㊿夏數得天　（說）夏正與自然氣象適應。夏正即夏立春之月為正月。(51)火作　大火災發生。作，發生。(52)宋大辰之虛也　古代將星宿分為十二次，配屬於各國，謂之分野。大辰，大火也。大火，為宋國分野。(53)星孛及漢　大火星到達銀河。漢，指銀河。(54)帝丘　衛國居帝丘，即今河南濮陽縣西南之顓頊城，相傳為顓頊所居。(55)水火之牡也　水火相配，水為雄，火為雌。(56)不過其見之月　過，超過。其，代詞。它們。見，出現。(57)瓘斝　即灌尊，祭祀用的酒器。瓘，圭玉。斝，一種古代酒器。(58)玉瓚　玉製之勺。瓚玉勺，古時祭祀時舀酒用的器具。(59)陽匄　穆王曾孫，令尹子瑕。(60)子魚　公子魴。(61)楚故　指楚國的舊例。(62)長岸　今安徽當塗縣西南三十里有西梁山，與和縣南七十里東梁山，夾江相對，歷代為南京西偏之要地。(63)吳公子光　是吳王諸樊的兒子，也就是後來鼎鼎大名的吳王闔閭。(64)長鬣者　身材高大壯實有力的人。鬣，杜注：「鬚，長胡子。」據《說文》引作「儠」，長壯之意。

【語　譯】魯昭公十七年春，小邾穆公前來朝見，昭公和他一起飲宴。季平子賦了〈采叔〉，穆公賦了〈菁菁者莪〉。昭子說：「假若沒有治理國家的人才，國家難道能長存嗎？」

夏六月初一日，日食。祝史請示所應使用的祭品。昭子說：「發生日食，天子不進豐盛的菜餚，在土地神廟裏擊鼓；諸侯用祭品在土地神廟裏祭祀，在朝廷上擊鼓，這是禮制。」平子阻止這樣做，說：「不能那麼辦。只有周正月初一，陰氣沒有發作，發生日食，才擊鼓用祭品，這是禮制。其他的時候就不這樣。」太史說：「就是在這個月。太陽過了春分而沒有到夏至，日、月、星有了災殃，在這時候百官穿上素服；國君不進豐盛的菜餚，離開正寢躲過日食的時辰；樂工擊鼓，祝使用祭品，史用辭自責。所以〈夏書〉說：『日月交會日食時，人們不安住在房裏，瞽師擊鼓，嗇夫駕車，百姓奔跑。』說的就是這個月初一的情況。正當夏正的四月，所以叫做孟夏。」平子沒有聽從。昭子退出，說：「這個人將有異心，他不把國君當成國君了。」

同年秋，郯子前來朝見，昭公和他一起飲宴。昭子詢問他，說：「少皞氏用鳥名作為官名，這是什麼緣故？」郯子說：「他是我的祖先，我知道。從前黃帝氏用雲記事，所以設置各部門長官都用雲字命名；炎帝氏用火記事，所以設置各部門長官都用火字命名；共工氏用水記事，所以設置各部門長官都用水字命名；太皞氏用龍記事，所以設置各部門長官都用龍字命名。我的高祖少皞摯即位的時候，鳳鳥正好來到，所以就從鳥開始記事，設置各部門長官都用鳥來命名：鳳鳥氏，就是曆正；玄鳥氏，是掌管春分、秋分的；伯趙氏，是掌管夏至、冬至的；青鳥氏，是掌管立春、立夏的；丹鳥氏，是掌管立秋、立冬的。祝鳩氏，就是司徒；鴡鳩氏，就是司馬；鳲鳩氏，就是司空；爽鳩氏，就是司寇；鶻鳩氏，就是司事。這五鳩，是鳩聚百姓的。五雉是五種管理手工業的官，是改善器物用具、統一尺度容量、讓百姓得到平均的。九扈是九種管理農業的官，是制止百姓不讓他們放縱的。自從顓頊以來，不能記述遠古的事情，就從近古開始記述。做百姓的長官而用百姓的事情來命名，那已不能照過去辦事了。」孔子聽到了，進見郯子向他學習。過後告訴別人說：「我聽說，『在天子那裏失去了古代官制，官制的學問還保存在遠方的小國』，這還是可信的。」

晉頃公派屠蒯去到周朝，請求祭祀雒水和三塗山。萇弘對劉子說：「客人的臉色凶猛，不是為了祭祀，恐怕是為了攻打戎人吧！陸渾氏和楚國很要好，一定是這個緣故。您可要防備一下。」於是就對戎區加強警備。九月二十四日，晉國的荀吳領兵從棘津徒步涉水，讓祭史先用牲口祭祀雒水。陸渾人不知道，晉國部隊就跟著打過去。二十七日，就滅亡了陸渾，責備他們和楚國勾結。陸渾子逃亡到楚國，他的部下逃亡到甘鹿。周朝俘虜了大批陸渾人。韓宣子曾夢見晉文公拉著荀吳把陸渾交給他，所以宣子讓他領兵，終於在晉文公廟裏奉獻俘虜。

冬，彗星在大火星旁邊出現，光芒往西達到銀河。申須說：「彗是用來除舊布新的。天上發生的事常常象徵吉凶，現在大火星被掃除將不見，大火星再度出現必然散布成災，諸侯各國恐怕會有火災吧！」梓慎說：「去年我見到彗星，這就是它的徵兆了。去年大火星出現見到彗星，今年大火星出現時而彗星更加明亮。秋季大火始入，火災也即潛伏。彗星和大火星兩年來在一起，已經很久了，豈不是這樣嗎？大火星出現，在夏正是三月，在商正是四月，在周正是五月。夏代的曆數和天象適應，如果發生火災，大概有四個國家承當，在宋國、衛國、陳國、鄭國吧！宋國是大火星的分野；陳國，是太皞的分野；鄭國，是祝融的分野，都是大火星所居住的地方。彗星到達銀河，銀河，就是水。衛國是顓頊的分野，所以叫做帝丘，和它相配的星是大水。水，是火的陽性配偶。恐怕會在丙子日或者壬午日發生火災吧！水火會在那個時候配合的。如果大火星消失而彗星隨著潛伏，一定在壬午日，不會超過它出現的那個月。」鄭國的裨竈對子產說：「宋、衛、陳、鄭四國將要同一天發生火災。如果我們用瓘斝玉瓚祭神，鄭國一定不發生火災。」子產不肯給。

吳國攻打楚國，陽匄做令尹，占卜戰爭的結果，不吉利。司馬子魚說：「我們地處上游，為什麼不吉利？而且楚國的慣例，由司馬在占卜前報告占卜的事情，我請求重新占卜。」於是，他報告說：「魴帶領部屬戰死，楚國的大軍跟上去，希望大獲全勝。」占卜戰爭，吉利。兩軍在長岸作戰，子魚先戰死，楚軍跟著上去，大敗吳軍，還奪到吳國的一條名叫餘皇的船。楚軍派隨國人和後來到達的人看守，環繞這條船挖深溝，一直挖到泉水，再用炭填滿，擺開陣勢，聽候命令。吳國的公子光向他的部眾提出要求，說：「丟掉先王的坐船，難道只是光的罪過，大家也有罪的。讓我們以全隊的力量去奪回來，以免一死。」大家答應了。他便派三個身高力壯的人去埋伏在船旁邊，說：「我喊餘皇，你們就回答。」軍隊乘夜色跟上去。他喊了三次，埋伏的人都交替回答。不料，楚國人也跟了上來，吳軍便把他們殺了。於是楚軍大亂，吳軍大敗楚軍，奪取了餘皇回去。

【說明】本年傳歷敘了魯、晉、吳、楚諸國的幾件事。魯國執政季平子弗聽昭子提醒，不准祝史所請，拒絕為日食舉行祭祀。事後昭子點穿他「有異志」，預示了魯國未來的政局變化。

郯子來魯朝見，非常翔實地說明遠古以鳥命官的典制，孔子感歎「天子失官，官學在四夷」。從「學在官府」到「學在四夷」，正是周朝舊貴族的文化專制統治權的轉移。它是政治演變的結果。

在這樣的形勢下，各國統治者爭奪領土的戰爭仍在不斷進行，晉國滅了陸渾，吳國攻打楚國。

彗星出現了，鄭裨竈預言宋、衛、陳、鄭將同時發生火災，請求用玉器祭神，但子產不肯給。這表現了他對天道懷疑的理性態度。

十八年

丁丑，西元前五二四年。周景王二十一年、齊景二十四年、晉頃二年、秦哀十三年、楚平五年、宋元八年、衛靈十一年、陳惠六年、蔡平六年、曹平四年、鄭定六年、燕共五年、吳僚三年、杞平十二年、許悼二十五年。

經 十有八年春王三月，曹伯須卒。

夏五月壬午，宋、衛、陳、鄭災。

六月，邾人入鄅。

秋，葬曹平公。

冬，許遷于白羽。

傳 十八年春王二月乙卯，周毛得殺毛伯過，而代之。萇弘曰：「毛得必亡。是昆吾稔之日❶也，侈故之以❷。而毛得以濟侈於王都，不亡，何待？」

三月，曹平公卒。

夏五月，火始昏見❸。丙子，風。梓慎曰：「是謂融風，火之始也；七日，其火作乎！」戊寅，風甚。壬午，大甚。宋、衛、陳、鄭皆火。梓慎登大庭氏之庫❹以望之，曰：「宋、衛、陳、鄭也。」數日皆來告火。裨竈曰：「不用吾言，鄭又將火。」鄭人請用之，子產不可。子大叔曰：「寶以保民也，若有火，國幾亡❺。可以救亡，子何愛焉？」子產曰：「天道遠，人道邇，非所及也，何以知之？竈焉知天道？是亦多言矣，豈不或信？」遂不與。亦不復火。

鄭之未災也，里析❻告子產曰：「將有大祥❼，民震動，國幾亡。吾身泯❽焉，弗良及也。國遷❾，其可乎？」子產曰：「雖可，吾不足以定遷矣。」及火，里析死矣。未葬，子產使輿三十人❿遷其柩。

火作，子產辭晉公子、公孫于東門⓫，使司寇出新客⓬，禁舊客勿出於宮。使子寬、子上巡羣屏攝，至于大宮⓭。使公孫登徙大龜，使祝史徙主祏於周廟⓮，告於先君。使府人、庫人⓯各儆⓰其事。商成公儆司宮，出舊宮人⓱，寘諸火所不及。司馬、司寇列居火道⓲，行火所焮⓳。城下之人伍列登城。明日，使野司寇各保其徵⓴，郊人㉑助祝史，除於國北，禳火于玄冥、回祿㉒，祈于四鄘㉓。書焚室㉔而寬其征㉕，與之材㉖。三日哭，國不市。使行人告於諸侯。宋、衛皆如是。陳不救火，許不弔災，君子是以知陳、許之先亡也。

六月，鄅人藉稻㉗，邾人襲㉘鄅。鄅人將閉門，邾人羊羅攝其首㉙焉，遂入之，盡俘以歸。鄅子曰：「余無歸矣。」從帑㉚於邾，邾莊公反鄅夫人，而舍其女。

秋，葬曹平公。往者見周原伯魯焉，與之語，不說學㉛。歸以語閔子馬。閔子馬曰：「周其亂乎！夫必多有是說，而後及其大人。大夫患失而惑㉜，又曰：『可以無學，無學不害。』不害而不學，則苟㉝而可，於是乎下陵上替㉞，能無亂乎？夫學，殖也。不學將落，原氏其亡乎！」

七月，鄭子產為火故，大為社㉟，祓禳㊱於四方，振除㊲火災，禮也。乃簡兵㊳大蒐，將為蒐除㊴。子大叔之廟㊵在道南，其寢㊶在道北，其庭小，過期三日，使除徒陳於道南廟北，曰：「子產過女，而命速除，乃毀於而鄉㊷。」子產朝，過而怒之。除者南毀。子產及衝，使從者止之，曰：「毀於北方㊸。」

火之作也，子產授兵登陴㊹。子大叔曰：「晉無乃討乎？」子產曰：「吾聞之，小國忘守則危，況有災乎？國之不可小，有備故也。」既，晉之邊吏讓鄭曰：「鄭國有災，晉君、大夫不敢寧居，卜筮走望，不愛牲玉。鄭之有災，寡君之憂也。今執事撊然㊺授兵登陴，將以誰罪？邊人恐懼，不敢不告。」子產對曰：「若吾子之言，敝邑之災，君之憂也。敝邑失政㊻，天降之災，又懼讒慝之間謀之，以啟貪人，荐為敝邑不利，以重君之憂。幸而不亡，猶可說也；不幸而亡，君雖憂之，亦無及也。鄭有他竟㊼，望走在晉。既事晉矣，其敢有二心？」

楚左尹王子勝言於楚子曰：「許於鄭，仇敵也，而居楚地，以不禮於鄭㊽。晉、鄭方睦，鄭若伐許，而晉助之，楚喪地矣。君盍遷許。許不專於楚，鄭方有令政，許曰：『余舊國也。』鄭曰：『余俘邑㊾也。』葉在楚國，方城外之蔽也。土不可易㊿，國不可小(51)，許不可俘，讎不可啟，君其圖之！」楚子說。冬，楚子使王子勝遷許於析(52)，實白羽。

【注釋】❶昆吾稔之日　這一天是昆吾惡貫滿盈的日子。暴君夏桀死於「乙卯」日，昆吾保衛夏桀，同日死，惡貫滿盈。在昆吾滅亡的「乙卯」，毛得殺死毛伯過，毛得也會惡貫滿盈的。杜注：「稔，熟也，侈惡積熟。」即惡貫滿盈。❷侈故之以　即「以侈之故」倒裝句。侈，驕橫。❸昏見　在黃昏出現。見，同「現」。❹大庭氏之庫　大庭是古國名，故址在魯國首都城內，魯國在該處興建高大的庫房，因其地高顯，故梓慎登以望氣。❺若有火國幾亡　如果又起火災，國家將近滅亡。有，同「又」。幾，將近；接近。❻里析　鄭大夫。❼大祥　天象中較大的變異之氣。此處當作重大災變解。❽泯　滅也，此處指「死亡」。❾國遷　國都搬遷。❿使輿三十人　輿，役徒。人，量詞。個。⓫辭晉公子公孫于東門　辭，道別時的解說並致歉。晉在鄭西，而「辭」於東門，蓋東門為繁華區，道路平易。⓬出新客　出。動詞，送走；送出。⓭巡羣屏攝至于大宮　屏攝，祭祀之位。大宮，鄭國祖廟。巡視宗廟，不得使火及之。⓮徙主祏於周廟　祏，廟主石函。周廟，周厲王廟。有火災故合羣主於祖廟，易救護。⓯府人庫人　府，謂寶藏貨賄之處。庫，謂車馬兵甲之處。府人庫人，是指二處掌管之人。⓰儆　使人警醒，不犯過錯。⓱舊宮人　先公宮女。⓲列居火道　排列在火燒的路上（一則救火，一則防盜）。⓳行火所焮　火燒處行而救助之。焮，燒；灼。⓴各保其徵　使所徵集來的人役不散。㉑郊人　即是郊內鄉的長官。㉒禳火于玄冥回祿　禳火，免除災殃之祀。玄冥，水神。回祿，火神。禳是祭祀這兩位神。㉓祈于四鄘　鄘，城也。城積土，陰氣所聚，故在各城門祭祀。㉔書焚室　登記被燒房屋。㉕寬其征　減免其賦稅。㉖與之材　給與築室的材料。㉗鄅人藉稻　鄅人即鄅君；藉稻即巡行踏勘其藉田以督農夫耕種。鄅，國名。今山東省臨沂市北十五里，有開陽城。㉘襲　乘人不備而攻擊。㉙攝其首　提著他的人頭。攝，持。㉚帑　妻子兒女。㉛不說學　不愛學習。說，同「悅」。㉜患失而惑　擔心失去官位而不明事理。惑，不明事理。㉝苟　馬虎隨便。㉞下陵上替　下級凌駕於上，上級廢弛放任。陵，凌通假，凌駕。替，廢也；惰也；弛也。㉟大為社　大肆建土地廟。社，土地神；土地神廟。㊱祓禳　祓，古代為除災求福而舉行的祭祀活動。禳，古代以祭禱消除災禍的活動。祓禳，同義詞連用，祭神消災的意思。㊲振除　救治。指救災荒，安民生。㊳簡兵　精選車乘、徒兵。㊴為蒐除　為大檢閱而清除場地。㊵子大叔之廟　子大叔家的祖廟。㊶其寢　子大叔家的居室。㊷乃毀於而鄉　就朝你們面對的方向拆毀。而，你們。鄉，同「向」。即拆毀除徒面對的子大叔的家廟。㊸毀於北方　指拆除位於北方的子大叔的家庭住房。㊹授兵登陴　授兵，發下兵器。登陴，登城牆。陴，城垛子。㊺撊然　兇猛地。撊，威武、勤忿、狠猛的樣子。㊻失政　政事有過失。㊼竟　同「境」。邊境；國土。㊽以不禮於鄭　以，因此；由此。不禮於鄭，對鄭無禮。㊾俘邑　戰勝奪來的城邑。㊿土不可易　易，輕易；輕視；看輕。(51)國不可小　國家不可小看。(52)析　故城在河南內鄉縣西北。

【語　譯】魯昭公十八年春周曆二月十五日，周朝的毛得殺了毛伯過，取代了他。萇弘說：「毛得必然逃亡。這一天正好是昆吾惡貫滿盈的日子，這是由於驕縱的緣故。而毛得在天子的都城以驕縱成事，不逃亡，還等待什麼？」

三月，曹平公死。

同年夏五月，大火星開始在黃昏出現。初七日，刮風。梓慎說：「這就叫做融風，是火災的開始；七天以後，恐怕要發生火災了吧！」初九日，風刮得厲害。十四日，更加厲害。宋國、衛國、陳國、鄭國都發生火災。梓慎登上大庭氏的庫房遠望，說：「這是在宋國、衛國、陳國、鄭國。」幾天以後四國都來報告火災。裨竈說：「不採納我的話，鄭國還要發生火災。」鄭國人要求採納他的話，子產不同意。子大叔說：「寶物是用來保護百姓的。如果又起火災，國家差不多會滅亡。可以挽救滅亡，您愛惜它幹什麼？」子產說：「天道悠遠，人道切近，兩不相關，怎能由天道而知人道？竈哪裏懂得天道？這個人的話講多了，難道不會偶爾說中？」就不給瓘斝玉瓚。後來也沒有再發生火災。

鄭國還沒有發生火災時，里析告訴子產說：「將要發生大的變異，百姓震動不安，國家將近滅亡。那時我本人已經死亡，趕不上了。遷都，可以嗎？」子產說：「即使可以，我一個人也不足以決定。」等到發生火災，里析已經死了，沒有下葬，子產派賤役三十個搬走了他的棺材。

火災發生，子產在東門辭退了晉國的公子、公孫，派司寇把新來的客人送出去，制止早已來的客人走出賓館的大門。派子寬、子上巡察許多祭祀處所，直至祖廟。派公孫登遷走大龜，派祝史遷走宗廟裏安放神主的石匣到周廟，向先君禱告。派府人、庫人各自戒備所管的範圍。派商成公命令司宮戒備，遷出先公的宮女，安置在火燒不到的地方。司馬、司寇排列在火燒道上，到處救火。城下的人列隊登城。第二天，派野司寇各自約束他們所徵發的徒役，郊人幫助祝史在國都北面清除地面堆築祭壇，向水神、火神祭禱消滅火災，又在四城祈禱。記下被燒的房舍，寬免他們的賦稅，發給他們造房的材料。號哭三天，停止開放國都中的市場。派行人向諸侯報告。宋國和衛國也都這樣。陳國不救火，許國不慰問火災，君子因此而知道陳國、許國將先被滅亡。

六月，鄅國國君巡視藉田，邾國軍隊襲擊鄅國。一個鄅國人將要關上城門，邾國人羊羅把他的腦袋砍下，用手提著，就進入鄅國，把百姓全都俘虜回去。鄅子說：「我沒有地方可以回去了。」跟隨他的妻子兒女到了邾國，邾莊公歸還了他的夫人，而留下了他的女兒。

同年秋天，安葬曹平公。去參加葬禮的人見到周朝的原伯魯，跟他說話，發現他不愛學習。回去把情況告訴閔子馬。閔子馬說：「周朝恐怕要發生動亂了吧！一定先流行了這種說法，然後才影響到當權的人。大夫們擔心丟掉官位而不明事理，又說：『可以不學習，不學習沒有壞處。』認為沒有壞處而不學習，就得過且過，因此就下級淩駕上級，上級廢馳放任，這樣能不發生動亂嗎？學習，如同種植，不學習就要墮落，原氏恐怕要滅亡了吧！」

七月，鄭國子產為了火災的緣故，大建土地廟，祭四方之神祈求消災，救治災荒濟助難民，這是合於禮的。於是精選車乘、徒兵舉行盛大檢閱，將要進行清除場地。子大叔的家廟在路的南邊，住房在路的北邊，兩處的庭院都很狹小，超過期限三天，他讓清除場地的徒卒排列在路南廟北，說：「子產經過你們這裏時，就下命令趕快清除，要向你們面對的方向動手拆除。」後來子產上朝，經過這裏就發了怒，清除的人趕快往南毀廟。子產走到十字路口，派跟隨的人制止他們，說：「向北方動手拆除。」

火災發生的時候，子產分發武器登上城牆。子大叔說：「晉國恐怕要來討伐吧？」子產說：「我聽說，小國忘記守禦就危險，何況有火災呢？國家的不能被輕視，就因為有防備。」不久，晉國的邊防官吏責備鄭國說：「鄭國有了火災，晉國的國君、大夫不敢安居，占卜占筮、奔走四處，遍祭名山大川，不敢愛惜犧牲玉帛。鄭國有火災，是寡君的憂慮。現在您凶猛地分發兵器登上城牆，打算辦誰的罪呀？邊境上的人害怕，不敢不報告。」子產回答說：「像您所說的那樣，敝邑的火災，是君王的憂慮。敝邑的政事有過失，上天降下火災，又害怕邪惡的人乘機打敝邑的主意，以引誘貪婪的人，再次對敝邑不利，以加重君王的憂慮。幸而不被滅亡，還可以解釋；不幸而被滅亡，君王雖然為敝邑憂慮，也是來不及了。鄭國如果遭到別國的攻擊，只有指望和投奔晉國。已經事奉了晉國，豈敢有三心二意？」

楚國的左尹王子勝對楚王說：「許國對於鄭國，是仇敵，而住在楚國的土地上，由此對鄭國無禮。晉國和鄭國正在友好，鄭國如果攻打許國，而晉國幫助他們，楚國就喪失土地了。君王何不把許國遷走。許國不為楚國專有，鄭國正在推行好的政令。許國說：『那裏是我們原來的都城。』鄭國說：『那裏是我們戰勝奪來的城邑。』葉地在楚國，是方城山外邊的屏障。土地不能輕視，國家不能小看，許國不能俘虜，仇恨不能挑起，君王還是盤算一下。」楚王高興了。冬天，派王子勝把許國遷移到析地，就是原來的白羽。

【說　明】本年傳重點記敘鄭子產全力以赴組織全國救災的事跡，表現了子產輕天道而重人事的天道觀、傑出的國防、外交和政治管理才能。

當禆竈再次預言火災並請求祭祀時，子產再次拒絕，說：「天道遠，人道近」，兩不相關。在那有事必占的迷信年代，這是石破天驚之語。

而當火災發生時，子產全面、周密、井井有條地組織人馬，布置任務：遷柩、出客、巡宮、徙神主、警府庫等等。作者以洗鍊之筆墨，寫得繁而不雜，井然有序。

子產在救災的同時，立即派兵加強邊防戰備，防止趁火打劫。面對晉國的責問，子產作了巧妙的回答。這一部分，從內政、外交到國防，全面展示了子產精明練達的才幹。

此外，作者也要言不煩地交代了周毛得殺毛伯過取而代之、郳人襲鄅，盡俘其民而亡其國及楚國遷許於析諸事。還插寫了周朝原伯魯不愛學習，作者以閔子馬的話批判了「不學習沒壞處」的流行說法，預言統治階層不學習，就會出現下級凌駕於上，上級怠惰廢弛而導致動亂。這是對胸無大志、不思振作的統治階級的暮鼓晨鐘。

十九年

戊寅，西元前五二三年。周景王二十二年、齊景二十五年、晉頃三年、秦哀十四年、楚平六年、宋元九年、衛靈十二年、陳惠七年、蔡平七年、曹悼公午元年、鄭定七年、燕平公元年、吳僚四年、許悼二十六年。

經 十有九年春，宋公伐邾。

夏五月戊辰，許世子止弒其君買。

己卯，地震。

秋，齊高發帥師伐莒。

冬，葬許悼公。

傳 十九年春，楚工尹赤遷陰于下陰❶，令尹子瑕城郟❷。叔孫昭子曰：「楚不在諸侯矣，其僅自完也❸，以持其世❹而已。」

楚子之在蔡也，郹陽❺封人❻之女奔之❼，生大子建。及即位，使伍奢❽為之師，費無極為少師，無寵焉，欲譖諸王，曰：「建可室❾矣。」王為之聘於秦，無極與逆，勸王取之。正月，楚夫人❿嬴氏至自秦。

鄅夫人，宋向戌之女也，故向寧請師⓫。二月，宋公伐邾，圍蟲⓬。三月，取之，乃盡歸鄅俘⓭。

夏，許悼公瘧。五月戊辰，飲大子止之藥卒。大子奔晉。書曰「弒其君」。君子曰：「盡心力以事君，舍藥物可也。」

邾人、郳人、徐人會宋公。乙亥，同盟于蟲。

楚子為舟師⓮以伐濮⓯。費無極言於楚子曰：「晉之伯也，邇於諸夏；而楚辟陋，故弗能與爭。若大城城父⓰，而寘大子⓱焉，以通北方，王收南方，是得天下也。」王說，從之。故大子建居于城父。

今尹子瑕聘于秦，拜夫人[18]也。

秋，齊高發帥師伐莒，莒子奔紀鄣[19]。使孫書[20]伐之。初，莒有婦人，莒子殺其夫，已為嫠婦[21]。及老，託[22]於紀鄣，紡焉以度而去之。及師至，則投諸外[23]。或獻諸子占，子占使師夜縋而登[24]。登者六十人，縋絕。師鼓譟[25]，城上之人亦譟。莒共公懼，啟西門而出。七月丙子，齊師入紀。

是歲也，鄭駟偃卒。子游[26]娶於晉大夫，生絲，弱[27]，其父兄立子瑕[28]。子產憎其為人也，且以為不順[29]，弗許，亦弗止[30]。駟氏聳[31]。他日，絲以告其舅。冬，晉人使以幣如鄭，問駟乞之立故[32]。駟氏懼，駟乞欲逃，子產弗遣[33]；請龜以卜，亦弗予。大夫謀對，子產不待而對客曰：「鄭國不天[34]，寡君之二三臣札瘥夭昏[35]。今又喪我先[36]大夫偃。其子幼弱，其一二父兄懼隊宗主[37]，私族於謀，而立長親[38]。寡君與其二三老曰：『抑天實剝亂是[39]，吾何知焉？』諺曰：『無過亂門[40]。』民有亂兵，猶憚過之，而況敢知天之所亂[41]？今大夫將問其故，抑寡君實不敢知，其誰實知之？平丘之會，君尋舊盟曰：『無或失職！』若寡君之二三臣，其即世者，晉大夫而專制其位，是晉之縣鄙也，何國之為？」辭客幣而報其使[42]，晉人舍之。

楚人城州來㊸，沈尹戌㊹曰：「楚人必敗。昔吳滅州來，子旗請伐之。王曰：『吾未撫吾民。』今亦如之，而城州來以挑吳，能無敗乎？」侍者曰：「王施舍不倦，息民五年，可謂撫之矣。」戌曰：「吾聞撫民者，節用於內，而樹德於外，民樂其性㊺，而無寇讎㊻。今宮室無量㊼，民人日駭㊽，勞罷死轉㊾，忘寢與食，非撫之也。」

鄭大水，龍鬭于時門之外洧淵㊿，國人請為禜(51)焉。子產弗許，曰：「我鬭，龍不我覿(52)也；龍鬭，我獨何覿焉？禳之，則彼其室也。吾無求於龍，龍亦無求於我。」乃止也。

令尹子瑕言蹶由(53)於楚子，曰：「彼何罪？諺所謂『室於怒市於色(54)』者，楚之謂矣。舍前之忿可也。」乃歸蹶由。

【注釋】❶遷陰于下陰　把陰戎遷到下陰地方。下陰，今湖北光化縣西，漢水北岸。❷城郟　在郟地築城。郟，今三門峽市西舊郟縣。❸僅自完也　遷陰戎，築郟城，都是防禦性措施。自完，保全自己。❹持其世　維持他的世代。持，守；保。❺鄖陽　春秋蔡地，今河南省新蔡縣境。❻封人　邊疆地區之長官。❼奔之　娶女不依禮，曰奔，猶近代私奔。❽伍奢　伍舉的兒子，伍員（音云）之父。❾可室　室，名詞作動詞，意為「娶妻」。❿楚夫人　兒媳不稱夫人，楚王自己要她，稱之為「夫人」。⓫請師　請求出兵。⓬蟲　郳邑，今山東濟寧市境。⓭盡歸郳俘　全部歸還郳國被俘的人。⓮舟師　水軍。⓯濮　在今湖北石首縣境，楚國西南一帶之部落。杜注：「濮，南夷。」⓰大城城父　意思是在父城修一座大城，據江永說：「城父應作父城。」父城在寶豐縣東四十里。⑰寘大子　安置太子。⑱拜夫人　這是為了拜謝把夫人嫁給楚國。⑲奔紀鄣　逃奔紀鄣。紀鄣，莒邑，今江蘇贛榆縣北。⑳孫書　是陳無宇的兒子，字子占。㉑嫠婦　寡婦。㉒託　寄居。㉓投諸外　擲繩於城外。㉔縋而登　攀緣繩索登城。㉕師鼓譟　部隊擊鼓並大聲呼叫。㉖子游　即鄭駟偃。㉗生絲弱　生的兒子絲，年齡還幼少。㉘子瑕　為駟偃之弟駟乞，為絲的叔父。㉙不順　按春秋時的繼承常法，應立兒子。子產感到立弟不合當時常法，為不順。㉚弗許亦弗止　許之為違禮，止之為違眾，故中立。㉛聳　悚懼。㉜問駟乞之立故　詢問立駟乞的緣故（責問不立絲的理由）。㉝弗遣　不讓他走。㉞不天　不獲天福。㉟札瘥夭昏　札，因疫癘而死亡。瘥，因病而死亡。夭，短命而死。昏，泯；沒；死也。㊱先　古人稱已死的（多指長輩、上代）人，其前加一「先」字，如先父、先母、先大夫。㊲懼隊宗主　大夫之繼承人為一宗之主，害怕幼小的孩子不能繼承。隊，同「墜」。㊳長親　指駟乞，親子之年長者。㊴抑天實剝亂是　抑，或者。剝，即亂。剝亂，為同義詞連用。是，這種繼承常法。㊵無過亂門　不要走過禍亂人家的門口。㊶天之所亂　天降的禍亂。㊷辭客幣而報其使　辭絕帶來的財禮而優待那位來使。拒收其財禮，示拒絕其責問；報答來使，示禮待其人。㊸城州來　城，建城牆；築堡壘（城防，戰備）。㊹沈尹戌　楚莊王的曾孫，葉公諸梁的父親。㊺民樂其性　性，同「生」。生活。樂，動詞。以其生活為快樂。㊻無寇讎　寇，盜匪；侵略者。讎，同「仇」。仇敵。寇讎即仇敵。㊼宮室無量　宮室之規模沒有限度。㊽日駭　一天比一天驚慌畏懼。駭，驚懼。㊾勞罷死轉　勞累疲倦，屍體亂丟。死轉，死後屍體被拋棄。罷，同「疲」。㊿時門之外洧淵　時門是鄭都城門，據《讀史方輿紀要》：「洧水經密縣東北，入新鄭縣境會溱水，為雙洎河，即洧淵也。」洧淵，洧水流經密縣，過新鄭縣南之一深潭。(51)為禜　做禜祭。為，做；進行。禜，水旱癘疫等災，則祭山川之神，為禜祭。(52)覿　見。(53)蹶由　是吳王的弟弟。昭公五年，蹶由來楚營勞軍，楚靈王收押了他。(54)室於怒市於色　這是倒裝句。正句為「怒於室者色於市」。意思是「在家裏生了氣，就到街上去發洩」。杜注：「言靈王怒吳子而執其弟，猶人忿于室家而作色于市人。」

【語　譯】魯昭公十九年春，楚國的工尹赤把陰戎遷移到下陰；令尹子瑕在郟地築城。叔孫昭子說：「楚國的意圖已不在諸侯了，它僅僅是保自己，以維持它的世代而已。」

楚王在蔡國的時候，郹陽封人的女兒私奔到他那裏，生了太子建。等到即位，派伍奢做他的師傅，費無極做少師。費無極不受寵信，要向楚王誣陷太子〔以求得寵信〕，說：「建可以娶妻了。」楚王為太子在秦國行聘，費無極參加迎娶，勸楚王自己娶這個女子。正月，楚夫人嬴氏從秦國來到。

鄅夫人，是宋國向戌的女兒，所以向寧請求出兵。二月，宋公攻打邾國，包圍蟲地。三月，佔取蟲地，就把鄅國被俘的人全部放了回去。

同年夏，許悼公得了瘧疾。五月初五日，喝了太子止的藥就死了。太子逃亡到晉國。《春秋》記載說：「弒其君」，君子說：「盡心竭力事奉國君，不進藥物就可以了。」

邾人、郳人、徐人會見宋公。五月十二日，在蟲地一起結盟。

楚王用水軍攻打濮地南夷。費無極對楚王說：「晉國領袖諸侯，接近中原諸國；而楚國偏僻簡陋，所以不能和它爭奪。如果擴大城父的城牆，而把太子安置在那裏，用來和北方交通；君王收取南方，這就得到天下了。」楚王很高興，聽從了他。所以太子建住在城父。

令尹子瑕到秦國聘問，這是為了拜謝把夫人嫁給楚國。

秋，齊國的高發領兵攻打莒國，莒子逃亡到紀鄣，派孫書攻打紀鄣。起初，莒國有個女人，莒子殺了她丈夫，她就成了寡婦。等到年老，寄居在紀鄣，紡線搓繩，量了城牆的高度，然後收藏起來。等到齊軍來了，就把繩扔出去。有人把繩子獻給孫書，孫書派部隊在夜裏攀繩登城。登上城的有六十個人，繩子斷了。軍隊擊鼓吶喊，城上的人也吶喊，莒共公害怕，打開西門逃走。七月十四日，齊軍進入紀鄣。

這一年，鄭國的駟偃死了。駟偃在晉國的大夫那裏娶妻，生了絲，年幼。他的父輩兄輩立了駟乞做繼承人。子產討厭駟乞的為人，而且認為不合常規，不答應，也不制止。駟氏害怕。過了些日子，絲把情況告訴了他舅父。冬，晉國的大夫派人帶了財禮來到鄭國，詢問立駟乞的緣故。駟氏害怕，駟乞想要逃走，子產不讓他走；請求給龜甲占卜，也不給。大夫們商量如何回答晉國，子產不等他們商量好就回答客人說：「鄭國不能得到上天保祐，寡君的幾個臣下不幸夭折早死，現在又喪失了我們的先大夫偃。他的兒子年幼，他的一兩個父輩兄輩害怕斷絕宗主，和族人商量而立了年長的親子。寡君和他的幾個大夫說：『或者上天確實攪亂了這種繼承法，我能知道什麼呢？』俗話說：『不要走過禍亂人家的門口。』民間有亂兵之災，尚且害怕經過那裏，何況是與聞天降的禍亂？現在大夫將要詢問它的緣故，寡君確實不知道，還有誰知道？平丘的會上，君王重溫過去的盟約說：『不要有人失職！』如果寡君的幾個臣下，他們中間有去世的，晉國的大夫卻要專斷地干涉他們的繼承人，這是把我國當作晉國的邊境小縣了，還成什麼國家？」辭絕帶來的財禮而優待那位來使，晉國人就不再過問了。

楚國人在州來築城，沈尹戌說：「楚國人一定失敗。過去吳國滅亡州來，子旗請求攻打吳國。君王說：『我沒有安撫我的百姓。』現在像當年一樣，可又在州來築城去挑動吳國，能夠不失敗嗎？」侍者說：「君王施捨從不厭倦，讓百姓休息五年，可以說安撫他們了。」沈尹戌說：「我聽說安撫百姓，在國內要節約開支，在國外要樹立德行，百姓樂於生活，而沒有外敵和盜匪。現在宮室的規模沒有限度，百姓天天擔驚受怕，活著辛勞疲乏，死後沒人埋葬，忘掉了睡覺吃飯，這不是安撫他們。」

鄭國發生大水災，有龍在時門外邊的洧淵爭鬥，國內的人們請求舉行禳災求福的祭祀。子產不答應，說：「我們爭鬥，龍不看；龍爭鬥，我們為什麼獨獨去看呢？向它們祈禱，那裏是它們的居室，我們對龍沒有要求，龍對我們也沒有要求。」於是就制止了祭祀。

令尹子瑕對楚王講起蹶由說：「他有什麼罪？俗話所說『在家裏生氣而到大街上給人看臉色』，說的就是楚國了。可以丟開過去的憤恨了。」於是就把蹶由放回吳國。

【說　明】楚平王上臺後，逐漸喪失最初的銳氣，對外政策上僅謀自保而已。作者通過魯臣叔孫昭子之口，說楚國已無心爭霸，其遷陰戎、築郟城，都是防禦性的措施。在對內政策上，平王也因日漸昏庸而內政腐敗。作者通過沈尹戌的話予以揭露：「現在宮室無限度地擴建，百姓膽戰心驚，精疲力盡，死於溝壑。」一句話就把楚國人民的境況和平王的敗政揭露無遺。平王聽信陰險小人費無極的挑撥，不僅霸娶了太子建的夫人，還把太子建遣外駐守城父，激起父子矛盾，為內亂播下了火種。

齊國則乘楚、晉之鬆懈大肆討伐，攻佔莒國紀城。而主動幫助齊國攻城的是一個被莒君無端殺害了丈夫的莒國老婦人。這也從一個側面揭示了：統治者失國喪權正是他們的罪孽造成的。

晉國則仍以霸主自居，無理干涉小國的內政。鄭國鄭駟偃去世，他的父兄輩立其弟做繼承人而未立其弱子。於是晉國大夫派人赴鄭責問。子產雖然也不贊成駟氏的做法，但鄭國內部家事，晉國的大夫竟然專橫干涉，這是對鄭國國格及其獨立的蔑視，也是對平丘盟約的踐踏。他對晉國表示了義正辭嚴的譴責，捍衛了國家的尊嚴。

鄭國大水，發生了龍鬥現象，國人請求禜祭，子產不同意，認為龍與人類互不相干，「吾無求於龍，龍亦無求於我。」表現其一貫的理性態度。

二十年

乙卯，西元前五二二年。周景王二十三年、齊景二十六年、晉頃四年、秦哀十五年、楚平七年、宋元十年、衛靈十三年、陳惠八年、蔡平八年、曹悼二年、鄭定八年、燕平二年、吳僚五年、杞平十四年、許男斯元年。

經 二十年春王正月。

夏，曹公孫會自鄸出奔宋。

秋，盜殺衛侯之兄縶。

冬十月，宋華亥、向寧、華定出奔陳。

十有一月辛卯，蔡侯廬卒。

傳 二十年春王二月己丑日南至❶。梓慎望氛，曰：「今茲宋有亂，國幾亡，三年而後弭❷。蔡有大喪。」叔孫昭子曰：「然則戴、桓❸也。汏侈❹，無禮已甚，亂所在也。」

費無極言於楚子曰：「建與伍奢將以方城之外叛，自以為猶宋、鄭也❺，齊、晉又交輔之❻，將以害楚，其事集矣。」王信之，問伍奢。伍奢對曰：「君一過多矣，何信於讒？」王執伍奢，使城父司馬奮揚殺大子，未至，而使遣之。三月，大子建奔宋。王召奮揚，奮揚使城父人執己以至，王曰：「言出於余口，入於爾耳，誰告建也？」對曰：「臣告之。君王命臣曰：『事建如事余。』臣不佞，不能苟貳。奉初以還，不忍後命，故遣之。既而悔之，亦無及已。」王曰：「而敢來，何也？」對曰：「使而失命，召而不來，是再奸也，逃無所入。」王曰：「歸，從政如他日。」

無極曰：「奢之子材，若在吳，必憂楚國。盍以免其父召之，彼仁，必來。不然，將為患。」王使召之，曰：「來，吾免而父。」棠君尚❼謂其弟員曰：「爾適吳，我將歸死。吾知不逮❽，我能死，爾能報❾。聞免父之命，不可以莫之奔❿也；親戚為戮⓫，不可以莫之報也。奔死免父⓬，孝也；度功而行⓭，仁也；擇任而往⑭，知也；知死不辟⑮，勇也。父不可弃，名不可廢⑯，爾其勉之！相從為愈⑰。」伍尚歸。奢聞員不來，曰：「楚君、大夫其旰食乎⑱！」楚人皆殺之。

員如吳，言伐楚之利於州于⑲。公子光曰：「是宗為戮，而欲反其讎⑳，不可從也。」員曰：「彼將有他志㉑，余姑為之求士，而鄙以待之㉒。」乃見鱄設諸㉓焉，而耕於鄙。

宋元公無信多私，而惡華、向。華定、華亥與向寧謀曰：「亡愈於死㉔，先諸㉕？」華亥偽有疾，以誘羣公子。公子問之，則執之。夏六月丙申，殺公子寅、公子御戎、公子朱、公子固、公孫援、公孫丁，拘向勝、向行於其廩㉖。公如華氏請焉，弗許，遂劫之。癸卯，取大子欒與母弟辰、公子地㉗以為質。公亦取華亥之子無慼、向寧之子羅、華定之子啟，與華氏盟，以為質。

衛公孟縶狎齊豹㉘，奪之司寇與鄄㉙，有役則反之㉚，無則取之。公孟惡北宮喜、褚師圃，欲去之。公子朝通于襄夫人宣姜㉛，懼，而欲以作亂。故齊豹、北宮喜、褚師圃、公子朝作亂。

初，齊豹見宗魯㉜於公孟，為驂乘㉝焉，將作亂，而謂之曰：「公孟之不善，子所知也。勿與乘，吾將殺之。」對曰：「吾由子事公孟，子假吾名㉞焉，故不吾遠也。雖其不善，吾亦知之；抑以利故，不能去，是吾過也。今聞難而逃，是僭[35]子也。子行事乎，吾將死之，以周事子[36]，而歸死於公孟，其可也。」

丙辰，衛侯在平壽[37]。公孟有事於蓋獲之門外[38]，齊子氏帷[39]於門外，而伏甲焉。使祝鼃寘戈於車薪以當門。使一乘[40]從公孟以出；使華齊御公孟，宗魯驂乘。及閎中[41]，齊氏用戈擊公孟，宗魯以背蔽之，斷肱[42]，以中公孟之肩。皆殺之。

公聞亂，乘，驅自閱門入。慶比御公，公南楚驂乘。使華寅乘貳車[43]。及公宮，鴻駵魋[44]駟乘于公[45]。公載寶以出。褚師子申遇公于馬路之衢[46]，遂從。過齊氏，使華寅肉袒[47]，執蓋以當其闕。齊氏射公，中南楚之背，公遂出。寅閉郭門，踰[48]而從公。公如死鳥[49]。析朱鉏[50]宵從竇[51]出，徒行從公。

齊侯使公孫青[52]聘于衛。既出，聞衛亂，使請所聘[53]。公曰：「猶在竟內，則衛君也。」乃將事[54]焉，遂從諸死鳥。請將事。辭曰：「亡人不佞，失守社稷，越在草莽[55]，吾子無所辱君命。」賓曰：「寡君命下臣於朝曰：『阿下執事[56]。』臣不敢貳。」主人曰：「君若惠顧先君之好，照臨敝邑，鎮撫其社稷，則有宗祧[57]在。」乃止。衛侯固請見之。不獲命[58]，以其良馬見，為未致使[59]故也。衛侯以為乘馬[60]。賓將掫[61]，主人辭曰：「亡人之憂，不可以及吾子；草莽之中，不足以辱從者。敢辭。」賓曰：「寡君之下臣，君之牧圉也。若不獲扞外役[62]，是不有寡君也。臣懼不免於戾，請以除死。」親執鐸[63]，終夕與於燎[64]。

齊氏之宰渠子[65]召北宮子[66]。北宮氏之宰不與聞，謀殺渠子，遂伐齊氏，滅之。丁巳晦，公入，與北宮喜盟于彭水[67]之上。秋七月戊午朔，遂盟國人。八月辛亥，公子朝、褚師圃、子玉霄、子高魴出奔晉[68]。閏月戊辰，殺宣姜[69]。衛侯賜北宮喜諡[70]曰貞子，賜析朱鉏諡曰成子，而以齊氏之墓[71]予之。

衛侯告寧于齊，且言子石[72]。齊侯將飲酒，偏賜大夫曰：「二三子之教也。」苑何忌[73]辭，曰：「與於青之賞，必及于其罰。在〈康誥〉曰：父子兄弟，罪不相及。況在羣臣？臣敢貪君賜以干先王？」

琴張[74]聞宗魯死，將往弔之。仲尼曰：「齊豹之盜，而孟縶之賊，女何弔焉[75]？君子不食姦[76]，不受亂[77]，不為利疚於回[78]，不以回待人，不蓋不義[79]，不犯非禮。」

宋華、向之亂，公子城、公孫忌、樂舍、司馬彊、向宜、向鄭、楚建、郳甲[80]出奔鄭。其徒與華氏戰于鬼閻[81]，敗子城。子城適[82]晉。

華亥與其妻，必盥而食所質公子者而後食。公與夫人每日必適華氏，食公子而後歸。華亥患之，欲歸公子。向寧曰：「唯不信，故質其子。若又歸之，死無日矣。」公請於華費遂(83)，將攻華氏。對曰：「臣不敢愛死，無乃求去憂而滋長乎！臣是以懼，敢不聽命？」公曰：「子死亡有命(84)，余不忍其詢(85)。」冬十月，公殺華、向之質而攻之。戊辰，華、向奔陳，華登(86)奔吳。向寧欲殺大子，華亥曰：「干君而出，又殺其子，其誰納我？且歸之有庸(87)。」使少司寇牼以歸(88)，曰：「子之齒長矣，不能事人。以三公子為質，必免。」公子既入，華牼將自門行。公遽(89)見之，執其手，曰：「余知而無罪也，入，復而所(90)。」

【注釋】❶日南至　冬至。❷弭　止，亂平息。❸戴桓　戴族（華氏）桓族（向氏）。❹汰侈　驕傲凌人。❺猶宋鄭也　如同宋、鄭，自成一國。❻交輔之　交，同。輔，助。之，代他們。❼棠君尚　伍奢長子伍尚，棠邑的封君。❽知不逮　才智不及（其弟伍員）。知，同「智」。❾報　謂報殺父之仇。❿莫之奔　莫，沒有誰（人）。奔，趕回去救父。⓫親戚為戮　親人被殺戮。親戚一詞，古有多義，可譯「親人」。為戮，被殺；被人殺。⓬奔死免父　冒死回去爭取赦免父親。⓭度功而行　考慮報仇成敗而後行動。杜注：「仁者貴成功。」⓮擇任而往　選擇復仇重任而往吳國。⓯知死不辟　伍尚自知往則必死而仍往。辟，同「避」。不辟即不避開。⓰名不可廢　兄弟都回去就死，父子身敗名裂；伍氏家族之威名聲望，將被敗壞。⓱相從為愈　聽從我的話為好。愈，勝；好。⓲其旰食乎　旰，晚。說楚國君臣將有吳來之憂患（伍員奔吳）不得早食。⓳州于　吳王僚的名字。⓴欲反其讎　想報他的私仇。反讎，報仇。(21)彼將有他志　杜注：「光欲弒僚，不利員用事，故破其謀，而員亦知之。」他志，指公子光欲弒僚。(22)鄙以待之　退處於野以待時機。(23)鱄設諸　鱄，也可寫專，因此也可稱「專諸」，他是吳國有名的勇士，曾為公子光刺殺吳王僚。(24)亡愈於死　逃走勝過死亡。(25)先諸　杜注：「恐元公殺己欲先作亂。」(26)廩　穀倉。(27)大子欒母弟辰公子地　太子欒是宋景公，母弟辰、公子地都是宋元公的弟弟。(28)衛公孟縶狎齊豹　公孟縶是靈公的哥哥，齊豹是齊惡的兒子。狎，接近而態度不莊重，輕忽怠慢齊豹。(29)奪之司寇與鄄　之，其；他的。司寇，職位。鄄，城邑，在今山東鄄城縣。(30)有役則反之　役，需要服役。反，還；把官位與鄄邑退還。(31)宣姜　是衛靈公的嫡母。(32)見宗魯見，推薦也；介紹也。(33)為驂乘　為公孟驂乘。鄭注：「人君之車必使勇士衣甲居右而參乘，備非常焉。」宗魯為公孟驂乘，亦是取其有勇力。(34)假吾名　給我以好名，即為我宣揚、吹噓。(35)僭　不誠實。(36)以周事子　事奉你到底──使殺公孟之事成功。周，猶終也。(37)平壽　在今河北省濮陽縣。(38)有事於蓋獲之門外　有事，祭也。蓋獲，街郭門，在今河北省濮陽縣境。(39)帷　帳幕。作動詞。設置帷幕。(40)一乘　古代的車乘，是四馬拉一輛車。(41)閎中　閎，曲門。因視竈以薪車當大門，故從曲門中出來。(42)肱　胳膊。(43)貳車　指副車。(44)鴻駵魋　大鴻氏之後代。(45)駟乘于公　駟，本指四馬車。杜注：「鴻駵魋復就公車，一車四人。」(46)衢　四通八達的大路。(47)肉袒　脫去上衣，露出部分身體，示不敢與齊氏爭。(48)踰　越過。「踰廓出」，郭門已閉，從門上跳出來。(49)死鳥　是郭門外東向適齊之地。在今河北省濮陽東南門外。(50)析朱鉏　成子，是黑背的孫子。(51)竇　孔；洞。可能是城牆上的排水洞。(52)公孫青　是齊頃公的孫子。(53)請所聘　向國君請示聘衛之事（回國？赴衛？向誰聘問）。(54)將事　行聘事。(55)越在草莽　越，墜落。草莽，草叢。(56)阿下執事　阿下，親附而卑之。執事，指衛侯。(57)宗祧　言受聘當在宗廟。(58)不獲命　衛侯欲以私交會見公孫青，公孫青不敢當辭，君不許為「不獲命」。(59)未致使　即未行聘禮致使命。(60)以為乘馬　乘馬，駕乘之馬。杜注：「喜其敬己，故貴其物。」(61)掫　巡夜打更。(62)扞外役　在外邊警戒的差使。扞，扞衛；保護。(63)鐸　大鈴，古時用於宣布政令或戰爭時用之。(64)與於燎　參加看守火燎以警戒守夜。燎，照明的火炬、火堆。與，參與。(65)渠子　衛國齊豹之家宰。(66)北宮子　即北宮喜，其家宰滅齊豹家。(67)彭水　在衛都，今已無存。(68)出奔晉　公子朝、褚師圃、子玉霄、子高魴皆齊氏黨，故出奔晉。(69)殺宣姜　襄夫人，因向與公子朝私通，同謀，故殺之。(70)諡死後以其行蹟易名為諡。(71)墓　皆死而賜諡及墓田。(72)子石　即公孫青。(73)苑何忌　齊大夫，言青若有罪，亦當受其罰，故辭，不受賜酒。(74)琴張　是孔子的弟子，又名琴牢，號子開。(75)女何弔焉　杜注：「言齊豹所以為盜，孟縶所以見賊，皆由宗魯。」故不宜弔。(76)食姦　公孟不善而受其祿，是食姦。(77)受亂　許豹行事，是受亂。(78)不為利疚於回　杜注：「疚，病；回，邪也。以利不能去，是病身於邪。」(79)不蓋不義　蓋，即掩蓋。齊豹殺公孟，不義也；而宗魯不洩其陰，是蓋不義也。(80)公子城句　公子城，宋平公的兒子。樂舍，樂喜的兒子。向宜、向鄭二人，都是向戌的兒子。楚建，指楚太子建，亡命到宋國。郳甲，是小邾穆公的兒子。(81)鬼閻　據《寰宇記》，今河南西華縣東北三十里，有閻倉亭，或即其地。(82)適　往；到。(83)華費遂　大司馬華氏的同族。(84)子死亡有命　「子」指太子欒及其弟公子辰、公子地。(85)詢　恥。(86)華登　華費遂的兒子。(87)庸　功。(88)使少司寇牼以歸　派少司寇牼帶三公子回去。(89)遽　急。(90)復而所　而，你。所，所居官。

【語譯】魯昭公二十年春周曆二月初一日，冬至。梓慎望氣，說：「今年宋國有動亂，國家幾乎滅亡，三年以後才平定。蔡國有大的喪事。」叔孫昭子說：「這就是戴、桓兩族了。他們驕傲凌人，無禮到了極點，動亂發生在他們那裏。」

費無極對楚王說：「太子建和伍奢打算領著方城山外的人背叛，自以為如同宋國、鄭國一樣，齊國、晉國又一起輔助他們，將會危害楚國，這事情快成功了。」楚王相信了這些話，質問伍奢。伍奢回答說：「君王有了一次過錯已經很嚴重了，為什麼還要聽信誣諂？」楚王逮了伍奢，派城父司馬奮揚去殺太子。奮揚沒有到達那裏時，先派人通知太子逃走。三月，太子建逃亡到宋國。楚王召回奮揚，奮揚讓城父大夫逮捕自己回到郢都。楚王說：「話從我的嘴裏說出，進到你的耳朵裏，誰告訴建的？」奮揚回答說：「下臣告訴他的。君王曾命令我說：『事奉建要像事奉我一樣。』下臣沒有才智，不能苟且馬虎，反覆無常。奉了起初的命令去事奉太子，就不忍執行後來的命令，所以打發他出走。不久我就後悔，已來不及了。」楚王說：「你敢回來，為什麼？」奮揚回答說：「被派遣而沒有完成使命，召回我又不回來，這是再次違背命令；逃走也沒有地方可去。」楚王說：「回城父去，還像過去一樣做官。」

無極說：「伍奢的兒子有才能，如果在吳國，一定要使楚國擔憂，何不用赦免他們父親的辦法召回他們。他們仁愛，一定回來。否則將成禍患。」楚王派人召回他們，說：「回來，我赦免你們的父親。」棠邑大夫伍尚對他的兄弟員說：「你去到吳國，我打算回去死。我的才智不如你，我能夠死，你能夠報仇。聽到赦免父親的命令，不能沒有人趕回去；親人被殺戮，不能沒有人報仇。冒死回去爭取赦免父親，這是孝。考慮報仇成敗而後行動，這是仁；選擇復仇重任而往吳國，這是智；明知去則必死而仍趕赴郢都，這是勇。父親的生死不能不顧，伍家的威名不能敗壞，你可要自勉努力啊！你我互不勉強為好。」伍尚回去了。伍奢聽說伍員不來，說：「楚國的國君、大夫恐怕不能準時吃飯了。」楚王把他們都殺了。

伍員去到吳國，向州于說明攻打楚國的利益。公子光說：「這個人的家族被殺戮，而要報私仇，不能聽他的。」伍員想：「他打算著別的念頭，我暫且為他尋求勇士，住在野外等著機會。」於是就推薦了鱄設諸，自己在野外種地。

宋元公沒有信用，私心很重，而討厭華氏、向氏。華定、華亥和向寧策劃說：「逃亡比死強，先下手吧？」華亥假裝有病，以引誘公子們；凡是公子去探病，就逮起來。夏六月初九日，殺死公子寅、公子御戎、公子朱、公子固、公孫援、公孫丁，把向勝、向行拘禁在穀倉裏。宋元公到華氏那裏去請求，華氏不答應，於是就劫持了他們。十六日，他們取得了太子欒和他的同母兄弟辰、公子地作為人質。元公也取得了華亥的兒子無慼、向寧的兒子羅、華定的兒子啟，和華氏結盟，把他們作為人質。

衛國的公孟縶輕慢齊豹，剝奪了他的司寇官職和食邑鄄地。需要服役就把官職、食邑還他，沒事就依舊奪取他的官職、食邑。公孟縶討厭北宮喜、褚師圃，想要去掉他們。公子朝和襄夫人宣姜私通，害怕，想乘機發動禍亂。所以齊豹、北宮喜、褚師圃、公子朝發動了叛亂。

當初，齊豹把宗魯推薦給公孟縶，做了公孟縶的驂乘。齊豹將要發動叛亂，對宗魯說：「公孟縶這個人不好，是您所知道的，不要和他一起乘車，我將要殺死他。」宗魯回答說：「我由於您而事奉公孟縶，您給我吹噓，所以公孟縶才親近我。雖然他不好，我也知道；但是由於對自己有利，未能離開，這是我的過錯。現在聽到有禍難而逃走，這會使您的話沒有信用了。您辦您的事吧，我打算為此而死，以事奉您到底；回去死在公孟縶那裏，也許是可以的。」

六月二十九日，衛侯正在平壽，公孟縶在蓋獲之門外邊祭祀，齊子氏在門外挂起帷帳，在裏邊埋伏武裝兵士。派祝鼃把武器藏在柴草車上擋著城門，派一輛車跟著公孟縶出來；派華齊駕御公孟縶的坐車，宗魯做驂乘。到達曲門中，齊氏用戈敲公孟縶；宗魯用背部遮住公孟縶，折斷了胳膊，而公孟縶被擊中肩膀。齊氏把他倆一起殺死。

衛侯聽到動亂，坐上車子馳驅，從閱門進入國都。慶比駕車，公南楚做驂乘。派華寅乘坐副車。到達公宮，鴻駵魋又坐上衛侯的車子。衛侯裝載了寶物出來。褚師子申在馬路的十字路口遇到衛侯，就跟上去。經過齊氏那裏，讓華寅光著上身，拿著車蓋遮蔽空缺之處。齊氏用箭射衛侯，射中南楚的背，衛侯就逃出國都。

華寅關閉城門，跳出城牆跟隨衛侯。衛侯去到死鳥。析朱鉏夜裏從城牆的排水洞裏逃出，徒步跟隨衛侯。

齊侯派公孫青到衛國聘問。出了國境，聽到衛國的動亂，就派人回去請示關於聘問的事情。齊侯說：「衛侯還在國境之內，就是衛國的國君。」於是奉命行事，就跟著到了死鳥。公孫青請求行聘問之禮。衛侯辭謝說：「逃亡的人沒有才能，失守了國家，墜落在草莽之中，沒有地方可讓您執行君王的命令。」客人說：「寡君在朝廷上命令下臣說：『卑微地去親附執事。』下臣不敢違反君命。」主人說：「君王如果照顧到先王的友好，光臨敝邑，鎮定安撫我們的國家，那麼有宗廟在那裏。」公孫青就停止了聘問。衛侯堅持以客禮見面。公孫青推辭不了，用他的好馬作為進見禮物，這是由於沒有執行使命的緣故。衛侯把公孫青餽送的馬作為駕車的好馬。客人打算夜間參加巡夜打更，主人辭謝說：「逃亡者的憂慮，不能落到您身上；草莽之中，不足以勞動您。謹表辭謝。」客人說：「寡君的下臣，就是君王牧牛放馬人。如果得不到警戒外面的差使，就是我心目中沒有寡君。下臣害怕不能免罪，請求以此免死。」就親自拿著大鈴，整晚和衛國的巡夜人在一起。

齊氏的家臣頭子渠子召見北宮喜。北宮喜的家臣頭子不讓他知道，策劃殺死了渠子，並乘機攻打齊氏，滅了他們。六月三十日，衛侯進入國都，和北宮喜在彭水邊上結盟。秋七月初一，就和國內的人盟誓。八月二十五日，公子朝、褚師圃、子玉霄、子高魴逃亡到晉國。閏八月十二日，殺死宣姜。衛侯賜給北宮喜的謚號叫貞子，賜給析朱鉏的謚號叫成子，而把齊氏的墓地給了他們。

衛侯向齊國報告國內安定，同時述說公孫青的有禮。齊侯將要喝酒，把酒普遍賞賜給大夫們，說：「這是諸位的教導。」苑何忌辭謝不喝，說：「參與了對青的受賞，也必然受到對他的責罰，在〈康誥〉上說，父子兄弟，罪過互不相干，何況在羣臣之間？下臣豈敢貪受君王的賞賜以干犯先王？」

琴張聽說宗魯死了，打算去弔唁。孔子說：「齊豹所以成為壞人，孟縶所以被害（都是由於他的緣故），你為什麼要去弔唁呢？君子不吃壞人的俸祿，不接受作亂的影響，不為了利而受到邪惡的腐蝕，不用邪惡對待人家，不掩蓋不義的事情，不做出非禮的行為。」

宋國華氏、向氏之亂，公子城、公孫忌、樂舍、司馬彊、向宜、向鄭、楚建、郳甲逃亡到鄭國。他們的黨羽和華氏在鬼閻作戰，華氏打敗子城，子城去到晉國。

華亥和他的妻子，一定要盥洗乾淨、伺候作為人質的公子吃完飯以後才吃飯。宋元公和夫人每天一定到華氏那裏，讓公子吃完飯以後才回去。華亥擔心這種情況，想要讓公子回去。向寧說：「正因為缺乏信用，所以把他的兒子作為人質。如果又讓他回去，我們的死亡就將到了。」宋元公向華費遂請求，打算攻打華氏。他回答說：「下臣不敢愛惜一死，只怕想要去掉憂慮反而滋長憂慮！我因此害怕，但豈敢不聽命令？」宋元公說：「孩子們死了是命中注定，我不忍他們受侮辱。」冬十月，宋元公殺了華氏、向氏的人質而攻打這兩家。十三日，華氏、向氏逃亡到陳國，華登逃亡到吳國。向寧想要殺死太子。華亥說：「觸犯了國君而出國，又殺他的兒子，還有誰會接納我們？而放他們回去倒還有功勞。」派少司寇牼帶著公子們回去，說：「您的年齡大了，不能再事奉別人。憑三個公子作為證明，一定可以免罪。」公子們進入國都，華牼將要從公門出去。宋元公急忙接見他，拉著他的手，說：「我知道你沒有罪，進來，恢復你的官職。」

【說　明】本年傳文記載了楚國、宋國、衛國的內亂，反映了各國統治集團的矛盾重重和相互間的血腥殘殺。這都是統治者的昏庸無道所造成的惡果。

楚平王寵信奸佞費無極濫殺無辜，伍奢父子的被殺，伍員的奔吳，為楚國的未來埋下了隱患。宋元公的「無信」、「多私」，導致了華氏等集團與王室間的殘酷屠殺。結果，兩敗俱傷，宋國日衰。衛靈公之兄公孟縶輕慢無禮，憑個人喜惡，專權自私；公子朝私通宣姜，道德敗壞，兩者勾結，釀成衛國大亂、血腥屠殺。

作者以一系列血淋淋的事實，形象地揭露了各國統治階層的腐敗、凶殘，舊統治秩序崩潰解體的過程。筆墨淋漓盡致，令人印象深刻。

傳 齊侯疥，遂痁❶，期❷而不瘳。諸侯之賓問疾者多在。梁丘據與裔款❸言於公曰：「吾事鬼神豐，於先君有加矣。今君疾病，為諸侯憂，是祝、史之罪也。諸侯不知，其謂我不敬，君盍誅於祝固、史嚚❹以辭賓？」公說，告晏子。晏子曰：「日宋之盟，屈建問范會之德於趙武。趙武曰：『夫子之家事治；言於晉國，竭情無私。其祝、史祭祀，陳信不愧；其家事無猜，其祝、史不祈❺。』建以語康王，康王曰：『神、人無怨，宜夫子之光輔五君❻以為諸侯主也。』」公曰：「據與款謂寡人能事鬼神，故欲誅于祝、史，子稱是語，何故？」對曰：「若有德之君，外內不廢❼，上下無怨❽，動無違事，其祝、史薦信，無愧心矣❾。是以鬼神用饗，國受其福，祝、史與焉。其所以蕃祉老壽❿者，為信君使也，其言忠信於鬼神。其適遇淫君，外內頗邪，上下怨疾，動作辟違，從欲厭私⓫，高臺深池，撞鍾舞女。斬刈民力，輸掠⓬其聚，以成其違，不恤後人。暴虐淫從，肆行非度，無所還忌⓭，不思謗讟，不憚鬼神。神怒民痛，無悛⓮於心。其祝、史薦信，是言罪也；其蓋失數美⓯，是矯誣也。進退無辭，則虛以求媚⓰。是以鬼神不饗其國以禍之，祝、史與焉。所以夭昏孤疾⓱者，為暴君使也，其言僭嫚⓲於鬼神。」公曰：「然則若之何？」對曰：「不可為也。山林之木，衡鹿守之；澤之萑蒲，舟鮫守之；藪之薪蒸，虞候守之；海之鹽、蜃，祈望守之⓳。縣鄙之人，入從其政；偪介之關[20]，暴征其私；承嗣大夫[21]，強易其賄。布常無藝[22]，徵斂無度；宮室日更，淫樂不違[23]。內寵之妾，肆奪於市[24]；外寵之臣，僭令於鄙。私欲養求[25]，不給則應。民人苦病，夫婦皆詛。祝有益也，詛亦有損。聊、攝以東，姑、尤以西，其為人也多矣。雖其善祝，豈能勝億兆人之詛？君若欲誅於祝、史，修德而後可。」公說，使有司寬政，毀關，去禁，薄斂，已責[26]。

十二月，齊侯田[27]于沛[28]，招虞人[29]以弓，不進。公使執之。辭曰：「昔我先君之田也，旃以招大夫，弓以招士，皮冠以招虞人。臣不見皮冠，故不敢進。」乃舍之。仲尼曰：「守道不如守官。」君子韙之。

齊侯至自田，晏子侍于遄臺[30]，子猶[31]馳而造焉。公曰：「唯據與我和夫[32]！」晏子對曰：「據亦同也，焉得為和？」公曰：「和與同異乎？」對曰：「異。和如羹焉，水、火、醯、醢[33]、鹽、梅，以烹魚肉，燀[34]之以薪，宰夫和之，齊之以味，濟其不及，以洩其過。君子食之，以平其心。君臣亦然。君所謂可而有否焉，臣獻其否以成其可；君所謂否而有可焉，臣獻其可以去其否，是以政平而不干，民無爭心。故《詩》曰：『亦有和羹，既戒既平。鬷嘏[35]無言，時靡有爭。』先王之濟五味[36]、和五聲也，以平其心，成其政也。聲亦如味，一氣，二體[37]，三類[38]，四物[39]，五聲[40]，六律[41]，七音[42]，八風[43]，九歌[44]，以相成也；清濁、大小，短長、疾徐，哀樂、剛柔，遲速、高下，出入、周疏，以相濟也。君子聽之，以平其心。心平，德和。故《詩》曰：『德音不瑕。』今據不然。君所謂可，據亦曰可；君所謂否，據亦曰否。若以水濟水，誰能食之？若琴瑟之專壹[45]，誰能聽之？同之不可也如是。」

飲酒樂。公曰：「古而無死，其樂若何！」晏子對曰：「古而無死，則古之樂也，君何得焉？昔爽鳩氏[46]始居此地，季萴[47]因之，有逢伯陵[48]因之，蒲姑氏[49]因之，而後大公因之。古若無死，爽鳩氏之樂，非君所願也。」

鄭子產有疾，謂子大叔曰：「我死，子必為政。唯有德者能以寬服民，其次莫如猛。夫火烈，民望而畏之，故鮮死焉；水懦弱，民狎而翫之[50]，則多死焉，故寬難[51]。」疾數月而卒。

大叔為政，不忍猛而寬。鄭國多盜，取人於萑苻之澤[52]。大叔悔之曰：「吾早從夫子[53]，不及此。」興徒兵以攻萑苻之盜，盡殺之，盜少止。

仲尼曰：「善哉！政寬則民慢，慢則糾之以猛。猛則民殘，殘則施之以寬。寬以濟猛，猛以濟寬，政是以和。《詩》曰：『民亦勞止，汔可小康[54]，惠此中國55，以綏四方。』施之以寬也。『毋從詭隨56，以謹無良，式遏寇虐57，慘不畏明。』糾之以猛也。『柔遠能邇58，以定我王。』平之以和也。又曰：『不競不絿59，不剛不柔，布政優優，百祿是遒60。』和之至也。」

及子產卒，仲尼聞之，出涕曰：「古之遺愛61也。」

【注釋】❶疥遂痁　同「疥且痁」。疥，疥瘡。痁，瘧疾。❷期　同「朞」。一年。❸梁丘據裔款　皆景公寵倖之大夫。❹祝固史嚚　祝固是太祝名固，史嚚是太史名嚚。❺不祈　指不求於鬼神。祈，求。❻五君　指晉文公、晉襄公、晉靈公、晉成公、晉景公。❼外內不廢　外指國事，內指宮中。不廢，無廢事。❽上下無怨　上、下指神、人。❾無愧心矣　君有功德，祝、史陳說之，無所愧。❿蕃祉老壽　繁衍、有福、健康長壽。祉，福。⓫從欲厭私　放縱自己的欲念，滿足個人的私情。從，放縱。厭，滿足。⓬輸掠　「輸」讀為愉，輸亦掠也，掠取。⓭還忌　即顧忌。⓮悛　改；改正。⓯蓋失數美　掩蓋過失，列舉美善。⓰虛以求媚　言作虛辭以求媚於神。虛辭，與實際無關的空話、假話、鬼話。⓱夭昏孤疾　夭昏，短命而死。孤疾，獨有的重病。(孤疾，亦有解為孤苦有病。)⓲僭嫚　僭，《說文》：「僭，假也。」嫚，侮辱；怠慢。⓳澤之萑蒲六句　此處言公專守山澤之利，不與民共。衡鹿舟鮫虞候祈望，皆管理山川的官名。⓴偪介之關　逼近國都之關卡。偪，同「逼」。㉑承嗣大夫　世襲職位的大夫。㉒布常無藝　布，公有的。常，政令。無藝，沒有準則。㉓不違　不離身。違，離。㉔肆奪於市　在市場上放肆掠奪。㉕養求　「養」謂口體之奉，「求」謂玩好之類，皆私欲也。㉖已責　責，債。已，停止。已責，實則免收積欠租稅。㉗田　田，通「佃」。佃獵；打獵。㉘沛　據《左通補釋》引劉熙曰：「水草相半曰沛，沛即莊八年之貝丘，蓋地多水草，故常田獵於此。」貝丘在山東省博興縣東南。㉙虞人　是齊國管理山澤的官名。㉚遄臺　地名，今山東臨淄附近。㉛子猶　即梁丘據。㉜和夫　和，和協。夫，句末之助詞，表感歎，相當「啊」。㉝醯醢　醯，醋。醢，肉醬。㉞燀　燒火。㉟鬷嘏　即奏格。獻羹而神至。奏，獻羹。格，神至。㊱五味　辛、酸、鹹、苦、甘。㊲二體　舞蹈分為文武二體。㊳三類　指《詩經》中的風、雅、頌。㊴四物　指四方之物。意謂八音之器：金、石、絲、竹、匏、土、革、木，需從四方搜求製造樂器的材料。㊵五聲　指音樂中的宮、商、角、徵、羽。㊶六律　指黃鍾、大蔟、姑洗、蕤賓、夷則、無射等六種調別，再各按陰陽可分成十二類。㊷七音　就是在五聲之中加進變宮、變徵。㊸八風　根據樂器的不同性質而分成的八種不同音樂。也就是指匏、土、革、木、石、金、絲、竹等，是古時所說的八音，這八音大體都屬於管絃樂器和打擊樂器。㊹九歌　頌揚政治和經濟各方面功績的樂歌。杜注：「九功之德皆可歌也。六府三事謂之九功。」六府，掌管土、木、水、草、器、貨等府庫的官職。三事，司徒、司馬、司空。㊺琴瑟之專壹　孔疏云：「言琴瑟專一，唯有一聲，不得成樂。」只有一個聲音，不能演奏成曲。㊻爽鳩氏　少皞氏的司寇。㊼季萴　虞夏氏的諸侯。㊽逢伯陵　殷商的諸侯。㊾蒲姑氏　殷周時代的諸侯。㊿狎而翫之　輕慢而玩弄它。51難　難以治。52取人於萑苻之澤　取，即「聚」。人，指盜。萑苻之澤，是叢生蘆葦的水澤。53早從夫子　從，聽從。夫子，他老人家。指子產。54汔可小康　汔，庶幾。康，安居。55中國　周朝統治區。56毋從詭隨　毋從，不要放縱。詭隨，不顧是非妄從別人者。57式遏寇虐　式，助動詞。應。遏，阻止。寇虐，賊匪殘害肆虐百姓。58柔遠能邇　柔、能同義，安遠定近之意。59不競不絿　競，強。絿，緩。60遒　聚。61古之遺愛　愛即仁。子產仁愛，有古人之遺風。

【語　譯】齊景公得了疥瘡，還有瘧疾，一年沒有痊癒。諸侯派出問候的客人大多在齊國。梁丘據和裔款對齊侯說：「我們事奉鬼神很豐厚，比先君已經有所增加了。現在君王病得很厲害，成為諸侯的憂慮，這是祝、史的罪過。諸侯不瞭解，恐怕要認為我們不敬鬼神，君王何不誅戮祝固、史嚚以辭謝客人？」齊侯很高興，告訴晏子。晏子說：「從前在宋國的盟會，屈建向趙武詢問范會的德行。趙武說：『他老人家家族中的事務井然有序；在晉國說話，竭盡自己的心意而沒有個人打算。他的祝、史祭祀，向鬼神陳說實際情況無愧於良心；他的家族中沒有可猜疑的事情，所以他的祝、史也不必向鬼神祈求。』屈建把這些話告訴康王。康王說：『神和人都沒有怨恨，他老人家輔助五位國君而作為諸侯的主人就是很相宜的了。』」齊侯說：「據和款認為寡人能夠事奉鬼神，所以要誅戮祝、史，您講的這些話，是什麼緣故？」晏子回答說：「如果是有德行的君王，國家和宮裏的事情都沒有荒廢，上下沒有怨恨，舉動沒有違背禮儀的事，他的祝、史向鬼神陳說實際情況，就沒有慚愧之心。所以鬼神享用祭品，國家受到鬼神所賜的福祿，祝、史也有一份。他們所以繁衍有福、健康長壽，由於是誠實的國君的使者，他們的話對鬼神忠誠信實。他們如果恰好碰上放縱的國君，裏外偏頗邪惡，上下怨恨嫉妒，舉動邪僻背理，放縱欲望，滿足私心，高臺深池，奏樂歌舞，砍伐民力，掠奪百姓的積蓄，以這些行為鑄成過錯，而不體恤後代。暴虐放縱，隨意行動沒有法度，無所顧忌，不考慮怨謗，不害怕鬼神，神靈發怒，百姓痛恨，還不肯改悔。他的祝、史陳說實際情況，這是報告國君的罪過。他們掩蓋過錯、列舉好事，這是虛詐欺騙。真假都不能陳述，只好講些不相干的鬼話來向鬼神討好，所以鬼神不享用他們國家的祭品，還讓它發生禍難，祝、史也有一份。他們所以短命、重病，由於是暴虐的國君的使者，他們的話對鬼神欺詐輕侮。」齊侯說：「那末怎麼辦呢？」晏子回答說：「沒辦法了：山林中的樹木，衡鹿看守它；窪地裏的蘆葦，舟鮫看守它；野草中的柴木，虞候看守它；大海中的鹽蛤，祈望看守它。偏僻地方的鄉巴佬，進來管理政事；鄰近國都的關卡，橫徵暴斂；世襲的大夫，強買貨物；發布命令沒有準則，徵收賦稅沒有節制；宮室每天輪換著住，荒淫作樂不肯離身。裏邊的寵妾在市場上肆意掠奪，外邊的寵臣在邊境上假傳聖旨。奉養自己、追求玩好，這些私欲下邊不能滿足，就立即辦他罪。百姓痛苦困乏，丈夫妻子都在詛咒。祝禱有好處，詛咒也有損害。聊地、攝地以東，大、小姑河以西，人口多得很呢。雖然國君的祝、史善於祝禱，難道能勝過億萬人的詛咒？君王如果要誅戮祝、史，只有修養德行然後才可以。」齊侯很高興，讓官吏放寬政令，毀掉關卡，廢除禁令，減輕賦稅，免除對公家的積欠。

十二月，齊侯在沛地打獵，用弓召喚虞人，虞人沒有應召。齊侯派人逮了他。他辯解說：「從前我們先君打獵的時候，用紅旗招喚大夫，用弓招喚士，用皮冠招喚虞人。下臣沒有見到皮冠，所以不敢進見。」於是就釋放了他。孔子說：「守著道義不如守著官職。」君子肯定了這句話。

齊侯從打獵的地方回來，晏子在遄臺侍候，梁丘據驅車來到。齊侯說：「惟有據跟我和協啊！」晏子回答說：「據也只不過相同而已，哪裏說得上和協？」齊侯說：「和協跟相同不一樣嗎？」晏子回答說：「不一樣。和協好比做羹湯，用水、火、醋、醬、鹽、梅，來烹調魚和肉，用柴禾燒煮，廚工加以調和，使味道適中，味道太淡就增加調料，味道太濃就加水沖淡。君子食用羹湯，內心平靜。君臣之間也是這樣。國君認為可行而其中有不可行的，臣下指出它不可行的部分而使可行的更加完備；國君所認為不可行而其中有可行的，臣下指出它可行的部分而去掉它的不可行，因此政事平和而不違背禮儀，百姓沒有爭奪之心。所以《詩》說：『有著調和的羹湯，已經告誡廚工把味道調得勻淨。神靈來享而無所指責，上下也都沒有爭競。』先王調勻五味、諧和五聲，是用來平靜他的內心，完成政事的。聲音也像味道一樣，是由一氣、二體、三類、四物、五聲、六律、七音、八風、九歌互相組成的；是由清濁、大小、短長、緩急、哀樂、剛柔、快慢、高低、出入、疏密互相調節的。君子聽了，內心平靜。內心平靜，德行就和協。所以《詩》說：『德音沒有缺失。』現在據不是這樣。國君認為可行的，據也認為可行；國君認為不可行的，據也認為不可行。如同用清水去調劑清水，誰能吃它呢？如同琴瑟老彈一個聲音，誰去聽它呢？相同之所以不可取的道理就像這樣。」

喝酒喝得高興時，齊侯說：「從古以來如果沒有死，它的歡樂會怎麼樣啊！」晏子回答說：「從古以來如果沒有死，那現在的歡樂就是古人的歡樂了，君王能得到什麼呢？從前爽鳩氏開始居住在這裏，季萴沿襲下來，有逢伯陵沿襲下來，蒲姑氏沿襲下來，然後太公沿襲下來。從古以來如果沒有死，那是爽鳩氏的歡樂，可不是君王所希望的啊。」

鄭國的子產有病，對子太叔說：「我死以後，您必然執政。只有有德的人能夠用寬大來使百姓服從，其次就莫如嚴厲。火猛烈，百姓看著就害怕，所以很少有人死於火；水懦弱，百姓輕慢而玩弄它，那麼死的就多了，所以寬大不容易。」病了幾個月死去。

太叔執政，不忍心嚴厲而實行寬大。鄭國盜賊很多，聚集在蘆葦塘裏。太叔後悔，說：「我早點聽從他老人家，就不至於到這一步。」發動徒兵攻打蘆葦塘裏的盜賊，把他們全部殺了，盜賊才稍微收斂。

孔子說：「好啊！政事寬大百姓就輕慢；輕慢就用嚴厲來糾正。嚴厲，百姓有傷殘；傷殘就實施寬大。用寬大調劑嚴厲，用嚴厲調劑寬大，政事因此調和。《詩》說：『百姓已經十分勞累，該讓他們稍稍喘息；賜恩給中原的成周吧，以安定四方的諸侯。』這是實施寬大。『別放縱盲從和胡鬧，慎防居心不良的人；嚴禁殘害善良人民，遏止無法無天的作惡。』這是嚴厲制止。『安撫邊遠柔服近地，來安定我王。』這是用和來使國家平靜。又說：『不急不緩，不剛不柔，施政從容不迫，百種福祿臨頭。』這是和協的頂點。」

等到子產死去，孔子聽到了，流著眼淚說：「他的仁愛，有古人的遺風啊。」

【說　明】這一部分著重記述齊國傑出的政治家晏子忠言善諫，多方開導昏君，糾苛政、遠佞臣，表現了他體恤民生疾苦、痛恨昏君虐政的忠肝義膽和剛正不阿、正言直諫的高風亮節。

齊侯生疥瘧久治不癒，佞臣梁丘據之流便欺騙他說「是祝、史之罪」，要他「戮祝史」以謝客。晏子為了制止討好昏君而加罪於無辜的卑劣行徑，並借機誘導國君糾正暴政，先稱引晉國趙武時代的賢臣范會，說他的德行無愧於鬼神，使祝史如實祈告「神人無怨」，而得享五世福祿，以此暗示齊侯。見其仍未醒悟，便進一步指明，「夭昏孤疾」的關鍵不在祝史，而在於「有德之君」還是「淫君」，如果暴虐荒淫，肆無忌憚地幹壞事，祝、史不敢如實祈告，只能以虛言欺禱，以致鬼神不享，祭祀失靈。使齊侯受到了震動。最後直截了當地擺出了齊國目前暴政的種種表現，說百姓飽受痛苦，使億萬人民都在詛咒，祝史再善於祈禱，也抵擋不了。晏子抓住了齊侯的心理，步步進逼，使齊侯接受了勸諫，命令官吏放寬政令，山澤之利與民共享，並廢棄關卡、減輕賦稅，豁免了積欠。

後來晏子利用齊侯打獵與他閒聊的機會，辯明「和而不同」的君子與「同而不和」的小人的區別，諷刺佞臣梁丘據一味迎合昏君，處處隨聲應和，就像用清水去調劑清水一般乏味，如琴瑟老彈一個聲音沒人要聽。比喻深入淺出，形象生動，啟迪國君遠小人親君子。

最後作者寫鄭國子產病逝前囑咐的治民政策，以水火作比，也十分警策。

二十一年

庚辰，西元前五二一年。周景王二十四年、齊景二十七年、晉頃五年、秦哀十六年、楚平八年、宋元十一年、衛靈十四年、陳惠九年、蔡悼公東國元年、鄭定九年、燕平三年、吳僚六年、杞平十五年、許男斯二年、曹悼三年。

經 二十有一年春王三月，葬蔡平公。

夏，晉侯使士鞅來聘。

宋華亥、向寧、華定自陳入于宋南里以叛。

秋七月壬午朔，日有食之。

八月乙亥，叔輒卒。

冬，蔡侯朱出奔楚。

公如晉，至河乃復。

傳 二十一年春，天王將鑄無射❶，泠州鳩❷曰：「王其以心疾死乎！夫樂，天子之職❸也。夫音，樂之輿❹也；而鐘，音之器❺也。天子省風❻以作樂，器以鍾之❼，輿以行之❽。小者不窕❾，大者不摦❿，則和於物。物和則嘉成。故和聲入於耳而藏於心，心億則樂⓫。窕則不咸⓬，摦則不容⓭，心是以感，感⓮實生疾。今鐘摦矣⓯，王心弗堪，其能久乎？」

三月，葬蔡平公。蔡大子朱失位，位在卑⓰。大夫送葬者，歸見昭子。昭子問蔡故，以告。昭子歎曰：「蔡其亡乎！若不亡，是君也必不終。《詩》曰：『不解⓱于位，民之攸塈⓲。』今蔡侯始即位，而適卑，身將從之。」

夏，晉士鞅來聘，叔孫為政。季孫欲惡諸晉⑲，使有司以齊鮑國歸費之禮為士鞅⑳。士鞅怒，曰：「鮑國之位下，其國小，而使鞅從其牢禮，是卑敝邑也，將復諸寡君。」魯人恐，加四牢焉，為十一牢。

宋華費遂生華貙、華多僚、華登。貙為少司馬，多僚為御士㉑，與貙相惡，乃譖諸公曰：「貙將納亡人㉒。」亟㉓言之。公曰：「司馬以吾故，亡其良子㉔。死亡有命，吾不可以再亡之㉕。」對曰：「君若愛司馬㉖，則如亡。死如可逃，何遠之有？」公懼，使侍人召司馬之侍人宜僚，飲之酒，而使告司馬。司馬歎曰：「必多僚也。吾有讒子，而弗能殺，吾又不死。抑君有命，可若何？」乃與公謀逐華貙，將使田孟諸而遣之。公飲之酒，厚酬之，賜及從者。司馬亦如之。張匄㉗尤之㉘，曰：「必有故。」使子皮㉙承宜僚以劍而訊之。宜僚盡以告。張匄欲殺多僚。子皮曰：「司馬老矣，登之謂甚，吾又重之，不如亡也。」五月丙申，子皮將見司馬而行，則遇多僚御司馬而朝。張匄不勝其怒，遂與子皮、臼任、鄭翩殺多僚，劫司馬以叛，而召亡人。壬寅，華、向入。樂大心、豐愆、華牼禦諸橫㉚。華氏居盧門㉛，以南里㉜叛。六月庚午，宋城舊鄘㉝及桑林之門㉞而守之。

秋七月壬午朔，日有食之。公問於梓慎曰：「是何物也？禍福何為？」對曰：

「二至二分㉟，日有食之，不為災。日月之行也，分，同道也；至，相過也。其他月則為災，陽不克也，故常為水㊱。」於是叔輒哭日食。昭子曰：「子叔將死，非所哭也。」八月，叔輒卒。

冬十月，華登以吳師救華氏。齊烏枝鳴戍宋㊲。廚人濮㊳曰：「《軍志》有之：『先人有奪人之心，後人有待其衰。』盍及其勞且未定也伐諸？若入而固㊴，則華氏眾矣，悔無及也。」從之。丙寅，齊師、宋師敗吳師于鴻口㊵，獲其二帥公子苦雂㊶、偃州員。華登帥其餘以敗宋師。公欲出，廚人濮曰：「吾小人，可藉死，而不能送亡㊷，君請待之㊸。」乃徇㊹曰：「揚徽者㊺，公徒也。」眾從之。公自揚門㊻見之㊼，下而巡之，曰：「國亡君死，二三子之恥也，豈專孤之罪也？」齊烏枝鳴曰：「用少莫如齊致死㊽，齊致死莫如去備㊾。彼多兵矣，請皆用劍。」從之。華氏北，復即之。廚人濮以裳裹首㊿，而荷以走[51]，曰：「得華登矣！」遂敗華氏于新里[52]。翟僂新居于新里，既戰，說甲于公而歸[53]。華妵居于公里，亦如之。

十一月癸未，公子城[54]以晉師至。曹翰胡[55]會晉荀吳[56]、齊苑何忌[57]、衛公子朝[58]救宋。丙戌，與華氏戰于赭丘[59]。鄭翩願為鸛，其御願為鵝。子祿御公子城，莊堇為右。干犨御呂封人華豹，張匄為右。相遇，城還。華豹曰：「城也！」城怒，而反之[60]。將注[61]，豹則關矣[62]。曰：「平公之靈，尚輔相余！」豹射，出其間。將注，則又關矣。曰：「不狎，鄙[63]。」抽矢[64]，城射之，殪[65]。張匄抽殳[66]而下，射之，折股。扶伏[67]而擊之，折軫[68]。又射之，死。干犨請一矢，城曰：「余言汝於君。」對曰：「不死伍乘，軍之大刑也。干刑而從子，君焉用之？子速諸！」乃射之，殪。大敗華氏，圍諸南里。華亥搏膺而呼[69]，見華貙，曰：「吾為欒氏[70]矣！」貙曰：「子無我迋[71]，不幸而後亡。」使華登如楚乞師，華貙以車十五乘、徒七十人犯師[72]而出，食於睢上，哭而送之，乃復入。楚薳越帥師將逆華氏，大宰犯諫曰：「諸侯唯宋事其君。今又爭國，釋君而臣是助，無乃不可乎！」王曰：「而告我也後，既許之矣。」

蔡侯朱出奔楚。費無極取貨[73]於東國[74]，而謂蔡人曰：「朱不用命於楚，君王將立東國。若不先從王欲，楚必圍蔡。」蔡人懼，出朱而立東國。朱愬于楚，楚子將討蔡。無極曰：「平侯與楚有盟，故封。其子有二心，故廢之[75]。靈王殺隱大子，其子與君同惡[76]，德君必甚，又使立之，不亦可乎？且廢置在君[77]，蔡無他矣。」

公如晉，及河。鼓叛晉，晉將伐鮮虞，故辭公。

【注釋】❶天王將鑄無射　周景王要鑄一個合於樂律無射的鐘。天王，即周景王。❷泠州鳩　泠是樂官，州鳩是人名。泠，或作伶。❸職　所主的意思。❹輿　車，喻音。杜注「樂，因音而行。」❺器　器具。杜注「音由器而發」。❻省風　觀省風俗。作樂以移之。❼鍾之　杜注：「鍾，聚也。以器聚音。」器謂各種樂器，具備各種樂音。鍾，原作鐘。❽行之　樂待音而行。❾不窕　說小樂器音不細。❿不摦　杜注：「摦，橫大不入。」大樂器，音不洪大，難入耳。⓫億則樂　億，安。樂，快樂；愉悅。⓬窕則不咸　音細則能聞者不周遍。咸，遍也。⓭摦則不容　音太響而難容。⓮感　感為「憾」的通假字，不安也。⓯鐘摦矣　鐘聲粗大。⓰失位二句　指不在嫡子之位。⓱解　同「懈」。懈怠。失位則是懈怠，不嚴肅。⓲攸塈　所安所愛。高亨《詩經今注》：「攸，所也；塈，為『㤅』通假字，㤅，古『愛』字。」⓳季孫欲惡諸晉　諸，「之於」之合音，兼詞。「之」指叔孫。季孫欲使晉國憎惡叔孫。⓴使有司以齊鮑國歸費之禮為士鞅　事在魯昭公十四年，魯國只給鮑國七牢之禮。㉑御士　是宋元公的駕車人。㉒亡人　逃亡之人。指華亥等。㉓亟　屢；屢次。㉔良子　即華登。㉕再亡之　再使華貙逃亡。㉖司馬　指華費遂。㉗張匄　是華貙的臣子。㉘尤之　奇怪厚賜之多與重。尤，怪。之，代表厚賜。㉙子皮　此處的子皮，並非鄭大夫子皮，而是宋國華費遂的兒子華貙，又名子皮。㉚橫　據《讀史方輿紀要》：「橫城在今河南商丘縣西南。」㉛盧門　據杜注：「盧門東城南門，正東門名揚門。」㉜南里　在今商丘市東南。㉝舊鄘　在今河南省商丘市。㉞桑林之門　桑林社之圍城門也。在宋都郊外，作外城據點以守之。㉟二至二分　二至，冬至、夏至。二分，春分、秋分。㊱陽不克也二句　陽，陽氣。克，勝利。為水，為水災。這一年八月「大雩」(大旱災)，足見梓慎之說失誤。㊲戍宋　在宋國帶兵防守。戍，軍隊防守。㊳廚人濮　宋國廚邑大夫濮。㊴若入而固　人，入南里。固，謂軍心已定，軍陣已列，且內外二師會合，眾心難移。㊵鴻口　據《讀史方輿紀要》：「商丘縣東有鴻口亭，即昭公二十一年齊師敗吳處。」㊶公子苦雂　吳國公子。㊷不能送亡　不能護送國君逃亡。㊸請待之　請君待復戰決勝負。㊹徇　巡行遍告。㊺揚徽者　舉起軍旗的。徽，旌旗之名，此指軍旗。㊻揚門　宋國都城的東門。㊼見之　之(它)，代「國人皆揚徽」這一情景，是宋元公看見它。㊽齊致死　一齊拚命。㊾去備　指不列陣，撤去守備，不用長兵器。(短兵相接，以勇者勝。)㊿以裳裹首　用裙子包著一個人頭。裳，下裙。51荷以走　背著快跑(假裝斬了華登之首級)。52新里　在河南省商丘縣西。53說甲于公而歸　說，同「脫」。歸，歸附；投降。[54]公子城　城以前年奔晉，今還救宋。[55]曹翰胡　翰胡，為曹國大夫，率曹軍者。[56]荀吳　即中行穆子。[57]苑何忌　齊大夫。[58]公子朝　本來是衛國大夫，去年出奔於晉，此時已還衛國。[59]赭丘　宋都郊外之丘名。[60]城怒而反之　杜注：「怒其呼己，返還戰也。」[61]將注　注，是置矢於弓上。[62]關矣　關，是已注而引滿弓。[63]不狎鄙　狎，更遞。鄙，卑鄙。孔疏：「城謂豹，汝頻射我，不使我得更遞，是為鄙也。」[64]抽矢　豹聽城罵，抽矢。杜注：「豹止不射。」抽下弓上之矢。[65]殪　死，豹死了。[66]殳　車上所用長武器。[67]扶伏　現在寫作「匍匐」，即手足並行，伏地而爬。[68]軫　古代車後的橫木。[69]搏膺而呼　搥著胸膛呼喊。搏，搏擊；重敲。膺，胸部。[70]欒氏　杜注：「晉欒盈還入，作亂而死，事在襄二十三年。」[71]我迋　迋，恐也。我迋，即「迋我」，賓語提前，意思是恐嚇我。[72]犯師　指犯宋元公之師。[73]取貨　取得財禮。貨，財物。[74]東國　隱太子之子，平侯廬之弟，蔡侯朱的叔父也。[75]其子有二心故廢之　子，即蔡侯朱。[76]其子與君同惡　其子，指東國；靈王殺東國之父，楚平王又殺靈王，是與東國同惡靈王，且德平王為父復仇。[77]廢置在君　立東國、廢東國，權在楚國國君手裏。

【語　譯】二十一年春，周天子打算鑄造無射大鐘。泠州鳩說：「天子大約要因心病而死去吧！音樂，是天子主持的職責。聲音，是音樂的車廂；而鐘，是發音的器具。天子考察風俗而制樂曲，用樂器來匯聚樂音，用聲音來表達音樂。小的樂器發音不纖細，大的樂器發音不粗獷，那樣就使一切和諧。一切和諧了，美好的音樂才能完成。所以和諧的聲音進入耳朵而藏在心裏，心安就快樂。聲音纖細則能聞者就不周遍，聲音粗獷就不能忍受，內心因此不安，不安就會生病。現在鐘聲粗獷，天子的內心受不了，難道能夠長久嗎？」

三月，安葬蔡平公。蔡國的太子朱沒有站在葬禮中應站在地位而站在下面。大夫中送葬的回來進見昭子，昭子問起蔡國的事情，就把上面的情況告訴昭子。昭子歎氣說：「蔡國大約要亡了吧！如果不亡，這個國君一定不得好死。《詩經》上說：『在他的地位上不懈怠，百姓就能安居樂業。』現在蔡侯剛剛即位就站到下面去，他自己也會跟著下去的。」

同年夏，晉國的士鞅前來聘問，叔孫主持接待。季孫想使晉國憎惡叔孫，吩咐主辦人按照對齊鮑國的禮節招待士鞅。士鞅發怒，說：「鮑國地位比我低，齊國比我國小，現在讓我接受招待他所用七牢的禮節，這是輕視敝邑，我要向寡君報告。」魯國人害怕了，增加四牢，使用了十一牢。

宋國的華費遂生了華貙、華多僚、華登。華貙做少司馬，華多僚做宋元公的駕車者，和華貙互相憎惡，就在宋公面前誣陷說：「貙打算接納逃亡的人。」多次說這些話。宋公說：「司馬由於我的緣故，使他的好兒子逃亡。死去和逃亡都是命中注定，我不能再讓他的兒子逃亡了。」華多僚回答說：「君王如果愛惜司馬，你就失國逃亡。死如果可以逃避，哪有什麼遠不遠？」宋公害怕，讓侍者召來司馬的侍者宜僚，給他酒喝，讓他告訴司馬驅逐華貙。司馬歎氣說：「一定是多僚幹的。我有一個造謠的兒子，而不能殺了他。我又不死。國君有了命令，怎麼辦？」就和宋公商量驅逐華貙，打算讓他在孟諸打獵時打發他走。宋公給他酒喝，厚厚地送他禮物，還賞賜到跟從的人。司馬也像宋公一樣。張匄感到奇怪，說：「一定有原因。」讓華貙用劍架在宜僚脖子上詢問他。宜僚把話全說了出來。張匄想要殺死多僚。華貙說：「司馬老了，登的逃亡已經很傷了他的心，我又加重了它，不如逃亡。」五月十四日，華貙打算進見司馬以後動身，在朝廷上遇見多僚為司馬駕車上朝。張匄不能控制自己的憤怒，就和華貙、臼任、鄭翩殺了多僚，劫持了司馬叛變，召集逃亡的人。二十日，華氏、向氏回來。樂大心、豐愆、華牼在橫地抵禦他們。華氏住在盧門，領著南里的人叛變。六月十九日，宋國修繕舊城和桑林之門用來據守。

秋七月初一，日食。昭公問梓慎說：「這是什麼事？是什麼樣的禍福？」梓慎回答說：「兩至兩分，日食，不發生災禍。日月的巡行，在春分秋分的時候，黃道和赤道相交點同；在夏至冬至的時候，相交點遠。其他的月份就要發生災禍，因為陽氣不勝，所以常常發生水災。」於是叔輒為日食而號哭。昭子說：「叔輒快死了，因為這是不該哭的。」八月，叔輒死。

冬十月，華登帶領吳軍援救華氏。齊國的烏枝鳴在宋國戍守。廚邑大夫濮說：「《軍志》上有句話：『先發制人能摧毀敵人鬥志，後發制人要等敵人士氣衰竭。』何不乘敵軍疲勞尚未安定就進攻？如果敵人已經進來，軍心穩定，華氏的人就多了，我們將後悔不及啦。」烏枝鳴就聽從了。十七日，齊軍、宋軍在鴻口擊敗吳軍，俘虜了他們兩個將領公子苦雃、偃州員。華登又率領餘部打敗了宋軍。宋公想要逃亡，廚邑大夫濮說：

「我是小人，可以為君王死難而不能護送逃亡，君王請等待一下。」於是就巡行全軍說：「揮舞旗幟的，是國君的戰士。」大家按他的話揮舞旗幟。宋公在揚門上見到這種情況，下城巡視說：「國家亡，國君死，這是各位的恥辱，豈獨是孤一人的罪過呢？」齊國的烏枝鳴說：「使用少數的兵力，最好是一起拚命；一起拚命，最好是不列陣，撤守備。他們的武器太多了，讓我們全部用劍作戰。」宋公聽從了。華氏敗走，宋軍、齊軍又追上去。廚邑大夫濮用裙子包著砍下的腦袋，扛在肩上快跑，喊：「殺了華登了！」就在新里打敗了華氏。翟僂新住在新里，戰鬥開始，就到宋公那裏脫下盔甲來歸附。華妵住在公里，也像翟僂新一樣。

十一月初四日，公子城帶著晉軍來到，曹國翰胡會合晉國荀吳、齊國苑何忌、衛國公子朝救援宋國。初七日，和華氏在赭丘作戰。鄭翩希望擺成鸛陣，他的御者願意擺成鵝陣。子祿為公子城駕御戰車，莊堇作為車右。干犨為呂地封人華豹駕御戰車，張匄作為車右。兩車相遇，公子城退了回去。華豹大喊說：「城啊！」公子城發怒，轉回來。將要搭上箭，而華豹已經拉開了弓。公子城說：「平公的威靈，還在保祐我！」華豹射箭，穿過公子城和子祿之間。公子城又要搭上箭，華豹又已經拉開了弓。公子城說：「不讓我還手，卑鄙啊！」華豹從弓上抽下箭，公子城一箭射去，把華豹射死。張匄抽出殳下車，公子城一箭射去，射斷了張匄的大腿。張匄爬過來用殳敲折了公子城的車軫。公子城又發一箭，張匄就死了。干犨請求給他一箭，公子城說：「我替你向國君說情。」干犨回答說：「不和戰友一起戰死，這是犯了軍隊中的大法。犯了法而跟從您，君王哪裏會用我？您快點吧！」於是公子城就射他一箭，又把干犨射死。宋軍、齊軍大敗華氏，把他們包圍在南里。華亥搥著胸膛大喊，進見華貙，說：「我們成了晉國的欒氏了。」華貙說：「您不要嚇唬我，碰上倒霉才會死呢。」派華登到楚國請求出兵，華貙帶領戰車十五輛、步兵七十人突圍而出，在睢水岸邊吃飯，哭著送走華登，就再次衝進去。楚國的薳越率領軍隊打算迎接華氏，太宰犯勸諫說：「諸侯之中惟有宋國的臣下還事奉著國君。現在又爭奪國政，丟開國君而幫助臣下，恐怕不行吧！」楚王說：「你對我說晚了，已經答應他們了。」

蔡侯朱逃亡到楚國。費無極得到東國的財禮，對蔡國人說：「朱不聽楚國的命令，君王將要立東國做國君。如果不能順從君王的願望，楚國一定包圍蔡國。」蔡國人害怕，趕走朱而立了東國。朱向楚平王起訴，楚王打算討伐蔡國。費無極說：「蔡平侯和楚國有盟約，所以封他。他的兒子有三心二意，所以廢掉他。靈王殺了隱太子，隱太子的兒子和君王有共同的仇人，一定非常感謝君王。現在又讓他立為國君，不也是可以的嗎？而且廢、立的權操在君王手裏，蔡國就沒有別的念頭了。」

昭公去到晉國，到達黃河。鼓地背叛晉國，晉國打算攻打鮮虞，所以辭謝了昭公。

【說　明】本年傳文開頭記述三事：周天子鑄無射大鐘「失樂」、蔡太子朱為父治喪「失位」（沒站在嗣君的位置）、魯國的使節「失禮」（不按禮制規定），從不同側面反映了當時「禮崩樂壞」的情況。禮是「身之幹」、「國之幹」。周王鑄大鐘，聲音「粗獷」「失和」，有人預言：王將得心病死去。蔡太子「失位」，預示著將失去君位。魯國的失禮也埋下了隱患。

本篇著重記敘了宋國的一場內亂，即華氏集團與宋國公室間你死我活的大廝殺，它的起因表面上是華氏家庭內部的矛盾引起，即弟弟華多僚想陷害其兄華貙，激起張匄、華貙殺多僚，華氏集團借此而發動了叛亂。召來前一年被打敗的華氏、向氏人馬，捲土重來。這實質是卿大夫階層——新興力量向宗族王室舊統治集團奪權的鬥爭，楚國太宰犯說：「諸侯之中惟有宋國的臣下還事奉著國君，現在亦爭奪國政。」說明卿大夫已經普遍代替王室掌握政權，是時代潮流。宋國雖有齊、晉、曹、衛的救援，還是經過了一場惡戰，最終才打敗華氏，可見，華氏的實力當時已經超過了宋國公室。

二十二年

辛巳，西元前五二〇年。周景王二十五年、齊景二十八年、晉頃六年、秦哀十七年、楚平九年、宋元十二年、衛靈十五年、陳惠十年、蔡悼二年、曹悼四年、鄭定十年、燕平四年、吳僚七年、杞平十六年、許男斯三年。

經 二十有二年春，齊侯伐莒。

宋華亥、向寧、華定自宋南里出奔楚。

大蒐于昌間。

夏四月乙丑，天王崩。

六月，叔鞅如京師，葬景王。

王室亂。

劉子、單子以王猛居于皇。

秋，劉子、單子以王猛入于王城。

冬十月，王子猛卒。

十有二月癸酉朔，日有食之。

傳 二十二年春王二月甲子，齊北郭啟❶帥師伐莒。莒子將戰，苑羊牧之❷諫曰：「齊師賤，其求不多，不如下之，大國不可怒也。」弗聽，敗齊師于壽餘❸。齊侯伐莒，莒子行成❹。司馬竈如莒涖盟，莒子如齊涖盟，盟于稷門之外❺。莒於是乎大惡其君❻。

楚薳越使告于宋曰：「寡君聞君有不令之臣❼為君憂，無寧以為宗羞❽，寡君請受而戮之⑨。」對曰：「孤不佞，不能媚於父兄，以為君憂，拜命之辱⑩。抑君臣日戰，君曰『余必臣是助』，亦唯命。人有言曰：『唯亂門之無過。』君若惠保敝邑，無亢不衷，以獎亂人，孤之望也。唯君圖之！」楚人患之。諸侯之戍謀⑪曰：「若華氏知困而致死，楚恥無功⑫而疾戰，非吾利也。不如出之，以為楚功，其亦能無為也已。救宋而除其害，又何求？」乃固請出之，宋人從之。己巳，宋華亥、向寧、華定、華貙、華登、皇奄傷、省臧、士平出奔楚。宋公使公孫忌為大司馬⑬，邊卬⑭為大司徒，樂祁⑮為司城，仲幾⑯為左師，樂大心⑰為右師，樂輓⑱為大司寇，以靖國人。

王子朝、賓起⑲有寵於景王，王與賓孟說之，欲立之⑳。劉獻公之庶子伯蚠事單穆公㉑，惡賓孟之為人也，願殺之；又惡王子朝之言㉒，以為亂，願去之。賓孟適郊，見雄雞自斷其尾。問之，侍者曰：「自憚其犧㉓也。」遽歸告王，且曰：「雞其憚為人用乎！人異於是。犧者實用人，人犧實難㉔，己犧何害㉕？」王弗應。夏四月，王田北山㉖，使公卿皆從，將殺單子、劉子㉗。王有心疾，乙丑，崩于榮錡氏㉘。戊辰，劉子摯卒，無子，單子立劉蚠。五月庚辰，見王㉙，遂攻賓起，殺之，盟羣王子㉚于單氏。

晉之取鼓也，既獻而反鼓子焉。又叛於鮮虞㉛。六月，荀吳略東陽㉜，使師偽糴者負甲以息於昔陽㉝之門外，遂襲鼓，滅之。以鼓子鳶鞮歸，使涉佗㉞守之。

丁巳，葬景王。王子朝因舊官、百工㉟之喪職秩者㊱與靈、景之族以作亂。帥郊、要、餞㊲之甲，以逐劉子㊳。壬戌，劉子奔揚，單子逆悼王㊴于莊宮以歸。王子還㊵夜取王以如莊宮。癸亥，單子出㊶。王子還與召莊公謀，曰：「不殺單旗，不捷。與之重盟，必來。背盟而克者多矣。」從之。樊頃子曰：「非言也，必不克。」遂奉王以追單子，及領，大盟而復。殺摯荒㊷以說。劉子如劉㊸，單子亡㊹。乙丑，奔于平時㊺。羣王子追之，單子殺還、姑、發、弱、鬷、延、定、稠㊻，子朝奔京。丙寅，伐之。京人奔山。劉子入于王城。辛未，鞏簡公敗績于京。乙亥，甘平公亦敗焉。

叔鞅至自京師，言王室之亂也。閔馬父曰：「子朝必不克。其所與者，天所廢也。」

單子欲告急於晉。秋七月戊寅，以王如平時，遂如圃車，次于皇。劉子如劉。單子使王子處㊼守于王城。盟百工于平宮。辛卯，鄩肸伐皇㊽。大敗，獲鄩肸。壬辰，焚諸王城㊾之市。八月辛酉，司徒醜以王師敗績于前城。百工叛。己巳，伐單氏之宮，敗焉。庚午，反伐之。辛未，伐東圉㊿。冬十月丁巳，晉籍談、荀躒帥九州之戎及焦、瑕、溫、原之師，以納王于王城。庚申，單子、劉蚠以王師敗績于郊，前城(51)人敗陸渾于社(52)。十一月乙酉，王子猛卒(53)。不成喪也。己丑，敬王即位。館于子旅氏。十二月庚戌，晉籍談、荀躒、賈辛、司馬督帥師軍于陰，于侯氏，于谿泉，次于社。王師軍于汜，于解，次于任人。閏月，晉箕遺、樂徵、右行詭濟師取前城，軍其東南。王師軍于京楚。辛丑，伐京(54)，毀其西南。

【注　釋】❶北郭啟　啟，齊大夫，北郭佐之後。❷苑羊牧之　牧之，莒大夫。苑，姓。羊，字。牧之，名。❸壽餘　據《春秋大事年表》說：「(壽餘)在今山東省安邱市境。」❹行成　出訪達成協約，休戰講和。❺盟于稷門之外　結盟在城外，不讓進城門，是有意侮辱之。❻大惡其君　莒國大夫們對國君大為不滿，十分憎惡。❼不令之臣　不好的臣。令，善。❽無寧以為宗羞　無乃為宗廟之羞恥。無寧，無乃。❾請受而戮之　請讓我們接受而後再殺他們。薳越奉命帥師救華氏，故意使人騙宋。(實際上是要接納華氏。)❿拜命之辱　拜辱楚君之命也。⓫戍謀　戍，軍隊防守，援宋部隊。謀，商量。⓬恥無功　楚索取華、向諸人不得，故恥無功。⓭公孫忌為大司馬　接華費遂。⓮邊卬　是宋平公的曾孫，接華定的職位。⓯樂祁　子罕的孫子。⓰仲幾　是仲左的孫子，接向寧的職位。⓱樂大心　接華亥的職位。⓲樂輓　子罕的孫子。⓳王子朝賓起　王子朝是周景王的庶長子。賓起是王子朝的師傅；傅，輔佐並教導太子的人。⓴說之二句　說，通「悅」。喜愛子朝，欲立子朝為太子。兩個「之」皆代子朝。㉑劉獻公句　劉獻公，劉摯。伯蚠，劉狄。單穆公，單旗。㉒王子朝之言　王子朝想得王位的話。㉓自憚其犧　侍者謂，雄雞怕養為祭品，而自殘，毀毛羽。㉔人犧實難　為別人做犧牲品實在難。犧，犧牲；祭祀的祭品。㉕己犧何害　意思是為自己作犧牲有什麼害處呢。暗示請周景王寵愛王子朝立為太子。㉖北山　洛陽的北芒山。㉗將殺單子劉子　王知單、劉不欲立子朝，要乘打獵而先殺之。㉘崩于榮錡氏　王死在榮錡家裏(心臟病暴死)。榮錡，周大夫。氏，謂其家。㉙王　指王猛，即悼王。(太子壽死，王猛為太子。王死，尚未即王之位。)㉚盟羣王子　懼諸王子或盟子期，盟之以孤立子朝。㉛鮮虞　即中山。㉜東陽　自朝歌以北至中山為東陽，即今自河南淇縣，北至河北正定。㉝昔陽　鼓國之地，事見魯昭公十二年昔陽及肥。㉞涉佗　晉大夫。㉟百工　即百官。㊱喪職秩者　職，職位。秩，俸祿。㊲郊要餞　三邑，周地。㊳劉子　即伯蚠。㊴悼王　周景王的兒子王子猛。即位不久就死，王子丐即周敬王即位。因悼王在位時間短，故一般年表上不列。㊵王子還　子朝黨羽，不欲使單子（單旗）得王猛，故取之。㊶單子出　失王，故出奔。㊷殺摯荒　委罪於荒。㊸劉子如劉　劉子（伯蚠）自揚歸其采邑劉地。㊹單子亡　單子（旗）聞王子還之陰謀故出逃。㊺平時　時，在河南省偃師市與鞏義市之間。㊻還姑發弱鬷延定稠　這八位公子全是周靈王、周景王的子孫，不幸在這次王位戰爭中都被單穆公所殺害。㊼王子處　子猛黨羽，守王城，拒子朝。㊽鄩肸伐皇　鄩肸，子朝黨羽。皇，據《讀史方輿紀要》：「訾城在今鞏義市西南四十里。黃亭在訾城北三里。有皇水。《春秋》昭二十二年，劉子、單子以王子猛居于皇，即黃亭也。」㊾焚諸王城　在王城燒死了他。諸，兼詞「之於」。之，代鄩肸。㊿東圉　據《春秋彙纂》上：「周地有東圉、西圉，東圉即圉鄉，在洛陽東南。」是百工所在地。(51)前城　據《水經注》：「伊水自新城，又北經前城西，即昭公二十二年，晉箕遺濟師取前城者也。」(52)社　在今河南鞏義市西北。(53)王子猛卒　《春秋》不記載天子「崩」，而書「王子猛卒」，因他尚未正式即位。(54)伐京　京，在河南省洛陽西南。

【語　譯】魯昭公二十二年春周曆二月十六日，齊國的北郭啟領兵攻打莒國。莒子打算迎戰，苑羊牧之勸諫說：「齊國的元帥地位低下，他的要求不多，不如向他低頭，大國是不能激怒的。」莒子不聽，在壽餘打敗了齊軍。齊侯親自領兵攻打莒國，莒子求和。司馬竈到莒國參加結盟；莒子到齊國參加結盟，安排在稷門外邊盟誓。莒國大夫們因此大為不滿，憎惡國君。

楚國的薳越派人告訴宋國說：「寡君聽說君王有不好的臣下造成君王的憂慮，恐怕成為宗廟的羞恥，寡君請求接受下來加以誅戮。」宋公回答說：「孤沒有才能，不能取得父兄一輩的歡心，以此成為君王的憂慮，煩勞君王下達命令。我們君臣之間每天作戰，如果君王說『我一定要幫助臣下』，也只能唯命是聽。有句老話：『不要經過動亂人家的門口。』君王如果賜恩保護敝邑，不去庇護不忠、獎勵作亂的人，這是孤的願望。請君王考慮一下。」楚國人擔心這件事。諸侯派宋國戍守的將領商量說：「如果華氏感到沒有出路而拚命戰鬥，楚國由於不見功效而很快出兵作戰，這於我們不利。不如讓他們出去，算作楚國的功績，華氏也不能有所作為了。我們救援了宋國，除掉了它的禍害，他們還有什麼要求呢？」於是堅決請求放出華氏，宋國人聽從了。二月二十一日，宋國的華亥、向寧、華定、華貙、華登、皇奄傷、省臧、士平逃亡楚國。宋公派公孫忌做大司馬，邊卬做大司徒，樂祁做司城，仲幾做左師，樂大心做右師，樂輓做大司寇，以使國內的人們安定。

王子朝、賓起受到周景王的寵信，景王和賓起都喜愛王子朝，要立他為太子。劉獻公的庶子伯蚠事奉單穆公，討厭賓起的為人，願意殺掉他；又討厭王子朝的話，認為違背了禮制，願意去掉他。有一次，賓起走到郊外，看到雄雞自己弄斷自己的尾部羽毛。他問為什麼？侍者說：「這是它自己害怕充當犧牲。」賓起匆匆忙忙回來報告景王，而且說：「雞大約是害怕被人使用吧！人就和這不一樣。犧牲是被人使用的，被人使用確實難於做到；被自己使用有什麼妨礙？」景王不回答。夏四月，景王在北山打獵，讓公卿們都跟著，打算殺掉單子、劉子。景王有心臟病，十八日，死在滎錡氏那裏。二十二日，劉子摯死，沒有嫡子，單子立了劉蚠。五月初四日，進見即將即位的王子猛，就乘勢攻擊賓起，殺死了他，和王子們在單子家裏結盟。

晉國佔取鼓地的時候，在宗廟報捷獻俘後，便讓鼓子回國為君。鼓子又背叛晉國，仍舊歸屬鮮虞。六月，荀吳巡視東陽，派部隊偽裝糴米的人背著皮甲在昔陽城門外休息，就乘機襲擊鼓國，滅亡了它，帶著鼓子鳶鞮回國，派涉佗鎮守鼓地。

六月十一日，安葬周景王。王子朝依仗舊官、百工中丟掉官職俸祿的人和靈王、景王的族人發動叛變。王子朝率領郊地、要地、餞地三邑的甲士來驅逐劉子。十六日，劉子逃到揚地。單子在莊宮迎接悼王回自己家裏。王子還夜裏又把悼王帶到莊宮。十七日，單子出奔。王子還和召莊公商量，說：「不殺死單旗，不能算勝利。和他再次結盟，他必然前來。違背盟約而戰勝敵人的事情是很多的。」召莊公聽從了。樊頃子說：「這不成話，必然不能戰勝敵人。」於是王子還事奉悼王追趕單子，到達崿嶺，大張旗鼓地結盟，然後一起回去，殺了摯荒以向單子解釋。劉子去到劉地，單子逃亡。十九日，他逃到平時。王子們追趕他，單子殺了還、姑、發、弱、鬷、延、定、稠八王子，王子朝逃到京地。二十日，單子攻打京地。京地人逃到山裏。劉子進入王城。二十五日，鞏簡公在京地大敗。二十九日，甘平公也在那裏戰敗。

叔鞅從京師到達，說起王室的動亂。閔馬父說：「子朝必然不能戰勝敵人。他所親附的人，都是上天所廢棄的。」

單子想要向晉國報告緊急情況。秋七月初三日，帶著周天子去到平時，又因此去到圃車，住在皇地。劉子去到采邑劉地。單子派王子處在王城守衛，和百工在平宮結盟。十六日，鄩肸攻打皇地，大敗，被俘。十七日，把鄩肸在王城的市上燒死。八月十六日，司徒醜帶領周天子的軍隊在前城大敗。百工叛變，二十四日，攻打單氏的住宅，被打敗。二十五日，單子反攻。二十六日，進攻東圉。冬十月十三日，晉國的籍談、荀躒率領九州的戎人和焦地、瑕地、溫地、原地的軍隊，把周天子送回王城。十六日，單子、劉蚠帶領周天子的軍隊在郊地作戰大敗，前城人在社地打敗陸渾。十一月十二日，王子猛「死」——不稱「王崩」是由於沒有舉行天子喪葬之禮的緣故。十六日，敬王即位，住在子旅氏家裏。十二月初七日，晉國的籍談、荀躒、賈辛、司馬督領兵分別駐紮在陰地、侯地、谿泉和住在社地。周天子的軍隊駐紮在氾地、解地、任人。閏十二月，晉國的箕遺、樂徵、右行詭帶領部隊渡河佔取前城，駐紮在前城的東南。周天子的軍隊駐紮在京楚。二十九日，攻打京地，破壞了它的西南部。

【說　明】本年傳文先記述莒宋兩國的大事，說明春秋末期，大國專事侵略奴役小國。莒國被齊討伐，莒君庚輿拒諫迎戰，以致齊君親征，莒子屈膝求和。這件事引起羣臣「大惡其君」，第二年大夫烏存就「帥國人以逐之」，從此大夫掌握了政權。宋國華氏集團作亂，楚國干與，放華氏出奔，為宋國的繼續戰亂埋下後患。

接下去著重記述成周的王子朝之亂。這場大亂起於周王朝內部。周景王原立嫡長子王子猛為太子，後又想立庶子王子朝，子朝因而有「欲登王位」之語，其師傅賓起又積極為之奔走。周劉獻公、劉蚠與單穆公，惡子朝之言而憎賓起之行，欲殺二人。乘景王「駕崩」，殺賓起，準備來年擁立王子猛即位。子朝則積極拉攏舊官（失職位俸祿者）、百工、靈景（王室）之族作戰，率郊邑、要邑、餞邑之軍，驅逐劉、單外逃封邑，殺戮成周八王子，於是王室與卿大夫集團相持壁壘分明。單劉向諸侯告急，只有晉軍出兵送王子猛入王城，不久子猛死亡；同母弟敬王即位，王室內亂時間延長範圍擴大，成周統治名存實亡。

本年傳說明了春秋末期尊王攘夷已近尾聲，戰國時代七雄鏖兵即將登場。

二十三年

壬午，西元前五一九年。周敬王匄元年、齊景二十九年、晉頃七年、秦哀十八年、楚平十年、宋元十三年、衛靈十六年、陳惠十一年、蔡悼三年、曹悼五年、鄭定十年、燕平五年、吳僚八年、杞平十七年、許男斯四年。

經 二十有三年春王正月，叔孫婼如晉。

癸丑，叔鞅卒。

晉人執我行人叔孫婼。

晉人圍郊。

夏六月，蔡侯東國卒于楚。

秋七月，莒子庚輿來奔。

戊辰，吳敗頓、胡、沈、蔡、陳、許之師于雞父。胡子髡、沈子逞滅，獲陳夏齧。

天王居于狄泉。尹氏立王子朝。

八月乙未，地震。

冬，公如晉，至河，有疾，乃復。

傳 二十三年春王正月壬寅朔，二師❶圍郊。癸卯，郊、鄩潰❷。丁未，晉師在平陰❸，王師在澤邑。王使告間❹，庚戌，還❺。

邾人城翼❻，還，將自離姑❼。公孫鉏曰：「魯將御我。」欲自武城❽還，循山而南。徐鉏、丘弱、茅地曰：「道下遇雨，將不出，是不歸也。」遂自離姑。武城人塞其前❾，斷其後之木而弗殊❿，邾師過之，乃推而蹷之⓫，遂取邾師，獲鉏、弱、地。

邾人愬于晉，晉人來討。叔孫婼如晉，晉人執之。書曰：「晉人執我行人叔孫婼⓬」，言使人也。晉人使與邾大夫坐⓭，叔孫曰：「列國之卿當小國之君，固周制也。邾又夷也。寡君之命介子服回在，請使當之，不敢廢周制故也。」乃不果坐。

韓宣子使邾人聚其眾，將以叔孫與之。叔孫聞之，去眾與兵而朝⓮。士彌牟⓯謂韓宣子曰：「子弗良圖⓰，而以叔孫與其讎，叔孫必死之。魯亡叔孫，必亡邾。

邾君亡國，將焉歸？子雖悔之，何及？所謂盟主，討違命也。若皆相執[17]，焉用盟主？」乃弗與。使各居一館。士伯聽其辭，而愬諸宣子[18]，乃皆執之。士伯御叔孫，從者四人，過邾館以如吏。先歸邾子。士伯曰：「以芻蕘[19]之難，從者之病[20]，將館子於都。」叔孫旦而立，期[21]焉。乃館諸箕[22]。舍子服昭伯於他邑。

范獻子求貨於叔孫，使請冠焉[23]。取其冠法[24]，而與之兩冠，曰：「盡矣。」為叔孫故，申豐以貨如晉。叔孫曰：「見我，吾告女所行貨[25]。」見，而不出。吏人之與叔孫居於箕者，請其吠狗，弗與。及將歸，殺而與之食之。叔孫所館者，雖一日，必葺其牆屋，去之如始至[26]。

夏四月乙酉，單子取訾[27]，劉子取牆人、直人[28]。六月壬午，王子朝入于尹。癸未，尹圉[29]誘劉佗[30]殺之。丙戌，單子從阪道，劉子從尹道伐尹[31]。單子先至而敗，劉子還。己丑，召伯奐、南宮極以成周人戍尹。庚寅，單子、劉子、樊齊以王如劉[32]。甲午，王子朝入于王城，次于左巷[33]。秋七月戊申，鄩羅納諸莊宮[34]。尹辛敗劉師于唐。丙辰，又敗諸鄩。甲子，尹辛取西闈。丙寅，攻蒯，蒯潰[35]。

莒子庚輿虐而好劍。苟鑄劍，必試諸人。國人患之。又將叛齊。烏存帥國人以逐之。庚輿將出，聞烏存執殳而立於道左，懼將止死。苑羊牧之曰：「君過之！

烏存以力聞可矣，何必以弒君成名？」遂來奔。齊人納郊公。

吳人伐州來，楚薳越帥師及諸侯之師奔命㊱救州來。吳人禦諸鍾離。子瑕卒，楚師熸㊲。吳公子光曰：「諸侯從於楚者眾，而皆小國也，畏楚而不獲已，是以來。吾聞之曰：『作事威克其愛，雖小，必濟。』胡、沈之君幼而狂，陳大夫齧壯而頑，頓與許、蔡疾楚政。楚令尹死，其師熸，帥賤、多寵，政令不壹。七國同役而不同心，帥賤而不能整，無大威命，楚可敗也。若分師先以犯胡、沈與陳，必先奔。三國敗，諸侯之師乃搖心矣。諸侯乖亂㊳，楚必大奔。請先者去備薄威㊴，後者敦陳整旅㊵。」吳子從之。戊辰晦，戰于雞父㊶。吳子以罪人三千先犯胡、沈與陳，三國爭之。吳為三軍以繫於後，中軍從王，光帥右，掩餘㊷帥左。吳之罪人或奔或止，三國亂，吳師擊之，三國敗，獲胡、沈之君及陳大夫。舍胡、沈之囚使奔許與蔡、頓，曰：「吾君死矣！」師譟而從之，三國奔，楚師大奔。

書曰「胡子髡、沈子逞滅，獲陳夏齧㊸」，君臣之辭也。不言戰，楚未陳也。

八月丁酉，南宮極震。萇弘謂劉文公曰：「君其勉之！先君㊹之力可濟也。周之亡也，其三川震㊺。今西王㊻之大臣亦震，天弃之矣。東王㊼必大克。」

楚大子建之母在郹㊽，召吳人而啟之。冬十月甲申，吳大子諸樊入郹，取楚夫人與其寶器以歸。楚司馬薳越追之，不及。將死，眾曰：「請遂伐吳以徼之(49)。」薳越曰：「再敗君師，死且有罪。亡君夫人，不可以莫之死也。」乃縊於薳澨(50)。

公為叔孫故如晉，及河，有疾，而復。

楚囊瓦為令尹，城郢(51)。沈尹戌曰：「子常必亡郢。苟不能衛，城無益也。古者，天子守在四夷；天子卑，守在諸侯。諸侯守在四鄰；諸侯卑，守在四竟。慎其四竟(52)，結其四援(53)，民狎其野(54)，三務成功(55)。民無內憂，而又無外懼，國焉用城(56)？今吳是懼(57)，而城於郢，守已小矣。卑之不獲(58)，能無亡乎？昔梁伯溝其公宮而民潰，民棄其上，不亡，何待？夫正其疆埸，脩其土田，險其走集，親其民人，明其伍候，信其鄰國，慎其官守，守其交禮，不僭不貪(59)，不懦不耆(60)，完其守備，以待不虞，又何畏矣？《詩》曰：『無念爾祖，聿脩厥德(61)。』無亦監乎若敖、蚡冒至于武、文，土不過同(62)，慎其四竟，猶不城郢。今土數圻(63)，而郢是城，不亦難乎？」

【注釋】❶二師　指王師、晉師。《經》不書王師，因圍郊以晉師為主力。❷郊鄩潰　郊邑鄩邑皆子朝所得。二邑潰，子朝潰敗也。鄩，在河南省鞏義市西南五十八里。❸平陰　在今河南省孟津縣東一里。❹王使告間　王，指新即位的敬王（王子猛死後，立其同母弟王子匄，是為敬王）派人告晉軍；子朝之亂稍平，己力足以勝之，欲晉軍撤回。告間，疾病好轉。這裏借喻亂軍稍平。❺還 晉軍回國。❻翼 在今山東省南部沂州附近。❼離姑 在今山東費縣西南九十里，故武城之南。❽武城 在今山東省沂州之西。❾塞其前 堵住他前面的路。❿弗殊 殊，斷絕。此指砍伐樹木而不使斷絕。⓫推而蹷之 蹷，亦寫成「蹶」，倒；倒下。指推倒將斷未斷的樹幹，阻住道路。⓬行人叔孫婼 《經》：「晉人執我行人叔孫婼。」說明叔孫是使節，「晉人執之」，違禮，非法。⓭坐 古代訴訟，雙方互相辯論。杜注：「坐訟曲直。」⓮去眾與兵而朝 無隨從，無武器，隻身朝晉君。杜注：「示欲以身死。」⓯士彌牟 即士伯、士景伯，晉臣。⓰弗良圖 弗良，不好。圖，計謀。⓱相執 魯執邾之三大夫，而晉又使邾執叔孫。⓲愬諸宣子 愬，同「訴」。諸，兼詞「之於」。之，代叔孫與士伯的情況。杜注：「二子辭不屈，故士伯愬而執之。」⓳芻蕘 芻，草。蕘，柴草；燃料。⓴從者之病 侍者之辛勞。病，疲。指精疲力盡。㉑期 期待，即待命。㉒箕 在今山西蒲縣東北。㉓請冠焉 以求冠為辭（求錢財為目的）。㉔取其冠法 不知大小，故使人取為冠之模法。（叔孫裝做不知）㉕所行貨 送錢財行賄的地方。㉖去之如始至 這屋離開時和剛到時一樣新。杜注：「不以當去而有所毀壞。」㉗訾 地名，在今鞏義市西南。鞏邑，屬子朝。據《河南通志》：「東訾城在鞏縣西南四十里。即昭公二十三年，單子取訾是也。」㉘牆人直人 今河南新安縣東北有白牆村，可能是牆人；直人應在新安縣之附近。㉙尹圉 即尹文公。㉚劉佗 劉蚠一族，敬王黨羽。㉛單子從阪道二句 阪道為僻路，尹道為入尹之正路。按單子居洛水之北，劉子居洛水之南，疑阪道在北，尹道在南，師行為便，均在今洛陽及宜陽之間。㉜以王如劉 單、劉等帶周敬王到劉地。杜注：「避子朝，出居劉子邑。」㉝左巷 在漢河南縣東北，今洛陽縣西。㉞鄩羅納諸莊宮 鄩羅，周大夫，是鄩肹的兒子。納諸莊宮，即（鄩羅）把王子朝安置入莊宮。㉟蒯潰 蒯，據《一統志》：「今洛陽縣西南十四里有蒯鄉。」蒯潰，尹辛敗劉師於唐、鄩，取西闈而攻下蒯。杜注：「于是敬王居狄泉，辛氏立子朝。」敬王王位又不穩矣。㊱奔命 奉楚平王之命率師奔赴。㊲熸 本義火滅，吳、楚方言。此指楚軍因子瑕病死而喪失氣勢。㊳乖亂 離散叛亂。㊴去備薄威 除去戰備收斂軍威，「示之以不整，以誘之」。㊵敦陳整旅 嚴整陣勢軍容，整飭行伍軍紀。㊶雞父 據《一統志》：「安豐故城在河南固始縣東，雞備城在固始縣東。」㊷掩餘 吳王壽夢的兒子。㊸胡子髡沈子逞滅獲陳夏齧 意思是「胡子髡、沈子逞兩國君被俘，陳國的夏齧也被俘」。胡、沈兩國國君被俘，國家與宗廟隨之亡，故稱「滅」；陳夏齧被俘，他為大夫，故《春秋》書「獲」。㊹先君 指劉文公（劉蚠）之父獻公。㊺其三川震 幽王時，涇水、渭水、洛水地震，河岸皆崩。㊻西王 子朝在王城，故稱西王。㊼東王 敬王居狄泉，在王城之東，故稱東王。㊽建之母在郹 郹，在今河南省新蔡縣境；平王娶秦女，廢太子建，故其母歸其家。㊾儌之 儌，同「僥」。儌倖也，謂伐吳，儌倖求勝。㊿薳澨 在今湖北京山縣兩百餘里，漢水東岸。51城郢增修郢城。楚郢都在今江陵縣北十里。(52)慎其四竟　警惕四方邊境。慎，謹慎；警惕。竟，同「境」。(53)結其四援　結交四方鄰國，作為援助的友邦。(54)民狎其野　狎，安習；安居樂業。野，指自己的土地。(55)三務成功　（春）耕（夏）耘（秋）收，三時之務有收穫。(56)國焉用城　國都哪用修城。(57)今吳是懼　今懼怕吳國。(58)卑之不獲　卑則守在四境，今僅「城」國都，故云「不獲」。不獲，不得到，意即這種最低水平都達不到。(59)不僭不貪　僭，差也。貪，濫也。意即無差失、不貪濫。(60)不懦不耆　懦，懦弱。耆，強橫。(61)無念爾祖聿脩厥德　「無」與「聿」，皆助詞，無義。全句為：思念你的祖先，發揚他們的美德。(62)同　方圓百里為一同。(63)圻　方圓千里為一圻。

【語　譯】昭公二十三年春周曆正月初一，周天子和晉國的兩支部隊包圍了郊地。初二日，郊地、鄩地人潰散。初六日，晉國的軍隊在平陰，周天子的軍隊在澤邑。周天子派人向晉國報告形勢好轉。初九日，晉軍回國。

邾人在翼地築城，回去，打算從離姑那條路上走。公孫鉏說：「魯國將會抵禦我們。」就考慮從武城折回去，沿著山往南走。徐鉏、丘弱、茅地說：「山道一直往下，碰上雨，將會出不去，這就不能回去了。」於是就取道離姑。武城人出兵擋住去路，又把退路兩旁的樹木砍壞而不讓截斷倒下。邾軍經過這裏以後，武城人推倒了樹木，於是消滅邾軍，俘虜了徐鉏、丘弱、茅地。

邾人向晉國起訴，晉國人前來問罪。叔孫婼去到晉國，晉國人就把他逮了。《春秋》記載說：「晉人執我行人叔孫婼」，是說明他們逮了使臣。晉人讓叔孫婼和邾國的大夫辯論，叔孫婼說：「各國的卿相當於小國國君，本是周朝的制度。小小的邾國還是夷人呢。有寡君所任命的副使子服回在，請讓他擔任這件事，這是由於不敢廢棄周朝的制度。」就不去辯論。

韓宣子讓邾人聚集起來，打算把叔孫婼交給他們。叔孫婼聽到了，去掉隨從和武器前去朝見晉君。士彌牟對韓宣子說：「您不好好籌劃一下，而把叔孫婼交給他們的仇人，叔孫必然為此而死。魯國沒有了叔孫，必然滅亡邾國。邾君亡國，回到哪裏去？到時您雖後悔，又有什麼用？所謂盟主，是討伐違命者的。如果你抓我，我抓你，哪裏還用得著盟主？」韓宣子就不把叔孫婼交給邾人，讓他和子服回各住一個賓館。士彌牟聽了他們的辯論，告訴韓宣子，就把他們都逮了。一天，士彌牟為叔孫婼駕車，跟從的有四個人，經過邾人的賓館而到官吏那裏去。先讓邾子回國。士彌牟再對叔孫婼說：「由於柴禾困難，服務人員勞苦，打算讓您住在別的城邑裏。」第二天，叔孫婼一早晨就站著，等候命令。晉國人就讓他住在箕地，讓子服回住在另外的城邑裏。

後來，范獻子向叔孫婼要錢財，卻派人去說，要他送帽子。叔孫婼借來他的帽子，照樣送他兩頂，說：「都在這裏了。」為了叔孫婼的緣故，申豐帶著財貨到晉國來了。叔孫婼說：「來見我，我教你財貨送到哪裏。」申豐進見叔孫婼，就沒有出來了。和叔孫婼一起住在箕地的官吏請求得到他的吠狗，叔孫婼不給。等到將要回去時，卻殺了這條狗和那位官吏一起吃肉。叔孫婼住過的地方，儘管只住一天，也一定修繕牆屋，離開時好像剛到時一樣。

夏四月十四日，單子佔取訾地，劉子佔取牆人、直人。六月十二日，王子朝進入尹地。十三日，尹圉誘騙劉佗把他殺了。十六日，單子從山路、劉子從大道出兵攻打尹地。單子先抵達而戰敗，劉子就回去了。十九日，召伯奐、南宮極帶著成周的軍隊在尹地戍守。二十日，單子、劉子、樊齊帶了周天子去到劉地。二十四日，王子朝進入王城，住在左巷。秋七月初九日，鄩羅把王子朝送到莊宮。尹辛在唐地擊敗劉軍。十七日，又在鄩地擊敗劉軍。二十五日，尹辛佔取西闈。二十七日，進攻蒯地，蒯地人潰散。

莒子庚輿暴虐而喜歡劍，倘若鑄成一劍，必定要用人來試一試。人們都憂慮怨恨。他又打算背叛齊國。莒大夫烏存率領國都的人驅逐他。庚輿將要出國，聽到烏存拿著殳站在路邊，害怕會把他留下殺死。大夫苑羊牧之說：「君王過去吧！烏存憑勇力出名就行了，何必靠殺國君成名？」庚輿就逃亡來魯，齊國把郊公送回莒國即位。

吳人攻打州來，楚國的薳越率領楚國和諸侯的軍隊奉命赴州來援救。吳人在鍾離抵禦他們。令尹子瑕死亡，楚軍士氣低落。吳國的公子光說：「諸侯跟從楚國的很多，而都是小國，因怕楚國而不得已前來。我聽說：『做事威嚴勝過情愛，雖然弱小，必然成功。』胡國、沈國的國君年輕而浮躁，陳國的大夫齧年富力強而頑固不化，頓國和許國、蔡國憎恨楚國的政事。楚國的令尹死了，他們的士氣低落。元帥地位低，而受寵信，政令又不統一。七國同伙不同心，元帥地位低而不能整肅，沒有威信，楚國是可以打敗的。如果分兵先攻胡、沈和陳三國軍隊，他們必然先逃。三國敗退，其餘四國軍心就動搖了。諸侯離散叛亂，楚軍必然全力逃奔。我們要讓先頭部隊不整戰備，收斂軍威，後續部隊嚴整陣勢，整飭行伍。」吳王聽從了。七月二十九日，在雞父作戰。吳王用三千名罪犯先攻胡國、沈國和陳國，三國軍隊爭著俘虜吳軍。吳國整編了三個軍緊跟在後，中軍跟隨吳王，公子光率領右軍，公子掩餘率領左軍。吳國的罪犯有的奔逃，有的停步，三國的軍隊亂了陣腳。吳軍進攻，三國的軍隊敗退，俘虜了胡、沈兩國的國君和陳國的大夫。吳軍釋放胡國、沈國的俘虜讓他們奔逃到許國和蔡國、頓國的軍隊裏，說：「我們的國君死了！」吳軍擂鼓吶喊跟上去，三國的軍隊奔逃，楚軍拚命奔逃。

《春秋》記載說：「胡子髡、沈子逞滅亡，俘獲陳夏齧」，這是對國君和臣下所使用的不同文辭。不提到戰，這是由於楚國沒有擺開陣勢。

八月二十七日地震，南宮極被壓死。萇弘對劉文公說：「君王還是努力吧！先君所致力的事可以成功了。周室滅亡的時候，三川發生地震。現在西王的大臣那裏也發生地震，這是上天丟棄他了。東王必然大勝。」

楚國太子建的母親住在郹地，召來吳國人，為他們打開城門。冬天十月十六日，吳國的太子諸樊進入郹地，帶了楚夫人和她的寶器而回去。楚國的司馬薳越追趕他，沒有追上。打算自殺，大夥說：「乘機攻打吳國，可能僥倖取勝。」薳越說：「再次讓國君的軍隊打敗，死有餘辜。丟了君夫人，我不能不為此而死。」就在薳澨上吊死了。

昭公為了叔孫的緣故去到晉國，到達黃河，有了病就回國了。

楚國的囊瓦做令尹，在郢都增修城牆。沈尹戌說：「囊瓦一定會丟掉郢都。如果不能保衛，增修城牆是沒有好處的。古代，天子的守衛在於四夷；天子的地位降低後，守衛在於諸侯。諸侯的守衛在於四方鄰國；諸侯的地位降低後，守衛在於四方邊境。如果警惕四方邊境，結交四方鄰國，百姓在自己土地上安居樂業，春、夏、秋三時的農事有所收穫。那麼百姓既沒有內憂，又沒有外患，國都何用增修城牆？現在害怕吳國，而在郢都增修城牆，守衛的範圍已經很小了。防守四境都辦不到，還能夠不亡嗎？從前梁伯在宮旁挖溝而百姓潰散，百姓拋棄他們上邊的人，不亡還等什麼？倘能劃定疆界，修治土地，鞏固邊壘，親近百姓，加強守望，不欺鄰國，謹慎官吏的職責，保持外交的禮節，不差失，不貪濫，不懦弱，不強橫；修整自己的防禦，防備意外的發生，這樣，還害怕誰呢？《詩經》上說：『思念你的祖先，發揚他們的美德。』試看若敖、蚡冒到文王、武王，土地不超過百里方圓，警惕四方邊境，尚且不在郢都增修城牆。現在土地超過千里方圓，反而在郢都增修城牆，不是難辦了嗎？」

【說明】魯國武城人襲擊從翼地築城回國的邾軍，俘虜了邾國的三位大夫徐鉏、丘弱、茅地。邾國向晉國告狀，晉國擺出霸主的架勢，不問青紅皂白問罪魯國，把到晉國出使的叔孫婼抓起來，準備交給邾人處置（遭到大臣士景伯的反對而作罷）。晉臣甚至借機進行敲詐，索取財物。這反映了晉國統治階層的腐敗。叔孫婼則拒絕以賄賂脫身，維護了國格和人格。

吳國也大肆侵伐楚國。當時跟隨楚國的都是與之離心離德的小國，加之楚國統治集團內部四分五裂，政令不一，民心渙散，所以州來一仗被吳打得大敗。接著，又被吳輕而易舉地奪去了鄖地，連君夫人也被擄去，楚司馬被逼自殺。雖然繼任的令尹大築郢城，但正如沈尹戌所說，如果「民棄其土」、四鄰不睦，城築得再好也難保。

無論晉國、楚國這些大國，還是莒這樣的小國，統治階層都生活在腐朽沒落之中。莒君庚輿暴虐到每次都用砍人來試他的新劍，終於被國人趕下了臺。

二十四年

癸未，西元前五一八年。周敬王二年、齊景三十年、晉頃八年、秦哀十九年、楚平十一年、宋元十四年、衛靈十七年、陳惠十二年、蔡昭公申元年、曹悼六年、鄭定十二年、燕平六年、吳僚九年、杞平十八年、許男斯五年。

經 二十四年春王三月丙戌，仲孫貜卒。

婼至自晉。

夏五月乙未朔，日有食之。

秋八月，大雩。

丁酉，杞伯郁釐卒。

冬，吳滅巢。葬杞平公。

傳 二十四年春王正月辛丑，召簡公、南宮嚚❶以甘桓公❷見王子朝。劉子謂萇弘曰：「甘氏又往矣。」對曰：「何害？同德度義❸。〈大誓〉曰：『紂有億兆夷人❹，亦有離德❺；余有亂臣❻十人，同心同德。』此周所以興也。君其務德，無患無人。」戊午，王子朝入于鄔❼。

晉士彌牟逆叔孫于箕。叔孫使梁其踁❽待于門內，曰：「余左顧而欬❾，乃殺之。右顧而笑，乃止。」叔孫見士伯。士伯曰：「寡君以為盟主之故，是以久子❿。不腆敝邑之禮⓫，將致諸從者⓬，使彌牟逆吾子。」叔孫受禮而歸。二月，

「婼至自晉」，尊晉也。

三月庚戌，晉侯使士景伯⑬涖問周故⑭。士伯立于乾祭⑮，而問於介眾⑯。晉人乃辭王子朝，不納其使⑰。

夏五月乙未朔，日有食之。梓慎曰：「將水。」昭子曰：「旱也。日過分而陽猶不克，克必甚，能無旱乎？陽不克莫，將積聚也。」

六月壬申，王子朝之師攻瑕及杏⑱，皆潰。

鄭伯如晉，子大叔相見范獻子。獻子曰：「若王室何？」對曰：「老夫其國家不能恤，敢及王室？抑人亦有言曰：『嫠不恤其緯⑲，而憂宗周之隕⑳，為將及焉。』今王室實蠢蠢㉑焉，吾小國懼矣；然大國之憂也，吾儕㉒何知焉？吾子其早圖之！《詩》㉓曰：『缾之罄㉔矣，惟罍之恥㉕。』王室之不寧，晉之恥也。」獻子懼，而與宣子圖之。乃徵會於諸侯，期以明年。

秋八月，大雩，旱也。

冬十月癸酉，王子朝用成周之寶珪于河㉖。甲戌，津人㉗得諸河上。陰不佞以溫人南侵，拘得玉者，取其玉。將賣之，則為石。王定而獻之，與之東訾㉘。

楚子為舟師以略吳疆㉙。沈尹戌曰：「此行也，楚必亡邑。不撫民而勞之，吳不動而速之，吳踵楚，而疆埸無備，邑，能無亡乎？」越大夫胥犴勞王於豫章之汭㉚，越公子倉歸王乘舟㉛。倉及壽夢帥師從王，王及圉陽㉜而還。吳人踵楚，而邊人不備，遂滅巢及鍾離而還。沈尹戌曰：「亡郢之始於此在矣。王壹動而亡二姓之帥㉝，幾如是而不及郢㉞？《詩》曰：『誰生厲階？至今為梗㉟。』其王之謂乎？」

【注釋】❶召簡公南宮嚚　召簡公是召莊公的兒子召伯盈；南宮嚚是南宮極的兒子。❷甘桓公　是甘平公的兒子。❸同德度義　度，與「宅」通，「在」的意思。此處謂：同心同德的人在於合乎義理，而王子朝不能這樣，所以根本不必怕他。❹億兆夷人　即億兆人。夷，為語中助詞，無義。❺亦有離德　大有離心離德者。亦，借為「奕」，《說文》：「大也。」❻亂臣　治亂之臣。「亂」反訓為治。杜注：「我有治臣十人，雖少，同心也。」❼鄍　今河南省偃師市西南。❽梁其踁　叔孫婼的家臣。曾隨叔孫豹出使於晉國。❾左顧而欬　用眼向左邊看而咳嗽為刺殺的暗號。欬，同「咳」。咳嗽。❿是以久子　因此久留您在晉國。此處的「久」當動詞用，意思就是把叔孫婼扣留在晉國很久。⓫不腆敝邑之禮　敝邑略備菲薄之禮。不腆，菲薄。腆，豐厚。⓬致諸從者　致送享禮給你的隨從。「從者」實指叔孫。古人常用「執事」、「從者」、「左右」稱對方等詞，表面上是給下屬，這是一種表敬方式。諸，兼詞「之於」。之，代享禮。於，介詞。給。⓭士景伯　即士彌牟、士伯。⓮涖問周故　涖，臨。就問子朝、敬王，知誰曲直也。⓯乾祭　王城北門。在今河南省洛陽市西北。⓰介眾　向廣大羣眾詢問。介，大也。⓱不納其使　不接納他（王子朝）的使者。杜注：「眾言子朝曲故。」⓲瑕杏　瑕、杏二城是周敬王的邑，在洛陽東北。⓳嫠不恤其緯　嫠，寡婦。恤，憂。杜注：「織者常苦緯線少，寡婦所宜憂。」⓴隕　墜落，借為國之衰落滅亡。㉑蠢蠢　動擾貌。《說文》：「蠢，亂也。」㉒吾儕　我們。㉓詩　《詩經・小雅・蓼莪》。㉔缾之罄　缾，今作「瓶」，容量小，酒瓶。罄，盡；完。㉕罍之恥　罍，古代盛酒器，容量大；罍中酒不注入空瓶，故曰「恥」。㉖寶珪于河　禱河求福。黃河經過王城，故王子朝獻珪給河神以求福。㉗津人　為渡口撐渡船的人。津，渡口。㉘東訾　據《春秋彙纂》引《後漢書》：「鞏有東訾，今名訾城在鞏義市西南四十里，俗名訾店。」㉙略吳疆　「行吳界將侵之」的意思。略，行也。㉚豫章之汭　豫章，漢水東，長江北岸地名。汭，河流彎曲的地方。㉛歸王乘舟　歸，讀為「饋」(餽)，贈送。乘舟，自己坐的船。㉜圉陽　應在巢附近，巢近巢湖，疑在今無為縣東北百里之裕溪河口。㉝亡二姓之帥　二姓之帥，守巢、鍾離的大夫。㉞幾如是而不及郢　幾，幾次。如是，像這樣。㉟誰生厲階二句　厲，惡。階，臺階。階以登堂，喻引發禍亂。梗，病，引申為災禍。

【語　譯】二十四年春周曆正月初五日，召簡公、南宮嚚帶著甘桓公進見王子朝。劉子對萇弘說：「甘氏又去了。」萇弘回答說：「有什麼妨礙？同心同德在於合乎正義。〈大誓〉說：『紂有億兆人，大有離心離德者；我有治世之臣十個人，同心同德。』這就是周朝所以興起的原因。君王還是致力於德行，不要擔心沒有人。」

二十二日，王子朝進入鄔地。

晉國士彌牟在箕地迎接叔孫。叔孫派梁其踁埋伏在門裏邊，說：「我向左邊看並且咳嗽，就把他殺了。我向右邊看並且笑笑，就不要動手。」叔孫接見士彌牟。士彌牟說：「寡君因做盟主的緣故，因此把您久留在敝邑。敝邑略備菲薄之禮，打算致送給您的隨從，謹派彌牟來迎接您。」叔孫接受了贈賄餞行的享禮回國。二月，《春秋》記載了「婼至自晉」，這是表示尊重晉國。

三月十五日，晉侯派士彌牟到王城調查周朝發生的事故。士伯站在乾祭門上，向大眾詢問。晉國人就辭謝王子朝，不接納他的使者。

夏五月初一日，日食。梓慎說：「將要發生水災。」昭子說：「這是旱災。太陽過了春分而陽氣還不勝陰氣，陽氣的提升就會超過，能不旱嗎？陽氣不勝陰氣，正在積聚陽氣。」

六月初八日，王子朝的軍隊攻打瑕地和杏地，兩邑的軍隊都潰敗。

鄭定公去到晉國，子太叔相禮，進見范獻子。范獻子說：「把王室怎麼辦？」子太叔回答說：「我老頭子對自己的國家和家族都不能操心，豈敢及於王室？人們有話說：『寡婦不操心緯線，而憂慮宗周的隕落，因為禍患也會到她頭上。』現在王室確實動亂不安，我們小國害怕了；然而大國的憂慮，我們知道什麼呢？您還是早作打算。《詩經》說：『酒瓶空空，是酒罈的恥辱。』王室不安寧，這是晉國的恥辱。」范獻子害怕，和韓宣子商量。於是就召集諸侯會見，時間定在下一年。

秋八月，舉行盛大的雩祭，這是由於發生了旱災。

冬十月十一日，王子朝使用成周的寶珪沉在黃河裏向河神祈禱。十二日，渡船的船工在黃河邊得到了這塊寶珪。陰不佞帶著溫地人往南襲擊王子朝，拘捕了得到珪玉的人，把珪玉拿過來。打算出賣它，它變成了石頭。陰不佞等王室安定以後把它奉獻給周天子，周天子把東訾地方賜給他。

楚平王組織水軍去侵襲吳國。沈尹戌說：「這一趟，楚國必然失去城邑。不安撫百姓而讓他們疲憊，吳國沒有動靜而促使它迅速出動，吳國追逐楚國，而楚國邊境沒有守備，城邑能夠不丟掉嗎？」越國的大夫胥犴在豫章的江邊慰勞楚王，越國的公子倉把座船贈送給楚王。公子倉和壽夢領兵跟隨楚王。楚王到達圉陽而回去。吳軍緊緊追逐楚軍，而邊境的守軍沒有戒備，吳國人就滅掉了巢地和鍾離而回去。沈尹戌說：「這是失去郢都的開始。君王一動而失兩帥，這樣來幾次，不會兵臨城下麼？《詩》說：『誰起禍端？至今為害。』說的就是君王吧？」

【說　明】本年傳續寫周室之亂，暗示王子朝將敗。王子朝把成周的寶珪沉入黃河，求神保佑。寶珪被人撈起，變成石頭，後來又被獻給周天子。故事有傳奇色彩，也帶諷喻意味。

作者還交代了晉國釋放被扣留的叔孫婼，送禮示歉。這是晉國這位「霸主」的又一次自打耳光。

作者特地借鄭國使者子太叔見晉范獻子時的對話，分析周室動亂的國際影響：它使小國膽顫心驚，使大國憂心忡忡。它預示了整座舊社會的大廈行將塌倒，各國統治者人人自危。鄭使還說「王室之不寧，晉之恥也。」說晉已無力扶持。

楚王輕舉妄動，組織水軍襲吳，不看敵國的動靜，不顧百姓困頓疲勞，沈尹戌預言，這將是「兵臨郢都」的開始，預示了楚國衰亡的命運。

二十五年

甲申，西元前五一七年。周敬王三年、齊景三十一年、晉頃九年、秦哀二十年、楚平十二年、宋元十五年、衛靈十八年、陳惠十三年、蔡昭二年、曹悼七年、鄭定十三年、燕平七年、杞悼公成元年、吳僚十年、許男斯六年。

經 二十有五年春，叔孫婼如宋。

夏，叔詣會晉趙鞅、宋樂大心、衛北宮喜、鄭游吉、曹人、邾人、滕人、薛人、小邾人于黃父。

有鸜鵒來巢。

秋七月上辛，大雩；季辛，又雩。

九月己亥，公孫于齊，次于陽州。齊侯唁公于野井。

冬十月戊辰，叔孫婼卒。

十有一月己亥，宋公佐卒于曲棘。

十有二月，齊侯取鄆。

傳 二十五年春，叔孫婼聘于宋。桐門右師❶見之。語，卑宋大夫而賤司城氏❷。

昭子告其人曰：「右師其亡乎！君子貴其身，而後能及人，是以有禮。今夫子卑其大夫而賤其宗，是賤其身❸也，能有禮乎？無禮，必亡。」宋公享昭子，賦〈新宮〉❹。昭子賦〈車轄〉❺。明日宴，飲酒，樂，宋公使昭子右座，語相泣也。樂祁佐，退而告人曰：「今茲君與叔孫其皆死乎！吾聞之：『哀樂而樂哀❻，皆喪心也。』心之精爽，是謂魂魄。魂魄去之，何以能久？」

季公若之姊為小邾夫人，生宋元夫人❼，生子❽，以妻季平子。昭子如宋聘，且逆之。公若從❾，謂曹氏勿與❿，魯將逐之⓫。曹氏告公。公告樂祁。樂祁曰：「與之。如是⓬，魯君必出⓭。政在季氏三世矣⓮，魯君喪政四公矣⓯。無民而能逞其志者，未之有也，國君是以鎮撫其民。《詩》⓰曰：『人之云亡，心之憂矣。』魯君失民矣，焉得逞其志？靖以待命⓱猶可，動必憂。」

夏，會于黃父⓲，謀王室⓳也。趙簡子令諸侯之大夫輸王粟、具戍人，曰：「明年將納王⓴。」

子大叔見趙簡子，簡子問揖讓、周旋之禮焉。對曰：「是儀也，非禮也。」簡子曰：「敢問，何謂禮？」對曰：「吉也聞諸先大夫子產曰：『夫禮，天之經㉑也，地之義㉒也，民之行㉓也。』天地之經㉔，而民實則之㉕。則天之明㉖，因地之性㉗，生其六氣㉘，用其五行㉙。氣為五味，發為五色㉚，章為五聲㉛。淫㉜則昏亂，民失其性㉝，是故為禮以奉之：為六畜㉞、五牲㉟、三犧㊱，以奉五味；為九文㊲、六采㊳、五章，以奉五色㊴；為九歌、八風、七音、六律㊵，以奉五聲。為君臣上下，以則地義㊶；為夫婦外內㊷，以經二物㊸；為父子、兄弟、姑姊、甥舅、昏媾、姻亞，以象天明，為政事、庸力、行務，以從四時㊹；為刑罰威獄，使民畏忌，以類其震曜殺戮㊺；為溫慈惠和，以效天之生殖長育。民有好惡、喜怒、哀樂，生于六氣，是故審則宜類，以制六志㊻。哀有哭泣，樂有歌舞，喜有施舍，怒有戰鬭；喜生於好，怒生於惡。是故審行信令㊼，禍福賞罰，以制死生。生，好物㊽也；死，惡物也。好物，樂也；惡物，哀也。哀樂不失㊾，乃能協于天地之性，是以長久。」簡子曰：「甚哉，禮之大也！」對曰：「禮，上下之紀㊿、天地之經緯(51)也，民之所以生也，是以先王尚(52)之。故人之能自曲直以赴禮(53)者，謂之成人。大，不亦宜乎？」簡子曰：「鞅也，請終身守此言也。」

宋樂大心曰：「我不輸粟。我於周為客，若之何使客？」晉士伯曰：「自踐土以來，宋何役之不會，而何盟之不同？曰『同恤王室』，子焉得辟之？子奉君命，以會大事，而宋背盟，無乃不可乎？」右師不敢對，受牒(54)而退。士伯告簡子曰：「宋右師必亡。奉君命以使，而欲背盟以干盟主，無不祥大焉55。」「有鸜鵒來巢56」，書所無也。師己57曰：「異哉！吾聞文、成之世58，童謠有之，曰：『鸜之鵒之，公出辱之59。鸜鵒之羽60，公在外野61，往饋62之馬。鸜鵒跦跦63，公在乾侯64，徵褰與襦65。鸜鵒之巢，遠哉遙遙，裯父66喪勞，宋父以驕。鸜鵒鸜鵒，往歌來哭67。』童謠有是。今鸜鵒來巢，其將及乎！」

秋，書再雩，旱甚也。

初，季公鳥68娶妻於齊鮑文子，生甲。公鳥死，季公亥與公思展與公鳥之臣申夜姑相其室69。及季姒70與饔人檀通71，而懼，乃使其妾抶己72，以示秦遄之妻73曰：「公若欲使余，余不可而抶余。」又訴於公甫，曰：「展與夜姑將要余74。」秦姬以告公之。公之與公甫告平子，平子拘展於卞，而執夜姑，將殺之。公若泣而哀之，曰：「殺是，是殺余也75。」將為之請，平子使豎勿內76，日中不得請。有司逆命，公之使速殺之。故公若怨平子。

季、郈之雞鬥。季氏介其雞77，郈氏為之金距78。平子怒，益宮於郈氏，且讓之79。故郈昭伯80亦怨平子。

臧昭伯之從弟會81為讒於臧氏，而逃於季氏。臧氏執旃。平子怒，拘臧氏老82。

將禘於襄公，萬者二人，其衆萬於季氏[83]。臧孫曰：「此之謂不能庸先君之廟[84]。」大夫遂怨平子。

公若獻弓於公為[85]，且與之出射於外，而謀去季氏[86]。公為告公果、公賁[87]。公果、公賁使侍人僚柤告公。公寢，將以戈擊之，乃走。公曰：「執之！」亦無命也[88]。懼而不出，數月不見，公不怒。又使言，公執戈以懼之，乃走。又使言，公曰：「非小人之所及也。」公果自言，公以告臧孫。臧孫以難[89]，告郈孫。郈孫以可，勸[90]。告子家懿伯[91]。懿伯曰：「讒人[92]以君徼幸[93]，事若不克，君受其名，不可為也。舍民[94]數世，以求克事，不可必也。且政在焉[95]，其難圖也。」公退之[96]。辭曰：「臣與聞命矣，言若洩，臣不獲死[97]。」乃館於公宮。

叔孫昭子如闞[98]，公居於長府[99]。九月戊戌，伐季氏，殺公之于門，遂入之。平子登臺而請[100]曰：「君不察臣之罪，使有司討臣以干戈，臣請待於沂上[101]以察罪。」弗許。請囚于費，弗許。請以五乘亡[102]，弗許。子家子曰：「君其許之[103]！政自之出久矣，隱民多取食焉[104]，為之徒者衆矣。日入慝作[105]，弗可知也。衆怒不可蓄[106]也，蓄而弗治，將薀[107]。薀蓄，民將生心[108]。生心，同求將合[109]。君必悔之！」弗聽。郈孫曰：「必殺之。」

公使郈孫逆孟懿子[110]。叔孫氏之司馬鬷戾言於其眾曰：「若之何？」莫對，又曰：「我，家臣也，不敢知國。凡有季氏與無，於我孰利？」皆曰：「無季氏，是無叔孫氏也。」鬷戾曰：「然則救諸[111]！」帥徒以往，陷西北隅以入。公徒釋甲執冰而踞[112]，遂逐之。孟氏使登西北隅，以望季氏。見叔孫氏之旌，以告。孟氏執郈昭伯，殺之[113]于南門之西，遂伐公徒。子家子曰：「諸臣偽劫君者，而負罪以出，君止。意如之事君也，不敢不改。」公曰：「余不忍也[114]。」與臧孫如墓謀[115]，遂行。

己亥，公孫于齊[116]，次于陽州。齊侯將唁公于平陰[117]，公先至于野井[118]。齊侯曰：「寡人之罪也。使有司待于平陰，為近故也。」書曰：「公孫于齊，次于陽州[119]。齊侯唁公[120]于野井。」禮也。將求於人，則先下之，禮之善物也。齊侯曰：「自莒疆以西，請致千社[121]，以待君命。寡人將帥敝賦以從執事，唯命是聽。君之憂，寡人之憂也。」公喜。子家子曰：「天祿不再。天若胙君，不過周公[122]。以魯足矣。失魯而以千社為臣，誰與之立[123]？且齊君無信，不如早之晉。」弗從。

臧昭伯率從者將盟，載書曰：「戮力壹心[124]，好惡同之。信罪之有無[125]，繾綣[126]從公，無通外內！」以公命示子家子[127]。子家子曰：「如此，吾不可以盟。」

羈也不佞，不能與二三子同心，而以為皆有罪[128]。或欲通外內，且欲去君。二三子好亡而惡定[129]，焉可同也？陷君於難，罪孰大焉？通外內而去君，君將速入，弗通何為？而何守焉？」乃不與盟。

昭子自闞歸，見平子。平子稽顙[130]，曰：「子若我何？」昭子曰：「人誰不死？子以逐君成名，子孫不忘，不亦傷乎？將若子何？」平子曰：「苟使意如得改事君，所謂生死而肉骨[131]也。」昭子從公于齊，與公言。子家子命適公館者執之。公與昭子言於幄內，曰：「將安眾而納公[132]。」公徒將殺昭子，伏諸道。左師展告公。公使昭子自鑄歸。平子有異志[133]。冬十月辛酉，昭子齊於其寢[134]，使祝宗祈死[135]。戊辰，卒。左師展將以公乘馬而歸，公徒執之。

壬申，尹文公[136]涉于鞏[137]，焚東訾[138]，弗克。

十一月，宋元公將為公故如晉[139]，夢大子欒即位於廟，己與平公[140]服而相之。旦，召六卿。公曰：「寡人不佞，不能事父兄，以為二三子憂，寡人之罪也。若以羣子之靈，獲保首領以歿，唯是楄柎[141]所以藉幹[142]者，請無及先君[143]。」仲幾對曰：「君若以社稷之故，私降昵宴[144]，羣臣弗敢知。若夫宋國之法，死生之度，先君有命[145]矣，羣臣以死守之，弗敢失隊[146]。臣之失職，常刑不赦[147]。臣不忍其死，君命祇辱[148]。」宋公遂行。己亥，卒于曲棘[149]。

十二月庚辰，齊侯圍鄆。

初，臧昭伯如晉，臧會竊其寶龜僂句[150]，以卜為信與僭[151]，僭吉[152]。臧氏老將如晉問，會請往。昭伯問家故，盡對。及內子與母弟叔孫，則不對。再三問，不對。歸，及郊，會逆。問，又如初。至，次於外而察之，皆無之[153]。執而戮之，逸，奔郈[154]。郈魴假使為賈正[155]焉。計於季氏，臧氏使五人以戈楯伏諸桐汝之閭，會出，逐之，反奔。執諸季氏中門之外。平子怒，曰：「何故以兵入吾門？」拘臧氏老。季、臧有惡。及昭伯從公，平子立臧會[156]。會曰：「僂句不余欺[157]也。」

楚子使薳射城州屈，復茄[158]人焉；城丘皇，遷訾[159]人焉。使熊相禖[160]郭巢，季然郭卷[161]。子大叔聞之，曰：「楚王將死矣。使民不安其土，民必憂，憂將及王，弗能久矣。」

【注　釋】❶桐門右師　《通志・氏族略》云：「宋國樂大心為右師，『食采桐門』」（其封邑、取食俸祿在桐門地方）便以食邑「桐門」作為姓氏。❷卑宋大夫而賤司城氏　卑，貶低。賤，輕視。皆意動用法。即以之為「卑」「賤」。「司城氏」即宋大夫樂祁，與大心同族而有隙。❸賤其身　貶低自己。❹賦新宮　逸詩、或謂即指《詩經・小雅・斯干》，歌頌貴族建築新宮，末句，表達女兒出嫁後，不為娘家帶來憂愁。❺賦車轄　《詩經・小雅》，周人思得賢女以配君子。昭子將為季孫迎宋公女，故賦之。❻哀樂而樂哀　杜注：「可樂而哀」、「可哀而樂」。❼宋元夫人　指宋元公夫人，她是魯國季孫意如的表姊。❽生

子　意為生女兒。古代，生男孩、生女子，都用生子。❾公若從　昭子聘宋，並代季平子迎娶新娘。季平子的叔叔季公若跟來宋國，去告訴宋君夫人（他的甥女）：現在別將女兒遣魯出嫁，因魯君將要驅逐季平子。❿曹氏勿與　宋元夫人本姓曹，「曹氏」即曹家。勿與，不給與；不把女兒出嫁給魯國人季平子。⓫魯將逐之　魯君將要驅逐他——季平子。⓬如是　如，如果。是，這樣。⓭魯君必出　必，一定。出，出奔（逃亡外國）。⓮三世矣　季文子、季武子、季平子，三代；為魯上卿掌權三代了。⓯魯君喪政四公矣　指魯國君喪失政權已經四代了。即魯宣公、魯成公、魯襄公、魯昭公。⓰詩　《詩經・大雅・瞻卬》：「人之云亡，心之憂矣。」原詩指人才（賢君、人才）喪失，為心中憂愁。樂祁引用此句，「人」指人民，用以證明「無民而能逞其志者，未之有也。」⓱靖以待命　靖，安也；靜也。命，天命。⓲黃父　晉地，又名黑壤，在今山西省沁水縣西南五十里。⓳謀王室　周王室有王子朝之亂，商量安定王室。⓴納王　把周敬王（天子）送回首都。㉑經　規範。㉒義　準則。㉓民之行　是百姓行動的依據。㉔天地之經　天經地義絕對準確的典範。㉕民實則之　百姓切切實實地效法。則，效法；實踐。㉖則天之明　效法上天（日、月、星）的明亮。㉗因地之性　順應大地（高下、剛柔）的本性。㉘六氣　指陰陽、風雨、晦明。㉙五行　即金、木、水、火、土。㉚五色　指青、黃、赤、白、黑。㉛五聲　指宮、商、角、徵、羽。㉜淫　過分；無節制。㉝民失其性　滋味聲色，過則傷性。㉞六畜　指馬、牛、羊、雞、犬、豕。㉟五牲　牛、羊、雞、犬、豕。（馬不用）㊱三犧　始用叫「畜」，將用叫「牲」，毛羽完具叫「犧」。三犧即牛、羊、豕，用於祭天、祭地、祭宗廟。（都不用雞、犬）㊲九文　九種文彩：龍、山、華（花）蟲、火、虎與長尾猴，此五種皆畫於衣上；藻（水草）、粉米（白米）、黼（黑白二色花紋）、黻（黑青交錯花紋），此四者繡於裳上。㊳六采　杜注：「青與白、赤與黑、玄與黃相次，謂之六色。」㊴五章以奉五色　青和紅叫「文」，紅和白叫「章」，白和黑叫「黼」，黑和青叫「黻」。㊵九歌八風七音六律　詳見魯昭公十二年注解。㊶為君臣上下以則地義　君臣有尊卑，法地有高下。則，法；效法。㊷夫婦外內　外內即夫婦，古人以夫治外，婦治內。㊸二物　謂陰陽，亦即剛柔。㊹以從四時　謂「在君為政，在臣為事；民功曰庸，治功曰力，行其德教，務其時要，禮之本也。」㊺以類其震曜殺戮　杜注：「震為雷震，曜謂電曜，可以殺人。意謂古人作刑罰牢獄，是以雷電諸天象為法而象之。」㊻以制六志　六志，指好、惡、喜、怒、哀、樂。以制六志，為禮以制「好惡、喜怒、哀樂」六志，使不過節。㊼審行信令　審，慎也。統治者慎其所行，政令出，必使國人信之。㊽物　事也；事情。㊾哀樂不失　親人死傷，悲哀；親人生子、結婚，快樂，皆不失於禮。㊿紀　綱紀。(51)天地之經緯　是天經地義的；即理所當然，不容置疑，絕對正確的。(52)尚　崇尚弘揚。(53)曲直以赴禮　人有委曲其情以赴禮者，也有本其情性以赴禮者。(54)牒　簡札，此處指上面寫明宋國輸粟、具成之事的簡札。(55)無不祥大焉　意同「不祥莫大焉」，變了句法，言再無兇禍之事大於此。(56)鸜鵒來巢　鸜鵒，即八哥，毛色黑綠。來巢，來營巢（做窩）。(57)師己　魯大夫。(58)文成之世　即魯文公、魯宣公、魯成公三世。不寫「宣公」，省略。(59)公出辱之　出，逃亡。辱，受侮辱。(60)羽　翅膀。名詞作動詞。飛翔。(61)外野　遠郊，荒野。(62)往饋　去送食物。饋，以食物送人。(63)跦跦　跳行的樣子。(64)乾侯　晉邑。在今河北成安縣。「其地水常涸」故名。(65)徵褰與襦　徵，求也。褰，套褲。襦，短衣。(66)裯父　裯，昭公之名。父，也寫作「甫」，男子之通號。(67)往歌來哭　「昭公生出，歌；死還，哭。」活著出國還唱歌，客死異國靈柩運歸，該一路號哭。(68)季公鳥　季公亥之兄，平子庶叔父。季公亥即季公若。(69)相其室　相，治也。謂三人共同經理其家道。(70)季姒　季姒是公鳥妻，鮑文子之女。(71)饔人檀通　檀，季氏家臣之主飲食者。通，私通。(72)妾抶己　使婢女鞭打自己。妾，婢女。抶，鞭打。(73)秦遄之妻　秦遄，魯大夫。妻，公鳥妹，秦姬也。(74)將要余　要；要挾，要脅。(75)殺是二句　殺這個人（夜姑）就是殺掉我。(76)使豎勿內　豎，左右小吏。勿內，就是不讓進去。內，同「納」。(77)介其雞　介，古代戰士之盔甲。這裏「介」作動詞，是給雞穿皮甲。(78)為之金距　距，公雞足後尖突硬骨，為戰鬥武器。郈氏替雞距包上金屬（用銅作的雞爪），增強戰鬥力。(79)讓之　平子責怪郈氏。讓，責備；責怪。(80)昭伯　是臧為的兒子。(81)從弟會　堂房弟弟臧會。從，堂房親屬。(82)臧氏老　臧氏家臣中的總管事。(83)其眾萬於季氏　其眾在季氏那裏跳「萬」舞。萬，作動詞。跳「萬」舞。(84)庸先君之廟　使昭公祭其父以報襄公之功。庸，作動詞。功曰庸，疇功亦曰庸。(85)公若公為　季公若，平子叔，已怨平子。公為，昭公子務人。(86)謀去季氏　謀，商量。去，除去。(87)公果公賁　兩人都是昭公之子，公為之弟。(88)公曰執之亦無命也　昭公隨口叫「抓住他」，實是沒有旨令的。(89)以難　以為難成事。(90)以可勸　以為逐季氏可為，慫恿昭公為之。(91)子家懿伯　即子家羈，莊公的玄孫。(92)讒人　懿伯指的是公若、郈孫，以為他們讒毀季氏。(93)以君徼幸　憑靠昭公而行徼倖萬一（驅平子得逞）之事。(94)舍民　自文公以來，政權與民心都不在公室。舍民，捨百姓。(95)政在焉　政權掌在此人。焉，兼詞。於此。(96)公退之　退，使動詞。使之退。(97)不獲死　亦云不得死，不得好死。(98)闞　魯邑，在今山東省南旺湖中。(99)長府　藏財貨之府庫。(100)登臺而請　平子在季氏家中的高臺上請求。(101)請待於沂上　懇請待罪於沂河邊上。(102)請以五乘亡　請求讓他帶五輛車逃亡國外。(103)君其許之　國君可要許可啊。其，副詞，表希望、祈求語氣。(104)隱民多取食焉　隱民，窮困人民。焉，兼詞。於是；在季氏那裏。(105)日入慝作　慝作，奸惡發作，姦人將起，叛君助季氏。(106)眾怒不可蓄　三請不許，季氏之眾必蓄怒。(107)將蘊　眾積怒於心而不加妥善處理，怒氣將盛。蘊，盛也。(108)生心　生叛變公室、國君之心。(109)同求將合　言與季氏共同要求的叛君者將聯合。同求，求叛君。(110)孟懿子　即仲孫何忌。(111)然則救諸　這樣的話，那麼去救他吧。諸，兼詞「之於」之合音，「之」指季氏。112釋甲執冰而踞　解下盔甲，拿著箭筒（代水杯）。踞，蹲坐。113殺之之，代郈昭伯。孟氏以此表示與昭公決絕。114余不忍也　意謂不能忍季氏之譖越欺辱（氣不過）。115如墓謀　到祖墳前商量逃亡。116公孫于齊　公，昭公。孫，本國之君或其夫人出亡，不稱「奔」，而稱「孫」。孫，同「遜」。意思是魯昭公逃到齊國。117平陰　在今河北省孟津縣東一里。118野井　野井在長清縣豐齊鎮東北，玉符水東岸。119陽州　在今山東省東平縣東北境。120唁公　古時對亡國者的慰問。唁，對不幸者的慰問。公，指昭公。121請致千社　千社，二十五家叫一社，即二萬五千戶；欲以此給昭公。122天若胙君不過周公　胙，同「祚」。福；賜福。周公，周公封於魯國，「周公」即指魯國。123誰與之立　誰為君復位。「立」與「位」古文同。124戮力壹心　戮力，努力；盡力。壹心，即同心，齊心合力。125信罪之有無　信，明察。處者有罪，從者無罪。126繾綣　猶言堅決，堅定不拔。127子家子　即子家羈。128以為皆有罪　隨從者陷害昭公，居留者驅逐昭公，兩者都有罪。129好亡而惡定　喜好逃亡，憎惡昭公復國定位。130稽顙　稽首為磕頭；稽顙為磕頭而額觸地。稽顙為凶拜，此平子表示自己驅逐國君之哀戚。131生死而肉骨　生死，使死者復生。肉骨，使白骨長肉。意即再生之恩。132將安眾而納公　昭子請（公）歸，安（定羣）眾。133平子有異志　指季孫意如不願意讓魯昭公回國。134昭子齊於其寢　齊，同「齋」。齋戒。意思是：昭子在自己房內齋戒沐浴。135使祝宗祈死　派遣祝宗為他祈求死亡。祈，祈禱有所求。祈死，求神靈使自己死亡。詛咒：「愛我者惟祝我，使我速死。」杜注：「恥為平子所欺，因祈而自殺。」136尹文公　子朝黨羽。137涉于鞏　在鞏義市涉洛水。涉，在河裏趟水行。138焚東訾　火燒東訾（敬王）邑。139為公故如晉　為魯昭公的緣故去晉國，請晉國接待昭公。140平公　是宋元公的父親。141楄柎　古時棺木墊死人之木板。142藉幹　藉，謂身臥上。幹，身體（屍體）。143請無及先君　指一切葬具請不要達到先君的規格。144私降昵宴　昵，近也。降昵宴謂損親近聲樂飲食之事。145有命　有成文規定。146失隊　隊，同「墜」。失墜，違背。147常刑不赦　法律是不能赦免的。148君命祇辱　杜注：「言命必不行。祇，適也。」149曲棘　地名。據《讀史方輿紀要》：「外黃城在今河南杞縣東北六十里。」150寶龜僂句　僂句，龜所出地名。151以卜為信與僭　信，誠實。僭，不誠實。152僭吉　卜的結果是不誠實反而吉利。153皆無之　皆無可疑之事。154逸奔郈　臧會逃走，至郈地。155賈正　掌貨物，使有常價，若市吏。156立臧會　立（臧會）以為臧氏後。157僂句不余欺　寶龜僂句不騙我。不余欺，即「不欺余」。余，代詞，句中有否定副詞「不」，所以賓語「余」在動詞「欺」前。158茄　可能在陝西省懷遠縣。159訾　在今河南省信陽縣西北。160熊相禖　禖，通「梅」。161郭卷　地在河南葉縣西南有卷城。郭，築外城。

【語　譯】昭公二十五年春，叔孫婼到宋國聘問，桐門右師接見他。談話中，右師對宋國的大夫和司城氏都不加尊重。叔孫婼告訴他的手下人：「右師恐怕要逃亡吧！君子尊重他自己，然後能及於別人，因此有禮。現在這個人對他們的大夫和宗族都不加尊重，這是不尊重他自己，能夠有禮嗎？無禮，必然逃亡。」宋元公設享禮招待叔孫婼，朗誦〈新宮〉這首詩。叔孫婼賦〈車轄〉這首詩。第二天設宴，喝酒，很高興，宋公讓昭子坐在右邊，說著話相對掉眼淚。樂祁幫著主持宴會，後來他告訴別人說：「今年國君和叔孫恐怕都要死了！我聽說：『可高興時悲哀，可悲哀時高興，都是喪失心神。』心的精爽神明，就叫魂魄。魂魄離身，心不在焉，怎能活得長？」

季公若的姊姊是小邾夫人，生了宋元夫人；宋元夫人生了女兒，許配季平子。叔孫婼到宋國行聘，並且代平子迎親。季公若跟著來宋國，告訴甥女宋元夫人現在不要遣女出嫁，因為魯國正要趕走季平子。宋元夫人告訴宋公。宋公告訴樂祁。樂祁說：「給他。如果像他說的那樣，魯國國君一定出奔國外。政權在季氏手裏已經三世了，魯國國君喪失政權已經四代了。失掉百姓而能滿足願望的事，還不曾有過，國君因此才鎮撫他的百姓。《詩經》說：『人材的喪失，這是心頭的憂慮。』魯國國君已經失去了百姓，哪裏能實現他的願望？安安靜靜等待上天的安排還可以，有所舉動必然造成憂患。」

夏，〔子太叔和晉國趙鞅、宋國樂大心、衛國北宮喜、鄭國游吉、曹人、邾人、滕人、薛人、小邾人〕在黃父會見，這是為了商量安定王室。趙鞅命令諸侯的大夫向周天子輸送糧食、準備好戍守的將士，說：「明年將要送天子回去。」

子太叔進見趙簡子，趙簡子詢問揖讓、周旋之禮。子太叔回答說：「這是儀，不是禮。」趙簡子說：「請教什麼叫禮？」子太叔回答說：「我曾經聽到先大夫子產說：『禮，是上天的規範，大地的準則，百姓行動的依據。』天地的規範，百姓實實在在效法。效法上天的明亮，依據大地的本性，生出了上天的六氣，使用大地的五行。氣是五種味道，表現為五種顏色，顯示為五種聲音。過了頭就昏亂，百姓就失掉本性。因此制作禮儀，以奉其性，使知遵循：制定了六畜、五牲、三犧，以使五味有所遵循；制定九文、六采、五章，以使五色有所遵循；制定九歌、八風、七音、六律，以使五聲有所遵循。制定君臣上下的關係，以效法大地的準則；制定夫婦內外的關係，以規範兩種事物；制定父子、兄弟、姑姊、甥舅、翁婿、連襟的關係，以象徵上天的明亮；制定政策政令、農工管理、行動措施，以隨順四時；制定刑罰、牢獄，讓百姓害怕，以模仿雷電的殺傷；制定溫和慈祥的措施，以效法上天的生長萬物。百姓有好惡、喜怒、哀樂，它們從六氣派生，所以要審慎地效法、適當地模仿，以制定六志。哀痛有哭泣，歡樂有歌舞，高興有施捨，憤怒有戰鬥；高興從愛好派生；憤怒從討厭派生。所以要使行動審慎、使命令有信用，用禍福賞罰，制約死生。生，是人們喜好的事；死，是人們討厭的事。喜好的事物，是歡樂；討厭的事物，是哀傷。哀傷歡樂不失於禮，就能協調天地的本性，因此能夠長久。」趙簡子說：「禮的宏大到了極點啦！」子太叔回答說：「禮，是上下的綱紀、天地的準則，百姓所據而生存的，因此先王弘揚崇尚它。所以人們能夠從不同的天性經過改造或者直接達到禮的，就叫做成人。它的宏大，不也是適宜的嗎？」趙簡子說：「我趙鞅啊，願一輩子牢記、奉行這些話。」

宋國的樂大心說：「我們不給天子送糧食。我們對周朝來說是客人，為什麼要指使客人？」晉國的士伯說：「從踐土結盟以來，宋國有哪一次戰役不參加？哪一次盟誓不認同？盟辭說『一起為王室操心』，您哪裏能躲開？您奉了君王的命令，來參加這重大的事件，而宋國倒違背盟約，恐怕不行吧？」樂大心不敢回答，接受了寫明任務的簡札退出去。士伯告訴趙簡子說：「宋國的右師必然逃亡。奉了國君的命令出使，卻想要違背盟約而觸犯盟主，沒有比這再大的不吉利了。」

「有鸜鵒來巢」，這是《春秋》所沒有記載過的。師己說：「怪哉！我聽說文王、成王的時代，童謠裏有這樣的話：『鸜鵒啊鸜鵒，國君出國受羞辱。鸜鵒張翅飛上天，看見國君住荒郊，餽送食物的馬匹還沒到。鸜鵒在沙灘上跳躍，國君住在貧瘠的乾侯，向人求討褲子和短襖。鸜鵒離巢路迢迢，裯父客死多苦惱，宋父代君好驕傲。鸜鵒鸜鵒，他活著出去唱歌謠，靈柩運回似聞哭號啕。』童謠有這個。現在鸜鵒前來做巢，恐怕禍難要來到了吧！」

秋，《春秋》記載兩次雩祭，這是由於乾旱到了極點。

起初，季公鳥在齊國鮑文子家娶了妻子，生了某甲。公鳥死，季公亥、公思展和公鳥的家臣申夜姑管理他的家務。到季姒和管伙食的檀私通，季姒感到害怕，就讓她的侍女打了自己一頓，跑去給秦遄的妻子看，說：「公若要讓我陪他睡覺，我不答應，就打了我。」又向公甫訴苦，說：「展和夜姑打算要挾我。」秦遄的妻子把話告訴公之。公之和公甫告訴了平子，平子把公思展拘留在卞地，逮了夜姑打算殺他。季公亥哭泣著哀求說：「殺了這個人，就是殺了我。」打算為夜姑請求，平子命左右小吏不放他進來，太陽到中午未能當面請求。主辦官吏要去領處死夜姑的命令，公之讓他快點殺了夜姑。所以季公亥怨恨平子。

季氏、郈氏鬥雞。季氏給雞套上皮甲，郈氏給雞的距骨包上金屬。平子發怒，在郈氏那裏擴展自己的住宅，並且責怪他們。所以郈昭伯也怨恨平子。

臧昭伯的堂弟會在臧氏那裏誣陷別人而逃到季家，臧氏逮了他。平子發怒，拘留了臧氏的總管家。襄公廟裏將舉行禘祭，跳〈萬〉舞的還只有兩個人，多數人到季氏那裏跳〈萬〉舞去了。臧昭伯說：「這叫做不能在先君的宗廟裏酬謝先君。」大夫們於是也怨恨平子。

季公亥向公為獻弓，並且和他在外面射箭，商量除掉平子。公為告訴了公果、公賁。公果、公賁派隨從僚柤去報告昭公。昭公已經睡下了，要拿戈矛來敲僚柤，僚柤就跑了。昭公說：「逮了他！」但也沒有正式下命令。僚柤害怕不敢出門，幾個月不去朝見昭公。昭公沒有發怒。再派他去說，昭公拿起戈來嚇唬他，他就跑了。又派他去說，昭公說：「這不是小人管得著的。」公果自己去說了，昭公把話告訴臧孫，臧孫認為難辦，告訴了郈昭伯。郈昭伯認為行，勸昭公幹。昭公告訴子家懿伯。懿伯說：「挑撥離間的壞人讓君王僥倖行事，事情如果不成功，君王蒙受壞名聲，這是不能做的。拋棄百姓已經幾代了，以此要求成事，這是沒有把握的。而且政權在這個人手裏，恐怕是很難圖謀他的。」昭公讓懿伯下去，懿伯鄭重地說：「下臣已經聽到命令了，話如果洩漏，下臣會不得好死的。」於是就住在公宮裏。

叔孫昭子去到闞地，昭公住在長府裏。九月十一日，攻打季氏。在大門口殺死公之，就攻了進去。平子登臺請求說：「君王沒有調查下臣的罪過，派官吏用武力討伐下臣，下臣請求待在沂水邊上讓君王調查。」

昭公不答應。請求囚禁在費地，也不答應。請求帶著五輛車子逃亡，仍不答應。子家子說：「還是答應他吧！政令從他那裏發出已經很久了，貧困百姓靠他吃飯的很多，做他同黨人的也很多了。太陽下山以後，壞人是否出來作亂，還不知道呢。大家的怒氣不能讓它積聚，積聚而不妥善處理，會越來越大。越來越大的怒氣積聚起來，百姓將會發生叛變之心。發生叛變之心，和有同樣要求的人會糾合在一起。君王必然要後悔的！」昭公不聽信。郈昭伯說：「一定要殺了他。」

昭公派郈昭伯迎接孟懿子。叔孫氏的司馬鬷戾問他的部下：「怎麼辦？」沒有人回答。又說：「我是家臣，不敢考慮國家大事。有季氏和沒有季氏，哪一種情況對我們有利？」大家說：「沒有季氏，就沒有叔孫氏。」鬷戾說：「那麼就去救援他吧！」率領部下前去，攻破西北角進去。昭公的親兵正解下皮甲拿著代杯子用的箭筒蓋蹲著，鬷戾就把他們趕走了。孟氏派人登上西北角，瞭望季氏。瞭望的人看到叔孫氏的旗子，把情況報告孟氏。孟氏抓了郈昭伯，在南門的西邊把他殺了，就乘勢攻打昭公的親兵。子家子說：「臣下們偽裝劫持君王，負罪出國，君王留下來。意如事奉君王，不敢不改變態度。」昭公說：「我不能忍受啊。」便和臧昭伯到祖墳前拜別了祖宗，商量妥逃亡，就動身走了。

十一月十三日，昭公逃亡到齊國，住在陽州。齊侯打算在平陰慰問昭公，昭公先到達野井。齊侯說：「這是寡人的罪過。讓官吏在平陰等待，是為了就近的緣故。」《春秋》記載說：「公孫于齊，次于陽州。齊侯唁公于野井。」這是合於禮的。將要有求於人，就要先居於人下，這是合於禮的好事。齊侯說：「從莒國的國境以西，請讓我奉送君王兩萬五千戶，以等待君王討伐季氏的命令。寡人將要率領敝邑的軍隊以跟從執事，唯命是聽。君王的憂慮，就是寡人的憂慮。」昭公很高興。子家子說：「上天的祿命不再降給君王了。上天如果保祐君王，也不能超過周公，給君王魯國就足夠了。失去魯國而帶著兩萬五千戶做臣下，誰還為君王復位？而且齊國的國君沒有信用，不如早去晉國。」昭公不聽從。

臧昭伯率領跟從昭公的人將要結盟，盟書寫著：「合力同心，好惡一致。明確有罪無罪，堅決跟從國君，不要裏外通氣。」用昭公的名義給子家子看。子家子說：「像這樣，我不能盟誓。羈沒有才能，不能和您幾位合力同心，卻認為都有罪。我也可能裏裏外外通通氣，並且想要離開國君，為他奔走四方。您幾位喜歡逃亡而討厭安定君位，我哪裏能和您幾位好惡一致？陷國君於危難之中，還有比這再大的罪過嗎？為了裏外通氣而離開國君，國君就能快一點回國，不通氣做什麼？又能死守在哪裏？」於是就不參加盟誓。

昭子從闞地回國，進見平子。平子叩頭，說：「您要我怎麼辦？」昭子說：「人有誰不死？您由於驅逐國君成名，子子孫孫不忘記，不是可悲嗎？我能要您怎麼辦？」平子說：「如果讓我能改變態度事奉國君，就是讓死人再生白骨長肉啊。」昭子到齊國去跟隨昭公，向昭公報告。子家子命令：凡是到昭公賓館來的人都逮起來。昭公和昭子在帳幕裏談話，昭子說：「將要安定大眾而接納您。」昭公的親兵打算殺死昭子，埋伏在路邊。左師展報告昭公。昭公讓昭子取道鑄地回國。這時平子有了別的念頭。冬十月初四日，昭子在正寢中齋戒，讓祝宗為他求死。十一日，死亡。左師展打算帶著昭公坐一輛車回國，昭公的親兵逮住了他。

十月十五日，尹文公領兵徒步趟過洛水，放火燒了敬王的東訾邑，沒有戰勝。

十一月，宋元公打算為魯昭公的緣故去到晉國，夢見太子欒在宗廟中即位，自己和宋平公穿著朝服輔助他。早晨，召見六卿。宋元公說：「寡人沒有才能，不能事奉父輩兄輩，成為幾位的憂慮，這是寡人的罪過。如果以您諸位的福氣，得以保全腦袋而善終，那些用來裝載我骸骨的棺木，請不要夠上先君的體制。」仲幾回答說：「君王如果由於國家的緣故，自己貶損飲宴聲色的供奉，下臣們不敢與聞。至於宋國的法度，出生和下葬的禮制，先君已有成文規定，下臣們用生命來維護它，不敢違背。下臣失職，法律是不能赦免的。下臣不願這樣地死去，只能不奉君主的命令。」宋公就動身了。十三日，死在曲棘。

十二月二十四日，齊侯包圍鄆地。

起初，臧昭伯去到晉國，臧會偷了他的寶龜僂句，用來占卜應該誠實還是不誠實，結果是不誠實吉利。臧氏的家臣將要到晉國問候臧昭伯，臧會請求派他前去。昭伯問起家事，他全都回答了。昭伯問到妻子和同母弟叔孫，就不回答。再三問他，也不回答。等到昭伯回國到達郊外，臧會前去迎接。再問，還像從前那樣不回答。昭伯抵達國都，先住在外面而查訪妻子兄弟，都沒有查出什麼事。昭伯就抓了臧會要殺他，臧會逃走，逃到郈地，郈魴假讓他做了賈正。一次臧會到季氏那裏去送賬本，臧氏派五個人帶著戈和楯埋伏在桐汝里的裏門。等臧會出來，就追逐他，臧會轉身逃奔，在季氏的中門之外被逮住。平子發怒，說：「為什麼帶武器進我的門？」拘留了臧氏的家臣。季氏、臧氏因此互相有了惡感。等到昭伯隨從昭公，季氏立臧會做臧氏的繼承人。臧會說：「僂句沒有欺騙我呀。」

楚平王派薳射在州屈築城，恢復茄地人回州屈居住；在丘皇築城，讓訾地人遷進去住。派熊相禖在巢地築外城，派季然在卷地築外城。子太叔聽到了，說：「楚王快要死了。使百姓不能安居原來的土地，百姓必然憂愁，憂愁將到君王身上，不能長久了。」

【說　明】本年傳文重點記載了魯國季孫驅逐魯君的事件，反映了魯國公室君權制的徹底衰亡，卿大夫集團公然篡權的史實。

作者先從昭子赴宋為季平子迎親落筆，以宋右師對宋國大夫和其宗族的鄙薄「無禮」作鋪墊，說明「禮」的普遍衰亡。接著以昭子與宋公酒席上相對流淚，作悲劇性的渲染，暗示其將死亡。又以樂祁的預言，說出季平子將掌權，魯昭公將出亡。這一系列的預示和伏筆，都是打邊鼓。接下來，作者又指出這一年《春秋》記載「有鸜鵒來巢」為「書所無也」；魯大夫師己又以「異哉」開頭，引用「文、成之世」的童謠（一百多年前預言國君出亡乾谿，缺吃少穿，直到死後靈柩回魯）解釋「鸜鵒來巢」是凶兆，預言國君出亡之禍「將及乎！」這是悲劇開幕的鑼聲鼓點。隨即記述了季平子的幾件事情，表現他的專橫跋扈：一是平子聽信讒言，擅自捕殺季公鳥的家臣申夜姑；二是季氏鬥雞敗北，遷怒郈昭伯，就佔郈氏地基，擴建季氏府邸；三是臧會逃奔季家，平子庇護他，拘留臧氏家臣，並擅立臧會為臧氏繼承人。這三件欺壓卿士大夫、干涉臣室大族的事，揭露季平子張牙舞爪，不可一世。特別是有一年昭公祭父，在襄公廟裏行禘祭跳萬舞；平子竟也擇在同一天，在季氏家廟行禘祭跳萬舞，這在春秋時代是冒天下大不韙的事。按當時禮法：「君祭孟月，臣祭仲月」，平子祭祖不僅與「君祭」同為「孟月」，而且竟擇同日舉行。這是「擅矯君位」，等於穿了龍袍，跟昭公並列。

尤其不能容忍的，是大臣家祭，不許按國君禮數舉行「萬舞」。平子「矯用樂舞」，等於爭上龍位，與昭公搶著受朝拜。這一天是平子與昭公別苗頭、比高下。結果，襄公廟裏冷冷清清，「萬者二人」；而季氏家廟，盛況空前，季平子比垮了魯昭公！面對季氏的無法無天，國君能不切齒？大夫能不側目麼？果然，昭公受臣屬的再三鼓動，自不量力——忘了二十年前，毀中軍、四分公室以來，軍隊、田賦全入卿大夫集團手中——貿然討伐季平子，結果以卿大夫集團季、叔、孟三家私兵驅逐昭公出境而告收場。

昭公投奔齊國後，接受了齊侯封賜的「二萬五千戶」，事實上做了齊國的臣屬。但是他竟然高高興興，樂不思蜀！作者深刻地反映了魯國國君的無志復國，苟且貪安，昏庸無能。這正是魯昭公遭驅逐出境，被季平子取而代之的原因。

二十六年

乙酉，西元前五一六年。周敬王四年、晉頃十年、齊景三十二年、秦哀二十一年、楚平十三年、宋景公欒元年、衛靈十九年、陳惠十四年、蔡昭三年、曹悼八年、鄭定十四年、燕平八年、吳僚十一年、杞悼二年、許男斯七年。

經 二十有六年春王正月，葬宋元公。

三月，公至自齊，居于鄆。

夏，公圍成。

秋，公會齊侯、莒子、邾子、杞伯，盟于鄟陵。

公至自會，居于鄆。

九月庚申，楚子居卒。

冬十月，天王入于成周。尹氏、召伯、毛伯以王子朝奔楚。

傳 二十六年春王正月庚申，齊侯取鄆。

葬宋元公，如先君，禮也。

三月，公至自齊，處于鄆，言魯地❶也。

夏，齊侯將納公❷，命無受魯貨。申豐從女賈❸，以幣、錦二兩❹，縛一如瑱❺，適齊師，謂子猶之人高齮❻：「能貨子猶❼，為高氏後❽，粟五千庾❾。」高齮以錦示子猶，子猶欲之。齮曰：「魯人買之，百兩一布。以道之不通，先入幣財。」子猶受之，言於齊侯曰：「羣臣不盡力于魯君者，非不能事君也。然據有異焉❿。宋元公為魯君如晉，卒於曲棘；叔孫昭子求納其君，無疾而死。不知天之棄魯耶，抑魯君有罪於鬼神故及此也？君若待于曲棘，使羣臣從魯君以卜焉⓫。若可，師有濟也，君而繼之⓬，茲無敵矣。若其無成，君無辱焉⓭。」齊侯從之，使公子鉏帥師從公。

成⓮大夫公孫朝謂平子⓯曰：「有都⓰，以衛國也，請我受師⓱。」許之。請納質⓲，弗許，曰：「信女，足矣。」告於齊師曰：「孟氏，魯之敝室⓳也。用成已甚，弗能忍也，請息肩⑳于齊。」齊師圍成。成人伐齊師之飲馬于淄者，曰：「將以厭㉑眾。」魯成備而後告曰：「不勝眾㉒。」

師及齊師戰于炊鼻㉓。齊子淵捷㉔從洩聲子㉕，射之，中楯瓦㉖，繇朐汰輈㉗，七入者三寸。聲子射其馬，斬鞅，殪㉘。改駕㉙，人以為鬷戾也㉚，而助之。子車曰：「齊人也。」將擊子車，子車射之，殪。其御曰：「又之㉛。」子車曰：「眾可懼也，而不可怒也。」子囊帶從野洩，叱之。洩曰：「軍無私怒，報乃私也，將亢㉜子。」又叱之，亦叱之。冉豎㉝射陳武子㉞，中手，失弓而罵。以告平子，曰：「有君子白皙鬒鬚眉㉟，甚口㊱。」平子曰：「必子彊也，無乃亢諸？」對曰：「謂之君子，何敢亢之？」林雍羞為顏鳴右，下。苑何忌取其耳㊲。顏鳴去之。苑子之御曰：「視下！」顧。苑子刜㊳林雍，斷其足，鑋㊴而乘於他車以歸。顏鳴三入齊師，呼曰：「林雍乘㊵！」

四月，單子如晉告急。五月戊午，劉人敗王城之師于尸氏㊶。戊辰，王城人、劉人戰于施谷，劉師敗績。

秋，盟于鄟陵㊷，謀納公也㊸。

七月己巳，劉子以王出㊹。庚午，次于渠。王城人焚劉㊺。丙子，王宿于褚氏[46]。丁丑，王次于萑谷[47]。庚辰，王入胥靡。辛巳，王次于滑。晉知躒、趙鞅帥師納王，使女寬守闕塞[48]。

九月，楚平王卒。令尹子常欲立子西[49]，曰：「大子壬弱[50]，其母非適也，王子建實聘之。子西長而好善。立長則順，建善則治。王順、國治，可不務乎？」子西怒曰：「是亂國而惡君王[51]也。國有外援，不可瀆[52]也；王有適嗣，不可亂[53]也。敗親、速讎、亂嗣[54]，不祥。我受其名。賂吾以天下，吾滋不從也，楚國何為？必殺令尹！」令尹懼，乃立昭王。

冬十月丙申，王起師于滑[55]。辛丑，在郊[56]，遂次于尸。十一月辛酉，晉師克鞏[57]。召伯盈逐王子朝[58]，王子朝及召氏之族、毛伯得、尹氏固、南宮嚚奉周之典籍以奔楚。陰忌奔莒[59]以叛。召伯逆王于尸，及劉子、單子盟[60]。遂軍圉澤[61]，次于隄上[62]。癸酉，王入于成周。甲戌，盟于襄宮[63]，晉師成公般戍周而還[64]。十二月癸未，王入于莊宮[65]。王子朝使告于諸侯曰：「昔武王克殷，成王靖[66]四方，康王息民，並建母弟[67]，以蕃屏周[68]；亦曰：『吾無專享文、武之功，且為後人之迷敗傾覆而溺入于難，則振救之。』至于夷王[69]，王愆于厥身[70]，諸侯莫不並走其望[71]，以祈王身。至于厲王，王心戾虐[72]，萬民弗忍[73]，居王于彘[74]。諸侯釋位，以間王政(75)。宣王有志，而後效官(76)。至于幽王，天不弔周(77)，王昏不若(78)，用愆厥位(79)。攜王奸命(80)，諸侯替之(81)，而建王嗣，用遷郟鄏——則是兄弟之能用力於王室也。至于惠王，天不靖周，生頹(82)禍心，施(83)于叔帶。惠、襄辟難(84)，越去王都(85)。則有晉、鄭咸黜不端(86)，以綏定(87)王家。則是兄弟之能率(88)先王之命也。在定王六年(89)，秦人降妖，曰：『周其有頿王(90)，亦克能脩其職，諸侯服享，二世共職。王室其有間王位(91)，諸侯不圖(92)，而受其亂災。』至于靈王，生而有頿，王甚神聖，無惡於諸侯。靈王、景王(93)克終其世。今王室亂，單旗、劉狄(94)剝亂(95)天下，壹行不若(96)，謂『先王何常之有，唯余心所命，其誰敢討之(97)』，帥羣不弔之人(98)，以行亂于王室。侵欲無厭，規求無度，貫瀆鬼神，慢棄刑法(99)，倍奸齊盟(100)，傲很威儀(101)，矯誣先王。晉為不道，是攝是贊(102)，思肆其罔極。茲不穀(103)震盪播越(104)，竄在荊蠻(105)，未有攸底(106)。若我一二兄弟甥舅(107)獎順天法，無助狡猾(108)，以從先王之命，毋速天罰(109)，赦圖不穀，則所願也。敢盡布其腹心(110)及先王之經(111)，而諸侯實深圖之(112)。昔先王之命曰：『王后無適，則擇立長(113)。年鈞以德，德鈞以卜。王不立愛，公卿無私，古之制也！』穆后及大子壽早夭即世(114)，單、劉贊私立少(115)，以間先王(116)。亦唯伯仲叔季圖之(117)！」閔馬父聞子朝之辭曰：「文辭以行禮也。子朝干景之命[118]，遠晉之大，以專其志，無禮甚矣，文辭何為？」

齊有彗星，齊侯使禳之[119]。晏子曰：「無益也，祇取誣焉[120]。天道不謟[121]，不貳其命，若之何禳之？且天之有彗也，以除穢也，君無穢德，又何禳焉？若德之穢，禳之何損？《詩》[122]曰：『惟此文王，小心翼翼。昭事上帝[123]，聿懷多福[124]。厥德不回[125]，以受方國[126]。』君無違德，方國將至，何患於彗？《詩》曰：『我無所監[127]，夏后及商。用亂之故，民卒流亡。』若德回亂，民將流亡，祝史之為，無能補也。」公說[128]，乃止。

齊侯與晏子坐于路寢[129]。公歎曰：「美哉室，其誰有此乎[130]？」晏子曰：「敢問何謂也？」公曰：「吾以為在德。」對曰：「如君之言，其陳氏乎？陳氏雖無大德，而有施於民。豆、區、釜、鍾[131]之數，其取之公也薄[132]，其施之民也厚[133]。公厚斂[134]焉，陳氏厚施[135]焉，民歸之矣。《詩》曰：『雖無德與女[136]，式歌且舞[137]。』陳氏之施，民歌舞之矣。後世若少惰，陳氏而不亡，則國其國也已[138]。」公曰：「善哉！是可若何？」對曰：「唯禮可以已之[139]。在禮，家施不及國[140]，民不遷，農不移，工賈不變，士不濫[141]，官不滔[142]，大夫不收公利[143]。」公曰：「善哉！我不能矣。吾今而後知禮之可以為國也。」對曰：「禮之可以為國也久矣，與天地並144。君令、臣共，父慈、子孝，兄愛、弟敬，夫和、妻柔，姑慈、婦聽145，禮也。君令而不違，臣共而不貳；父慈而教，子孝而箴146；兄愛而友，弟敬而順；夫和而義，妻柔而正；姑慈而從，婦聽而婉；禮之善物也。」公曰：「善哉，寡人今而後聞此禮之上也147！」對曰：「先王所稟於天地148以為其民也，是以先王上之。」

【注釋】❶至自齊三句　至自齊，至為至本國；又言「居」言「處」，皆明確所居、所處是本國之地；若在齊則云「次于陽州」；而在晉則云「在乾侯」，所云動詞不同。❷齊侯將納公　齊侯打算送昭公回國。納公，送公入魯。❸申豐從女賈　此二人皆季氏家臣。❹幣錦二兩　凡饋贈品，古時皆可曰「幣」。錦，為有雜色花紋之厚重絲織物，此以錦為幣。二兩，類似今之兩匹。古代布帛，二丈為一端，兩端為一兩，相當今之一匹。❺縛一如瑱　這兩匹錦紮緊，縛成一塊，狀如鎮圭，易於懷藏。瑱，亦寫作「鎮」。❻子猶之人高齮　子猶，齊侯寵臣梁丘據。高齮，子猶之臣。❼能貨子猶　貨，財貨。作動詞。以財貨收買。❽為高氏後　將使你成為高氏的宗主（繼承人）。❾庾　當時容量單位。古制，一庾等於十六斗，不過周的一斗相當於現在的二公升弱。❿有異焉　有點兒奇怪。⓫使羣臣從魯君以卜焉　派臣下們跟昭公去對魯國作戰，試探一下。——試探戰爭情況以測可勝與否，亦叫做「卜」。⓬君而繼之　而，乃也；始也。繼之，繼續前進。⓭君無辱焉　不必麻煩國君親自統帥了。⓮成　本孟氏邑，在今山東寧陽縣北。⓯謂平子　此役蓋以季氏為主，且孟懿子年幼，故公孫朝問季平子。謂，即問，對他說。⓰有都　有宗廟先君之主曰都。都，城市。⓱請我受師　杜注：「以成邑禦齊師。」⓲請納質　公孫朝為孟氏臣，恐見疑，故請納人質。⓳敝室　向外國人稱本國某家族，猶稱我國為「敝邑」。⓴息肩　肩，挑擔子的肩胛，猶言減輕或免除負擔。㉑厭　同「饜」。滿足。㉒不勝眾　告齊，言眾不欲降，己不能勝之。㉓炊鼻　在今山東省寧陽縣境。㉔齊子淵捷　齊國，子淵，其姓。捷，其名。字子車。是頃公的孫子。㉕洩聲子　姓野，名洩，聲子是其謚號；野洩為魯大夫。㉖中楯瓦　子淵捷射中洩聲子的盾牌。楯，通「盾」。盾為當時防禦敵人的刀、槍、箭、石等等的用具，中間有脊，稱為「瓦」。㉗繇朐

汰輈　繇，同「由」。朐，同「軥」。曲木。汰，矢激。輈，車轅。其矢由軥而上馳於轅，直入擋箭之盾脊三寸。(寫子淵捷弓強力猛。) ㉘斬鞅殪　鞅，套在馬頸上之皮革。殪，射死(馬)。㉙改駕　子淵捷兵車馬死，改駕別的車以戰。㉚人以為鬷戾也　人，魯人。鬷戾，叔孫氏之司馬。㉛又之　又欲使射餘人。㉜亢　同「抗」。對敵。㉝冉豎　季氏臣。㉞陳武子　陳無宇的兒子，名開，字子彊。㉟白皙鬒鬚眉　白皙，膚色白皙。鬒，黑且密(鬍鬚眉毛)。㊱甚口　很會罵人。㊲苑何忌取其耳　苑何忌，齊大夫，不欲殺雍，但截其耳以辱之。㊳刜　刀砍。㊴鑿　杜注：「一足行。」㊵呼曰林雍乘　乘，來乘車。杜注：「言魯人皆致力於季氏，不以私怨而相棄。」㊶尸氏　在今河南偃師市西三十里。㊷鄆陵　在今沂水東北七十里，東鄆之東北。㊸謀納公也　杜注：「齊侯謀。」㊹以王出　以，帶領。王，周天子。㊺焚劉　燒劉子邑。㊻褚氏　今洛陽市東南，有褚氏聚。㊼萑谷　與施谷皆大谷之支徑。大谷在洛陽市東，連綿之於今潁陽廢縣，長九十里。㊽女寬守闕塞　女寬，女齊之子叔褒也。女寬即叔寬。闕塞即伊闕，今洛陽市南三十里之龍門。㊾子西　平王之長庶子宜申。㊿大子壬弱　壬，即楚昭王。年八歲，故曰「弱」，幼小也。楚國例，王即位後改名，壬即位後改名「軫」。(51)惡君王　昭王之母本王子建所聘，平王娶兒媳，所生之子今廢之(欲立子西)，是毀壞平王名聲(惡君王)。(52)外援不可瀆　壬之母為秦女，外援指秦國。瀆，褻瀆；輕慢。(53)不可亂　壬為嫡嗣，子西為庶子，廢嫡立庶，當時謂之亂。(54)敗親速讎亂嗣　敗親，毀平王名聲。使秦來討，是召仇讎。亂嗣，是指廢壬立子西。(55)滑　原屬鄭地，後入周，在河南省，即今偃師市之緱氏鎮。(56)郊　在今河南省鞏義市西南，子朝邑。(57)鞏　即今鞏義市。(58)召伯盈逐王子朝　伯盈本子朝黨羽，晉師克鞏，知子朝不成，更逐之而迎敬王。召伯盈即召簡公。(59)陰忌奔莒　陰忌，子朝一黨，逃奔到莒地反叛周敬王。莒，在今河南伊川縣南。(60)及劉子單子盟　杜注：「召伯新還，故盟。」(61)遂軍圉澤　於是就駐紮在圉澤。圉澤，在今洛陽市東境。(62)隄上　應在圉澤附近。(63)盟于襄宮　在襄王的廟裏盟誓。襄宮，指周襄王的廟。(64)成公般戍周而還　般，晉大夫；晉使戍周，後回軍返晉。(65)莊宮　在王城。(66)靖　安定；平定。(67)並建母弟　一起分封同母兄弟。(68)以蕃屏周　蕃，通「藩」。屏障。周朝建同母弟各國於四周，護衛成周。(69)夷王　厲王之父。(70)愆于厥身　愆，惡疾。厥，其；他的。(71)望　祭名，祭本國之名山大川。(72)戾虐　戾，乖張；不講情理。虐，殘暴。(73)弗忍　不堪其暴虐；不能忍受。(74)居王于彘　使王居於彘地。(75)諸侯釋位以間王政　杜注以為諸侯各去(離開)其位，參與王朝之政。間，參與之意。(76)宣王有志而後效官　杜注：「宣王，厲王子。彘之亂，宣王尚少，召王虎取而長王。有志，謂長而有知識也。效，授也。」效官，致天子之位於宣王也。(77)天不弔周　弔，古代「淑」字，淑，善也。全句說，天不佑周。(78)王昏不若　幽王寵愛褒姒，立其子伯服為大子；廢太子宜臼及其母申后。申侯怒，與繒、長戎、西夷，殺幽王驪山下，虜褒姒，盡取周財富而去。昏，不英明。若，順。(79)用愆厥位　用，介詞。由於；因為。愆，失也。厥，代詞。他的，那個。位，王位。(80)攜王奸命　申侯立平王於申，因本是大子，故稱天王。幽王死後，虢公翰又立王子余臣於攜。周二王並立。奸，觸犯。命，天命。(81)諸侯替之　昭二十一年，攜王為晉文公所殺，以本非嫡，故稱攜王。替，廢也。(82)生頹　頹，惠王庶叔。(83)施　延及。(84)惠襄辟難　惠王，平王六世孫。惠王庶叔頹於莊十九年作亂，惠王避難到鄭。襄王，惠王子。襄王弟叔帶於僖二十四年作亂，襄王避難到氾。(85)越去王都　越，遠也。去，離也。(86)晉鄭咸黜不端　黜，清除；去掉。晉文殺叔帶，鄭厲殺子頹，為王室去不端直之人。(87)綏定　綏，綏撫。定，安定。(88)率　遵循。(89)定王六年　定王，襄王孫子。定王六年，魯宣八年。(90)其有頿王　《說文》：「頿，口上須也。」(91)有間王位　暗指王猛，今指敬王。(92)諸侯不圖　指晉、魯、宋、衛諸國。(93)靈王景王　靈王，定王孫。景王，靈王子。(94)單旗劉狄　單旗，穆公。劉狄，即劉蚠。(95)剝亂　剝，就是「亂」。剝亂，同義詞連用。(96)壹行不若　專行不順（天意，人心）。壹，專也。若，順也。(97)先王三句　何常之有，有何一成不變的常法，倒裝句。唯余心所命，唯我的意志想立誰就立誰。其誰敢討之，誰敢討伐我。其，語氣副詞。(98)帥羣不弔之人　帥，帶領。羣，一大批。不弔，不淑；不善；不祥。(99)慢弃刑法　慢，輕視。弃，背離；踐踏。(100)倍奸齊盟　倍，同「背」。背奸，即背叛而觸犯之。齊盟，泛指一般盟約。（指責不守信用。）(101)傲很威儀　指責單、劉對子朝輕慢無禮，無視其威儀。(102)是攝是贊　攝，佐助。贊，佐助。(103)不穀　楚語，是君王自謙之稱呼。(104)震盪播越　生活動盪，流亡遠方。震盪，動盪不安。播，遷移；流亡。越，遠。(105)竄在荊蠻　竄，躲藏。荊蠻，今湖北一帶「蠻夷之地」，指楚國。(106)未有攸厎　不知所至也。攸，所。厎，至也。(107)一二兄弟甥舅　兄弟指同姓諸侯。甥舅，指異姓諸侯。(108)狡猾　指單旗、劉蚠，甚至敬王。(109)毋速天罰　呼應上文「諸侯不圖，而受其亂災」。毋，不要。速，招致。(110)盡布其腹心　全部坦露自己的一片誠意。腹心，內心；內心的誠意。(111)先王之經　即先王之命。(112)而諸侯實深圖之　你們諸侯當設法救我王子朝之憂，圖我王子朝之難。而，汝。深圖，深謀遠慮。之，代「救圖不穀」。(113)王后無適則擇立長　王后無嫡子，則選立年長庶子。(114)壽早夭即世　早夭，未成年死亡。即世，即去世。(115)贊私立少　單劉贊助私好立年少者。(116)以間先王　觸犯先王，違背先王。間，犯；違。(117)亦唯伯仲叔季圖之　亦，語首助詞，無義。伯仲叔季，古代兄弟排行。此處以周初同母弟所建之國家，泛指諸侯各國。(118)子朝干景之命　景王雖愛王子朝，而已立王猛為太子。干，干犯；違反。(119)使禳之　認為出現彗星會有災難，所以派人祭禱，消除災禍。禳，古代以祭禱消災的一種迷信活動。(120)祇取誣焉　祇，僅僅；只。誣，欺人；誣蔑。(121)天道不諂　諂，《釋文》作「慆」，音ㄊㄠ，杜注：「疑也。」天道不諂，蓋言天命不可疑。(122)詩　見《詩・大雅・大明》。(123)昭事上帝　昭，借為「劭」。《說文》：

「劭，勉也。」此句言文王勤勉侍奉上帝。(124)聿懷多福　聿，語首助詞，無義。懷，招來。多福，即「千祿百福」。(125)厥德不回　謂文王德不違天人，故四方之國歸往之。厥，代詞。他的。回，違也。(126)方國　四方之國。(127)詩曰二句　這不是《詩經》，而是逸詩。監即「殷鑑」的「鑑」（鏡子）之意。(128)說　同「悅」。(129)路寢　天子諸侯的寢室。(130)其誰有此乎　杜注：「景公自知德不能久有國，故嘆也。」即是說，他死後誰佔有此屋。(131)豆區釜鍾　四者都是量器。(132)其取之公也薄　從公田徵稅（取之）時用小的量器。(133)其施之民也厚　向百姓施捨（施之）時用大的量器。(134)厚斂　橫徵暴斂。斂，收；徵收。(135)厚施　樂善好施。施，施捨。(136)雖無德與女　我雖然沒有美德可以幫助你。與，幫助。女，汝；你。(137)式歌且舞　式，當也。歌，唱歌。舞，舞蹈。(138)則國其國也已　那麼，他的封地就會變成國家了。前一「國」，作動詞，把……變成國。(139)已之　已，停止。之，代詞。它，代「陳氏代替齊君」這一情況。(140)家施不及國　家族的施捨不能擴大到全國。(141)不濫　不失職。(142)不滔　杜注：「滔，慢也。」不慢，不輕忽。(143)不收公利　不侵佔國家利益。杜注：「不作福。」(144)與天地並　與天地同在。杜注：「有天地則禮義興。」(145)婦聽　媳婦聽從。(146)孝而箴　孝順並能規勸。箴，規勸；勸告。(147)禮之上也　禮是應當崇尚的。(148)稟於天地　稟，受；承受。這裏意同「稟性」。

【語譯】二十六年春周曆正月初五日，齊景公佔取鄆地。

安葬宋元公，像安葬先君一樣，這是合於禮的。

三月，昭公從齊國來到，住在鄆地，這是說已經到了魯國境內。

同年夏，齊侯打算送昭公回國，命令不要接受魯國的財禮。申豐跟著女賈，用錦兩疋作為財禮，綑緊在一起像一塊瑱圭，去到齊軍中，對子猶的家臣高齮說：「如果你能收買到子猶，我們讓你當高氏的繼承人，給你二千四百擔糧食。」高齮把錦給子猶看，子猶想要了。高齮說：「魯國人買得很多，一百疋一堆。由於道路不通，先把這點送來。」子猶收下錦，去對齊侯說：「臣下們對魯國國君不肯盡力，不是不能奉行君命。不知不過據卻感到奇怪。宋元公為魯國國君去晉國，死在曲棘；叔孫昭子請求讓他的國君復位，無病而死。不知道是上天拋棄魯國呢，還是魯國國君得罪了鬼神才到這地步呢？君王如果待在曲棘，派臣下們跟從魯國國君對魯軍作戰以為試探。如果行，軍事上成功了，君王就繼續前去，這就不會有抵抗的人了。如果沒有成功，就不必勞動君王了。」齊侯聽從了，派公子鉏領兵跟從昭公。

成大夫公孫朝對平子說：「城市，是用來保衛國家的，請讓我們抵禦齊軍。」平子答應了。公孫朝請求奉上人質，平子不答應，說：「相信你，這就夠了。」公孫朝便去告訴齊軍說：「孟氏，是敝國的一個家族。搾取成地太過分了，我們不能忍受，請求投降齊國以減輕負擔。」齊軍就包圍了成地。成地的軍隊襲擊飲馬淄水的齊軍，說：「這是給大家裝裝樣子的。」魯國準備充分以後才告訴齊國人說：「我們擰不過大家啊！」

魯軍和齊軍在炊鼻作戰。齊國的子淵捷碰上洩聲子，射中盾脊，箭從橫木穿過車軶，箭頭射進盾脊三寸。洩聲子用箭射子淵捷的馬，射斷馬頸上的皮帶，把馬射死，子淵捷改乘別的戰車，魯國人誤認他是鬷戾，就上去幫他。子淵捷說：「我是齊國人。」魯國人正打算攻擊子淵捷，子淵捷一箭射去，射死了一個魯國人。子淵捷的御者說：「再射。」子淵捷說：「大隊人馬可以使他們害怕，而不能激怒他們。」子囊帶碰上聲子，叱罵他。聲子說：「作戰的時候沒有個人的仇恨，我回罵就是為我個人了，我要抵擋您一陣。」子淵捷還是叱罵聲子，聲子也就回罵。冉豎用箭射陳武子，中手，弓掉下地，破口大罵。冉豎報告平子，說：「有一個君子皮膚白皙，鬍子眉毛黑而密，很會罵人。」平子說：「一定是子彊，大概抵擋他了吧？」冉豎回答說：「稱他為君子，怎麼敢抵擋他？」林雍恥於做顏鳴的車右，下車，碰上苑何忌割了他的耳朵。這時，顏鳴已離開他們了。苑何忌的御者在叫：「瞧，車下邊！」眼睛看著林雍的腳。苑何忌連砍林雍，砍斷了他的一隻腳。林雍用一隻腳跳著上別的戰車逃回來。在混戰中，顏鳴三次衝進齊軍，大聲喊著：「林雍來坐車！」

四月，單子去到晉國報告情況緊急。五月初五日，劉邑人在尸氏打敗了王城的軍隊。十五日，王城人、劉邑人在施谷作戰，劉軍大敗。

秋，昭公和齊侯、莒子、邾子、杞伯在鄟陵結盟，這是為了商量送回昭公。

七月十七日。劉子帶了周天子出去。十八日，住在陽渠。王城的軍隊火燒劉城。二十四日，周天子住在褚氏。二十五日，周天子住在萑谷。二十八日，周天子進入胥靡。二十九日，周天子住在滑地。晉國的知躒、趙鞅領兵接納周天子，派女寬鎮守闕塞。

九月，楚平王死。令尹子常想要立子西，說：「太子壬年紀小，他的母親不是正妻，而是王子建所聘的。子西年長而善良。立年長順於情理，立善良國家得治。君王順理，國家太平，能不那麼做嗎？」子西發怒說：「這是搗亂國家、宣揚君王的醜事。國家有外援，不能輕慢；君王有嫡出的繼承人，不能混亂。敗壞君父名聲、召來仇敵、混亂繼承人，大不吉利。讓我蒙受惡名。即使拿天下來賄賂，我也是不幹的，一個楚國有什麼用？一定要殺令尹！」令尹害怕，就立了昭王。

冬十月十六日，周天子在滑地起兵。二十一日，在郊地，就住在尸氏。十一月十一日，晉軍攻下鞏地。召伯盈趕走了王子朝，王子朝和召氏的族人、毛伯得、尹氏固、南宮嚚保護著周朝的典籍逃亡楚國。陰忌逃亡莒地叛變。召伯在尸地迎接周天子，和劉子、單子結盟。於是就駐紮在圉澤，住在隄上。二十三日，周天子進入成周。二十四日，在襄王的廟裏盟誓。晉軍派成公般留在成周戍守，大軍就回國了。十二月初四日，周天子進入莊宮。王子朝派人報告諸侯說：「從前武王戰勝殷朝，成王安定四方，康王與民休息，一起分封同母兄弟，以作為周朝的屏障，還說：『我不能獨自承受文王、武王的功業，並且是為了後代一旦荒淫敗壞陷入危難時，就可以拯救他。』到了夷王，惡疾纏身，諸侯無不遍祭境內的名山大川，為他的健康祈禱。到了厲王，他內心乖張暴虐，老百姓不能忍受，就把他流放到彘地。諸侯各自離開他們的君位，來參與王朝的政事。宣王知識開通，然後把王位奉還給了他。到了幽王，上天不保祐周朝，天子昏亂，倒行逆施，因此失去王位。攜王觸犯天命，諸侯廢棄了他，立了繼承人，因此遷都到郟鄏。這就是由於兄弟們能夠為王室效力。到了惠王，上天不使周朝安定，使頹生出禍心，並延及叔帶。惠王、襄王先後避難，遠離國都。這時就有晉國、鄭國來肅清不正派的人，以安定綏撫王室。這是由於兄弟們能夠遵循先王的命令。定王六年時，秦國人降妖，說是『周朝會有一個生鬍髭的天子，能完成自己的職分，使諸侯順服而享有國家，兩代謹守自己的職責。王室中有人覬覦王位，諸侯不為王室打算，受到了動亂災禍。』到了靈王，他生來就長鬍髭，十分聰穎聖明，諸侯有所好感。靈王、景王都能善始善終。現在王室動亂，單旗、劉狄攪亂天下，專門倒行逆施，說『先王登位根據什麼常規，只要我心裏想立哪個，無人敢來討伐我』，帶著一批不淑、不善、不祥之人，在王室中製造混亂。他們侵吞的欲望永不滿足，貪求的數量沒有限度，慣於褻瀆鬼神，輕視踐踏刑法，違反、觸犯盟約，蔑視禮儀，誣蔑先王。晉國無道，佐助他們，扶持他們，要使他們肆無忌憚，為所欲為。現在我生活動盪，流亡遠方，逃竄楚國，沒有歸宿的地方。如果我們一兩位兄弟甥舅順從上天的法度，不去幫助狡猾之徒，以服從先王的命令；不要招致上天的懲罰，除去不穀的憂慮並為不穀謀劃，就是不穀的願望了。特此，坦露一己誠意，公布先王的命令，盼望你們諸侯深謀遠慮，認真對待。從前先王的命令說：『王后沒有嫡子，就選立年長的。年紀相當則根據德行，德行相當則根據占卜。天子不立偏愛，公卿沒有私心，這是古代的制度。』穆后和太子壽早年去世，單氏、劉氏偏私立了年幼的，來違犯先王的命令。請兄弟諸侯考慮一下。」閔馬父聽到王子朝的文章，說：「文章辭令是用來實行禮的。子朝違背了景王的命令，疏遠晉國這個大國，一心一意想做天子，無禮到極點了，哪裏用得著文章辭令？」

齊國出現彗星，齊侯派人祭禱消災。晏子說：「沒有好處的，只能招來欺騙。天道不可懷疑，不能使它有所差錯，怎麼能去祭禱？而且上天有掃帚星，是用來清除污穢的。君王沒有污穢的德行，又祭禱什麼？如果德行污穢，祭禱又能減損什麼？《詩經》上說：『這一位文王，小心翼翼。勤勉地事奉天帝，求取百福千祿。他的德行不違天意民心，故能接受來歸的四方之國。』君王沒有惡德，四方之國將會來歸，何用怕彗星？《詩經》又說：『我沒有什麼借鑑，要有就是夏后和商朝。由於政事混亂，百姓終於流亡。』如果我們違背天命政事混亂，百姓將要流亡，祝史的所作所為，是不能彌補的。」齊侯很高興，就停止了祭禱。

齊侯和晏子在路寢裏坐著。齊侯歎氣說：「這屋子多麼漂亮啊！誰將佔有它呢？」晏子說：「請問君王的意思是什麼？」齊侯說：「我以為在於有德行的人。」晏子說：「像君王所說，恐怕該是陳氏吧？陳氏雖然沒有大的德行，然而對百姓有施捨。豆、區、釜、鍾這幾種量器的容積，從公田徵稅就用小的，向百姓施捨就用大的。您徵稅多，陳氏施捨多，百姓歸向他了。《詩經》上說：『雖然我沒有美德可以幫助你，但也應當一同邊歌邊舞。』陳氏的施捨，百姓已經與他『邊歌邊舞』了。您的後代如果稍稍怠惰，陳氏又如果不滅亡，他的封地就會變成國家了。」齊侯說：「對啊！這可怎麼辦？」晏子回答說：「只有禮可以阻止這個。

如果合於禮，家族的施捨不能擴大到全國，百姓不遷移，農夫不挪動，工人商人不改行，士不失職，官不怠慢，大夫不佔取公家的利益。」齊侯說：「對啊！我不能做到了。我從現在開始才知道禮能用來治理國家啦！」晏子回答：「禮可以治理國家已經由來很久，它和天地同在。國君命令，臣下恭事，父親慈愛，兒子孝順，哥哥仁愛，弟弟恭敬，丈夫和藹，妻子溫柔，婆婆慈祥，媳婦順從，這是合於禮的。國君發令而沒有錯失，臣下恭敬而沒有二心；父親慈愛能教育兒子，兒子孝順會規勸父親；哥哥仁愛而友善，弟弟恭敬而順服；丈夫和藹而合理，妻子溫柔而正直；婆婆慈祥而肯聽規勸，媳婦順從而能委婉陳辭，這又是禮中的好事。」齊侯說：「好呀！我現在聽到禮應當崇尚了。」晏子說：「先王從天地那裏繼承禮儀，治理百姓，所以先王崇尚它。」

【說　明】本年傳文前半記敘齊國為送魯昭公回國而進行的齊魯之戰，並續寫了周室在晉的幫助下平定王子朝之亂的史實。兩者都是以卿大夫勢力的獲勝而告終的。齊國本打算直接護送昭公回國。季氏為阻止昭公回國，特派家臣用財物收買齊侯的寵臣梁丘據，請梁勸阻齊侯，並提議用武力去試探攻打魯國。季氏正是利用戰爭進一步擴展自己的勢力，提高自己的地位和影響。而齊國也無心真打，只是虛晃一槍，故作姿態而已。

周朝的劉氏、單氏在晉國支持下徹底打敗王子朝，送王回都。王子朝又帶著手下人和周的典籍逃到楚國。令人深思的是，作者讓王子朝向諸侯發表了長篇聲明，一方面固然是讓他的文過飾非自我曝光，但另一方面，也是借子朝之口揭露劉氏、單氏「侵欲無厭，規求無度」、「傲很威儀，矯誣先王」「贊私立少」的真面目。

本文還記載了晏嬰破除迷信，反對為彗星出現而祭祀禳災。他向齊侯指出，如果道德敗壞祭祀也沒用。並直言不諱地指出，陳氏將享有天下，因為他們「取之公也薄」而「施之民也厚」。因陳氏「厚施」，而齊侯「厚斂」，故百姓歸心於陳氏。晏子的話揭示了齊國政權正在發生的巨大變化、新興統治階級能取代舊的沒落階級的原因。最後晏子勸齊侯，說只有「禮」才能拯救他。實質上這只是作者的主觀幻想而已。事實是當時「禮」已經沒有市場，也行不通了。上自周天子及晉、齊等大國，下至陳、蔡、邾、莒這些小國，禮都已無處存身，取代它的是無休止的鬥爭與屠殺。舊的統治者的垮臺是任何「禮」也挽救不了的，因為這是它內在的腐敗、衰亡所決定的。

二十七年

丙戌，西元前五一五年。周敬王五年、齊景三十三年、晉頃十一年、秦哀二十二年、楚昭王軫元年、宋景二年、衛靈二十年、陳惠十五年、蔡昭四年、曹悼九年、鄭定十五年、燕平九年、吳僚十二年、許男斯八年、杞悼三年。

經 二十有七年春，公如齊。公至自齊，居于鄆。

夏四月，吳弒其君僚。

楚殺其大夫郤宛。

秋，晉士鞅、宋樂祁犂、衛北宮喜、曹人、邾人、滕人會于扈。

冬十月，曹伯午卒。

邾快來奔。

公如齊。公至自齊，居于鄆。

傳 二十七年春，公如齊。公至自齊，處于鄆❶，言在外也。

吳子欲因楚喪❷而伐之，使公子掩餘、公子燭庸❸帥師圍潛❹，使延州來季子❺

聘于上國⑥，遂聘于晉，以觀諸侯。楚莠尹然、工尹麇⑦帥師救潛；左司馬沈尹戌帥都君子⑧與王馬之屬⑨以濟⑩師，與吳師遇于窮⑪，令尹子常以舟師及沙汭⑫而還。左尹郤宛、工尹壽帥師至于潛，吳師不能退⑬。吳公子光⑭曰：「此時也，弗可失⑮也。」告鱄設諸⑯曰：「上國有言曰：『不索，何獲⑰？』我，王嗣也，吾欲求之。事若克⑱，季子雖至，不吾廢也。」鱄設諸曰：「王可弒也。母老子弱，是無若我何⑲？」光曰：「我，爾身也⑳。」

夏四月，光伏甲於堀室㉑而享王㉒。王使甲坐於道及其門㉓。門、階、戶、席㉔，皆王親也，夾之以鈹㉕。羞者獻體㉖改服於門外。執羞者坐行㉗而入，執鈹者夾承之，及體，以相授㉘也。光偽足疾，入于堀室。鱄設諸寘劍於魚中以進，抽劍刺王，鈹交於胷㉙，遂弒王。闔廬㉚以其子為卿。

季子至，曰：「苟先君無廢祀㉛，民人無廢主，社稷有奉，國家無傾，乃吾君也，吾誰敢怨？哀死事生㉜，以待天命。非我生亂，立者從之㉝，先人之道也。」復命哭墓㉞，復位而待。吳公子掩餘奔徐，公子燭庸奔鍾吾。楚師聞吳亂而還。

郤宛直而和，國人說之。鄢將師為右領㉟，與費無極比而惡之㊱。令尹子常賄而信讒㊲。無極譖㊳郤宛焉，謂子常曰：「子惡㊴欲飲子酒。」又謂子惡：「令尹欲飲酒於子氏㊵。」子惡曰：「我，賤人也，不足以辱令尹。令尹將必來辱，為惠已甚，吾無以酬之，若何？」無極曰：「令尹好甲兵，子出之，吾擇焉。」取五甲五兵，曰：「寘諸門。令尹至，必觀之，而從以酬之。」及饗日，帷諸門左㊶。無極謂令尹曰：「吾幾禍子。子惡將為子不利，甲在門矣。子必無往！且此役也，吳可以得志。子惡取賂焉而還；又誤羣帥，使退其師，曰『乘亂不祥』。吳乘我喪，我乘其亂，不亦可乎？」令尹使視郤氏，則有甲焉。不往，召鄢將師而告之。將師退，遂令攻郤氏，且爇㊷之。子惡聞之，遂自殺也。國人弗爇。令曰：「不爇郤氏，與之同罪。」或取一編菅焉，或取一秉秆焉，國人投之，遂弗爇也。令尹炮之㊸，盡滅郤氏之族，黨，殺陽令終與其弟完及佗，與晉陳及其子弟。晉陳之族呼於國曰：「鄢氏、費氏自以為王㊹，專禍楚國，弱寡王室，蒙㊺王與令尹以自利也。令尹盡信之矣，國將如何？」令尹病之㊻。

秋，會于扈㊼，令戍周，且謀納公也。宋、衛皆利納公，固請之。范獻子取貨㊽於季孫，謂司城子梁㊾與北宮貞子㊿曰：「季孫未知其罪，而君伐之。請囚，請亡，於是乎不獲，君又弗克，而自出也。夫豈無備而能出君乎？季氏之復，天救之也。休公徒之怒，而啟叔孫氏之心。不然，豈其伐人而說甲執冰(51)以游？叔孫氏懼禍之濫，而自同於季氏，天之道也。魯君守齊，三年而無成。季氏甚得其民，淮夷與之，有十年之備，有齊、楚之援，有天之贊，有民之助，有堅守之心，有列國之權，而弗敢宣也[52]，事君如在國[53]。故鞅以為難。二子皆圖國者也，而欲納魯君，鞅之願也，請從二子以圍魯。無成，死之。」二子懼，皆辭。乃辭小國，而以難復[54]。

孟懿子、陽虎伐鄆[55]，鄆人將戰。子家子曰：「天命不慆久矣[56]，使君亡者，必此眾也。天既禍之，而自福也，不亦難乎？猶有鬼神，此必敗也。嗚呼！為無望也夫！其死於此乎！」公使子家子如晉。公徒敗于且知[57]。

楚郤宛之難，國言[58]未已，進胙者[59]莫不謗令尹。沈尹戌言於子常曰：「夫左尹與中廄尹[60]，莫知其罪[61]，而子殺之，以興謗讟[62]，至于今不已。戌也惑之：仁者殺人以掩謗，猶弗為也。今吾子殺人以興謗，而弗圖[63]，不亦異乎？夫無極，楚之讒人也，民莫不知。去朝吳，出蔡侯朱，喪大子建，殺連尹奢，屏王之耳目，使不聰明。不然，平王之溫惠共儉，有過成、莊，無不及焉。所以不獲諸侯，邇無極也。今又殺三不辜[64]，以興大謗，幾及子矣。子而不圖，將焉用之[65]？夫鄢將師矯子之命[66]，以滅三族。三族，國之良也，而不愆位[67]。吳新有君，疆埸日駭。楚國若有大事68，子其危哉！知者69除讒以自安也，今子愛讒以自危也，甚矣，其惑也！」子常曰：「是瓦70之罪，敢不良圖？」九月己未，子常殺費無極與鄢將師，盡滅其族，以說于國71。謗言乃止。

冬，公如齊，齊侯請饗之72。子家子曰：「朝夕立於其朝，又何饗焉73，其飲酒也。」乃飲酒，使宰獻74，而請安75。子仲之子曰重，為齊侯夫人，曰：「請使重見76。」子家子乃以君出77。

十二月，晉籍秦致諸侯之戍于周，魯人辭以難。

【注釋】❶處于鄆　言在外也。昭二十六年，「齊侯取鄆」，雖然用以居昭公，但地已屬齊國，故云「在外」，即國外。❷因楚喪　喪平王死於昭二十六年。因，借；乘。❸公子掩餘公子燭庸　他們二人都是吳王僚的母弟。❹圍潛　圍住潛地。潛，今安徽霍山縣東北三十里。❺延州來季子　季子本封延陵，後封州來，故稱他為「延州來」，合姓名為「延州來季子」。❻上國　吳於中原諸國之稱。❼莠尹然工尹麇　莠尹、工尹都是楚國官名。然、麇是他們倆的名字。❽都君子　都，都邑。都君子，為徵發自都邑的親軍之稱號。❾王馬之屬　楚國有國馬、王馬，平時行軍作戰用國馬，不足則以王馬補充。❿濟　補充；增援。⓫窮　今安徽霍丘縣西南。⓬沙汭　在今安徽懷遠縣東北。⓭吳師不能退　楚在窮之師阻吳於前；至潛之師又截吳於後；楚師強，使吳師進退兩難。⓮吳公子光　光是吳王諸樊的兒子，其父夷昧，生光而廢之（本應為太子）。僚為夷昧之庶兄（不能繼其弟之君位），在夷昧死時，僚代弟為君。公子光曾說：「我，王嗣也。」⓯此時也二句　這是良好的時機，不可失去。公子光這麼說，是想奪回國君之位。⓰鱄設諸　《史記》等典籍都寫作「專諸」。⓱不索何獲　自己不去索取、追求，何從獲得王位。⓲克　攻破；戰勝；成功。⓳是無若我何　猶言「我無若是何」，欲以老弱託光。意即：我死之後，他們（老、弱）怎麼辦。⓴我爾身也　我就是你（自己）啊。意謂將其老弱視為己之親人。㉑堀室　亦作「窟室」，即今之地下室。㉒享

王　設享禮，即擺筵宴請王誄飲。㉓道及其門　道路兩旁直到光家的大門。㉔門階戶席　從大門到臺階、到裏門、到座席邊。㉕鈹　在刀鞘中裝著利劍。㉖羞者獻體　羞者，進奉食品的僕人。獻體，脫光全身衣服。㉗坐行　跪著，用膝行進，入王僚坐處奉上食品。㉘相授　相交接。㉙鈹交於胷　兩邊衛兵的劍相交刺人鱄諸胸部。胷，同「胸」。（鱄諸行刺與被衛兵刺胸，同時發生。）㉚闔廬　公子光的名字。㉛先君無廢祀　對先君的祭祀沒有廢除。㉜哀死事生　哀，哀悼（王僚）。事，事奉（公子光）。㉝立者從之　立者，被立為君王的。從之，服從他。㉞復命哭墓　復命，回復使命，因季子奉君命聘問晉國回國。哭墓，哭於王僚墓前。㉟右領　楚國官名。㊱與費無極比而惡之　鄢和費無極勾結而憎惡郤宛。比，相互依附勾結（朋比為奸的比）。㊲賄而信讒　貪賄賂而相信讒言。㊳譖　說壞話誣蔑別人。㊴子惡　即郤宛。㊵子氏　《呂氏春秋．慎行》寫作「子之家」。㊶帷諸門左　以布做帷幕，罩住五甲五兵。帷，名詞作動詞（張幕遮住）。諸，「之於」的合音合義詞。㊷爇　燃燒。㊸令尹炮之　將師就命令里尹之類去燒。炮，燒。㊹鄢氏費氏自以為王　當時，昭王年僅七、八歲，故鄢氏費氏能以王自居，代王下令。㊺蒙　蒙蔽欺騙。㊻病之　感到痛苦（憂懼）。㊼扈　鄭地，在今河南省原武縣西北。㊽取貨　收取了賄賂。㊾司城子梁　即宋國的樂祁。㊿北宮貞子　即衛國的北宮喜。(51)說甲執冰　脫下盔甲，拿著水杯。說，同「脫」。冰，飲水之杯。戰地無杯，取箭袋代杯盛水以飲。(52)弗敢宣也　不敢公開宣布。(53)事君如在國　謂事奉昭公如在國內一樣。(54)而以難復　以難納昭公回報晉君。(55)孟懿子陽虎伐鄆　孟懿子年未滿十六歲。陽虎，即《論語》中之陽貨，季氏家臣。伐鄆的部隊，以已有卿位的孟懿子出面，而權在季氏家臣陽虎。出軍在「會于扈」時，小國力謀「納昭公」；而季孫向范獻子行賄（阻昭公回國）。昭公居鄆城，故魯軍伐鄆，不無關係。(56)天命不慆久矣　天命在季氏無疑已長久了。不慆，即無可疑。慆，通「謟」。疑也。(57)且知　地名，在鄆城東。(58)國言　國人之謗言。(59)進胙者　胙，祭祀時的供肉，祭後必致胙於有關卿大夫。(60)左尹與中廄尹　左尹，郤宛。中廄尹，陽令終。(61)莫知其罪　沒有人知道他們的罪。(62)讟　謗也。(63)弗圖　不圖謀補救之策。(64)三不辜　三個無辜的人。即郤氏、陽氏、晉陳氏。(65)子而不圖二句　謂有讒人如此，禍將及汝，而汝為國相，不謀對策，則何必用國相。而，如。(66)矯子之命　假託你的命令。矯，假託。(67)不愆位　猶言不失職。愆，罪過；過失。位，職位。(68)若有大事　承上「疆埸日駭」，大事謂兵事也。(69)知者　有智謀的聰明人。知，同「智」。(70)瓦　即囊瓦，字子常。(71)以說于國　以取悅於國人（使國人高興）。說，同「悅」。國，國人。(72)請饗之　設享禮請昭公宴飲。饗禮，是諸侯之間聘問時用的。今昭公在齊住久，齊侯已不大尊重，只是虛用「享禮」之名。(73)又何饗焉　子家子以此語推辭「享禮」，提出「其飲酒」，使名實相符，免受輕侮。(74)使宰獻　古代諸侯請人飲酒，地位相等，則親自酌酒飲客。若國君宴臣，則使宰向賓敬酒。

——齊侯在此，是把魯昭公當臣子看待了。[75]請安　古筵宴，有安賓之儀節，主人可中途離席。這裏是齊侯請自安，離席而去（不陪客了！）。[76]請使重見　齊侯叫夫人重來見昭公。這是輕慢的表示。[77]子家子乃以君出　杜注：「避齊夫人。」即子家子就帶著國君出去避免受辱。

【語　譯】二十七年春，昭公去到齊國。昭公從齊國到達，住在鄆地，這是說住在國外。

吳子想乘楚國喪事的時機攻打它，派公子掩餘、公子燭庸領兵包圍潛地，派延州來季子到中原各國聘問。季子就到晉國聘問，以觀察諸侯的態度。楚國的莠尹然、工尹麇領兵救援潛地，左司馬沈尹戌率領都邑親兵和王馬的部屬增援先頭部隊，在窮地和吳軍相遇。令尹子常帶著水軍到了沙汭而折回，左尹郤宛、工尹壽領兵到達潛地，吳軍被阻不能退卻。吳國的公子光說：「這是機會，不可失去了。」告訴鱄設諸說：「中原的國家有句話：『不去追求索取，能夠獲得什麼？』我是王位的繼承人，我要求索王位。事情如果成功，季子即使來到，也不能廢掉我。」鱄設諸說：「君王是可以殺掉的。但是我母親老，兒子小，我沒有了，他們怎麼辦？」公子光說：「我就是你。」

夏四月，公子光在地下室埋伏甲士而設宴禮宴請吳王。吳王讓甲士坐在道路兩旁一直到大門口。大門、臺階、二門、坐席邊，都是吳王的親兵，手持利劍衛護在吳王兩旁。端菜的人在門外脫光衣服換穿別的衣服，端著菜膝行而入。持劍的人夾著他，劍身快碰到他的身體。端菜者通過一把把的劍，然後才能上菜。時機到了！公子光假裝有腳病，躲進地下室。鱄設諸預先把劍放在魚肚子裏，好不容易挨到了上菜，抽出寶劍猛刺吳王，兩旁的長劍也交叉刺進鱄設諸的胸膛，但他終於殺死了吳王。後來，闔廬讓鱄設諸的兒子做了卿。

季子回來後說：「如果沒有廢棄先君的祭祀，百姓沒有廢棄君主，土地和穀神得到祭獻，國家和家族沒有顛覆，他就是我的國君，我敢怨恨誰？哀悼死去的，事奉活著的，以等待天命。不是我發起動亂的，誰被立為國君，我就服從誰，這是先代的常法。」他到王僚的墳墓前哭泣復命，回到自己原來的職位上等待命令。吳國的公子掩餘逃亡徐國，公子燭庸逃亡鍾吾。楚軍聽到吳國發生動亂也就收兵回國。

郤宛正直而溫和，國內的人們喜歡他。鄢將師做右領，和費無極勾結，憎恨郤宛。令尹子常貪財而愛聽誣蔑別人、挑撥離間的話。費無極就誣蔑郤宛，對子常說：「郤宛要請您喝酒。」又對郤宛說：「令尹要到您家去喝酒。」郤宛說：「我是下賤的人，不足以讓令尹屈尊前來。令尹如果願意一定屈尊，那賜給我的恩惠就太大了，我沒有東西答謝，怎麼辦？」費無極說：「令尹喜歡皮甲武器，您拿出來，我來挑選。」選取了五領皮甲、五種武器，說：「放在門口，令尹來到，一定要觀看，就乘機答謝他。」等到舉行享禮的那一天，把皮甲武器放在門邊的帳幔裏。費無極對令尹說：「我幾乎讓您遭禍。郤宛打算對您不利，皮甲和武器都放在門口了。您一定不要去！而且這次潛地的戰役，本來可以得志於吳國，郤宛受了賄賂而回來；又貽誤將領們，讓他們退兵，說：『乘人動亂而進攻，不吉祥』。吳國乘我們有喪事，我們乘他們的動亂，不也是可以的嗎？」令尹讓人到郤宛那裏觀看動靜，就看到了有皮甲和武器在裏面。他不去了，召見鄢將師把情況告訴他。鄢將師退下，就下令攻打郤氏，而且放火燒他的家。郤宛聽到消息，就自殺了。國都的人不肯放火，鄢將師下令說：「不燒郤家，和他同罪。」於是有人拿一張草蓆，有人拿著一把穀草，可是拿來又扔了，就沒有燒著。鄢將師無奈，命令里尹去燒，自己就領兵把郤氏的族人、同黨全都消滅，殺了陽令終跟他的弟弟完和佗，還殺了晉陳和他的子弟。晉陳的族人在國都裏喊叫：「鄢氏、費氏以君王自居，專權而禍亂楚國，削弱孤立王室，蒙騙君王和令尹來為自己牟利，令尹全部相信他們了，國家將怎麼辦呢？」令尹很擔心。

秋，晉國士鞅、宋國樂祁犂、衛國北宮喜、曹人、邾人、滕人在扈地會見，這是為下令戍守成周，並商量送回昭公。宋國、衛國都認為送回昭公對自己有利，堅決地請求。范獻子在季孫那裏取得了財禮，對司城子梁和北宮貞子說：「季孫還不知道他自己的罪過，而國君就去攻打他。他請求囚禁、請求逃亡，在當時都得不到同意。國君又沒有戰勝他，就自己出國了。難道沒有防備而能趕走國君嗎？季氏恢復原來的權勢，是上天挽救了他。止住了昭公親兵的憤怒，啟發了叔孫氏的心意。不是這樣，難道那些人攻打別人時竟會脫下皮甲拿著箭筒玩耍嗎？叔孫氏害怕受禍的泛濫，因而自願和季氏站在一起，這是上天的意志。魯國的國君請求齊國幫助，三年沒有成功。季氏很受百姓擁護，淮夷親附他，有十年的戰備，有齊國、楚國的支援，有上天的贊同；有百姓的幫助，有堅守的決心，有諸侯一樣的權勢，但沒有敢把事情公開，仍然事奉國君像在國內一樣。所以鞅認為難辦。您二位都是為國家打算的，想要送回魯國國君，這也是鞅的願望，請讓我跟隨您二位去包圍魯國。如果不成功，我就為此而死。」這兩位害怕，都辭謝了。於是就辭退小國，而答覆昭公說事情難辦。

孟懿子、陽虎攻打鄆地，鄆地人打算迎戰。子家子說：「天命無可懷疑已經很久了。讓國君逃亡的，一定就是這批人。上天已經降禍於國君，而要自己求福，不是很難嗎？如果有鬼神，這一戰必然失敗。啊！沒有希望了吧！恐怕要死在這裏了吧！」昭公派子家子去到晉國。昭公的親兵在且知被打敗。

楚國郤宛的禍難，國內的怨言不息，進胙肉的人無不指責令尹。沈尹戌對令尹子常說：「左尹和中廄尹，沒有人知道他們的罪過，而您殺了他們，招致指責，到現在沒有完。戌很懷疑：仁愛的人殺了人來掩蓋指責，他還不幹呢；現在您殺了人來招致指責，而不考慮一下，不是很奇怪嗎？無極是楚國專幹誣陷的人，百姓沒有不知道的。除掉朝吳，趕走蔡侯朱，失去太子建，殺死連尹奢，遮住君王的耳目，使他耳不聰，目不明。如果不是這樣，平王的溫和仁慈、恭敬節儉，有超過成王、莊王而沒有不及的。他之所以得不到諸侯，是由於接近無極。現在又殺了三個無辜的人，招致了極大的指責，幾乎弄到您身上了。您不為這個打算，那何必用您這個國相？鄢將師假託您的命令，消滅了三個家族。這三個家族，是國家的忠良，在位又沒有過錯。吳國新近立了國君，邊境一天天緊張。楚國如果發生戰事，您就危險了！聰明人消除誣陷來使自己安定，現在您喜歡誣陷來使自己危險，您的糊塗是太過分了！」令尹子常說：「這是瓦的罪過，豈敢不好好考慮？」九月十四日，令尹子常殺了費無極和鄢將師，全部消滅了他們的族人，來讓國內的人們高興，指責的言論才停止。

冬，昭公去到齊國，齊侯請設享禮招待他。子家子說：「每天早晚都在他的朝廷上，又設享禮幹什麼，還是喝喝酒吧。」於是就喝酒，讓宰臣向昭公敬酒，自己卻請求退席。子仲的女兒名叫重，是齊侯的夫人，齊侯說：「請讓重出來見您。」子家子就帶著昭公出去了。

十二月，晉國的籍秦把諸侯的戍卒送到成周，魯國人用禍難作為藉口辭謝不去。

【說 明】本年傳首先記敘了吳王僚趁楚平王去世進攻楚國，而吳公子光則趁機派鱄設諸刺殺吳王僚篡了位。僚是吳國前王昧爽的庶兄。昧爽生前未曾傳位給其子光。昧爽卒，僚代立；光認為自己是當然繼承人，要伺機奪位。他抓住吳軍伐楚，前後被阻進退兩難，王僚部兵難以趕回之時，精心策劃，在地下室設宴請王。吳王僚儘管衛兵密布步步設防，仍難料到鱄設諸藏劍於魚盆行刺。作者把行刺場面細加描寫，扣人心弦地表現了戲劇性的宮庭政變。

楚國的統治集團內部也在自相殘殺。令尹子常貪賄信讒，中了費無極、鄢將師的離間計，殺了賢臣左尹郤宛，滅其族、黨，株連甚廣。楚國統治階層凶殘嗜殺，造成了極大民憤。子常被迫殺了費、鄢，並滅其族來安撫人民。統治階層的相互殺戮，進一步削弱了楚國力量。

晉、宋、衛、邾等國會合，準備送魯昭公回國。季平子賄賂晉國執政大臣范獻子，請他為季氏說話，並恐嚇與要挾衛、宋諸國，放棄原來的行動計畫。子家子斷言魯昭公將死在國外，並說這是昭公的「自敗」。魯昭公寄寓齊國而胸無大志，已被視為臣屬，卻樂不思蜀，無所作為，才會落到這個可悲的下場。

二十八年

丁亥，西元前五一四年。周敬王六年、齊景三十四年、晉頃十二年、秦哀二十三年、楚昭二年、宋景三年、衛靈二十一年、陳惠十六年、蔡昭五年、曹聲公野元年、鄭定十六年、燕平公十年、吳闔廬元年、杞悼四年、許男斯九年。

經 二十有八年春王三月，葬曹悼公。

公如晉，次于乾侯。

夏四月丙戌，鄭伯寧卒。

六月，葬鄭定公。

秋七月癸巳，滕子寧卒。

冬，葬滕悼公。

傳 二十八年春，公如晉❶，將如乾侯。子家子曰：「有求於人，而即其安❷，人孰矜之❸？其造於竟❹。」弗聽，使請逆於晉❺。晉人曰：「天禍魯國，君淹恤❻在外，君亦不使一个❼辱在寡人❽，而即安於甥舅❾，其亦使逆君❿？」使公復于竟，而後逆之。

晉祁勝與鄔臧通室⓫。祁盈將執之，訪於司馬叔游。叔游曰：「〈鄭書〉有之：『惡直醜正⓬，實蕃有徒⓭。』無道立矣，子懼不免⓮。《詩》⓯曰：『民之多辟⓰，無自立辟⓱。』姑已⓲，若何？」盈曰：「祁氏私有討，國何有焉⓳？」遂執之。祁勝賂荀躒，荀躒為之言於晉侯。晉侯執祁盈。祁盈之臣曰：「鈞⓴將皆死，憖使吾君聞勝與臧之死也以為快㉑。」乃殺之。夏六月，晉殺祁盈及楊食我㉒。食我，祁盈之黨也，而助亂，故殺之，遂滅祁氏、羊舌氏。

初，叔向欲娶於申公巫臣氏㉓，其母欲娶其黨㉔。叔向曰：「吾母多而庶鮮㉕，吾懲舅氏㉖矣。」其母曰：「子靈之妻殺三夫㉗，一君、一子，而亡一國、兩卿㉘矣，可無懲乎？吾聞之：『甚美必有甚惡。』是鄭穆少妃姚子之子，子貉㉙之妹也。子貉早死，無後，而天鍾美於是，將必以是大有敗也。昔有仍氏生女，黰黑㉚，而甚美，光可以鑑㉛，名曰玄妻。樂正后夔取之，生伯封，實有豕心，貪惏無饜，忿纇無期，謂之封豕。有窮后羿滅之，夔是以不祀。且三代之亡㉜、共子之廢，皆是物也㉝，女何以為哉？夫有尤物，足以移人㉞。苟非德義，則必有禍。」叔向懼，不敢取。平公強使取之，生伯石。伯石始生，子容㉟之母走謁諸姑㊱，曰：「長叔姒㊲生男。」姑視之。及堂，聞其聲而還，曰：「是豺狼之聲也，狼子野心。非是，莫喪羊舌氏矣。」遂弗視。

秋，晉韓宣子卒，魏獻子㊳為政，分祁氏之田以為七縣㊴，分羊舌氏之田以為三縣㊵。司馬彌牟為鄔大夫㊶，賈辛為祁大夫，司馬烏為平陵大夫，魏戊為梗陽大夫，知徐吾為塗水大夫，韓固為馬首大夫，孟丙為盂大夫，樂霄為銅鞮大夫，趙朝為平陽大夫，僚安為楊氏大夫。謂賈辛、司馬烏為有力於王室，故舉之；謂知徐吾、趙朝、韓固、魏戊，餘子㊷之不失職，能守業者也；其四人者，皆受縣而後見於魏子，以賢舉㊸也。

魏子謂成鱄：「吾與戊也縣，人其以我為黨乎？」對曰：「何也？戊之為人也，遠不忘君，近不偪同，居利思義(44)，在約思純(45)，有守心而無淫行(46)，雖與之縣，不亦可乎！昔武王克商，光有天下(47)，其兄弟之國者十有五人，姬姓之國者四十人，皆舉親(48)也。夫舉無他，唯善所在，親疏一也。《詩》(49)曰：『唯此文王，帝度其心。莫(50)其德音，其德克明。克明克類，克長克君。王此大國，克順克比。比于文王，其德靡悔。既受帝祉(51)，施于孫子(52)。』心能制義曰度，德正應和曰莫，照臨四方曰明，勤施無私曰類，教誨不倦曰長，賞慶刑威曰君，慈和偏服曰順，擇善而從之曰比，經緯天地曰文。九德不愆，作事無悔，故襲(53)天祿，子孫賴之。主之舉也，近文德矣，所及其遠哉！」

賈辛將適其縣，見於魏子。魏子曰：「辛來！昔叔向適鄭，鬷蔑惡(54)，欲觀叔向，從使之收器者(55)而往，立於堂下，一言而善(56)。叔向將飲酒，聞之，曰：『必鬷明也！』下，執其手以上，曰：『昔賈大夫惡，娶妻而美，三年不言不笑。御以如皋(57)，射雉，獲之，其妻始笑而言。賈大夫曰：「才之不可以已。我不能射，女遂不言不笑夫！」今子少不颺(58)，子若無言，吾幾失子矣。言之不可以已也如是！』遂如故知(59)。今女有力於王室，吾是以舉女。行乎！敬之哉(60)！毋墮乃力！」

仲尼聞魏子之舉也，以為義(61)，曰：「近不失親(62)，遠不失舉(63)，可謂義矣。」又聞其命賈辛也，以為忠，「《詩》曰：『永言配命(64)，自求多福。』忠也。魏子之舉也義，其命也忠，其長有後於晉國(65)乎！」

冬，梗陽人有獄(66)，魏戊不能斷，以獄上(67)。其大宗(68)賂以女樂(69)，魏子將受之。魏戊謂閻沒、女寬(70)曰：「主以不賄聞於諸侯，若受梗陽人，賄莫甚焉(71)。吾子必諫！」皆許諾。退朝，待於庭。饋入，召之(72)。比置，三歎(73)。既食，使坐。魏子曰：「吾聞諸伯叔，諺曰：『唯食忘憂(74)。』吾子置食之間三歎，何也？」同辭而對(75)曰：「或賜二小人(76)酒，不夕食。饋之始至，恐其不足，是以歎。中置(77)，自咎(78)曰：『豈將軍(79)食之而有不足？』是以再歎。及饋之畢，願以小人之腹為君子之心(80)，屬厭而已(81)。」獻子辭(82)梗陽人。

【注釋】❶公如晉　齊景公輕視魯昭公，昭公不得已而去到晉國。❷即其安　到齊三年，忘卻家國，無所作為，安然作寓公。即，就；湊近。❸孰矜之　孰，誰；哪個。矜，憐惜；同情。❹其造於竟　造，去；到。竟，同「境」。魯晉相接的邊境。❺使請逆於晉　使，派人。請，請求。逆於晉，在晉國迎接（到晉國都去）——此時，魯昭公已至晉地乾侯。❻淹恤　長期避難。淹，久。恤，憂患。❼一个　就是一個，下面應加一個名詞。不過此處省略，跟普通所說的「一介書生」「一介使臣」同。❽辱在寡人　在，存問；問候。實際上是「通知我，向我求援」之意。❾甥舅　齊魯常為婚姻，故互為甥舅。此處指齊國。❿其亦使逆君　其，豈；難道。使，派人。逆君，迎接國君。即：難道還要派人（到齊國）去迎接你嗎。⓫祁勝與鄔臧通室　杜注：「二子（祁勝與鄔臧），祁盈家臣。通室，易室。」用現代的話說，通室就是祁勝與鄔臧二人互相換妻，所以祁盈認為此事傷風敗俗，才要逮捕他倆治罪。⓬惡直醜正　嫉害正直者。惡、醜同義，直、正同義；惡直即醜正，同義重複。⓭實蕃有徒　蕃，多；盛。徒，黨類；這人。⓮無道立矣二句　謂無道之人在位，顧慮您恐不免於禍害。立，立為君，即在位。懼，畏懼。動詞。以不免為懼，即顧慮。⓯詩　《詩經・大雅・板》。⓰辟　借為「僻」，邪僻。⓱無自立辟　不要自己作邪僻之事，或陷入邪僻。⓲姑已　姑且作罷。已，止；作罷。⓳祁氏私有討國何有焉　「言討家臣，無與國事」跟國家沒有關係。⓴鈞　同。㉑慭使吾君句　寧願讓主人聽到勝、臧之死訊而快慰。慭，甘也，與「寧」字含義相近。吾君，祁盈家臣稱呼祁盈。㉒楊食我　楊是叔向的封邑，食我是叔向的兒子伯石。㉓娶於申公巫臣氏　娶巫臣與姬所生女。㉔黨　指「父母之黨」，親族。此指娘家人。㉕母多而庶鮮　其父妾多而庶子少。㉖吾懲舅氏　我以舅氏為鑑。意謂娶舅氏家不生育。懲，以……為戒。㉗子靈之妻殺三夫　子靈即巫臣，其妻為夏姬，夭子蠻（初嫁夫），殺御叔（再嫁夫）、巫臣（三嫁夫）。㉘一君一子二句　一君，指陳靈公。一子，指夏徵舒。一國，指陳國。兩卿，指孔寧、儀行父二人。㉙子貉　即鄭靈公。㉚黰黑　黰，即鬒，頭髮稠密而烏黑。㉛鑑　鏡子（名詞），當鏡子照（動詞），謂其髮亮可照見人。㉜三代之亡　夏桀寵末喜，殷紂寵妲己，周幽王寵褒姒，三代因之滅亡。㉝共子之廢皆是物也　共子即晉太子申生，以晉獻公寵孋姬而廢。是物，這件東西。指「美色」。㉞尤物二句　尤物，特別美麗的女人。移人，使人改變。㉟子容　叔向哥哥伯華的兒子，叔向的姪子。㊱走謁諸姑　走，快跑。謁，告訴。諸，「之於」的合音合義詞。姑，婆婆。㊲長叔姒　所謂長叔是大弟弟，也就是指叔向。姒，是尊稱兄弟之妻，此處的長叔姒是指叔向的妻子。㊳魏獻子　即魏舒。㊴七縣　指鄔、祁、平陵、梗陽、塗水、馬首、盂。㊵三縣　指銅鞮、平陽、楊氏。㊶大夫　邑長稱大夫。原祁氏地七縣邑長為：司馬彌牟（鄔）、賈辛（祁）、司馬烏（平陵）、魏戊（梗陽）、知徐吾（塗水）、韓固（馬首）、孟丙（盂）。羊舌氏三縣為：樂霄（銅鞮）、趙朝（平陽）、僚安（楊氏）。㊷餘子　庶子，或曰嫡子之同母弟稱「餘子」。㊸以賢舉　憑賢才得提拔。「四人」受縣而後見（魏獻子），言採取眾人之意而舉拔，不憑私交。㊹居利思義　居，處在。利，有利地位。義，道義，不苟得。㊺在約思純　在，身在。約，窮困；困難。純，潔身是好，無濫心。㊻有守心而無淫行　守心，能保持禮義之心。無淫行，無違犯禮義之行為。㊼光有天下　廣有天下。光，古代與廣同音。㊽舉親　舉拔親人。舉，舉拔。㊾詩　《詩經・大雅・皇矣》。㊿莫　通作「漠」，寂靜無聲。(51)祉　福。(52)施于孫子　施，延及。孫子，猶子孫，子子孫孫。(53)襲　受也。(54)惡　貌醜。(55)從使之收器者　跟派去收碗筷食器的僕人（混在其中去偷看）。從，隨也。56一言而善　一句講得好。57御以如臯　（為妻）駕車到臯澤。58子少不颺　杜注：「顏貌不揚顯。」59故知　舊友；老朋友。60敬之哉　嚴肅認真地去工作。61以為義　義，合宜；合宜的道德、行為或道理。62近不失親　有功者，賢能者，不因親人而不舉拔。63遠不失舉　疏遠的人也不失去受舉用的機會。64永言配命　永遠配合天命。言，句中助詞，無義。命，天命。65長有後於晉國　他有後代會在晉國長享祿位。66有獄　有一場官司（訴訟案）。67以獄上　把案件上報。68其大宗　宗子所在的一宗。69賂以女樂　以能音樂的女子（或樂隊）作為賄賂。70閻沒女寬　皆晉大夫。閻沒，即閻明。女寬，女齊之子叔褒。71賄莫甚焉　賄賂沒有比這更大的了。焉，於此。兼詞。72饋入召之　飯菜送來了，（魏子）召二大夫食。73比置三歎　等到來擺食器、食品，歎了三次氣。比，比及；等到。置，放置（食器、食品）。74唯食忘憂　在進食時應忘記憂愁。75同辭而對　異口同聲地回答。76或賜二小人　或賜，有人贈送。二小人，二大夫自謙之稱。77中置　上菜上到一半。78自咎　責備自己。79將軍　指魏子。時為中軍之帥，故稱。80願以小人之腹為君子之心　願把我倆的肚子（知道飽了就不多吃）作為您君子的心（知道吃用已足就不要受賄）。81屬厭而已　剛剛吃足，就行了嘛！（適可而止。）或譯：「要適可而止嘛！」屬，適也。厭，足也。已，止也。82辭　拒絕；不受賄。

【語　譯】二十八年春，昭公到了晉國，將要去乾侯。子家子說：「有求於別人，跑去卻是安然住著，有誰還來同情您？還是到我國和晉國的邊境上等著好。」昭公不聽從，派人請求晉國來人迎接。晉國人說：「上天降禍魯國，君王避難在外，也不派人來通知寡人，而是安然住在甥舅之國，難道還要我派人到齊國迎接君王？」叫昭公回到魯齊兩國的邊境，然後派人迎接。

晉國的祁勝和鄔臧互相和對方妻子通姦。祁盈打算逮他們，去問司馬叔游。叔游說：「〈鄭書〉上說：『嫉害正直，這樣的人多的是。』無道的人在位，您該考慮免於禍患。《詩經》上說：『百姓的邪惡很多，自己不要再陷進邪惡。』姑且停下不幹，怎麼樣？」祁盈說：「祁氏私家的討伐，和國家有什麼關係？」就逮了他們。祁勝賄賂荀躒，荀躒為他在晉侯面前說話。晉侯逮了祁盈。祁盈的家臣說：「同樣將要一起被殺，寧願使我們的主子聽到祁勝、鄔臧的死訊而感到痛快！」就殺了這兩個人。夏六月，晉侯殺了祁盈和楊食我。楊食我是祁盈的黨羽，而又幫著祁盈作亂，所以殺了他，於是就滅亡了祁氏、羊舌氏。

起初，叔向想要娶申公巫臣的女兒做妻子，他的母親要他娶母家的親族。叔向說：「我的母親多而庶兄弟少。舅家女兒不易生子，我把這作為鑑戒了。」他的母親說：「巫臣的妻子殺死三個丈夫、一個國君、一個兒子，滅亡一個國家、使兩個卿逃亡了，能夠不作為鑑戒嗎？我聽說：『很美麗必然有很醜惡。』那個人是鄭穆公少妃姚子的女兒，子貉的妹妹。子貉早死，沒有後代，而上天把美麗聚集在她身上，必然是要用她來大大地壞事。從前有仍氏生了一個女兒，頭髮稠密烏黑而漂亮，光澤可以照見人，被稱為玄妻。樂正后夔娶了她，生下伯封，其心和豬一樣，貪婪極難滿足，暴躁乖戾無比，人們叫他「封豕」。有窮后羿滅了他，夔因此絕嗣。而且三代的被滅亡，共子的被廢立，都是由於美色為害。你娶她做什麼呢？特別美麗的女人，足以使人改變。如果不是極有道德正義的人娶她，就必然有禍患。」叔向害怕，不敢娶。平公硬是要叔向娶了她，生了楊食我。楊食我剛剛生下，子容的母親去告訴婆婆：「大弟婦生了男孩。」叔向的母親走去看，剛到堂前，聽見孩子哭聲就往回走，說：「這是豺狼的聲音。豺狼似的男孩必然有野心。不是這個人，沒有人會毀掉羊舌氏。」於是就不看他。

這年秋天，晉國的韓宣子死了，魏獻子執政。他把祁氏的土田分為七個縣，把羊舌氏的土田分割為三個縣。司馬彌牟做鄔縣大夫，賈辛做祁縣大夫，司馬烏做平陵大夫，魏戊做梗陽大夫，知徐吾做塗水大夫，韓固做馬首大夫，孟丙做盂邑大夫，樂霄做銅鞮大夫，趙朝做平陽大夫，僚安做楊氏大夫。認為賈辛、司馬烏曾經給王室出力，所以舉拔他們；認為知徐吾、趙朝、韓固、魏戊，是非嫡長子中不失職、能夠保守家業的人，另外四個人，都先接受職務然後進見魏獻子，是由於賢能而舉拔的。

魏獻子對成鱄說：「我把一個縣給了戊，別人大概以為我偏袒吧？」成鱄回答說：「怎麼呀？戊的為人，遠不忘國君，近不逼同事，處在有利的地位能想到道義，身在貧困之中能保持操守，他有恪守禮義的誠心，而無違犯禮義之行為，雖然給了他一個縣，也是完全可以的！從前武王戰勝商朝，廣有天下，他的兄弟封國的十五人，姬姓封國的四十人，舉拔的都是親人。舉拔沒有別的，只要是善的，親密、疏遠都是一樣的。《詩經》上說：『我們的這位文王啊，古帝先王使他仁義治國。這裏多靜穆，可美名傳揚遠方。道德的光輝，照臨著萬國千邦！他勤勤懇懇，誨人不倦，大公無私，恩威並濟。統治著這偉大的國家呵，他慈祥和藹，人人順服從善。文王呵，經天緯地九德全，日理萬機，事事無小愆。他承受了古帝先王的福祿，必將延及子孫萬代！』內心能制約於道義叫做度，德行端正反應和諧叫做莫，光照四方叫做明，勤於施捨沒有私心叫做類，教導別人不知疲倦叫做長，嚴明賞罰叫做君，慈祥和順使別人歸服叫做順，選擇好的而跟從叫做比，用天地作經緯叫做文。這九種德行不出過錯，做事情就沒有悔恨，所以承襲上天的福祿，以利於子子孫孫。現在您的舉拔，已經接近文德了，影響會很深遠的啊！」

賈辛將要去到他的縣裏，進見魏獻子。魏獻子說：「辛，過來！從前叔向去到鄭國，鬷蔑長得醜，想要看看叔向，就跟著收拾器皿的人前去，站在堂下，說了一句話，說得很好。叔向正要喝酒，聽到了，說：『一定是鬷蔑！』下堂，拉著他的手上堂，說：『從前賈大夫長得醜，娶了個妻子很美，三年不說不笑。賈大夫為她駕著車子去到沼澤地，射野雞，射中，她才笑著說話。賈大夫說：「本事是不能沒有的，我要是不能射箭，你就不說不笑了啊！」現在您的外貌不大好看，您如果再不說話，我幾乎錯過您了。話的不能不說就像這一樣。』兩個人就像老相識一樣。現在你對王室有功，我因此舉拔你。動身吧！嚴肅認真地工作，不要損毀你的功勞。」

孔子聽到魏獻子的舉拔，認為合宜，說：「近而不失去親族，遠而不失去應當舉拔的人，可以說是合於道義了。」又聽說他命令賈辛的話，認為體現忠誠，說：「《詩經》上說：『永遠合於天命，自己求取各種福祿。』這是忠誠。魏子的舉拔合於道義，他的命令又體現了忠誠，大概他的後代會在晉國長享祿位吧！」

這年冬天，梗陽有人訴訟。魏戊不能判斷，把案件上報給魏獻子。訴訟一方的大宗把女樂送給魏獻子，魏獻子打算收下來。魏戊對閻沒、女寬說：「主人以不受賄名聞諸侯，如果收下梗陽人的女樂，就沒有比這再大的賄賂了。您二位一定要去勸諫。」兩個人都答應了。退朝以後，他倆等在庭院裏。送飯菜的進來，魏獻子叫他們吃飯。等到擺上飯菜，兩個人三次歎氣。吃完了，讓他們坐下。魏獻子說：「我聽叔伯們講過：『吃飯時要忘記憂愁。』您二位在擺上飯菜後三次歎氣，為什麼？」兩個人異口同聲地說：「有人送酒給我們兩人，昨天沒有吃晚飯。今天，府上的飯菜剛剛送來時，恐怕不夠吃，所以歎氣。上菜上了一半，就責備自己說：『難道將軍給我們吃會不夠嗎？』因此再次歎氣。等到飯菜上完，真願把小人的肚子作為君子的內心，要適可而止嘛。」於是魏獻子就拒絕了梗陽人的賄賂。

【說　明】這一年魯昭公在齊國呆不住了，求晉國去接。但晉國昏君當道，內部矛盾不少。如祁盈想懲罰家臣祁勝以正門風，晉侯竟借此滅了祁氏及其黨羊舌氏兩大家族。為什麼以不關國政的一件家事，竟把賢臣祁午、羊舌肸後裔滅絕？因為卿大夫勢力威脅公室生存，狗急跳牆出此下策！魏獻子執政後，便把兩家的十縣土田分封給十個大夫管理，才不了了之，結此冤案。

文末記敘了梗陽人為訴訟獲勝，以「女樂」賄賂魏獻子，獻子竟動了心！在魏戊的啟發下，其家臣閻沒、女寬對主人進行了巧妙諷諫，獻子才翻然醒悟，拒絕了賄賂——連「不收賄賂見稱」的魏獻子，竟也經不起考驗，則各國統治階層的腐敗可見一斑了！作者以「怕吃不飽肚子」作諷，對於貪得無饜的統治者實為辛辣的諷刺。

文中還插敘了叔向娶妻的故事，把羊舌氏的滅絕歸罪於不吉的女人。這種「女禍亡國論」，是作者思想局限的反映。

二十九年

戊子，西元前五一三年。周敬王七年、齊景三十五年、晉頃十三年、秦哀二十四年、楚昭三年、宋景四年、衛靈二十二年、陳惠十七年、蔡昭六年、曹聲二年、鄭獻公蠆元年、燕平十一年、吳闔廬二年、杞悼五年、許男斯十年。

經　二十有九年春，公至自乾侯，居于鄆，齊侯使高張來唁公。

公如晉，次于乾侯。

夏四月庚子，叔詣卒。

秋七月。

冬十月，鄆潰。

傳 二十九年春，公至自乾侯，處于鄆❶。齊侯使高張來唁❷公，稱主君❸。子家子曰：「齊卑君矣，君祇辱焉。」公如乾侯。

三月己卯，京師殺召伯盈、尹氏固及原伯魯之子❹。尹固之復❺也，有婦人遇之周郊，尤之❻，曰：「處則勸人為禍，行則數日而反，是夫也，其❼過三歲乎？」夏五月庚寅，王子趙車入于鄻以叛❽，陰不佞敗之。

平子❾每歲賈馬，具從者之衣屨，而歸之于乾侯。公執歸馬者，賣之，乃不歸❿馬。衛侯來獻其乘馬，曰啟服，塹而死⓫。公將為之櫝⓬。子家子曰：「從者病矣，請以食之⓭。」乃以帷裹之⓮。

公賜公衍⓯羔裘，使獻龍輔⓰於齊侯，遂入羔裘⓱。齊侯喜，與之陽穀⓲。公衍、公為之生也，其母偕出⓳。公衍先生。公為之母曰：「相與偕出，請相與偕告⓴。」三日，公為生。其母先以告，公為為兄。公私喜於陽穀，而思於魯㉑，曰：「務人㉒為此禍也，且後生而為兄，其誣也久矣。」乃黜之，而以公行為大子。

秋，龍見于絳㉓郊。魏獻子問於蔡墨㉔曰：「吾聞之，蟲莫知於龍，以其不生得㉕也，謂之知。信乎？」對曰：「人實不知，非龍實知。古者畜龍，故國有豢龍氏、有御龍㉖氏。」獻子曰：「是二氏者，吾亦聞之，而不知其故㉗。是何謂也？」對曰：「昔有飂叔安㉘，有裔子㉙曰董父，實甚好龍，能求其耆㉚欲以飲食之，龍多歸之，乃擾㉛畜龍，以服事帝舜，帝賜之姓曰董，氏曰豢龍㉜，封諸鬷川㉝，鬷夷氏其後也。故帝舜氏世有畜龍㉞。及有夏孔甲㉟，擾于有帝，帝賜之乘龍，河、漢各二㊱，各有雌雄。孔甲不能食㊲，而未獲豢龍氏。有陶唐㊳氏既衰，其後有劉累，學擾龍于豢龍氏，以事孔甲，能飲食之。夏后嘉之，賜氏曰御龍。以更豕韋㊴之後。龍一雌死，潛醢以食夏后。夏后饗之㊵，既而使求之㊶。懼而遷于魯縣㊷，范氏其後也。」獻子曰：「今何故無之？」對曰：「夫物，物有其官，官脩其方㊸，朝夕思之。一日失職，則死及之㊹。失官不食㊺。官宿㊻其業，其物乃至㊼。若泯㊽棄之，物乃坻伏㊾，鬱湮不育㊿。故有五行之官，是謂五官，實列受氏姓(51)，封為上公(52)，祀為貴神。社稷五祀(53)，是尊是奉。木正(54)曰句芒，火正曰祝融，金正曰蓐收，水正曰玄冥，土正曰后土。龍，水物也，水官棄[55]矣，故龍不生得。不然，《周易》有之：在〈乾〉䷀之〈姤〉䷫[56]曰：『潛龍勿用。』其〈同人〉䷌[57]曰：『見龍在田。』其〈大有〉䷍[58]曰：『飛龍在天。』其〈夬〉䷪[59]曰：『亢龍[60]有悔。』其〈坤〉䷁曰：『見羣龍無首，吉。』〈坤〉之〈剝〉䷖[61]曰：『龍戰于野。』若不朝夕見，誰能物之[62]？」獻子曰：「社稷五祀，誰氏[63]之五官也？」對曰：「少皞氏有四叔[64]，曰重、曰該、曰修、曰熙，實能金、木及水。使重為句芒，該為蓐收，修及熙為玄冥，世不失職，遂濟窮桑，此其三祀也。顓頊氏有子曰犁，為祝融；共工氏有子曰句龍，為后土[65]，此其二祀也。后土為社，稷，田正[66]也。有烈山氏[67]之子曰柱為稷，自夏以上祀之。周棄[68]亦為稷，自商以來祀之。」

冬，晉趙鞅[69]、荀寅帥師城汝濱[70]，遂賦晉國一鼓鐵[71]，以鑄刑鼎，著范宣子所為刑書焉。

仲尼曰：「晉其亡乎！失其度矣。夫晉國將守唐叔[72]之所受法度，以經緯[73]其民，卿大夫以序[74]守之，民是以能尊其貴，貴是以能守其業。貴賤不愆，所謂度也。文公是以作執秩[75]之官，為被廬之法[76]，以為盟主。今棄是度也，而為刑鼎，民在鼎(77)矣，何以尊貴？貴何業之守(78)？貴賤無序，何以為國？且夫宣子之刑，夷之蒐(79)也，晉國之亂制也，若之何以為法？」蔡史墨曰：「范氏、中行氏其亡乎？中行寅為下卿，而干上令(80)，擅作刑器，以為國法，是法姦(81)也。又加范氏焉，易之，亡也。其及趙氏，趙孟與(82)焉。然不得已，若德，可以免。」

【注釋】❶鄆　魯城，西元前五八八年魯成公所築，在山東鄆城東。❷唁　對遭遇凶禍、喪事者表示慰問。❸稱主君　齊稱魯昭公為「主君」。這是對昭公鄙視。春秋時，卿大夫家臣稱卿大夫為主君。現在齊侯稱昭公為「主君」，是把昭公降到了大夫的地位。❹殺召伯盈尹氏固及原伯魯之子　殺死召伯盈、尹氏固和原伯魯的兒子，因為這三人是王子朝死黨，發動叛亂。召伯盈又稱召伯、召簡公，為周朝大臣。尹氏固又稱尹固，與原伯魯都是周王室臣子。❺尹固之復　尹氏固回去復位，時在昭公二十六年，與王子朝一起出逃到楚國，尹固半路又回周。❻尤之　責備他。尤，責怪。❼其　通「豈」。難道。❽王子趙車入于鄻以叛　王子趙車進入鄻城叛變。趙車是子朝的餘黨，看到伯盈等被殺，所以叛變。鄻是周的城邑。❾平子　季平子，又稱季孫意如。❿歸　同「饋」。贈送。⓫塹而死　掉進坑裏死掉了。塹，這裏為動詞。墜入坑谷。⓬櫝　小棺材。⓭從者病二句　隨從的人員都很疲弱，請把馬給他們吃了吧。病，疲憊。「以食之」即「以馬食之」，把馬給他們（之）吃。⓮以帷裹之　用破帷幕包著死馬埋掉。古禮用破帷裹馬葬馬。⓯公衍　魯昭公的兒子。⓰龍輔　有龍文的祈禱消災的寶玉。⓱入羔裘　進獻羔皮裘給齊侯。⓲陽穀　齊國城邑。⓳其母偕出　他們的母親一起出去住產房。⓴相與偕出二句　兩孩子一起出生就一起向昭公報告。㉑思於魯　回憶起在魯國的這件往事（公衍、公為出生先後之事）。㉒務人　即公為。他起頭與公若計謀驅逐季孫的事。㉓絳　晉國國都。㉔蔡墨　晉大夫，又稱蔡史墨、史墨，姓蔡，官太史，名墨字黯。㉕生得　活捉。㉖御龍　養龍，「御」與「豢」都是養的意思。㉗故　過去的來歷。㉘飂叔安　飂國國君叔安。飂，古國名。叔安，飂國國君的名字。㉙裔子　遠房子孫。㉚耆　同「嗜」。嗜好。㉛擾　馴服。㉜氏曰豢龍　以豢龍官名為氏。古代官有世功，就以官命氏。㉝鬷川　封地名。在今山東定陶縣東北二十里。㉞帝舜氏世有畜龍　古帝大舜之後世代有馴服畜養的龍。㉟有夏孔甲　夏朝帝王孔甲，少康的第九代嗣君。㊱河漢各二　黃河、漢水之龍各二條。㊲食　飼養。㊳陶唐　堯所治理的地域之名。陶唐氏，以所管理的地方命名為氏，據說是丹朱的後裔。㊴豕韋　祝融之後。㊵饗之　食之。㊶既而使求之　吃過之後讓劉累再給他找這種美味。㊷魯縣　在今河南魯山市東北。㊸方　法術。㊹一日失職二句　一旦職守有失誤，就會死罪臨頭。失職有死罪。㊺不食　不食祿；吃不到官俸。㊻宿　安；久。㊼其物乃至　那東西（像龍一樣的珍貴之物）才會來臨。㊽泯　滅。㊾坻伏　隱伏。㊿鬱湮不育　抑鬱不能生長。劉師培：《古書疑義舉例補》「鬱湮」即「鬱伊之轉音，又轉為鬱邑，不申之貌。」(51)列受氏姓　依次世代接受並繼承姓氏。(52)封為上公　封爵位為上公。(53)社稷五祀　土地神五穀神和五行（木、火、金、水、土）之神句芒、祝融、蓐收、玄冥、后土。(54)正　官長。(55)棄　廢。(56)姤䷫　〈巽〉下〈乾〉上稱為〈姤〉卦。(57)同人䷌　〈離〉下〈乾〉上為〈同人〉卦，九二的陽爻變為陰爻，用的是〈乾〉卦九二爻辭。(58)大有䷍　〈乾〉下〈離〉上為〈大有〉卦。〈乾〉卦的第五爻變為陰爻，用的是〈乾〉九五爻辭。(59)夬䷪　〈乾〉下〈兌〉上為〈夬〉卦，〈乾〉第六爻，陽變為陰爻。(60)亢龍　飛得太高的龍。(61)坤之剝䷖　從〈坤〉卦變為〈剝〉卦，〈坤〉下〈艮〉☶為〈剝〉卦。這時第六爻由〈坤〉的陰爻變為陽爻。用的是〈坤〉上六爻辭。(62)物之　描述其物形態。物，作動詞用。(63)誰氏　指哪一位上古帝者。氏，古帝王稱氏，如少皞氏、顓頊氏等。(64)叔　指帝王的弟輩，如武王之弟稱蔡叔、管叔。(65)后土　土地之神。傳說是共工氏的兒子，能平治九州水土，所以被祭祀為社神。(66)田正　古代管理農事的官。(67)烈山氏　炎帝，又名厲山氏，興起在厲山，地在今湖北隨縣北四十里。(68)棄　周的始祖，能種植百穀。商廢柱而用棄來取代他。(69)趙鞅　趙武的孫子。(70)汝濱　汝水岸邊。汝水，發源於河南嵩縣西南天息山。東北流經伊陽、臨汝。上游即今河南北汝河。下游即今南汝河及新蔡以下的洪河。(71)一鼓鐵　四百八十斤鐵。鼓，古重量單位，三十斤為鈞，四鈞為石，四石為鼓。(72)唐叔　晉國的始封君。(73)經緯　治理。(74)序　位次。(75)執秩　晉國執掌官吏爵秩官。(76)被廬之法　僖公二十七年晉文公在被廬閱兵時制定的法律。(77)在　讀為「察」。在鼎，即察鼎，觀看刑鼎。(78)何業之守　即「守何業」，保守什麼基業。(79)夷之蒐　在夷地練兵閱兵時制定的混亂法令。夷蒐在魯文公六年，這次練兵檢閱軍隊中接連改換了三次軍師，賈季、箕鄭之流乘機作亂，所以夷蒐之法是亂制的代名詞。(80)干上令　觸犯上面的法令。(81)法姦　敗法的罪人。(82)與　參與。

【語　譯】二十九年春，魯昭公從乾侯歸來，暫住鄆地。齊景公派高張來慰問昭公，稱他主君，子家子說：「齊國瞧不起君上了，君上只是自取羞辱。」昭公又到乾侯。

三月十三日，周朝京師殺了召伯盈、尹氏固和原伯魯的兒子。尹氏固回朝復位時，在成周郊外遇到一位婦人，這女人責備他說：「待在朝時就鼓動別人惹禍，出亡才幾天又回來了，這種人啊，還能活過三年麼？」

同年夏，五月二十五日，王子趙車進入鄻城發動叛亂，陰不佞打敗了他。

季孫平子每年買馬，備齊隨從人員衣服鞋子，送到乾侯，昭公把送馬的人抓起來，把馬賣掉，平子於是就不再送馬。衛侯前來獻駕車的馬，馬名「啟服」，結果馬掉進坑溝裏死了。昭公準備給馬做口棺材，子家子說：「隨從的人都很疲弱，請把馬給他們吃了吧。」於是就用破帷幕把死馬包起來葬了。

昭公賜給公衍羔羊皮裘，派他把龍紋的寶玉獻給齊景公，他把羔羊皮裘一併獻上了。齊侯很高興，把陽穀這塊地方賞給公衍。當公衍、公為出生的時候，他們的母親出居產房。公衍先出生。公為的母親說：「既然我們一起住進產房，那就一起向君王報告出生消息吧。」過了三天，公為出生。他的母親把他先報告給昭公，於是公為做了長子。昭公私下對得陽穀很喜歡，而回想在魯國時先弟出生的往事，說：「是公為製造了這起禍端，況且後出生反而做了哥哥，這事冤枉也太久了。」就廢了公為，而把公衍立為太子。

這年秋，龍出現在晉都絳地郊外。魏獻子問蔡墨，說：「我聽說，動物中沒有比龍更聰明的，因為它是不會被人活捉的，稱它為聰明，是真的嗎？」蔡墨說：「人實在太不聰明，而不是龍聰明。古代養龍，所以國家有豢龍氏、有御龍氏。」獻子說：「這兩家，我也聽說過，只是不知道他們的來歷。這是怎麼回事呢？」蔡墨答道：「過去有飂國國君叔安，有個後代叫董父，實在很喜歡龍，能找到龍所愛吃的飲食來餵養它們，龍都跑到他那裏，於是就馴養龍來讓它們聽從舜帝的使喚。舜帝就封賜他姓董，氏稱豢龍，封他在鬷川，鬷夷氏就是他的後代，所以帝舜氏代代有養龍的。到了夏朝孔甲，順從天帝，天帝賞賜給他四條駕車的龍，黃河、漢水各二條，各有一雌一雄，孔甲不能餵養它們，又沒找到豢龍氏。陶唐氏衰落後，有個後代叫劉累，曾向豢龍氏學習馴龍，用這本事來侍奉孔甲。能餵養龍，夏帝嘉獎他，賜他「御龍」為氏，來代替豕韋的後代。有一條雌龍死了，他偷偷地把龍肉做成肉醬給夏后吃。夏后吃了，後來又叫劉累去找這美味，劉累害怕了就遷到了魯縣，范氏就是他的後代。」獻子說：「現在為什麼緣故沒有龍了？」蔡墨回答說：「每樣東西都各有它們的管理長官，官吏研習管理技術，從早到晚在思考這些事。一旦失職，就會死刑臨頭。丟了官就吃不到官俸。官吏長久從事他們的事業，龍這樣的靈物才會跑來，如果泯滅拋棄它們，靈物就會隱伏，抑鬱不能生長。所以才有掌管五行的官，這叫五官，他們是代代繼承氏姓，爵位封為上公，後代祭祀奉為貴神，社稷的神廟，在土地神、五穀神和五行之神的祭祀中，對他們非常尊敬崇奉的。管木官的神叫句芒，管火官的神叫祝融，管金官的神叫蓐收，管水官的神叫玄冥，管土官的神叫后土。龍是水中靈物，水官被廢棄了，所以龍不能再抓到活的。不然，《周易》裏就有很多龍的記載：在〈乾〉卦變為〈姤〉卦時說（〈乾〉初九爻辭）：『潛伏的龍不能被用。』它的〈同人〉卦辭說：『看見活龍出現在田裏。』它的〈大有〉卦說：『飛舞的龍在天上。』它的〈夬〉卦說：『伸直身子的龍會懊悔。』它的〈坤〉卦說：『看見羣龍沒有首領，吉利。』〈坤〉卦變為〈剝〉卦說：『龍在野外交戰。』如果不是早晚看見，誰能具體形象地寫出？」獻子說：「土地神、五穀神神廟祭祀的五種神，是哪代帝王的五官？」蔡墨回答說：「少皞氏有四位叔父：叫重、叫該、叫修、叫熙，能管理金、木和水。派重做句芒，該做蓐收，修和熙做玄冥，世代不失職，終幫助窮桑氏取得成功，這是其中的三種祭祀神。顓頊氏有個兒子叫犂，做祝融；共工氏有個兒子叫句龍，做后土，這是其中的另兩種祭祀。后土做了土地神；稷是田官。有烈山氏的兒子叫柱，做了五穀神，從夏朝以前祭祀他。周朝的始祖棄代柱做五穀神，從商朝以來祭祀他。」

這年冬天，晉國的趙鞅、荀寅領兵在汝水邊築城，於是向晉國百姓徵收四百八十斤鐵，用來鑄造刑鼎，鑄上范宣子所制定的刑書。

孔子說：「晉國大概要亡了吧！失去了它的常度了。晉國應遵守唐叔所傳下來的法度，用來治理它的人民，卿大夫應按照他們職責維護法度，百姓才能尊重他們的長官，貴族才能守住他們的基業。貴賤的等級不逾越，這是所謂法度。晉文公因此而設立執掌官職位次的官員，制定被廬的法律，以此立為盟主。現在拋棄這個法度，而鑄造刑鼎，百姓都看著刑鼎，還憑什麼來尊敬貴族？貴族還守什麼基業？貴賤沒有等級次序，還怎麼治理國家？況且范宣子的刑書，是在夷地閱兵時制定的，是晉國的亂法，像這樣怎能作為法律？」蔡史墨說：「范氏、中行氏恐怕要滅亡了吧？中行寅身為下卿而要冒犯上面的法令，擅自鑄造刑鼎把它作為國法，這是敗壞法令的罪人。又加上范氏改變被廬之法，所以要滅亡了。它恐怕要牽涉到趙氏家族，因為趙孟也參與了。但他是不得已，如果修養德行，或許可以免於受禍。」

【說　明】本年度的傳中，作者首先介紹了魯昭公被季氏驅逐後無處容身的狼狽處境。他由於在晉國不受歡迎，所以從乾侯跑到靠近東鄰齊國的鄆城，誰知齊侯的使者鄙薄地稱他「主君」，視他為大夫。他感到自取其辱，只得再退回乾侯。作者接著選寫了三件小事揭示了昭公的為人。一是季孫平子每年為昭公買馬及其隨從人員準備好衣物鞋子送到乾侯。昭公不僅不領情，反而扣了送馬的人、賣掉送去的馬，激化了與季氏的矛盾，也斷了自己的財路。二是愛馬不愛人，要給死掉的馬做棺材，也不體恤活著的人——他那疲弱不堪的隨從。三是改立太子，他把自己的被驅逐怪罪於原立太子公為，他看到公衍討得了齊侯歡心，便立即把公衍立為太子——雖然公衍比公為早出生的事他早有所聞，卻拖了這麼久，這些都無不反映了昭公的昏庸。在這裏作者以不動聲色的冷雋筆墨，披露了昭公被驅逐的可悲命運的內在根源。

此外，作者由龍出現在絳的現象作引子，引出魏獻子與蔡史墨的一段對話，從龍的盛衰折射出時代的盛衰。進而正面披露晉趙鞅、荀寅鑄刑鼎，反映晉國政治的衰敗，並借孔子和蔡史墨之口預言晉國及其權臣范氏、中行氏、趙氏等即將滅亡的命運。

三十年

乙丑，西元前五一二年。周敬王八年、齊景三十六年、晉頃十四年、秦哀二十五年、楚昭四年、宋景五年、衛靈二十三年、陳惠十八年、蔡昭七年、曹聲三年、鄭獻二年、燕平十一年、吳闔廬三年、杞悼六年、許男斯十一年。

經 三十年春王正月，公在乾侯。

夏六月庚辰，晉侯去疾卒。

秋八月，葬晉頃公。

冬十有二月，吳滅徐，徐子章羽奔楚。

傳 三十年春王正月，公在乾侯，不先書鄆與乾侯，非公，且徵過❶也。

夏六月，晉頃公卒。秋八月，葬。鄭游吉弔，且送葬。魏獻子使士景伯詰之曰：「悼公之喪，子西弔，子蟜送葬，今吾子無貳❷，何故？」對曰：「諸侯所以歸❸晉君，禮也。禮也者，小事大，大字❹小之謂。事大在共其時命❺，字小在恤其所無❻。以敝邑居大國之間，共其職貢❼，與其備御不虞之患❽，豈忘共命❾？先王之制，諸侯之喪，士弔，大夫送葬；唯嘉好❿、聘享⓫、三軍之事⓬於是乎使卿。晉之喪事，敝邑之間⓭，先君有所助執紼⓮矣。若其不間，雖士、大夫有所不獲數⓯矣。大國之惠，亦慶其加⓰，而不討其乏⓱，明厎其情⓲，取備而已⓳，以為禮也。靈王之喪⓴，我先君簡公在楚，我先大夫印段實往——敝邑之少卿㉑也。王吏不討，恤所無也。今大夫曰：『女盍㉒從舊？』舊有豐有省，不知所從。從其豐，則寡君幼弱㉓，是以不共。從其省，則吉在此矣㉔。唯大夫圖之！」晉人不能詰。

吳子使徐人執掩餘，使鍾吾人執燭庸，二公子奔楚。楚子大封，而定其徙[25]，使監馬尹大心逆吳公子，使居養[26]，莠尹然左司馬沈尹戌城之，取於城父[27]與胡[28]田以與之，將以害吳也。子西諫曰：「吳光新得國，而親其民，視民如子，辛苦同之，將用之也。若好吳邊疆[29]，使柔服焉，猶懼其至。吾又彊其讎[30]，以重怒之，無乃不可乎？吳，周之胄[31]裔也，而棄在海濱，不與姬通[32]。今而[33]始大，比于諸華[34]。光又甚文[35]，將自同於先王[36]。不知天將以為虐乎[37]，使翦喪吳國而封大異姓乎[38]？其抑亦將卒以祚吳[39]乎？其終不遠矣。我盍姑億[40]吾鬼神，而寧吾族姓，以待其歸[41]，將焉用自播揚[42]焉？」王弗聽。

吳子怒。冬十二月，吳子執鍾吾子，遂伐徐，防山以水之[43]。己卯，滅徐。徐子章禹斷其髮，攜其夫人以逆吳子。吳子唁而送之，使其邇臣從之[44]，遂奔楚。楚沈尹戌帥師救徐，弗及。遂城夷，使徐子處之。

吳子問于伍員曰：「初而言伐楚，余知其可也，而恐其使余往也，又惡人之有余之功[45]也。今余將自有之[46]矣。伐楚何如？」對曰：「楚執政眾而乖[47]，莫適任患[48]。若為三師以肄[49]焉，一師至，彼必皆出[50]。彼出則歸[51]，彼歸則出，楚必道敝[52]。亟[53]肄以罷之，多方以誤之[54]。既罷[55]而後以三軍繼之，必大克之。」闔廬從之，楚於是乎始病56。

【注釋】❶非公且徵過　認為昭公不對並且證驗他的過失所在。「非公」即「以公為非」，意動用法。徵，表明；證驗。❷無貳　沒有兩人（來赴喪）。古代送葬重於弔喪，參加葬禮的人必須比弔喪的人地位高，所以必須有兩人赴喪才合乎禮。❸歸心。❹字　乳育孩子，引申為安撫、扶植。❺共其時命　恭敬地及時完成時事命令。共，同「恭」。❻恤其所無　體恤它所沒有的，即體恤小國職貢的缺乏。❼共其職貢　提供大國所需的貢物。共即供。其，代詞。它的。職貢，按職責所應供奉的貢品。❽與其備御不虞之患　一同對付意外被伐之患。備，備戰。御，即抵禦。不虞，意想不到的。❾共命　即「共時命」，及時執行大國或盟國所需的一切命令，如依時貢獻物品、救助、參戰，及時行弔喪送葬之禮。❿嘉好　指朝會。⓫聘享　聘問宴享，聘問必有享宴，故聘享連用。⓬三軍之事　指戰爭。⓭敝邑之間　鄙國閒暇時。間，同「閒」。指國家安定無事時。⓮執紼　送葬。紼，挽車拉棺材的大繩，送葬者必親手執紼。天子之尊，用六根大繩挽車，稱「六綍」，挽者千人。諸侯葬用四綍，挽者五百人；大夫二綍，挽者三百人。⓯不獲數　達不到先王之禮數。⓰慶其加　嘉許小國的禮數有加。⓱不討其乏　不責罰小國的禮數不到。⓲明底其情　明察小國的致其誠心。底，致。情，忠誠。⓳取備而已　領會小國已備具禮儀就罷，不責求達到先王禮數。⓴靈王之喪　周靈王的喪事。靈王死在魯襄公二十八年十二月，葬於二十九年。鄭派印段會葬。㉑少卿　下卿。㉒盍　何不。㉓寡君幼弱　我們國君年紀還小。當時鄭獻公即位不滿兩年。㉔則吉在此矣　那麼游吉已經在這裏了。當時游吉從魯昭公二十一年繼子產為鄭國執政，位在上卿，已是禮數有加了。晉國主要想要讓鄭獻公親自來。㉕大封二句　封給大批土地，確定遷居的地方。㉖養　封邑名，地在今河南沈丘縣南沈丘城東，靠近安徽界首縣界。㉗城父　地名，亦名夷，在今安徽亳縣東，在養南七十里的東北部。㉘胡　地名，在今阜陽西北。㉙若好吳邊疆　如果與吳國邊疆人民建立友誼。㉚彊其讎　使他的仇人強大。二公子是王僚母弟，公子光（闔廬）的仇人。㉛胄　後裔；後代子孫。吳是大伯仲雍之後，周之胄裔。㉜不與姬通　不與姬姓的中原國家（如魯、衛、晉等）來往。㉝今而　乃。㉞比于諸華　自比於文化發達的中原華夏各國。㉟文　有知識。㊱先王　指大王、王季——周文王的祖、父輩，周文化的創始人與奠基者。㊲不知天將以為虐乎　不知天意將使之為暴虐麼。㊳使翦喪吳國而封大異姓乎　讓闔廬用兵以自翦削，而以其土地封大異姓諸侯麼。翦，滅。封大，擴大疆土。㊴卒以祚吳　最終福祐吳國。祚，福祐；國運長久；國君之位傳之子孫。㊵億　安。㊶歸　歸宿；最終結果。㊷播揚　勞動；花費力氣。㊸防山以水之　利用山嶺築堤防攔水灌徐城。㊹使其邇臣從之　讓他的近臣跟隨著徐子。㊺惡人之有余之功　討厭別人佔有我的功勞。人，指吳王僚。㊻自有之　自己佔有伐楚的功和利。㊼乖　相互違戾，鬧彆扭。㊽莫適任患　沒有人敢去擔當拯救國難的重任。㊾肄　讀為肆，突然襲擊又迅速撤退。㊿一師至二句　我們派一支軍隊攻入楚境，楚方必然全體出動，因為他們不明敵情，又無指揮全局敢擔負責任者，故必然全軍出動，以免失敗而獲咎。(51)彼出則歸　他們出動我軍就撤回。(52)道敝　敝於道；奔走於道路而疲敝。(53)亟　屢次。(54)多方以誤之　用多種如聲東擊西的方法使對方迷誤。(55)既罷　使敵人精疲力盡之後。(56)病　困乏；疲憊；患苦。

【語　譯】魯昭公三十年春周王曆正月，昭公在乾侯，《春秋》不先寫鄆和乾侯，是認為昭公不對，並且挑明他的過失。

夏六月，晉頃公去世。秋八月，下葬。鄭游吉去弔喪，並且送葬。魏獻子派士景伯質問游吉說：「悼公的喪事，子西弔唁，子蟜送葬。現在您為什麼只有一個人，什麼緣故？」游吉回答說：「諸侯之所以歸服晉國國君，是因為晉講究禮啊。禮這個事，講的就是小國事奉大國，大國安撫小國。小國事奉大國在於即時奉行大國交給的使命，安撫小國在於體恤小國的貧乏。由於敝國處於大國之間，隨時供奉職責所應貢獻的貢品，參與它的為應付不測的戰禍而設的戰備防禦設施，哪裏敢忘了奉行時命（敬奉喪葬的禮數）？按先王的禮制：諸侯的喪事，士弔唁，大夫送葬，只有朝會、聘問宴享、軍事行動這些事才派國卿。晉國的喪事，當敝邑安定無事，先君都曾親自來送葬。如果空閒，即使派士、大夫都有所不足禮數的。大國的恩惠，也就在嘉許小國的禮數有加，而不追究它有時禮數不足，明察小國竭誠的忠心，只求它已具備禮儀就行了，認為已盡到禮了。周靈王的喪事時，我們先君簡公正好在楚國，只有我們先大夫印段隻身前去——他只是敝國的少卿罷了。天子的官員不追究，就是體恤我們的缺乏啊。現在貴大夫說：『你們為什麼不按舊例辦事？』舊例有的隆重有的簡省，不知按哪個辦。如按照那隆重的，那麼我們的國君還小，所以不能供使喚。按那簡省的，那麼游吉已在這裏了。只有請閣下考慮著辦了。」晉國人沒辦法質問。

吳王叫徐國人捉拿掩餘，叫鍾吾人捉拿燭庸，這兩個公子只得投奔楚國。楚王大加封賞土田，而安頓他們遷徙定居的地方。派監馬官大心去邊境迎接吳公子，讓他定居在封邑養地，莠尹然左司馬沈尹戌在這裏築城，拿城父和胡的田地給他們，打算借此危害吳國。子西勸諫說：「吳光新近得到國位，正親近他的百姓，看待百姓如同子女，與百姓同甘共苦，是打算利用他們呀。如果結好吳國邊境，讓他們溫順地歸服，還怕他們的軍隊來襲擊。我們反又助長他們的仇人，由此加重他們的憤恨，恐怕不行吧？吳國，是周天子的後代，而被遺棄在海邊，不跟姬姓各國交往。現在開始強大，已並列於中原發達國家之間。吳光又很有學識，他正要自比於周的始祖大王王季。不知天意是準備讓他來肆虐於鄰國呢，還是準備滅亡吳國而擴大別國的領地呢？或許將最終地福祐吳國呢？它的結果不久就可知道了。我們何不暫且安定我們的祖宗神靈，安寧我們的同胞，以等待他們的結果。何必因此勞神費力呢？」楚王不聽勸諫。

吳王發怒了。冬十二月，吳王抓住了鍾吾國君，於是攻打徐國，利用堤壩攔截山水灌徐城。二十三日，滅了徐國。徐君章禹自己剪斷頭髮，牽著夫人來迎接吳王。吳王安慰後送走了他，派他的近臣隨從，於是逃亡到楚國。楚沈尹戌領兵救徐，沒來得及。於是築了夷城，讓徐君安居在那兒。

吳王問伍員說：「起初你說攻楚，我知道那是可行的，但是怕他派我去，又不願意別人佔了我的功勞。現在我將自己佔有這一切了。這次進攻楚國，怎麼樣？」伍員回答說：「楚國抓權者，人數眾多而意向乖異，卻沒有肯擔救國重任的人。如果組成三支軍隊輪番襲擊，一支軍隊攻至楚境，對方必定傾巢出動，他們出來我軍就撤回；他們撤回我軍又出擊，楚軍必會疲於奔命。多次輪番襲擊來拖垮他們，用多種方法來使對方失誤。等他們精疲力盡然後用三軍緊跟著攻打，一定可大敗他們。」闔廬聽從了他，楚軍從此開始疲憊不堪。

【說　明】本年度的傳著重寫了兩件事，一是晉鄭的矛盾。晉頃公去世，鄭國只派一人去弔喪送葬，晉國認為不足禮數而派人質問他，鄭使極力反駁，而晉人竟無言可答。反映晉的霸主地位江河日下，連鄭這樣的小國都不買他的帳了。

其次，本部分還寫了這次吳楚之戰的源起。它的導火線是吳國篡權者吳光的政敵掩餘和燭庸逃亡到楚，楚王想扶持利用這兩位吳公子來反吳，結果引火燒身。吳王採用了謀臣伍子胥的與楚打疲勞戰的策略來拖垮楚國。楚王剛愎拒諫，加之政出多門，楚國權臣勾心鬥角，決定了楚在這場戰爭中處於劣勢，再也當不了霸主。

三十一年

庚寅，西元前五一一年。周敬王九年、齊景三十七年、晉定公午元年、秦哀二十六年、楚昭五年、宋景公六年、衛靈二十四年、陳惠十九年、蔡昭八年、曹聲四年、鄭獻三年、燕平十三年、杞悼七年、吳闔盧四年、許男斯十二年。

經 三十有一年春王正月，公在乾侯。

季孫意如會晉荀躒于適歷。

夏四月丁巳，薛伯穀卒。

晉侯使荀躒唁公于乾侯。

秋，葬薛獻公。

冬，黑肱以濫來奔。

十有二月辛亥朔，日有食之。

傳 三十一年春王正月，公在乾侯❶，言不能外內❷也。

晉侯將以師納公。范獻子曰：「若召季孫而不來，則信不臣矣，然後伐之，若何？」晉人召季孫。獻子使私焉❸，曰：「子必來，我受其無咎❹。」季孫意如會晉荀躒于適歷。荀躒曰：「寡君使躒謂吾子：『何故出君？有君不事，周有常刑，子其圖之！』」季孫練冠、麻衣、跣行❺，伏而對曰：「事君，臣之所不得❻也，敢逃刑命？君若以臣為有罪，請囚于費，以待君之察也，亦唯君。若以先臣之故，不絕季氏，而賜之死。若弗殺弗亡，君之惠也，死且不朽。若得從君而歸，則固臣之願也，敢有異心？」

夏四月，季孫從知伯❼如乾侯。子家子曰：「君與之歸？一慙之不忍，而終身慙乎❽？」公曰：「諾。」眾曰：「在一言矣，君必逐之❾！」荀躒以晉侯之命唁❿公，且曰：「寡君使躒以君命討於意如⓫，意如不敢逃死，君其入也！」公曰：「君惠顧先君之好，施及亡人，將使歸糞除宗祧⓬以事君，則不能見夫人⓭。己所能見夫人者，有如河！」荀躒掩耳而走，曰：「寡君其罪之恐⓮，敢與知魯國之難⓯？臣請復於寡君。」退而謂季孫：「君怒未怠⓰，子姑歸祭⓱。」子家子曰：「君以一乘入于魯師⓲，季孫必與君歸。」公欲從之。眾從者脅公，不得歸。

薛伯穀卒，同盟，故書。

秋，吳人侵楚，伐夷⑲，侵潛⑳、六㉑。楚沈尹戌帥師救潛，吳師還。楚師遷潛於南岡㉒而還。吳師圍弦㉓，左司馬戌、右司馬稽，帥師救弦，及豫章，吳師還——始用子胥之謀也。

冬，邾黑肱以濫㉔來奔。賤而書名，重地故也。

君子曰：「名之不可不慎也如是：夫有所有名而不如其已㉕。以地叛，雖賤，必書地，以名其人。終為不義，弗可滅已㉖。是故君子動則思禮，行則思義，不為利回㉗，不為義疚㉘。或求名而不得，或欲蓋而名章㉙，懲不義也。齊豹為衛司寇，守嗣大夫㉚，作而不義，其書為『盜』。邾庶其、莒牟夷、邾黑肱以土地出，求食而已，不求其名。賤而必書㉛。此二物者，所以懲肆而去貪也㉜。若艱難其身㉝，以險危大人㉞，而有名章徹㉟，攻難之士將奔走之㊱。若竊邑叛君以徼㊲大利而無名，貪冒㊳之民將寘力㊴焉。是以《春秋》書齊豹曰『盜』，三叛人名，以懲不義，數惡㊵無禮，其善志㊶也。故曰，《春秋》之稱㊷微而顯㊸，婉而辨㊹。上之人能使昭明㊺，善人勸㊻焉，淫人懼焉，是以君子貴之。」

十二月辛亥朔，日有食之。是夜㊼也，趙簡子夢童子贏而轉以歌㊽，旦占諸史墨，曰：「吾夢如是，今而日食，何也？」對曰：「六年及此月㊾也，吳其㊿

入郢乎，終亦弗克51。入郢必以庚辰，日月在辰尾52。庚午之日，日始有謫53。火勝金54，故弗克。」

【注釋】❶乾侯　晉地。今河北成安縣（一說磁縣）東南。❷言不能外內　這是說他既不能去國外又不能回國內。❸使私焉　派人私下傳給季孫。❹受其無咎　保證您不會遭禍。「受」與「保」意思相近。❺練冠麻衣跣行　戴白喪帽、穿麻布衣、光著腳走路，表示心情沉痛憂傷。練冠，白色的粗麻做的帽子，是斬衰（喪服「五服」中最重的一種）時戴的。麻衣，粗麻做、沒有紋飾的喪服。跣，光腳，親人剛死時必須光腳走路。❻所不得　所求而得不到的。❼知伯　即荀躒。❽一慙之不忍二句　一次羞恥不能忍受，難道倒願意忍受終身羞恥麼。「一慙之不忍」即不忍一慙，提賓結構，以強調語氣。❾在一言二句　「就在於國君一句話了，國君一定要趕走他。」一些人誤以為魯昭一句話就可以讓晉侯趕走季孫。❿唁　對遇到凶、禍、喪等非常變故者表示安慰。⓫意如　即季孫，季孫意如。⓬糞除宗祧　掃除宗廟。糞，棄除。宗祧，宗廟。⓭夫人　那個人。指季孫意如。夫，指示代詞，遠指「那」。⓮其罪之恐　即「恐其罪」，只怕他會得罪。提賓以加強語氣。⓯敢與知魯國之難　豈敢參與過問魯國的禍難。敢，豈敢；哪裏敢。與，參與。⓰未怠　未鬆懈；未鬆弛。這裏指魯君怒氣未減。⓱歸祭　回去主持祭祀，意思是代理主持國政。「國之大事，在祀與戎」，主持祭祀是國君的事。⓲君以一乘入于魯師　君上單車進入魯國軍隊。意思是叫魯昭公擺脫左右的人。⓳夷　本是陳國城邑，楚國攻取了它。地在今安徽亳縣東南七十里。⓴灊　國名，地在今安徽霍山縣南。㉑六　古國名，後為楚地，在今安徽六安縣北。㉒南岡　地名，在今安徽霍山縣北。㉓弦　國名，約在現在的河南潢川縣西北（一說今河南息縣南）。㉔濫　地名，本為邾地。在今山東滕州市東南。㉕夫有所有名而不如其已　有時有名不如沒名。所，假設性助詞。已，止；罷；沒有。㉖已　表示確定的語氣。㉗不為利回　不為了貪利而違禮。回，違。㉘不為義疚　不因為沒有勇於為義而內疚，即見義當勇為。㉙欲蓋而名章　想要掩蓋名聲反而更顯揚。章，同「彰」。㉚守嗣大夫　世襲而為卿大夫的人。㉛賤而必書　雖然地位低微然而一定要被記下名字。這三人都是小國大夫，所以說他們「賤」。㉜此二物者二句　這兩件事，是用來懲罰肆無忌憚的人而消除人們的貪婪之心的。齊豹書盜是「懲肆」，三叛人名是「去貪」。㉝若艱難其身　如果使他（大人）處身於艱難之中。艱難，在這裏作使動用法，意為使其身艱難。㉞以險危大人　使在上面的陷入危險境地。「危險」也作使動用法。大人，在位者。㉟有名章徹　享有勇名，聲名顯揚。章與徹都是顯明的意思。㊱攻難之士將奔走　發動禍亂的人就要因此而競相奔走。走與奔同義。攻，猶作的意思。㊲徼　同「邀」。求取。㊳貪冒　貪婪。貪冒意同「貪惏」。惏，也是貪之意。㊴寘力　致力；賣力去幹。㊵數惡　斥責。數，責。㊶善志　善於記載。㊷稱　述。㊸微而顯　語言隱微而意義鮮明顯著。㊹婉而辨　婉約而旨意明辨。㊺上之人能使昭明　在上面的人如能使《春秋》大義顯揚。㊻勸　鼓勵。㊼是夜　這天半夜。古以過夜半為翌日早晨，就像今天零點，其夢在下半夜即「辛亥」初一日，十二月的「朔」日晨。㊽贏而轉以歌　光著身按著節拍唱歌跳舞。贏，同「裸」。轉，按著節拍跳舞。以，同「而」。作連詞。㊾六年及此月　六年後到這一月。㊿其　推測性語氣副詞。大概。(51)克　制勝。(52)日月在辰尾　日月合朔在蒼龍之尾。辰尾，龍尾。指東方蒼龍七宿之尾。當日月合朔在蒼龍之尾時，便會產生日食現象。(53)庚午之日二句　十月十九日，太陽開始出現災象變異。謫，變異。(54)火勝金　指楚敵過吳國，所以後面說「弗克」。因為時在庚午，午，火，指南方，楚國的方位。

【語　譯】魯昭公三十一年春，周曆正月，昭公在晉國乾侯。《經》上這樣記載是說他既不能得到齊晉等國外力的支持，又不能被國內臣子所接納。

晉侯準備派軍隊送昭公回國歸位。范獻子說：「如果試召季孫而他不肯來，那證明他確實有了叛君之心了，然後再去攻打他，怎麼樣？」於是晉國就召請季孫來。獻子派人私下跟他打招呼，說：「請閣下務必要來晉，我擔保你安全不受罪責。」季孫意如於是到適歷會見晉國荀躒。荀躒說：「寡君派我問閣下：『什麼緣故要放逐國君呢？有國君而不事奉，周朝是訂了固定刑罰的。閣下還是考慮考慮吧！』」季孫頭戴白喪帽、身穿麻布喪服、光著腳走，跪在地上回答：「事奉國君，是我求之不得的幸事，豈敢逃避對我的刑罰？假如國君認為我有罪，就請把我囚禁在費邑，以便等待君上的明察，一切都聽從國君處置。如果由於先君的緣故，不絕季氏的後代，而賜我一死。如果不殺不放逐，那是國君恩惠，死了也不會忘記。如果能得以跟隨國君回國，那本是臣下的心願，哪裏還敢有別的念頭？」

夏天四月，季孫跟隨荀躒到了乾侯。魯大夫子家子說：「國君跟他一起回國吧？這一次羞辱不能忍受，難道倒願終身羞辱麼？」昭公說：「好吧。」羣臣說：「關鍵就在國君一句話了，國君一定要趕走他（季孫）！」

荀躒以晉侯的名義安慰昭公，並說：「寡君派臣以國君的名義責備季孫意如，意如不敢逃脫死罪，君上還是回國吧！」昭公說：「貴國國君顧念先君的情義，餘澤延續惠及逃亡的後人身上，讓我回國打掃宗廟以事奉貴君，那就不能再見那個人。我如再會那個人，那就讓黃河之神作證。」荀躒掩著耳朵跑著，說：「寡君惟恐得罪，哪裏敢參與過問魯國的內亂？請允許臣下回稟寡君。」退出後對季孫說：「國君怒氣還沒有消除，閣下姑且回去主持祭祀。」子家子說：「君上乘一輛單車進入魯國軍隊，季孫一定會跟國君一起回國。」昭公想聽從這個主意。那班侍從人員卻脅迫昭公，無法回國。

薛伯穀死，由於是同盟國，所以《春秋》記載了。

同年秋天，吳軍入侵楚國，攻打夷邑，侵入潛、六二城。楚國沈尹戌率軍救援潛城，吳國撤回。楚軍把潛地人遷到南岡後回師。吳軍包圍了弦邑，楚左司馬沈尹戌、右司馬稽，帶領軍隊救弦，部隊到達豫章時，吳軍撤退了——吳從這時開始用子胥謀略。

同年冬，邾國黑肱帶著濫邑來投奔魯國。這人地位低賤，《春秋》卻記載了他的名字，這是因重視土地的緣故。

君子說：「名聲的不能不謹慎，道理就像這樣。有時有名不如無名。帶著領地叛國，即使身分微賤也一定寫出地名，用來記載這個人。最終成為不義，不能磨滅。因此君子一舉一動要想到禮，行事要想到義，不為貪利而違背禮的事，不做不義、使己內疚的事。有的人想求名而得不到記載，有的人想掩飾反而記下其名，這是對不義的懲罰。齊豹做衛國大司寇，世襲大夫，做了不義的事，他被記載為「盜」。邾國庶其、莒國牟夷、邾國黑肱，帶著領地叛國，只為吃飯謀生罷了，並不求他們的名聲，然而即使地位如此低微也必須寫出他們的名字。以上這兩件事，是用以懲罰肆無忌憚鞭斥貪得無饜的。如果經歷艱難，使上級陷入險境，從而名聲顯赫，那麼發動禍亂的人就要為此而奔走赴難。如果偷偷出賣城邑背叛國君，以獵取大利而不揭露他們的臭名，貪婪的人將會從而熱中於此。因此《春秋》記載稱豹為「盜」，寫明三個叛逆者的名字，用這來懲戒不義之徒，斥責無禮的人。它真是善於記事啊。所以說《春秋》一書的敘述史事，文筆隱微而又旨意鮮明，委婉而明辨。在上的如能使《春秋》大義得到宣揚，好人就能得到鼓勵，惡人就能有所戒懼，所以君子推重《春秋》。」

十二月初一日，日食。這天夜裏，趙簡子夢見有個孩子光著身子跳舞唱歌，早晨請史墨占夢說：「昨天晚上我作了這麼個夢，今天就發生日食，是什麼意思？」回答說：「六年後的這個月，吳國大概要攻入郢都吧，最終也沒能攻下來。進入郢都必在庚辰日，日月在蒼龍星宿之尾。從庚午之日起，太陽開始出現災象，火能勝金，所以吳軍不能獲勝。」

【說　明】本年度的傳續寫了魯昭公的境遇：他內外交困，無處容身，勉強寄居於晉地乾侯。齊、晉等大國對這位無能的被逐失位之君十分輕視，沒人支持他。而國內也無法容忍他。晉國為了早日擺脫這個累贅，便把季孫召來，讓君臣講和，帶昭公回國。實際上是齣雙簧戲。他們怕季孫——這個犯有驅君篡權之罪的野心家不敢來，便暗中向季孫承諾，確保他不受任何罪咎。昭公的隨從人員都鼓動昭公借助晉國之力驅逐季孫，於是昭公在晉國面前表示了與季氏勢不兩立的態度。這種表態顯然打破了晉國的安排，於是他們叫季氏回國攝政。這暴露了晉國已完全無意於維護所謂的禮義，對所謂的犯上篡權者並未給予任何懲罰，而是暗中放縱、包容。這也是整個形勢所決定的，舊的統治階級已完全無力維護舊的禮義制度了。另一方面這也是由於昭公這樣的統治者太昏庸無能所造成。在國內，他失去人心，無力維持自己的地位；在流亡國外陷入困境時，他也不善於看清形勢、抓住時機以擺脫困境，而是舉棋不定，毫無主見，完全聽從左右的擺布。當他想聽從子家子的主意，隻身隨季氏回國時，「眾從者」一威脅，他又不敢動。這實在是一個可笑、可憐又可悲的角色。昭公這個人，可說是春秋末期整個腐朽沒落的統治階級的縮影。

作者在這部分還呼應昭公三十年傳中的吳楚之戰，交代了吳國侵楚的進一步發展，並通過趙簡子之夢和史墨之占，預示這場戰爭的結局：吳雖入郢，「終亦弗克」。

三十二年

辛卯，西元前五一〇年。周敬王十年、齊景三十八年、晉定二年、秦哀二十七年、楚昭六年、宋景七年、衛靈二十五年、陳惠二十年、蔡昭九年、曹聲五年、鄭獻四年、燕平十四年、杞悼八年、吳闔廬五年、許男斯十三年。

經 三十有二年春王正月，公在乾侯，取闞。

夏，吳伐越。

秋七月。

冬，仲孫何忌會晉韓不信、齊高張、宋仲幾、衛世叔申、鄭國參、曹人、莒人、薛人、杞人、小邾人城成周。

十有二月己未，公薨于乾侯。

傳 三十二年春王正月，公在乾侯，言不能外內，又不能用其人❶也。

夏，吳伐越，始用師於越也。史墨曰：「不及四十年，越其有吳乎！越得歲而吳伐之，必受其凶❷。」

秋八月，王使富辛與石張如晉，請城成周❸。天子曰：「天降禍于周，俾我兄弟並有亂心❹，以為伯父❺憂。我一二親暱甥舅❻不遑啟處❼，於今十年。勤戍五年❽。余一人無日忘之❾，閔閔❿焉如農夫之望歲，懼以待時⓫。伯父若肆大惠⓬，復二文之業，弛周室之憂⓭，徼文、武之福⓮，以固盟主⓯，宣昭令名⓰，則余一人有大願矣。昔成王合諸侯城成周，以為東都，崇文德⓱焉。今我欲徼福假靈于成王⓲，脩成周之城，俾戍人無勤⓳，諸侯用寧⓴，蝥賊遠屏㉑，晉之力也。其委諸伯父㉒，使伯父實重圖之㉓，俾我一人無徵怨㉔于百姓，而伯父有榮施㉕，先王庸之㉖。」

范獻子㉗謂魏獻子曰：「與其戍周，不如城之。天子實云㉘，雖有後事，晉勿與知可也。從王命以紓㉙諸侯，晉國無憂，是之不務，而又焉從事？」魏獻子曰：「善。」使伯音㉚對曰：「天子有命，敢不奉承以奔告於諸侯，遲速衰序，於是焉在㉛。」

冬十一月，晉魏舒、韓不信如京師，合諸侯之大夫于狄泉，尋盟㉜，且令城成周。魏子南面㉝。衛彪傒㉞曰：「魏子必有大咎。干位以令大事㉟，非其任也。《詩》曰：『敬天之怒，不敢戲豫；敬天之渝，不敢馳驅㊱。』況敢干位以作大事乎？」

己丑[37]，士彌牟[38]營[39]成周，計丈數[40]，揣高卑，度厚薄，仞溝洫[41]，物土方[42]，議遠邇[43]，量事期[44]。計徒庸[45]，慮材用[46]，書餱糧[47]，以令役於諸侯[48]。屬役賦丈[49]，書以授帥[50]，而效諸劉子[51]。韓簡子臨之，以為成命[52]。

十二月，公疾，徧賜大夫，大夫不受。賜子家子雙琥[53]、一環、一璧、輕服[54]，受之。大夫皆受其賜。己未，公薨，子家子反賜於府人[55]，曰：「吾不敢逆君命也。」大夫皆反其賜。書曰：「公薨于乾侯。」言失其所[56]也。

趙簡子問於史墨曰：「季氏出其君，而民服焉，諸侯與之；君死於外而莫之或罪[57]，何也？」對曰：「物生有兩、有三、有五、有陪貳[58]。故天有三辰，地有五行，體有左右，各有妃耦[59]，王有公，諸侯有卿，皆有貳也。天生季氏，以貳魯侯，為日久矣。民之服焉，不亦宜乎？魯君世從其失[60]，季氏世修其勤，民忘君矣。雖死於外，其誰矜之？社稷無常奉[61]，君臣無常位，自古以然[62]。故《詩》曰：『高岸為谷，深谷為陵[63]。』三后[64]之姓[65]，於今為庶[66]，主[67]所知也。在《易》卦，〈雷〉乘〈乾〉曰〈大壯〉䷡[68]，天之道也。昔成季友，桓之季[69]也，文姜之愛子也。始震[70]而卜，卜人謁[71]之，曰：『生有嘉聞[72]，其名曰友，為公室輔。』及生，如卜人之言，有文在其手曰『友』，遂以名之。既而有大功於魯[73]，受費以為上卿。至於文子、武子，世增其業，不廢舊績74。魯文公薨，而東門遂殺適立庶，魯君於是乎失國75，政在季氏，於此君也四公矣76。民不知君，何以得國？是以為君，慎器與名77，不可以假人。」

【注釋】❶其人　指子家羈。昭公五年傳女叔齊就曾批評昭公：「有子家羈，弗能用也。」可見子家羈是有名的才識之士，而昭公不能用人才，正是失國的重要原因之一。❷越得歲二句　越國正得歲星之助，吳國攻打它，必遭到災禍。古代以星象定禍福。根據歲星（木星）運行規律把黃、赤道分為二十八星宿十二星次，各國據其地理位置分屬於不同的星宿與分野，越國為斗宿，此年上半年正當歲星運行到斗宿，所以史墨說「越得歲」。❸成周　西周的東都洛邑，傳故址在今河南洛陽東都。❹俾我兄弟並有亂心　使我們兄弟都起了亂心。俾，使。我兄弟，指王子朝之黨。君王宗室內，小功（父母兩方有血緣關係者）以上的稱兄弟。並，皆。❺伯父　指晉侯。當時晉侯為晉定公，名午。為頃父去疾的兒子，在位三十七年。❻甥舅　有姻親關係的異姓國。❼不遑啟處　得不到休息。（指從魯昭二十三年王師、晉師包圍城郊到於今。）遑，閒暇。啟，起；跪。處，坐；安居。❽勤戍五年　辛苦戍衛周都已五年。昭二十七年十二月晉國籍秦招致諸侯戍衛周天子的軍隊集結於周都周圍。到現在已五年。❾無日忘之　天天惦念諸侯戍周的辛勞。❿閔閔　憂愁的樣子。⓫望歲懼以待時　望歲，盼望掛念著收成。懼以待時，懷著憂懼的心情期待著收穫季節。⓬肆大惠　展布大恩。肆，充分地施展。⓭復二文之業二句　重建文侯仇、文公重耳的功業，解除周室的憂患。二文，指晉文侯、晉文公。弛，鬆解。晉文侯仇護送平王東遷，晉文公打敗南蠻之邦楚國維持周襄王一統天下。⓮徼文武之福　向周文王、武王求賜福祐。⓯固盟主　鞏固晉的盟主地位。⓰宣昭令名　宣揚顯示美名。⓱崇文德　崇尚文治德化。「文德」與「武功」相對。⓲假靈于成王　借成王的福澤，「假靈」與「徼福」同義。《廣雅》：「靈，福也。」⓳無勤　不要勞累，解除勞苦回家。勤，即勞的意思。⓴諸侯用寧　諸侯得以安寧。指不要再長期在周駐軍。㉑蝥賊遠屏　壞人被摒除；驅逐到遠方。蝥賊，原是吃稻禾的害蟲，這裏比喻危害社稷的壞人。屏，摒除；逐放。㉒委諸伯父　委之於伯父；把這重任委託給伯父您了。㉓重圖之　慎重考慮這件事。㉔徼怨　招怨；招來百姓的怨恨。徼，召。㉕榮施　榮耀的功勞。施，恩惠；功勞。㉖先王庸之　先王祖宗的神靈會報答您的功勞而賜福給您。庸，作動詞。酬功。㉗范獻

子　范鞅。㉘天子實云　天子說了這話（指城成周的事）。實，是；此。代詞。㉙紓　解除。㉚伯音　韓不信的字，為韓起的孫子。㉛遲速衰序於是焉在　工程的快慢和工作量的等級分配，都聽從周天子的命令。遲，慢。衰序，差等序級別高低的序次。「於是焉在」即「在於是焉」。是，同代詞「此」。代周天子。㉜尋盟　重申舊盟（平丘之盟，在昭公十三年）。尋，溫；重申舊事。㉝南面　居於君位。㉞彪傒　衛國大夫。㉟干位以令大事　越位而頒布重大命令。干位，以卿大夫而逾越居於君位。㊱詩曰五句　恭敬事奉天命惟恐犯怒，不敢嬉戲輕慢；敬畏上天的變異，不敢恣意放縱。這四句出自《詩經・大雅・板》。戲豫，輕慢遊戲。戲，遊戲。豫也是遊樂之意。渝，變；改變常態；發怒。馳驅，放縱自恣。㊲己丑　十四日。㊳士彌牟即士景伯，司馬彌牟。㊴營　制定、設計方案。㊵計丈數　計算所要築城的丈數。㊶揣高卑三句　揣度城牆的高低，計算城牆的厚薄，測量壕溝的深淺。㊷物土方　看清取土的方位（高低遠近）。物，相，即看、觀察事物的意思。㊸議遠邇　商量取土的遠近。㊹量事期　估計完成工程的日期。㊺計徒庸　計算所用的人工。㊻慮材用　明確花費多少材料和費用。㊼書餱糧寫明要花費多少糧食。㊽以令役於諸侯　把徭役的號令發布給諸侯。㊾屬役賦丈　通知分配給各國應承擔的勞役多少和工程地段的長度。屬，同「囑」。吩咐。賦，征發軍役。此指應完成的工程。㊿書以授帥　書寫好後交給各國負責的大夫。帥，指各國帶隊的大夫。(51)效諸劉子　把分配各國徭役的表格交給周大夫劉子。效，致；送。劉子，周卿劉文公。(52)韓簡子臨之以為成命　韓不信監督工程，按照士景伯的規劃作為既定方案。臨，監臨；總督。成命，定命；既定方案。(53)雙琥　一對虎形玉器。(54)輕服　細軟、精致的服裝。(55)府人　掌管國君貨藏的官。(56)失其所　失去它應處的地方。指昭公死在國外。(57)莫之或罪　沒有人罪罰他。或，語助詞。「莫之或罪」即「莫罪之」。(58)有陪貳　有陪臣副手。(59)妃耦　夫妻配偶。(60)世從其失　世代縱情安逸。從讀為「縱」，放縱。失讀為「佚」，閒逸。(61)社稷無常奉　祀奉社稷的沒有固定不變的姓氏。社，土地神。稷，五穀神。主祀社稷為國君的標誌。(62)以然　已然；已是如此。(63)高岸為谷二句　《詩經・小雅・十月之交》中的詩句。意為高岸深谷尚相互變易，天地萬物更變化無常。(64)三后　虞、夏、商三朝帝王。(65)姓　子；子孫。(66)庶　庶民；平民百姓。(67)主　卿大夫的家臣對主人稱為「主」、「主君」。(68)雷乘乾曰大壯䷡　〈雷〉卦在〈乾〉卦上面稱為〈大壯〉卦。〈大壯〉的卦象，上面是☳〈震〉卦即雷，下面是☰〈乾〉卦。所以說「雷乘乾」。乾比天子、國君，震比諸侯、大夫。臣強過君，如天上有雷。(69)成季友桓之季　季友為魯桓公的小兒子。(70)震　娠。(71)謁　稟告。(72)嘉聞　嘉聞；美好名聲傳聞於世。(73)有大功於魯　為魯國立了大功，指立魯僖公。(74)不廢舊績　不荒廢辱沒祖上的功績。(75)失國　喪失國家權柄。(76)政在季氏二句　政權落到季氏手裏，到這一位國君已經是第四代了。四公，從魯僖公十六年季友卒臧文仲執政，文公十年東門襄仲繼任，宣公八年後季文子執政，歷文、成、襄三世，季文子相三君。至昭公季孫執政，歷四君。⑰器與名　器服和名位。器，代表等級身分的車服儀制等。名，表明爵位等級的稱號。

【語　譯】昭公三十二年春，周王曆正月，魯昭公在晉國乾侯，《春秋》經這樣記載，是說他既不能去國外，又不能回國內，又不善於用他手下的人。

這年夏，吳國攻打越國，這是對越國用兵的開始。史墨說：「不到四十年，越國恐怕就要佔有吳國了吧！越國正得歲星之天運而吳國攻打它，吳必然要遭到歲星降下的災禍。」

秋八月，周王派富辛和石張到晉國，請求擴建成周。天子說：「上天給周朝降下災禍，使我的兄弟都生了叛亂之心，帶累成為伯父的憂慮。我幾位親近的甥舅之國也不得安歇，到如今已十年。諸侯派兵辛勞戍衛於此也已五年。我本人一天也沒忘這些，憂心忡忡就像農夫的憂念收成，提心吊膽地等待收割季節。伯父如能展布大恩，重建文侯、文公那樣的功業，解除周王室的憂患，求得文王、武王先靈的福祐，用來鞏固盟主的地位，宣揚美名，這就是我本人的最大願望了。過去周成王會合諸侯建築成周，作為東都，是崇尚文治德化。現在我想要向周成王求福，修建成周的城牆，讓守衛將士不再辛勞，諸侯各國得安寧，壞人遠逐，靠的是晉國的力量。僅此委託伯父，請伯父慎重考慮這件事，使我本身不要招來百姓的怨恨，而伯父得以建立榮耀的功業。先王在天之靈也會報答而保祐您的。」

范獻子對魏獻子說：「與其駐兵戍守成周，不如修築擴建城牆。天子已經說了這話，即使以後有麻煩，晉國也不必去參與就行了。服從天子命令同時讓諸侯得到解放，晉國消除了憂患，這樣的事不盡力，還要幹什麼事？」魏獻子說：「好。」派伯音回答使者說：「天子有命令，哪敢不奉承並奔走四方轉告諸侯，至於這事的進度快慢和工程輕重的分配，一切都聽命於天子了。」

冬十一月，晉魏舒、韓不信到京師，會合諸侯各國大夫在狄泉重溫平丘之盟，並傳令修築成周。魏舒坐在面向南的君位上，衛國彪傒說：「魏子一定要有大難。冒犯君位而頒布重大事情，不是他能承擔得了的。

《詩》上說：『恭敬地奉承上天以免犯怒，不敢怠慢遊戲。恭敬地對待上天的變異，不敢隨意放縱。』何況敢逾越本分而做大事情呢？」

十四日，士彌牟制定修築成周的設計方案，計算工程長度，估計城牆的高低，測量牆的厚薄，丈量壕溝的深度，考察用土的數量，商量取土方位的遠近，估計完工的日期，計算所需人工，考慮要用多少材料，寫出所需的糧食數量，把徭役任務交代各國諸侯。分配勞役和工程地段，寫下來交給各國具體負責的大夫，而把總表上報給周卿劉子。韓簡子總督工程，把它作為既定方案執行。

十二月，魯昭公病危，遍賞隨從的大夫，大夫們不肯收。賞賜給子家子一對琥玉，一只玉環，一塊玉璧，一些細軟衣服，子家子收下了。大夫們見了也都接受了國君的賞賜。十二月十四日，昭公死。子家子把賞物送還給管倉庫的人，說：「我以前的接受，是不敢違背國君的命令。」大夫們也都送還了賜物。《春秋》寫道：「公薨于乾侯」，是講昭公死得不是地方。

趙簡子向史墨問道：「季孫趕走他的國君，而百姓順服，諸侯親附他；國君死在國外而沒有人向他問罪，什麼原因呢？」史墨回答說：「事物的存在有成雙、有三個、有五個、有正副。所以天上有三辰，地有五行，身體分左右，人各有配偶，王有公，諸侯有九卿，都有輔助。上天生了季氏，正用來輔佐魯侯，時間已經長久了。百姓的順服他，不是理所當然的嗎？魯君世世代代放縱逸樂，而季氏世世代代勤勤懇懇，百姓已經忘掉國君了。即使死在外面，誰會去可憐他？奉祀社稷的沒有規定哪一姓，哪一家，君與臣的位置也沒有固定不變的，從古以來就是這樣。所以《詩經》上說：『高岸變為深谷，深谷變為高山』，三代帝王的後代到今天都變為平民百姓了，這是閣下所知道的。在《易經》的卦象中，代表雷的〈震〉卦高居於〈乾〉卦之上稱作〈大壯〉卦☳，這是上天的規律常道。過去成季友，是桓公的小兒子，是文姜寵愛的兒子。剛懷孕時去占卜，卜人稟告說：『生在世上有好名聲，他的名字叫友，會成為王室的輔佐。』等到生下來，正像卜人所說的，有『友』字在他的手上，於是就用這作為名字。過後在魯國立下大功，受封在費地做了上卿。到文子、武子，世代擴展他們的基業，不辱沒祖上的功績。魯文公去世，而東門遂殺掉嫡子立了庶子，魯國君主從此失去了他們的權力。政權落到季氏手裏，到這個國君已經有四代了。百姓不知道國君，怎麼能得到國家？所以作為國君，要特別謹慎對待寶鼎重器和爵號名位，不可以隨便借給別人。」

【說　明】本文記載了周朝請求晉國帶領諸侯擴建成周及魯昭公淒清地死在國外而百姓無人問津兩件事。兩事內容雖異，卻從不同側面反映了舊統治秩序的崩潰，舊統治者的可悲下場。周天子城成周，是有感於統治寶座的岌岌可危，想求助於加固城牆維護統治，自然是徒勞的。而築城這件事本身就充分體現了周天子的地位與統治能力的喪失。他完全依賴於晉國的力量，而所憑晉國大臣「南面」「干君位而令大事」，完全取代了周天子而發號施令。天子已經只落得一個空架子了。

魯昭公的下場則更可憐可悲。臨死前他賞給身邊大臣的物品都無人願接受，幸而有子家子這樣的賢臣為顧全昭公的面子而帶頭接受了賞物，昭公一死，子家子又帶頭送還給了倉庫管理人。可見他連身邊的人都未得到其應有的敬重。最後作者通過史墨的長篇大論，深刻剖析了魯君失國的根本原因。指出「社稷無常奉，君臣無常位」是「自古以然」的「天之道」。作者又以史墨之口具體分析了季氏得政權、得民心的原因在於「魯君世從其失，季氏世修其勤」、「政在季氏，於此君也四公矣」。魯君失國由來已久，有其深遠的歷史根源。作者的眼光是敏銳深刻的。

定　公

【題　解】魯定公，名宋。魯襄公之子，魯昭公之弟。定，諡號。《逸周書・諡法解》：「大慮靜民曰定」、「純行不二曰定」。魯定公於周敬王十一年（西元前五〇九年）即位，在位十五年。

這十五年中，魯國已很衰弱，政權落在季孫氏手裏，他的即位就是由季孫氏和叔孫氏、孟孫氏商量決定的。本來魯昭公有兒子，即公衍、公為，魯昭公死後，按禮應立他的兒子為國君，但因為季氏被昭公攻打過，季孫氏、叔孫氏、孟孫氏曾將昭公趕出國，死在國外，季氏與昭公結仇很深，所以不立他的兒子為國君，而立他的弟弟。季平子死後，魯國的政權又落到季氏家臣陽虎的手裏，即所謂「陪臣執國命」的時期。後來陽虎反叛，逃亡到晉國，叔孫氏的家臣侯犯又叛變，最後逃亡到齊國，魯國的政權仍歸季孫氏、叔孫氏、孟孫氏掌管。而孔子的弟子子路等為魯國政權的穩定起了很大作用。

在這十五年中，各諸侯國間戰爭很頻繁。最突出的是吳國與楚國的柏舉之戰，楚國大敗，幾乎亡國；幸得秦兵之助，才轉危為安。正當吳軍攻入楚都得意之時，越國卻乘機攻打吳國，檇李之戰，吳王闔廬就死在退兵途中。從此引起了吳越世仇，展開了長達數十年的戰爭。其他如召陵會盟時晉國大夫的私心失去了諸侯的擁戴，衛國和蔡國的爭先說明蔡國地位下降。齊國與魯國的廩丘之戰，齊國與晉國的夷儀之戰，晉國卿大夫之間的矛盾，衛國公室的矛盾，都說明社會在劇烈變動。

元　年

壬辰，西元前五〇九年。周敬王十一年、齊景公三十九年、晉定公三年、秦哀公二十八年、楚昭王七年、宋景公八年、衛靈公二十六年、陳惠公二十五年、蔡昭侯十年、曹隱公通元年、鄭獻公五年、燕平公十五年、吳闔廬六年、許男斯十四年、杞悼公九年。

經　元年春王。

三月，晉人執宋仲幾于京師。

夏六月癸亥，公之喪至自乾侯。

戊辰，公即位。

秋七月癸巳，葬我君昭公。

九月，大雩。

立煬宮。

冬十月，隕霜殺菽。

傳　元年春王正月辛巳❶，晉魏舒❷合諸侯之大夫于狄泉❸，將以城成周❹。魏子❺涖政❻。衛彪傒❼曰：「將建天子❽，而易位❾以令，非義也。大事奸義❿，必有大咎⓫。晉不失諸侯，魏子其不免⓬乎！」是行⓭也，魏獻子屬役於⓮韓簡子⓯及原壽過⓰，而田⓱於大陸⓲，焚焉⓳，還，卒於甯⓴。范獻子㉑去其柏椁㉒，以其未復命[23]而田也。

孟懿子[24]會[25]城成周，庚寅[26]，栽[27]。宋仲幾[28]不受功[29]，曰：「滕[30]、薛[31]、郳[32]，吾役[33]也。」薛宰[34]曰：「宋為無道，絕我小國於周，以我適楚[35]，故我常從宋。晉文公[36]為踐土之盟[37]，曰：『凡我同盟，各復舊職。』若[38]從踐土[39]，若從宋[40]，亦唯命[41]。」仲幾曰：「踐土固然[42]。」薛宰曰：「薛之皇祖[43]奚仲[44]居薛，以為夏車正[45]；奚仲遷于邳，仲虺[46]居薛，以為湯[47]左相[48]。若[49]復舊職，將承[50]王官，何故以[51]役諸侯[52]？」仲幾曰：「三代[53]各異物[54]，薛焉得[55]有舊[56]？為宋役，亦其職[57]也。」士彌牟[58]曰：「晉之從政者[59]新[60]，子姑[61]受功，歸，吾視諸[62]故府[63]。」仲幾曰：「縱[64]子忘之，山川鬼神其[65]忘諸[66]乎？」士伯怒，謂韓簡子曰：「薛徵[67]於人，宋徵於鬼。宋罪大矣。且己無辭，而抑[68]我以神，誣我也。『啟寵納侮[69]』，其[70]此之謂[71]矣。必以仲幾為戮[72]。」乃執仲幾以歸。三月，歸諸[73]京師。

城三旬[74]而畢，乃歸諸侯之戍。齊高張[75]後[76]，不從[77]諸侯。晉女叔寬[78]曰：「周萇弘[79]、齊高張皆將不免。萇叔違天，高子違人。天之所壞，不可支[80]也；眾之所為，不可奸[81]也。」

【注釋】❶正月辛巳　正月初七日。❷魏舒　即魏獻子，晉國六卿之一。魏絳之子，名舒。《史記・魏世家》作魏絳孫，名荼。獻，謚號。《逸周書・謚法解》：「聰明叡哲曰獻。」❸狄泉　亦作「翟泉」，周王畿地，在今河南洛陽市。❹城成周　增築成周的城牆。❺魏子　指魏舒。❻涖政　主持工作。涖，臨；主持。❼彪傒　人名，衛國大夫。❽建天子　為天子建城。❾易位　改變位置。指魏舒本是臣子，現改居君位而命令諸侯。❿奸義　違背道義。⓫大咎　大災禍。⓬其不免　大概不能免於災禍。其，揣度副詞。大概；殆。⓭是行　這一次工程行動。⓮屬役於　把工作囑託給。屬，通「囑」。託付。役，工役；事情。⓯韓簡子　名不信。韓起之孫。晉國六卿之一。簡，謚號。《逸周書・謚法解》：「壹德不解曰簡」、「平易不疵曰簡」。⓰原壽過　周王室大夫。⓱田　田獵；打獵。⓲大陸　澤名。舊名吳澤陂，在今河南獲嘉西北。⓳焚焉　在那裏放火燒荒。焉，於之；在該處。⓴甯　地名。在今河南獲嘉西。㉑范獻子　士氏，名鞅，范宣子士匄之子。晉國六卿之一。獻，謚號。㉒柏椁　用柏樹木製的棺材外槨。《禮記・喪大記》：「君松椁，大夫柏椁，士雜木椁。」㉓復命　回報完成使命的情況。㉔孟懿子　即仲孫何忌。孟僖子之子。魯國大夫。㉕會　參加。㉖庚寅　正月十六日。㉗栽　夯土築牆。㉘仲幾　人名。宋國大夫。㉙功　應負擔的築城工程任務。㉚滕　國名。姬姓。都城在今山東滕州市西南。㉛薛　國名。任姓。都城在今山東滕州市東南。㉜郳　國名。亦稱小邾、小邾婁。曹姓。都城在今山東滕州市東。一說在今山東棗莊市西北。㉝吾役　是代我宋國服役。㉞薛宰　薛國的執政大臣。㉟適楚　事奉楚國。㊱晉文公　晉國國君，名重耳，晉獻公子，西元前六三六至前六二八年在位。城濮之戰，大勝楚軍，並在踐土（今河南滎陽東北）大會諸侯，成為霸主。㊲踐土之盟　見本書僖公二十八年經文和傳文。㊳若　或者。㊴從踐土　服從踐土的盟約。即恢復舊職，直屬於周天子。㊵從宋　服從宋國，為他所屬。㊶唯命　即「唯命是聽」的省稱。絕對聽從。唯，只。㊷固然　本來如此。謂復舊職即讓薛國為宋國服役。㊸皇祖　先祖；遠祖。皇，對先祖的敬稱。㊹奚仲　傳說中創製車的人。任姓，黃帝之後裔。夏代的車正（掌管車的官），居於薛（今山東滕州市東南），後遷於邳（今江蘇邳州市東北邳城鎮）。㊺車正　掌管車服諸事的官員。㊻仲虺　奚仲的後代，商湯時為左相。㊼湯　商朝的建立者。又稱商湯、武湯、武王、天乙、成湯，甲骨文稱唐、大乙、高祖乙。原為商族領袖，與有莘氏通婚，任用伊尹執政，積聚力量，經過十一次出征，成為強國，最後一舉滅夏，建立商朝。㊽左相　官名。最高執政官之一。㊾若　如果。㊿承　承奉；接受。(51)以　而。(52)役諸侯　為諸侯服役。(53)三代　指夏、商、周三代。(54)異物　事不同。物，事。(55)焉得　怎能。(56)有舊　指按夏、商舊例辦事。(57)亦其職　也是宋國的職責。按宋國是商朝王子微子的後代，所以這樣說。(58)士彌牟　即士景伯，又稱士伯。晉國大夫。文伯士匄之子。(59)從政者　執政的人。指韓不信。(60)新　新為卿；新執政。(61)姑　姑且；暫且。

(62)諸　「之於」的合音合義。(63)故府　藏檔案之所。(64)縱　即使。(65)其　豈；難道。(66)諸　之。(67)徵　取證。(68)抑　壓抑。(69)啟寵納侮　古代成語。給予寵信反而招受侮辱。(70)其　大概。(71)此之謂　謂此；說的就是這種情況。(72)戮　侮辱；懲戒。(73)諸　「之於」的合音合義。之，指代仲幾。(74)三旬　三十天。(75)高張　即高昭子，名張。齊國大夫。(76)後　遲到。(77)從　跟隨；趕上。(78)女叔寬　又稱女寬，晉國大夫。一說，晉國魏舒的家臣。(79)萇弘　周王室大夫。(80)支　支持；保護。(81)奸　通「干」，干犯；違抗。

【語　譯】魯定公元年春天，周曆正月初七日，晉國的魏舒在狄泉會合各諸侯國的大夫，將要來增築成周的城牆。魏舒主持這件事。衛國的彪傒說：「打算為天子築城，而超越自己的地位來發號施令，這是不合道義的。重大的事情違背道義，必定會有大的災禍。晉國要不失去諸侯的擁護，魏舒恐怕不能免於災禍吧！」這一次工程行動，魏舒把工役囑託給韓簡子和原壽過，而自己卻到大陸澤去打獵，在那裏放火燒荒，在回來的途中，死在甯地。范獻子撤除了安裝魏舒棺材的柏木外槨，因為他還沒有復命而就去打獵。

魯國大夫孟懿子參加增築成周城牆的工程，正月十六日，開始立板夯土。宋國的仲幾不接受工程任務，說：「滕國、薛國、郳國，是為我們宋國服役的。」薛國宰臣說：「宋國是沒有道義的，使我們小國斷絕與周王室的聯繫，帶著我國去事奉楚國，所以我國常常服從宋國。晉文公主持踐土的結盟，曾說：『凡是我的同盟，各自恢復原來的職位。』或者服從踐土的盟約，直屬周天子；或者服從宋國，為宋國服役；都唯命是聽。」仲幾說：「踐土的盟約本來就是這樣讓你們為宋國服役的。」薛國的宰臣說：「薛國的始祖奚仲居住在薛地，擔任夏朝的車正。奚仲遷居到邳地，仲虺居住薛地，擔任商湯的左相。如果恢復原來的職位，將是接受天子的官職，什麼緣故而為諸侯服役？」仲幾說：「夏、商、周三代的事各不相同，薛國怎能按舊例辦事？為宋國服役，也是宋國的職責。」晉國大夫士彌牟說：「晉國的執政者是新人，您姑且接受工程任務，回去，我到檔案庫去查看一下檔案。」仲幾說：「即使您忘了過去的事，山川鬼神難道會忘記這件事嗎？」士彌牟大怒，對韓簡子說：「薛國用人作證明，宋國用鬼作證明。宋國的罪過大了。而且他自己無話可說，反而用神來壓抑我們，這是欺騙我們。『給予寵信反而招來侮辱』，大概就是說的這種情況了。一定要以仲幾為懲戒。」於是就擒住仲幾而回去。三月，把他送到了京師。

增築城牆的工程三十天完畢，就讓各國諸侯的戍卒回國。齊國的高張遲到，沒有跟隨諸侯之役築城。晉國的女叔寬說：「周朝的萇弘、齊國的高張都將不免於禍難。萇弘違背天，高張違背人。上天要毀壞的人，不可以支持；眾人所要做的事，不可以違抗。」

【說明】這一大段記載各國諸侯的大夫增築成周的城牆。可分為三節。第一節又有兩層意思：前一層意思是說魏舒主持這一工程，衛國的彪傒認為這是以臣居君位發令，魏舒將有禍難。這層意思與上年「冬十一月」的記載略同。前人認為是「兩收而失刪其一」。一說則認為上年記載只是諸侯之大夫會盟，天子下令，本年記載築城，是為兩事。第二層意思是說魏舒把工程託付給韓簡子和原壽過，自己卻去打獵，結果在歸途中去世，范獻子不給他柏木槨裝棺材安葬。這是對魏舒的懲罰，也是彪傒預言的證實。

第二小節敘宋國大夫仲幾不接受工程任務，認為薛國等就是為宋國服役。薛國宰臣據理力爭。晉國大夫士彌牟調解，宋國仲幾卻侮辱士彌牟。結果是晉國人擒拿仲幾歸京師。

第三小節敘築城完畢。並補敘齊國大夫遲到而未參加這一工程。女叔寬預言萇弘、高張將不免遭禍，為後來哀公三年萇弘被殺、哀公六年高張逃奔張本。

傳 夏，叔孫成子❶逆公之喪❷于乾侯❸。季孫❹曰：「子家子❺亟❻言於我，未嘗不中❼吾志也。吾欲與之從政，子必止之❽，且聽命焉❾。」子家子不見叔孫，易幾❿而哭。叔孫請見子家子。子家子辭曰：「羈⓫未得見，而從君以出。君不命而薨，羈不敢見。」叔孫使告之曰：「公衍⓬、公為⓭實使羣臣不得事君，若公子宋⑭主⑮社稷⑯，則羣臣之願也。凡從君出而可以入者，將唯子是聽⑰。子家氏未有後⑱，季孫願與子從政。此皆季孫之願也，使不敢⑲以告。」對曰：「若立君，則有卿士、大夫與守龜⑳在，羈弗敢知。若㉑從君者，則㉒貌而出㉓者，入可也；寇㉔而出者，行可也。若羈也，則君知其出也，而未知其入也，羈將逃也。」

喪及壞隤㉕，公子宋先入，從公者皆自壞隤反㉖。

六月癸亥㉗，公之喪至自乾侯。戊辰㉘，公㉙即位。季孫使役如闞公氏㉚，將溝焉㉛。榮駕鵝㉜曰：「生不能事，死又離之，以自旌也㉝？縱子忍之，後必或恥之。」乃止。季孫問於榮駕鵝曰：「吾欲為君諡㉞，使子孫知之。」對曰：「生弗能事，死又惡之㉟，以自信也㊱？將焉用之？」乃止。

秋七月癸巳㊲，葬昭公於墓道南。孔子之為司寇也㊳，溝㊴而合諸墓㊵。

昭公出故，季平子禱于煬公㊶。九月，立煬宮㊷。

周鞏簡公㊸棄其子弟，而好用遠人㊹。

【注釋】❶叔孫成子　即叔孫不敢，叔孫婼之子，魯國大夫。叔孫，氏。不敢，名。成，諡號。❷公之喪　魯昭公的靈柩。喪，指靈柩。❸乾侯　本為衛國地名。後為晉國佔有。在今河北成安縣東南。❹季孫　指季平子，名意如，季武子之孫，魯國公族。平，諡號。❺子家子　指子家羈，又稱子家懿伯。公孫歸父之子。歸父字子家，其子遂以父字為氏。❻亟　屢次。

⑦中　合；符合。⑧止之　留住他。⑨焉　「於之」的合義。⑩幾　期；時間。⑪羈　子家子的名。⑫公衍　魯昭公之子，立為太子。⑬公為　魯昭公之子，遲公衍三日生。⑭公子宋　即魯定公，名宋。魯昭公之弟。⑮主　主持；成為國家之主。⑯社稷　國家。⑰唯子是聽　唯聽子；只聽從您的命令。⑱未有後　沒有繼承人。意謂子家羈如果不返魯國，子家氏就無人能嗣立為大夫。⑲不敢　叔孫成子的名。⑳守龜　天子、諸侯有大疑，以龜卜決，由龜人守之，故稱守龜。㉑若　至於。㉒則　如果。㉓貌而出　表面上隨從國君出去，內心未必忠於君。㉔寇　與季氏為寇仇。㉕壞隤　魯國地名。在今山東曲阜境內。㉖反　往回走；返回；出奔。㉗六月癸亥　六月二十一日。㉘戊辰　六月二十六日。㉙公　此處指魯定公。昭公去年死於國外，本年六月柩至國，故定公即位不得不於六月，而本年又不得不改元。㉚闞公氏　魯國的羣公墓地名闞。因為是公墓所在，所以稱闞公氏。㉛溝焉　在那裏挖溝。焉，「於之」的合義。㉜榮駕鵝　即榮成伯。名駕鵝。成，諡號。魯宣公弟叔肸的曾孫。魯國大夫。㉝以自旌也　以此來彰明自己的罪過嗎。旌，表明；彰顯。也，耶。疑問助詞。㉞為君諡　為昭公取個諡號。㉟惡之　給他取個壞的諡號。㊱自信也　自我表白厭惡昭公嗎。信，申；申明。也，耶。㊲七月癸巳　七月二十二日。㊳孔子之為司寇也　孔子做司寇的時候。司寇，官名。掌管刑獄、糾察等事。孔子何年為司寇，史學界有爭議，江永《孔子年譜》繫於定公十年，較為合理。㊴溝　在昭公墓地外挖溝。㊵合諸墓　使它與先公的墓合在同一地區範圍內。㊶煬公　魯國先君。《史記・魯周公世家》：「魯公伯禽卒，子考公酋立。考公四年卒，立弟熙，是謂煬公。」說明煬公是以弟繼兄位。㊷煬宮　煬公廟。㊸翬簡公　周王室卿士。㊹遠人　異族之人。

【語　譯】夏天，叔孫成子到乾侯迎接昭公的靈柩。季孫說：「子家羈屢次和我談話，不曾有不合我心意的。我想要與他一起參預政事，您一定要留住他，而且聽命於他。」子家羈不肯見叔孫成子，改變原定的時間而去哭喪。叔孫成子請求進見子家羈，子家羈辭謝說：「羈沒有能見到您，而跟著國君就出國了。國君沒有命令而逝世，羈不敢見到您。」叔孫成子派遣使者告訴他說：「公衍、公為實在使羣臣不能事奉為國君，如果由公子宋主持國家，那是羣臣的願望。凡是跟從國君出國而可以回國的人，將只聽從您的命令。子家氏沒有別的繼承人，季孫希望與您一起參預政事。這都是季孫的願望，派我把這些意見奉告。」子家羈回答說：「如果立國君，那麼有卿士、大夫和守龜在那裏，羈不敢參與。至於跟隨國君的人，如果表面上跟從而出國的，回國是可以的；如果與季氏結仇而出國的，出走也是可以的。至於羈，那國君是知道他出國了的，而不知他回去的，羈將逃走出奔。」昭公的靈柩到達壞隤，公子宋先進入國內，跟隨昭公的人都從壞隤返回走了。

六月二十一日，魯昭公的靈柩從乾侯到達國都。二十六日，魯定公即位。季孫派遣勞役到魯國的國君墓地，將在那裏挖溝使昭公墓與先君墓地隔開。榮駕鵝說：「國君活著不能事奉，死後又厭惡他而把他的墳墓與祖塋隔離，用這來表明自己的罪過嗎？即使您忍心這樣做，日後一定有人以此為羞恥。」於是就停止了。季孫向榮駕鵝詢問說：「我想要給國君定個諡號，使子孫都知道他的情況。」榮駕鵝回答說：「活著的時候不能事奉，死後又要給他惡諡，用這來自我表白厭惡國君嗎？怎麼用得著這樣？」於是就停了下來。

秋季七月二十二日，在祖墳墓道南邊安葬魯昭公。當孔子做司寇的時候，在昭公墓外挖溝而使它和先公的墳墓合於同一範圍內。

因為昭公出國的緣故，季平子向煬公祈禱。九月，建立煬公廟。

周朝的鞏簡公丟開他的子弟而喜歡任用異族疏遠的人。

【說明】這一大段可分五個小節。第一小節敘叔孫成子到乾侯去迎接魯昭公的靈柩，並受季孫的囑託，告訴子家羈三件事：一是公衍、公為不能為君，擬立公子宋為國君。二是跟隨昭公出國的人誰可以回國，請子家羈決定。三是季孫希望子家羈回國參預政事，使子家氏有後於魯國。但子家羈託辭不肯面見叔孫成子，所以叔孫成子只能派使者轉告上述三件事。子家羈也通過使者回答了三件事：表示自己不參與立誰為國君的意見；隨昭公出國的人有的可以回國，有的可以出走；自己是國君只知他出國不知他回國的人，只能逃走。實際上是拒絕與季孫合作。而昭公的靈柩到壞隤時，公子宋先回都城，結果跟隨昭公的人都返回逃走了，說明這些人都忠於昭公，所以沒有一個人回魯國，也就是都不願意跟從季孫與公子宋。

第二節敘昭公靈柩回到國都後的情況。著重記載季孫出於對昭公的厭惡而先後準備做兩件事：一是在魯國公墓地挖一條溝，使昭公的墓不與先君的墓在一起；二是為昭公定一個壞的諡號。這兩件事都被榮駕鵝勸阻住了。

第三節敘安葬昭公。魯國先君的墓都在道北，而昭公的墓卻在道南。說明季孫雖然沒有派勞役挖溝，但仍使昭公墓與先君墓相隔得很遠，反映出季孫對昭公厭惡之深。這一節還探後交代：直到後來孔子為司寇時，擴大墓域，才使昭公墓與先君墓合於同一兆域。

第四小節敘季孫禱煬公、建煬公廟。煬公是魯國先君之一。季孫為什麼在先君中獨禱煬公？這是因為煬公熙是以弟繼兄即位的，季孫不立昭公子公衍為國君，而立昭公弟公子宋為國君，表示兄終弟繼是仿效煬公嗣位故事，魯國有先例，不是出於個人私意。煬公廟早已廢毀，所謂「禱」只是從遠祖廟中取出煬公神主祭祀。此時定公已即位，為了表示兄終弟繼有先例，所以又新立煬公廟。

第五小節應與下年傳文開頭「二年夏四月辛酉，鞏氏之羣子弟賊簡公」連讀，被後人截為兩節而分置於兩年下。

二年

癸巳，西元前五〇八年。周敬王十二年、齊景公四十年、晉定公四年、秦哀公二十九年、楚昭王八年、宋景公九年、衛靈公二十七年、陳惠公二十六年、蔡昭侯十一年、曹隱公二年、鄭獻公六年、燕平公十六年、吳闔廬七年、許男斯十五年、杞悼公十年。

經 二年春王正月。

夏五月壬辰，雉門及兩觀災。

秋，楚人伐吳。

冬十月，新作雉門及兩觀。

傳 二年夏四月辛酉❶，鞏氏之羣子弟賊❷簡公。

桐❸叛楚。吳子❹使舒鳩氏❺誘楚人，曰：「以師臨我❻，我伐桐，為我使之無忌❼。」秋，楚囊瓦❽伐吳，師❾于豫章❿。吳人見⓫舟于豫章，而潛⓬師于巢⓭。

冬十月，吳軍⓮楚師于豫章，敗之。遂圍巢，克之，獲楚公子繁⓯。

邾莊公⓰與夷射姑⓱飲酒，私⓲出。閽⓳乞肉焉⓴，奪之杖以敲之。

【注釋】❶四月辛酉　四月二十四日。❷賊　殺害。❸桐　古國名。為楚屬國。在今安徽桐城市北古桐城。❹吳子　指吳國國君闔廬。子爵。❺舒鳩氏　楚屬國。羣舒國之一。在今安徽舒城縣。❻臨我　靠近我吳國。臨，臨近；逼近。❼忌　猜忌；疑忌。❽囊瓦　即楚國令尹子常。子囊之孫。❾師　駐軍。❿豫章　古地區名。說法不一，或在今河南商城至安徽合肥一帶。⓫見　同「現」。出現。⓬潛　暗中；偷偷地。⓭巢　又稱居巢，在今安徽壽縣、合肥之間。⓮軍　攻擊。動詞。⓯公子繁　楚國公子，守衛巢地的大夫。⓰邾莊公　邾國國君。名穿。莊，謚號。⓱夷射姑　邾國大夫。⓲私　小便。⓳閽　守門人。⓴焉　「於之」兩字的合義。於他；向他。

【語譯】魯定公二年夏季四月二十四日，鞏氏的一羣子弟刺殺了鞏簡公。

桐國背叛楚國。吳國國君派舒鳩氏引誘楚國人，說：「請楚國用軍隊逼近我吳國，我國去攻打桐國，為了使他們對我國沒有疑忌。」秋天，楚國的囊瓦攻打吳國，駐軍在豫章。吳國人出動戰船在豫章，而暗中向巢地集結軍隊。冬季十月，吳軍在豫章攻擊楚軍，打敗了他們。於是包圍巢地，攻佔了它，俘虜了守衛巢地的楚國公子繁。

邾莊公與夷射姑喝酒，夷射姑出去小便。守門人向他乞討肉食，夷射姑奪過守門人的棍子而敲打他。

【說　明】本年傳文的第一節應與上年傳文的最後一節連讀。周朝的鞏簡公由於丟開他的子弟而喜歡任用疏遠的異族人，所以本年四月，他的子弟刺殺他。這樣前因後果的意思才清楚。

第二節敘吳國施行詭計，假託伐桐，誘騙楚國出兵，暗中又在巢地埋伏兵將，結果楚國軍隊在豫章被吳軍打敗，而且還失去了巢地，公子繁被俘。這是楚國最後一次伐吳，以完全失敗告終。反映出吳王闔廬詭計多端，深諳「兵不厭詐」的軍事戰略戰術。

本年最後一節應與下年傳文第一節連讀，因為都是敘邾莊公、夷射姑、閽者的事，只有連讀意思才完整。後人為了分年配合經文，妄分為兩截，分置於兩年，被經文所隔開，讀者就不容易搞清前後兩節的因果關係了。類似的情況前面已出現過多次。

三　年

甲午，西元前五〇七年。周敬王十三年、齊景公四十一年、晉定公五年、秦哀公三十年、楚昭王九年、宋景公十年、衛靈公二十八年、陳惠公二十七年、蔡昭侯十二年、曹隱公三年、鄭獻公七年、燕平公十七年、吳闔廬八年、許男斯十六年、杞悼公十一年。

經 三年春王正月，公如晉，至河，乃復。

二月辛卯，邾子穿卒。

夏四月。

秋，葬邾莊公。

冬，仲孫何忌及邾子盟于拔。

傳 三年春二月辛卯❶，邾子❷在門臺❸，臨廷❹。閽以缾水❺沃❻廷，邾子望見之，怒。閽曰：「夷射姑旋❼焉❽。」命執之❾。弗得，滋❿怒，自投于牀⓫，廢⓬于鑪炭，爛⓭，遂卒。先葬以車五乘，殉五人。莊公卞急⓮而好潔，故及是。

秋九月，鮮虞⓯人敗晉師于平中⓰，獲晉觀虎⓱，恃其勇也。

冬，盟于郯⓲，修邾好也。

蔡昭侯⓳為兩佩⓴與兩裘以如楚，獻一佩一裘於昭王。昭王服之，以享㉑蔡侯。蔡侯亦服其一。子常㉒欲之，弗與，三年止之。唐㉓成公㉔如楚，有兩肅爽㉕馬，子常欲之，弗與，亦三年止之。唐人或相與謀，請代先從者，許之。飲先從者酒，醉之，竊馬而獻之子常。子常歸唐侯㉖。自拘㉗於司敗㉘，曰：「君以弄㉙馬之故，隱㉚君身，棄國家。羣臣請相㉛夫人㉜以償㉝馬，必如之㉞。」唐侯曰：「寡人之過也。二三子㉟無辱㊱！」皆賞之。蔡人聞之，固請，而獻佩于子常。子常朝，見蔡侯之徒㊲，命有司㊳曰：「蔡君之久也，官不共㊴也。明日禮不畢㊵，將死。」蔡侯歸，及漢㊶，執玉而沉，曰：「余所有濟漢而南者，有若㊷大川！」蔡侯如晉，以其子元㊸與其大夫之子為質㊹焉㊺，而請伐楚。

【注釋】❶二月辛卯　二月二十九日。❷邾子　指邾莊公。名穿。子爵。莊，謚號。❸門臺　門上有臺。即門樓。❹廷　通「庭」。庭院。❺鉼水　以瓶盛水。鉼，「瓶」的異體字。❻沃　灑水。❼旋　小便。❽焉　「於之」的合義。在此。❾執之　抓住他。之，指代夷射姑。❿滋　更加。⓫牀　坐榻。⓬廢　墮；跌落。⓭爛　指皮肉被燒灼而潰爛。⓮卞急　急躁。⓯鮮虞　國名。白狄別種。都城在今河北正定北新城鋪。⓰平中　鮮虞地名。在今河北唐縣。⓱觀虎　晉國大夫。⓲郯　地名。在今山東郯城西南。⓳蔡昭侯　名申。蔡國國君，在位二十八年。昭，謚號。《逸周書・謚法解》：「昭德有勞曰昭」、「容儀恭美曰昭」、「聖聞周達曰昭」。⓴佩　玉珮。㉑享　通「饗」。用酒食款待。㉒子常　楚國令尹。即囊瓦。㉓唐　楚附庸國名。姬姓。都城在今湖北隨州市西北唐縣鎮。西元前五〇五年被楚國所滅。見前宣公十二年注。㉔成公　唐國國君。唐惠侯的後代。㉕肅爽　駿馬名。後世寫作「驌驦」。㉖歸唐侯　放唐成公回國。唐侯，唐成公。㉗自拘　偷馬人自己囚禁自己。㉘司敗　官名，即司寇。掌管司法刑獄之事。㉙弄　玩。㉚隱　窮困；隱蔽。被拘的委婉說法。㉛相　幫助。㉜夫人　指那個人。指養馬人。㉝償　賠償。㉞如之　像以往兩匹好馬一樣。㉟二三子　各位；你們幾位。㊱無辱　不要羞辱自己。指「自拘」。㊲徒　隨從人員。㊳有司　有關官員。㊴官不共　官員不供給餽贈餞別的禮品。共，通「供」。供給。㊵畢　完備。㊶漢　漢水。長江最長的支流。源出陝西寧強，東南流經陝西南部、湖北西北部和中部，在武漢市人長江。㊷有若　有如。古人誓詞中的常用語。㊸元　蔡昭侯之子，名元。㊹為質　作為人質。㊺焉　「於之」的合義。在這裏。指在晉國。

【語譯】魯定公三年春季二月二十九日，邾莊公在門樓上，下臨庭院。守門人用瓶盛水沖灑庭院。邾莊公看見了這件事，發怒責問。守門人說：「夷射姑曾在這裏小便。」邾莊公命令把夷射姑抓起來。沒有抓到，邾莊公更加發怒，自己從坐榻上跳下來，跌倒在爐子裏的炭火上，皮肉潰爛，就死了。先用五輛車陪葬，用五人殉葬。邾莊公急躁而愛乾淨，所以才弄到這種地步。

秋季九月，鮮虞人在平中打敗晉軍，俘虜了晉國的觀虎，這是因為他自恃勇敢。

冬天，仲孫何忌和邾國新國君在郯地結盟，這是為了重修和邾國的友好。

蔡昭侯製作了兩件玉珮和兩件皮衣而到楚國去，把一件玉珮和一件皮衣獻給楚昭王。楚昭王穿了皮衣和掛帶玉珮，而設享禮招待蔡昭侯。蔡昭侯也穿了另一件皮衣和佩帶另一件玉珮。楚國的執政大臣子常想要皮衣和玉珮，蔡昭侯不給，子常就把蔡昭侯扣留了三年。唐成公到楚國去，帶有兩匹驌驦馬，子常想得到牠們，唐成公不給。子常也把唐成公扣留了三年。唐國有的人互相商量，請求代替先跟成公去的人，楚國答應了這個請求。新去的人給先跟成公去的人飲酒，灌醉了他，偷出馬而把牠們獻給了子常。子常就放唐成公回國。偷馬人在唐國司法官那裏拘禁了自己，說：「國君因為玩馬的緣故，自身陷於困窘之境，拋棄了國家。羣臣請求幫助養馬的那個人來賠償馬匹，一定要像以往兩匹駿馬一樣。」唐成公說：「這是我的過錯。各位不要侮辱自己！」都賞賜了他們。蔡國人聽到了這件事，堅決請求，而把玉珮獻給了子常。子常上朝，見到蔡昭侯的隨從，命令官員說：「蔡昭侯之所以長久留在我國的原因，都是由於你們這些官員不供給餞別的禮物。到明天禮物再不完備，將要處死你們。」蔡昭侯回國，到達漢水，拿起玉而把它沉入漢水，說：「我要是再渡漢水而往南朝見楚國，有大江可鑑！」蔡昭侯到晉國去，用自己的兒子公子元和他大夫的兒子在晉國作為人質，而請求晉國攻打楚國。

【說明】本年傳文可分四小節。第一小節敘邾莊公之死及其原因。上年的最後一小節原來緊連在本年的開頭傳文前的，就是記載邾莊公、夷射姑和閽者之間發生的事，被後人妄為割裂分為二截，分置於前後兩年。讀者閱讀時應將上年最後一節移至本年第一節連讀，文意就非常清楚。

第二小節記載鮮虞國人在平中打敗晉軍，俘獲觀虎。為後來定公五年晉國士鞅圍鮮虞事埋下了伏筆。

第三小節是解釋經文「仲孫何忌及邾子盟于拔」的目的，是為了重修與邾國的友好。經文寫作「拔」，當是傳文「郯」的通假字。

第四小節生動地描寫了楚國令尹子常的貪婪。他為了掠奪蔡昭侯的佩玉和皮衣以及唐成公的駿馬，竟將兩位國君各扣留了三年。逼得兩國羣臣把這些寶物獻給他，滿足了他的要求後，才放兩位國君回去。而在放蔡昭侯回國前，還居然責罵他的手下官員，說什麼蔡昭侯留楚國三年不能回國是因為官員不供給餞別的禮物。這就把子常這個人物的虛偽無恥的面貌活生生地顯示了出來。最後蔡昭侯向漢水發誓決不再朝楚國，而以自己和大夫的兒子作為人質，請求晉國攻打楚國，又為下年的召陵之會埋下了伏筆。

四年

乙未，西元前五〇六年。周敬王十四年、齊景公四十二年、晉定公六年、秦哀公三十一年、楚昭王十年、宋景公十一年、衛靈公二十九年、陳惠公二十八年、蔡昭侯十三年、曹隱公四年、鄭獻公八年、燕平公十八年、吳闔廬九年、許男斯十七年、杞悼公十二年。

經 四年春王二月癸巳，陳侯吳卒。

三月，公會劉子、晉侯、宋公、蔡侯、衛侯、陳子、鄭伯、許男、曹伯、莒子、邾子、頓子、胡子、滕子、薛伯、杞伯、小邾子、齊國夏于召陵，侵楚。

夏四月庚辰，蔡公孫姓帥師滅沈，以沈子嘉歸，殺之。

五月，公及諸侯盟于皋鼬。

杞伯成卒于會。

六月，葬陳惠公。

許遷于容城。

秋七月，公至自會。

劉卷卒。

葬杞悼公。

楚人圍蔡。

晉士鞅、衛孔圉帥師伐鮮虞。

葬劉文公。

冬十有一月庚午，蔡侯以吳子及楚人戰于柏舉，楚師敗績。楚囊瓦出奔鄭。

庚辰，吳入郢。

傳四年春三月，劉文公❶合諸侯于召陵❷，謀伐楚也。晉荀寅❸求貨於蔡侯，弗得，言於范獻子❹曰：「國家方危，諸侯方貳❺，將以襲敵，不亦難乎！水潦❻方降，疾瘧❼方起，中山❽不服，棄盟取怨，無損於楚，而失中山，不如辭蔡侯。吾自方城以來❾，楚未可以得志，祇取勤❿焉。」乃辭蔡侯。

晉人假⓫羽旄⓬於鄭，鄭人與之。明日，或旆⓭以會。晉於是乎失諸侯。

將會，衛子行敬子⓮言於靈公⓯曰：「會同難，嘖⓰有煩言⓱，莫之治也。其⓲使祝佗⓳從！」公曰：「善。」乃使子魚。子魚辭，曰：「臣展四體⓴，以率㉑舊職㉒，猶懼不給㉓而煩刑書㉔。若又共二㉕，徼㉖大罪也。且夫㉗祝，社稷之常隸㉘

也。社稷不動，祝不出竟[29]，官之制也。君以軍行，祓[30]社、釁鼓[31]，祝奉以從，於是乎出竟。若嘉好之事[32]，君行師[33]從，卿行旅[34]從，臣無事焉。」公曰：「行也！」

及皋鼬[35]，將長蔡於衛[36]。衛侯[37]使祝佗私於萇弘曰：「聞諸道路，不知信[38]否。若聞蔡將先衛，信乎？」萇弘曰：「信。蔡叔[39]，康叔[40]之兄也，先衛，不亦可乎？」子魚曰：「以先王觀之，則尚[41]德也。昔武王克商，成王定之，選建明德[42]，以藩屏[43]周。故周公相[44]王室，以尹[45]天下，於周為睦[46]。分魯公[47]以大路[48]、大旂[49]，夏后氏[50]之璜[51]，封父[52]之繁弱[53]，殷民六族——條氏、徐氏、蕭氏、索氏、長勺氏、尾勺氏，使帥[54]其宗氏[55]，輯[56]其分族[57]，將[58]其類醜[59]，以法則[60]周公。用[61]即命[62]于周。是[63]使之職事于魯，以昭[64]周公之明德。分之[65]土田陪敦[66]、祝[67]、宗[68]、卜[69]、史[70]，備物[71]、典策[72]，官司[73]、彝器[74]；因商奄[75]之民，命以〈伯禽〉[76]而封於少皞之虛[77]。分康叔以大路、少帛[78]、綪茷[79]、旃旌[80]、大呂[81]，殷民七族——陶氏、施氏、繁氏、錡氏、樊氏、饑氏、終葵氏；封畛[82]土略[83]，自武父[84]以南及圃田[85]之北竟，取於有閻[86]之土以共[87]王職，取於相土[88]之東都以會王之東蒐[89]。聃季[90]授土，陶叔[91]授民，命以〈康誥〉[92]而封於殷虛[93]。皆啟以商政，疆[94]以周索[95]。分唐叔[96]以大路、密須[97]之鼓、闕鞏[98]、沽洗[99]，懷姓九宗[100]，職官五正[101]。命以〈唐誥〉[102]而封於夏虛[103]，啟以夏政，疆以戎索[104]。三者[105]皆叔也，而有令德，故昭[106]之以分物。不然，文、武、成、康之伯[107]猶多，而不獲是分也，唯不尚年[108]也。管[109]、蔡[110]啟[111]商，惎間[112]王室，王於是[113]乎殺管叔而蔡[114]蔡叔，以車七乘、徒[115]七十人。其子蔡仲[116]改行帥[117]德，周公舉之，以為己卿士[118]，見諸王[119]，而命之以蔡。其命書云：『王曰：「胡！無若爾考之違王命也！」』若之何其使蔡先衛也？武王之母弟八人，周公為大宰[120]，康叔為司寇[121]，聃季為司空[122]，五叔[123]無官，豈尚年哉？曹，文之昭[124]也；晉，武之穆[125]也。曹為伯甸[126]，非尚年也。今將尚之，是反先王也。晉文公為踐土之盟[127]，衛成公[128]不在，夷叔[129]，其母弟也，猶先蔡。其載書云：『王若曰，晉重[130]、魯申[131]、衛武[132]、蔡甲午[133]、鄭捷[134]、齊潘[135]、宋王臣[136]、莒期[137]。』藏在周府，可覆[138]視也。吾子欲復文、武之略，而不正其德，將如之何？」萇弘說[139]，告劉子[140]，與范獻子謀之，乃長衛侯於盟。

反自召陵，鄭子大叔[141]未至而卒。晉趙簡子為之臨[142]，甚哀，曰：「黃父之會[143]，夫子語我九言，曰：『無始亂，無怙[144]富，無恃寵，無違同，無敖[145]禮，無驕能，無復怒，無謀非德，無犯非義。』」

【注釋】❶劉文公　名蚠，一作「卷」，又稱伯蚠。劉獻公摯之庶子。文，諡號。周朝卿士。❷召陵　地名。在今河南郾城縣東。❸荀寅　又稱中行寅，即中行文子。中行荀吳之子。姓荀，中行氏，名寅，諡號文。晉國下卿。見前昭公二十九年傳文。❹范獻子　名鞅。范宣子士匄之子。晉六卿之一。❺貳　懷有二心。❻水潦　大雨。❼疾瘧　瘧疾。❽中山　國名。即鮮虞。春秋末建國。戰國時活動中心在今河北定縣。❾方城以來　指襄公十六年晉國打敗楚國，侵方城的戰役以後。❿勤勞。指勞師傷財。⓫假　借。⓬羽旄　即羽毛，旌旗的裝飾品。⓭旆　裝飾羽毛在旗桿頂上。⓮子行敬子　衛國大夫。⓯靈公　衛靈公，衛國國君，名元。靈，諡號。《逸周書‧諡法解》：「死而志成曰靈」、「亂而不損曰靈」、「好祭鬼神曰靈」。⓰嘖　爭言貌。⓱煩言　分歧的言論。⓲其　當；還是。⓳祝佗　一作「祝鮀」，字子魚，衛國大夫。⓴展四體　猶言從事工作。四體，四肢。㉑率　循；遵循。㉒舊職　指先人的職位。㉓不給　不及；完不成任務。㉔煩刑書　煩勞刑責。指獲罪。㉕共二　從事兩種職務。共，通「供」。供職。㉖徼　通「邀」。求取；獲得。㉗且夫　猶況且。承接上文，表示更進一層的語氣。㉘常隸　經常使喚的小臣。隸，職位低微的官吏。㉙竟　通「境」。國境。㉚祓　為除災去邪而舉行的祭祀儀式。㉛釁鼓　殺牲用血塗鼓。㉜嘉好之事　指朝會之類的好事。㉝師　一師指二千五百人。㉞旅　一旅指五百人。㉟皋鼬　地名。在今河南臨潁南。㊱長蔡於衛　安排蔡國在衛國之前歃血。㊲衛侯　指衛靈公。㊳信　真實；確實。㊴蔡叔　名度，周武王之弟，蔡國的始封君。因與武庚一起叛亂，被周公旦平定，他被放逐。㊵康叔　名封，周武王之弟，衛國的始封君。初封於康，故稱康叔。㊶尚　崇尚；尊重。㊷選建明德　選擇有明德的人，建立國家。㊸藩屏　藩籬屏障，猶言捍衛。㊹相　輔佐。㊺尹　治理。㊻睦　和睦親厚。㊼魯公　魯國的始祖。姬姓，字伯禽，亦稱禽父。周公旦長子。周公旦東征後，周成王把殷民六族和舊奄國地連同奄民都分封給他，國號魯，故稱魯公。㊽大路　亦稱「金輅」，用銅裝飾的車。可賜給同姓諸侯。㊾大旂　上面畫有交龍的旗。建立在金輅（車）上。㊿夏后氏　部落名。相傳禹是其領袖。後其子啟建立我國歷史上第一個朝代，即夏朝。(51)璜　玉器名。形狀像璧的一半。(52)封父　古國名。都城在今河南封丘。(53)繁弱　古代良弓名。(54)帥　通「率」。率領。(55)宗氏　大宗；嫡長房一族。(56)輯　集合。(57)分族　小宗；其餘各族。(58)將　帶領。(59)類醜　兩字同義連用，猶言族類，指附屬於以上六族的奴隸。(60)法　服從法令。(61)用　因；由此。(62)即命　受命。(63)是　此；這。(64)昭　顯示；宣揚。(65)之　指代魯國。(66)陪敦　附庸；不能達於天子而附於諸侯的附屬國。(67)祝　即太祝，官名。掌管祭祀祈禱。(68)宗　即宗人，官名。掌管禮儀。(69)卜　即太卜，官名。卜官之長，掌管卜筮之事。(70)史　即太史，官名。掌管典籍、星曆並記載史事。(71)備物　服物；服用器物。(72)典策　典籍簡策。(73)官司　百官。(74)彝器　青銅禮器。(75)商奄　即奄，古國名。奄為商朝諸侯國，故稱

「商奄」。都城在今山東曲阜。(76)伯禽　即〈伯禽之命〉，《尚書・周書》中的篇名，今已亡佚。(77)少皞之虛　指今山東曲阜。傳說中古代東夷族首領少皞的故城在曲阜。虛，所在地。(78)少帛　即小白，旗名。(79)綪茷　大赤色的旗。茷，通「旆」。泛指旌旗。(80)旃旌　兩種旗幟名。用帛製而無裝飾的稱「旃」，用五彩析羽為裝飾的稱「旌」。(81)大呂　鐘名。(82)封畛　封疆。(83)土略　封土邊界。(84)武父　衛國地名，具體位置不詳。(85)圃田　地名。一說即鄭國的原圃，在今河南鄭州東。鄭國與衛國交界。(86)有閻　衛國所受朝宿的邑名。在今河南洛陽附近。(87)共　通「供」。執行。(88)相土　殷商的祖先，湯的十一世祖。居於今河南商丘之地。(89)蒐　打獵；巡視。(90)聃季　周武王的弟弟。《史記・管蔡世家》作「冉季載」，稱他「為周司空，以佐成王治」。司馬貞《索隱》：「冉，國也。載，名也。季，字也。」張守節《正義》：「以載最少，故言季載。」(91)陶叔　疑即曹叔振鐸，亦周武王的弟弟，因曹國地近濟陰定陶，故稱之為「陶叔」。(92)康誥　《尚書・周書》中的篇名。相傳為康叔訓誡臣民之辭。(93)殷虛　商朝都城所在地朝歌。在今河南淇縣縣治。周成王封康叔於此，為衛國都城。(94)疆　劃定疆界。(95)索　法令；制度。(96)唐叔　晉國的始祖。名虞，字子于。周成王的弟弟。成王滅唐後，把懷姓九宗和以前夏朝建都的地區封給他，國號「晉」。(97)密須　古國名，亦稱密國。姞姓，都城在今甘肅靈臺西。為周文王所滅。(98)闕鞏　古國名，為周武王所滅，後為周族卿之采邑。此處指闕鞏之甲。詳見昭公十五年注。(99)沽洗　亦作「姑洗」，鐘名。(100)九宗　九個宗族。(101)五正　五官之長。(102)唐誥　古《尚書》的篇名，相傳為唐叔訓誡臣民之辭，今已佚亡。(103)夏虛　夏朝所在地。指晉都城翼。(104)戎索　戎狄的制度。按當時晉國周圍的戎狄，還處於游牧時代。(105)三者　指周公、康叔、唐叔。(106)昭　顯示；宣揚。(107)伯　兄長。(108)尚年　崇尚年齡。(109)管　管叔，名鮮，周武王之弟，周公旦之兄。武王滅商後，封於管（今河南鄭州）。武王去世，成王年幼，周公旦攝政，他和蔡叔等不服，和武庚一起叛亂。被周公旦平定，他被殺死。(110)蔡　即蔡叔，參見(39)。(111)啟　啟示；引誘。(112)惎間　謀犯。惎，謀劃。間，侵犯。(113)於是　在此情況下。(114)蔡　通「𥻦」。放；流放。(115)徒　奴隸。(116)蔡仲　蔡叔之子，名胡。成王封他在蔡，成為蔡國的始祖。仲，兄弟間排行。(117)帥　通「率」。遵循。(118)卿士　此處指卿大夫。(119)見諸王　見之於王；讓他拜見天子。諸，「之於」的合音合義。(120)大宰　太宰；冢宰。即後世的宰相，掌管王朝一切重大事務。為百官之長。(121)司寇　官名。掌管刑獄、糾察等事。(122)司空　官名。掌管重要工程建設。(123)五叔　杜預注指管叔鮮、蔡叔度、成叔武、霍叔處、毛叔聃；《史記・管蔡世家》司馬貞《索隱》則無毛叔而有曹叔。(124)昭　古代宗法制度規定宗廟的次序，始祖廟居中，以下父子（祖、父）遞為昭穆，左為昭，右為穆。(125)穆　見上條注。(126)伯甸　以伯爵為甸服。甸，甸服。天子王城外方千里以內，距王城每面各五百里，稱為侯服，又其外方五百里稱為甸服。(127)踐土之盟　見前僖公二十八年傳文。(128)衛成公衛國國君，名鄭。魯僖公二十六年（西元前六三四年）即位，在位三十五年。129夷叔　即叔武，衛成公之弟。因衛成公出奔在外，他代表衛國參加踐土之盟。130重　晉文公名重耳，這裏省略「耳」字。131申　魯僖公名申。132武　衛國的夷叔名武，代表衛國國君參加盟會。133甲午　蔡莊侯名甲午。134捷　鄭文公名捷。135潘　齊昭公名潘。136王臣　宋成公名王臣。137期　莒國茲丕公名期。138覆　審察。139說　通「悅」。高興。140劉子　指劉文公。141子大叔　即游吉。游楚之兄子，為游氏的宗主。142臨　臨喪哭泣。143黃父之會　見昭公二十五年傳文。144怙　依靠；憑恃。145敖　同「傲」。

【語譯】魯定公四年春季三月，劉文公在召陵會合諸侯，這是為了商量攻打楚國。晉國的荀寅向蔡昭侯索求財物，沒有得到，就對范獻子進言說：「國家正在危急，各國諸侯正懷二心，將要在這種情況下襲擊敵人，不也是很困難嗎！大雨正在下著，瘧疾正在流行，中山國不臣服，拋棄盟約而招來怨恨，對楚國沒有損害，而失去了中山，不如辭謝蔡昭侯。我國自從方城那次戰役以來，還不能在楚國得志，出兵只能是在那裏勞師傷財。」於是就辭謝蔡昭侯而不攻打楚國。

晉國人向鄭國借用裝飾旌旗的羽毛，鄭國人給了他們。第二天，讓下人把羽毛裝飾在旗桿頂上而去預會。晉國在這種情況下失去了諸侯的擁護。

將要會見時，衛國的子行敬子對衛靈公說：「這次會見難於達到預期目的，意見分歧而會爭論不休，沒有辦法解決它。還是派太祝子魚跟隨您去參加會見吧！」衛靈公說：「好。」於是派子魚跟著去。子魚辭謝，說：「我盡力從事工作，以遵循先人的舊職，尚且懼怕不稱職而獲罪。如果又從事兩種職務，就會獲得大罪了。況且太祝這個職務，是土地神和五穀神經常使喚的小臣。土地神和五穀神不出動，太祝就不能出國境，這是官制的規定制度。國君率領軍隊出行，祭祀土地神，殺牲用血塗鼓，太祝奉社主而跟隨，在這種情況下才出國境。如果是朝會一類的好事，國君出去有一師人馬跟隨，卿出去有一旅人馬跟隨，我在這種情況下是沒有事情的。」衛靈公說：「去吧！」

到達皋鼬，將締結盟約，準備把蔡國安排在衛國的前面歃血。衛靈公派子魚私下對萇弘說：「在道路上聽到這樣的事，不知是否確實。好像聽說蔡國在衛國之前歃血，是真的嗎？」萇弘說：「是真實的。蔡叔，是康叔的兄長，把蔡國安排在衛國前面，不也是可以的嗎？」子魚說：「用先王的標準看這類事，那是崇尚德行的。從前周武王戰勝商朝，周成王平定天下，選擇有明德的人建立諸侯國，作為周王室的藩籬屏障。所以周公輔佐王室，來治理天下，諸侯對於周王室也是和睦親厚。分賜給魯公伯禽的有用銅裝飾的車、畫有交龍的大旗，夏后氏的璜玉，封父的良弓，殷朝的六個家族──條氏、徐氏、蕭氏、索氏、長勺氏、尾勺氏，讓他們率領他們的大宗嫡長房，集合他們的小宗各分族，帶領他們的奴隸，來服從周公的法制。由此受命於周朝。這是讓他在魯國執行職事，以宣揚周公的明德。分賜給魯國土田附庸國、太祝、宗人、太卜、太史，服用器物、典籍簡冊，百官、禮器；安撫商奄的百姓，用〈伯禽之命〉來告誡他們而封在少皞的故城。分賜給康叔的有用銅裝飾的車、小白旗、大赤色的旗、旃旌、大呂鐘，殷朝的七個家族──陶氏、施氏、繁氏、錡氏、樊氏、饑氏、終葵氏；封疆劃界，從武父以南到達圃田的北界，從有閻氏那裏取得的土地以供執行王室的任務，取得相土的東都以迎會天子在東方的巡視。聃季授予土地，陶叔授予百姓，用〈康誥〉來告誡他們而封在殷朝的故城。魯公和康叔都沿用商朝的政事，按照周朝的制度來劃定疆界。分賜給唐叔的有用銅裝飾的車、密須國的鼓、闕鞏的甲、沽洗鐘，懷姓的九個宗族，五正的官職。用〈唐誥〉來告誡他們而封在夏朝的故城。唐叔沿用夏朝的政事，而按照戎人的制度來劃定疆界。周公、康叔、唐叔這三人都是天子的弟弟，而有美好的德行，所以用分賜器物來顯示他們的德行。否則，文王、武王、成王、康王之子弟長於三叔者還有許多，而沒有得到這樣的分賜，就因為不是崇尚年齡。管叔、蔡叔引誘商人，謀犯王室，天子在這種情況下殺了管叔而放逐蔡叔，給了蔡叔七輛車、七十個奴隸。他的兒子蔡仲改變惡行遵循德行，周公舉拔他，作為自己的卿大夫，讓他拜見天子，而命他為蔡國諸侯。那任命書說：『天子說：「胡！不要像你父親那樣違背天子的命令！」』怎麼能讓蔡國在衛國的前面呢？周武王的同母兄弟八個人，周公做太宰，康叔做司寇，聃季做司空，其餘五個兄弟沒有官職，難道是崇尚年齡嗎？曹國，是文王的後代；晉國，是武王的後代。曹國以伯爵作為甸服，並不是崇尚年齡。現在要崇尚年齡，這是違反先王的遺制。晉文王召集踐土的盟會，衛成公不在場，夷叔，是衛成公的同母弟弟，尚且排列在蔡國的前面。那盟書記載道：『天子說，晉國的重、魯國的申、衛國的武、蔡國的甲午、鄭國的捷、齊國的潘、宋國的王臣、莒國的期。』藏在周王室的府庫裏，是可以翻閱審視的。您想要恢復文王、武王的法度，而不端正那些美好的德行，您打算怎麼辦？」萇弘很高興，告訴了劉文公，和范獻子商量此事，於是在結盟時讓衛靈公在蔡昭侯之前歃血。

從召陵回國，鄭國的子大叔還沒有回到國內就去世了。晉國的趙簡子為他弔喪痛哭，非常悲傷，說：「黃父那次會見，他老先生對我說了九句話，說：『不要發動禍亂，不要依仗富有，不要靠受到寵信，不要違背共同意願，不要傲視有禮的人，不要自負有才能，不要為一件事再次發怒，不要謀劃不合道德的事，不要觸犯不合正義的事。』」

【說　明】這一大段主要記敘召陵之會，按文意可分為五小節。

第一小節記載劉文公在召陵會合各諸侯商量攻打楚國，但重要的事是記敘晉國的荀寅因索取不到蔡昭侯的財物，為此說動范獻子拒絕蔡昭侯的請求，不肯攻打楚國。此事與上年蔡昭侯將自己的兒子和大夫的兒子在晉國為人質，請求晉國攻打楚國之事相呼應，而晉國尤其是荀寅因個人的私欲不能滿足而拒絕蔡國請求，完全暴露出荀寅等人的卑鄙嘴臉。

第二小節記載晉國人向鄭國借用作旌旗裝飾的羽毛，這與襄公十四年晉國向齊國借羽毛是故伎重演。那次借了齊國的羽毛不歸還，引起齊國人的不滿；這次借了鄭國人的羽毛即裝飾於旗桿而參加會盟，顯然也不會歸還了，晉國一而再地不守信用，理所當然地會失去諸侯的擁護和信任。

第三小節記載衛國的子行敬子考慮到會盟時會有不同意見的爭論，因此建議請太祝子魚跟隨衛靈公同行。但子魚以官制的規定力辭不能隨行，結果是衛靈公的勸說，還是跟隨與會。子魚隨行使下一節衛國提高地位起著決定性的作用。

第四小節是本大段篇幅最長的。主要記載子魚力辯以年齡決定蔡國在衛國之前歃血之非。子魚的辯辭很有層次。首先提出論點：從先王的標準看，是崇尚德行而不崇尚年齡的。接著列舉具體事例：周武王戰勝商朝、周成王平定天下後，是選擇有明德的人建立諸侯國，用作周王室的藩籬屏障的，所以由周公輔佐王室來治理天下，諸侯對周王室也和睦親厚。這就是崇尚德行的結果。然後又列舉分賜給魯公、康叔、唐叔的情況，說明這三人都因有美好的德行，所以分賜器物來顯示他們的德行。而文王、武王、成王、康王的子弟中年齡長於這三人的很多，卻得不到這種分賜，證明先王是崇尚德行而不崇尚年齡的。然後又列舉管叔、蔡叔引誘武庚叛亂，謀犯王室，結果是成王殺了管叔而放逐蔡叔。而蔡叔之子改惡從善，周公就舉薦他做卿大夫，成王又封他為蔡國諸侯，這既說明先王崇尚德行，又說明蔡國封侯在後，不可能列在衛國之前。然後又列舉武王同母弟有八人，只有周公、康叔、聃季有官職，五個人沒有官職，都是依據德行而不是按照年齡的。又舉曹國和晉國對比，曹國是文王的後代，晉國是武王的後代，而曹國卻是伯爵而居甸服，說明也是不崇尚年齡的。這樣層層辯駁，充分證明先王是崇尚德行而不崇尚年齡的，說服力極強。在此立論無可爭議的基礎上，然後指出：如今要崇尚年齡來排位次，是違反先王標準的。這樣就破得徹底有力。最後再舉一個例證：當年晉文公召集踐土之會，就是遵循先王標準的。當時衛國國君不在場，由其弟夷叔代表，還是把衛國列在蔡國的前面。而這次衛靈公親臨會盟，怎能把衛國列在蔡國後面？這個先例也是非常重要而有力。最後子魚說：「您想要恢復文王、武王的法度，而不端正那些美好的德行，您將怎麼辦？」終於說服了萇弘、劉文公和范獻子，使衛國在蔡國前歃血。子魚取得徹底勝利，也是他這次跟隨國君出行不辱使命。

最後一節記載召陵之會結束，各諸侯回國。但鄭國子大叔未回到國內就去世，晉國趙簡子銘記子大叔的箴言，特為他弔喪痛哭。這與昭公二十五年的黃父之會作了呼應。

傳 沈❶人不會于召陵，晉人使蔡伐之。夏，蔡滅沈。秋，楚為沈故，圍蔡。

伍員❷為吳行人❸以謀楚。楚之殺郤宛❹也，伯氏之族❺出❻。伯州犁之孫嚭❼為吳太宰以謀楚。楚自昭王❽即位，無歲不有吳師，蔡侯❾因之❿，以其子乾⓫與其大夫之子為質於吳。

冬，蔡侯、吳子⓬、唐侯⓭伐楚，舍舟⓮于淮汭⓯，自豫章⓰與楚夾漢⓱。左司馬⓲戌⓳謂子常曰：「子沿漢而與之上下⓴，我悉㉑方城㉒外以毀其舟，還塞大隧㉓、直轅㉔、冥阨㉕。子濟漢而伐之，我自後擊之，必大敗之。」既謀而行。武城㉖黑㉗謂子常曰：「吳用木㉘也，我用革㉙也，不可久也，不如速戰。」史皇㉚謂子常：「楚人惡子㉛而好司馬㉜，若司馬毀吳舟于淮，塞城口㉝而入，是獨克吳也。子必速戰，不然，不免㉞。」乃濟漢而陳㉟，自小別㊱至于大別㊲。三戰，子常知不可，欲奔。史皇曰：「安，求其事；難而逃之，將何所入？子必死之㊳，初罪㊴必盡說㊵。」

十一月庚午㊶，二師㊷陳于柏舉㊸。闔廬之弟夫槩王㊹晨請於闔廬曰：「楚瓦㊺不仁，其臣莫有死志。先伐之，其卒必奔；而後大師繼之，必克。」弗許。夫槩王曰：「所謂㊻『臣義而行，不待命』者，其㊼此之謂㊽也。今日我死㊾，楚㊿可入也。」以其屬五千先擊子常之卒。子常之卒奔，楚師亂，吳師大敗之。子常奔鄭。史皇以其乘廣(51)死。吳從(52)楚師，及清發(53)，將擊之。夫槩王曰：「困獸猶鬬，況人乎？若知不免而致死[54]，必敗我。若使先濟者知免[55]，後者慕之，蔑[56]有鬭心矣。半濟而後可擊也。」從之，又敗之。楚人為食，吳人及之，奔。食而從之，敗諸雍澨[57]。五戰，及郢[58]。

己卯[59]，楚子取其妹季芈畀我[60]以出，涉雎[61]。鍼尹固[62]與王同舟，王使執燧象[63]以奔吳師。

庚辰[64]，吳入郢，以班[65]處宮[66]。子山[67]處令尹之宮，夫槩王欲攻之，懼而去之，夫槩王入之。

左司馬戌及息[68]而還，敗吳師于雍澨，傷。初，司馬臣闔廬，故恥為禽焉[69]，謂其臣曰：「誰能免吾首[70]？」吳句卑[71]曰：「臣賤，可乎？」司馬曰：「我實失子[72]，可哉！」三戰皆傷，曰：「吾不可用也已！」句卑布裳[73]，剄[74]而裹之，藏其身，而以其首免[75]。

楚子涉雎，濟江，入于雲中[76]。王寢，盜攻之，以戈擊王，王孫由于[77]以背受之[78]，中肩。王奔鄖[79]。鍾建[80]負季芈以從。由于徐蘇[81]而從。鄖公辛[82]之弟懷[83]將弒王，曰：「平王殺吾父，我殺其子，不亦可乎？」辛曰：「君討臣，誰敢讎[84]之？君命，天也。若死天命，將誰讎[85]？《詩》[86]曰：『柔亦不茹[87]，剛亦不吐[88]。

不侮矜寡[89]，不畏彊禦[90]。』唯仁者能之。違彊[91]陵弱[92]，非勇也；乘人之約[93]，非仁也；滅宗[94]廢祀[95]，非孝也；動[96]無令名[97]，非知[98]也。必犯是[99]，余將殺女[100]！」鬬辛與其弟巢[101]以王奔隨[102]。吳人從之，謂隨人曰：「周之子孫在漢川[103]者，楚實盡[104]之。天誘其衷[105]，致罰[106]於楚，而君又竄[107]之，周室何罪？君若顧報[108]周室，施[109]及寡人，以獎[110]天衷，君之惠也。漢陽[111]之田，君實有之。」楚子在公宮[112]之北，吳人在其南。子期[113]似王[114]，逃王[115]，而己為王[116]，曰：「以我與之[117]，王必免[118]。」隨人卜與之[119]，不吉，乃辭吳曰：「以隨之辟小[120]，而密邇[121]於楚，楚實存之。世有盟誓，至于今未改。若難而棄之，何以事君？執事[122]之患[123]不唯一人[124]，若鳩[125]楚竟[126]，敢[127]不聽命？」吳人乃退。鑪金[128]初宦[129]於子期氏，實與隨人要言[130]。王使見，辭，曰：「不敢以約[131]為利。」王割子期之心[132]以與隨人盟。

初，伍員與申包胥[133]友。其亡也，謂申包胥曰：「我必復[134]楚國！」申包胥曰：「勉之！子能復之，我必能興之。」及昭王在隨，申包胥如秦乞師，曰：「吳為封豕[135]、長蛇，以荐[136]食上國[137]，虐[138]始於楚。寡君[139]失守社稷，越[140]在草莽，使下臣告急，曰：『夷[141]德無厭[142]，若鄰於君[143]，疆場[144]之患也。逮[145]吳之未定，君其[146]取分焉[147]。若楚之遂亡[148]，君之土也。若以君靈[149]撫之[150]，世以事君。』」秦伯[151]

使辭焉152，曰：「寡人聞命153矣。子姑就館154，將圖155而告。」對曰：「寡君越在草莽，未獲所伏156，下臣何敢即安157？」立，依於庭牆而哭，日夜不絕聲，勺飲不入口七日。秦哀公為之賦〈無衣〉158。九頓首159而坐。秦師乃出。

【注釋】❶沈　國名。嬴姓。故址在今河南汝陽東。春秋時為楚的附屬國。❷伍員　字子胥，楚國大夫伍奢次子。楚平王七年（西元前五二二年），伍奢被殺，子胥逃奔吳國。幫助闔廬刺殺吳國國君僚，奪取君位，整軍經武，國勢日盛。❸行人　官名。掌管朝覲聘問之事。❹郤宛　字子惡，楚國左尹。魯昭公二十七年（西元前五一五年）被逼自殺。❺伯氏之族　楚太宰伯州犁之後。郤宛的同黨。❻出　逃奔出國。❼嚭　即伯嚭。字子餘，事吳國，為太宰。後因善逢迎，深得吳王夫差寵信。吳破越後，他受越賄賂，許越媾和。並讒殺伍子胥。吳亡後降越。一說為越王句踐所殺。❽昭王　指楚昭王。名軫，楚平王之子。魯昭公二十七年（西元前五一五年）即位，在位二十七年。❾蔡侯　指蔡昭侯。名申，蔡悼侯之弟。魯昭公二十四年（西元前五一八年）即位，在位二十八年。❿因之　利用這個機會。⓫乾　人名。蔡昭侯之子。⓬吳子　指吳國國君闔廬。子爵。⓭唐侯　即唐成公。唐惠侯的後代。唐為姬姓國，在今湖北隨州市西北唐城鎮。下年被楚所滅。⓮舍舟　捨舟登陸。吳軍乘舟而來，過蔡而捨之。舍，同「捨」。棄。⓯淮汭　淮河邊。汭，河流彎曲處。⓰豫章　在今河南商城至安徽六安一帶。⓱夾漢　在漢水兩岸相對。漢水，長江最長的支流。源出陝西西南寧強，東南流經陝西西南部、湖北西北部和中部，在武漢市入長江。⓲左司馬　官名。楚國掌管軍事的長官。⓳戌　人名，即沈尹戌。楚莊王之曾孫，沈諸梁葉公子高之父。楚國大夫。⓴上下　上下堵截，使吳軍不能渡漢水。㉑悉　全部。㉒方城　山名。在今河南葉縣西南。㉓大隧　古漢東隘道之一，亦即今鄂豫交界三關之一的東關九里關，亦稱黃峴關。㉔直轅　古漢東隘道之一，亦即今鄂豫交界三關之一的中關武勝關。㉕冥阨　古漢東隘道之一，亦即今鄂豫交界三關之一的西關平靖關。㉖武城　楚國邑名。在今河南信陽東北。㉗黑　人名。楚國守武城的大夫。㉘木　用純木製的兵車。㉙革　用革製的兵車。革製兵車遇雨易壞，不耐久。㉚史皇　楚國大夫。㉛子　您。㉜司馬　指左司馬沈尹戌。㉝城口　指上文漢東三隘道大隧、直轅、冥阨。㉞不免　免不了吃虧；不免無功。㉟陳　通「陣」。列陣；擺開陣勢。㊱小別　山名。在今河南光山至湖北黃岡之間。㊲大別　山名。在豫、鄂、皖三省邊境，西接桐柏山，東延為霍山。為長江、淮河分水嶺。主峰天堂寨，在湖北羅田東北。㊳死之　拼死打這一仗。㊴初罪　以前的罪行。㊵說　通「脫」。解脫；免除。㊶十一月庚午　十一月十八日。㊷二師　指吳、楚兩國軍隊。㊸柏舉　楚國地名。在今湖北麻城東北。㊹夫槩王　吳國國君闔廬之弟。名夫槩。因為他在下年自立為王，故史稱「夫槩王」。槩，同「概」。㊺瓦　囊瓦，即楚國令尹子常之名。㊻所謂　舊語所說。㊼其　大概。㊽此之謂　謂此；說的就是這種情況。㊾死　拼死作戰。㊿楚　此處指楚國都城郢。(51)乘廣　主帥統率的兵車。(52)從　追擊。(53)清發　水名。即溳水。在今湖北安陸。(54)致死　拼命。(55)知免　知道可以逃脫。(56)蔑　無；沒有。(57)敗諸雍澨　敗之於雍澨。諸，「之於」的合音合義。之，指代楚軍。雍澨，楚國地名。在今湖北京山西南。(58)郢　楚國都城。在今湖北江陵西北。(59)己卯　十一月二十七日。(60)季羋畀我　楚昭王之妹。名畀我。季，排行最小。羋，姓。(61)涉睢　渡過睢水。睢，水名。即今之沮水。其渡水處當在今湖北枝江東北。(62)鍼尹固　亦作「箴尹固」，楚國大臣。(63)執燧象　把火炬繫在象的尾巴上迫使火象入吳軍。(64)庚辰　十一月二十八日。(65)以班　按照官位尊卑次序。(66)處宮　住進相應的宮室。(67)子山　吳王闔廬之子。(68)息　原為姬姓諸侯國，在今河南息縣。西元前六八〇年為楚所滅而成為楚國邑名。(69)恥為禽焉　以在吳軍那裏被擒為恥。禽，同「擒」。焉，「於之」的合義，在吳軍那裏。(70)免吾首　不使吳國得到我的腦袋。(71)吳句卑　左司馬沈尹戌的小臣，名句卑。吳，指句卑原為吳國人。(72)失子　錯待您；不知您賢。(73)布裳　鋪開下裙。布，鋪開。裳，下裙。(74)剄　割；割下腦袋。(75)免　逃走。(76)雲中　雲夢澤。楚國的大澤藪。包括今湖北應城南長江北至湖南常德東廣大地區，即包括洪湖、洞庭湖等地區。此處指江南之雲夢。(77)王孫由于　亦稱吳由于，寢尹。楚國王族。(78)受之　擋戈。(79)鄖　古國名，被楚所滅，成為楚邑。在今湖北安陸。(80)鍾建　楚國大夫。(81)徐蘇　慢慢地蘇醒。(82)鄖公辛　楚國守鄖邑的大夫。鬬氏，名辛。鬬成然之子。楚平王殺鬬成然，見昭公十四年傳文。(83)懷　鬬懷。鬬辛之弟，鬬成然之子。(84)讎　同「仇」。仇恨。(85)誰讎　讎誰；仇恨誰。(86)詩　指《詩經．大雅．烝民》篇。(87)茹　吞食。比喻欺凌。(88)吐　比喻逃避。(89)矜寡　同「鰥寡」。老而無妻稱「鰥」，婦女死了丈夫稱「寡」。(90)彊禦　強暴。(91)違彊　避開強暴者。彊，同「強」。指楚平王。(92)陵弱　欺侮弱者。陵，通「淩」。欺淩。弱，指楚昭王。(93)乘人之約　乘人之危。約，困境；危難。(94)滅宗　滅鬬氏的宗族。弒君罪應滅宗。(95)廢祀　廢棄祖先的祭祀。此謂如殺楚昭王，將來的楚王必滅鬬氏宗族，滅族則鬬氏祖先的祭祀也就廢棄了。(96)動　舉動。(97)令名　美名；正當的名義。(98)知　通「智」。聰明。(99)犯是　冒犯這個不勇、不仁、不孝、不智的惡名。(100)女　通「汝」。你。(101)巢　鬬巢。鬬辛的弟弟。(102)隨　國名。姬姓。在今湖北隨州市。後被楚國所滅。(103)漢川　漢水流域。(104)盡　消滅。(105)誘其衷　導示了他的心意。誘，導；表示。衷，心意。(106)致罰　使我懲罰。致，使。(107)竄藏匿。(108)顧報　顧念報答。(109)施　延續。(110)獎　助成。(111)漢陽　漢水以北。水北稱陽。(112)公宮　隨國國君的宮室。(113)子期　即公子結。楚平王之子，楚昭王之兄。名結，字子期。(114)似王　長相很像楚昭王。(115)逃王　使楚昭王逃走。(116)為王　冒充楚昭王。為，通「偽」。偽裝。(117)與之　交給吳軍。(118)免　脫險；免禍。(119)卜與之　為交出子期而占卜吉凶。(120)辟小　偏僻狹小。辟，同「僻」。(121)密邇　靠近；緊貼。(122)執事　古代向對方的敬稱。(123)患　憂患。(124)一人　楚昭王一人。(125)鳩　安定。(126)楚竟　整個楚國境內。竟，通「境」。(127)敢　豈敢。(128)鑪金　子期的家臣。(129)宦　事奉。(130)要言　約言；訂約。指不要把楚昭王交給吳國人。(131)以約　用楚王困難之際的約言。(132)心　心前的血。表示子期的至誠忠心。(133)申包胥　楚國大夫。(134)復　通「覆」。顛覆；傾覆。(135)封豕　大野豬。封，大。(136)荐　屢次；接連。(137)上國　中原國家。(138)虐　殘害。(139)寡君　敝國國君。對別國稱自己國君的謙詞。(140)越　遠出；遠逃。(141)夷　指吳國。(142)厭　滿足。(143)鄰於君　與你秦國為鄰。(144)疆埸　邊境。(145)逮　趁。(146)其　當；還是。(147)取分焉　在那裏與吳國共分取得楚國土地。(148)遂亡　就此滅亡。(149)靈　福氣；威靈。(150)撫之　安撫楚國。撫，撫存；安撫。(151)秦伯　秦哀公。秦景公之子。魯昭公六年（西元前五三六年）即位，在位三十六年。(152)使辭焉　派人向申包胥辭謝。「使」下省略「人」字。焉，於之。(153)聞命　聽到命令或教導；聽到你的要求。(154)就館　到賓館休息。(155)圖　商量。(156)所伏　安身的地方。(157)即安　就安定；就休息。(158)無衣　《詩經・秦風》篇名。此詩讚頌參加作戰的將士同仇敵愾的精神。秦哀公賦此詩表示同意出兵救楚。(159)九頓首　叩頭九次。表示禮重。

【語　譯】沈國人不參加在召陵舉行的會見，晉國人讓蔡國攻打沈國。這年夏天，蔡國滅亡了沈國。秋天，楚國因為沈國被滅的緣故，包圍蔡國。伍子胥作為吳國的行人在謀劃對付楚國。楚國以前殺郤宛的時候，郤宛同黨伯氏的家族逃亡國外。伯州犁的孫子伯嚭做了吳國的太宰而在謀劃對付楚國。楚國自從昭王即位以來，沒有一年沒有吳國的進攻，蔡昭侯利用這個機會，把他的兒子乾和他大夫的兒子送到吳國作為人質。

冬天，蔡昭侯、吳王闔廬、唐成公聯合攻打楚國。吳軍把船停在淮河邊登陸，從豫章進發，與楚軍夾漢水對峙。楚國左司馬沈尹戌對令尹子常說：「您沿著漢水而與他們上下堵截，我盡發方城山之外的全部軍隊來毀掉他們的船，回來堵塞住大隧、直轅、冥阨三個關隘。您就渡過漢水而正面進攻吳軍，我從他們的後面夾擊他們，一定會大敗敵人。」已經謀劃好而開始行動。楚國守武城的大夫黑對子常說：「吳國用純木製的兵車；我們用皮革蒙的戰車，遇雨不能耐久，不如速戰速決。」楚國大夫史皇對子常說：「楚國人都討厭您而喜歡司馬沈尹戌。如果司馬沈尹戌在淮河邊毀掉了吳國的船，又堵塞了三個關隘而回來，這就是他單獨戰勝了吳國的功勞。您一定要趕快作戰！不這樣，就不能免於禍難。」於是就渡過漢水而擺開陣勢，從小別山直到大別山。與吳軍打了三次仗，子常知道戰不勝，想逃跑。史皇說：「國家平安時，您爭著執掌政事；國家危難而想逃跑，您將逃到哪裏去？您一定要拚死打仗，過去的罪過一定可以全部解脫。」

十一月十八日，吳、楚兩國的軍隊在柏舉擺開對陣之勢。吳王闔廬的弟弟夫槩王早晨向闔廬請示說：「楚國的令尹子常不仁，他的部下沒有死戰的決心。我們先攻打他，他的士兵一定逃跑；然後我們的大軍繼續追擊他們，一定會得勝。」闔廬不同意。夫槩王說：「常語所說『臣下見到合於道義的事就去做，不必等待君命』，大概就是說的這種情況吧。今天我拚死作戰，楚國郢都就可以攻進去了。」他就帶著他的部下五千人先去攻擊子常的士兵。子常的士兵奔逃，楚軍大亂，吳軍大敗楚軍。子常逃奔到鄭國。史皇帶著他的戰車戰死。吳軍追趕楚軍，到達清發河邊，打算攻打楚軍。夫槩王說：「被圍困的野獸尚且還要搏鬥，何況人呢？如果明知不免於死而拚命，必定會打敗我們。如果讓他們先渡過河的人感知過河可以免死，後渡河的人羨慕他們，就沒有鬥志了。等一半人渡河以後就可以發動攻擊了。」聽從了他的話，又一次打敗楚軍。楚國人正在做飯的時候，吳國人趕到了，楚軍又奔逃。吳軍吃了楚軍做的飯而又追趕楚軍，在雍澨水邊又打敗楚軍。經過五次戰鬥，吳軍到達楚國國都郢城。

十一月二十七日，楚昭王帶著他的妹妹季芈畀我而逃出郢都，渡過睢水。鍼尹固和楚昭王同乘一船，楚昭王派他拿火炬繫在象的尾巴上使象衝奔入吳軍。

二十八日，吳軍進入郢都，各官員按尊卑次序分別住進了楚國宮室裏。吳王闔廬的兒子子山住進了楚令尹的宮室，夫槩王想要攻打他，子山害怕而離出了那裏，夫槩王就住進了令尹宮。

左司馬沈尹戌到達息地而往回退兵，在雍澨打敗吳軍，但自己受了傷。當初，楚國左司馬沈尹戌曾經做過吳王闔廬的臣子，所以他恥於被吳軍擒獲，對他的部下說：「誰能不使我的腦袋落入吳人手中？」有個本為吳人名叫句卑的說：「我是卑賤之人，可以嗎？」沈尹戌說：「過去我實失察您的賢，可以啊！」沈尹戌又經三次戰鬥都受傷，說：「我已經不中用了。」句卑見沈尹戌已死，就展開裙子，割下他的頭而包裹好，隱藏起他的屍體，就帶著他的腦袋逃走了。

楚昭王涉過睢水，又渡過長江，進入到雲夢澤。楚昭王正在睡覺，一伙強盜襲擊他，用戈刺昭王，王孫由于用自己的背去擋戈，被刺中了肩膀。楚昭王逃奔到鄖地。鍾建背了季芈而跟隨著。王孫由于慢慢蘇醒過來以後也跟隨著楚昭王。守鄖邑的楚國大夫鬭辛的弟弟鬭懷打算殺死楚昭王，說：「平王殺死了我們的父親，我殺死他的兒子，不也是可以的嗎？」鬭辛說：「國君討伐臣子，誰敢仇恨他？國君的命令，是上天的意志。如果死於上天的意志，將去仇恨誰？《詩經》說：『遇到軟弱的不去吞食，遇到強硬的不吐避，不欺侮鰥寡之人，不懼怕強暴之人。』這只有仁愛的人才能這樣。避開強暴欺凌軟弱，這不是勇；乘人之危加害，這不是仁；犯下滅族廢祀之罪，這不是孝；舉動沒有正當的好名義，這不是智。你一定要犯這樣的罪，我將要殺了你。」鬭辛和他的弟弟鬭巢帶著楚昭王逃奔到隨國。吳國人追趕楚昭王，對隨國人說：「周朝姬姓的子孫封在漢水一帶的，楚國實際上都把他們吞滅了。上天垂了心意，致使我懲罰於楚國，而您又藏匿楚昭王，周王室有什麼罪？您如果顧念報答周王室，延續到我，來助成天意，這是您的恩惠。漢水以北的土地，實在應該歸您享有它。」楚昭王住在隨國國君宮殿的北邊，吳軍駐紮在宮殿的南面。楚昭王之兄子期的長相很像昭王，他想讓昭王逃走，而自己偽裝昭王，說：「把我交給他們吳軍，昭王一定可以脫險免禍。」隨國人為交出子期占卜吉凶，不吉利。於是辭謝吳國說：「以隨國的偏僻狹小，而緊靠著楚國，楚國人實在保存了我們。隨、楚世世代代都有盟誓，到今天一直沒有改變。如果楚國有危難而背棄他們，又怎麼能事奉您呢？您的憂患不只是楚昭王一個人，如果您能安撫楚國全境，我國豈敢不聽從您的命令？」吳國人就撤退了。鑪金起初在子期氏那裏做家臣，曾經與隨國人有約定不要把楚昭王交給吳國人。事後楚昭王讓他進見，他辭謝，說：「不敢因為楚王有難時與隨國訂約而為自己謀求私利。」楚昭王割取子期心前的血來與隨國人盟誓，以表誠意。

當初，伍子胥與申包胥是好友。伍子胥逃亡的時候，對申包胥說：「我一定要顛覆楚國。」申包胥說：「努力吧！您能顛覆它，我一定能復興它。」等到楚昭王在隨國避難的時候，申包胥就到秦國去請求出兵，說：「吳國是大野豬、大毒蛇，而屢次吞食中原國家，殘害開始及於楚國。我國國君失守國家，遠逃在雜草叢林之中，派我來報告急難，說：『夷人的德性是沒有滿足的，如果吳國佔領楚國而與您秦國為鄰邦，就成為您秦國邊疆的禍患了。趁現在吳國還沒有平定楚國的時候，您秦國大概可以在那裏奪取分得一部分土地。如果楚國就此滅亡，那就是您秦國的土地了。如果仰仗您的福威存撫楚國，楚國將世世代代來事奉您。』」秦哀公派人向他辭謝，說：「我聽到您的吩咐了。您姑且到賓館休息，我們將要商量以後再告訴您。」申包胥回答說：「我國國君遠逃在雜草叢林之中，沒有得到安身之所，我下臣哪敢就安？」站在那裏，依著庭院中的牆而大哭，日夜哭聲不斷，七天不飲一勺水。秦哀公為他誦讀〈無衣〉這首詩。申包胥叩頭九次然後坐下。秦國軍隊於是出動。

【說　明】這一大段記載吳、蔡聯軍攻打楚國、楚都淪陷之事。可分為八小節。

第一小節為事件的起因。一是楚國與蔡國的矛盾：沈國因不參加召陵會見，被蔡國所滅，楚國以此為由，包圍蔡國，使兩國矛盾激化；二是從楚國逃到吳國的伍子胥，為了替父兄報仇，謀劃攻打楚國；三是從楚國逃亡的郤宛黨羽伯氏之族的後裔伯嚭在吳國當了太宰，也為了報仇而謀劃攻打楚國。這三個方面的結合，楚國被攻擊已不可避免。實際上在楚昭王即位以後，每年都遭吳軍進攻，而蔡國又把國君之子和大夫之子交給吳國作為人質，這就結成了鞏固的吳蔡聯盟。

第二小節記載戰爭開始的情況。吳、蔡、唐聯軍攻打楚國很快到達漢水與楚軍夾水對峙，楚軍官員在戰略戰術上意見不一：左司馬沈尹戌主張自己帶一支軍迂迴至吳軍後方後，再讓令尹子常率軍渡漢水，前後夾擊吳軍，這無疑是正確的戰略戰術。但武城黑則以楚軍革車不耐久為理由，主張速戰速決；史皇更挑撥子常與沈尹戌的關係，警告子常如果沈尹戌立了大功，對子常不利，因此促使子常背棄沈尹戌的戰略戰術，獨自率軍渡過漢水列陣，以圖速戰。這已犯了孤軍深入的錯誤，加上從小別山到大別山長距離列陣，更是分散了兵力，失敗也就不可避免了。果然，經過三次戰鬥，子常也已知道不可能取勝。但他此時想的是逃走，而史皇則逼迫他必須死戰以洗刷過去的罪行。這是吳楚之戰的第一個回合。

第三節記載吳軍採用正確的戰略戰術，打敗楚軍主力而到達郢都。吳軍將領夫槩王知道楚令尹子常不得人心，部下沒有鬥志，於是他選準這個目標，不等國君允許，就攻打子常軍，結果楚軍大敗，子常逃奔鄭國，史皇戰死。這是柏舉戰役，吳軍第一次取得大勝利。接著是吳軍追逐楚軍到清發水時，夫槩王又提出避免「困獸猶鬬」，讓楚軍渡水一半後再攻擊，結果又將楚軍打得大敗。這是清發水戰役，吳軍第二次取得大勝利。接著是當楚軍稍事休息做飯時，吳軍趕到，楚軍逃奔，吳軍卻並不立即追趕，而是將楚軍做的飯吃飽後再追逐，終於在雍澨戰役中又大敗楚軍。經過這樣的五次戰役，楚軍主力被消滅，吳軍就到達了楚國都城。從這些戰役中可以看出，吳軍的勝利主要是指揮得當，採取了正確的戰略戰術。

第四小節記載楚昭王帶著妹妹逃出郢都，渡過睢水，並派鍼尹固用火燒象尾讓象衝奔入吳軍，以避免吳軍的追逐。

第五小節記載吳軍進入郢都後，官員間爭奪宮室，暗示了吳軍內部的不和，為後來吳國的內亂埋下了伏筆。

第六小節補敘楚國左司馬沈尹戌按原計劃繞到吳軍後方，到達息地時就聽說吳軍大敗楚軍，故而返回。在雍澨他曾打敗吳軍，但他自己也受了傷。由於他是孤軍敵不過吳軍，但又不願被吳軍擒獲，所以只能死戰，並叮囑部下不使自己的腦袋落入敵手。表現出他對楚國的忠誠。

第七小節記載楚昭王逃難過程中發生的幾件事。一是逃至雲夢澤時遇盜賊襲擊，王孫由于救了他。二是逃到鄖地時鬬懷想報殺父之仇而殺楚昭王，被鬬辛以大義勸阻。三是鬬辛和他的弟弟鬬巢帶著楚昭王逃奔隨國時，吳國人向隨國要求交出楚昭王。楚昭王兄子期想偽裝成昭王讓隨國把自己交給吳國，子期的家臣鑪金又與隨國訂盟約不將楚昭王交出去，隨國人終於以與楚國世有盟約之言辭謝吳國，吳國人才撤退。楚昭王真誠與隨國結盟。說明楚昭王在逃難過程中經多人保護，一路上都逢凶化吉。

第八小節記載楚國大夫申包胥到秦國請求秦國出兵救楚國。這是春秋時代著名的一個故事。《左傳》敘述此事也非常生動。首先，申包胥將吳國比喻為大野豬、長蛇，說明它的危害，屢次吞食上國，殘害開始及於楚國。其次說明楚國國君已喪失都城，遠逃在外，所以派他到秦國報告急難，意思是自己是受國君之託，代表楚國來請求秦國救援的。再次他向秦國陳述楚國滅亡對秦國的危害和秦國解救楚國的好處：楚國如被吳國滅亡而佔有，秦國就成了吳國的鄰國，而吳國是貪得無厭的，那時必然成為秦國邊境的憂患。這是對秦國的危害。如果趁吳國尚未佔有楚國時，秦國出兵奪取一部分土地，即使楚國被滅亡，那一部分土地就是秦國所有，這是對秦國好處之一；如果秦國以威靈存撫楚國，楚國將永世事奉秦國，這是對秦國好處之二。但秦哀公聽後並未答應出兵，卻用「要商量以後再告訴你」來推託。這時申包胥又採用兩種辦法：一是說明如今楚國國君沒有安全，作為楚國的臣子，怎麼能就安逸，因此拒絕到賓館休息。二是站在庭院裏依著牆日夜不停地痛哭，七天中不飲一勺水。充分表現出他對楚國的赤誠忠心。這樣終於感動了秦哀公，秦哀公為他吟誦〈無衣〉詩表示要與他同仇敵愾。申包胥用九次叩首表示最敬重的感謝，秦國於是出兵救楚，申包胥完成了自己的使命。這一節也為下年申包胥以秦師打敗吳軍張本。

綜上所述，這一大段對吳、蔡聯軍打敗楚國，進入郢都，楚昭王逃亡，申包胥到秦國請求出兵救楚的整個事件過程記敘得非常清楚，結構完整，層次分明。通過人物的對話和行動，許多人物的形象躍然紙上，性格鮮明。這是《左傳》中敘事最優秀的篇章之一。

五　年

丙申，西元前五〇五年。周敬王十五年、齊景公四十三年、晉定公七年、秦哀公三十二年、楚昭王十一年、宋景公十二年、衛靈公三十年、陳懷公柳元年、蔡昭侯十四年、曹靖公露元年、鄭獻公九年、燕平公十九年、吳闔廬十年、許男斯十八年、杞僖公過元年。

經 五年春王三月辛亥朔，日有食之。

夏，歸粟于蔡。

於越入吳。

六月丙申，季孫意如卒。

秋七月壬子，叔孫不敢卒。

冬，晉士鞅帥師圍鮮虞。

傳 五年春，王人❶殺子朝❷于楚。

夏，歸粟❸于蔡，以周亟❹，矜❺無資❻。

越❼入吳，吳在楚也。

六月，季平子❽行❾東野❿。還，未至，丙申⓫，卒于房⓬。陽虎⓭將以璵璠⓮斂⓯，仲梁懷⓰弗與，曰：「改步改玉⓱。」陽虎欲逐之，告公山不狃⓲。不狃曰：「彼為君也，子何怨焉？」既⓳葬，桓子⓴行東野，及費㉑。子洩為費宰㉒，逆勞㉓于郊，桓子敬之。勞仲梁懷，仲梁懷弗敬。子洩怒，謂陽虎：「子行之㉔乎？」

【注　釋】❶王人　周王室之人。❷子朝　周景王的庶長子，景王死後作亂，見前昭公二十二年；後逃奔到楚國，見前昭公二十六年傳文。❸歸粟　饋贈糧食。歸，通「饋」。贈送。❹周亟　救濟急難。周，通「賙」。救。亟，急。❺矜　哀憐；同情。❻資　糧食。❼越　國名。亦稱「於越」。姒姓。相傳始祖是夏代少康的庶子無餘。建都會稽（今浙江紹興）。《史記・越王句踐世家》：「允常之時，與吳王闔廬戰而相怨伐。允常卒，子句踐立，是為越王。」❽季平子　即季孫意如，魯國公族。名意如。平，諡號。❾行　巡行視察。❿東野　季氏封邑。⓫丙申　六月十七日。⓬房　即「防」，魯國地名。在今山東曲阜東。⓭陽虎　季氏家臣。⓮璵璠　亦作「璠璵」。兩種美玉。國君佩帶物。⓯斂　通「殮」。屍體下棺。⓰仲梁懷　季氏家臣。仲梁，複姓。⓱改步改玉　步子改變，美玉也要改變。杜預注：「昭公之出，季孫行君事，佩璵璠，祭宗廟。今定公立，復臣位，改君步，則亦當去璵璠。」⓲公山不狃　即子洩，季氏家臣。公山，氏。不狃，名。子洩，字。⓳既　已經。⓴桓子　即季孫意如之子季孫斯。桓，諡號。㉑費　魯國邑名。在今山東費縣北。㉒宰　長官。㉓逆勞　迎接慰勞。逆，迎接。㉔行之　逐之；趕走他。

【語　譯】魯定公五年春天，周王室的人在楚國殺死子朝。

夏天，魯國饋贈糧食給蔡國，用來救濟他們的急難，哀憐他們沒有糧食。

越國人侵入吳國，這是因為吳國人正在楚國。

六月，季平子巡行視察東野。回來時，沒有到達國都，十七日，在防地去世。陽虎將要用美玉隨葬，仲梁懷不給，說：「步子改變了，美玉也要跟著改變。」陽虎想要趕走他，告訴公山不狃。不狃說：「他是為了國君，您為什麼怨恨於他？」安葬以後，季桓子巡行視察東野，到達費地。當時公山不狃正在做費地的長官，在郊外迎接慰勞，季桓子很尊敬他。慰勞仲梁懷時，仲梁懷不尊敬他。公山不狃心中發怒，對陽虎說：「您要把他趕走嗎？」

【說　明】這一大段有四小節。第一小節記載子朝被殺，因為當時楚國正在大亂中。這也是呼應昭公二十二年及二十六年閔馬父的預言。

第二小節是解釋《春秋》經文「歸粟于蔡」的原因，是因為蔡國被楚國所圍而發生饑荒，所以魯國饋贈糧食以救急難。

第三小節是解釋經文「於越入吳」的原因，是因為當時吳國人正侵入楚國，吳國國內空虛，所以越國得以乘虛而入。

第四小節是補充說明季平子去世前後的事。一是說明季平子是死在巡視歸途中；二是說明陽虎想以國君禮節用美玉隨葬季平子，遭到仲梁懷反對，兩人結怨；三是季桓子繼承父業巡視東野時仲梁懷隨從，作為費地長官的公山不狃慰勞仲梁懷時不被敬重，公山不狃為此發怒而挑動陽虎，為下文陽虎囚季桓子事張本。

傳 申包胥以秦師至。秦子蒲❶、子虎❷帥❸車五百乘❹以救楚。子蒲曰：「吾未知吳道❺。」使楚人先與吳人戰，而自稷❻會之，大敗夫槩王❼于沂❽。吳人獲薳射❾於柏舉❿，其子帥奔徒⓫以從子西⓬，敗吳師于軍祥⓭。

秋七月，子期⓮、子蒲滅唐⓯。

九月，夫槩王歸，自立⓰也，以與王⓱戰，而敗，奔楚，為堂谿氏⓲。吳師敗楚師于雍澨⓳。秦師又敗吳師。吳師居麇⓴，子期將焚之㉑，子西曰：「父兄親暴骨焉㉒，不能收㉓，又焚之，不可。」子期曰：「國亡矣，死者若有知也，可㉔以歆㉕舊祀㉖？豈憚㉗焚之？」焚之，而又戰，吳師敗，又戰于公壻之谿㉘。吳師大敗，吳子㉙乃歸。囚㉚闉輿罷㉛，闉輿罷請先，遂逃歸。葉公諸梁㉜之弟后臧從其毋於吳，不待㉝而歸，葉公終不正視㉞。

乙亥㉟，陽虎囚季桓子及公父文伯㊱，而逐仲梁懷。冬十月丁亥㊲，殺公何藐㊳。己丑㊴，盟桓子于稷門㊵之內。庚寅㊶，大詛㊷。逐公父歜㊸及秦遄㊹，皆奔齊。

【注釋】❶子蒲　秦國大夫、將軍。❷子虎　秦國大夫、將軍。❸帥　通「率」。率領。❹五百乘　五百輛兵車，一車十卒。❺道　指戰術、戰法。❻稷　楚國地名。在今河南桐柏縣境內。❼夫槩王　吳國國君闔廬之弟。名夫槩。因自立為王，故史稱「夫槩王」。❽沂　楚國地名。在今河南正陽縣境內。❾薳射　楚國大夫。❿柏舉　楚國地名。在今湖北麻城東北。⓫奔徒　奔逃的散兵；敗兵。⓬子西　即楚公子申。楚平王的庶長子。⓭軍祥　楚國地名。在今湖北隨州市西南。⓮子期　即楚公子結。楚平王之子，楚昭王之兄。⓯唐　國名。姬姓。都城在今湖北棗陽東南唐縣鎮。⓰自立　自立為吳王。⓱王　指吳王闔廬。⓲堂谿氏　夫槩王後代的氏族名號。堂谿，地名，在今河南遂平西北。⓳雍澨　楚國地名。在今湖北京山西南。⓴麇　楚國地名。在今湖北鄖縣西。㉑焚之　用火攻打吳軍。㉒暴骨焉　屍骨暴露在那裏。指上年吳、楚交戰時，楚國人的父兄親戚戰死的屍體還暴露在麇地。焉，「於之」的合義，在那裏。㉓收　收殮埋葬。㉔可　何；怎麼。㉕歆　享用。㉖舊祀　以往的祭祀。㉗憚　害怕。㉘公壻之谿　楚國地名。具體地點不詳。㉙吳子　指吳王闔廬。㉚囚　俘虜；拘執。㉛闉輿罷　楚國大夫。㉜葉公諸梁　楚國左司馬沈尹戌之子，名諸梁，字子高，因封於葉，故稱「葉公」。葉，楚國邑名。在今河南葉縣南。㉝不待　不等候；拋棄。㉞正視　正眼看他。㉟乙亥　九月二十八日。㊱公父文伯　即公父歜。魯國大夫。季桓子的從父弟。㊲十月丁亥　十月初十日。㊳公何藐　魯國大夫。㊴己丑　十月十二日。㊵稷門　魯國都城南門。㊶庚寅　十月十三日。㊷大詛　聚眾祭神詛咒加禍於某某。㊸公父歜　即公父文伯。名歜。魯國大夫。㊹秦遄　季平子的姑婿。

【語譯】申包胥帶著秦國的軍隊到達戰場。秦國的子蒲、子虎率領戰車五百輛來救援楚國。子蒲說：「我不瞭解吳國人的戰術戰法。」讓楚軍先與吳軍作戰，而秦軍從稷地領兵遇到吳軍，在沂地大敗夫槩王。吳國人在柏舉俘獲了楚國大夫薳射，薳射的兒子率領潰逃的散兵來附從子西，在軍祥打敗了吳軍。

秋季七月，子期、子蒲指揮楚、秦軍隊滅亡唐國。

九月，夫槩王回到吳國，自立為王，領兵來與吳王闔廬作戰，被打敗，逃奔到楚國，成為後來的堂谿氏。吳軍在雍澨打敗楚軍。秦軍又打敗吳軍。吳軍駐紮在麇地，子期打算放火攻打他們，子西說：「父兄親戚的屍骨暴露在那裏，不能收殮埋葬，又要燒他們，不能這樣做。」子期說：「國家快要被滅亡了，死去的人如果有知覺，怎麼還能享用以往的祭祀？難道還害怕燒掉屍骨？」放火焚燒麇地，又接著作戰，吳軍戰敗，又在公壻之谿作戰。吳軍大敗，吳王闔廬就撤兵回國。吳軍俘執了楚國大夫闉輿罷。闉輿罷請求先行，就乘機逃回楚國。葉公諸梁的弟弟后臧跟著他的母親被俘在吳國，後來他拋棄母親而獨自逃回到楚國。葉公就終身不用正眼看他。

九月二十八日，陽虎囚禁了季桓子和公父文伯，並驅逐仲梁懷。冬季十月初十日，殺了公何藐。十二日，與季桓子在稷門之內盟誓。十三日，舉行祭神儀式詛咒加禍於某人。驅逐公父文伯和秦遄，兩人都逃奔到齊國。

【說　明】這一大段可分為四個小節。第一小節記載申包胥帶領秦國軍隊來救楚國，與上年記載申包胥「如秦乞師」相呼應。秦、楚聯軍第一次打敗吳軍，主要是打敗了夫槩王率領的軍隊，這又為下文夫槩王回國自立埋下了伏筆。

第二小節記載秦、楚聯軍消滅唐國。因為唐國是與吳、蔡聯合伐楚的。

第三小節記載四件事：一是夫槩王回吳國自立為王，被吳王闔廬打敗而逃奔楚國，成為後來的堂谿氏。二是秦、楚聯軍與吳軍三次作戰，大敗吳軍，吳王闔廬只得撤兵回國。三是吳軍俘獲楚國大夫闉輿罷，闉輿罷設計逃回楚國。四是記載葉公諸梁卑視其弟拋棄母親從吳國獨自逃歸的不孝行為。

第四小節記載陽虎對仲梁懷的報復，又與前文仲懷梁不肯給季平子用美玉隨葬及不尊敬公山不狃的慰勞兩事相呼應。陽虎是季氏的家臣，卻把季桓子和公父文伯一起囚禁起來，然後驅逐仲梁懷，這是因為他怕季桓子和公父文伯妨礙他的作亂行為，可以說是季氏養虎為患了。過了十二天，陽虎又殺死公何藐。這也是陽虎的作亂行為。再過兩天，他與季桓子在稷門內盟誓，實際上此時季桓子被陽虎囚禁著，所謂盟誓季桓子也是無奈的。此時季氏因季平子剛死，季桓子新立，魯國的權還都在季氏家臣陽虎手裏，所以陽虎能為所欲為。陽虎與季桓子盟誓後的次日，他又聚眾祭神詛咒，欲加禍於人。然後又驅逐公父文伯和秦遄，迫使他們逃奔齊國。這一節對陽虎作亂的內容、時間、過程都記載得非常具體，文字雖少，卻已把陽虎的胡作非為描寫得淋漓盡致。

傳 楚子入于郢❶。初，鬭辛❷聞吳人之爭宮❸也，曰：「吾聞之：『不讓，則不和；不和，不可以遠征。』吳爭於楚，必有亂；有亂，則必歸，焉❹能定楚❺？」王之奔隨也，將涉❻於成臼❼。藍尹亹❽涉其帑❾，不與王舟。及寧❿，王欲殺之。子西曰：「子常唯思舊怨⓫以敗，君何效焉⓬？」王曰：「善。使復其所⓭，吾以志⓮前惡⓯。」王賞鬭辛、王孫由于、王孫圉⓰、鍾建、鬭巢、申包胥、王孫賈⓱、宋木⓲、鬭懷。子西曰：「請舍懷⓳也！」王曰：「大德⓴滅小怨，道㉑也。」申包胥曰：「吾為君也，非為身㉒也。君既定㉓矣，又何求？且吾尤㉔子旗㉕，其㉖又為諸㉗？」遂逃賞。王將嫁季芈，季芈辭曰：「所以㉘為女子，遠丈夫㉙也。鍾建負我㉚矣。」以妻鍾建，以為樂尹㉛。

王之在隨也，子西為王輿服㉜以保路㉝，國㉞于脾洩㉟。聞王所在，而後從王。

王使由于城麇㊱，復命㊲。子西問高厚焉㊳，弗知。子西曰：「不能㊴，如辭㊵。城不知高厚，小大何知？」對曰：「固辭不能，子使余也。人各有能有不能。王遇盜於雲中，余受其戈，其所㊶猶在。」袒㊷而示之背㊸，曰：「此余所能也。脾洩之事㊹，余亦弗能也。」

晉士鞅㊺圍鮮虞㊻，報觀虎㊼之敗㊽也。

【注釋】❶鄖　楚國都城。在今湖北江陵西北。❷鬬辛　楚國大夫。鬬成然之子。曾守鄖邑，稱之為鄖公辛。見上年傳文。❸吳人之爭宮　指夫槩王與子山爭住楚令尹宮的事。見上年傳文。❹焉　怎麼。疑問副詞。❺定楚　平定楚國。❻涉　渡河。❼成臼　水名。即臼水，又名臼成河。源出今湖北京山縣聯屈山，西南流入於沔水。此河今已改道。❽藍尹亹　楚國大夫。❾涉其帑　把他的妻子兒女渡過河去。帑，通「孥」。妻子兒女。❿寧　安定；安寧。⓫思舊怨　記掛過去的怨仇。⓬效焉　效法於他。焉，「於之」的合義。⓭復其所　恢復他的原來官職。所，此處指原來的官職。⓮志　記住。⓯前惡　以前的錯誤。指子常為政念舊怨使楚國幾被滅亡，其時楚昭王僅十五歲。⓰王孫圉　楚國王族。⓱王孫賈　楚國王族。⓲宋木　事跡不詳。⓳舍懷　除去鬬懷。舍，同「捨」。因鬬懷曾欲報父仇而弒楚昭王，見上年傳文，故子西請求不要賞鬬懷。⓴大德　指鬬懷聽從其兄勸阻，免楚昭王大難。㉑道　正道。㉒身　自己。㉓既定　已經安定。㉔尤　過失；以之為錯誤。㉕子旗　即蔓成然。因自以為有功於楚平王而貪求無厭，被楚平王所殺。見昭公十四年傳文。㉖其　豈；難道。㉗為諸　為之乎；學他嗎。諸，「之乎」的合音合義詞。㉘所以　原由。㉙丈夫　男子。㉚負我　背過我。㉛樂尹　主管音樂的大夫。㉜為王輿服　仿製了楚王的車馬服飾。㉝保路　保護聚集潰散在道路上的人。㉞國　建國都。㉟脾洩　楚國邑名。在今湖北江陵附近。㊱城麇　在麇地築城。㊲復命　回報；回來報告。㊳問高厚焉　向他詢問城牆的高度和厚度。焉，「於之」的合義。㊴不能　沒有能力辦理。㊵如辭　應當辭掉。㊶其所　那受戈傷處。㊷袒　脫去衣服裸露身體。㊸示之背　把背部的傷痕讓子西看。示，一作「視」。㊹脾洩之事　指子西在脾洩偽建國都之事。㊺士鞅　即范獻子，士氏，名鞅。㊻鮮虞　國名。白狄別種。都城在今河北正定北新城鋪。㊼觀虎　晉國大夫。㊽敗　一作「役」。

【語　譯】楚昭王回到了郢都。當初，鬭辛聽說吳國人爭奪宮室，說：「我聽說過這樣的話：『不謙讓，就不和睦；不和睦，不能出兵遠征。』吳國人在楚國爭奪，一定會有禍亂，有了禍亂，就一定回國，怎麼能平定楚國？」

楚昭王逃奔隨國的時候，要渡過成臼河。藍尹亹用船讓自己的妻子兒女渡河過去，卻不給楚昭王用船。等到楚國安定以後，楚昭王想殺掉他。子西說：「過去子常就因為念舊怨而遭失敗，您為什麼向他效法呢？」楚昭王說：「好。讓他官復原職，我用這件事來記住以前念舊怨的錯誤。」楚昭王賞賜鬭辛、王孫由于、王孫圉、鍾建、鬭巢、申包胥、王孫賈、宋木、鬭懷。子西說：「請去掉鬭懷，不要給他賞賜。」楚昭王說：「他能聽其兄勸而不殺我，就是對我有大恩德，用大德消除小怨，這是合於正道的。」申包胥說：「我向秦國討救兵是為了國君，不是為了自己。國君現在已經安定了，我又有什麼要求？而且我向來認為子旗那樣貪求無厭是錯誤的，難道我又要學他嗎？」於是申包胥逃避了楚昭王的賞賜。楚昭王打算把季芈出嫁，季芈辭謝說：「作為女子的原由，就是要遠離男子。而鍾建已經背過我，我只能嫁給他了。」楚昭王就把她嫁給鍾建為妻，讓鍾建做了掌管音樂的大夫。

楚昭王在隨國的時候，子西仿製了楚王的車馬服飾用來收聚保護潰散在道路上的人，在脾洩建立了國都。當他聽到了楚昭王的下落，然後趕去跟從楚昭王。楚昭王派王孫由于在麇地築城，由于回來報告。子西向他詢問城牆的高度和厚度，由于不知道。子西說：「你沒有能力辦，就應當辭掉。築城而不知道高度和厚度，怎麼能知道城周圍的大小？」由于回答說：「我本來就推辭說辦不了，是您派我一定要幹的。人各有幹得了和幹不了的事。國君在雲中遇到強盜時，我去擋住強盜的戈，那受傷的地方還在這裏。」他脫下衣服袒露著把背部傷痕讓子西看，說：「這是我所幹得了的事。至於像您在脾洩建國都那樣的事，我也是幹不了的。」

晉國的士鞅包圍鮮虞，這是為了報復觀虎被俘那次戰役的失敗。

【說　明】這一大段也可分為四小節。第一小節記載楚昭王回到郢都。同時倒敘上年吳軍佔領郢都時夫槩王與子山爭住宮室，楚國大夫鬬辛對此事的評說，而這次楚昭王的返回郢都，正證明了鬬辛預見的正確。

第二小節記載楚昭王在戰事結束後處理的幾件事：一是本想殺死藍尹亹，因為當楚昭王逃離時他只顧自己的妻子兒女，卻不給昭王船隻以資渡河；但經子西勸說，楚昭王不但不殺他，還讓他官復原職，並以此作為悔過的表示。說明楚昭王善於接受批評，改正錯誤。二是楚昭王賞賜在這次戰爭中的有功之臣，其中包括曾要殺他以報殺父之仇的鬬懷，認為鬬懷能聽從其兄勸說而不殺他就是以「大德滅小怨」，應該受賞。說明楚昭王胸懷開闊，寬宏大量。三是申包胥說明自己「如秦乞師」是為了國君，不是為了自己，所以不接受賞賜。說明楚國的大臣深明大義。四是季芈以自己曾被鍾建背負過而只能嫁給鍾建，說明季芈深受古代所謂「男女授受不親」思想的影響。這四件事都是為了說明楚國君臣賢明、忠貞。

第三小節記載兩件事：一是追敘楚昭王逃難在隨國時，子西曾在脾洩建立國都，目的是為了收聚潰散的士兵和民眾。二是楚昭王命王孫由于在麇地築城。這兩件事通過子西和王孫由于的對話，有機地聯繫了起來。王孫由于的話中包含著重要的原則，那就是「人各有能有不能」，當楚昭王遭遇強盜襲擊時，王孫由于能用自己的背去擋住強盜的戈，這就是王孫由于能做的事，這又與上年的傳文相呼應。而叫王孫由于去築城，就是他幹不了的事。而在脾洩建立國都，招聚流亡，這是子西能做的事，這在王孫由于也是幹不了的。通過這一對話，不但鮮明地揭示了兩人的性格，而且使兩件事緊密結合在一起，文章敘事也就生動而不板滯。這是《左傳》文學性強的一個顯著標誌。

以上三小節都是記載楚國在戰爭結束後所採取的措施，並總結經驗教訓，這對楚國的歷史發展具有重大意義。

最後一節是解釋《春秋》經文「晉士鞅帥師圍鮮虞」的原因，是為了報復定公三年那次戰役造成觀虎被俘的失敗。自從昭公十二年（西元前五三〇年）以來，晉國與鮮虞之間戰爭頻繁，至此已持續了二十五年，才告一段落，以後就未有記載。

六年

丁酉，西元前五〇四年。周敬王十六年、齊景公四十四年、晉定公八年、秦哀公三十三年、楚昭王十二年、宋景公十三年、衛靈公三十一年、陳懷公二年、蔡昭侯十五年、曹靖公二年、鄭獻公十年、燕簡公元年、吳闔廬十一年、許男斯十九年、杞僖公二年。

經 六年春王正月癸亥，鄭游速帥師滅許，以許男斯歸。

二月，公侵鄭。

公至自侵鄭。

夏，季孫斯、仲孫何忌如晉。

秋，晉人執宋行人樂祁犂。

冬，城中城。

季孫斯、仲孫忌帥師圍鄆。

傳 六年春，鄭滅許❶，因楚敗也。

二月，公❷侵鄭，取匡❸，為晉討鄭之伐胥靡❹也。往不假道❺於衛；及還，陽虎使季❻、孟❼自南門入，出自東門，舍❽於豚澤❾。衛侯怒，使彌子瑕❿追之。

公叔文子⑪老矣，輦⑫而如公⑬，曰：「尤人⑭而效之，非禮也。昭公之難⑮，君將以文⑯之舒鼎⑰，成⑱之昭兆⑲，定⑳之鞶鑑㉑，苟可以納之㉒，擇用一焉。公子㉓與二三臣㉔之子，諸侯苟憂之㉕，將以為之質。此羣臣之所聞也。今將以小忿㉖蒙㉗舊德，無乃不可乎？大姒㉘之子，唯周公、康叔㉙為相睦㉚也，而效小人以棄之，不亦誣㉛乎？天將多陽虎之罪以斃之，君姑待之，若何？」乃止。

夏，季桓子如晉，獻鄭俘㉜也。陽虎強使孟懿子往報夫人㉝之幣，晉人兼享之㉞。孟孫㉟立于房外，謂范獻子㊱曰：「陽虎若不能居魯，而息肩㊲於晉，所不以為中軍司馬者，有如先君㊳！」獻子曰：「寡君有官，將使其人㊴，鞅何知焉？」獻子謂簡子㊵曰：「魯人患陽虎矣。孟孫知其釁㊶，以為必適㊷晉，故強㊸為之請，以取入㊹焉。」

【注釋】❶許　國名。姜姓。原都城在今河南許昌東。後被鄭、楚等國侵逼，西元前五七六年（成公十五年）遷都葉（今河南葉縣南），前五三三年（昭公九年）又遷都城父（今安徽亳州市東南），後九年（昭公十八年）又遷都白羽（今河南西峽），西元前五〇六年（定公四年）又遷容城（今葉縣西、魯山縣東南），至此又被鄭國所滅。❷公　指魯定公。❸匡　鄭國地名。在今河南長垣縣。❹胥靡　周王室地名。在今河南偃師市東。❺假道　借路。❻季　指季桓子。❼孟　指孟懿子。❽舍　住。❾豚澤　衛國東門外小地名。❿彌子瑕　又稱彭封彌子，衛靈公寵臣。⓫公叔文子　即公叔發，又稱貞惠文子。魯國大夫。⓬輦　坐著人推的車。⓭如公　到衛靈公那裏。⓮尤人　明知別人錯誤。⓯昭公之難　指魯昭公被季氏所逐居外的時候。見昭公二十五年至三十二年。⑯文　指衛文公。名燬。魯僖公元年（西元前六五九年）即位，在位二十五年。⑰舒鼎　鼎名。衛文公的宗廟寶器。⑱成　指衛成公。名鄭。衛文公之子，嗣文公繼位，在位三十五年。⑲昭兆　衛成公的寶龜。⑳定　指衛定公。名臧。衛文公的曾孫。魯成公三年（西元前五八八年）即位，在位十二年。㉑鞶鑑　裝飾銅鏡的革帶。㉒納之　送魯昭公回到魯國。㉓公子　國君的兒子。㉔二三臣　幾位大臣。㉕憂之　為魯昭公憂慮操心。㉖小忿　很小的憤恨。㉗蒙覆蓋；掩蓋。㉘大姒　即太姒，周文王妃。㉙周公康叔　是魯國和衛國的始祖，都是文王、太姒之子。㉚相睦　互相和睦。周公與康叔和睦，見《尚書・康誥》。㉛誣　受騙。㉜鄭俘　指二月侵鄭取匡所獲的俘虜。㉝夫人　指晉定公夫人。㉞兼享之　同時設享禮招待季桓子和孟懿子。㉟孟孫　即指孟懿子。㊱范獻子　晉國六卿之一。即士鞅。㊲息肩　肩頭得到休息。指卸除職責。㊳有如先君　以先君為誓。㊴使其人　使用那合適的人。㊵簡子　指趙簡子。晉國六卿之一。名鞅，又名志父。㊶釁　預兆。㊷適　往；到。㊸強　硬；竭力。㊹取入　求取祿位而進入。

【語譯】 魯定公六年春天，鄭國滅亡許國，這是因為楚國戰敗而不能去救援的緣故。

二月，魯定公侵襲鄭國，奪取匡地，這是為晉國去討伐鄭國的攻打胥靡。出兵去的時候不向衛國借路；等到回來的時候，陽虎讓季桓子和孟懿子從衛國都城南門進入，從東門出去，住在豚澤地方。衛靈公發怒，派彌子瑕去追逐他們。公叔文子已經年老退休了，此時坐著人拉的車子來到衛靈公那裏，說：「明知別人錯誤而效法他，這是不合於禮的。當年魯昭公遭難的時候，您打算用衛文公的舒鼎，衛成公的寶龜，衛定公的鞶鑑作為賞賜，如果有人能使魯昭公回國，可以從這些寶物中選用其中的一件。您的兒子和幾位大臣的兒子，諸侯如果為魯昭公憂慮操心，將把他們送給諸侯作人質。這是我們臣下所聽到的。現在將要用小憤掩蓋過去的恩德，恐怕不可以吧？周文王太姒的兒子，只有魯國祖先周公、衛國祖先康叔是互相和睦的，而現在要效法陽虎這類小人而拋棄和睦，不也是受騙嗎？上天將增多陽虎的罪過而處死他，您姑且等待著這一天，怎麼樣？」於是衛靈公停止了出兵追逐魯軍。

夏天，季桓子往晉國，這是為了奉獻伐鄭取匡的俘虜。陽虎硬派孟懿子前往向晉定公夫人答送財禮，晉國同時設享禮招待他們。孟懿子站在房屋門外，對范獻子說：「陽虎如果不能在魯國住下去，而卸除職責來到晉國，晉國如果不讓他做中軍司馬，有先君在上！」范獻子說：「我國君設置官職，將要使用合適的那些人選，我知道什麼呢？」范獻子對趙簡子說：「魯國人厭惡陽虎了。孟懿子看到了這個預兆，認為陽虎一定會來到晉國，所以竭力為他請求，以期求取祿位而進入晉國。」

【說　明】這一大段可分三小節。第一小節是解釋《春秋》經文記載的鄭國能滅亡許國的原因，是因為楚國被吳國打敗而無力去救援許國。

第二小節解釋《春秋》經文「公侵鄭」的結果和原因。結果是魯國奪取了鄭國的匡地；原因是替晉國討伐鄭國攻打胥靡。鄭國攻打胥靡之事下文有記載，這裏只是為了說明晉國侵襲鄭國的原因。這一小節著重記載了魯國侵襲鄭國過程中與衛國發生的摩擦：魯軍回師時，不經衛國的同意，入出衛國都城，衛靈公怒而派人追逐。幸有公叔文子的勸阻，衛國終於停止了出兵，避免了衛、魯兩國的戰爭。

第三小節記載魯國季桓子到晉國獻鄭國的俘虜，這是因為這次戰役是魯國替晉國打的。這一節著重記載孟懿子向晉國請求：陽虎如果在魯國待不下去，卸掉官職而來到晉國時，請晉國收留他，並讓他當中軍司馬。這是因為孟懿子已看到陽虎專權強橫，不能長久在魯國當權了，所以就這次替晉國伐鄭取匡獻俘的功勞，向晉國私請，為陽虎留一條後路，而且用誓言來請求。這也是為後來陽虎逃亡到晉國預先作的布置。

讀了第二、第三兩小節，讀者一定有個疑問：陽虎只是季氏的家臣，怎麼能使喚季桓子和孟懿子呢？必須說明的是此時陽虎是在魯國執政當權，也就是《論語・季氏》中孔子所說的「陪臣執國命」。他作為魯國的執政者，所以能「強使」魯國的世卿季桓子和孟懿子。也正因為如此，衛國的公叔文子也把魯國軍隊入出衛國都城歸罪於陽虎。

傳 四月己丑❶，吳大子終纍❷敗楚舟師，獲潘子臣❸、小惟子❹及大夫七人。

楚國大惕❺，懼亡。子期又以陵師❻敗于繁揚❼。令尹子西喜曰：「乃今可為矣。」於是乎❽遷郢於鄀❾，而改紀❿其政，以定楚國。

周儋翩⓫率王子朝⓬之徒因⓭鄭人將以作亂于周，鄭於是乎伐馮⓮、滑⓯、胥靡、負黍⓰、狐人⓱、闕外⓲。六月，晉閻沒⓳戍周，且城胥靡。

秋八月，宋樂祁⓴言於景公㉑曰：「諸侯唯我事晉，今使不往，晉其憾㉒矣。」樂祁告其宰㉓陳寅㉔，陳寅曰：「必使子往。」他日，公謂樂祁曰：「唯寡人說㉕子之言，子必往！」陳寅曰：「子立後㉖而行，吾室亦不亡，唯君亦以我為知難而行也。」見溷㉗而行。趙簡子逆㉘，而飲之酒於緜上㉙，獻楊楯㉚六十於簡子。陳寅曰：「昔吾主㉛范氏，今子主趙氏，又有納焉㉜，以楊楯賈禍㉝，弗可為也已。然子死晉國，子孫必得志於宋。」范獻子言於晉侯曰：「以君命越疆㉞而使，未致使㉟而私飲酒，不敬二君㊱，不可不討㊲也。」及執㊳樂祁。

陽虎又盟公㊴及三桓㊵於周社㊶，盟國人于亳社㊷，詛㊸于五父之衢㊹。

冬十二月，天王㊺處于姑蕕㊻，辟㊼儋翩之亂也。

【注釋】❶四月己丑　四月十五日。❷終纍　吳國國君闔廬之子，夫差之兄，吳國太子。❸潘子臣　楚國水軍的將帥。❹小惟子　楚國水軍的將領。❺惕　恐懼。❻陵師　陸軍。❼繁揚　楚國地名。在今河南新蔡北。❽於是乎　從這時開始。乎，語氣助詞。❾鄀　又稱「上鄀」。春秋後期楚國都城。在今湖北宜城東南。❿紀　治理。⓫儋翩　周王室大夫。王子朝的餘黨。⓬王子朝　周景王的長庶子。王子朝作亂，見前昭公二十二年傳文。⓭因　依仗。⓮馮　周王室所轄地名。在今河南洛陽附近。⓯滑　周王室所轄地名。在今河南偃師市緱氏鎮。⓰負黍　周王室所轄地名。在今河南登封西南。⓱狐人　周王室所轄地名。具體地點不詳。一說在今河南臨潁，似離周王室所轄範圍太遠。⓲闕外　周王室所轄地名。在今河南伊川縣北。⓳閻沒　晉國大夫。⓴樂祁　即樂祁犂。又稱司城子梁。宋國大夫。㉑景公　指宋景公，名欒。宋元公佐之子。魯昭公二十六年（西元前五一六年）即位。在位四十八年。景，諡號。《逸周書・諡法解》：「由義而濟曰景」、「耆意大慮曰景」。㉒憾　恨。㉓宰　家臣之長。㉔陳寅　樂祁的家臣之長。㉕說　通「悅」。喜歡；高興。㉖立後　立繼承人。㉗見溷　讓溷拜見宋景公。表示立溷為自己的繼承人。溷，樂祁之子。㉘逆　迎接。㉙緜上　地名。今山西翼城西的小緜山。㉚楊楯　楊木製的盾。楯，同「盾」。㉛主　事奉。㉜焉　「於之」的合義。㉝賈禍　買禍；招惹災禍。㉞越疆　越過別國的疆界。按從宋國到晉國，必須經過鄭國。所以說「越疆」。㉟未致使　尚未正式報告使命。㊱二君　指晉定公和宋景公。㊲討　治罪。㊳執　囚禁。㊴公　指魯定公。㊵三桓　掌握魯國政權的三家貴族。即孟孫氏（一作仲孫氏）、叔孫氏、季孫氏。三族是魯桓公之子仲慶父（亦稱孟氏）、叔牙、季友的後裔，故稱「三桓」。㊶周社　魯國國家的土地神廟。因魯國是周公的後代，故稱「周社」。在魯國都城的雉門外右邊。㊷亳社　魯國國家的又一土地神廟。因魯國之地原為商奄之地，並有其遺民，所以立亳社。在魯國都城雉門外的左邊。㊸詛　祭神祈求加禍於不守盟誓者。㊹五父之衢　魯國都城東南的道路名。在今山東曲阜東南。㊺天王　指周敬王。㊻姑蕕　周王室所轄地名。具體地點不詳。㊼辟　同「避」。躲避。

【語譯】四月十五日，吳國太子終纍打敗了楚國水軍，俘虜了潘子臣、小惟子和七個大夫。楚國大為恐懼，害怕滅亡。子期帶領的陸軍又在繁揚被打敗。令尹子西高興地說：「現在可以治理了。」從這時開始都城從郢地遷到鄀地，而改革治理政事，以此來安定楚國。

周王室大夫儋翩率領王子朝的部下，依仗鄭國人打算在周王室之地發動叛亂，鄭國在這種情況下攻打馮、滑、胥靡、負黍、狐人、闕外等地。六月，晉國大夫閻沒到周王室之地戍守，並且在胥靡築城。

秋季八月，宋國大夫樂祁對宋景公說：「諸侯中只有我們宋國事奉晉國，現在使者不去，晉國大概要怨恨我們了。」樂祁還把這話告訴了他的家臣之長陳寅。陳寅說：「一定會派您前往。」過了幾天，宋景公對樂祁說：「只有我對您的話感到高興，您一定要前去！」陳寅說：「您立了繼承人然後再動身走，我們家也不會滅亡。國君也可認為我們是明知困難而前去的。」樂祁就讓自己的兒子溷拜見了宋景公以後而啟程。晉國的趙簡子迎接樂祁，而且在緜上請他飲酒，樂祁奉獻六十面楊木盾牌給趙簡子。陳寅說：「從前我們事奉范氏，現在您事奉趙氏，又有進獻東西給他收納，用楊木盾牌招惹災禍，不可避免的了。然而您因出使而死在晉國，您的子孫一定會在宋國得志。」范獻子對晉定公說：「因為國君的命令越過別國疆界而出使，尚未正式報告使命而私自飲酒，這是不尊敬晉、宋兩國國君，不可不治罪。」於是就囚禁了樂祁。

陽虎又與魯定公和三桓在周社盟誓，和魯國的民眾在亳社盟誓，在五父之衢祭神詛咒加禍於別人。

冬季十二月，周敬王出居在姑蕕，這是為了躲避儋翩的叛亂。

【說　明】這一大段可分五個小節。第一小節記載楚國的水軍和陸軍都被吳國軍隊打敗。可是令尹子西卻高興地說：「現在可以治理了。」這是為什麼呢？因為楚國人這時都害怕國家要被滅亡了。知道了這一點，就可以發憤圖強。所以楚國把都城從郢遷到鄀，決心改革治理他們的政事。也就是從頭做起。

第二小節補敘周王室的大夫儋翩依仗鄭國人而作亂，鄭國在這種背景下攻打周王室管轄的六邑，這就是上文記載魯國為晉討伐鄭國的原因；也是本節記載晉國派大夫閻沒到周王室轄地戍守並在胥靡築城的原因。同時這一節的記載，也為下文周敬王出居姑蕕埋下了伏筆。

第三小節記載宋國大夫樂祁出使晉國而被囚禁的事。自從魯僖公二十八年（西元前六三二年）城濮之戰以來，宋國一心事奉晉國，此次樂祁出使晉國，也完全出於誠意。但由於晉國范獻子與趙簡子的矛盾，竟以「未致使而私飲酒」為藉口，將樂祁拘禁。此事在樂祁未行前他的家臣之長陳寅已有預感，所以囑他立了繼承人以後再走。當樂祁送楊木盾牌給趙簡子後，陳寅也預感到這是招惹禍患，預言樂祁將死在晉國，這為下文樂祁死於晉國埋下了伏筆。

第四小節記載陽虎在魯國國內的盟誓活動，這是他加強專權的信號。

第五小節記載周敬王為逃避儋翩發動的叛亂而出居姑蕕，這與上文儋翩之亂相呼應，又為下年劉子、單子迎接周敬王埋下伏筆。

七年

戊戌，西元前五〇三年。周敬王十七年、齊景公四十五年、晉定公九年、秦哀公三十四年、楚昭王十三年、宋景公十四年、衛靈公三十二年、陳懷公三年、蔡昭侯十六年、曹靖公三年、鄭獻公十一年、燕簡公二年、吳闔廬十二年、杞僖公三年。

經 七年春王正月。

夏四月。

秋，齊侯、鄭伯盟于鹹。

齊人執衛行人北宮結以侵衛。

齊侯、衛侯盟于沙。

大雩。

齊國夏帥師伐我西鄙。

九月，大雩。

冬十月。

傳 七年春二月，周儋翩入于儀栗❶以叛。

齊人歸鄆❷、陽關❸，陽虎居之以為政❹。

夏四月，單武公❺、劉桓公❻敗尹氏❼于窮谷❽。

秋，齊侯、鄭伯盟于鹹❾，徵❿會于衛。衛侯欲叛晉，諸大夫不可。使北宮結⓫如齊，而私於齊侯曰：「執結以侵我！」齊侯從之，乃盟于瑣⓬。

齊國夏⓭伐我。陽虎御⓮季桓子，公斂處父⓯御孟懿子，將宵軍⓰齊師。齊師聞之，墮⓱，伏而待之。處父曰：「虎不圖禍，而⓲必死。」苫夷⓳曰：「虎陷二子於難，不待有司⓴，余必殺女㉑！」虎懼，乃還，不敗。

冬十一月戊午㉒，單子㉓、劉子㉔逆王㉕于慶氏㉖。晉籍秦㉗送王。己巳㉘，王入于王城，館㉙于公族黨氏㉚，而後朝于莊宮㉛。

【注釋】❶儀栗　周王室所轄地名。地點不詳。❷鄆　魯國有兩個鄆邑：一為東鄆，在今山東沂水北。魯、莒屢次爭奪者。一為西鄆，在今山東鄆城東。此處當指東鄆。❸陽關　魯國邑名。在今山東泰安東南。鄆和陽關本都是魯邑，中貳於齊，至今齊歸還。❹以為政　作為主持政事之地。❺單武公　周王室卿大夫。單穆公（名旗）之子。❻劉桓公　周王室卿大夫。劉文公（名蚠）之子。❼尹氏　儋翩的黨羽。❽窮谷　地名。約在今河南洛陽東南。❾鹹　衛國地名。在今河南濮陽東南六十里。❿徵　召集。⓫北宮結　衛國大夫。⓬瑣　即《春秋》經文的「沙」，古音同。衛國地名。在今河北大名東。⓭國夏　即國惠子，又稱惠子。國氏，名夏。惠，謚號。齊國大夫。⓮御　駕車。⓯公斂處父　複姓公斂，字處父，名陽。是孟氏的家臣。⑯宵軍　夜間襲擊。⑰墮　毀壞軍容以誘敵。猶言假裝沒有防備而實際埋設伏兵。墮，同「隳」。毀壞。⑱而　你。第二人稱代詞，指陽虎。⑲苫夷　即苫越，魯國大夫。⑳有司　軍法官；執掌軍法的人。㉑女　汝；你。第二人稱代詞，指陽虎。㉒十一月戊午　十一月二十三日。㉓單子　指前文的單武公。㉔劉子　指前文的劉桓公。㉕逆王　迎接周敬王。㉖慶氏　周王室大夫，守姑蕕的邑宰。㉗籍秦　晉國大夫。㉘己巳　十二月初五日。漏「十二月」三字。㉙館　住。用作動詞。㉚黨氏　周王室大夫。此處意為黨氏的家。㉛莊宮　周莊王的廟。

【語　譯】魯定公七年春季二月，周王室王子朝餘黨儋翩進入到儀栗而叛變。

齊國人歸還鄆地、陽關給魯國，陽虎居住該地作為主持政事之地。

夏季四月，單武公、劉桓公在窮谷打敗儋翩的黨羽尹氏。

秋天，齊景公、鄭獻公在鹹地結盟，在衛國召集諸侯會見。衛靈公想要背叛晉而依靠齊國和鄭國，大夫們都認為不可。衛靈公派北宮結到齊國去，而私下對齊景公說：「囚禁北宮結而來侵襲我國。」齊景公聽從了他，於是就在瑣地結盟。

齊國大夫國夏攻打我魯國。陽虎為季桓子駕御戰車，公斂處父為孟懿子駕御戰車，打算在夜間襲擊齊軍。齊軍聽到這個消息，假裝沒有防備，埋設伏軍而等待魯軍。公斂處父說：「陽虎不考慮這樣做的禍患，你一定會死。」苫夷說：「陽虎把季桓子和孟懿子陷於災難，不等軍法官的判決，我一定殺了你。」陽虎害怕，就撤回了軍隊，才沒有遭受失敗。

冬季十一月二十三日，單武公、劉桓公在慶氏那裏迎接周敬王。晉國的籍秦護送周敬王。十二月初五日，周敬王進入王城，住在公族黨氏家裏，然後到莊王廟裏去朝拜。

【說　明】本年傳文有六小節。第一小節記載儋翩進入到儀栗地方而正式叛變。說明上年記載只是儋翩想依靠鄭國的勢力準備作亂，所以晉國派閻沒到周地戍守並在胥靡築城，周敬王出居姑蕕，都是為了應付儋翩的作亂。至本年二月儋翩才正式動兵叛亂。

第二小節記載齊國歸還鄆邑和陽關，說明這兩邑本為魯國所有，中間曾被齊國侵佔。陽虎住到那裏去發布政令說明他的專權，為所欲為。

第三小節記載單武公、劉桓公打敗儋翩黨羽尹氏的軍隊，說明周王室平叛戰爭第一戰役的勝利。

第四小節記載齊、鄭兩國在衛地結盟，衛靈公想背叛晉國而依屬齊、鄭兩國，竟不顧大夫們的反對，使用了卑鄙的詭計，讓齊國抓住自己的使者並請齊國來侵襲自己的國家，終於達到與齊國結盟的目的。這為明年晉國的涉佗推衛靈公之手，血淌到腕之事張本。

第五小節記載齊國軍隊攻打魯國，這是因為齊國此時已背叛晉國，而魯國正與晉國親密。作為季氏家臣的陽虎和作為孟氏家臣的公斂處父，都為他們的主子駕御戰車。但陽虎又是魯國的執政者，所以一切戰略戰術都由他決定。他打算夜擊齊軍，卻不考慮後果；而齊軍早有準備，已埋伏等待。由於公斂處父和苫夷的警告和威脅，陽虎才撤兵，避免了一場災難。但這又為明年的陽虎叛變埋下了伏筆。

第六小節記載單武公、劉桓公迎接周敬王回到王城。這與上年周敬王出居姑蕕相呼應。這表明平叛戰爭已取得重大勝利，但並沒有結束。因為儋翩及其黨羽尚未完全消滅，還有待明年的戰鬥。

八年

己亥，西元前五〇二年。周敬王十八年、齊景公四十六年、晉定公十年、秦哀公三十五年、楚昭王十四年、宋景公十五年、衛靈公三十三年、陳懷公四年、蔡昭侯十七年、曹靖公四年、鄭獻公十二年、燕簡公三年、吳闔廬十三年、杞僖公四年。

經 八年春王正月，公侵齊。

公至自侵齊。

二月，公侵齊。

三月，公至自侵齊。

曹伯露卒。

夏，齊國夏帥師伐我西鄙。

公會晉師于瓦。

公至自瓦。

秋七月戊辰，陳侯柳卒。

晉士鞅帥師侵鄭，遂侵衛。

葬曹靖公。

九月，葬陳懷公。

季孫斯、仲孫何忌帥師侵衛。

冬，衛侯、鄭伯盟于曲濮。

從祀先公。

盜竊寶玉、大弓。

傳 八年春王正月，公侵齊，門于陽州❶。士皆坐列❷，曰：「顏高❸之弓六鈞[4]。」皆取而傳觀之。陽州人出，顏高奪人弱弓[5]，籍丘子鉏[6]擊之，與一人俱斃[7]。偃[8]，且射子鉏，中頰，殪[9]。顏息[10]射人中眉，退曰：「我無勇[11]，吾志[12]其目也。」師退，冉猛[13]偽傷足而先。其兄會乃呼曰：「猛也殿[14]！」

二月己丑[15]，單子[16]伐穀城[17]，劉子[18]伐儀栗[19]。辛卯[20]，單子伐簡城[21]，劉子伐盂[22]，以定王室。

趙鞅[23]言於晉侯[24]曰：「諸侯唯宋事晉，好逆[25]其使，猶懼不至；今又執之，是絕諸侯也。」將歸樂祁。士鞅[26]曰：「三年止之[27]，無故而歸之，宋必叛晉。」獻子私謂子梁[28]曰：「寡君懼不得事宋君，是以[29]止子[30]。子姑使溷[31]代子。」子梁以告陳寅[32]。陳寅曰：「宋將叛晉，是[33]棄溷也，不如待之。」樂祁歸，卒于大行[34]。士鞅曰：「宋必叛，不如止其尸[35]以求成焉[36]。」乃止諸州[37]。

公侵齊，攻廩丘[38]之郛[39]。主人[40]焚衝[41]，或濡馬褐[42]以救之，遂毀之[43]。主人出[44]，師奔[45]。陽虎偽[46]不見冉猛者[47]，曰：「猛在此，必敗[48]。」猛逐之[49]，顧[50]而無繼[51]，偽顛[52]。虎曰：「盡客氣[53]也。」

苫越[54]生子，將待事而名之。陽州之役獲焉[55]，名之曰陽州。

夏，齊國夏[56]、高張[57]伐我西鄙[58]。晉士鞅、趙鞅、荀寅[59]救我。公[60]會晉師于瓦[61]，范獻子執羔[62]，趙簡子、中行文子皆執鴈[63]。魯於是[64]始尚羔。

【注　釋】[1]門于陽州　攻陽州的城門。陽州，在今山東東平縣北境。本為魯邑，後為齊所佔有。[2]坐列　按行列坐著。無鬥志狀。[3]顏高　魯國人名。[4]鈞　古代重量單位之一，三十斤為一鈞。合今十斤。[5]弱弓　軟弓。[6]籍丘子鉏　齊國人名。[7]斃　仆倒；跌倒。[8]偃　仰臥。[9]殪　死。[10]顏息　魯國人名。[11]無勇　不善射。[12]志　心願；心志。[13]冉猛　魯國人名。[14]殿　行軍走在最後。[15]二月己丑　本年二月無「己丑」，「二」當為「三」之誤。三月己丑，三月二十六日。[16]單子　單武公。周王室卿大夫。[17]穀城　周王室所轄地名。在今河南洛陽西北。[18]劉子　劉桓公。周王室卿大夫。[19]儀栗　周王室所轄地名。具體地點不詳。[20]辛卯　三月二十八日。[21]簡城　周王室所轄地名。在今河南洛陽附近。[22]盂　即邘，本為鄭國地，為周王室所取。在今河南沁陽西北。[23]趙鞅　即趙簡子，名鞅。晉國六卿之一。[24]晉侯　指晉定公。[25]好逆　好好地迎接。[26]士鞅　即范獻子。士氏，名鞅。[27]止之　扣留他。[28]子梁　即樂祁，字子梁。[29]是以　以是；因此。[30]止子　留住您。子，對對方的敬稱。[31]溷　樂祁之子。[32]陳寅　樂祁的家臣之長。[33]是　此；這。指讓溷來代其父。[34]大行　晉國東南部山名。即太行山。在今河南沁陽市西北三十里，為太行山八陘之一。[35]止其尸　留下他的屍體。[36]求成焉　向宋國求和。成，和。焉，「於之」的合義，指向宋國。[37]止諸州　留屍於州地。諸，「之於」的合音合義。州，地名。在今河南沁陽東南五十里。[38]廩丘　地名。在今山東鄄城東北。[39]郛　外城。即「郭」。[40]主人　指廩丘的守將。[41]衝　通「幢」。攻城的戰車。[42]馬褐　粗麻布所製的短衣。[43]毀之　攻破外城。[44]出　出戰。[45]師奔　魯軍奔逃。[46]偽　假裝。[47]不見冉猛者　不見冉猛的樣子。[48]敗　敗之；打敗廩丘之軍。此處省略「之」字。[49]之　指代廩丘軍。[50]顧　回頭看。[51]無繼　沒有後續部隊跟上來。[52]偽顛　假裝從車上跌下來。[53]客氣　非出於內心的勇氣；假心假意。[54]苫越　即苫夷，魯國大夫。[55]獲焉　在那裏俘虜了敵人。[56]國夏　齊國大夫。[57]高張　齊國大夫。[58]西鄙　西部邊境。[59]荀寅　即中行文子。晉國六卿之一。[60]公　指魯定公。[61]瓦　衛國地名。在今河南滑縣南。[62]羔　小羊。[63]鴈　「雁」的異體字。[64]於是　從此。

【語　譯】魯定公八年春周曆正月，魯定公侵襲齊國，攻打陽州的城門。士兵都排列坐著，說：「顏高的弓要用一百八十斤的力才能拉滿。」大家都拿來傳看。陽州人出戰，顏高只得奪過別人的軟弓準備射箭，籍丘子鉏擊打顏高，顏高和另外一個人都被打倒在地上。顏高仰臥著，而且用箭射擊籍丘子鉏，射中了他的臉頰，倒地而死。顏息射人射中眉毛，退下來說：「我不善於射箭，我心裏想的是射他的眼睛的。」軍隊撤退時，冉猛假裝腳上受傷而走在前面。他的哥哥冉會就大喊說：「猛，到最後邊去押陣！」

三月二十六日，單武公攻打穀城，劉桓公攻打儀栗。三月二十八日，單武公攻打簡城，劉桓公攻打盂地，以安定周朝王室。

趙簡子對晉定公說：「諸侯中只有宋國事奉晉國，好好地迎接他們的使者，還害怕他們不來；現在又囚禁他們的使者，這樣就斷絕與諸侯關係了。」打算放回樂祁。范獻子說：「扣留了他三年，無緣無故而把他放回去，宋國一定背叛晉國。」范獻子私下對樂祁說：「我國國君害怕不能事奉宋國國君，因此留住您。您姑且讓您的兒子溷來代替您。」樂祁把這番話告訴陳寅。陳寅說：「宋國將要背叛晉國，這樣做等於拋棄溷了，不如等待時機。」樂祁被放回，死在太行途中。范獻子說：「宋國一定背叛，不如留下他的屍體來向宋國求和。」於是留樂祁屍體在州地。

魯定公侵襲齊國，攻打廩丘的外城。守廩丘的人放火焚燒魯國衝鋒的戰車。有人用浸濕的粗麻布短衣滅火，就攻破了外城。守將出戰，魯國的軍隊奔逃。陽虎假裝沒有看見冉猛的樣子，說：「冉猛如果在這裏，一定能打敗他們。」冉猛就追逐廩丘人，回頭看看沒有後繼的人跟上來，就假裝從車上跌下來。陽虎說：「都是假心假意的勇氣。」

苫越生了一個兒子，打算等待發生大事而給他取名。陽州的戰役俘獲了敵人，就給兒子取名叫陽州。

夏天，齊國的國夏、高張攻打我魯國的西部邊境。晉國的范獻子、趙簡子、中行文子來援救我國。魯定公在瓦地會見晉國軍隊，范獻子拿著小羊，趙簡子、中行文子都拿著雁作為見面的禮物。魯國從這時開始就以羔羊作為貴重禮物。

【說　明】本大段第一小節和第四小節記載魯國兩次侵襲齊國，但都沒有取得大勝，主要原因是戰士無鬥志，這從冉猛的表現中可明顯地看出來。第五小節記載苫越給兒子取名陽州，因為在陽州戰役中有所俘獲。說明兩次戰役雖未大勝，但小收穫還有一點。這三節本應在一起記敘，但因《左傳》是按年月記事件，所以隔開成三個小節。

第二小節記載單武公和劉桓公攻打各邑，都是為了討伐儋翩及其黨羽，目的是安定周朝王室。這是上年迎周敬王回王城後的餘波。

第三小節記載晉國對放不放樂祁回宋國的一場爭論，反映出晉國卿士之間矛盾的加深。最後樂祁死在晉國，為下年宋國派人赴晉迎樂祁之屍體張本。

第六小節記載齊國攻打魯國邊境，這是對魯國兩次侵襲齊國的報復。由於晉國救援，齊軍未入魯境。說明晉、魯兩國關係更加親密。

傳 晉師將盟衛侯❶于鄟澤❷，趙簡子曰：「羣臣誰敢盟衛君者？」涉佗❸、成何❹曰：「我能盟之。」衛人請執牛耳❺。成何曰：「衛，吾溫❻、原❼也，焉得視諸侯❽？」將歃，涉佗捘❾衛侯之手，及捥❿，衛侯怒，王孫賈⓫趨進⓬曰：「盟以信禮⓭也，有如衛君，其⓮敢不唯禮是事⓯而受此盟也？」衛侯欲叛晉，而患諸大夫。王孫賈使次于郊⓰。大夫問故，公以晉詬⓱語之，且曰：「寡人辱社稷，其⓲改卜嗣⓳，寡人從焉⓴。」大夫曰：「是衛之禍，豈君之過也？」公曰：「又有患焉，謂寡人『必以而子㉑與大夫之子為質』。」大夫曰：「苟㉒有益也，公子則往，羣臣之子敢㉓不皆負羈絏㉔以從？」將行，王孫賈曰：「苟衛國有難，工商未嘗不為患，使皆行而後可。」公以告大夫，乃皆將行之。行有日㉕，公朝國人，使賈問焉㉖，曰：「若衛叛晉，晉五伐我，病㉗何如矣？」皆曰：「五伐我，猶可以能戰。」賈曰：「然則如㉘叛之，病而後質焉，何遲之有㉙？」乃叛晉。晉人請改盟㉚，弗許。

秋，晉士鞅會成桓公㉛侵鄭，圍蟲牢㉜，報伊闕㉝也。遂侵衛。

九月，師㉞侵衛，晉故㉟也。

【注釋】❶衛侯　指衛靈公。❷鄟澤　衛國地名。具體地點不詳。❸涉佗　晉國大夫。❹成何　晉國大夫。❺執牛耳　諸侯歃血為盟，割牛耳取血，盛牛耳於珠盤，由主盟者執盤，所以後人稱主盟者為「執牛耳」。❻溫　晉國邑名。今河南溫縣。❼原　晉國邑名。今河南濟源北。❽視諸侯　以諸侯看待。❾捘　推。❿捥　同「腕」。手腕。⓫王孫賈　衛國大夫。⓬趨進　快步前進。⓭信禮　伸張禮儀。信，伸。⓮其　豈。⓯唯禮是事　唯事禮；事奉禮儀。是，助詞。⓰次于郊　住在郊外。次，住。⓱詬　恥；受辱。⓲其　還是。⓳改卜嗣　重新占卜選擇別人作為先君的繼承人。⓴從焉　服從大夫們的所立。㉑而子　你的兒子。而，你的。㉒苟　如果。㉓敢　豈敢。㉔負羈紲　背負著馬籠頭和馬韁繩。按：此乃春秋時從行者的常語。㉕有日　定了日子。㉖問焉　向他們詢問。焉，「於之」的合義詞。㉗病　困難；危險。㉘如　應當。㉙何遲之有　有何遲；有什麼晚。之，助詞。㉚改盟　重新結盟。㉛成桓公　周王室卿士。㉜蟲牢　鄭國地名。在今河南封丘北。㉝伊闕　周王室所轄地名。在今河南洛陽南。即前定公六年鄭國攻打周六邑的闕外。㉞師　指魯國軍隊。㉟晉故　為晉國討衛的緣故。

【語　譯】晉國軍隊將要在鄟澤與衛靈公結盟，趙簡子說：「各位大夫中有誰敢去與衛國國君結盟？」涉佗、成何說：「我們能使他結盟。」衛國人請求由他們主盟。成何說：「衛國，等於我國溫地、原地差不多，怎麼能以諸侯看待？」將要歃血時，涉佗推開衛靈公的手，血一直流到手腕上。衛靈公發怒，王孫賈快步前進，說：「結盟是用來伸張禮儀的，就像衛國國君所做的那樣，難道敢不事奉禮儀而接受這個盟約？」衛靈公想要背叛晉國，而又憂慮大夫們反對。王孫賈讓衛靈公住在郊外。大夫們問什麼緣故，衛靈公把受晉國人的侮辱告訴了他們，並且說：「我使國家蒙受恥辱，還是重新占卜選擇別人作為先君的繼承人，我願意服從於他。」大夫們說：「這是衛國的禍患，難道是國君的過錯嗎？」衛靈公說：「還有使人憂慮的事呢，他們對我說『一定要用你的兒子和大夫的兒子作為人質』。」大夫們說：「如果對國家有好處，公子就去，羣臣的兒子豈敢不都背負著馬籠頭和馬韁繩而跟從前去？」將要走的時候，王孫賈說：「如果衛國有了災難，工匠商人未嘗不是禍患，要使他們全都走了才行。」衛靈公把這話告訴大夫們，於是就讓他們都走。已經確定了動身的日期，衛靈公讓國人朝見，派王孫賈向國人詢問，說：「如果衛國背叛晉國，晉國攻打我們五次，我國將危險得怎麼樣呢？」大家都說：「晉國攻打我國五次，我國還可以有能力作戰。」王孫賈說：「既然這樣就應當先背叛晉國，遇到危難時然後向他們送人質，有什麼晚呢？」於是就背叛晉國。晉國人請求重新結盟，衛國人不同意。

秋天，晉國的范獻子會合成桓公侵襲鄭國，包圍蟲牢，這是報復鄭國攻打伊闕的那次戰役。於是乘機侵襲衛國。

九月，魯國的軍隊侵襲衛國，這是因為晉國的緣故。

【說　明】這一大段第一節記載衛國與晉國的矛盾，其導火線是在結盟時由誰執牛耳問題引起的。但學術界對「執牛耳」有不同的理解，所以對這段有關文字有相反的解釋。一般的理解是由主盟者執牛耳，這段中「衛人請執牛耳」就是衛國人請求由衛靈公執牛耳，也就是由衛靈公主盟。但孔穎達疏根據《左傳》襄公二十七年及哀公十七年的記載，認為結盟時用牛耳，由卑者執之，尊者涖之。也就是小國執牛耳，大國涖之。楊伯峻《春秋左傳注》按照這一理解，認為這裏的「衛人請執牛耳」是指請晉國大夫執牛耳。因為衛國雖小，但預盟者是國君；晉國雖強，但預盟者是大夫；衛國國君為尊，晉國大夫為卑，所以衛國人請晉臣執牛耳。不管是哪一種解釋，都說明衛、晉兩國在這裏是為爭奪盟主而發生矛盾和鬥爭，最後導致衛國背叛晉國。

傳 季寤❶、公鉏極❷、公山不狃❸，皆不得志於季氏，叔孫輒❹無寵於叔孫氏，叔仲志❺不得志於魯，故五人因❻陽虎。陽虎欲去三桓，以季寤更❼季氏，以叔孫輒更叔孫氏，己更孟氏。冬十月，順祀❽先公而祈焉。辛卯❾，禘❿于僖公。壬辰⓫，將享季氏于蒲圃⓬而殺之，戒⓭都車曰：「癸巳⓮至。」

成宰⓯公斂處父⓰告孟孫⓱，曰：「季氏⓲戒都車，何故？」孟孫曰：「吾弗聞。」處父曰：「然則⓳亂也，必及於子，先備諸⓴！」與孟孫以壬辰為期。

陽虎前驅。林楚㉑御桓子，虞人㉒以鈹㉓、盾夾之，陽越㉔殿。將如蒲圃。桓子咋㉕謂林楚曰：「而先㉖皆季氏之良㉗也，爾以是繼之。」對曰：「臣聞命後㉘。陽虎為政，魯國服焉㉙，違之徵死㉚，死無益於主。」桓子曰：「何後之有㉛？而能以我適㉜孟氏乎？」對曰：「不敢愛死㉝，懼不免主。」桓子曰：「往也！」孟氏選圉人㉞之壯者三百人以為公期㉟築室於門外。林楚怒馬㊱，及衢而騁。陽越射之，不中。築者闔門㊲。有自門間射陽越，殺之。陽虎劫公㊳與武叔㊴，以伐孟氏。公斂處父帥成人自上東門㊵入，與陽氏戰于南門之內，弗勝；又戰于棘下㊶，陽氏敗。陽虎說㊷甲如公宮，取寶玉、大弓以出，舍㊸于五父之衢，寢而為食㊹。其徒曰：「追其㊺將至。」虎曰：「魯人聞余出，喜於徵死㊻，何暇追余？」從者曰：「嘻㊼！速駕，公斂陽㊽在。」公斂陽請追之，孟孫弗許。陽欲殺桓子，孟孫懼而歸之。子言㊾辨舍爵㊿於季氏之廟而出。陽虎入于讙(51)、陽關(52)以叛。

鄭駟歂(53)嗣(54)子大叔(55)為政。

【注　釋】❶季寤　即子言。季孫意如之子，季桓子之弟。魯國大夫。❷公鉏極　氏公鉏，名極。魯國大夫。❸公山不狃　即子洩。魯國大夫。❹叔孫輒　即子張。叔孫氏庶子，魯國大夫。❺叔仲志　叔仲帶之孫。魯國宗族。❻因　依靠。❼更　取代；代替。❽順祀　從祀；依即位先後的次序祭祀。❾辛卯　十月初二日。❿禘　古代祭名。諸侯五年一次在太廟合祭羣先公的禮儀。⓫壬辰　十月初三日。⓬蒲圃　魯國場圃名。在都城曲阜東門外。⓭戒　敕令；命令。⓮癸巳　十月初四日。⓯成宰　守成地的長官。成，即郕。魯國邑名。在今山東寧陽東北。⓰公斂處父　孟氏家臣。複姓公斂，名陽，字處父。⓱孟孫　指孟懿子。⓲季氏　此處指陽虎。因陽虎是季氏家臣之長，而且已劫持季氏。⓳然則　這樣就是。⓴諸　「之乎」的合音合義。㉑林楚　季氏家臣。㉒虞人　掌管山澤的官兵。㉓鈹　長矛。㉔陽越　陽虎的從弟。㉕咋　同「乍」。突然。㉖而先　你的前輩。而，你；你的。㉗良　良臣；好家臣。㉘後　遲；晚。㉙焉　於之。㉚徵死　招死。徵，召；招。㉛何後之有　有何後；有什麼遲呢。之，助詞。㉜適　往。㉝愛死　愛惜一死。㉞圉人　男奴隸。㉟公期　孟氏的族子。㊱怒馬　使馬發怒。㊲闔門　關閉大門。㊳劫公　劫持魯定公。㊴武叔　即武叔懿子。名州仇。叔孫不敢之子，又稱叔孫。魯國大夫。㊵上東門　魯國都城曲阜的城門名。㊶棘下　魯國都城中的地名。㊷說　同「脫」。脫掉。㊸舍　住。㊹寢而為食　自己已經睡下而命令別人為他做飯。㊺其　大概；恐怕。㊻徵死　緩死。徵，通「緩」。緩。㊼嘻　表示驚懼的歎詞。相當於現在漢語的「啊」。㊽公斂陽　公斂處父，名陽。㊾子言　即季寤，字子言。㊿辨舍爵　周遍地斟酒於爵。辨，通「遍」。周遍。舍爵，斟酒在爵中。爵，古代酒器。在祖宗廟中一一置酒，這是古人將要出奔的告別之禮。(51)讙　魯國地名。在今山東寧陽北。52陽關 魯國地名。在今山東泰安南。53驅歂 即子然。驅乞之子，鄭國大夫。54嗣 繼承。55子大叔 即游吉，游氏宗主。子大叔五年前已卒，見前定公四年傳文。

【語 譯】季寤、公鉏極、公山不狃在季氏那裏都不得志，叔孫輒在叔孫氏那裏不被寵信，叔仲志在魯國也不得志，所以這五個人投靠陽虎。陽虎想要除掉三桓，用季寤取代季桓子，以叔孫輒取代叔孫武叔，自己取代孟懿子。冬季十月，按照即位先後的順序祭祀先公而且向他們祈禱。十月初二日，在僖公廟裏舉行禘祭。初三日，將要在蒲圃設享禮招待季氏而殺掉他，命令都城裏的戰車部隊說：「初四那天都要到這裏來。」

成邑的長官公斂處父告訴孟懿子，說：「季氏命令都城裏的戰車部隊，是什麼緣故？」孟懿子說：「我沒有聽說。」公斂處父說：「那就是叛亂了，一定會涉及到你，你先準備一下吧！」與孟懿子約定以初三為期。

陽虎驅車走在前面，林楚為季桓子駕車，掌管山澤的官兵手持長矛、盾牌在兩邊夾護他，陽越走在最後。將要到蒲圃去。季桓子突然對林楚說：「你的先人都是季氏家的忠良之臣，你也要以此繼承他們。」林楚回答說：「我聽到你這話已經晚了。陽虎執政，魯國人都服從於他，違背他就是招死，死了也對主人沒有好處。」季桓子說：「有什麼晚？你能帶我到孟懿子那裏去嗎？」林楚回答說：「我不敢愛惜一死，怕的是不能使主人免於禍難。」季桓子說：「去吧！」孟懿子挑選了奴隸中三百個健壯的人為公期在門外造房子。林楚鞭打乘馬使牠發怒，到大街上而飛馳起來。陽越用箭射他，沒有射中。造房子的人關閉大門。有人從門縫間射陽越，殺死了他。陽虎劫持魯定公和武叔，而攻打孟氏。公斂處父率領成地人從上東門進入，與陽氏在南門之內交戰，沒有取勝；又在棘下交戰，陽氏被打敗。陽虎脫掉皮甲進到公宮，拿了寶玉、大弓而出來，住在五父之衢，睡下以後而命令別人做飯。他的部下說：「追趕的人恐怕就要到了。」陽虎說：「魯國人聽到我出去，正高興著可以遲一些死了，哪裏有空來追我？」跟隨他的人說：「啊！快些套車吧，公斂處父在那裏。」公斂處父請求追趕陽虎，孟懿子不同意。公斂處父想殺死季桓子，孟懿子害怕而把季桓子送回家去。季寤在季氏祖廟裏向祖宗一一斟酒祭告而出奔。陽虎進入讙地、陽關而叛變。

鄭國的駟歂繼承子太叔執政。

【說　明】這大段最後一句說明鄭國的執政者由駟歂繼任，為明年殺鄧析張本。前三小節都是記載陽虎陰謀叛亂之事。

第一節，敘季孫氏、叔孫氏家族不和，有五人投靠陽虎，這為陽虎陰謀「去三桓」奠定了基礎。於是他定下了殺「三桓」的時間和步驟，那就是：十月初三日先在蒲圃設享禮招待季桓子時殺死他，然後在初四日用都邑的兵車去攻殺叔孫氏、孟孫氏兩家。這可以說是陽虎發動叛亂的準備工作。

第二節記載孟孫的家臣公斂處父識破陽虎的陰謀。陽虎命令都城戰車一事引起公斂處父的警惕，而從孟孫不知此事又斷定這是陽虎要發動叛亂，而且危及孟孫。於是與孟懿子約定，在初三日用兵來救孟懿子。這就為下節的打敗陽虎埋下了伏筆。

第三節是正面記敘陽虎的叛亂，這過程中包括了七個環節。首先，陽虎為了殺季桓子，要到蒲圃去準備設享禮，所以他必須先行。他布置林楚為季桓子駕車，由陽越殿後，這顯然是精心安排的。其次，季桓子發覺陽虎有陰謀，所以再三說服林楚，並請求林楚把他送到孟懿子那裏去。第三，當陽越發現季桓子的馬車飛奔時，就用箭射他，卻沒有射中；而陽越自己卻被孟氏的造屋人射死。第四，陽虎劫持魯定公和武叔而去攻打孟氏，被公斂處父徹底打敗。第五，公斂處父認為陽虎是季氏家臣，所以想殺死季桓子，孟懿子害怕而把季桓子送回家。第六，季寤看到陽虎發動叛亂已失敗，就到季氏祖廟中一一地斟酒祭告之後出奔。第七，陽虎進入讙地、陽關地區而繼續叛亂。這七個環節，環環相扣，層次分明，把陽虎叛亂的全過程非常清晰、生動地描敘了出來。其中，季桓子與林楚的對話，陽越射箭反被射殺的敘述，陽虎失敗後不思悔改的神態，公斂處父的精明英勇，都寫出了人物的性格。

九年

庚子，西元前五〇一年。周敬王十九年、齊景公四十七年、晉定公十一年、秦哀公三十六年、楚昭王十五年、宋景公十六年、衛靈公三十四年、陳閔公越元年、蔡昭侯十八年、曹伯陽元年、鄭獻公十三年、燕簡公四年、吳闔廬十四年、杞僖公五年。

經 九年春王正月。

夏四月戊申，鄭伯蠆卒。

得寶玉、大弓。

六月，葬鄭獻公。

秋，齊侯、衛侯次于五氏。

秦伯卒。

冬，葬秦哀公。

傳 九年春，宋公❶使樂大心❷盟于晉，且逆樂祁之尸❸。辭，偽❹有疾；乃使向巢❺如晉盟，且逆子梁❻之尸。子明❼謂桐門右師❽出❾，曰：「吾猶衰絰❿，而子擊鐘，何也？」右師曰：「喪不在此故也。」既而⓫告人曰：「己衰絰而生子，余何故舍⑫鍾？」子明聞之，怒，言於公曰：「右師將不利戴氏⑬。不肯適晉，將作亂也。不然，無疾。」乃逐桐門右師。

鄭駟歂殺鄧析⑭，而用其《竹刑》⑮。君子謂：「子然⑯於是不忠。苟有可以加⑰於國家者，棄⑱其邪可也。〈靜女〉⑲之三章，取彤管⑳焉。〈竿旄〉㉑『何以告之㉒』，取其忠也。故用其道，不棄其人。《詩》㉓云：『蔽芾㉔甘棠㉕，勿翦勿伐，召伯所茇㉖。』思其人，猶愛其樹，況用其道而不恤㉗其人乎？子然無以勸㉘能矣。」

【注釋】❶宋公　指宋景公。❷樂大心　即桐門右師。宋國大夫。❸樂祁之尸　樂祁上年卒於大行，屍留晉國州地，見定公八年傳文。❹偽　假裝。❺向巢　即左師巢。向氏，名巢，官左師。宋國大夫。❻子梁　樂祁字子梁。❼子明　樂祁之子，名溷，字子明。❽桐門右師　即樂大心。桐門，封邑。右師，官名。樂溷之族叔。❾出　出國迎接靈柩。❿衰絰　喪服。古人喪服胸前當心處綴有長六寸、廣四寸的麻布，名衰，故稱此衣為「衰」；圍在頭上的散麻繩為首絰，纏在腰間的散麻繩為腰絰。「衰」、「絰」兩者是喪服的主要部分，故稱喪服為「衰絰」。⑪既而　不久以後。⑫舍　同「捨」。捨棄。⑬戴氏　指宋國。因春秋時宋國國君都是宋戴公之後代子孫。⑭鄧析　鄭國大夫。⑮竹刑　鄧析作刑律，書於竹簡，所以名《竹刑》。⑯子然　駟歂的字。⑰加　益；好處。⑱棄　放棄；不嚴懲；不責罰。⑲靜女　《詩經・邶風》篇名。是男女約會的詩。⑳彤管　赤管筆。古代女子用紅色竹管製的筆記事。㉑竿旄　《詩經・鄘風》篇名，今本都寫作「干旄」。是讚美賢臣好善的詩。㉒何以告之　《詩經・鄘風・干旄》篇中的句子。㉓詩　指《詩經・召南・甘棠》篇。㉔蔽芾　樹木高大覆蓋的樣子。㉕甘棠　喬木名，即棠梨。高可達十公尺。㉖茇　草房；住宿的草房。㉗恤　顧恤；體念。㉘勸　勉勵。

【語譯】魯定公九年春天，宋景公派樂大心到晉國去結盟，並且迎回樂祁的靈柩。樂大心推辭，假裝有病；

於是就派向巢到晉國去結盟，並且迎回樂祁的靈柩。當時樂祁的兒子子明要樂大心出國迎接靈柩，說：「我還穿著喪服，而您卻敲鐘作樂，這是為什麼呢？」樂大心說：「這是因為喪事不在這裏的緣故。」不久以後又告訴別人說：「自己穿著喪服而生孩子，我為什麼緣故不能敲鐘？」子明聽到了這話，大為惱怒，對宋景公說：「樂大心將要做不利於宋國的事。他不肯到晉國去，是打算發動叛亂。如果不是這樣，為什麼無病而裝病？」於是就驅逐了樂大心。

鄭國的駟歂殺死了鄧析，而又採用他制訂的《竹刑》。君子認為：「駟歂在這件事上是不忠的。如果有人對國家有益處，就可以不責罰他的邪惡。〈靜女〉這三章詩，是採取它用彤管記事的意思。〈竿旄〉說的『用什麼來勸告他』，是採取它的忠誠之意。所以用了那個人的主張，就不能懲罰那個人。《詩經》說：『高大茂密的甘棠樹，不要剪它不要砍伐它，這是召伯所居住過的地方。』思念那個人，尚且愛護那棵樹，何況用了他的主張而能不顧恤那個人的生命嗎？駟歂沒有辦法來勉勵賢能的人了。」

【說　明】這大段兩小節分別記載了宋國和鄭國的各一件事。宋國大夫樂大心不願意到晉國去結盟和迎回樂祁的靈柩，引起樂祁之子子明的不滿。於是兩人互相攻擊，最後子明竟在宋景公面前說樂大心的壞話，從而把樂大心逐出宋國。根據《春秋》經文的記載，樂大心被逐出奔到曹國是下年的事，《左傳》卻在本年連屬於子明與樂大心互相攻訐之後，這是探後言之，使這一件事的前後因果關係記載得更為完整而清晰。

鄭國大夫鄧析是春秋末名家，法家的先驅者。他不滿子產所鑄的刑鼎，自己編了一部刑書，寫在竹簡上，稱為《竹刑》。並以此傳授給門徒，跟從他學訟者不可勝數。這裏記載鄧析被執政者駟歂所殺，但他的《竹刑》卻終於被駟歂所採用，說明鄧析是對國家有貢獻的人，所以《左傳》用「君子」來評論駟歂殺鄧析是「不忠」的。《左傳》作者引用《詩經》的話來說明，只要對國家有好處，就應該愛護他。駟歂殺了有貢獻的人就不能勉勵有才能的人了。這個評論對今天仍有教育意義。

傳 夏，陽虎歸❶寶玉、大弓，書曰「得」❷，器用也。凡獲器用曰得，得用焉曰獲。

六月，伐陽關❸。陽虎使焚萊門❹。師❺驚，犯❻之而出奔齊，請師❼以伐魯，曰：「三加❽，必取之。」齊侯❾將許之。鮑文子❿諫曰：「臣嘗為隸⓫於施氏⓬矣，魯未可取也。上下猶和，眾庶⓭猶睦，能事大國，而無天菑⓮，若之何取之？陽虎欲勤⓯齊師也，齊師罷⓰，大臣必多死亡，己⓱於是乎奮⓲其詐謀⓳。夫陽虎有寵於季氏，而將殺季孫⓴，以不利魯國，而求容㉑焉。親富不親仁，君焉用之？君富於季氏，而大於魯國，茲㉒陽虎所欲傾覆㉓也。魯免其疾㉔，而君又收之，無乃㉕害乎？」

齊侯執陽虎，將東之㉖。陽虎願東㉗，乃囚諸㉘西鄙㉙。盡借邑人之車，鍥㉚其軸，麻約㉛而歸之。載蔥靈㉜，寢於其中而逃。追而得之，囚於齊㉝。又以蔥靈逃，奔宋，遂奔晉，適㉞趙氏。仲尼㉟曰：「趙氏其㊱世有亂乎！」

【注釋】❶歸　歸還；送回。❷得　指《春秋》經文記載稱「得」。這以下是對《春秋》經文用「得」字和「獲」字的解釋。❸陽關　魯國地名。在今山東泰安南。上年陽虎奔逃至此繼續叛亂。❹萊門　陽關的邑門。❺師　指魯國軍隊。❻犯　指陽虎突圍。❼請師　請求出兵。❽三加　三次加兵於魯國。❾齊侯　指齊景公。❿鮑文子　姓鮑，名國。鮑牽之弟。文，諡號。見前成公十七年傳文。⑪為隸　猶言為臣。⑫施氏　指施孝叔，魯國大夫。鮑國曾為施孝叔家臣，見前成公十七年傳文。⑬眾庶　百姓。⑭菑　同「災」。⑮勤　勞動。⑯罷　通「疲」。疲勞；困乏。⑰己　指陽虎。⑱奮　振起；施展。⑲詐謀　欺詐陰謀。⑳季孫　指季桓子。陽虎欲殺季桓子，見上年傳文。㉑求容　博取喜悅；討人喜歡。㉒茲　此；這就是。㉓傾覆　指顛覆（齊國）。㉔疾　禍害。㉕無乃　恐怕是；大概是。㉖東之　把他囚禁在齊國東部。㉗願東　陽虎想西奔晉國，知道齊國一定反對自己的意願，所以假裝願意到東部。㉘囚諸　囚之於；把他囚禁在。諸，「之於」的合音合義。㉙西鄙　西部邊境。㉚鍥　刻；截斷。㉛蔴約　用蔴纏束。㉜葱靈　輜車；裝載衣物的車子。㉝齊　指齊國都城。㉞適　到；依附。㉟仲尼　即孔子。孔子名丘，字仲尼。㊱其　大概；恐怕。

【語　譯】夏天，陽虎送回寶玉、大弓，《春秋》記載說「得」，因為它們是器物用具。凡是獲得器物用具叫做「得」，用器物來獲得生物叫做「獲」。

六月，攻打陽關。陽虎派人燒了萊門。魯軍驚恐，陽虎乘機突破魯國包圍而出奔逃到齊國，請求齊國出兵來攻打魯國，說：「三次加兵於魯國，一定能佔取它。」齊景公打算答應他的要求。鮑文子勸諫說：「我曾經在魯國大夫施氏那裏做過家臣，知道魯國是不可能被佔取的。他們上下關係還很協調，百姓還很和睦，能夠事奉大國，而且沒有天災，怎麼能夠佔取它？陽虎想要勞動齊國的軍隊，齊國軍隊疲乏之後，大臣一定死亡很多，陽虎自己在這種情況下就會施展他的陰謀。那陽虎本來在季氏那裏受到寵信，卻準備殺死季氏，以不利於魯國，而求取別人的喜歡。他親近富有而不親近仁愛，您怎麼能用他呢？您比季氏富有，而又比魯國強大，這就是陽虎想要顛覆的所在。魯國免除了他的禍害，而您又收容他，這恐怕也是禍害吧？」

齊景公逮捕了陽虎，準備將他囚禁在齊國東部。陽虎假裝願意到東部，齊景公就把他囚禁在西部邊境。陽虎把邑中人的車子全部借來，用刀刻壞車軸，纏束上麻繩然後歸還。陽虎在車上裝滿衣物，躺在裏面而逃走。齊國人追上去而逮住了他，囚禁在齊國都城。他又一次躺在裝衣物的車子裏逃走，逃奔到宋國，終於逃奔到晉國，依附趙氏。孔子說：「趙氏恐怕世世代代有禍亂了吧！」

【說　明】這一大段都是記敘陽虎的事。上年陽虎到公宮偷取了寶玉、大弓，今年夏天他又把寶玉和大弓送回來。說明他叛亂的日子很不好過。魯國對這個叛賊當然不會放過，用軍隊攻打他的藏匿地陽關，結果他放火突圍逃到齊國。他慫恿齊景公出兵攻打魯國，被鮑文子勸阻住。齊景公囚禁了陽虎，而陽虎又用陰謀詭計逃脫，終於逃到晉國依附趙氏。這就結束了陽虎在魯國的叛亂。陽虎從季氏的家臣做到魯國的執政官，卻還想殺死季氏以及孟孫、叔孫，從而發動叛亂，最後還是落到逃亡的下場。

傳 秋，齊侯伐晉夷儀❶。敝無存❷之父將室之❸，辭，以與其弟。曰：「此役❹也，不死，反❺，必娶於高、國❻。」先登，求自門出，死於霤❼下。東郭書❽讓❾登，犁彌❿從之，曰：「子讓而左，我讓而右，使登者絕⓫而後下。」書左，彌先下。書與王猛⓬息⓭。猛曰：「我先登。」書斂甲⓮，曰：「曩者⓯之難⓰，今又難焉！」猛笑曰：「吾從子，如驂之有靳⓱。」

晉車千乘在中牟⓲，衛侯⓳將如五氏⓴，卜過之㉑，龜焦㉒。衛侯曰：「可也！衛車當其半，寡人當其半，敵㉓矣。」乃過中牟。中牟人欲伐之。衛褚師圃㉔亡在中牟，曰：「衛雖小，其君在焉，未可勝也。齊師克城㉕而驕，其帥又賤，遇㉖，必敗之，不如從㉗齊。」乃伐齊師，敗之。齊侯致禚㉘、媚㉙、杏㉚於衛。

齊侯賞犁彌，犁彌辭，曰：「有先登者，臣從之，晳幘㉛而衣貍製㉜。」公使視東郭書，曰：「乃夫子也——吾貺㉝子。」公賞東郭書，辭，曰：「彼，賓旅㉞也。」乃賞犁彌。

齊師之在夷儀也，齊侯謂夷儀人曰：「得敝無存者，以五家免㉟。」乃得其尸。公三襚㊱之，與之犀軒㊲與直蓋㊳，而先歸之。坐引者㊴，以師哭之，親推㊵之三。

【注釋】❶夷儀　晉國地名。在今河北邢臺西。❷敝無存　齊國人。❸室之　為他娶妻。❹役　戰役。❺反　通「返」。回來。❻高國　高氏、國氏。都是齊國的貴族。敝無存想在這次戰役中立功而娶卿相之女。❼霤　屋檐。❽東郭書　齊國大夫。❾讓　通「攘」。爭奪；搶先。❿犁彌　即王猛。齊國羈旅者。⓫絕　盡。⓬王猛　即犁彌。⓭息　戰鬥結束後休息。⓮斂甲　收拾鎧甲。⓯曩者　往昔；過去。這裏指戰鬥中犁彌要東郭書搶先登上城牆左邊時。⓰難　為難；過不去。⓱驂之有靳　驂馬跟隨服馬。古代戰車駕有四馬，兩邊的馬稱驂，中間的二馬稱服。靳，服馬當胸的皮革，背上有游環，兩驂馬的轡由外貫於游環中，而總於御者。靳就是使驂馬跟隨服馬，不使驂馬外出或前行。⓲中牟　晉國地名。在今河南鶴壁西。一說在今河北邢臺與邯鄲之間。⓳衛侯　指衛靈公。⓴五氏　即寒氏。晉國地名。在今河北邯鄲西。㉑卜過之　為經過中牟而占卜。㉒龜焦　灼龜甲，龜甲燒焦而不成徵兆。㉓敵　相等；匹敵。㉔褚師圃　人名。㉕克城　指齊軍攻克晉國夷儀城。㉖遇　指兩軍相遇作戰。㉗從　追逐；迎戰。㉘禚　齊國西部邊疆地名。在今山東長清縣西境。㉙媚　齊國西部邊境地名。在今山東禹城市境內。㉚杏　齊國西部邊境地名。在今山東茌平南博平廢治境內。㉛晳幘　白色頭巾。晳，潔白。幘，包頭髮的巾。㉜貍製　貍皮斗篷。製，斗篷。㉝貺　賞賜；賜與。㉞賓旅　羈旅之臣。㉟以五家免　賞賜五戶並且免除勞役。㊱三襚　三次為屍體穿衣服。襚，贈送死人的衣服。㊲犀軒　用犀牛皮裝飾的卿士所乘的車。㊳直蓋　高蓋；今之長柄傘。㊴坐引者　挽靈車者跪著行走。古代的「坐」，就像現在的跪。㊵親推　齊景公親自推喪車。

【語譯】秋天，齊景公為衛國而攻打晉國的夷儀。敝無存的父親打算為他娶妻，敝無存推辭，把女人給了他的弟弟，說：「在這次戰役中，如果我不死，回來，一定娶高氏、國氏家的女子為妻。」他搶先登上城牆，還想從城門裏衝出去，死在城門的檐下。東郭書爭先登城，犁彌跟隨著他，說：「您搶先上去而向左邊，我搶著上去而向右邊，使登城的人全部上來而後再下去。」東郭書登城後就向左邊去，犁彌登城後卻先下去。戰鬥結束後東郭書與犁彌在一起休息。犁彌說：「是我先登上了城牆。」東郭書收拾起鎧甲，說：「上一次你使我為難，現在又要使我為難！」犁彌笑著說：「我跟隨著您，就像驂馬跟著服馬一樣。怎敢搶功？」

晉國的戰車一千輛駐在中牟，衛靈公準備到五氏去，為經過中牟而占卜，灼龜甲而龜甲燒焦不成徵兆。衛靈公說：「可以了！衛國的戰車相當於他們的一半，我自己也相當於他們的一半，這就相等了。」於是就經過中牟。中牟人想要攻打他們。當時衛國的褚師圃正逃亡在中牟，說：「衛國雖然小，但他們的國君在那裏，是不能戰勝的。而齊國的軍隊因攻克夷儀城而驕傲，他們的將帥又地位低賤，如果兩軍相遇，一定能打敗他們，不如去迎戰齊軍。」於是就攻打齊軍，打敗了他們。齊景公把禚地、媚地、杏地送給衛國表示答謝。

齊景公賞賜犁彌，犁彌推辭，說：「有人比我先登上城牆，我只是跟著他。那個人戴著白色頭巾而披著貍皮斗篷。」齊景公讓他看看東郭書，犁彌說：「正是這位先生。——我把賞賜讓給您。」齊景公就賞賜東郭書，東郭書辭謝，說：「他是一位羈旅之臣。」於是就賞賜犁彌。

當齊軍在夷儀的時候，齊景公對夷儀的人說：「找到敝無存屍體的人，賞賜五戶並且免除勞役。」終於找到了敝無存的屍體。齊景公三次給屍體穿衣服，給與他犀牛皮裝飾的高貴車子和長柄傘作為殉葬品，而且先把屍體送回去。挽靈車的人跪著行走，讓全軍為他弔哭，齊景公親自推靈車三次。

【說　明】《左傳》記事文字非常簡鍊。有些事件發生的原因、時間、地點、結果，往往需要讀幾年、幾十年、乃至通讀全書的記載才能清晰地理解。如本大段「齊侯伐晉夷儀」的原因，在第一節中沒有記載。但我們讀了上年晉國侮辱衛靈公從而引起衛國背叛晉國以及魯國為晉國侵襲衛國的記載，再讀本大段第二節齊景公送三邑給衛國表示答謝，就可明白齊景公攻打晉國夷儀是為衛國的緣故。再如本大段第一節描寫東郭書和犁彌兩人商量搶先登城的辦法以及戰鬥結束後互相開玩笑的情景，似乎兩人是老朋友了，但我們讀了第三節，才知道原來兩人互不相識。犁彌在齊國是一位羈旅之臣。又如第二節記載晉軍「乃伐齊師，敗之」，在什麼地方打敗齊軍，敗到什麼程度，本節沒有記載。但我們如果認真讀以後哀公十五年子贛的話：「昔晉人伐衛，齊為衛故，伐晉冠氏，喪車五百。因與衛地。」就可得知此次戰役的地點是在冠氏，齊軍失敗的程度是喪失五百輛戰車。由此可見，要徹底理解每個戰役，我們必須通讀《左傳》全書。

十年

辛丑，西元前五〇〇年。周敬王二十年、齊景公四十八年、晉定公十二年、秦惠公元年、楚昭王十六年、宋景公十七年、衛靈公三十五年、陳閔公二年、蔡昭侯十九年、曹伯陽二年、鄭聲公勝元年、燕簡公五年、吳闔廬十五年、杞僖公六年。

經 十年春王三月，及齊平。

夏，公會齊侯于夾谷。

公至自夾谷。

晉趙鞅帥師圍衛。

齊人來歸鄆、讙、龜陰田。

叔孫州仇、仲孫何忌帥師圍郈。

秋，叔孫州仇、仲孫何忌帥師圍郈。

宋樂大心出奔曹。

宋公子地出奔陳。

冬，齊侯、衛侯、鄭游速會于安甫。

叔孫州仇如齊。

宋公之弟辰暨仲佗、石彄出奔陳。

傳 十年春，及齊平❶。

夏，公❷會齊侯❸于祝其❹，實夾谷❺。孔丘相❻，犁彌言於齊侯曰：「孔丘知禮而無勇，若使萊❼人以兵劫魯侯，必得志焉。」齊侯從之。孔丘以公退，曰：「士兵之❽！兩君合好，而裔夷❾之俘❿以兵亂之，非齊君所以命諸侯也。裔不謀夏，夷不亂華，俘不干⓫盟，兵不偪⓬好——於神為不祥⓭，於德為愆⓮義，於人為失禮，君必不然。」齊侯聞之，遽⓯辟⓰之。

將盟，齊人加於載書曰：「齊師出竟⓱而不以甲車三百乘從我者，有如此盟！」孔丘使茲無還⓲揖對，曰：「而⓳不反⓴我汶陽㉑之田，吾以共命㉒者，亦如之！」

齊侯將享公。孔丘謂梁丘據㉓曰：「齊、魯之故㉔，吾子㉕何不聞焉？事既成矣，而又享之，是㉖勤㉗執事㉘也。且犧、象㉙不出門，嘉樂㉚不野合。饗而既㉛具，是棄禮也；若其不具，用秕稗㉜也。用秕稗，君辱；棄禮，名惡。子盍㉝圖之！夫享，所以昭㉞德也。不昭，不如其已㉟也。」乃不果㊱享。

齊人來歸鄆㊲、讙㊳、龜陰㊴之田。

晉趙鞅㊵圍衛，報夷儀也。

初，衛侯伐邯鄲午㊶於寒氏㊷，城㊸其西北而守之，宵熸㊹。及晉圍衛，午以徒㊺七十人門㊻於衛西門，殺人於門中，曰：「請報寒氏之役。」涉佗㊼曰：「夫子㊽則勇矣；然我往，必不敢啟㊾門。」亦以徒七十人旦門焉，步左右㊿，皆至而立，如植(51)。日中(52)不啟門，乃退。

反役(53)，晉人討(54)衛之叛故，曰：「由涉佗、成何(55)。」於是執涉佗，以求成於衛。衛人不許。晉人遂殺涉佗，成何奔燕。君子曰：「此之謂棄禮，必不鈞(56)。《詩》(57)曰：『人而無禮，胡(58)不遄(59)死？』涉佗亦遄矣哉！」

【注釋】❶平　媾和。❷公　指魯定公。❸齊侯　指齊景公。❹祝其　即夾谷。在今山東萊蕪市東南夾谷峪。❺夾谷　即祝其。❻相　相禮；諸侯盟會時相贊禮儀的人。❼萊　本為國名，被齊所滅，遷萊之民於郳，見前襄公六年傳文。按《水經注‧淄水》云：「萊蕪故城在萊蕪谷。舊說云，齊靈公滅萊，萊民播流此谷，邑落荒蕪，故曰萊蕪。」則夾谷本為萊人流落之地，所以齊景公可以就地使派。❽士兵之　戰士們拿起武器攻他們。❾裔夷　華夏以外的人。裔，指夏以外的地。夷，指華以外的人。此處指邊地的東夷。❿俘　萊人本是齊國戰俘。⓫干　犯。⓬偪　同「逼」。逼迫。⓭不祥　不吉利。結盟將祭告神靈，武力侵犯是大不吉利。⓮愆　喪失。⓯遽　窘急；驟然。⓰辟　同「避」。避開。⓱竟　通「境」。邊境。⓲茲無還　魯國大夫。姓茲無（毋），名還。⓳而　你們。第二人稱代詞。⓴反　同「返」。歸還。㉑汶陽　原為魯國地，在今山東泰安西南。被齊國所侵奪。㉒共命　供給齊國的需要。共，通「供」。供給。㉓梁丘據　齊國大夫。姓梁丘，名據。㉔故舊有典禮。㉕吾子　您。對對方的敬稱。㉖是　此；這。㉗勤　煩勞；勞動。㉘執事　舉行典禮時擔任專職的人。㉙犧象　兩種酒器。即犧尊、象尊，像牛、象形狀。㉚嘉樂　指鐘、磬等樂器。㉛既　盡。㉜秕稗　比喻輕微不鄭重。秕，空殼或不飽滿的穀粒。稗，稻田雜草。㉝盍　何不。㉞昭　顯示；宣揚。㉟其已　停止不用。其，句中助詞。無義。已，止。㊱果　終於；竟然。㊲鄆　本為魯國邑，陽虎於上年以此奔齊。在今山東鄆城東。㊳讙　本為魯邑，在今山東寧陽北。陽虎於前年叛亂時居此，見前定公八年傳文。去年陽虎以此入於齊國。㊴龜陰　本為魯國邑，在今山東新泰西南、泗水東北。一說在山東泰安東。㊵趙鞅　即趙簡子。名鞅。簡，謚號。《逸周書・謚法解》：「平易不疵曰簡。」晉國六卿之一。㊶邯鄲午　晉國守邯鄲的大夫，與趙鞅同族，名午。邯鄲，本為衛國邑，後屬於晉，在今河北邯鄲西南。㊷寒氏　即五氏，上年衛靈公所往之地。在今河北邯鄲西。㊸城　攻城。動詞。㊹熸　火熄滅。比喻軍隊潰敗。㊺徒　徒兵；步兵。㊻門　攻打城門。動詞。㊼涉佗　晉國大夫。㊽夫子　這個人。指邯鄲大夫午。㊾啟　開。㊿步左右　行至城門左右兩邊。步，行。51植　樹木站立不動。52日中　古代十二時段名之一，即午時，今中午十一時至十二時。53反役　回兵；退兵。54討　責問。55成何　晉國大夫。56鈞　通「均」。相等；相同。57詩　指《詩經・鄘風・相鼠》。58胡　通「何」。為什麼。59遄　速。

【語　譯】魯定公十年春天，魯國與齊國媾和。

夏天，魯定公在祝其會見齊景公，祝其實際上就是夾谷。孔丘相禮。犁彌對齊景公說：「孔丘懂禮而沒有勇氣，如果派萊人用武力劫持魯定公，一定能夠達到我們的願望。」齊景公聽從了他的話。孔丘帶領定公退出，說：「戰士們拿起武器攻擊萊人！兩國國君會見友好，而邊遠的東夷俘虜用武力來搗亂，這不是齊君所該用來對待諸侯的。邊地不能圖謀中原，夷人不能攪亂華人，俘虜不能侵犯盟會，武力不能逼迫友好——因為這對於神靈是大不吉祥，對於德行是喪失道義，對於人們是失去禮儀，國君一定不會這樣做。」齊景公聽到這些話，騶急讓萊兵避開。

將要盟誓時，齊國人在盟書上加上一句話說：「齊軍出境而魯國不用三百輛戰車跟隨我們的話，有盟誓為證！」孔丘派茲無還作揖回答，說：「你們不歸還我們汶陽的土地，讓我們來供給你們的需要，也有盟誓為證！」

齊景公將要設享禮招待魯定公。孔丘對梁丘據說：「齊國、魯國舊有的典禮，您為什麼沒有聽說呢？事情已經完成了，而又設享禮，這是煩勞執事。而且犧尊、象尊不出國門，鐘磬樂器不在野外合奏。設饗禮而全部具備這些東西，這是背棄禮法；如果這些東西不具備，那就像用秕稗一樣輕賤穢薄。用秕稗一樣的禮節，是國君的恥辱；背棄禮法，就名聲太壞。您為什麼不考慮一下這件事！那享禮，是用來顯示德行的。不能顯示，不如就停止不用。」於是終於沒有設享禮。

齊國人來歸還鄆、讙、龜陰的土地。

晉國的趙鞅包圍衛國，這是為了報復去年齊國為衛國奪取晉國夷儀的那次戰役。

當初，衛靈公在寒氏攻打邯鄲午，攻破城的西北部而派兵據守，邯鄲午的部下在夜間潰散。等到這次晉國軍隊包圍衛國時，邯鄲午帶了步兵七十人攻打衛國的西門，在城門中殺人，說：「請讓我用來報復寒氏的那次戰役。」涉佗說：「這個人就算是勇敢了；然而我前去的話，他們一定不敢開門。」他也率領步兵七十人在早晨去攻打衛國城門，行向城門的左右兩邊，全都到那裏而站立，像樹木一樣不動。直到中午衛國不開城門，於是就退了回去。

退兵以後，晉國人責問衛國背叛晉國的緣故，衛國人說：「由於涉佗、成何造成的。」在這種情況下晉國人逮捕了涉佗，以此向衛國要求媾和。衛國人不答應。晉國人就殺了涉佗，成何逃奔到燕國。君子評論說：「這叫做背棄禮法，兩個人的罪過一定輕重不同。《詩經》說：『做人而不講禮儀，為什麼不快點死？』涉佗也可算是死得很快了呢！」

【說　明】這一大段的前五小節是記載魯定公與齊景公在夾谷會盟的情況。這次會盟用孔丘為相，是一件重大的事。魯國從僖公以後，為相的都是季孫氏、叔孫氏、孟孫氏三家，三家都是卿。魯國的卿，非公族是不能擔任的。而此時因陽虎以家臣執政而作亂，屬於非常時期，孔丘就由庶族而充當此任，可以說是破格使用。這五小節突出地記載了孔丘的聰明才智：首先，當齊國輕視孔丘「知禮而無勇」，策劃派萊人用武力劫持魯定公時，孔丘一方面下令魯國戰士拿起武器攻擊萊人，另一方面則揚言：做出這種失義失禮的事，作為國君是不會這樣的。促使齊景公羞愧而迅速讓萊兵退避。其次，當齊國人在盟書上寫上齊國出境要魯國用戰車隨從時，孔丘派茲無還立即針鋒相對地提出：齊國不歸還汶陽之地給魯國，不能供齊國所需。再次，當齊景公要設享禮招待魯定公時，孔丘立即向梁丘據指出這樣做的弊端，終於促使齊景公取消了享禮。最後，齊國人終於將上年被陽虎叛亂帶給齊國的鄆、讙、龜陰的土地歸還給魯國。這樣，孔丘在這次盟會中維護了魯國的尊嚴，可謂不辱使命。也充分顯示出孔丘的政治才能和外交手腕。

還必須說明的是：《春秋》經文記載「齊人來歸鄆、讙、龜陰田」是在「晉趙鞅帥師圍衛」之後，那是按照時間順序敘錄的；而《左傳》傳文卻把這兩件事倒了過來，那是為了說明齊人歸還汶上之地是夾谷之會的結果，所以緊接在夾谷會盟的後面，不以時間為次了。這也說明《左傳》記事重視前因後果，使事件的脈絡分明。

本大段的後三小節是記載晉國攻打衛國的情況。這是前年（定公八年）晉國大夫侮辱衛靈公、迫使衛國背叛晉國，以及上年（定公九年）齊國為衛國攻下晉國夷儀之役的繼續。在這之間，衛國曾攻佔了晉國的寒氏（即五氏）地，上年未記載，所以在本段中作了補敘。晉國守邯鄲的大夫名午，為報寒氏戰役的失敗，乘晉國包圍衛國時，攻打衛都西門。但衛國不怕他，所以開城門與他戰鬥，把他打敗。邯鄲午因殺了衛國人，就自以為得意。而晉國的大夫涉佗憑他的威風，帶兵站在衛國城門左右，衛國人卻因懼怕他而始終不敢開門出戰。最後，晉國因圍衛而不能破，只得退兵回國。但事情並未到此為止。晉國追究衛國叛晉的原因，終於獲悉由於當年涉佗、成何對衛靈公的侮辱，這與定公八年的記載相呼應。最後晉國殺了涉佗，成何也逃奔到燕國。《左傳》通過君子的話，一方面指出晉國處理不當，另一方面也說明「無禮」的人必然落得速死的下場。這是點睛之筆。

傳 初，叔孫成子❶欲立武叔❷，公若藐❸固諫，曰：「不可。」成子立之而卒。公南❹使賊射之，不能殺。公南為馬正❺，使公若為郈❻宰。武叔既定，使郈馬正侯犯❼殺公若，弗能。其圉人❽曰：「吾以劍過朝❾，公若必曰：『誰之劍也？』吾稱子以告，必觀之。吾偽固❿而授之末⓫，則可殺也。」使如之⓬。公若曰：「爾欲吳王我⓭乎？」遂殺公若，侯犯以郈叛，武叔、懿子⓮圍郈，弗克。

秋，二子⓯及齊師復圍郈，弗克。叔孫⓰謂郈工師⓱駟赤⓲曰：「郈非唯叔孫氏之憂，社稷之患也，將若之何？」對曰：「臣之業⓳在〈揚水〉⓴卒章㉑之四言㉒矣。」叔孫稽首㉓。駟赤謂侯犯曰：「居齊、魯之際㉔而無事㉕，必不可矣。子盍㉖求事於齊以臨民㉗？不然，將叛。」侯犯從之。齊使至。駟赤與郈人為之㉘宣言㉙於郈中曰：「侯犯將以郈易㉚于齊，齊人將遷郈民。」眾兇懼㉛，駟赤謂侯犯曰：「眾言異矣，子不如易於齊，與其死也㉜，猶是郈㉝也，而得紓㉞焉，何必此㉟？齊人欲以此偪㊱魯，必倍與子地。且盍多舍甲㊲於子之門以備不虞㊳？」侯犯曰：

「諾㊴。」乃多舍甲焉㊵。侯犯請易於齊，齊有司㊶觀郈。將至，駟赤使周走㊷呼曰：「齊師至矣！」郈人大駭，介㊸侯犯之門甲㊹，以圍侯犯，駟赤將射之㊺，侯犯止之，曰：「謀免我㊻。」侯犯請行，許之。駟赤先如宿㊼，侯犯殿㊽，每出一門，郈人閉之。及郭門㊾，止之，曰：「子以叔孫氏之甲出，有司若誅㊿之，羣臣懼死。」駟赤曰：「叔孫氏之甲有物(51)，吾未敢以出。」犯謂駟赤曰：「子止而與之數(52)。」駟赤止，而納魯人。侯犯奔齊。齊人乃致郈(53)。

宋公子地(54)嬖(55)蘧富獵(56)，十一分其室(57)，而以其五與之。公子地有白馬四，公嬖向魋(58)，魋欲之。公取而朱(59)其尾、鬣(60)以與之。地怒，使其徒抶(61)魋而奪之。魋懼，將走，公閉門而泣之，目盡腫。母弟辰(62)曰：「子分室以與獵也，而獨卑(63)魋，亦有頗(64)焉。子為君禮(65)，不過出竟(66)，君必止子。」公子地出奔陳，公弗止。辰為之請，弗聽。辰曰：「是我迋(67)吾兄也。吾以國人出，君誰與(68)處？」冬，母弟辰暨(69)仲佗(70)、石彄(71)出奔陳。

武叔聘于齊，齊侯享之，曰：「子叔孫！若使郈在君之他竟，寡人何知焉？屬(72)與敝邑際(73)，故敢助君憂之。」對曰：「非寡君之望也。所以事君，封疆社稷是以(74)，敢(75)以家隸(76)勤(77)君之執事？夫不令(78)之臣，天下之所惡也，君豈以為(79)

寡君賜(80)？」

【注　釋】❶叔孫成子　即叔孫不敢。魯國三桓之一。成，謚號。《逸周書・謚法解》：「安民立政曰成。」❷武叔　叔孫不敢之子，名州仇，又稱武懿子。懿，謚號。《逸周書・謚法解》：「溫柔聖善曰懿。」❸公若藐　魯國公族。姓公若，名藐。❹公南　叔孫的家臣。武叔的黨羽。❺馬正　官名。掌管養馬、選馬等政教的長官。❻郈　叔孫氏的邑名。在今山東東平東南。❼侯犯　叔孫家臣。為郈邑馬正。❽圉人　養馬的奴隸；養馬人。❾朝　指郈邑的朝堂。❿偽固　假裝鄙陋不懂禮節。固，鄙陋；見聞淺少。⓫末　劍的鋒刃；劍尖。按據《禮記・少儀》記載，古代禮節，凡把刀劍交給別人，一定要把刀劍的柄或環向著接受者，而把刀劍的鋒刃對著自己。⓬如之　像他所說的那樣做。⓭吳王我　把我當作吳王僚。按吳王僚被鱄設諸所殺，見前昭公二十七年傳文。此處即為公若呵斥圉人想像鱄設諸刺殺吳王僚一樣刺殺自己。⓮懿子　指孟懿子。即《春秋》經文中的仲孫何忌。⓯二子　指武叔及孟懿子。⓰叔孫　指武叔。即叔孫州仇。⓱工師　掌管工匠的官員。⓲駟赤　叔孫氏的家臣。⓳業　事業；事情。⓴揚水　即〈揚之水〉，《詩經・唐風》篇名。㉑卒章　最後一章。㉒四言　四個字。指這首詩中的「我聞有命」。表示自己已經受命。㉓稽首　叩頭到地的跪拜禮，是古代九拜中最恭敬的禮節。㉔際　交界。㉕無事　不事奉。㉖盍　何不。㉗臨民　統治民眾。㉘為之　因之；就此。㉙宣言　散布謠言。㉚易　交換。㉛兇懼　喧擾恐懼。兇，通「訩」。吵鬧；喧擾不安的樣子。㉜子不如易於齊與其死也　這是倒裝句。應該作「與其死也，不如易於齊」。「與其」、「不如」連用，表示比較取捨，採取捨棄的方面。此處意謂與其要死，不如把郈地交換給齊國。㉝猶是郈　還是這樣的郈地。意謂用郈邑換來齊國的邑，還同這郈邑一樣。是，此；這。㉞紓　緩和禍患。㉟此　指郈邑。㊱偪　同「逼」。逼迫。㊲舍甲　隱藏皮甲。舍，藏；藏匿。㊳不虞　意料不到的事情。㊴諾　答應聲。㊵焉　於之。指在門裏。㊶有司　有關官員。㊷周走　跑遍全城周圍。周，繞城周圍。走，跑。㊸介　穿甲衣。㊹門甲　藏在門中的皮甲。㊺射之　假裝要射郈邑的人。㊻免我　使我免於禍難。㊼宿　齊國邑名。在今山東東平東南。㊽殿　走在最後。㊾郭門　外城門。㊿誅　治罪。(51)物　標識；標記。(52)數　數甲點交是否相符。(53)致郈　把郈邑送還。侯犯曾把郈邑的地圖簿籍等冊交給齊國換地，此時齊國仍把它交還魯國。(54)公子地　宋景公的庶母弟。(55)嬖　寵愛；寵幸。(56)蘧富獵　宋國人。(57)室　家產。(58)向魋　即桓魋。宋國大夫，為司馬，故又稱桓司馬。(59)朱　塗上紅色。動詞。(60)鬣　馬頸上的長毛。(61)抶　笞打；鞭打。(62)辰　宋景公的同母弟。名辰。(63)卑卑視；輕視。64頗 偏頗；不公平。65君禮 事君以禮。66竟 通「境」。國境。67迂 通「誑」。欺騙。68誰與 與誰。疑問句中介詞與賓語倒裝。69暨 和；同。70仲佗 宋國卿。仲幾之子。71石彄 宋國卿。褚師段之子。72屬 適值；恰好。73際 交界。74封疆社稷是以 為國家疆土的安全。是，賓語提置於動詞前的標誌詞。以，為；為了。動詞。75敢 豈敢。76家隸 家臣。77勤 煩勞。78令 善；良。79以為 以此為；用這個來作為。80寡君賜 對寡君的恩賜。

【語譯】當初，叔孫成子想要立武叔為繼承人，公若藐堅決勸諫，說：「不可。」叔孫成子還是立了武叔而後去世。公南派賊人用暗箭射公若藐，沒能殺死。公南做馬正，派公若藐做郈邑的長官。武叔在大事已定以後，派郈邑的馬正侯犯殺死公若藐，沒有能做到。侯犯的養馬人說：「我拿著劍經過朝堂，公若一定會說：『誰的劍啊？』我用是您的告訴他，他一定要觀看這劍。我就假裝鄙陋不懂禮節而把劍尖遞給他，就可以殺死他了。」侯犯就派他像他說的那樣做。公若藐說：「你想要把我當作吳王僚那樣刺殺嗎？」養馬人就殺死了公若藐。侯犯帶領郈邑人叛亂，武叔和孟懿子包圍郈邑，沒有能攻下。

秋天，武叔、孟懿子兩個人和齊軍又包圍郈邑，又沒有攻克。武叔對郈邑的工師駟赤說：「郈邑不只是叔孫氏的憂患，也是國家的禍患，將把它怎麼辦？」駟赤回答說：「我的事業在〈揚之水〉最後一章的『我聞有命』四個字上了。」武叔向他行了最恭敬的叩頭到地跪拜禮。駟赤對侯犯說：「處在齊國、魯國的交界而不事奉哪一國，一定不行的。您何不請求事奉齊國而統治民眾？不這樣，將會有叛變你的人。」侯犯聽從了他的話。齊國的使者來到。駟赤與郈邑人在郈地為此散布謠言說：「侯犯打算用郈地和齊國交換，齊國人將要遷走郈地的百姓。」民眾喧擾不安而恐懼。駟赤對侯犯說：「眾人的言論和您不同。與其死，您不如把郈地與齊國交換，您得到的還是等於這樣的郈地，而禍患可以緩和，為什麼一定要這個郈地？齊國人想用這逼迫魯國，一定會加倍給您土地。而且何不多備藏一些皮甲在您的門裏來防備意外？」侯犯說：「對。」於是就多備藏皮甲在那裏。侯犯請求從齊國交換一塊土地，齊國官員要來視察郈地。將要到達時，駟赤派人遍繞全城跑著呼喊說：「齊國的軍隊到了！」郈地人大為驚怕，穿上侯犯放在門裏的皮甲，來包圍侯犯。駟赤假裝要射他們，侯犯阻止了他，說：「商量個辦法使我免於禍難。」侯犯請求出走，大家答應了他。駟赤先往宿地，侯犯走在最後。每出一道門，郈地人就關上這道門。到達外城門，人們攔住了侯犯，說：「您帶著叔孫氏的皮甲出去，官員們如果責問治罪，我們害怕被處死。」駟赤說：「叔孫氏的皮甲有標記，我不敢帶出去。」侯犯對駟赤說：「您停留下來而向他們點數交付。」駟赤就留下，而接待魯國人。侯犯逃奔到齊國。齊國人就把郈地送還給魯國。

宋國的公子地寵信蘧富獵，把自己的家產分成十一份，而把其中的五份給了蘧富獵。公子地有四匹白馬，宋景公寵愛向魋，向魋想要這四匹馬。宋景公把馬取來並在馬尾、馬頸長毛上塗上紅顏色而給了向魋。公子地大為惱怒，派他的部下鞭打向魋並且奪回了馬。向魋害怕，將要逃走。宋景公關了門而對向魋哭泣，眼睛都哭腫了。宋景公的同胞兄弟辰對公子地說：「您將家產分給蘧富獵，而唯獨鄙視向魋，也有偏頗不公平處。您平日是事君有禮，至多不過出國，國君一定會留住您。」公子地出逃往陳國，宋景公沒有留他。公子辰為他請求，宋景公不聽。公子辰說：「這是我欺騙了我哥哥。我帶領國人出國，看國君和誰一起相處？」冬天，宋景公的胞弟辰和仲佗、石彄出奔到陳國。

武叔到齊國聘問，齊景公設享禮招待他，說：「您叔孫！假使郈地在魯君的其他邊境，我怎麼知道會怎樣呢？恰巧這裏與敝邑交界，所以敢幫助魯君為您分擔憂愁。」武叔回答說：「這不是我們國君的願望。我們所以事奉您齊國國君，這是為了國家疆土的安全，豈敢因為家臣煩勞您的執事？那不良的臣下，是天下人所共同厭惡的，您難道用這來作為對我國國君的恩賜？」

【說明】 這大段四小節，一、二兩節和第四節都是記敘魯國與齊國有關的事，第三節一節卻插入宋國之事，這是因為按照事件發生的前後次序依時紀實，因為武叔即叔孫州仇聘齊之事發生在宋公子辰等奔陳之後。但《春秋》經文卻把「叔孫州仇如齊」放在「宋公之弟辰暨仲佗、石彄出奔陳」之前記載，這是什麼緣故？據杜預注，這是因為「從告」。意思是說，《春秋》把「宋公之弟辰暨仲佗、石彄出奔陳」一事，作為叔孫州仇告訴齊國的內容，所以把「叔孫州仇如齊」放在前面了。

叔孫氏的家臣侯犯之亂，實際上是武叔一手造成的。只因為公若藐曾勸阻叔孫成子立武叔為繼承人，武叔深記此仇，千方百計要殺死公若藐。於是武叔起用侯犯，讓他去完成了這件事。而侯犯卻正是利用殺死郈邑長官公若藐的機會，控制了郈地，並且據郈地而叛變。可見正是武叔給了侯犯叛變的機遇。侯犯叛變之後，武叔與孟懿子乃至用齊國軍隊兩次包圍郈地都沒有能攻克，可見侯犯的勢力很大。結果，幸虧郈邑掌管工匠的官員駟赤忠於叔孫氏，依靠他施展聰明才智，才使侯犯一步步地落入他設置的圈套，最後迫使侯犯逃出郈地，才收復郈地。這件事，《左傳》敘述得非常細緻生動，很有戲劇性。更富有戲劇性的是：齊景公把送還郈地作為對魯國的恩賜，《左傳》在敘述武叔聘問齊國表示感謝時，描寫齊景公以有恩於魯而踞傲的言行神態躍然紙上。但武叔卻以不良之臣為天下之所共惡而不領齊景公的恩情，使齊景公處於尷尬境地，也描寫得妙趣橫生。從這些地方都顯示出《左傳》這部史學著作富有文學性的特點。

本段中敘述宋國君臣為寵信所做的荒唐事以及引起的矛盾衝突，實在使人哭笑不得。公子地把家產的十一分之五給予寵信，已使人難以理解；宋景公竟奪公子地的馬送給親信更使人感到可笑。更可笑的是公子地派人鞭打了向魋竟使宋景公「閉門而泣」。說明宋國君臣無聊之極。可是在這無聊中卻引起了政治鬥爭。公子辰勸公子地以出奔相威脅，宋景公竟然不挽留。結果使公子辰帶領一批人出奔陳國。這些都充分反映出宋國政治的腐敗和衰落。

十一年

壬寅，西元前四九九年。周敬王二十一年、齊景公四十九年、晉定公十三年、秦惠公二年、楚昭王十七年、宋景公十八年、衛靈公三十六年、陳閔公三年、蔡昭侯二十年、曹伯陽三年、鄭聲公二年、燕簡公六年、吳王闔廬十六年、杞僖公七年。

經 十有一年春，宋公之弟辰及仲佗、石彄、公子地自陳入于蕭以叛。

夏四月。

秋，宋樂大心自曹入于蕭。

冬，及鄭平。叔還如鄭涖盟。

傳 十一年春，宋公母弟辰暨仲佗、石彄、公子地入于蕭❶以叛。秋，樂大心❷從之，大為宋患，寵向魋故也。

冬，及鄭平❸，始叛晉❹也。

【注釋】❶蕭　宋國邑名。在今安徽省蕭縣西北。❷樂大心　即桐門右師。被逐出宋國出奔曹國，見定公十年經文及定公九年傳文。❸平　媾和。❹始叛晉　魯國自僖公以來，世代都事奉晉國，至此而背叛，故稱「始叛」。

【語譯】魯定公十一年春天，宋景公的胞弟辰和仲佗、石彄、公子地進入到蕭地而叛變。秋天，樂大心跟隨他們叛變，大大地成為宋國的禍患，這是因為宋景公寵信向魋的緣故。

冬天，魯國與鄭國媾和，魯國開始背叛晉國。

【說　明】本年只記載兩件事。上年宋國公子地先出奔到陳國，接著公子辰、仲佗、石彄也奔陳國。今年他們一同進入宋國的蕭地，而且上年出奔到曹國的樂大心也加入到他們的隊伍中來，一起叛變，這對宋景公來說當然是極大的威脅。《左傳》解釋造成這種局面的原因是由於宋景公寵信向魋的緣故，當然也是正確的。但從後來發展的情況看，宋國這些叛變的人似乎沒有太大的能力，因此並沒有使宋國陷入動蕩局面，更沒有造成國君的更替。

另一件事是魯國與鄭國媾和，這意味著魯國開始背叛晉國了。這也是一件大事。因為晉國長期以來成為許多諸侯國的盟主。但近年來國內因趙簡子和范獻子不和，從而使同盟國解體，於是齊國與鄭國、衛國、魯國逐漸形成四國友好同盟，晉國也就失去了諸侯。這標誌著歷史即將進入新的轉折點。

十二年

癸卯，西元前四九八年。周敬王二十二年、齊景公五十年、晉定公十四年、秦惠公三年、楚昭王十八年、宋景公十九年、衛靈公三十七年、陳閔公四年、蔡昭侯二十一年、曹伯陽四年、鄭聲公三年、燕簡公七年、吳闔廬十七年、杞僖公八年。

經 十有二年春，薛伯定卒。

夏，葬薛襄公。

叔孫州仇帥師隳郈。

衛公孟彄帥師伐曹。

季孫斯、仲孫何忌帥師隳費。

秋，大雩。

冬十月癸亥，公會齊侯盟于黃。

十有一月丙寅朔，日有食之。

公至自黃。

十有二月，公圍成。

公至自圍成。

傳 十二年夏，衛公孟彄❶伐曹，克郊❷。還，滑羅❸殿。未出，不退於列。其御❹曰：「殿而在列，其❺為無勇乎！」羅曰：「與其素厲❻，寧❼為無勇。」仲由❽為季氏宰，將墮❾三都❿，於是叔孫氏墮郈⓫。季氏將墮費⓬，公山不狃⓭、叔孫輒⓮帥費人以襲魯。公與三子⓯入于季氏之宮，登武子之臺⓰。費人攻之，弗克。入及公側⓱，仲尼⓲命申句須⓳、樂頎⓴下，伐之，費人北㉑。國人追之，敗諸㉒姑蔑㉓。二子㉔奔齊，遂墮費。將墮成㉕，公斂處父㉖謂孟孫㉗：「墮成，齊人必至于北門。且成，孟氏之保障也。無成，是無孟氏也。子偽㉘不知，我將不墮㉙。」

冬十二月，公圍成，弗克。

【注釋】❶公孟彄　衛國大夫。姓公孟，名彄。孟縶之子。❷郊　曹國邑名。在今山東菏澤市境內。❸滑羅　衛國大夫。姓滑，名羅。❹御　御者；駕車人。❺其　將。❻素厲　空有勇猛之名。素，空。厲，猛。❼寧　寧可；不如。❽仲由　字子路，又稱季路。孔丘的弟子。❾墮　同「隳」。毀。❿三都　指三桓的采邑，即季孫氏的費，叔孫氏的郈，孟孫氏的成。⓫郈叔孫氏的采邑，在今山東東平東南。⑫費　季氏采邑，在今山東費縣西北。⑬公山不狃　即子洩。姓公山，名不狃，字子洩。此時為費邑的長官。⑭叔孫輒　即子張，叔孫氏的庶子。名輒，字子張。⑮三子　指季孫斯桓子、叔孫州仇武叔、孟孫何忌懿子三人。⑯武子之臺　在今山東曲阜東北。⑰公側　定公附近。指臺下。⑱仲尼　即孔子。名丘，字仲尼。此時孔丘為魯國司寇。⑲申句須　魯國大夫。姓申，名句須。⑳樂頎　魯國大夫。姓樂，名頎。㉑北　敗逃。㉒諸　「之於」的合音合義詞。㉓姑蔑　魯國地名。即隱公元年的「蔑」，在今山東泗水縣東。㉔二子　指公山不狃和叔孫輒。㉕成　即「郕」，孟孫氏采邑，在今山東寧陽東北。㉖公斂處父　孟孫氏的家臣。複姓公斂，名陽，字處父。此時為成邑長官。㉗孟孫　指孟懿子。㉘偽　假裝。㉙墜　一本作「墮」。

【語　譯】魯定公十二年夏天，衛國的公孟彄攻打曹國，攻下了郊地。軍隊回國時，滑羅殿後。還沒有走出曹國，滑羅的軍隊沒有退列在其他部隊之後。他的駕車人說：「殿後而在各部隊行列之中，將被認為沒有勇氣吧！」滑羅說：「與其空得勇猛之名，不如被人說我沒有勇氣。」

仲由做季氏家臣的長官，打算毀掉三桓的都城，在這種情況下叔孫氏毀掉了郈邑。季孫氏將要毀掉費邑，公山不狃、叔孫輒率領費邑人來襲擊魯國國都。魯定公與季孫、叔孫、孟孫三人躲進到季氏的宮室，登上季武子之臺。費邑人攻打季武子之臺，沒有攻克。費邑人進入到了魯定公附近的臺下，孔子命令申句須、樂頎下臺，回擊費邑人，費邑人敗逃。魯國人追擊他們，在姑蔑打敗了他們。公山不狃和叔孫輒逃奔齊國，於是就毀掉了費邑。

將要毀掉成邑時，公斂處父對孟懿子說：「毀掉了成邑，齊國人必然可以直抵魯國的北門。而且成邑是孟孫氏的保障。沒有成邑，這就是沒有孟孫氏。您假裝不知道，我打算不毀掉成邑。」

冬季十二月，魯定公領兵包圍成邑，沒有攻克。

【說　明】《左傳》記事有時不說明原因，讓讀者從上下文的記載中自己領悟。本年第一節記載衛國伐曹軍隊在回國時，讓滑羅殿後，但滑羅卻並沒有把自己的軍隊退到最後。《左傳》通過滑羅與駕車人的對話，反映了滑羅不願空得勇猛的虛名。實際的原因是：殿後的作用在於敵兵追襲時掩護前行的部隊，而滑羅已明知曹國不敢追襲，這樣殿後就變成了徒為勇猛。滑羅不願徒得虛名，所以把隊伍列在中間，寧願被人認為沒有勇氣。

同樣，本年記載仲由打算毀掉三家都城，也未說明原因。實際上我們從前幾年的記載中可以明白：當時三家的都城都被家臣控制而欺凌三家，如南蒯據費邑而叛，季孫氏被欺凌；侯犯據郈邑反，兩次圍攻都不能攻克他。由此可以看出，仲由打算毀掉三家都邑實際上是為三家考慮，因勢利導，所以叔孫氏和季孫氏都願聽從他的話而毀掉郈邑、費邑。而從公山不狃的反叛中又可反證家臣控制家都的危害。而成邑之所以不能毀也完全是由於家臣公斂處父的作用，孟孫氏只是受其家臣的蒙蔽而已。

十三年

甲辰，西元前四九七年。周敬王二十三年、齊景公五十一年、晉定公十五年、秦惠公四年、楚昭王十九年、宋景公二十年、衛靈公三十八年、陳閔公五年、蔡昭侯二十二年、曹伯陽五年、鄭聲公四年、燕簡公八年、吳闔廬十八年、杞僖公九年。

經 十有三年春，齊侯、衛侯次于垂葭。

夏，築蛇淵囿。

大蒐于比蒲。

衛公孟彄帥師伐曹。

秋，晉趙鞅入于晉陽以叛。

冬，晉荀寅、士吉射入于朝歌以叛。

晉趙鞅歸于晉。

薛弒其君比。

傳十三年春，齊侯❶、衛侯❷次❸于垂葭❹，實郹氏❺。使師伐晉。將濟河，諸大夫皆曰：「不可。」邴意茲❻曰：「可。銳師伐河內❼，傳❽必數日而後及絳❾，絳不三月不能出河，則我既濟水❿矣。」乃伐河內。

齊侯皆斂⓫諸大夫之軒⓬，唯邴意茲乘軒。

齊侯欲與衛侯乘，與之宴，而駕乘廣⓭，載甲焉⓮。使告曰：「晉師至矣！」齊侯曰：「比⓯君之駕也，寡人請攝⓰。」乃介⓱而與之乘，驅之。或告曰：「無晉師。」乃止。

晉趙鞅⓲謂邯鄲午⓳曰：「歸我衛貢⓴五百家，吾舍諸㉑晉陽㉒。」午許諾。歸告其父兄㉓，父兄皆曰：「不可。衛是以㉔為邯鄲，而寘諸㉕晉陽，絕衛之道也。不如侵齊而謀之。」乃如之㉖，而歸之于晉陽。趙孟㉗怒，召午，而因諸晉陽，使其從者說㉘劍而入，涉賓㉙不可㉚。乃使告邯鄲人曰：「吾私有討㉛於午也，二三子㉜唯所欲立。」遂殺午。趙稷㉝、涉賓以邯鄲叛。夏六月，上軍司馬籍秦㉞圍邯鄲。邯鄲午，荀寅㉟之甥也；荀寅，范吉射㊱之姻㊲也，而相與睦，故不與圍邯鄲，將作亂。董安于㊳聞之，告趙孟，曰：「先備諸㊴？」趙孟曰：「晉國有命，始禍者死，為後可也。」安于曰：「與其害於民，寧我獨死。請以我說。」趙孟不可。秋七月，范氏㊵、中行氏㊶伐趙氏之宮，趙鞅奔晉陽，晉人圍之。

范皋夷㊷無寵於范吉射，而欲為亂於范氏。梁嬰父㊸嬖於知文子㊹，文子欲以為卿。韓簡子㊺與中行文子㊻相惡，魏襄子㊼亦與范昭子㊽相惡。故五子㊾謀，將逐荀寅，而以梁嬰父代之；逐范吉射，而以范皋夷代之。荀躒㊿言於晉侯曰：「君命大臣，始禍者死，載書(51)在河。今三臣(52)始禍，而獨逐鞅(53)，刑已不鈞(54)矣。請皆逐之。」冬十一月，荀躒、韓不信(55)、魏曼多(56)奉公以伐范氏、中行氏，弗克。

二子(57)將伐公。齊高彊(58)曰：「三折肱知為良醫(59)。唯伐君為不可，民弗與也。我以伐君在此矣。三家(60)未睦，可盡克也。克之，君將誰與(61)？若先伐君，是使睦也。」弗聽，遂伐公。國人助公，二子敗，從(62)而伐之。丁未(63)，荀寅、士吉射奔朝歌(64)。

韓、魏以趙氏為請，十二月辛未(65)，趙鞅入于絳，盟于公宮。

【注釋】❶齊侯　指齊景公。❷衛侯　指衛靈公。❸次　停宿；住宿。❹垂葭　齊國地名。在今山東巨野縣西南。❺郥氏　地名，即「垂葭」。❻邴意茲　齊國大夫。姓邴，名意茲。後奔魯國。❼河內　本衛國地名。在今河南衛輝市。衛國遷都楚丘後，河內歸晉國所有。❽傳　傳車；驛傳；古代驛站傳送文件的車輛。❾絳　晉國都城。在今山西曲沃西。亦稱「新絳」、「新田」。❿既濟水　已經渡過黃河回師。既，已經。濟，渡。水，指黃河。⓫斂　收。⓬軒　車。⓭乘廣　戰車名。⓮焉　於之；在那裏。⓯比　等到。⓰攝　代。此處指代替御者駕車。⓱介　通「甲」。披甲。⓲趙鞅　即趙簡子。晉國六卿之一。名鞅，又名志父，又稱趙孟。簡，諡號。⓳邯鄲午　晉國大夫。守邯鄲的長官，故稱邯鄲午。與趙鞅為同族。見前定公十年傳文及注。⓴衛貢　衛國進貢的。㉑舍諸　舍之於；把他們遷居到。舍，遷居。諸，「之於」的合音合義詞。㉒晉陽　晉國邑名。趙鞅的采邑。在今山西太原西南。㉓父兄　父老兄長。邯鄲邑中長輩。㉔是以　以是；因此。㉕寘諸　置之於；把他們安置到。寘，同「置」。安置。㉖如之　照他說的話辦理。㉗趙孟　指趙鞅。㉘說　通「脫」。解除。㉙涉賓　邯鄲午的家臣。㉚不可　不肯；不同意。㉛私有討　私下進行誅討懲罰。㉜二三子　各位；你們幾個人。㉝趙稷　邯鄲午之子。㉞籍秦　晉國大夫。此時為上軍司馬。㉟荀寅　中行荀吳之子。晉國六卿之一。㊱范吉射　即士吉射。士氏，名吉射。范獻子士鞅之子。又稱范昭子。昭，諡號。晉國六卿之一。㊲姻　女婿的父親。㊳董安于　趙氏家臣。㊴諸　「之乎」的合音合義詞。㊵范氏　指范昭子士吉射。㊶中行氏　指荀寅。㊷范皋夷　即士皋夷，范氏側室所生子。㊸梁嬰父　晉國大夫。㊹知文子　即荀躒。㊺韓簡子　晉國六卿之一。名不信。簡，諡號。《逸周書・諡法解》：「壹德不解曰簡」、「平易不疵曰簡」。㊻中行文子　指荀寅。文，諡號。《逸周書・諡法解》：「道德博聞曰文」、「學勤好問曰文」、「慈惠愛民曰文」。㊼魏襄子　名曼多。魏舒之孫。襄，諡號。《逸周書・諡法解》：「辟地有德曰襄」、「甲冑有勞曰襄」。㊽范昭子　即士吉射。㊾五子　指范皋夷、梁嬰父、知文子、韓簡子、魏襄子。㊿荀躒　即知文子。(51)載書　記載盟誓的書。(52)三臣　指范氏、中行氏、趙氏。(53)鞅　指趙鞅。(54)鈞　平等；公正。(55)韓不信　即韓簡子。(56)魏曼多　即魏襄子。(57)二子　指范吉射、中行荀寅。(58)高彊　字子良，子尾之子。本是齊國宗族，三十六年前出奔到魯國，見前昭公十年傳文。後又來晉國。(59)三折肱知為良醫　當時常用語。三次折斷胳膊，三次請醫治療，患者自己也就憑經驗而成了良醫。猶今言久病成良醫、久病知醫。肱，胳膊；手臂。(60)三家　指知文子、韓簡子、魏襄子。(61)誰與　與誰；親近誰。(62)從　指知文子、韓簡子、魏襄子跟隨晉定公。(63)丁未　十一月十八日。(64)朝歌　本為衛國都城。在今河南淇縣。(65)十二月辛未　十二月十二日。

【語　譯】魯定公十三年春天，齊景公、衛靈公在垂葭住宿，垂葭實際上就是郹氏。派軍隊攻打晉國。將要渡黃河時，各位大夫都說：「不可以。」邴意茲說：「可以。用精銳部隊攻打河內，送消息的傳車一定需要幾天以後才能到達晉都絳邑。絳邑兵馬沒有三個月不能渡黃河，而那時我軍已經渡過黃河回師了。」於是就攻打河內。

齊景公把大夫們的車子都收起來，只有邴意茲乘車。

齊景公想和衛靈公同乘一輛戰車，跟他一起宴飲卻命令人駕好了乘廣車，在車上裝載了兵甲。派人來報告說：「晉國的軍隊到了！」齊景公說：「等到您的車子套好了。我就代您的駕車人駕車。」於是就披甲而和衛靈公一起登車，驅車向前。有人報告說：「沒有晉國軍隊。」於是就停下了車。

晉國的趙鞅對邯鄲午說：「把衛國進貢的五百家歸還給我，我要把他們遷居到晉陽去。」邯鄲午答應了。回去告訴他的父老兄長。父老兄長都說：「不行。衛國用這五百家是來幫助邯鄲的，而把他們安置到晉陽，就是斷絕了和衛國交往友好的路。不如用侵襲齊國的辦法來解決這件事。」於是就照他說的那樣辦，然後把五百家遷歸到晉陽。趙鞅大怒，將邯鄲午召來，把他囚禁在晉陽。趙鞅讓邯鄲午的隨從解除佩劍再進來，涉賓不肯解劍。趙鞅就派人告訴邯鄲人說：「我私下對邯鄲午進行懲罰誅討，您們諸位可按自己願望立他的繼承人。」於是就殺了邯鄲午。趙稷、涉賓率領邯鄲人叛變。夏季六月，上軍司馬籍秦包圍邯鄲。邯鄲午，是荀寅的外甥；荀寅，是范吉射女婿的父親，彼此和睦，所以不參與包圍邯鄲，打算發動叛亂。董安于聽到這消息，就去告訴趙鞅，說：「我們先作準備嗎？」趙鞅說：「晉國有法令，開始發動禍亂的人要處死，我們還是後發制人就可以了。」董安于說：「與其危害於民眾，寧可我一個人獨死。請用我來作解說。」趙鞅不同意。秋季七月，范氏、中行氏攻打趙氏的宮室，趙鞅逃奔到晉陽。晉國人包圍了晉陽。

范皋夷在范吉射那裏不被寵信，而想在范氏族中發動叛亂。梁嬰父在知文子那裏極受寵幸，知文子想用他做卿。韓簡子和荀寅互相厭惡，魏襄子也和范吉射互相厭惡。所以五個人謀劃，打算驅逐荀寅，而用梁嬰父代替他；驅逐范吉射，而用范皋夷代替他。荀躒對晉定公說：「國君命令大臣，開始發動禍亂的人要處死，盟書沉在黃河裏。現在三個大臣開始發動禍亂，而唯獨驅逐趙鞅，處刑已經不相等了。請全部驅逐他們。」冬季十一月，荀躒、韓簡子、魏襄子事奉晉定公攻打范氏、中行氏，沒有能攻克。

范吉射、荀寅兩個人打算攻打晉定公。齊國來的高彊說：「久病可以成良醫。只是攻打國君是不可以的，民眾不會贊成參與。我正是因為攻打國君而逃在這裏的。知、韓、魏三家還沒有和睦，可以全部戰勝他們。攻克了他們，國君還將去親近誰？如果先攻打國君，這就是促使他們和睦了。」兩人不聽從，就去攻打晉定公。國內的人們幫助晉定公，兩人被打敗，知、韓、魏三家跟隨著而攻打他們。十一月十八日，荀寅、范吉射逃奔朝歌。

韓氏、魏氏替趙氏請求，十二月十二日，趙鞅進到絳邑，在晉定公的宮中盟誓。

【說　明】 這大段前三節記載齊景公和衛靈公準備聯合攻打晉國，但卻著重描寫了邴意茲對伐晉形勢的分析和齊景公對衛靈公的戲弄。邴意茲認為可以攻打河內的理由是：河內距晉國都城絳邑距離遙遠，消息傳到而出兵，三個月內不能到達黃河，而此時齊、衛之軍已可勝利渡河回師了。當時的黃河，是經河南原陽、延津諸縣西北而向東北流的，又經濮陽西而向北流，河內在黃河之西，齊國、衛國都在黃河之東，所以齊、衛攻打河內出師和回師都要渡黃河。齊景公雖與衛靈公聯合伐晉，但又要顯示自己的鎮定勇敢，所以表面上設宴款待，親密表示要同乘一輛車，暗地派人先駕好車，又派人假報「晉軍到了」的遊戲，此時衛靈公當然來不及套車，齊景公就披甲而與衛靈公同乘一輛戰車，馳騁了一陣，又派人來報告「沒有晉軍」，才停下來。這充分地表現出了齊景公的虛偽嘴臉。

本大段後四小節記載晉國內部的矛盾。首先是趙鞅與邯鄲午的矛盾，激起范氏、中行氏攻打趙宮，趙鞅奔晉陽。其次是范皋夷、梁嬰父、知文子、韓簡子、魏襄子五人與范氏、中行氏的矛盾，引起知、韓、魏三家事奉晉定公攻打范氏、中行氏。再次是范氏、中行氏攻打晉定公，引起晉國人與三家共同攻打范氏、中行氏，荀寅和范吉射逃奔朝歌。最後是由於韓簡子、魏襄子的請求，趙鞅終於回到絳都，與晉定公盟誓和好。這就為後來趙、韓、魏合力滅范氏、中行氏，後又殺知伯，最後形成三家鼎立分晉奠定了基礎。這四小節的記載脈絡非常清晰，層次十分清楚。已為晉國後來國內矛盾的發展勾勒出了輪廓。

傳 初，衛公叔文子❶朝，而請享靈公。退，見史鰌❷而告之。史鰌曰：「子必禍矣！子富而君貪，其❸及子乎！」文子曰：「然。吾不先告子，是❹吾罪也。君既許我矣，其❺若之何❻？」史鰌曰：「無害。子臣，可以免。富而能臣，必免於難。上下❼同之。戍❽也驕，其亡❾乎！富而不驕者鮮❿，吾唯子之見⓫。驕而不亡者，未之有也。戍必與焉⓬。」及文子卒，衛侯始惡於公叔戍，以其富也。公叔戍又將去夫人⓭之黨，夫人愬之⓮曰：「戍將為亂。」

【注釋】❶公叔文子　衛國公族。名發。卒謚貞惠文子。文子，貞惠文子的省稱。❷史鰌　衛國大夫。名鰌，字子魚。又稱史魚。❸其　大概；恐怕。❹是　此；這。❺其　那。❻若之何　怎麼辦。❼上下　指尊卑。❽戍　公叔戍。公叔文子之子。名戍。各本都誤作「戌」，今依阮元《校勘記》改正。❾亡　逃亡。❿鮮　少。⓫子之見　見子；見到您一個。之，賓語置於動詞前的標誌詞。⓬與焉　與於彼；參預在那中間。⓭夫人　指衛靈公夫人南子。⓮愬之　控訴他。愬，同「訴」。控告。

【語譯】當初，衛國的公叔文子上朝，而請求設享禮招待衛靈公。退朝後，見到史鰌並告訴了他這件事。史鰌說：「您一定招來禍患了！您富有而國君貪婪，那禍患恐怕要落到您身上吧！」公叔文子說：「是這樣。我沒有事先告訴您，這是我的罪過。國君已經答應我了，那對此怎麼辦呢？」史鰌說：「沒有妨害。您能謹守臣禮，可以免禍。富有而能謹守臣禮，一定能免於禍難。無論尊卑都是同樣適用這個道理的。您的兒子公叔戍則很驕傲，大概要逃亡吧！富有而不驕傲的人很少，我只見到過您一個人。驕傲而不逃亡的人，我還沒有見到過。公叔戍一定是在那其中的一個。」等到文子去世，衛靈公開始對公叔戍厭惡，因為他富有。公叔戍還打算除掉衛靈公夫人的黨羽，夫人向衛靈公控告說：「公叔戍將要發動叛亂。」

【說　明】這一段應與下年傳文的開頭「十四年春，衛侯逐公叔戌與其黨」連讀，因為這段是說明為什麼衛靈公要驅逐公叔戌的原因的。本來《春秋》和《左傳》是兩部書，各自獨立的，這段傳文就是與下年開頭的傳文連接在一起的。後人為了使《左傳》與《春秋》按年相配，就把這一大段傳文分割成兩截，分載於兩年的《春秋》經文之後，於是造成原本完整的一段傳文變成兩段意思不完整的傳文，並且中間被《春秋》經文所隔開。今天我們讀《左傳》，必須恢復其本來面目來讀。

十四年

乙巳，西元前四九六年。周敬王二十四年、齊景公五十二年、晉定公十六年、秦惠公五年、楚昭王二十年、宋景公二十一年、衛靈公三十九年、陳閔公六年、蔡昭侯二十三年、曹伯陽六年、鄭聲公五年、燕簡公九年、吳闔廬十九年、越句踐元年、杞僖公十年。

經 十有四年春，衛公叔戌來奔。衛趙陽出奔宋。

二月辛巳，楚公子結、陳公孫佗人帥師滅頓，以頓子牂歸。

夏，衛北宮結來奔。

五月，於越敗吳于檇李。

吳子光卒。

公會齊侯、衛侯于牽。

公至自會。

秋，齊侯、宋公會于洮。

天王使石尚來歸脤。

衛世子蒯聵出奔宋。

衛公孟彄出奔鄭。

宋公之弟辰自蕭來奔。

大蒐于比蒲。

邾子來會公。

城莒父及霄。

傳 十四年春，衛侯❶逐公叔戌與其黨，故趙陽❷奔宋，戌來奔。

梁嬰父❸惡董安于❹，謂知文子❺曰：「不殺安于，使終為政於趙氏，趙氏必得晉國，盍❻以其先發難也討於趙氏？」文子使告於趙孟曰：「范、中行氏雖信❼為亂，安于則發❽之，是安于與謀亂也。晉國有命，始禍者死，二子❾既伏其罪矣，敢❿以告。」趙孟患之。安于曰：「我死而晉國寧，趙氏定，將焉用生？人誰不死？吾死莫⓫矣。」乃縊⓬而死。趙孟尸⓭諸⓮市，而告於知氏曰：「主⓯命戮⑯罪人安于，既伏其罪矣，敢以告。」知伯⑰從趙孟盟，而後趙氏定，祀安于於廟。

頓子⑱牂⑲欲事晉，背楚而絕陳好。二月，楚滅頓。

夏，衛北宮結⑳來奔，公叔戍之故也。

【注釋】❶衛侯　指衛靈公。❷趙陽　衛國大夫。姓趙，名陽。❸梁嬰父　晉國大夫。❹董安于　晉國趙氏家臣。❺知文子　即荀躒。晉國六卿之一。❻盍　何不。❼信　確實。❽發　挑起。❾二子　指范氏、中行氏。即指范吉射、荀寅。❿敢　自言冒昧之詞。⑪莫　「暮」的本字。晚；遲。⑫縊　上吊。⑬尸　暴屍。動詞。⑭諸　「之於」的合音合義詞。⑮主　對人的敬稱。猶今之言「您」。⑯戮　誅戮；殺。⑰知伯　即知文子荀躒。⑱頓子　頓國國君。頓，國名。都城在今河南項城西。⑲牂　頓國國君之名。⑳北宮結　衛國大夫。複姓北宮，名結。

【語譯】魯定公十四年春天，衛靈公驅逐公叔戍和他的黨羽，所以趙陽逃奔到宋國，公叔戍逃奔到魯國。

梁嬰父厭惡董安于，對知文子說：「不殺掉安于，讓他始終在趙氏那裏主持政事，趙氏一定能得到晉國，何不以他先發動禍難的罪名去向趙氏責討？」知文子就派人對趙鞅說：「范氏、中行氏雖然確實發動叛亂，但那是董安于挑起的，這說明董安于參與了謀劃叛亂。晉國有法令，開始發動禍亂的人處死。范氏、中行氏兩人已經伏罪了，我冒昧地以此奉告。」趙鞅憂慮這件事。董安于說：「我死而晉國安寧，趙氏安定，我哪裏還用得著活下去？人誰能不死？我死得已經遲了。」於是上吊而死。趙鞅把他的屍體暴露在市場上，而向知文子告訴說：「您命令我誅殺罪人董安于，他已經伏罪了，我冒昧地以此奉告。」知文子和趙鞅結盟，然後趙氏得以安定。趙氏把董安于陪祀在宗廟裏。

頓國國君牂想要事奉晉國，於是背叛楚國而斷絕和陳國的友好。二月，楚國滅亡了頓國。

夏天，衛國的北宮結逃奔來魯國，這是因為公叔戌的緣故。

【說　明】這一大段第一小節應與上年的最後一節連讀，因為它們本是完整的一段傳文，被後人分割成兩截的。本年的這一小節是說明《春秋》經文「衛公叔戌來奔。衛趙陽出奔宋」的原因，是被衛靈公所逐。而上年最後一節則是追溯衛靈公何以要驅逐公叔戌的原因。

第二小節記載的是上年晉國內部矛盾的繼續發展。上年趙鞅殺邯鄲午後，荀寅、范吉射準備發動叛亂時，董安于曾勸趙鞅先發難；後來荀寅、范吉射被知氏、韓氏、魏氏三家擊敗而奔朝歌，韓、魏向晉定公請求讓趙鞅歸絳時，知氏卻未參加請求，由此已可知知文子荀躒與趙鞅不睦。本年則由於他的寵信梁嬰父的挑動，知文子向趙鞅責難董安于之罪。迫於壓力，趙鞅只得讓董安于自殺，並暴其屍而告訴知文子，但卻把董安于作為趙氏宗廟的陪祀配享的神主，說明董安于之死對趙氏有大功。這一事件實際上更加深了趙氏與知氏的矛盾。

第三小節記載頓國被楚國所滅的原因，是由於頓國國君牂想事奉晉國，背叛楚國並且斷絕與陳國的友好交往。這也是對《春秋》經文記載的「楚公子結、陳公孫佗人帥師滅頓，以頓子牂歸」的說明。

第四小節的記載也是對《春秋》經文「衛北宮結來奔」說明原因，是由於衛國的公叔戌被衛靈公所驅逐而已逃奔到魯國，北宮結是公叔戌的黨羽，所以也逃奔到這裏。這又與本大段第一節的記載相呼應。

由此可見，這一大段的傳文大部分與上年的事有聯繫，應參照閱讀。

傳　吳❶伐越❷，越子❸句踐❹禦之，陳❺于檇李❻。句踐患吳之整也，使死士❼再禽❽焉，不動。使罪人三行❾，屬❿劍於頸，而辭曰：「二君有治⓫，臣奸⓬旗鼓⓭。不敏⓮於君之行前，不敢逃刑，敢歸死⓯。」遂自剄⓰也。師⓱屬之目⓲，越子因而伐之，大敗之。靈姑浮⑲以戈擊闔廬，闔廬傷將指⑳，取其一屨㉑。還，卒於陘㉒，去檇李七里。

夫差㉓使人立於庭，苟出入，必謂己曰：「夫差！而㉔忘越王之殺而父乎？」則對曰：「唯㉕。不敢忘！」三年㉖乃報越㉗。

【注釋】❶吳　國名。也叫句吳、攻吳。姬姓。始封之君是周太王之子太伯、仲雍。建都城於吳，即今江蘇蘇州。春秋後期國力始強。魯定公四年（西元前五〇六年）吳闔廬一度攻破楚國，見前定公四年傳文。魯哀公二十二年（西元前四七三年）被越國所滅。❷越　國名。也稱「於越」。姒姓。相傳其始祖是夏代少康的庶子無餘。建都城於會稽，即今浙江紹興。春秋末年常與吳國交戰。至戰國時國力衰弱，約在西元前三〇九年被楚國所滅。❸越子　越國國君。子爵。❹句踐　越國國君。允常之子。又稱「菼執」。魯定公十四年（西元前四九六年）年即位，在位三十三年。❺陳　通「陣」。擺開陣勢。❻檇李　越國地名。在今浙江嘉興南。❼死士　勇戰不怕死之士。❽再禽　兩次擒捉。禽，通「擒」。捉拿。❾三行　排列成三行。❿屬　繫；架。⓫治　治軍旅；交戰。⓬奸　通「干」。觸犯。⓭旗鼓　代指軍令。⓮不敏　不中用；無能。⓯歸死　自殺而死。⑯剄　割頸；斷頭。⑰師　指吳國軍隊。⑱屬之目　注目視之。屬目，注目。屬，專注。⑲靈姑浮　越國大夫。⑳將指　腳的大趾。㉑屨　麻、葛等製的單底鞋。㉒陘　吳國地名。㉓夫差　闔廬之子，為吳國嗣君。在位二十三年。㉔而　你。㉕唯　應答聲。㉖三年　指三個年頭。即本年、明年和後年。㉗報越　報越國之仇；向越國報仇。

【語　譯】吳國攻打越國，越國國君句踐抵抗吳軍，在檇李地方擺開陣勢。句踐憂慮吳軍的陣營嚴整，派勇戰不怕死的戰士兩次衝鋒擒捉吳軍，但吳軍陣腳不動。句踐又派罪犯排成三行，把劍架在脖子上，而致辭說：「兩位國君有治理軍旅之事，下臣觸犯軍令，在國君的隊列之前表現出無能，不敢逃避刑罰，只敢自殺而死。」於是都割頸自殺。吳軍都注目看著他們，句踐乘機攻打他們，大敗吳軍。越國大夫靈姑浮用戈擊打闔廬，闔廬的大腳趾受了傷，靈姑浮取走了闔廬的一隻鞋。闔廬退兵歸國，死在陘地，距離檇李只有七里路。

闔廬的兒子夫差當了國君，派人站在庭院裏，只要自己出去或進來，一定讓那人對自己說：「夫差！你忘記越王句踐殺了你的父親了嗎？」他就回答說：「是。不敢忘記！」這樣過了三年終於報了越國之仇。

【說明】這是歷史上著名的吳越之戰。當時越國國君允常去世，其子句踐剛即位為國君。吳國國君闔廬自恃強大，輕視越國，興兵進攻。結果是新即位的越國君主句踐智勇雙全，一舉把吳軍打敗，闔廬負傷而死於回國途中。這是有名的檇李之戰。但吳國並不甘心失敗，嗣君夫差時刻牢記殺父之仇，誓將報復。《左傳》雖未記載夫差如何積極備戰，但從派人提醒自己不忘殺父之仇的細節中，已為後來的打敗越國埋下了伏筆。

傳 晉人圍朝歌❶，公❷會齊侯❸、衛侯❹于脾、上梁之間❺，謀救范、中行氏。析成鮒❻、小王桃甲❼率狄師以襲晉，戰于絳❽中，不克而還。士鮒❾奔周，小王桃甲入于朝歌。

秋，齊侯、宋公❿會于洮⓫，范氏故也。

衛侯為夫人南子⓬召宋朝⓭。會于洮，大子蒯聵⓮獻盂⓯于齊，過宋野。野人歌之曰：「既定⓰爾婁豬⓱，盍⓲歸吾艾豭⓳？」大子羞之，謂戲陽速⓴曰：「從我而朝少君㉑，少君見我，我顧㉒，乃㉓殺之！」速曰：「諾。」乃朝夫人。夫人見大子。大子三顧，速不進。夫人見其色㉔，啼㉕而走，曰：「蒯聵將殺余。」公執其手以登臺。大子奔宋。盡逐其黨，故公孟彄㉖出奔鄭，自鄭奔齊。

大子告人曰：「戲陽速禍余！」戲陽速告人曰：「大子則禍余。大子無道，使余殺其母㉗。余不許，將戕㉘於余；若殺夫人，將以余說㉙。余是故㉚許而弗為，以紓㉛余死。諺曰：『民保於信』，吾以信義也。」

冬十二月，晉人敗范、中行氏之師於潞㉜，獲籍秦、高彊。又敗鄭師及范氏之師于百泉㉝。

【注釋】❶朝歌　本為衛國都城。在今河南淇縣。上年十一月十八日，荀寅、范吉射逃奔朝歌，見上年傳文。❷公　指魯定公。❸齊侯　指齊景公。❹衛侯　指衛靈公。❺脾上梁之間　即指《春秋》經文所記載的「牽」地。牽，在今河南浚縣北。❻析成鮒　即士鮒，士吉射的宗族，複姓析成，名鮒。晉國大夫。范氏、中行氏的黨羽。❼小王桃甲　複姓小王氏，以族為氏。名桃甲。晉國大夫。范氏、中行氏的黨羽。❽絳　晉國都城。在今山西曲沃西南。❾士鮒　即析成鮒。❿宋公　指宋景公。⓫洮　曹國地名。在今山東鄄城西南。⓬南子　衛靈公夫人。宋國貴族，子姓。受衛靈公寵愛，與太子蒯聵不和。後蒯聵即位（即衛莊公），她即被殺。⓭宋朝　宋國公子，名朝。⓮蒯聵　衛靈公的嫡長子。即後來的衛莊公。⓯盂　衛國邑名。在今河南濮陽東南。⓰定　安定；滿足。⓱婁豬　求子的母豬。此處比喻南子。婁，通「豮」。母豬。⓲盍　何不。⓳艾豭　美麗的公豬。此處比喻宋國公子朝。艾，美好。豭，公豬。⓴戲陽速　衛國太子蒯聵的家臣。複姓戲陽，名速。㉑少君　小君，國人稱國君之妻。即諸侯夫人。㉒顧　回頭看。㉓乃　你。第二人稱代詞。㉔色　臉色。㉕啼　號哭。㉖公孟彄　衛國大夫。衛襄公之子公子縶，字公孟。他的孫以祖父字為氏。故複姓公孟，名彄。㉗母　指南子。南子不是蒯聵的親生母親，但她是衛靈公的夫人，就是蒯聵的繼母。㉘戕　殺害。㉙說　通「脫」。解脫；開脫。㉚是故　此故；這個緣故。㉛紓　延緩。㉜潞　本為赤狄部落名，魯宣公十五年（西元前五九四年）被晉滅亡後成為晉國的地名。在今山西潞城東北。㉝百泉　晉國地名。在今河南輝縣西北。

【語譯】晉國人包圍朝歌，魯定公在脾和上梁之間的牽地會見齊景公、衛靈公，商量援救范氏、中行氏。析成鮒、小王桃甲率領狄軍來襲擊晉國，在絳地交戰，沒有攻克而回歸。析成鮒逃奔到周王朝所在地，小王桃甲進入到朝歌。

秋天，齊景公、宋景公在洮地會見，這是為了謀救范氏的緣故。

衛靈公為夫人南子召見宋國公子朝。在洮地會見，太子蒯聵把盂地獻給齊國，路過宋國的郊野。野外的人歌唱道：「已經滿足了你們的母豬，何不歸還我們美麗的公豬？」太子以此為羞恥，對戲陽速說：「跟隨我而去朝見夫人，夫人接見我時，我回頭看你，你就殺死她。」戲陽速說：「好的。」於是就去朝見夫人。夫人接見太子。太子三次回頭看戲陽速，戲陽速不肯往前。夫人看見太子的臉色，哭號而奔跑，說：「蒯聵將要殺我。」衛靈公拉著她手而登上高臺。太子逃奔到宋國。衛靈公全部驅逐了太子的黨羽，所以公孟彄奔逃到鄭國，從鄭國逃奔到齊國。

太子告訴別人說：「戲陽速加禍於我。」戲陽速告訴別人說：「太子才是加禍於我。太子無道，派我殺死他的母親。我不答應，就將把我殺死；如果我殺死夫人，就將把我作為罪人而解脫自己。我因這個緣故答應而不做，以此延緩我的一死。俗話說：『民眾用信用保全自己』，我是用道義作為信用的。」

冬季十二月，晉國人在潞地打敗范氏、中行氏的軍隊，俘虜了籍秦、高彊。又在百泉打敗了鄭國軍隊和范氏的軍隊。

【說　明】這一大段主要記載兩件事：一是晉國內部矛盾擴大到外部，二是衛國的內部矛盾。第一、二小節記載晉國包圍朝歌，本是晉國內部事，為了攻打范氏、中行氏；但魯國、齊國和衛國的諸侯卻商量救援范氏、中行氏，後來，宋國也參加謀救范氏，最後一節記載鄭國軍隊被晉國人打敗，說明鄭國也參加了幫助范氏的隊伍。這就使晉國的內部矛盾擴大為各諸侯國與晉國的矛盾了。結果是晉國人打敗了范氏、中行氏，也打敗了鄭軍。魯、齊、衛、宋各國大概只是商量而沒有實際出兵。其中穿插范氏、中行氏的黨羽析成鮒、小王桃甲乘晉國都城空虛而襲擊絳邑，但也被晉軍打敗而逃亡。

衛靈公夫人南子是個淫蕩的女人，與宋國公子朝通姦，所以宋國人歌唱諷刺她。衛國太子感到羞恥而要殺她，這是太子和南子的矛盾。但太子家臣卻不肯聽從太子，又形成太子與家臣的矛盾。結果是太子逃亡，這又為衛國後來不斷的內亂埋下了伏筆。

十五年

丙午，西元前四九五年。周敬王二十五年、齊景公五十三年、晉定公十七年、秦惠公六年、楚昭王二十一年、宋景公二十二年、衛靈公四十年、陳閔公七年、蔡昭侯二十四年、曹伯陽七年、鄭聲公六年、燕簡公十年、吳夫差元年、越句踐二年、杞僖公十一年。

經 十有五年春王正月，邾子來朝。

鼷鼠食郊牛，牛死，改卜牛。

二月辛丑，楚子滅胡，以胡子豹歸。

夏五月辛亥，郊。

壬申，公薨于高寢。

鄭罕達帥師伐宋。

齊侯、衛侯次于渠蒢。

邾子來奔喪。

秋七月壬申，姒氏卒。

八月庚辰朔，日有食之。

九月，滕子來會葬。

丁巳，葬我君定公，雨，不克葬。戊午，日下昃，乃克葬。

辛巳，葬定姒。

冬，城漆。

傳 十五年春，邾隱公❶來朝。子貢❷觀焉。邾子❸執玉高，其容❹仰；公❺受玉卑❻，其容俯。子貢曰：「以禮觀之，二君者，皆有死亡焉。夫禮，死生存亡之體也，將左右、周旋❼、進退、俯仰，於是❽乎取之；朝、祀、喪、戎，於是乎觀之。今正月相朝，而皆不度❾，心已亡❿矣。嘉事⓫不體⓬，何以能久？高、仰，驕也；卑、俯，替⓭也。驕近亂，替近疾，君為主，其⓮先亡乎！」

吳之入楚也，胡⓯子盡俘楚邑之近胡者。楚既定，胡子豹⓰又不事楚，曰：「存亡有命，事楚何為？多取費⓱焉。」二月，楚滅胡。

夏五月壬申⓲，公薨。仲尼曰：「賜⓳不幸言而中，是使賜多言者也。」

鄭罕達⑳敗宋師于老丘㉑。

齊侯、衛侯次于蘧挐㉒，謀救宋也。

秋七月壬申㉓，姒氏㉔卒。不稱夫人，不赴㉕，且不祔㉖也。

葬定公，雨，不克襄㉗事，禮也。

葬定姒㉘，不稱小君㉙，不成喪㉚也。

冬，城漆㉛，書，不時告㉜也。

【注釋】❶邾隱公　邾國國君，名益。隱，諡號。邾國為魯國的附庸國。詳見前隱公元年注。❷子貢　複姓端木，名賜，字子貢，衛國人。孔丘的弟子。他的言行見《論語》和《史記・仲尼弟子列傳》等。❸邾子　即指邾隱公。子，爵位名。周代五等爵位中的第四等級。❹容　面容；臉。❺公　指魯定公。❻卑　低。❼周旋　行禮時揖讓的動作。❽於是　從這裏。❾不度　不合法度。❿亡　無；沒有禮。⓫嘉事　美好的事。指朝會。⓬不體　不合禮儀。體，本體。指禮儀。⓭替　廢棄；衰微。⓮其　大概；恐怕。⓯胡　國名。歸姓。都城在今安徽阜陽。子爵。⓰胡子豹　胡國國君，名豹。⓱取費　花費錢物。⓲五月壬申　五月二十二日。⓳賜　端木賜，即子貢。⓴罕達　鄭國大夫。姓罕，名達，字子姚，又稱子賸。㉑老丘　宋國地名。在今河南開封東南。㉒蘧挐　即《春秋》經文中的「渠蒢」，音近通用。地名。地點不詳。㉓七月壬申　七月二十三日。㉔姒氏　魯定公夫人。㉕赴　通「訃」。發訃告；報喪。㉖祔　新死者附祭於先祖。㉗襄　成；完成。㉘定姒　定公夫人姒氏。㉙小君　古代稱諸侯夫人為小君。㉚成喪　按夫人的喪禮安葬。㉛漆　本為邾國邑名。後屬於魯國。在今山東鄒縣北。㉜告　祭告祖廟。

【語譯】魯定公十五年春天，邾隱公到魯國來朝見。子貢在那裏觀禮。邾隱公拿玉高高地舉起，他的臉仰著；魯定公低低地接受玉，他的臉俯著。子貢說：「用禮來看待這件事，兩位國君，都快要死亡了吧。禮，是死生存亡的本體，舉動或左或右，或揖或讓，或進或退，或俯或仰，就從這裏來選取它；朝會、祭祀、喪事、戰事，也從這裏來觀察它。現在在正月互相朝見，卻都不符合禮的法度，說明兩位國君的心裏已經沒有禮了。朝會這美好的事不合於禮，怎麼能夠長久？高和仰，是驕傲；低和俯，是衰廢。驕傲接近動亂，衰廢接近疾病，國君是主人，大概會先死吧！」

當年吳國攻入楚國的時候，胡國國君曾把楚國城邑靠近胡國的民眾全部俘虜。楚國已經安定以後，胡國國君豹又不肯事奉楚國，說：「國家存亡是由於天命，為什麼要事奉楚國？只不過多花費錢物而已。」二月，楚國滅亡胡國。

夏季五月二十二日，魯定公死。孔丘說：「不幸而被子貢說中了，這件事使子貢成為多嘴的人了。」

鄭國的罕達在老丘打敗宋國軍隊。

齊景公、衛靈公住宿在蘧挐，這是為了商量援救宋國。

秋季七月二十三日，魯定公夫人姒氏死。《春秋》不稱她夫人，這是因為沒有向同盟諸侯國發訃告，而且沒有陪祭於先祖姑。

安葬魯定公，下雨，沒有能辦成事情，這是合於禮的。

安葬魯定公夫人定姒，《春秋》不稱她小君，這是因為沒有按夫人的喪禮來安葬。

冬天，在漆地築城。《春秋》所以要記載這件事，是因為沒有按時祭告祖廟。

【說　明】本年《左傳》的傳文都是對《春秋》經文的解釋和補充。第一小節補充了子貢觀禮說的一段話，預言魯定公和邾隱公都將死亡，定公先死，這不但與第三節記載魯定公死以及孔子說的話相呼應，而且為以後哀公七年伐邾囚邾隱公埋下了伏筆。

第二小節解釋楚滅胡的原因，補敘了十一年前即魯定公四年吳國攻入楚國時發生的一件事：胡國國君曾把楚國城邑靠近胡國的民眾全部俘虜。此事發生在定公四年，但那年沒有記載；把此事作為楚滅胡的主要原因放在本年記載，就使文字簡鍊，脈絡清晰。

第四節記載鄭軍打敗宋軍，卻沒有說明鄭國為何攻打宋國。實際上因為宋國的公子地以及宋平公、宋元公的子孫在上年或本年奔逃到鄭國，鄭國為他們伐宋，想取得土地來安置他們，這從後面魯哀公十二年的傳文中可以看出來。

第五小節解釋齊景公與衛靈公相會的原因是商量救宋；第六、八小節則解釋了《春秋》不稱定公夫人為「夫人」、「小君」的原因。第七小節解釋雨天而不安葬定公是合於禮的；第九小節解釋《春秋》記載在漆地築城的原因是沒有及時祭告祖廟。

哀公

【題　解】魯哀公，名蔣，《史記・魯周公世家》作「將」。魯定公之子。母定姒。哀，謚號。《逸周書・謚法解》：「恭仁短折曰哀」、「早孤短折曰哀」。魯哀公於周敬王二十六年（西元前四九四年）即位，在位二十七年。

哀公之世，魯國國勢更為衰弱，除曾攻打弱小鄰國邾國外，經常處於大國隨從地位。國內公室與卿大夫的矛盾日益加劇，最後形成哀公與三桓（季孫氏、孟孫氏、叔孫氏）的激烈矛盾鬥爭，哀公出奔到越國。

在這二十七年中，各諸侯國之間的戰爭以及各國內部的矛盾鬥爭也都非常尖銳。最突出的是吳國與越國之間的戰爭。在夫椒戰役中，吳軍打敗越國，越國瀕於滅亡，但吳王夫差不聽伍子胥消滅越國的勸告，接受了越國的媾和請求，使越國得以有喘息機會。吳國還攻打蔡國、陳國、魯國，一心想北上擴張勢力，稱霸諸侯。在黃池之會上還與晉國爭霸。而就在此時，越國經過「十年生聚，十年教訓」，已成為強國，出兵攻入吳國都城。雖然越國也採取與吳國媾和的策略，但不久又在笠澤之戰中徹底打敗吳軍，終於滅亡了吳國。越國勢力擴大到了與魯國接壤，大有稱霸諸侯之勢。而楚國在此期間也滅亡陳國，繼續向中原擴張。說明諸侯國之間兼併正在加劇。

各諸侯國內部動亂頻仍。衛國有莊公和出公父子間的反覆鬥爭，楚國有白公勝之亂，齊國有安孺子與悼公的鬥爭。而在這裏面，最突出的是公室與卿大夫的矛盾鬥爭，如齊國公室與陳成子的矛盾鬥爭，已預示著陳氏卿大夫取代公室的趨勢；晉國公室已完全失去控制國勢的能力，而卿大夫之間的鬥爭，也預示著趙、韓、魏三家分晉的趨勢。這說明社會正處在大變動之中，春秋時期即將結束，歷史開始進入了七強國爭雄的戰國時期。

元年

丁未，西元前四九四年。周敬王二十六年、齊景公五十四年、晉定公十八年、秦惠公七年、楚昭王二十二年、宋景公二十三年、衛靈公四十一年、陳閔公八年、蔡昭侯二十五年、曹伯陽八年、鄭聲公七年、燕簡公十一年、吳夫差二年、越句踐三年、杞僖公十二年。

經元年春王正月，公即位。

楚子、陳侯、隨侯、許男圍蔡。

鼷鼠食郊牛，改卜牛。夏四月辛巳，郊。

秋，齊侯、衛侯伐晉。

冬，仲孫何忌帥師伐邾。

傳元年春，楚子❶圍蔡，報柏舉❷也。里❸而栽❹，廣丈❺，高倍❻。夫❼屯晝夜九日，如子西❽之素❾。蔡人男女以辨❿。使疆⓫于江、汝之間⓬而還。蔡於是⓭乎請遷于吳。

吳王夫差敗越于夫椒⓮，報檇李⓯也。遂入越。越子以甲楯⓰五千保于會稽⓱，使大夫種[18]因吳大宰嚭[19]以行成[20]。吳子將許之。伍員[21]曰：「不可。臣聞之：『樹德莫如滋，去疾莫如盡。』[22]昔有過[23]澆[24]殺斟灌[25]以伐斟鄩[26]，滅夏后相[27]，后緡[28]方娠[29]，逃出自竇[30]，歸于有仍[31]，生少康[32]焉[33]。為仍牧正[34]，惎[35]澆能戒[36]之。澆使椒[37]求[38]之，逃奔有虞[39]，為之庖正[40]，以除其害。虞思[41]於是妻之[42]以二姚[43]，而邑諸綸[44]，有田一成[45]，有眾一旅[46]。能布其德[47]，而兆[48]其謀[49]，以收夏眾[50]，撫其官職[51]；使女艾[52]諜澆[53]，使季杼[54]誘豷[55]。遂滅過[56]、戈[57]，復禹[58]之績，祀夏配天[59]，不失舊物[60]。今吳不如過，而越大於少康，或將豐之[61]，不亦難乎[62]？句踐能親[63]而務施[64]，施不失人[65]，親不棄勞[66]。與我同壤[67]，而世為仇讎[68]。於是[69]乎克而弗取[70]，將又存之，違天[71]而長寇讎[72]，後雖悔之，不可食已[73]。姬[74]之衰也，日可俟[75]也。介[76]在蠻夷[77]，而長寇讎，以是求伯[78]，必不行矣。」弗聽。退而告人曰：「越十年生聚[79]，而十年教訓[80]，二十年之外[81]，吳其[82]為沼[83]乎！」

三月，越及吳平。吳入越，不書[84]，吳不告慶[85]、越不告敗[86]也。

【注釋】❶楚子　指楚昭王。子爵。❷柏舉　指吳楚柏舉之戰。見前定公四年傳文。❸里　離蔡國一里。❹栽　建構版築做堡壘。❺廣丈　指堡壘寬度為一丈。❻高倍　堡壘高度加倍。即高度二丈。❼夫　役夫；築堡壘的士兵。❽子西　即公子申，字子西。楚平王的庶長子。❾素　預定計劃。❿辨　分別排列綑縛而出降。⓫疆　劃分疆界。⓬江汝之間　長江與汝水之間。汝，汝水。上游即今河南北汝河；自郾城以下，故道南流至西平縣東會溵水（今沙河）；以下即今南汝河及新蔡以下的洪河。⑬於是　在此時。⑭夫椒　山名。在今江蘇蘇州西南太湖中；一說即洞庭西山；一說夫、椒為二山。⑮檇李　指檇李戰役，見前定公十四年傳文。⑯甲楯　指披甲持盾的士兵。⑰會稽　山名。在今浙江紹興東南。⑱種　即文種。姓文氏，名種，字禽。楚國南郢人，楚平王時曾為楚國宛邑的長官。後到越國為大夫。⑲大宰嚭　太宰伯嚭。姓伯氏，名嚭，字子餘。楚國太宰伯州犁之孫。逃奔到吳國，為吳國太宰。受吳王夫差寵信，故越國大夫文種通過他向吳國請求講和。⑳行成　進行講和。㉑伍員　字子胥，楚國大夫伍奢次子。楚平王殺伍奢，子胥逃到吳國。幫助吳王闔廬奪取君位，打敗楚國。見前昭公二十年及定公四年傳文。㉒樹德莫如滋二句　出自《尚書・泰誓下》，原作「樹德務滋，除惡務盡」。意思是：建立德行必須不斷培養，除去邪惡必須徹底掃除。㉓有過　夏代部落名。在今山東萊州市西北。㉔澆　寒浞淫羿之妻所生子。名澆，因置於過地，故稱過澆。見前襄公四年傳文及注。㉕斟灌　夏代部落名。在今河南范縣西北觀城鎮。㉖斟鄩　即斟尋，夏代部落名。在今河南偃師東北。㉗夏后相　夏朝的君主，名相。仲康之子，少康之父。夏朝第五位君主。后，君主。㉘后緡　夏后相之妻，名緡。㉙娠　懷孕。㉚竇　洞；城牆小洞。㉛有仍　古部落名。在今山東濟寧一帶。后緡是有仍氏部落之女。㉜少康　夏后相之子，夏代第六位君主。㉝焉　於彼；在那裏。㉞牧正　管理畜牧的長官。㉟惎　憎恨；怨毒。㊱戒　戒備；警惕。㊲椒　澆的臣下，名椒。㊳求　尋找；捉拿。㊴有虞　古部落名。居於蒲坂，在今山西永濟西蒲州鎮。姚姓。㊵庖正　掌管膳食的長官。㊶虞思　有虞氏酋長，名思。姚姓。㊷妻之　嫁給他為妻。㊸二姚　兩個女兒。因為都是姚姓女兒，所以稱「二姚」。㊹邑諸綸　把他封在綸邑。諸，「之於」的合音合義。綸，有虞氏的邑名。在今河南虞城東南。㊺成　方十里為成。㊻旅　五百人為旅。㊼布其德　布施他的恩德。㊽兆　開始。㊾謀　指復興國家的謀劃。㊿收夏眾　收聚夏朝的餘部。(51)撫其官職　按夏朝官制分派給他們官職。撫，循；按照。(52)女艾　少康的臣。(53)諜澆　打入澆那裏做間諜。諜，間諜。此處作動詞用。做間諜；偵察澆的動態。(54)季杼　少康之子。後來嗣少康即帝位，稱帝杼。(55)豷　澆的弟。(56)過　澆統治的地方。(57)戈　豷統治的地方。(58)禹　原為夏后氏部落領袖，姒姓。奉帝舜之命治理洪水有功，被舜選為繼承人，舜死後擔任部落聯盟領袖。後來，他的兒子啟建立了夏朝。(59)祀夏配天　祭祀夏朝的祖先來配祭天帝。古代帝王常以祭祖先來配祭天帝。(60)舊物　此處指原有的夏代天下。(61)豐之　使越國壯大。豐，壯大。(62)不亦難乎　豈不也就成了吳國的災難嗎。(63)親　親近別人。(64)務施　致力於施捨。(65)施不失人　所施捨的人都是應該得到施捨的。(66)親不棄勞　對有功勞的人從不拋棄而加以親近。勞，功勞。(67)同壤　同一塊土地；國土相連。(68)仇讎　仇敵。讎，同「仇」。(69)於

是　在這種情況下。(70)克而弗取　攻下了而不拿過來；戰勝越國而不滅掉它。(71)違天　違背天意。(72)長寇讎　使仇敵壯大。長，助長；壯大。(73)不可食已　猶言吃不消了；不可消止禍患了。(74)姬　姬姓的國。指吳國。(75)日可俟　可計日而待。指為期不遠。俟，待。(76)介　處於二者之間。(77)蠻夷　指越國和楚國。吳國處於越國與楚國之間。(78)求伯　求取霸業。吳王夫差有為霸主之心。伯，通「霸」。(79)生聚　養育人民和積聚財富。(80)教訓　教育訓練。(81)之外　之後。(82)其　測度之詞。大概。(83)為沼　成為荒涼的池沼。(84)不書　指《春秋》沒有記載。(85)告慶　報告勝利。(86)告敗　報告失敗。

【語　譯】魯哀公元年春天，楚昭王領兵包圍蔡國國都，這是為了報復十二年前柏舉那一戰役失敗之仇。離蔡國都城一里就構築堡壘，寬一丈，高加倍。役夫屯駐了九晝夜，就像子西的預定計劃一樣。蔡國人把男女奴隸分別排列綑綁表示投降。楚昭王讓蔡國人遷移到長江、汝水之間就回去了。蔡國在這時向吳國請求遷移到吳國去。

吳王夫差在夫椒山打敗了越軍，報了檇李戰役的仇。於是就進入越國。越王句踐帶領披甲持盾的五千士兵退守在會稽山，派大夫文種通過吳國太宰伯嚭的門路而去求和。吳王夫差打算答應越國的要求。伍子胥說：「不可以。我聽說這樣的話：『建樹德行必須不斷培養，除去邪惡必須徹底乾淨。』從前有過氏的澆殺了斟灌而攻打斟鄩，滅亡了夏朝國君夏后相，夏后相的妻子后緡正懷著孕，從城牆的小洞裏逃出來，回到娘家有仍氏部落，在那裏生下了少康。少康長大後做了有仍部落管理畜牧的官員，對澆滿懷仇恨而能警惕戒備他。澆派椒尋找捉拿少康，少康逃奔到有虞部落，做了那裏的管膳食的官員，因此避除了澆的殺害。有虞氏部落酋長虞思在這種情況下把兩個女兒嫁給他為妻，而把他封在綸邑，擁有十里見方的土地，有五百人的兵力。少康能布施他的恩德，而開始他的復國謀劃，以收聚夏朝的餘部，按照夏朝官制分派給他們官職；派女艾到澆那裏做間諜，又派季杼去誘騙澆的弟弟豷。結果就滅亡了澆統治的過國和豷統治的戈國，復興了禹開創的業績，奉祀夏朝的祖先來配祭天帝，沒有失掉原有的天下。現在吳國不如當年的過國，而越國大於當年的少康，如果再讓越國壯大起來，豈不也就成了吳國的災難嗎？句踐能夠親近別人而致力於施捨，所施捨的人都是應該得到施捨的，對有功勞的人從不拋棄而加以親近。越國和我國國土相連，而又世世代代是仇敵。在這種情況下攻下了而不拿過來，打算又讓它存在下去，違背天意而使仇敵壯大，以後即使懊悔這樣做，也已不能消止禍患了。姬姓國的衰微，指日可待。我國處於楚越蠻夷之間，而使仇敵壯大，用這樣的辦法求取霸業，必然是行不通的。」吳王夫差沒有聽從。伍子胥退出來告訴別人說：「越國用十年的時間養育人民和積聚財富，再用十年的時間對民眾進行教育訓練，二十年以後，吳國大概被越國毀壞成為荒涼的池沼了吧！」三月，越國和吳國媾和。吳國進入越國，《春秋》沒有記載，這是因為吳國沒有來報告勝利，越國沒有來報告失敗。

【說　明】 這一大段兩小節。前一節記載楚國迫使蔡國遷國到汝水之南、長江以北，奪取了蔡國的部分土地。當蔡國聽命以後，楚軍就回國了。但楚軍一走，蔡國就又背叛楚國投靠吳國，為明年蔡國遷都州來埋下了伏筆。

後一節敘吳國打敗越國以及伍子胥諫吳王夫差不讓越國求和之事。吳越兩國世為仇敵，屢有戰爭，但這次夫椒之戰，越國全軍覆沒，吳軍進入越國，已瀕於被滅亡。伍子胥以古代澆滅夏朝而少康復國的故事，警告和勸諫吳王夫差乘機滅亡越國，不讓他們求和。但夫差不聽從。伍子胥退出對別人說的話：「越十年生聚，而十年教訓，二十年之外，吳其為沼乎？」這是對未來的預言。後來的歷史發展完全實現了伍子胥的預言。二十一年後，即魯哀公二十二年（西元前四七三年），越國終於滅亡了吳國，夫差自殺。這說明伍子胥對吳越兩國的形勢和前途洞察得非常清楚，他的判斷是非常英明的。

既然伍子胥的勸諫是為吳國存亡著想，為什麼吳王夫差不聽從呢？除了夫差目光短淺、剛愎自用的原因外，太宰嚭受越國賄賂而在夫差面前替越國說好話有很大作用。《左傳》說「因吳大宰嚭以行成」。《國語・越語上》則記載：「越人飾美女八人，納之太宰嚭，曰：『子苟赦越國之罪，又有美於此者，將進之。』」可見太宰嚭受越賄是起了決定作用。

傳 夏四月，齊侯❶、衛侯❷救邯鄲❸，圍五鹿❹。

吳之入楚❺也，使召陳懷公❻。懷公朝國人而問焉❼，曰：「欲與❽楚者右，欲與吳者左。」陳人從田❾，無田從黨❿。逢滑⓫當公⓬而進，曰：「臣聞：國之興也以福，其亡也以禍。今吳未有福，楚未有禍，楚未可棄，吳未可從。而晉，盟主也；若以晉辭吳⓭，若何？」公曰：「國勝⓮君亡⓯，非禍而何？」對曰：「國之有是⓰多矣，何必不復⓱？小國猶復，況大國乎？臣聞：國之興也，視民如傷⓲，是其福也；其亡也，以民為土芥⓳，是其禍也。楚雖無德，亦不艾殺⓴其民。吳日敝㉑於兵㉒，暴骨如莽㉓，而未見德焉。天其㉔或者正訓楚㉕也，禍之適㉖吳，其㉗何日之有㉘？」陳侯從之。及夫差克越，乃修㉙先君㉚之怨。秋八月，吳侵陳，修舊怨也。

齊侯、衛侯會于乾侯㉛，救范氏也。師㉜及齊師、衛孔圉㉝、鮮虞㉞人伐晉，取棘蒲㉟。

【注釋】❶齊侯　指齊景公。❷衛侯　指衛靈公。❸邯鄲　晉國邑名。在今河北邯鄲西南。❹五鹿　晉國邑名。在今河北大名東之沙麓。❺吳之入楚　吳國軍隊進入楚國的時候。指前定公四年吳王闔廬攻入楚國事。❻陳懷公　陳國國君。名柳。陳懷公之子。魯定公五年（西元前五〇五年）即位，在位四年，魯定公八年（西元前五〇二年）卒。❼問焉　向他們徵求意見。問，徵詢。焉，於之；向他們。❽與　親附。❾從田　根據田地所在分立左右。即田在西者鄰近楚國，便站到右邊；田在東者鄰近吳國，便站到左邊。❿從黨　跟從親族或親附的人。⓫逢滑　陳國大夫。⓬當公　正對著陳懷公。當，值；對著。

⑬以晉辭吳　用晉國作為藉口辭謝吳國。⑭國勝　此指國家被別國戰勝。⑮亡　逃亡；出奔。⑯是　這種情況。⑰復　恢復。⑱如傷　如同受傷的人。⑲土芥　土和草。比喻低賤輕微的東西。⑳艾殺　斬殺；殺害。艾，同「刈」。殺。㉑日敝　一天天凋蔽。㉒兵　戰爭。㉓莽　雜草。㉔其　大概。㉕訓楚　給楚國一次教訓；教訓楚國。㉖適　到。㉗其　豈；哪裏；難道。㉘何日之有　有何日；會有多少日子。之，賓語提置於動詞前的標誌詞。㉙修　重新清算。㉚先君　指夫差的父親闔廬。㉛乾侯　本為衛國地名。後為晉國所佔有。在今河北成安東南。㉜師　指魯國軍隊。㉝孔圉　衛國大夫。孔烝鉏的曾孫。㉞鮮虞　國名。白狄別種。都城在今河北正定北新城鋪。㉟棘蒲　晉國地名。在今河北趙縣治。

【語　譯】夏季四月，齊景公、衛靈公救援邯鄲，包圍五鹿。

吳國攻入楚國的時候，吳王闔廬曾派人召見陳懷公。陳懷公召集國內的人們而向他們徵求意見，說：「想要親附楚國的站到右邊，想要親附吳國的站到左邊。」陳國人根據自己土地所在而分立左右，沒有土地的就跟從親族或親附的人站在一起。逢滑正對著陳懷公而走上前去，說：「我聽說：國家的興起是由於福德，它的滅亡是由於災禍。現在吳國沒有福德，楚國沒有災禍，楚國還不能拋棄，吳國還不能跟從。而晉國，是盟主；如果用晉國作為藉口而辭謝吳國，怎麼樣？」陳懷公說：「國家被別國戰勝而國君逃亡，這不是災禍是什麼？」逢滑回答說：「國家有過這種情況的太多了，怎麼一定不能恢復？小國尚且能恢復，何況大國呢？我聽說：國家的興起，看待民眾如同受傷的人加以愛護，這就是它的福德；它的滅亡，把民眾看作糞土和草芥，這就是它的災禍。楚國雖然沒有德行，也沒有殺害它的民眾。吳國在戰爭中一天天凋敝，暴露屍骨多得像雜草一樣，而在那裏沒有看到什麼德行。上天大概或者正在給楚國一次教訓，災禍的到達吳國，難道還會有多少日子？」陳懷公聽從了他的話。等到夫差攻下越國時，於是就重新清算他父親時代結下的怨恨。秋季八月，吳國侵襲陳國，就是為了重新清算過去的怨恨。

齊景公、衛靈公在乾侯會見，這是為了救援范氏。魯軍和齊軍、衛國孔圉、鮮虞人攻打晉國，佔領了棘蒲。

【說　明】這一大段三個小節，第一、第三兩個小節記載齊國、衛國等為了救援晉國的范氏而攻打晉國。這與定公十三年傳文記載的「趙稷、涉賓以邯鄲叛」相呼應。趙稷是邯鄲午之子，是范氏、中行氏的黨羽。《春秋》經文只記載「齊侯、衛侯伐晉」，傳文則補充說明參加這次戰役的還有魯國和鮮虞的軍隊。

第二節記載吳國侵襲陳國，為了說明原因，傳文用較多篇幅追敘了十一年前的事：那年吳國聯合蔡國和唐國攻打楚國，在柏舉戰役中打敗楚軍，吳軍進入郢都，楚昭王逃亡。就在那個時候，吳王闔廬曾派人召陳懷公，目的顯然是希望陳國成為依附於吳國的國家。但陳懷公徵詢國人意見時，意見不一致，而大夫逢滑則認為楚國不可棄，吳國不可從，因為吳國將在戰爭中一天天凋敝，而楚國還會復國。於是採取以晉國為盟主的辦法，辭謝與吳國結盟。後來楚國由於申包胥請秦國出兵救援而復國，吳軍從楚國退回。陳國得以保全。如今，吳王夫差攻下了越國，又要清算其先父留下的與陳國的這個怨恨，所以發兵侵襲陳國。這是《左傳》敘事結構完整的一個特點。

傳 吳師在陳，楚大夫皆懼，曰：「闔廬惟能❶用其民，以敗我於柏舉❷。今聞其嗣❸又甚焉❹，將若之何？」子西❺曰：「二三子❻恤❼不相睦，無患吳矣。昔闔廬食不二味❽，居❾不重席❿，室不崇壇⓫，器不彤鏤⓬，宮室不觀⓭，舟車不飾；衣服財用，擇不取費⓮。在國，天有菑癘⓯，親巡孤寡而共⓰其乏困。在軍，熟食者分⓱而後敢食，其所嘗者⓲，卒乘⓳與焉⓴。勤恤㉑其民，而與之勞逸，是以㉒民不罷㉓勞，死知不曠㉔。吾先大夫㉕子常㉖易㉗之，所以敗我也。今聞夫差，次㉘有臺榭陂㉙池焉，宿有妃嬙㉚、嬪御㉛焉；一日之行，所欲必成，玩好必從；

珍異是聚㉜，觀樂是務㉝；視民如讎，而用之日新㉞。夫㉟先自敗也已，安㊱能敗我？」

冬十一月，晉趙鞅㊲伐朝歌㊳。

【注　釋】❶惟能　獨能；因為善於。❷柏舉　楚國地名。在今湖北麻城東北。吳國在柏舉打敗楚軍，見前定公四年傳文。❸其嗣　他的繼承人。指吳王夫差。❹焉　於之；比他。❺子西　即楚國的公子申，楚平王的長庶子。❻二三子　各位；你們幾個人。❼恤　憂慮。❽不二味　不吃兩道菜。❾居　坐。❿重席　兩層席子。古人坐就像現在的跪，在地上鋪席子，人就跪在上面稱坐。一般人只用一層席，國君可用兩層重疊的席子。⓫室不崇壇　房屋不造在高壇上。崇，高。古代貴族造房，一定先在平地上築高壇，然後在高壇上造屋。闔廬在平地上造房，不築高壇，表現儉樸。⓬彤鏤　丹漆和雕刻。彤，丹漆；漆成紅色。鏤，雕刻花紋。⓭不觀　不造亭臺樓閣。觀，宮室中用於眺望的建築物。⓮擇不取費　選擇堅厚實用的而不取華麗靡費的。⓯菑癘　天災和疫病。菑，「災」的異體字。天災指水旱等災害。癘，流行病疫；瘟疫。⓰共　通「供」。供給；資助。⓱熟食者分　煮熟的食物先遍分給士兵。⓲所嘗者　所吃的山珍海味。⓳卒乘　步兵和乘車的士兵。⓴與焉　參與在裏面；每人都有一份。㉑恤　體恤；周濟。㉒是以　以是；因此。㉓罷　通「疲」。㉔死知不曠　為國而死的人知道自己不是白白死去。曠，空；徒然。㉕吾先大夫　指楚國當年的令尹。㉖子常　即楚國前令尹囊瓦。見前定公四年傳文。㉗易　相反。㉘次　出行停住兩夜以上的地方。㉙陂　池塘。㉚妃嬙　宮中女官名。地位顯貴。㉛嬪御　宮中侍宿女官名。地位比較低賤。㉜珍異是聚　積聚珍奇異物。是，賓語提置於動詞前的標誌詞。㉝觀樂是務　致力於遊觀嬉樂。是，賓語提置於動詞前的標誌詞。㉞日新　每天都有新的勞役；沒完沒了。㉟夫　此；這樣就。㊱安　何；怎麼。㊲趙鞅　即趙簡子。名鞅。晉國執政官，六卿之一。㊳朝歌　本為衛國都城，此時已為晉國之邑。在今河南淇縣東北。

【語　譯】吳國的軍隊駐在陳國，楚國的大夫們都很害怕，說：「當年吳王闔廬因為善於使用他的民眾作戰，因此在柏舉戰役中把我們打敗了。現在聽說他的繼承人比他更加厲害，我們打算對他怎麼辦？」子西說：「你們各位只應該憂慮自己的不相和睦，不必憂慮吳國侵襲。從前闔廬飲食不兼二味，坐處不用兩層席子，房屋不造在高壇上，器用不加紅漆和雕刻，宮室中不造樓閣，所乘的舟車不加裝飾；所穿的衣服和所用的財物，都選擇堅厚耐用而不尚靡費。在國內，上天降有水旱災害和瘟疫，就親自去巡視安撫孤寡之人而資助他們的貧困所需。在軍隊中，有煮熟的食物一定先遍分給士兵而後才自己敢吃，他所吃的山珍海味，步兵和乘車的士兵也都能共嘗。他勤懇地體恤他的民眾，而且和他們共勞共逸，因此民眾不感到疲勞，為國而死也知道自己不是徒然地白白地死去。我國先前的令尹子常反其道而行，所以吳國打敗了我國。現在聽說夫差這個人，出行在外兩夜以上的住處那裏必須有樓臺和池塘的欣賞，住一宿也必須有嬪妃宮女玩樂。一天的出行，所想要的一定要成功，玩賞愛好的東西一定要隨從；積聚珍奇異物，一心致力於遊觀嬉樂；看待民眾如同仇人一樣，而使用他們卻每天有新的勞役。這樣就先使自己失敗了，怎麼還能打敗我們？」

冬季十一月，晉國的趙鞅攻打朝歌。

【說 明】由於十一年前吳王闔廬率軍在柏舉打敗楚軍，進入楚國都城郢邑，楚昭王逃奔，楚國幾乎亡國，後雖由申包胥痛哭於秦庭，請求秦國出兵救楚，才使楚國轉危為安，所以楚國的大夫們對吳國都非常害怕。如今吳軍又駐紮在楚國的鄰國陳國，楚國的大夫們就更加緊張恐懼起來，這是可以理解的。但楚國執政官子西卻能鎮靜若定。首先他認為關鍵是楚國國內大夫們要和睦團結，就不必憂慮吳國的侵襲。其次他分析了當年闔廬的為人、治理國家的辦法、對待民眾的態度與今天夫差完全不同。闔廬為人節儉，治國認真，關心民眾疾苦，所以民眾樂意為他效力而死；而夫差為人奢侈，一心玩樂，把民眾看作仇人一樣，卻役使民眾沒完沒了，這是他使自己失敗了，不可能再來打敗楚國。後來的歷史也證明了子西的分析是正確的。

本段最後一句「晉趙鞅伐朝歌」，為下年的戚之戰張本。

二 年

戊申，西元前四九三年。周敬王二十七年、齊景公五十五年、晉定公十九年、秦惠公八年、楚昭王二十三年、宋景公二十四年、衛靈公四十二年、陳閔公九年、蔡昭侯二十六年、曹伯陽九年、鄭聲公八年、燕簡公十二年、吳夫差三年、越句踐四年、杞僖公十三年。

經 二年春王二月，季孫斯、叔孫州仇、仲孫何忌帥師伐邾，取漷東田及沂西田。癸巳，叔孫州仇、仲孫何忌及邾子盟于句繹。

夏四月丙子，衛侯元卒。

滕子來朝。

晉趙鞅帥師納衛世子蒯聵于戚。

秋八月甲戌，晉趙鞅帥師及鄭罕達帥師戰于鐵。鄭師敗績。

冬十月，葬衛靈公。

十有一月，蔡遷于州來。蔡殺其大夫公子駟。

傳 二年春，伐邾❶，將伐絞❷。邾人愛其土，故賂以漷❸、沂❹之田而受盟。

初，衛侯❺遊于郊，子南❻僕❼。公曰：「余無子❽，將立女❾。」不對。他日又謂之，對曰：「郢不足以辱❿社稷，君其改圖⓫。君夫人在堂，三揖⓬在下，君命祇辱⓭。」

夏，衛靈公卒。夫人曰：「命公子郢⑭為大子⑮，君命也。」對曰：「郢異於他子，且君沒於吾手⑯，若有之，郢必聞之。且亡人⑰之子輒⑱在。」乃立輒。

六月乙酉⑲，晉趙鞅納衛大子于戚⑳。宵迷，陽虎曰：「右河而南，必至焉。」使大子絻㉑，八人衰絰㉒，偽自衛逆者㉓。告於門㉔，哭而入㉕，遂居之。

【注　釋】❶邾　國名。曹姓。初都於邾，在今山東曲阜東南陬村；後遷都於繹，在今山東鄒城市東南紀王城。❷絞　邾國邑名。在今山東滕州市北。❸漷　水名。即今山東滕州市郭河，一名南沙河。下游西注泗水。見前襄公十九年傳文。此處指漷水邊的土地。在此之前漷水西的土地已屬魯國，此時漷水東邊的土地也為魯國所得。❹沂　水名。此處指邾國境內沂水邊的土地。即沂水上游的土地。❺衛侯　指衛靈公。❻子南　名郢，衛靈公之庶子。❼僕　駕車。❽無子　沒有嫡子。按衛靈公太子蒯聵因謀殺繼母南子不成而出奔宋國，見前定公十四年傳文。❾女　你。第二人稱代詞。❿辱　謙詞。承蒙；辱沒。⓫改圖　改變主意。圖，主意；圖謀。⓬三揖　指卿、大夫、士。因為卿、大夫、士均為君之所揖。⓭祗辱　只是屈辱。⓮公子郢　即子南。子南名郢，字子南。⓯大子　太子。⓰君沒於吾手　即我親自侍候國君到死。⓱亡人　逃亡的人。指太子蒯聵。⓲輒　即衛出公。蒯聵之子，衛靈公的嫡孫。⓳六月乙酉　六月十七日。⓴戚　衛國邑名。在今河南濮陽北。瀕臨黃河，為晉、鄭、吳、楚交通孔道。㉑絻　免冠而用布包裹髮髻。古代喪服之一。㉒衰絰　喪服。古代喪服胸前當心處綴有長六寸、廣四寸的麻布，名衰；圍在頭上的散麻繩為首絰，纏在腰間的散麻繩為腰絰。衰、絰兩者都是喪服的主要標記，所以稱喪服為「衰絰」。㉓逆者　迎接的樣子。㉔門　守門人。㉕入　進城。

【語　譯】魯哀公二年春天，魯軍攻打邾國，打算先攻打絞地。邾國人愛惜那塊土地，所以用漷、沂兩地作為賄賂而接受盟約。

當初，衛靈公在郊外遊玩，公子郢為他駕車。衛靈公說：「我沒有嫡子，打算立你做繼承人。」公子郢不回答。過了一些日子又對他那麼說，公子郢回答說：「我不能辱沒國家，您還是改變主意為好。您的夫人在堂上，卿、大夫、士在下邊，您不與他們商量而命我只能是有辱您的命令。」

夏天，衛靈公死。夫人說：「命令公子郢為太子，這是國君的命令。」公子郢回答說：「我與別的兒子不同，而且我侍候國君到死，如果有這話，我一定會聽到的。並且逃亡人的兒子輒還在這裏。」於是就立了輒為國君。

六月十七日，晉國的趙鞅把衛國太子送入到戚地。夜裏迷了路。陽虎說：「右邊是黃河渡過去再向南走，一定就到那裏了。」讓太子免冠而用布包裹髮髻，八個人都穿著喪服，假裝是從衛國來迎接的樣子。他們通報守門人開了門，號哭著而進城，於是就在那裏住了下來。

【說明】邾國本是魯國的附庸國，本段第一節敘魯軍攻打邾國，目的是為了侵佔邾國的土地。

本段第二小節是追敘過去的事。衛靈公多次當面與公子郢談話，想立公子郢為國君繼承人，但遭到公子郢的拒絕。這就為衛靈公死後公子郢立輒為國君作了鋪墊。

第三小節記載衛靈公去世以及立嗣君的爭議。夫人提出衛靈公生前曾要立公子郢為繼承人，這又與上一節內容相呼應。而公子郢毅然否認有此事，並極力主張應立太子之子輒為國君。於是國人就聽從了他的話。

第四小節記載晉國趙鞅將衛國太子蒯聵送到戚地，實際上是想讓蒯聵當衛國的國君，以便使衛國親附晉國。但當時衛國與齊國都反晉國，而且已經立了蒯聵之子輒為國君，所以衛國抗拒趙鞅和蒯聵。這就造成衛國國君與他的父親敵對。也為後來哀公十五年（西元前四八〇年）衛太子蒯聵進入衛都即位（為衛莊公）、衛出公輒出奔到魯國張本。

傳 秋八月，齊人輸范氏粟❶，鄭子姚❷、子般❸送之。士吉射逆❹之，趙鞅禦之，遇於戚。陽虎曰：「吾車少，以兵車之旆❺與罕❻、駟❼兵車先陳❽。罕、駟自後隨而從之，彼見吾貌[9]，必有懼心，於是乎[10]會之[11]，必大敗之。」從之。卜戰[12]，龜焦[13]。樂丁[14]曰：「《詩》[15]曰：『爰始爰謀[16]，爰契我龜[17]。』謀協[18]，以故兆[19]詢[20]可也。」簡子[21]誓曰：「范氏、中行氏反易[22]天明[23]，斬艾[24]百姓，欲擅[25]晉國而滅其君。寡君[26]恃[27]鄭而保焉[28]。今鄭為不道，棄君助臣，二三子[29]順天明，從君命，經[30]德義，除詬恥[31]，在此行[32]也。克敵者，上大夫受縣[33]，下大夫受郡，士田十萬[34]，庶人、工、商遂[35]，人臣[36]隸圉[37]免[38]。志父[39]無罪[40]，君實[41]圖之[42]！若其有罪[43]，絞縊[44]以戮，桐棺三寸[45]，不設屬辟[46]，素車[47]、樸馬[48]，無入于兆[49]，下卿之罰也。」

甲戌[50]，將戰，郵無恤[51]御簡子，衛太子為右。登鐵[52]上，望見鄭師眾，大子懼，自投于車下。子良[53]授大子綏[54]而乘之，曰：「婦人也。」簡子巡列[55]，曰：「畢萬[56]，匹夫[57]也，七戰皆獲，有馬百乘，死於牖下[58]。羣子勉之！死不在寇[59]。」繁羽[60]御趙羅[61]，宋勇[62]為右。羅無勇，麇[63]之。吏詰之，御對曰：「痁[64]作而伏。」衛大子禱曰：「曾孫[65]蒯聵[66]敢昭告皇祖文王[67]、烈祖[68]康叔[69]、文祖[70]襄公[71]：鄭勝[72]亂從[73]，晉午[74]在難[75]，不能治亂，使鞅討之。蒯聵不敢自佚[76]，備持矛焉[77]。敢告無絕筋[78]，無折骨，無面傷，以集[79]大事，無作[80]三祖[81]羞。大命[82]不敢請，佩玉⑧不敢愛。」

鄭人擊簡子中肩，斃⑧于車中，獲其蠭旗⑧。大子救之以戈。鄭師北⑧，獲溫大夫⑧趙羅⑧。大子復伐之，鄭師大敗，獲齊粟千車。趙孟喜曰：「可矣。」傅傁⑧曰：「雖克鄭，猶有知⑨在，憂未艾⑨也。」

初，周人與范氏田，公孫尨⑨稅焉，趙氏得而獻之。吏請殺之。趙孟曰：「為其主也，何罪？」止而與之田。及鐵之戰，以徒五百人宵攻鄭師，取蠭旗於子姚之幕下，獻，曰：「請報主德。」追鄭師，姚⑨、般⑨、公孫林⑨殿而射，前列⑨多死。趙孟曰：「國無小⑨。」既戰，簡子曰：「吾伏弢⑨嘔血，鼓音不衰，今日我上⑨也。」大子曰：「吾救主於車，退敵於下，我，右之上⑩也。」郵良曰：「我兩靷⑩將絕，吾能止之，我，御之上⑩也。」駕而乘材，兩靷皆絕。

【注釋】❶輸范氏粟　給范氏運輸糧食。范氏久居朝歌，糧食不足，所以齊國送糧食給他。范氏，指士吉射。❷子姚　即罕達。字子姚。鄭國之臣。❸子般　即駟弘。字子般。鄭國之臣。❹逆　迎接。❺旆　旌旗。此處指中軍大將的旗幟。❻罕達　即子姚。❼駟　駟弘。即子般。❽陳　通「陣」。對陣。❾吾貌　我軍的陣容。一說，指陽虎的容貌。因陽虎專魯政時，齊、鄭等國都害怕他。❿於是乎　在這種情況下。⓫會之　與他們會戰。⓬卜戰　用龜甲占卜戰爭的吉凶。⓭龜焦　龜甲烤焦。表示占卜沒有成功。⓮樂丁　晉國大夫。⓯詩　指《詩經・大雅・緜》篇。⓰爰始爰謀　先開始謀劃。兩個「爰」字都是語首助詞，無義。⓱爰契我龜　於是占卜。此處「爰」字為副詞。乃；於是。契，刻。契龜，即占卜。⓲謀協　謀劃協調一致。⑲故兆　過去占卜的預兆。指此前送衛太子蒯聵到戚地，曾卜得吉兆。⑳詢　相信。㉑簡子　趙簡子。即趙鞅。㉒反易　違反；違背。㉓天明　天命。㉔斬艾　斬殺。艾，殺。㉕擅　獨攬大權；專權。㉖寡君　我們的國君。對自己國家君主的謙稱。㉗恃　依仗。㉘焉　之；自己。㉙二三子　各位；諸人。㉚經　法；推行。㉛詬恥　恥辱。㉜此行　這一回；這一次。㉝縣　春秋以前，縣比郡大。故《逸周書·作雒解》云：「制郊甸方六百里，國西土為方千里，分以百縣，縣有四郡。」㉞十萬　十萬步。百步為一畝，十萬步為一千畝。㉟遂　得；得入仕途。指可以做官。㊱人臣　指奴隸。春秋以前奴隸中有「臣」一類。即所謂「役人賤者，男曰臣，女曰妾」。㊲隸圉　也指奴隸。隸，從事雜役者。圉，養馬者。㊳免　免除奴隸身分，成為自由民。㊴志父　即趙鞅。趙鞅又名志父。㊵無罪　指戰勝敵人而沒有罪過。㊶實　句中助詞。無義。㊷圖之　考慮此事。㊸有罪　指戰敗。㊹絞縊　兩字同義。用繩索勒死；吊死。㊺桐棺三寸　三寸厚的桐木棺。是庶人和刑人的棺材。桐木容易腐爛。㊻屬辟　即屬椑。春秋時天子、諸侯、卿大夫的棺都有幾層。屬是中間一層棺。辟，通「椑」。是最裏面的一層內棺。㊼素車　沒有裝飾的車。㊽樸馬　沒有裝飾的馬。㊾兆　兆域。古代同族人聚葬一處，其範圍稱為兆域。㊿甲戌　八月初七日。(51)郵無恤　即郵良。又稱王良、王子期、王子於期、郵無正（政）。晉國善於駕車的人。(52)鐵　丘名。衛國地。在今河南濮陽北。(53)子良　即郵無恤。(54)綏　戰車上的繩索，登車時拉手所用。(55)巡列　巡視隊伍。(56)畢萬　晉獻公的車右，事見前閔公元年傳文。(57)匹夫　無爵位的平民男子。(58)死於牖下　死在窗下。即在家裏善終。(59)死不在寇　未必死在敵人手裏。寇，敵人。(60)繁羽　晉國人。(61)趙羅　晉國大夫。(62)宋勇　晉國人。(63)麇　同「稛」。用繩索捆束。(64)痁　瘧疾。(65)曾孫　遠孫；孫之子以下子孫的統稱。(66)蒯聵　衛太子之名。衛靈公之子。後為衛國國君，在位二年，即衛莊公。(67)文王　周文王。衛國國君是周文王的後代。(68)烈祖　開創基業的祖先。(69)康叔　周文王之子，周武王之弟，名封。初封於康，故稱康叔。周公旦攻滅武庚後，把殷民七族和商朝故都周圍地區封給他。國號衛。所以他是衛國的始祖。(70)文祖　繼業守文的祖先。(71)襄公　衛襄公，名惡。衛獻公之子，蒯聵的祖父。在位九年。謚號為「襄」。《逸周書·謚法解》：「辟地有德曰襄。」(72)勝　鄭國國君鄭聲公之名。(73)亂從　攪亂常道。(74)午　晉國國君晉定公之名。(75)在難　處在危難之中。(76)佚　同「逸」。安逸。(77)備持矛焉　在持矛的行列中充數。自謙之辭。焉，於之；在……中。(78)絕筋　斷筋。(79)集　成；成就。(80)作　為；給。(81)三祖　指上文的「皇祖」、「烈祖」、「文祖」。(82)大命　死生的命。(83)佩玉　此指祭祖禱告所用之物品。(84)斃　仆倒；倒下。(85)蠭旗　旗名。(86)北　敗逃。(87)溫大夫　溫邑的首長。(88)趙羅　溫邑的首長，是范氏的黨羽，與上文的趙羅不是一個人。(89)傳傁　趙簡子的屬下。(90)知　知氏。指知伯荀躒。(91)艾　停止；止息。(92)公孫尨　范氏家臣。(93)姚　子姚。(94)般　子般。95公孫林　鄭國之臣。96前列　趙鞅追軍的前鋒部隊。97國無小　不能輕視小國。指雖是小國，也有善射者。98弢　弓袋。99我上　我的功勞最大。100右之上　車右中功勞最大。101靷　引車前行的皮帶。一端繫在車軸上，一端繫在驂馬胸部的皮革上。102御之上　駕車人中功勞最大。

【語　譯】秋季八月，齊國人給范氏運輸糧食，鄭國的子姚、子般押送。士吉射迎接他們，趙鞅抵禦他們，在戚地相遇。陽虎說：「我們的車子少，把中軍戰車的旗幟插在車子上與子姚、子般的戰車先對陣，子姚、子般從後面跟隨我們，他們看到我軍的陣容，必定有恐懼之心，在這種情況下會合戰鬥，一定可以把他們打得大敗。」趙鞅聽從了他的話。占卜戰爭的吉凶，龜甲烤焦而不成兆。大夫樂丁說：「《詩經》說：『先進行謀劃，於是占卜。』謀劃一致，相信過去的卜兆就行了。」趙鞅發誓說：「范氏、中行氏違背天命，斬殺百姓，想要在晉國專權而滅亡他的國君。我們國君依仗著鄭國而保護自己。現在鄭國無道，拋棄國君幫助臣子，我們諸人順從天命，服從國君命令，推行德義，消除恥辱，就在這次行動了。戰勝敵人的，上大夫可得到縣，下大夫可得到郡，士可得到土地十萬畝，庶人、工、商可以做官，奴隸可獲得自由。我如果戰勝敵人沒有罪過，請國君考慮賞賜！如果戰敗有罪，就用絞刑把我誅戮，死後只用三寸厚的桐木棺，不用襯版和中間一層棺，用沒有裝飾的車馬運送棺材，不要葬入本族的墓園中，這是按下卿的地位給予的處罰。」

八月初七日，將要作戰，郵無恤為趙鞅駕御戰車，衛國太子做車右。登上鐵丘，遠望看見鄭軍人數眾多，衛國太子懼怕，自己跌落到車下。郵無恤把車上用作拉手的繩索遞給太子而讓他上車，說：「你像個女人。」趙鞅巡視隊伍，說：「畢萬，是個普通人，七次戰鬥都有俘獲，後來他有四百匹馬，在家裏善終。諸位努力吧！未必死在敵人手裏。」繁羽為趙羅駕御戰車，宋勇做車右。趙羅膽小無勇氣，別人用繩子把他捆綁在車上。軍吏詢問原因，駕車人回答說：「他瘧疾發作而趴下了。」衛國太子禱告說：「遠孫蒯聵謹敢明告皇祖文王、烈祖康叔、文祖襄公：鄭國國君姬勝攪亂常道，晉國國君姬午處在危難之中，不能平定禍亂，派趙鞅來討伐他們。我不敢自己放縱安逸，在持矛的行列中充數。謹敢禱告保佑我不斷筋，不折骨，不傷臉，以成就大事。不給三位祖先帶來羞辱。死生的命運不敢請求，佩玉則不敢愛惜。」

鄭國人擊中趙鞅的肩膀，趙鞅跌倒在車中，鄭國人奪獲了他的蠭旗。衛國太子用戈救援趙鞅。鄭軍敗逃，俘虜了守溫邑的大夫趙羅。衛太子再次進攻，鄭軍大敗，俘獲了一千車齊國的糧食。趙鞅高興地說：「可以了。」傅傁對趙鞅說：「雖然打敗了鄭國，還有知氏在，憂患還沒有消除呢！」

當初，周朝人給范氏土地，公孫尨為范氏收稅，趙氏逮住了公孫尨獻給趙鞅，軍吏請求殺死公孫尨。趙鞅說：「他是為他的主人做事，有什麼罪？」阻止軍吏請求並且給了公孫尨土地。等到這次鐵地的戰役，公孫尨帶領他的部下五百人夜間攻打鄭軍，在子姚的帳幕下奪取了蠭旗，獻給趙鞅，說：「請以此報答主人的恩德。」趙鞅前鋒部隊追擊鄭軍，子姚、子般、公孫林殿後而一起射箭，前鋒部隊多數被射死。趙鞅說：「對小國也不能小看。」戰鬥結束，趙鞅說：「我伏在弓袋上吐血，但鼓聲不衰，今天我的功勞最大。」衛國太子說：「我在車上救了主人，在下邊擊退敵人，我，是車右中功勞最大的。」郵無恤說：「我戰車上驂馬胸前的兩根皮帶將要斷了，我能控制它不斷，我，是駕車人中功勞最大的。」他又駕車而裝上小木材，兩根皮帶就全都斷了。

【說　明】這一大段主要記載晉國趙鞅討伐范氏和中行氏。但因為范氏得到齊國（運糧）、鄭國（出兵）的幫助，所以就變為晉軍與鄭軍的戰爭。第一小節開頭就點明了原由：齊國給范氏糧食，鄭國派兵車押送，范氏去迎接，趙鞅抵禦，在戚地遭遇。而當時的形勢是趙鞅的兵車少於鄭軍，所以陽虎設計詐誘敵軍。而趙鞅在軍中發誓對這次戰役起了很大作用，趙鞅提出克敵者受賞的具體內涵，又為自己提出失敗受罰的具體措施，為鼓舞士氣奮力殺敵從而為取勝奠定了基礎。

第二小節敘衛太子臨戰時狀態，看見鄭軍多而嚇得跌下了車，接著又寫衛太子向祖宗禱告，保佑他平安，看似膽小懦弱，用郵無恤的話說是「像個女人」。同時還寫了趙羅的「無勇」。但後來衛太子在實際戰鬥中卻是救了趙鞅，打退敵人，立下大功。這是文筆故作頓挫之勢，欲揚而先抑。在這一節中，趙鞅還用當年畢萬為例，激勵士卒奮勇作戰。

第三小節寫趙鞅受傷，衛太子救趙鞅，並打敗鄭軍，獲得了齊國的糧車。這與上一節寫衛太子膽小情狀形成鮮明對照。說明衛太子不是真正膽小，而是謹慎從事。當趙鞅得知獲得齊國糧車，已料定范氏、中行氏必敗，所以高興得叫著「可以了」的時候，傅傁卻警告趙鞅，還有知氏之患，這又為後來知氏發難的晉陽之患張本。

第四小節寫鄭軍敗逃時的餘勇和戰爭結束後的論功行賞。而在這之前又追敘了公孫尨之事。公孫尨原來是范氏的家臣，被范氏所寵信，替范氏收稅。後被趙氏抓獲而獻給趙鞅，軍吏都請求殺掉他，但趙鞅認為他為主人做事沒有罪，不但不殺，還把土地給了他。於是在這次鐵地戰役中，他幫助趙鞅攻打鄭軍，奪回了蠭旗，以此報答趙鞅對他的恩德。這說明公孫尨的幫助也是趙鞅這次能打敗鄭軍的重要原因之一，所以文章鄭重地追敘了當年趙鞅對公孫尨的恩德。

由此可見，這一大段的記事前後映照，結構非常完整而嚴密。但在順序中也有穿插倒序。文字精煉，但人物形象非常鮮明。趙鞅、衛太子、郵無恤等人的語言情態，都充分地顯示出他們的性格特徵。如趙鞅善於激勵士卒和聽從別人意見，又善於總結經驗；衛太子的小心謹慎；郵無恤的勇敢機智；都寫得栩栩如生。這是《左傳》中富有文學性的章節之一。

傳 吳洩庸❶如蔡納聘，而稍❷納師❸。師畢入，眾知之。蔡侯告大夫，殺公子駟❹以說，哭而遷墓。冬，蔡遷于州來❺。

【注釋】❶洩庸　吳國大夫。❷稍　逐漸。❸納師　進入軍隊；滲進軍隊。❹公子駟　蔡國大夫。❺州來　地名。在今安徽鳳臺縣。又稱下蔡。

【語譯】吳國的洩庸到蔡國去送聘禮，而逐漸把軍隊滲進蔡國。等到吳國軍隊全部進入蔡國，大家才知道此事。蔡昭侯告訴大夫們，殺了公子駟作為解釋。號哭著把先君的墳墓遷走。冬天，蔡國遷到州來。

【說　明】這一段是承接上年傳文「蔡於是乎請遷于吳」而來。蔡國因受楚國逼迫，想依靠吳國，所以吳國派洩庸來送聘禮。但吳國在送聘禮時，卻將軍隊逐漸地帶進了蔡國。當時蔡昭侯想遷到吳國，有許多大夫是不願意遷的，公子駟就是其中之一，所以蔡昭侯殺了公子駟作為向吳國的解說，這樣也就無人敢反對遷都了。遷都就要遷走祖先的墳墓，所以蔡國人到祖墳「哭而遷墓」。蔡國本來的都城在上蔡，即今河南上蔡縣；後來遷都新蔡，即今河南新蔡縣；這次又遷都到吳地的州來，即今安徽鳳臺縣。兩次遷都，使蔡國國勢更加虛弱。蔡昭侯一心想依靠吳國而遷都，不惜殺掉反對遷都的公子駟，但諸大夫中還有不滿的人，所以蔡昭侯後來還逐放了一些人，這更使蔡國大夫害怕，也為後來蔡昭侯的被殺埋下了根子。

三　年

己酉，西元前四九二年。周敬王二十八年、齊景公五十六年、晉定公二十年、秦惠公九年、楚昭王二十四年、宋景公二十五年、衛出公輒元年、陳閔公十年、蔡昭侯二十七年、曹伯陽十年、鄭聲公九年、燕獻公元年、吳夫差四年、越句踐五年、杞僖公十四年。

經 三年春，齊國夏、衛石曼姑帥師圍戚。

夏四月甲午，地震。

五月辛卯，桓宮、僖宮災。

季孫斯、叔孫州仇帥師城啟陽。

宋樂髡帥師伐曹。

秋七月丙子，季孫斯卒。

蔡人放其大夫公孫獵于吳。

冬十月癸卯，秦伯卒。

叔孫州仇、仲孫何忌帥師圍邾。

傳 三年春，齊、衛圍戚❶，求援于中山❷。

夏五月辛卯❸，司鐸❹火。火踰❺公宮，桓、僖❻災❼，救火者皆曰：「顧府❽。」南宮敬叔❾至，命周人❿出御書⓫，俟⓬於宮，曰：「庀女⓭，而不在⓮，死。」子服景伯⓯至，命宰人⓰出禮書⓱，以待命。命不共⓲，有常刑⓳。校人⓴乘馬，巾車㉑脂轄㉒，百官官備㉓，府庫慎守㉔，官人㉕肅給㉖。濟濡㉗帷幕，鬱攸㉘從之。蒙葺㉙公屋㉚，自大廟㉛始，外內以悛㉜。助所不給㉝。有不用命㉞，則有常刑，無赦。公父文伯㉟至，命校人駕乘車㊱。季桓子至，御公㊲立于象魏㊳之外，命救火者傷人㊴則止，財可為㊵也。命藏《象魏》㊶，曰：「舊章㊷不可亡㊸也。」富父槐㊹至，曰：「無備而官辦者，猶拾瀋㊺也。」於是乎去表㊻之槀㊼，道㊽還㊾公宮。

孔子在陳，聞火，曰：「其㊿桓、僖乎！」

【注釋】❶戚　衛國邑名。在今河南濮陽北。即上年趙鞅送衛太子蒯聵到達的居住地。❷中山　國名。春秋末年鮮虞人所建。戰國時，其活動中心在今河北定縣。❸五月辛卯　五月二十八日。❹司鐸　宮城中的官署名。❺踰　越過。❻桓僖　魯桓公廟、魯僖公廟。❼災　遭災；被火燒毀。❽顧府　照顧府庫。顧，照顧；保護。府，藏財物的府庫。❾南宮敬叔　即南宮閱。孔子弟子。姓南宮，名閱，字敬叔。❿周人　掌管周書典籍的官員。⓫御書　國君看的書。⓬俟　等待。⓭庀女　交給你保護此處。庀。通「庇」，寄託保護；交給保護。女，汝；你。⓮而不在　如有損失。而，如果。連詞。不在，有損失。⓯子服景伯　子服昭伯之子，名何。魯國大夫。⓰宰人　即《周禮》之宰夫，掌治朝之法的官員。⓱禮書　禮法之書。⓲命不共　即不恭命；不盡職。共，通「恭」。⓳常刑　平常規定的刑罰。⓴校人　掌管馬政的官員；馬官之長。㉑巾車　掌管車政的官員；車官之長。㉒脂轄　在車軸鍵處塗上油脂。轄，車軸兩頭的鍵。㉓官備　具守自己的職官位置。㉔慎守　小心謹慎地戒備守衛。㉕官人　掌管館舍的官員。官，通「館」。㉖肅給　肅敬供給；認真執行供應。㉗濟濡　沾濕。濟、濡，兩字同義。㉘鬱攸　救火器具。㉙蒙葺　覆蓋。㉚公屋　公宮中的房屋。㉛大廟　太廟；諸侯的祖廟。㉜悛　次序。㉝不給　不足。指人力物力不足者。㉞用命　執行命令；聽從命令。㉟公父文伯　魯國大夫。季桓子的從父兄弟。定公五年曾被陽虎囚，見前定公五年傳文。㊱乘車　諸侯的車。㊲御公　為魯哀公駕車。㊳象魏　天子、諸侯宮門外的一對高建築。亦稱「闕」或「觀」。即宮闕。㊴傷人　受傷的人。㊵可為　可以創造出來。㊶象魏　當時象魏是懸掛法令使萬民觀看之處，所以稱法令書為《象魏》，即指舊章。㊷舊章　舊的典章法令。㊸亡　丟失。㊹富父槐　魯國大夫。富父終生的後代。㊺拾瀋　拾取倒在地上的湯水。瀋，汁；湯水。㊻表　表向。指火之所向，即火道。㊼槀　同「槁」。枯木。泛指乾枯易燃之物。㊽道　可隔絕火勢的火巷。㊾還　同「環」。環繞。㊿其　大概；恐怕。

【語　譯】魯哀公三年春天，齊國、衛國的軍隊包圍戚地，戚地人向中山國請求救援。

夏季五月二十八日，魯國宮城中的司鐸官署發生火災。火勢越過魯哀公的宮殿，魯桓公廟、魯僖公廟都被火燒毀。救火的人都說：「照顧好府庫。」南宮敬叔來到，命令掌管周書典籍的官員拿出國君所看的書，在宮中等待著，說：「交給你保護此處，如果有損失，就處死你。」子服景伯來到，命令掌管治朝之法的官員拿出禮書，而等待命令。如果不能盡職，就按規定的刑法處罰。掌管馬政的官員駕好馬，掌管車政的官員在車軸鍵處塗上油脂，百官都按自己的官職做好準備，府庫小心戒備。掌管館舍的官員認真做好供給。用浸濕的帷幕覆蓋近火的建築物，救火的器材跟隨著它。然後用沾濕的物件覆蓋公室的房屋，從太廟開始，從外到內按次序救火。幫助財力物力所不足者。有不聽從命令的，就用規定的法律處罰，不加赦免。公父文伯來到，命令掌管馬政的官員為魯哀公的車駕好馬。季桓子來到，為魯哀公駕車站在宮闕外邊，命令救火的人受了傷就停下來，因為財物是可以創造出來的。又命令把記載法令的文獻《象魏》收藏起來，說：「舊的典章不能丟失。」富父槐來到，說：「沒有設備而叫百官倉促辦事，就好像去拾取傾倒在地上的湯水。」因此就搬去近火的乾枯易燃之物，環繞公室宮殿四周開闢了一條隔火的巷道。

孔子在陳國，聽說魯國發生火災，說：「恐怕是桓公廟、僖公廟的災難吧！」

【說　明】本段第一節記載的就是《春秋》經文說的齊國的國夏、衛國的石曼姑率領軍隊包圍戚邑，這是因為衛太子蒯聵（即衛出公輒的父親）居住在戚邑的緣故。這為後來晉國多次伐衛、魯哀公十六年蒯聵入國都即位埋下伏筆。

第二節記載魯國宮中的火災，詳細敘述滅火的情景，井然有序。首先是要照顧好府庫，因為府庫是國家的財物所在之處。其次是把國君看的書要搬出來，把記載禮法的書搬出來。再次是讓馬官之長和車官之長做好出行的準備工作，各官都要守職，府庫要防趁火盜竊的人，館舍要做好供給。古代火災不易撲滅，只能用沾濕帷幕等物覆蓋近火的房屋，從內到外以次覆蓋。對於人力物力有不足者，由別人幫助。最後命令馬官之長駕好車馬，季桓子站在宮闕外準備為國君駕車出走，同時命令救火的人受了傷就停下來，因為人命重要，財物可再創造，所以寧可焚掉財物而要保護人命。還要保護好法令典籍。富父槐則認為沒有滅火的設備而百官救火，不能解決滅火，因此搬走宮殿周圍易燃之物，形成隔火的空巷，才使火勢不能蔓延。這一節描寫滅火的場面，非常具體生動，使人讀後如同親臨其境。可與前襄公九年描寫宋國的火災參看。

第三節記載孔子聽說魯國發生火災，立即想到燒的大概是魯桓公廟、魯僖公廟吧。這是什麼原因呢？因為古代禮制有規定，諸侯的祖廟只能保留五座，就是二昭二穆加太祖廟。所謂二昭二穆，就是高祖父、曾祖父、祖父、父親。而魯桓公是魯哀公的八世祖，魯僖公是魯哀公的六世祖，按禮早就應該毀掉。但現在還保存著，可能是因為魯國掌權的季孫氏、叔孫氏、孟孫氏都是桓公的後代，他們在僖公時開始執政，為了尊重他們的始祖和報僖公之德，所以應毀而不毀。而孔子認為至今保留桓公廟和僖公廟是不符合禮制的，應該由天災加以燒毀，所以他一聽說魯國發生火災，立即想到大概是桓公廟和僖公廟燒毀了。也就是說，這場火災是出於天意。當然，這種想法有迷信的成分，但這在古代人思想中是普遍存在的，不能苛責。

傳 劉氏❶、范氏❷世為婚姻，萇弘❸事劉文公❹，故周與❺范氏。趙鞅以為討。

六月癸卯❻，周人殺萇弘。

秋，季孫❼有疾，命正常❽曰：「無死❾！南孺子❿之子，男也，則以告⓫而立之⓬；女也，則肥⓭也可。」季孫卒，康子⓮即位。既葬⓯，康子在朝。南氏生男，正常載以如朝，告曰：「夫子⓰有遺言，命其圉臣⓱曰：『南氏生男，則以告於君與大夫而立之。』今生矣，男也，敢告。」遂奔衛。康子請退⓲。公⓳使共劉⓴視之，則或殺之矣。乃討之㉑。召正常，正常不反㉒。

冬十月，晉趙鞅圍朝歌㉓，師㉔于其南，荀寅㉕伐其郛㉖，使其徒自北門入，己犯師㉗而出。癸丑㉘，奔邯鄲㉙。

十一月，趙鞅殺士皋夷㉚，惡范氏也。

【注　釋】❶劉氏　周王室卿士。❷范氏　晉國大夫。❸萇弘　周王室大夫，為劉文公屬下。❹劉文公　名蚠，一作「卷」。又稱伯蚠。劉獻公摯的庶子。文，謚號。周朝卿士。魯定公四年（西元前五〇六年）卒，見前定公四年《春秋》經文。❺與親近。❻六月癸卯　六月十一日。❼季孫　指季孫斯，即季桓子。季孫意如（即季平子）之子。名斯，謚號桓，故稱桓子。❽正常　季桓子的寵臣。❾無死　不要跟從我而死。❿南孺子　季桓子的妾。南，姓氏。孺子，妾的泛稱。⓫以告　把我的話報告國君。⓬立之　立他為繼承人。⓭肥　即季康子。名肥。季桓子的庶子。⓮康子　季康子，名肥。桓子庶子，謚號康，故稱康子。⓯既葬　安葬完畢。⓰夫子　下臣對主人的尊稱。此處指季桓子。猶言他老人家。⓱圉臣　猶言賤臣。此處是正常自稱，表示謙虛。⓲請退　請求退位。⓳公　指魯哀公。⓴共劉　魯國大夫。㉑討之　討伐殺害南孺子之子的凶手。㉒反同「返」，回來。㉓朝歌　當時為范氏、中行氏所居地，見前定公十三年傳文。㉔師　駐紮重兵。㉕荀寅　即中行氏。㉖郛外城。㉗犯師　攻打敵軍突圍。㉘癸丑　十月二十三日。㉙邯鄲　晉國邑名。在今河北邯鄲西南。當時范氏、中行氏黨羽趙稷仍在邯鄲，見前定公十三年傳文。㉚士皋夷　即范皋夷，范氏側室所生子。見前定公十三年傳文。

【語　譯】劉氏、范氏世世代代結為婚姻，萇弘事奉劉文公，所以周王室親近范氏。趙鞅因此而討伐責備。六月十一日，周朝人殺死了萇弘。

秋天，季桓子有病，命令正常說：「不要跟從我而死！南孺子生下的孩子，如果是男的，就把我的話報告國君而立他為繼承人；如果是女的，那麼立肥就可以了。」季桓子死，康子肥做了繼承人即位。安葬季桓子完畢，康子正在朝廷上。南孺子生下了一個男孩，正常把男孩裝在車上來到朝廷，報告說：「季桓子他老人家有遺言，命令他的賤臣說：『南氏生了男孩，就把我的話向國君和大夫報告而立他為繼承人。』現在生了，是個男孩，特此報告。」於是就逃奔到衛國。康子請求退位。魯哀公派共劉去視察孩子，卻已經有人把孩子殺了。於是就討伐殺人凶手。召正常回國，正常不肯回來。

冬季十月，晉國的趙鞅包圍了朝歌，趙鞅的重兵駐紮在城的南邊，荀寅從裏面攻打朝歌的外城，派他的部下從北門進來，自己突圍而出。十月二十三日，荀寅逃奔邯鄲。

十一月，趙鞅殺了士皋夷，這是因為厭惡范氏。

【說明】這一大段有四小節。第一節說明周王室親近范氏的原因，因為范氏與劉氏是世親。而萇弘是事奉劉文公的，是劉文公的屬下大夫。實際上當時劉文公已死，所以當趙鞅討伐責備周王室時，周朝人就殺了萇弘。

第二節敘魯國事。季桓子臨終囑託立南孺子之子為繼承人，但當南孺子生下兒子時，康子季孫肥已即位為季氏繼承人，結果南孺子之子被殺。《左傳》未說被何人所殺，但可以看出是季康子派人殺的。正常向國君報告完季桓子遺言就逃亡，召他也不回來，因為他知道康子不能執行父親遺言，他也害怕被殺。

第三節記載趙鞅繼續討伐范氏、中行氏，包圍了他們的根據地朝歌。但中行氏荀寅卻突圍逃到了邯鄲，那裏有他們的黨羽。

第四節說明趙鞅殺士皋夷的原因，因為他是范氏宗族，雖然他與士吉射有矛盾。所謂防患於未然，防他以後為禍。

四年

庚戌，西元前四九一年。周敬王二十九年、齊景公五十七年、晉定公二十一年、秦悼公元年、楚昭王二十五年、宋景公二十六年、衛出公二年、陳閔公十一年、蔡昭侯二十八年、曹伯陽十一年、鄭聲公十年、燕獻公二年、吳夫差五年、越句踐六年、杞僖公十五年。

經 四年春王二月庚戌，盜殺蔡侯申。

蔡公孫辰出奔吳。

葬秦惠公。

宋人執小邾子。

夏，蔡殺其大夫公孫姓、公孫霍。

晉人執戎蠻子赤歸于楚。

城西郛。

六月辛丑，亳社災。

秋八月甲寅，滕子結卒。

冬十有二月，葬蔡昭公。

葬滕頃公。

傳 四年春，蔡昭侯❶將如吳。諸大夫恐其又遷也，承❷公孫翩❸逐而射之，入於家人❹而卒。以兩矢門之❺，眾莫敢進。文之鍇❻後至，曰：「如牆❼而進，多而殺二人。」鍇執弓而先，翩射之，中肘❽；鍇遂殺之。故逐公孫辰❾而殺公孫姓❿、公孫盱⓫。

夏，楚人既克夷虎⓬，乃謀北方⓭。左司馬眅⓮、申公壽餘⓯、葉公諸梁⓰致⓱蔡於負函⓲，致方城⓳之外於繒關⓴，曰：「吳將泝㉑江入郢，將奔命焉。」為一昔㉒之期㉓，襲梁㉔及霍㉕。單浮餘㉖圍蠻氏㉗，蠻氏潰。蠻子赤㉘奔晉陰地㉙。司馬㉚起㉛豐㉜、析㉝與狄戎㉞，以臨上雒㉟。左師軍㊱于菟和㊲，右師軍于倉野㊳，使㊴謂陰地之命大夫㊵士蔑㊶曰：「晉、楚有盟，好惡同之㊷。若將不廢，寡君之願也。不然，將通於少習㊸以聽命。」士蔑請諸㊹趙孟。趙孟曰：「晉國未寧㊺，安能惡於楚？必速與之！」士蔑乃致九州之戎㊻，將裂田㊼以與蠻子而城之，且將為之卜。蠻子聽卜㊽，遂執之與其五大夫㊾，以畀㊿楚師于三戶(51)。司馬致邑(52)立宗焉(53)，以誘其遺民，而盡俘以歸。

秋七月，齊陳乞(54)、弦施(55)、衛甯跪(56)救范氏。庚午(57)，圍五鹿(58)。九月，趙鞅圍邯鄲。冬十一月，邯鄲降。荀寅奔鮮虞(59)，趙稷(60)奔臨(61)。十二月，弦施逆之，遂墮臨(62)。國夏(63)伐晉，取邢(64)、任(65)、欒(66)、鄗(67)、逆畤(68)、陰人(69)、盂(70)、壺口(71)，會鮮虞，納荀寅于柏人(72)。

【注釋】❶蔡昭侯　蔡國國君。名申。魯昭公二十四年（西元前五一八年）即位，在位二十八年。昭，謚號。《逸周書・謚法解》：「昭德有勞曰昭」、「容顏恭美曰昭」、「聖聞周達曰昭」。❷承　繼；跟隨。❸公孫翩　蔡國大夫。蔡昭侯的寵臣。❹家人　民家；百姓家。❺以兩矢門之　拿著兩枝箭守在蔡昭侯所入民家之門。矢，箭。門，守門。動詞。❻文之鍇　蔡國大夫。❼如牆　眾人並排如牆。❽附　上臂與下臂交接部分。❾公孫辰　蔡國大夫。蔡昭侯的寵臣。❿公孫姓　即公孫歸姓。蔡國大夫。蔡昭侯的寵臣。⓫公孫盱　即公孫霍。蔡國大夫。蔡昭侯的寵臣。⓬夷虎　背叛楚國的蠻夷部落。⓭北方　指中原。此處實指晉國。⓮販　楚國大夫。官左司馬。⓯壽餘　楚國大夫。守申邑，故稱申公。申邑在今河南南陽北。⓰諸梁楚國大夫。守葉邑，故稱葉公。葉邑在今河南葉縣南。⑰致　集合。⑱負函　楚國地名。在今河南信陽附近。⑲方城　山名。在今河南葉縣南、方城縣東北。⑳繒關　楚國地名。在今河南方城縣。㉑泝　同「溯」。逆流而上。㉒一昔　一夕；一個晚上。昔，通「夕」。㉓期　期限。㉔梁　蠻氏的邑名。在今河南臨汝西。㉕霍　蠻氏的邑名。在梁之西南，離今臨汝稍遠。㉖單浮餘　楚國大夫。㉗蠻氏　部落名。即戎蠻。㉘蠻子赤　蠻氏部落長，名赤。㉙陰地　晉國地名。在今河南盧氏縣東北。㉚司馬　指楚國司馬。即上文提到的左司馬，名販。㉛起　興；徵召。㉜豐　楚國邑名。在今河南淅川西南。㉝析　楚國邑名。在今河南淅川及內鄉西北境。㉞狄戎　楚國境內部落。㉟上雒　晉國地名。在今陝西商州市。㊱軍　駐紮軍隊。動詞。㊲菟和　山名。在今陝西商州市東。㊳倉野　地名。一作「蒼野」，在今陝西商州市東南。㊴使　派人。「使」下省略賓語。㊵命大夫　由周王室或國君親自任命的大夫。與一般守邑的大夫不同。㊶士蔑　晉國大夫。㊷好惡同之　喜愛和憎惡都要相同。㊸少習　山名。在今陝西商州市東。山下就是武關，打通少習山，即可西聯秦軍，東取陰地，北渡黃河，逼脅晉都。㊹諸　「之於」的合音合義。㊺未寧　沒有安定。指有范氏、中行氏之難。㊻九州之戎　指在晉國陰地、陸渾的戎人。㊼裂田　分土地。㊽聽卜　前來聽取占卜。㊾五大夫　爵位名。㊿畀　交給。(51)三戶　楚國城名。在今河南淅川西南丹江南。(52)致邑　建邑。(53)焉　於之；為他。指為蠻子赤。(54)陳乞　即陳僖子。齊國大夫。(55)弦施　即弦多。齊國大夫。(56)甯跪　衛國大夫。(57)庚午　七月十四日。(58)五鹿　晉國邑名。在今河北大名東。(59)鮮虞　國名。白狄別種。都城在今河北正定北新城鋪。(60)趙稷　趙午之子，范氏、中行氏之黨，據邯鄲叛，見前定公十三年傳文。(61)臨　晉國邑名。在今河北臨城西南。(62)墮臨　拆毀臨邑城牆。(63)國夏　即國惠子，又稱惠子。齊國大夫。(64)邢　晉國地名。在今河北邢臺。(65)任　晉國地名。在今河北任縣東南。(66)欒　晉國地名。在今河北欒城及趙縣北境。(67)鄗　晉國地名。在今河北高邑及柏鄉縣境。(68)逆時　晉國地名。在今河北完縣東南。(69)陰人　晉國地名。具體地點不詳。(70)盂　晉國地名。疑在今山西黎城東北太行山口的吾兒峪。(71)壺口　晉國地名。即今山西長治東南的壺關。(72)柏人　晉國邑名。在今河北隆堯縣西南的堯城鎮。

【語　譯】魯哀公四年春天，蔡昭侯準備到吳國去。大夫們恐怕他又要遷移，跟隨著公孫翩追趕蔡昭侯而用箭射他，蔡昭侯逃入到一個百姓家裏就死了。公孫翩拿著兩枝箭守在門口，眾人都不敢進去。文之鍇後到，說：「大家並排著像牆一樣而往前進去，他至多只能殺死我們兩個人。」文之鍇拿著弓而走在前面，公孫翩射他，射中了附部；文之鍇就殺死了公孫翩。並因此驅逐了公孫辰而殺死了公孫姓、公孫盱。

夏天，楚國人攻克夷虎以後，就謀劃向北方發展。左司馬眅、申公壽餘、葉公諸梁在負函集合蔡國人，在繒關集合方城山之外的人，說：「吳國將要溯江而上進入郢都，大家都要奔走聽命。」規定一個晚上的期限，襲擊梁地和霍地。單浮餘領兵包圍蠻氏，蠻氏潰散。蠻子赤逃奔到晉國的陰地。楚國司馬徵召豐地、析地人和狄戎之人入伍，來逼近上雒。左翼部隊駐紮在菟和，右翼部隊駐紮在倉野，派人對守陰地的命大夫士蔑說：「晉國和楚國有過盟約，喜愛和厭惡都要相同。如果打算不廢棄這盟約，這是我國國君的願望。不這樣的話，我們準備在少習山打通後而再來聽取你們的命令。」士蔑向趙鞅請示。趙鞅說：「晉國還沒有安定，怎麼能與楚國搞壞關係？一定要快些把人交給他們！」士蔑就召集九州之戎，假裝將要分給蠻子土地而在那裏築城，並且打算為此事占卜。蠻子來聽取占卜，士蔑就逮捕了他和他的五大夫，在三戶城把他們交給了楚軍。楚國司馬又假裝為他們建城邑和立宗主，來誘引其他遺散的戎蠻人，然後把他們全部俘虜而回楚國。

秋季七月，齊國的陳乞、弦施、衛國的甯跪援救范氏。七月十四日，包圍了五鹿。九月，趙鞅領兵包圍邯鄲。冬季十一月，邯鄲投降。荀寅逃往鮮虞，趙稷逃往臨邑。十二月，弦施迎接趙稷，就拆毀了臨邑的城牆。齊國大夫國夏率軍攻打晉國，佔取了邢、任、欒、鄗、逆時、陰人、盂、壺口等地，會合鮮虞軍，把荀寅送入柏人邑。

【說　明】本年傳文記載了三件事。第一節敘蔡昭侯被大夫們所殺的經過，原因是蔡昭侯曾因投靠吳國而遷都，使國人受到很大苦難，此次他又要到吳國去，大夫們害怕又要遷都，所以殺了他及其黨羽。這是前定公二年傳文「蔡遷于州來」事件的發展。

第二節敘楚國向北方擴張，消滅戎蠻的部落。當蠻子赤逃往晉國陰地時，楚國向晉國威脅要打通少習山聯合秦國來對付晉國，逼晉國交出蠻子赤。晉國趙鞅因國內有范氏、中行氏之難，只得囑咐守陰地的大夫趕快把蠻子赤交給楚國，說明此時的晉國對楚國很畏懼。

第三節記載齊國和衛國救范氏，中行氏逃奔鮮虞，齊國還奪取了晉國的八處地方，這就為以後幾年晉國攻打衛國、攻打鮮虞、攻打齊國埋下了伏筆。

五 年

辛亥，西元前四九〇年。周敬王三十年、齊景公五十八年、晉定公二十二年、秦悼公二年、楚昭王二十六年、宋景公二十七年、衛出公三年、陳閔公十二年、蔡成侯朔元年、曹伯陽十二年、鄭聲公十一年、燕獻公三年、吳夫差六年、越句踐七年、杞僖公十六年。

經 五年春，城毗。

夏，齊侯伐宋。

晉趙鞅帥師伐衛。

秋九月癸酉，齊侯杵臼卒。

冬，叔還如齊。

閏月，葬齊景公。

傳 五年春，晉圍柏人，荀寅、士吉射奔齊。初，范氏之臣王生❶惡張柳朔❷，言諸❸昭子❹，使為柏人❺。昭子曰：「夫❻非而❼讎乎？」對曰：「私讎不及公❽，好不廢過，惡不去善，義之經❾也，臣敢違之？」及范氏出❿，張柳朔謂其子：

「爾⑪從主，勉之！我將止死⑫，王生授我⑬矣，吾不可以僭⑭之。」遂死於柏人。

夏，趙鞅伐衛，范氏之故也，遂圍中牟⑮。

齊燕姬⑯生子，不成⑰而死。諸子⑱鬻姒⑲之子荼⑳嬖㉑，諸大夫恐其為太子也，言於公曰：「君之齒長㉒矣，未有太子，若之何？」公曰：「二三子間㉓於憂虞，則有疾疢㉔，亦㉕姑謀樂，何憂於無君？」公疾，使國惠子㉖、高昭子㉗立荼，寘羣公子於萊㉘。秋，齊景公卒。冬十月，公子嘉㉙、公子駒㉚、公子黔㉛奔衛，公子鉏㉜、公子陽生㉝來奔。萊人歌之曰：「景公㉞死乎不與埋㉟，三軍之事乎不與謀，師㊱乎師乎，何黨之㊲乎？」

鄭駟秦㊳富而侈，嬖大夫㊴也，而常陳㊵卿之車服於其庭。鄭人惡而殺之。子思㊶曰：「《詩》㊷曰：『不解㊸于位，民之攸塈㊹。』不守其位而能久者鮮㊺矣。〈商頌〉㊻曰：『不僭㊼不濫㊽，不敢怠皇㊾，命㊿以多福。』」

【注釋】❶王生　晉國范氏家臣。即王勝。❷張柳朔　晉國范氏家臣。複姓張柳，名朔。❸諸　「之於」的合音合義。❹昭子　即士吉射。諡號昭，故稱「昭子」。❺為柏人　做柏人的地方長官。❻夫　此人。❼而　你；你的。❽及公　連累公事。❾經　常規。❿出　逃出；離開。⓫爾　你。第二人稱代詞。⓬止死　留下來死去。⓭授我　授我死節；把死難大事交給了我。⓮僭　不信；沒有信用。⓯中牟　衛國地名。在今河南鶴壁西。本已為晉國所有，因佛肸叛而又屬衛國。⓰燕姬　齊景公夫人。燕國人，姬姓，故稱燕姬，魯昭公七年（西元前五三五年）嫁給齊景公。⓱不成　沒有成年，未及行冠禮。⑱諸子 諸侯姬妾的官稱。⑲鬻姒 齊景公的妾。姓姒。《史記・齊太公世家》作「芮姬」，與《左傳》不同。⑳荼 齊景公之庶子，名荼，後即位為國君，史稱安孺子，在位一年。㉑嬖 寵愛。㉒齒長 年紀大。㉓間 參與。㉔疢 病。與「疾」同義。㉕亦 句首助詞。無義。㉖國惠子 即國夏。齊國大夫。㉗高昭子 即高張。齊國大夫。㉘萊 齊國東部邊境邑名。在今山東龍口市東南。㉙公子嘉 齊景公之子。《史記・齊太公世家》作「壽」。㉚公子駒 齊景公之子。㉛公子黔 齊景公之子。㉜公子鉏 齊景公之子。㉝公子陽生 齊景公之子。㉞景公 指齊景公，名杵臼。此歌是齊景公死而葬以後所唱，所以稱諡號。景，諡號。《逸周書・諡法解》：「由義而濟曰景」、「布義行剛曰景」。㉟不與埋 不參與埋葬。㊱師 大伙；眾人。㊲何黨之 往何所；往哪裏去。黨，所。之，往。動詞。這是疑問句中賓語倒裝在動詞前面的句式。㊳騶秦 姓騶，名秦。鄭國大夫。㊴嬖大夫 下大夫。㊵陳 陳列；擺設。㊶子思 即國參，字子思。子產之子。鄭國大夫。㊷詩 指《詩經・大雅・假樂》篇。㊸解 通「懈」。懈怠；鬆弛。㊹攸塈 所安。攸，所。塈，安寧；休息。㊺鮮 少。㊻商頌 指《詩經・商頌・殷武》篇。㊼僭 差錯。㊽濫 溢；自滿。㊾皇 通「遑」。偷閑。㊿命 賜予。按今《詩經・商頌・殷武》原文作：「不僭不濫，不敢怠遑。命于下國，封建厥福。」此處只引用其意。

【語譯】魯哀公五年春天，晉國軍隊包圍柏人，荀寅、士吉射逃奔到齊國。當初，范氏的家臣王生討厭張柳朔，向士吉射建議，派張柳朔去做柏人的地方長官。士吉射說：「這個人不是你的仇人嗎？」王生回答說：「私仇不能危害公事，喜愛不能廢棄過錯，厭惡不能丟掉善良，這是道義的常規，我怎麼敢違背它？」等到范氏從柏人出逃，張柳朔對他的兒子說：「你跟隨主人，努力吧！我將留下來死去，王生把死難大節交給我了，我不能沒有信用。」於是就在柏人戰死。

夏天，趙鞅攻打衛國，這是因為他們幫助范氏的緣故，於是就包圍了中牟。

齊景公的燕姬生有一個兒子，不到成年就死了。其他諸妾中鬻姒所生的兒子荼受到寵愛，大夫們擔心他被立為太子，所以對齊景公說：「您的年紀大了，還沒有太子，怎麼辦？」景公說：「你們諸位陷在憂慮之中，就會產生疾病，姑且去尋求歡樂，為什麼憂慮沒有國君？」齊景公得病，派國夏、高張立荼為太子，把羣公子安置到萊邑去。秋天，齊景公死。冬季十月，公子嘉、公子駒、公子黔逃奔到衛國，公子鉏、公子陽生逃奔來魯國。萊邑人歌唱道：「景公死了啊不參加埋葬，三軍的大事啊不參預商量，眾公子啊眾公子，可以到什麼地方去啊？」

鄭國的駟秦富有而奢侈，是一位下大夫，卻常常把卿的車馬服飾陳列在他的庭院裏。鄭國人討厭他而把他殺死了。子思說：「《詩經》說：『在職位上不懈怠，是民眾所以安寧的原因。』不堅守他的職位而能保持長久的是很少的了。〈商頌〉說：『不出差錯不自滿，不敢懈怠偷閑，上天賜予多種福祿。』」

【說　明】本年傳文可分四小節。第一節承接上年荀寅逃奔到柏人，所以本年春天晉國軍隊包圍柏人，迫使荀寅、士吉射又從柏人逃奔齊國。而守柏人的范氏家臣張柳朔則在柏人戰役中死去。

第二節解釋《春秋》經文「晉趙鞅帥師伐衛」的原因，是因為衛國幫助范氏。並進一步說明晉國軍隊包圍了衛國的中牟。

第三節記載齊景公去世前後的情景。齊景公是春秋時齊國在位時間最長的一位諸侯，在位共五十七年。但他卻遲到臨終才立小妾所生的寵子荼為太子，而此人正是齊國大夫們所反對的，所以景公死後，諸公子紛紛逃離齊國，連景公安葬的事都不參加。這就為下年齊國內亂埋下了伏筆。

第四節記載鄭國的下大夫駟秦奢侈越禮而被殺。引用子思的話來評論此事。而子思的話又都是《詩經》中的文字。說明為人必須遵循一定的規則。

本年《春秋》經文有魯國「城毗」、「齊侯伐宋」、「叔還如齊」等記事，《左傳》都沒有解釋。大概因為沒有需要補充說明，也不需要進行解釋。

六　年

壬子，西元前四八九年。周敬王三十一年、齊安孺子荼元年、晉定公二十三年、秦悼公三年、楚昭王二十七年、宋景公二十八年、衛出公四年、陳閔公十三年、蔡成侯二年、曹伯陽十三年、鄭聲公十二年、燕獻公四年、吳夫差七年、越句踐八年、杞僖公十七年。

經 六年春，城邾瑕。

晉趙鞅帥師伐鮮虞。

吳伐陳。

夏，齊國夏及高張來奔。

叔還會吳于柤。

秋七月庚寅，楚子軫卒。

齊陽生入于齊。

齊陳乞弒其君荼。

冬，仲孫何忌帥師伐邾。

宋向巢帥師伐曹。

傳 六年春，晉伐鮮虞，治范氏之亂也。

吳伐陳，復脩舊怨❶也。楚子❷曰：「吾先君❸與陳有盟❹，不可以不救。」

乃救陳，師于城父❺。

齊陳乞❻偽事高❼、國❽者，每朝，必驂乘❾焉。所從❿，必言諸大夫曰：「彼皆偃蹇⓫，將棄子之命。皆曰：『高、國得君⓬，必偪⓭我，盍⓮去諸⓯？』固將謀子，子早圖之！圖之，莫如盡滅之。需⓰，事之下也。」及朝，則曰：「彼，虎狼也。見我在子之側，殺我無日矣，請就之位⓱。」又謂諸大夫曰：「二子⓲者禍⓳矣，恃得君而欲謀二三子，曰⓴：『國之多難，貴寵之由㉑，盡去之而後君定。』既成謀矣，盍及其未作也，先諸㉒？作而後悔，亦無及也。」大夫從之。夏六月戊辰㉓，陳乞、鮑牧㉔及諸大夫以甲㉕入于公宮。昭子聞之，與惠子乘如公。戰于莊㉖，敗。國人追之，國夏奔莒㉗，遂及高張、晏圉㉘、弦施㉙來奔。

【注釋】❶舊怨　指吳闔廬當年打敗楚國時曾召陳懷公，陳懷公拒絕與吳國結盟。魯哀公元年吳國曾為修舊怨而攻打陳國，沒有成功，所以本年「復修舊怨」，即再次清算過去的怨恨。❷楚子　指楚昭王。名軫。子爵。❸先君　指楚平王熊居。楚昭王之父。❹有盟　魯昭公十三年，楚平王曾禮送陳惠公（名吳）回國即位，當有盟約。❺城父　楚國邑名。在今河南寶豐東。❻陳乞　齊國大夫。謚號僖，故又稱陳僖子。陳無宇之子。陳恆（即田常、田成子）之父。❼高　指高張，即高昭子。齊國卿大夫。❽國　指國夏，即國惠子。齊國卿大夫。❾驂乘　同車陪乘為車右。❿所從　跟從所往。⓫偃蹇　驕傲。⓬得君　得到國君寵信。按齊安孺子荼是高張、國夏所立，荼幼小，高張、國夏實掌政權。⓭偪　同「逼」。⓮盍　何不。⓯去諸　除掉他們呢。去，除去。諸，「之乎」的合音合義。⓰需　疑慮等待。⓱就之位　請讓我到諸大夫他們行列中去。之，往。⓲二子　指高張、國夏。⓳禍　將為禍害。動詞。⓴曰　這是陳乞偽造高、國的話。㉑貴寵之由　由於貴寵的緣故。之，是。助詞。按此處「貴寵」指以往受到景公的貴寵者。㉒先諸　先之乎。指搶在他們之前先動手。諸，「之乎」的合音合義。㉓六月戊辰　六月二十三日。㉔鮑牧　齊國大夫。鮑國之孫。㉕甲　甲士；士兵。㉖莊　齊國都城臨淄的大街名。㉗莒　國名。都城在今山東莒縣。㉘晏圉　齊國大夫。晏嬰之子。㉙弦施　齊國大夫。

【語　譯】魯哀公六年春天，晉國攻打鮮虞，這是為了懲罰它幫助范氏的動亂。

吳國攻打陳國，這是又一次清算過去的怨恨。楚昭王說：「我們的先君和陳國有過盟約，不能不去救援。」於是就出兵救援陳國，軍隊駐紮在城父。

齊國的陳乞假裝成事奉高張、國夏的樣子，每逢上朝，一定和他們同坐一車陪乘做車右。每次隨從出去時，一定要說諸大夫的壞話說：「他們都很驕傲，將要拋棄您的命令。都說：『高氏、國氏得到國君的寵信，必然要逼迫我們，何不除掉他們？』本來將要謀劃除掉您，您要早些考慮對付他們！對付他們，不如全部消滅他們。遲疑等待，是辦事的下策。」到了朝廷上，就說：「他們，都是虎狼。見我在您的旁邊，殺掉我就沒有多少日子了，請讓我靠到他們的行列中去。」到了大夫們那裏，又對諸大夫說：「那兩位要發動禍亂了，依仗得到國君寵信而想要謀害您們幾位，說：『國家的患難多，是由貴寵造成的，全部除掉他們然後國君才能安定。』現在已經定下計謀了，何不趁他們還沒有發動的時候，先在他們之前動手？在他們發動了再後悔，也來不及了。」諸大夫們都聽從他的話。夏季六月二十三日，陳乞、鮑牧和諸大夫帶領甲士進入公宮。高張聽到此事，和國夏坐車到國君那裏。在莊街作戰，被打敗。齊國人追趕他們，國夏逃奔到莒國，就和高張、晏圉、弦施逃奔來到魯國。

【說　明】這一大段分三小節。第一節解釋經文「晉趙鞅帥師伐鮮虞」的原因，與魯哀公四年傳文「荀寅奔鮮虞」呼應。

第二節解釋經文「吳伐陳」的原因，與魯定公四年吳國打敗楚軍入郢時召陳懷公、陳懷公不與吳結盟，以及魯哀公元年吳夫差「修先君之怨」相呼應。

第三節承接上年齊景公死後高張、國夏立荼為國君事，記載齊國的內亂。在這次內亂中，陳乞起了關鍵作用。荼為齊國國君，許多大夫是害怕的，上年傳文已有記載。陳乞對高、國立荼顯然也是不滿的，但他卻一方面假裝事奉高、國，在高、國面前挑撥他們去消滅諸大夫，又假裝自己害怕被諸大夫所殺，請求高、國讓自己站到諸大夫行列中去。另一方面他又用偽造高、國的話，挑動諸大夫對高、國的仇恨，並慫恿諸大夫先下手為強。當諸大夫聽從他的話以後，陳乞親自與諸大夫帶兵入宮，打敗高、國，為廢殺齊君安孺子創造了條件。同時，也為陳乞專齊國政乃至後來他的後代篡奪齊國君位奠定了基礎。所以這次陳乞挑動的齊國內亂在歷史上具有極為重大的意義。《左傳》描寫陳乞的這次活動非常具體細緻，可以說是繪形繪聲，使陳乞的形象躍然紙上。讀者讀了這段文字，如聞陳乞之聲，如見陳乞其人。說明《左傳》在人物描寫方面具有很強的藝術魅力，這正是《左傳》文學性的表現。

傳 秋七月，楚子在城父，將救陳。卜戰，不吉；卜退，不吉。王曰：「然則死也。再敗楚師❶，不如死；棄盟、逃讎，亦不如死。死一也，其死讎乎？」命公子申❷為王，不可；則命公子結❸，亦不可；則命公子啟❹，五辭而後許。將戰，王有疾。庚寅❺，昭王攻大冥❻，卒于城父。子閭❼退，曰：「君王舍其子而讓，羣臣敢忘君乎？從君之命，順❽也；立君之子，亦順也。二順不可失也。」與子西、子期謀，潛師❾，閉塗❿，逆越女⓫之子章⓬立之，而後還。

是歲也，有雲如眾赤鳥，夾日⓭以飛三日。楚子使問諸周大史。周大史曰：

「其當王身⓮乎！若禜⓯之，可移於令尹、司馬。」王曰：「除腹心⓰之疾，而寘諸股肱⓱，何益？不穀⓲不有大過，天其夭諸⓳？有罪受罰，又焉移之？」遂弗禜。

初，昭王有疾，卜曰：「河為祟。」王弗祭。大夫請祭諸郊。王曰：「三代⓴命祀，祭不越望㉑。江、漢㉒、雎㉓、漳㉔，楚之望也。禍福之至，不是過㉕也。不穀雖不德，河非所獲罪也。」遂弗祭。

孔子曰：「楚昭王知大道矣。其不失國也，宜哉！〈夏書〉㉖曰：『惟彼陶唐㉗，帥㉘彼天常㉙，有此冀方㉚。今失其行，亂其紀綱㉛，乃滅而亡。』又曰：『允出茲在茲㉜。』由己率常㉝，可矣。」

【注釋】❶再敗楚師　楚軍再次被打敗。按楚軍在魯定公四年曾被吳軍打敗，幾乎被滅亡。❷公子申　即子西。名申。楚昭王之弟。❸公子結　即子期。名結。亦楚昭王之弟。❹公子啟　即子閭。名啟。❺庚寅　七月十六日。❻大冥　陳國地名。在今河南項城市境。❼子閭　即公子啟。❽順　順理。❾潛師　祕密轉移軍隊。❿閉塗　封閉通道。塗，通「途」。道路。⓫越女　越王句踐之女。楚昭王之妾。⓬章　即楚惠王。楚昭王之子。名章。在位五十七年。⓭夾日　在太陽兩邊。⓮其當王身　大概要應驗在王的身上。其，大概；恐怕。當，應驗在。⓯禜　禳祭；祭禱消災。⓰腹心　楚昭王自比。⓱股肱　大腿和胳膊。比喻輔助國君的大臣，此處比喻令尹和司馬。⓲不穀　不善。古代諸侯自稱的謙詞。⓳其夭諸　豈能使我夭折嗎。其，豈。夭，夭折；短命而死。楚昭王幼年即位，此時不過三十多歲。諸，「之乎」的合音合義。⓴三代　指夏、商、周三代。㉑望　古代祭祀山川的專名。㉒漢　指漢水。㉓雎　即今湖北的沮水。㉔漳　水名。源出今湖北南漳西南的蓬萊洞山，東南流經鍾祥、當陽合沮水，又東南流經江陵入長江。㉕不是過　不過此。是，此；這些。這是否定句中動詞和賓語倒裝。㉖夏

書　今已逸。今本《尚書》輯此幾句入〈五子之歌〉，少「帥彼天常」一句，文字也略有差異。㉗陶唐　傳說中的古部落名，即陶唐氏。堯為部落領袖。此處即指堯。㉘帥　通「率」。遵循行事。㉙天常　天道綱常；上天賦予人的常道。㉚冀方　中土；中國。堯、舜、禹都置都於今河北一帶，故稱中國為「冀方」。詳見顧炎武《日知錄》卷二。㉛紀綱　治國的綱紀。㉜允出茲在茲　此句也是逸書中的文字。今本《尚書》在〈大禹謨〉中有此句。允，誠然；真正。茲，此；這些。㉝率常　即「率彼天常」，遵循那上天賦予的常道。

【語　譯】秋季七月，楚昭王駐軍在城父，準備救援陳國。占卜作戰的吉凶，不吉利；占卜退兵的吉凶，也不吉利。楚昭王說：「那麼只有死了。楚軍如果再次被打敗，不如死；拋棄盟約，逃避仇敵，也不如死。同是一死，還是死於仇敵吧？」命令子西繼承王位，子西不同意；就命令子期，子期也不同意；就命令子閭，子閭辭謝五次然後同意。將要作戰時，楚昭王得了病。七月十六日，楚昭王攻打大冥，死在城父。子閭退兵，說：「君王捨棄他的兒子而讓位，羣臣怎敢忘記君王呢？服從君王的命令，是順乎情理的；立君王的兒子，也是順乎情理的。兩種順理不能丟掉。」和子西、子期一起商量，祕密轉移軍隊，封鎖有關的道路，迎接越女所生的兒子章立他為國君，然後退兵回國。

這一年，有雲彩好像眾多紅色的鳥，在太陽兩邊飛翔了三天。楚昭王派人向周王室的太史詢問。周王室的太史說：「恐怕要應在君王身上吧！如果進行禳祭，可以移到令尹、司馬身上。」楚昭王說：「除掉腹心的疾病，而把它放到大腿胳膊上，有什麼好處？我沒有大過錯，上天豈能讓我夭折嗎？有罪受到責罰，又怎麼能移到別處？」於是就不去禳祭。

當初，楚昭王有病，占卜的人說：「黃河之神在作祟。」楚昭王不去祭祀。大夫們請求在郊外祭祀黃河之神。楚昭王說：「三代時規定的祭祀制度，祭祀不超越本國的山川。長江、漢水、雎水、漳水，是楚國的大川。禍福的到來，不會超過這些地方。我即使沒有德行，也不會得罪黃河之神。」於是就不去祭祀。

孔子說：「楚昭王懂得大道理了。他不丟掉國家，就是當然的了！〈夏書〉說：『只有那位陶唐氏領袖，遵循著上天賦予的常道，據有這中土地方。現在失掉常道，攪亂了治國的綱紀，於是就被滅亡。』又說：『真正是付出這些就會獲得這些。』由自己來遵循常道，就可以了。」

【說　明】這一大段是記敘楚昭王的事跡。楚昭王在位的二十七年中，是楚國衰弱的時期。兩次被吳國打敗。一次是在魯定公四年的柏舉戰役，楚國幾乎被吳國滅亡，幸虧有申包胥請秦兵而得救。這次是為了救援陳國而被吳國打敗，結果是楚昭王死在城父。楚國兩次被吳國打敗而不被滅亡，《左傳》認為楚昭王有良好的道德品質，所以用較多篇幅記載楚昭王的事跡。

首先，楚昭王知道自己將死時，決定與仇敵戰鬥而死，不願拋棄盟國、逃避仇敵，表現出誠信而堅強的品德。同時，他囑咐三個弟弟作為他的繼承人，而不是把國君的位置交給自己的兒子，又表現出謙讓無私的品德。

其次，當出現凶兆對自己不利，而太史認為可以用禳祭將災禍轉移給別人時，楚昭王寧願自己受罰，不肯禳祭而嫁禍於人。表現出正直而不害人的優良品德。

再次，當昭王有病，占卜人認為是黃河作祟時，楚昭王則認為黃河不在楚國境內，自己即使有錯也不會得罪黃河之神，所以不去祭祀。表現出有自己正確見解而不盲從別人的品德。

《左傳》記載了楚昭王的美好品德，又引用孔子的話對他讚賞，實際上就是《左傳》作者的觀點。

傳 八月，齊邴意茲❶來奔。

陳僖子❷使召公子陽生❸。陽生駕而見南郭且于❹，曰：「嘗獻馬於季孫❺，不入於上乘❻，故又獻此，請與子乘之。」出萊門❼而告之故。闞止❽知之，先待諸外❾。公子曰：「事未可知，反，與壬❿也處。」戒之，遂行。逮夜，至於齊，國人知之。僖子使子士之母⑪養之⑫，與饋者⑬皆入。

冬十月丁卯⑭，立之⑮。將盟，鮑子⑯醉而往。其臣差車⑰鮑點⑱曰：「此誰之命也？」陳子曰：「受命于鮑子。」遂誣⑲鮑子曰：「子之命也！」鮑子曰：「女⑳忘君㉑之為孺子牛㉒而折其齒㉓乎？而背之也㉔？」悼公㉕稽首㉖，曰：「吾子㉗，奉義而行者也。若我可，不必亡一大夫；若我不可，不必亡一公子㉘。義則進，否則退，敢不唯子是從㉙？廢興㉚無以亂，則所願也。」鮑子曰：「誰非君㉛之子？」乃受盟。使胡姬㉜以安孺子㉝如賴㉞，去鬻姒㉟，殺王甲㊱，拘江說㊲，囚王豹㊳于句瀆之丘㊴。

公㊵使朱毛㊶告於陳子㊷，曰：「微㊸子，則不及此。然君異於器，不可以二。器二不匱㊹，君二多難，敢布㊺諸大夫。」僖子不對而泣，曰：「君舉㊻不信群臣乎？以齊國之困，困又有憂㊼，少君不可以訪㊽，是以㊾求長君，庶㊿亦能容群臣乎！不然，夫孺子何罪？」毛復命，公悔之(51)。毛曰：「君大(52)訪於陳子，而圖其小(53)可也。」使毛遷孺子於駘(54)。不至，殺諸野幕(55)之下，葬諸殳冒淳(56)。

【注釋】❶邴意茲　齊國大夫。姓邴，名意茲。❷陳僖子　即陳乞。僖，諡號。《逸周書・諡法解》：「有伐而還曰釐（僖）。」❸公子陽生　即齊悼公。名陽生。齊景公之子。在位四年，後被齊國人所殺。❹南郭且于　即齊國的公子鉏。住在魯國南城郭，故以南郭為氏。名鉏，又作「且于」。❺季孫　指季康子。按《左傳‧哀公八年》云：「齊悼公之來也，季康子以其妹妻之。」由此可知齊公子陽生此時已是季康子的妹夫。❻上乘　上等乘馬。❼萊門　魯國的郭門。❽闞止　即子我。公子陽生的家臣。❾待諸外　待之於外；在外邊等待他。諸，「之於」的合音合義。❿壬　即後來的齊簡公，名壬。公子陽生（齊悼公）之子。⓫子士之母　陳僖子的妾。子士，陳僖子妾所生之子。⓬養之　照料他。陳僖子將公子陽生隱藏在自己家裏，派他的妾照料他。⓭饋者　送食物的人。⓮十月丁卯　十月二十四日。⓯立之　立陽生為國君。⓰鮑子　即指鮑牧，齊國大夫。⓱差車　主管車的官員。⓲鮑點　鮑牧的家臣。⓳誣　誣賴；欺騙。陳僖子見他醉，所以誣他。⓴女　通「汝」。你。第二人稱代詞。㉑君　指齊景公。㉒為孺子牛　因荼年幼，景公寵愛他，故自己為荼裝扮成牛，讓荼牽著他走。孺子，指荼。㉓折其齒　折斷了他的牙齒。大概景公跌倒而折斷牙齒。㉔也　耶；嗎。詰問語氣助詞。㉕悼公　即公子陽生。此時已即位為國君。悼，謚號。《逸周書‧謚法解》：「恐懼從處曰悼。」「年中早夭曰悼。」㉖稽首　叩頭。㉗吾子　對人的敬稱。㉘公子　自稱。杜預注：「公子，自謂也。恐鮑子殺己，故要之。」㉙唯子是從　唯從子；只聽從您的話。是，賓語置於動詞前的標誌詞。㉚廢興　廢指廢除荼的國君身分，興指立自己為國君。㉛君　先君。指景公。㉜胡姬　齊景公之妾，胡國之女，姬姓，故稱「胡姬」。㉝安孺子　即荼。在位不到一年，且年幼被殺，無謚號。故稱「安孺子」。㉞賴　齊國邑名。在今山東章丘西北。㉟鬻姒　荼的母親。見上年傳文。㊱王甲　齊景公的寵臣，荼的黨羽。㊲江說　齊景公的寵臣，荼的黨羽。㊳王豹　齊景公的寵臣，荼的黨羽。㊴句瀆之丘　齊國地名。在今山東菏澤市北。㊵公　指齊悼公。即陽生。㊶朱毛　齊國大夫。㊷陳子　指陳僖子，即陳乞。㊸微　非；沒有。㊹匱　缺乏。㊺布　陳述。㊻舉　都。㊼困又有憂　杜預注：「內有飢荒之困，又有兵革之憂。」㊽訪　請示。㊾是以　以是；因此。㊿庶　庶幾；差不多；大約。(51)悔之　悔失言。(52)大　大事。指國政之事。(53)圖其小　謀劃那些小事。小事指殺荼等事。(54)駘　齊國邑名。在今山東臨朐境。(55)野幕　野外的帳幕。(56)殳冒淳　地名。具體地點不詳。

【語　譯】八月，齊國的邴意茲逃奔來到魯國。

陳僖子派人召見公子陽生。公子陽生駕車去見南郭且于，說：「我曾經獻馬給季康子，但未能列入到他的上等乘馬之中，所以又獻這幾匹馬，請和您一起坐上車試一下。」出了萊門然後把原因告訴了南郭且于。公子陽生的家臣闞止知道了此事，先在城外等著他。公子陽生說：「事情是好是壞還不能知道，你回去和王在一起。」告誡了闞止，就動身回國。到夜裏，抵達齊國，齊國人就知道他回國了。陳僖子讓子士的母親照料陽生。又讓陽生跟著送食物的人一起進入公宮。

冬季十月二十四日，立公子陽生為國君。將要與諸大夫盟誓，鮑牧喝醉酒而前往。他的管車家臣鮑點說：「這是誰的命令？」陳僖子說：「從鮑子那裏接受的命令。」於是就誣賴鮑牧說：「這是您的命令。」鮑牧說：「你忘記先君為荼裝牛而折斷了他的牙齒的事嗎？而要違背先君嗎？」齊悼公叩頭，說：「您是按照道義而辦事的人。如果我行，不必殺掉一個大夫；如果我不行，也不必殺掉一個公子。合於道義就前進，否則就後退，豈敢不唯您是從？廢君和立君都不要因此發生動亂，這就是我的願望。」鮑牧說：「你們有誰不是先君的兒子呢？」於是就接受了盟約。讓胡姬帶著安孺子去到賴地，把鬻姒送到別的地方，殺了王甲，拘捕了江說，把王豹囚禁在句瀆之丘。

齊悼公派朱毛告訴陳僖子，說：「沒有您，我就不可能得到這個地位。但是國君與器物不同，不能有兩個。器物有兩個就不愁缺乏，國君有兩個禍難就多了，謹敢向諸大夫陳述。」陳僖子不回答而哭泣，說：「國君對羣臣都不相信了嗎？以齊國的貧困，貧困而又有憂患，年幼的國君不能請示，因此才尋求年長的國君，大約還能容納羣臣吧！不是這樣的話，那孺子有什麼罪過？」朱毛向齊悼公復命，悼公後悔失言。朱毛說：「國君遇到國政大事可向陳僖子徵求意見，而謀劃那些小事自己決定就可以了。」悼公派朱毛把荼遷移到駘地。還沒有到達，就把他殺死在野外的帳幕裏，把他埋葬在殳冒淳。

【說　明】這大段承接前文「陳乞、鮑牧及諸大夫以甲入于公宮」，記敘齊國事件的繼續發展。主要是記載陳僖子派人從魯國接回公子陽生，立他為國君，是為齊悼公。悼公殺了安孺子荼。但在這過程中，公子陽生和陳僖子都顯示出非常謹慎。首先，公子陽生與南郭且于商量回國事，特駕車到城外祕密商量，顯然是怕在家中商量被別人知道。而當他的家臣知道此事而在城外等他時，他又告誡家臣此事好壞還不知道，所以囑咐家臣與自己的兒子在一起。這都說明公子陽生對陳僖子召他回國心存疑慮。其次，公子陽生在夜裏回到齊國，也顯然是想保密而不讓齊國人知道，但齊國人卻知道他已回國，卻不說話，說明陳僖子得到齊國人擁護。公子陽生回到齊國後，陳僖子把他藏匿在自己家裏，讓自己的妾照料他，讓公子陽生跟隨送食物的人進入公宮，說明陳僖子在接公子陽生回國即位這件事上都是在祕密狀態下進行的，表現出他非常謹慎。第三，當公子陽生即位為國君，將與諸大夫盟誓時，陳僖子見鮑牧酒醉，就誣說這是鮑牧的命令，企圖把自己的意見強加給鮑牧，顯示出陳僖子狡詐的嘴臉。第四，當鮑牧指責陳僖子背叛先君景公立荼為國君的囑咐時，矛盾激化，已即位為國君的陽生說出自己的願望進行調解，而鮑牧也就順水推舟，終於接受立公子陽生為國君的既成事實，接受了盟約，顯示出鮑牧能以大局為重。第五，當齊悼公派人告訴陳僖子一國不能有二君時，陳僖子卻哭泣著說自己只是求年長者為國君，安孺子是無罪的，實際上是他不肯承擔弒君的罪名，結果讓悼公自己派人殺了荼。這又一次顯示出陳僖子的狡詐。所有這一切，都說明《左傳》在記敘事件的過程中，能夠充分地展示出各個方面的矛盾，並同時揭示各個人物的心態和性格。在這一大段中，公子陽生的小心謹慎而又一心想當國君的心態，通過在魯國接到陳僖子召喚後的活動以及即位當上國君後說的兩段話，活生生地表現了出來。而陳僖子的善於玩弄權術和狡詐的性格，通過祕密派人召公子陽生；把公子陽生安排在自己家裏，又祕密送他進入公宮；誣賴是鮑牧的命令立公子陽生為國君；哭泣而不肯廢殺安孺子等行動；也鮮明地揭示了出來。而鮑牧的正直和委屈求全，也通過指責陳僖子違背先君但又接受盟約的言行，作了生動的反映。所以這一大段文字不僅是歷史事件的生動記載，而且可以說是一篇完美的文學作品。

七　年

癸丑，西元前四八八年。周敬王三十二年、齊悼公陽生元年、晉定公二十四年、秦悼公四年、楚惠王章元年、宋景公二十九年、衛出公五年、陳閔公十四年、蔡成侯三年、曹伯陽十四年、鄭聲公十三年、燕獻公五年、吳夫差八年、越句踐九年、杞僖公十八年。

經 七年春，宋皇瑗帥師侵鄭。

晉魏曼多帥師侵衛。

夏，公會吳于鄫。

秋，公伐邾。八月己酉，入邾，以邾子益來。

宋人圍曹。

冬，鄭駟弘帥師救曹。

傳 七年春，宋師侵鄭，鄭叛晉❶故也。

晉師侵衛，衛不服❷也。

夏，公會吳于鄫❸。吳來徵百牢❹。子服景伯❺對曰：「先王未之有也。」吳人曰：「宋百牢我，魯不可以後宋。且魯牢晉大夫過十❻，吳王百牢，不亦可乎？」景伯曰：「晉范鞅❼貪而棄禮，以大國懼敝邑❽，故敝邑十一牢之❾。君若以禮命於諸侯，則有數矣。若亦棄禮，則有淫❿者矣。周之王⓫也，制禮，上物⓬不過十二⓭，以為天之大數⓮也。今棄周禮，而曰必百牢，亦唯執事⓯。」吳人弗聽。景伯曰：「吳將亡矣，棄天⓰而背本⓱。不與，必棄疾⓲於我。」乃與之。

大宰嚭⓳召季康子⓴，康子使子貢㉑辭。大宰嚭曰：「國君道長㉒，而大夫不出門，此何禮也？」對曰：「豈以為禮，畏大國也。大國不以禮命於諸侯，苟不以禮，豈可量也？寡君既共命㉓焉，其老㉔豈敢棄其國？大伯㉕端委㉖以治周禮，仲雍㉗嗣之，斷髮文身㉘，贏㉙以為飾，豈禮也哉？有由㉚然也。」反自鄫，以吳為無能為也。

【注　釋】❶鄭叛晉　杜預注：「定八年鄭始叛」。按該年晉國士鞅會成桓公侵鄭，見前定公八年傳文。❷衛不服　因衛國幫助范氏，所以趙鞅伐衛，見前哀公五年傳文。衛國至今未服。❸鄫　莒國地名。在今山東棗莊市東，今山東蒼山西北。❹百牢　用牛、羊、豬各一百頭作為享宴品。❺子服景伯　魯國大夫。姓子服，名何。諡號景，排行大，故稱景伯。❻過十　指牛、羊、豬各超過十頭。❼范鞅　即范獻子。士氏，名鞅。❽懼敝邑　使我國恐懼。懼，動詞的使動用法。敝邑，對自己國都的謙稱。❾十一牢之　用牛、羊、豬各十一頭享宴他。❿淫　過分；過度。⓫王　即王天下，統一天下而稱王。⓬上物　上等物品。⓭十二　享諸侯而用王禮之數為十二。⓮天之大數　古代分天空為十二次，所以制禮以十二為極數。⓯執事　對對方的敬稱。您。⓰棄天　拋棄天數。天只有十二次，而吳要徵百牢，所以說「棄天」。⓱背本　違背根本。吳國本是太伯之後，違背周禮，所以說「背本」。⓲棄疾　猶言加害。⓳大宰嚭　吳國大夫。伯州犁之孫，名嚭，官太宰。⓴季康子　魯國大夫。季桓子斯之子。名肥。諡號康。《逸周書・諡法解》：「令民安樂曰康。」㉑子貢　複姓端木，名賜。季孫的家臣。孔子弟子。㉒道長　走了很遠的路。按吳國至繒地有千餘里，魯國自曲阜到繒地也有四百多里路程。㉓共命　即恭命，恭敬地奉命。㉔其老　他的老臣。指季孫氏。老，元老。㉕大伯　即太伯，又作「泰伯」。周太王的長子。吳國的始祖。太王欲立幼子季歷，太伯和弟仲雍同避江南，改從當地風俗，斷髮文身，成為當地君長。㉖端委　周朝統一前的禮服。端，玄端之衣；黑色禮服。委，黑色絲織的禮冠。㉗仲雍　又稱虞仲、吳仲。太伯的弟弟。周太王的次子，因太王欲立幼子季歷，他與太伯一起逃往江南。太伯死後，由他繼承為君長。他的後人建立了吳國。㉘斷髮文身　剪短頭髮，身上刺畫魚龍等花紋。古代吳越一帶的風俗。文，通「紋」。刺花紋。㉙贏　同「裸」。裸體。㉚由　原因。

【語　譯】魯哀公七年春天，宋國軍隊侵襲鄭國，這是因為鄭國背叛晉國的緣故。晉國軍隊侵襲衛國，這是因為衛國還不順服晉國。

夏天，魯哀公和吳國人在鄫地會見。吳國來求取牛、羊、豬各一百頭為享宴品。子服景伯回答說：「先王沒有過這樣的事。」吳國人說：「宋國用牛、羊、豬各一百頭宴享我們，魯國不能落在宋國之後。而且魯國享宴晉國大夫超過各十頭，享宴吳王用各一百頭，不也是可以的嗎？」子服景伯說：「晉國的范鞅貪婪而拋棄禮儀，用大國的勢力來使我國恐懼，所以我國用牛、羊、豬各十一頭享宴他。您如果用禮儀來命令諸侯，那麼享禮就有一定的數字了。如果也拋棄禮儀，那麼就更過分了。周朝統一天下的時候，制定禮儀，上等的物品數字不超過十二，因為這是上天的大數。現在拋棄周朝禮儀，而說一定要牛、羊、豬各一百頭，也只有您的命令如此。」吳國人不聽從。子服景伯說：「吳國將要滅亡了，拋棄上天而違背根本。如果不給，一定會加害於我國。」於是就給了他們各一百頭。

吳國太宰伯嚭召見季康子，季康子派子貢去辭謝。伯嚭說：「國君跋涉了那麼多的路程，而大夫卻不出門，這是什麼禮儀？」子貢回答說：「豈敢把這作為禮儀，只是因為害怕大國。大國不用禮儀來命令諸侯，如果不用禮儀，怎麼能夠估量後果呢？我國國君既已恭敬地奉命前來這裏，他的老臣豈敢丟棄他的國家？從前太伯穿戴禮服來推行周禮，仲雍繼承他，剪短頭髮而身上刺畫花紋，作為裸體的裝飾，難道合於禮嗎？這是有原因才這樣做的。」從鄫地回來，認為吳國是沒有能力做出什麼事來的。

【說　明】這一大段可分四小節，前兩小節只是解釋《春秋》經文「宋皇瑗帥師侵鄭」和「晉魏曼多帥師侵衛」的原因。後兩節是本段主要內容。

此時吳國氣勢很盛，在鄫地之會上向魯國強索牛、羊、豬各一百頭，理由是宋國曾向吳國送這個數，而魯國在昭公二十一年時也曾送晉國大夫士鞅牛、羊、豬各十一頭。魯國大夫子服景伯以禮儀曉諭吳國，吳國卻不聽，魯國只得滿足吳國的要求。但子服景伯已由此看出吳國將亡的跡象。

吳國的太宰伯嚭召見魯國大夫季康子，季康子不去，派子貢去辭謝，伯嚭質問，認為無禮。子貢指出吳國不以禮儀對待諸侯，就什麼事都幹得出來，所以魯國國君出來，大夫只得留守，以備萬一，就像當年吳國祖先斷髮文身一樣不能認為無禮。鄫地之會證明了吳國的「無能為」。

傳 季康子欲伐邾❶，乃饗❷大夫以謀之。子服景伯曰：「小所以事大，信也；大所以保小，仁也。背大國，不信；伐小國，不仁。民保於城，城保於德。失二德❸者，危，將焉保？」孟孫❹曰：「二三子以為何如？惡賢❺而逆❻之？」對曰：「禹合諸侯於塗山❼，執玉帛者❽萬國。今其存者，無數十焉，唯大不字❾小、小不事大也。知必危，何故不言？魯德如邾，而以眾加之，可乎？」不樂而出。

秋，伐邾，及范門❿，猶聞鐘聲⓫。大夫諫，不聽。茅成子⓬請告於吳，不許，曰：「魯擊柝⓭聞於邾；吳二千里，不三月不至，何及於我⓮？且國內豈不足？」成子以茅⓯叛，師遂入邾，處其公宮。眾師晝掠，邾眾保于繹⓰。師宵掠，以邾子益⓱來，獻于亳社⓲，囚諸負瑕⓳，負瑕故有繹⓴。

邾茅夷鴻㉑以束帛㉒乘韋㉓自㉔請救於吳，曰：「魯弱晉㉕而遠吳㉖，馮恃㉗其眾，而背君之盟㉘，辟㉙君之執事，以陵我小國。邾非敢自愛也，懼君威之不立。君威之不立，小國之憂也。若夏盟於鄫衍㉚，秋而背之，成求㉛而不違㉜，四方諸侯其何以事君？且魯賦㉝八百乘，君之貳㉞也；邾賦六百乘，君之私也。以私㉟奉貳，唯君圖之！」吳子從之。

【注　釋】❶邾 國名。曹姓。都城在今山東鄒城市東南。❷饗 設宴招待。❸二德 指「信」和「仁」。❹孟孫 指仲孫何忌。❺惡賢 何者為賢；哪種意見明智。惡，何。❻逆 接受；採納。❼塗山 山名。說法眾多。杜預注：「在壽春東北。」則當在今安徽懷遠縣之當塗山。❽執玉帛者 指順服的部落酋長。❾字 養育。❿范門 邾國的郭門。⓫聞鐘聲 聽到擊鐘鼓樂之聲。說明邾國沒有抵禦敵人的準備。⓬茅成子 邾國大夫。名夷鴻。諡號成。守茅地。故稱「茅成子」。⓭柝 巡夜打更用的梆子。⓮何及於我 怎麼能顧及得了我們。指遠水救不了近火。⓯茅 邾國地名。在今山東金鄉西北。⓰繹 邾國地名。在今山東鄒城市東南之嶧山。⓱邾子益 即邾隱公。邾國國君。名益。子爵。邾莊公之子。在位二十二年。⓲亳社 猶言殷社。殷都在亳，故名。因邾國之亡與殷同，故獻於亳社。⓳負瑕 魯國地名。在今山東兗州西。⓴負瑕故有繹 此句是旁注文字。意思是說，因邾國國君囚禁在此，所以負瑕地方至今有繹地之民。後來此句混入正文。㉑茅夷鴻 即茅成子。名夷鴻。㉒束帛 帛五匹為一束。㉓乘韋 四張熟牛皮。乘，四。韋，熟牛皮。㉔自 自己。沒有國君命而自己作主。㉕弱晉 以晉國為衰弱。弱，動詞的意動用法。㉖遠吳 以吳國為遙遠。遠，動詞的意動用法。㉗馮恃 憑藉；依仗。馮，通「憑」。依靠。㉘背君之盟 違背與吳國國君的盟約。大概鄫地之會當有魯國不攻打邾國之盟。㉙辟 淺陋；看不起。㉚鄫衍 即鄫地。㉛成求 成其所求；得到了所求。㉜不違 沒有阻力。㉝賦 指軍賦。兵力；戰車。㉞貳 陪貳；副職。㉟私 私有；部屬。

【語　譯】季康子想要攻打邾國，於是設宴招待大夫們來商量此事。子服景伯說：「小國用來事奉大國的，是信；大國用來保護小國的，是仁。違背大國，是不信；攻打小國，是不仁。民眾由城邑來保護，城邑靠德行來保障。丟失了信和仁這兩種德行的，就危險了，將怎樣來保護？」仲孫何忌說：「你們幾位認為怎樣？哪種意見明智而接受它？」大夫們回答說：「當年大禹在塗山會合諸侯，拿著玉帛來的有一萬個國家。現在還存在的，沒有幾十個了，只因為大國不養育小國，小國不事奉大國。知道一定有危險，為什麼緣故不說？魯國的德行如同邾國一樣，而要用大軍壓他們，可以嗎？」宴會不歡而散，大家不快樂而離開。

秋天，魯國攻打邾國，到達邾國范門時，還能聽到鐘鼓音樂之聲。大夫們勸諫，邾隱公不聽從。茅夷鴻請求向吳國報告，邾隱公不允許，說：「魯國敲打梆子的聲音在邾國能聽到；吳國與邾國相距二千里，沒有三個月到不了，怎麼能顧及到我們？況且我們國內的力量難道就不足嗎？」茅夷鴻帶著茅地人叛變，魯國軍隊於是進入了邾國國都，住在那邾隱公的宮中。魯國各軍白天掠取財物，邾國的軍民在繹地守衛。魯軍夜間劫掠，帶了邾隱公回來，在亳社獻捷，把他囚禁在負瑕，負瑕所以有繹地人。

邾國的茅夷鴻用五匹帛和四張熟牛皮私自向吳國請求救援，說：「魯國認為晉國衰弱而吳國遙遠，憑藉他們的人多，而背棄了和貴國國君訂立的盟約，看不起您君王，來欺凌我們小國。邾國不敢自己愛惜自己，而是害怕您君王的威信不能建立。您君王的威信不能建立，是小國的憂患。如果夏天在鄫地結盟，秋天卻背棄了它，魯國得到了所求而沒有阻力，四方的諸侯還用什麼來事奉您君王？況且魯國的軍車八百輛，只是您君王的副手；邾國的軍車六百輛，是您君王的部屬。把部屬奉獻給您的副手，只請您君王思考這件事吧！」吳王聽從了他的話。

【說　明】這一大段記載魯國攻打邾國的戰爭。第一節敘季氏設宴與諸大夫討論此事，諸大夫都不同意，賓主意見不合，所以宴會不歡而散。第二節正面寫戰爭，邾國毫無準備，邾隱公又不聽茅夷鴻請吳國救援的意見，結果邾國被攻破，邾隱公被俘囚。第三節敘邾國大夫茅夷鴻向吳國求救，吳國答應了他的要求，這就為明年吳國攻打魯國張本。

傳 宋人圍曹，鄭桓子思❶曰：「宋人有曹，鄭之患也，不可以不救。」冬，鄭師救曹，侵宋。

初，曹人或夢眾君子立于社宮❷，而謀亡曹。曹叔振鐸❸請待公孫彊❹，許之。旦而求之曹，無之。戒其子曰：「我死，爾聞公孫彊為政，必去之。」及曹伯陽❺即位，好田弋❻。曹鄙人❼公孫彊好弋，獲白鴈，獻之，且言田弋之說❽，說之❾。因訪政事❿，大說之。有寵，使為司城⓫以聽政⓬。夢者之子乃行。

彊言霸說⓭於曹伯，曹伯從之，乃背晉而奸⓮宋。宋人伐之，晉人不救，築五邑於其郊，曰黍丘⓯、揖丘⓰、大城⓱、鍾⓲、邘⓳。

【注釋】❶桓子思　即子思。國氏，名參，字子思，諡號桓。鄭國大夫。公孫僑子產之子。❷社宮　曹國國社（社廟）的圍牆。❸曹叔振鐸　曹國的開國君主。周武王之弟。姬姓。周武王滅殷紂後，封叔振鐸於曹。❹公孫彊　夢中之人。❺曹伯陽　曹國國君。名陽。伯爵。曹靖公之子。魯定公九年（西元前五〇一年）即位，在位十五年。下年宋滅曹時被殺。❻田弋　打獵和射鳥。❼鄙人　邊境上的人。❽田弋之說　打獵射鳥的技巧。❾說之　喜歡他。說，通「悅」。高興；喜歡。❿政事　國家大事。⓫司城　官名。掌管工程的卿大夫。⓬聽政　執政。⓭霸說　稱霸的策略。⓮奸　通「干」。犯；侵。⓯黍丘　曹國地名。具體地點不詳。⓰揖丘　曹國地名。在今山東曹縣界。⓱大城　曹國地名。在今山東菏澤境內。⓲鍾　曹國地名。在今山東定陶境內。⓳邘　曹國地名。在今山東定陶境內。

【語譯】宋國人包圍曹國，鄭國大夫子思說：「宋國人如果佔有曹國，是鄭國的憂患，不能不救。」冬天，鄭國軍隊救援曹國，侵襲宋國。

當初，曹國有人夢見許多君子站在國社牆外，而商量滅亡曹國。曹叔振鐸請求等一下公孫彊，大家答應了。早晨起來在曹國尋找，沒有這個人。做夢的人告誡他的兒子說：「我死以後，你聽到公孫彊執政，一定要離開曹國。」等到曹伯陽即位，喜歡打獵射鳥。曹國邊境上的人公孫彊喜歡射鳥，得到一隻白雁，獻給曹伯陽。並且講述打獵射鳥的技藝，曹伯陽很喜歡他。於是就向他詢問國家大事，曹伯陽就更加喜歡他。大加寵信，派他做司城而執政。做夢人的兒子於是離開了曹國。

公孫彊向曹伯陽講述稱霸的策略，曹伯陽聽從了他，於是就背棄晉國而侵犯宋國。宋國人攻打曹國，晉國人不來救援，公孫彊在國都郊外建築了五個城邑，名叫黍丘、揖丘、大城、鍾、邘。

【說明】這一大段主要記載曹國的事。第一節記載宋國出兵包圍曹國，鄭國考慮到如果曹國落到宋國手裏對自己不利，所以出兵救曹攻宋。第二節追敘過去曹國有人曾夢見君子們謀劃滅亡曹國，提到公孫彊的名字，所以告誡兒子：如有公孫彊執政，一定要離開曹國。而曹伯陽即位後，果然讓名叫公孫彊的執政，所以那個做夢人的兒子就離開曹國了。這裏當然帶有宿命論的色彩。但從曹伯陽喜歡打獵射鳥而寵信同好的小人，讓公孫彊這類小人執政，曹國的衰亡也就必然是指日可待了。第三節記載曹伯陽聽從公孫彊的所謂稱霸的辦法，背叛了晉國而又去侵犯宋國，這就是宋國攻打曹國的原因，也是晉國不救的原因。這一節應與下年開頭一節傳文「八年春，宋公伐曹將還」連讀。因為正是曹伯陽的「背晉而奸宋」促成了自己的滅亡。

八　年

甲寅，西元前四八七年。周敬王三十三年、齊悼公二年、晉定公二十五年、秦悼公五年、楚惠王二年、宋景公三十年、衛出公六年、陳閔公十五年、蔡成侯四年、曹伯陽十五年、鄭聲公十四年、燕獻公六年、吳夫差九年、越句踐十年、杞僖公十九年。

經 八年春王正月，宋公入曹，以曹伯陽歸。

吳伐我。

夏，齊人取讙及闡。

歸邾子益于邾。

秋七月。

冬十有二月癸亥，杞伯過卒。

齊人歸讙及闡。

傳 八年春，宋公伐曹將還，褚師子肥❶殿。曹人詬❷之，不行❸。師❹待之。公❺聞之，怒，命反❻之，遂滅曹，執曹伯❼及司城彊❽以歸，殺之。

吳為邾故，將伐魯，問於叔孫輒❾。叔孫輒對曰：「魯有名而無情❿，伐之，必得志焉。」退而告公山不狃⓫。公山不狃曰：「非禮也。君子違⓬，不適⓭讎國⓮。未臣⓯而有⓰伐之，奔命焉⓱，死之可也。所託⓲也則隱⓳。且夫人之行⓴也，不以所惡廢鄉㉑，今子以小惡而欲覆宗國㉒，不亦難乎？若使子率㉓，子必辭。王將使我。」子張㉔疾㉕之。王問於子洩㉖，對曰：「魯雖無與立㉗，必有與斃㉘；諸侯將救之，未可以得志焉。晉與齊、楚輔之，是四讎也。夫魯，齊、晉之脣。脣亡齒寒，君所知也，不救何為？」

三月，吳伐我，子洩率，故道險㉙，從武城㉚。初，武城人或有因於吳竟田焉，拘鄫㉛人之漚菅㉜者，曰：「何故使吾水滋㉝？」及吳師至，拘者㉞道㉟之以伐武城，克之。王犯㊱嘗為之宰，澹臺子羽㊲之父好焉㊳，國人懼㊴。懿子㊵謂景伯㊶：「若之何？」對曰：「吳師來，斯㊷與之戰，何患焉？且召之而至，又何求焉？」吳師克東陽㊸而進，舍於五梧㊹。明日，舍於蠶室㊺。公賓庚㊻、公甲叔子㊼與戰于夷㊽，獲叔子與析朱鉏㊾，獻於王。王曰：「此同車，必使能，國未可望㊿也。」明日，舍于庚宗(51)，遂次于泗上(52)。微虎(53)欲宵攻王舍，私屬(54)徒七百人三踊(55)於幕庭(56)，卒(57)三百人，有若(58)與(59)焉。及稷門(60)之內，或謂季孫曰：「不足以害吳，而多殺國士，不如已(61)也。」乃止之，吳子(62)聞之，一夕三遷。

吳人行成(63)，將盟，景伯曰：「楚人圍宋，易子而食，析骸(64)而爨(65)，猶無城下之盟(66)；我未及虧(67)，而有城下之盟，是棄國也。吳輕而遠，不能久，將歸矣，請少待(68)之。」弗從。景伯負載(69)，造(70)於萊門(71)。乃請釋(72)子服何(73)於吳，吳人許之，以王子姑曹(74)當之，而後止(75)。吳人盟而還。

【注釋】❶褚師子肥　宋國大夫。複姓褚師，字子肥。❷詬　辱罵。❸不行　殿後的兵士停止不走。❹師　宋國全軍。❺公　指宋景公。❻反　通「返」。回兵。❼曹伯　指曹伯陽。曹國國君。名陽。伯爵。無諡號。在位十五年。❽司城彊　即公孫彊。官司城。❾叔孫輒　即子張。本為魯國人，叔孫氏的庶子。名輒，字子張。魯定公十二年，叔孫輒與公山不狃率費地人襲擊魯國，兵敗奔齊國，後又從齊國奔到吳國。⑩情　實。⑪公山不狃　即子洩。公山氏，名不狃，字子洩。本為魯國費邑的長官。見前定公十二年傳文及注。⑫違　離開自己的國家。⑬適　往。⑭讎國　敵國。⑮未臣　在自己國家未盡臣下之禮。⑯有　通「又」。⑰奔命焉　為吳國奔走聽命。焉，於之；為敵國。⑱所託　指囑託伐魯之事。⑲隱　不參預；避開。⑳行　出行；離開國家。㉑廢鄉　禍害鄉土。鄉，家鄉；祖國。㉒覆宗國　顛覆祖國。㉓率　帶領引路。㉔子張　叔孫輒的字。㉕疾　恨；悔恨。㉖子洩　公山不狃的字。㉗無與立　沒有可靠親近的盟國。㉘有與斃　有願在患難時共同抗敵而死的援國。㉙故道險　故意走道路險阻處行車。㉚武城　南武城，其地多山而路險，在今山東費縣西南沂蒙山地區。㉛鄫　地名。在今山東棗莊東。㉜漚菅　浸泡菅草。漚，用水浸泡。菅，草名。生於山坡草地，莖、葉可作葺屋和造紙原料用。㉝滋　本作「茲」，黑。《說文・玄部》引《左傳》這一句作「何故使我水茲」。㉞拘者　被拘捕的鄫人。㉟道　通「導」。引導。㊱王犯　吳國大夫。曾經逃奔魯國做武城的長官。㊲澹臺子羽　孔子弟子，武城人。㊳好焉　與他（王犯）友好。焉，於之；與之。㊴國人懼　魯國人很害怕。武城被吳攻克，是由於被拘的鄫人引導吳軍，魯國都城的人誤以為王犯助吳，而且澹臺子羽的父親與王犯友好，擔心他們做內應，所以很恐慌。㊵懿子　即孟懿子仲孫何忌。㊶景伯　即子服景伯。㊷斯　則；就。㊸東陽　魯國邑名。在今山東平邑南。一說在費縣西南。㊹五梧　魯國地名。在今山東平邑西。㊺蠶室　魯國地名。在今山東平邑縣境內。㊻公賓庚　魯國之臣。複姓公賓，名庚。㊼公甲叔子　魯國臣。複姓公甲，字叔子。㊽夷　魯國地名。在今山東泗水縣附近。㊾析朱鉏　魯國臣。按衛國亦有析朱鉏，見前昭公二十年傳文。未知是否同一人。㊿望　覬覦；企望得到。(51)庚宗　魯國地名。在今山東泗水東。(52)泗上　魯國地名。泗水邊上。在今山東泗水縣。(53)微虎　魯國大夫。(54)屬　通「囑」。命令。(55)三踊　向上跳高三次。(56)幕庭　帳幕外的庭院。(57)卒　終得。(58)有若　孔子弟子。(59)與　參與。(60)稷門　魯國地名。或指城門名。(61)已　停止。(62)吳子　指吳王夫差。子爵。(63)行成　求和。(64)析骸　劈開屍骨。(65)爨　燒火。(66)城下之盟　因敵軍兵臨城下受脅迫而訂的盟約。(67)虧　損耗到不能作戰的地步。(68)少待　稍等。(69)負載　背著草擬的盟書。(70)造　往；到。(71)萊門　魯國都城郭門。(72)釋　留在。(73)子服何　即子服景伯。名何。(74)姑曹　吳王夫差之子。(75)止　雙方停止交換人質。

【語　譯】魯哀公八年春天，宋景公攻打了曹國將要回去，褚師子肥所領的部隊殿後。曹國人辱罵他們，他們就停下來不走了。宋國全軍都在等待他們。宋景公聽說此事後，大怒，下令回兵，於是就滅亡了曹國，逮捕了曹伯陽和司城公孫彊而回去，殺死了他們。

吳國因為邾國的緣故，將要攻打魯國，吳王夫差向叔孫輒詢問。叔孫輒回答說：「魯國有名而無實，攻打他們，一定能在那裏實現願望。」退出來而告訴公山不狃。公山不狃說：「這是不合於禮的。君子離開自己的國家，不往敵國。在自己國家未盡到臣下的禮而又要去攻打它，為敵國奔走聽命，就可以死去。有這樣的委託就要避開。而且一個人離開自己的國家，不應因為有所怨恨而禍害鄉土。現在您因為小怨恨而要顛覆祖國，不也很難嗎？如果派您引導先行，您一定要推辭。吳王將會派我去。」公孫輒悔恨自己說錯了話。吳王夫差又向公山不狃詢問。公山不狃回答說：「魯國平時雖然沒有親近的盟國，危急時一定有願意與它共死的援國；各國諸侯將會救助它，是不能如願的，晉國和齊國、楚國幫助魯國，這就是四個敵國了。那魯國，是齊國和晉國的嘴唇。唇亡齒寒，這是您所知道的，他們不去救援還幹什麼？」

三月，吳國攻打魯國，公山不狃引導在前先行，故意走險路行軍，經由武城。當初，武城有人在吳國邊境那裏種田，拘捕了浸泡菅草的鄫地人，說：「什麼緣故把我的水弄黑？」等到吳國軍隊來到，被拘捕的那個人引導吳軍來攻打武城，攻克了它。王犯曾經做過武城的長官，澹臺子羽的父親和他友好，魯國的人都很害怕。孟懿子對子服景伯說：「怎麼辦？」景伯回答說：「吳軍來，就和他們作戰，有什麼憂慮呢？而且是召他們而到來的，又要求什麼呢？」吳軍攻克東陽而繼續前進，駐紮在五梧。第二天，駐紮在蠶室。公賓庚、公甲叔子和吳軍在夷地作戰，吳軍俘獲了公甲叔子和析朱鉏，把屍體獻給吳王。吳王說：「這是一輛戰車上的人，一定是任用了能人，魯國還不能覬覦得到的。」第二天，駐在庚宗，於是在泗上邊上駐軍。魯國大夫微虎想要夜攻吳王的住處，私自命令部下七百人在帳幕外庭院裏向上跳三下，終於挑選了三百人，有若也在裏面。出發到達稷門之內，有人對季康子說：「這樣做不足以損害吳國，反而會使許多國內傑出人物死去，不如停止。」於是季康子下令阻止了他們。吳王聽說此事，一個晚上三次遷移了住處。

吳國人求和。將要訂立盟約，景伯說：「當年楚國人包圍宋國，宋國人交換孩子來吃，劈開屍骨燒火，尚且沒有訂立城下之盟；我們還沒有損耗到不能作戰的地步，卻有城下之盟，這是丟棄國家。吳國輕率而遠離本土，不能持久，將要回去了，請稍等他們一些時日。」不聽從。景伯背著草擬的盟書，前往萊門。魯國於是請求留子服景伯在吳國，吳國人同意了，魯國又要求用王子姑曹來相抵押，結果是雙方停止交換人質。吳國人訂立了盟約而後就回國。

【說明】這一大段除第一小節是承接上年宋國攻打曹國記載最後滅亡曹國之事外，都是敘述吳國攻打魯國之事。吳攻魯的原因是因為上年魯國攻打邾國，俘虜了邾國國君，邾國的茅夷鴻向吳國求救。

這次吳國攻魯國顯得很謹慎。首先，吳王夫差向兩個逃亡到吳國的魯國人詢問魯國情況，然後決定攻打魯國。說明這一仗吳國是做了充分準備的。其次，當俘獲魯國的公賓庚、公甲叔子和析朱鉏三人時，吳王斷定這三人同車共死，知道魯國使用了能人，就駐軍泗水之上，不再進軍；當聽說魯國微虎想夜攻吳王住處被季康子阻止時，吳王「一夕三遷」；最後就求和訂盟；這都說明吳王的謹慎小心，結果使吳軍毫無損傷。

相反，魯國在這場戰爭中卻顯得很被動。首先是當吳軍佔領武城時，執政者很恐慌，從孟懿子對子服景伯說的話中可以看出來。只有景伯比較沉著應戰。其次，當吳國求和時，子服景伯認為不應訂屈辱的城下之盟，但執政者卻不聽從，硬逼著景伯去訂立盟約，喪失了魯國的尊嚴。

傳 齊悼公❶之來❷也，季康子以其妹妻之，即位而逆之❸。季魴侯❹通焉❺，女❻言其情，弗敢與也。齊侯怒。夏五月，齊鮑牧❼帥師伐我，取讙❽及闡❾。

或譖❿胡姬⓫於齊侯曰：「安孺子之黨也！」六月，齊侯殺胡姬。

齊侯使如吳請師⓬，將以伐我，乃歸邾子⓭。邾子又無道，吳子使大宰子餘⓮討之，囚諸樓臺，栫⓯之以棘⓰。使諸大夫奉大子革⓱以為政。

秋，及齊平。九月，臧賓如⓲如齊涖盟⓳。齊閭丘明⓴來涖盟，且逆季姬㉑以歸，嬖㉒。

鮑牧又謂羣公子曰：「使女㉓有馬千乘㉔乎？」公子愬之㉕。公謂鮑子：「或譖子，子姑居於潞㉖以察之。若有之，則分室以行㉗；若無之，則反子之所㉘。」出門，使以三分之一行；半道，使以二乘㉙；及潞，麇㉚之以入，遂殺之。

冬十二月，齊人歸讙及闡，季姬嬖故也。

【注釋】❶齊悼公　齊國國君。名陽生。齊景公庶子。魯哀公七年（西元前四八八年）即位，在位四年。悼，謚號。❷來　齊公子陽生奔魯國，事在魯定公五年。見前定公五年傳文。❸逆之　迎接季康子之妹季姬。❹季魴侯　季康子的叔父。❺通焉　與她私通。焉，於之。❻女　指季康子之妹季姬。❼鮑牧　齊國大夫。❽讙　魯國地名。在今山東寧陽西北。❾闡　魯國地名。在今山東寧陽東北。❿譖　進讒言；說別人壞話。⓫胡姬　齊景公之妾，齊悼公的異母。即前哀公六年傳文「使胡姬以安孺子如賴」的「胡姬」。⓬請師　請求出兵。⓭邾子　即邾隱公，邾國國君。名益。子爵。即上年被魯國俘虜囚於負瑕者。⓮大宰子餘　即太宰伯嚭。字子餘。⓯栫　用柴木圍塞。⓰棘　有刺的草木；荊棘。⓱大子革　邾國太子，名革。邾隱公之子。即邾桓公。在位十四年。⓲臧賓如　魯國大夫。臧會之子。⓳涖盟　參加結盟。⓴閭丘明　齊國大夫。閭丘嬰之子。複姓閭丘，名明。㉑季姬　即季康子之妹。㉒嬖　寵愛。㉓女　通「汝」。你。第二人稱代詞。㉔千乘　四千匹馬，車千輛。指為國君。㉕愬之　告訴齊悼公。愬，同「訴」。㉖潞　齊國邑名。在齊國都城郊外。㉗分室以行　分家產一半帶出國都。㉘反子之所　回到您原住的地方。㉙二乘　二輛車。㉚麇　通「稛」。捆；束綁。

【語譯】齊悼公來魯國的時候，季康子把他的妹妹嫁給他為妻，悼公即位以後來迎娶她。因為季魴侯與她私通，這個女人把私通實情告訴了季康子，所以季康子不敢把她送給齊國了。齊悼公大怒。夏季五月，齊國的鮑牧率領軍隊攻打魯國，佔領了讙地和闡地。

有人在齊悼公面前誣陷胡姬說：「她是安孺子的同黨。」六月，齊悼公就殺了胡姬。

齊悼公派人到吳國去請求出兵，打算用來攻打魯國，於是魯國就把邾隱公送了回去。但邾隱公還是沒有道義，吳王夫差派太宰伯嚭討伐他，把他囚禁在樓臺裏，用荊棘做成籬笆圍起來。讓諸位大夫事奉太子革主持國政。

秋天，和齊國媾和。九月，臧賓如往齊國去參加結盟。齊國的閭丘明來魯國參加結盟，並且迎接季姬到齊國，齊悼公對她很寵愛。

鮑牧又對羣公子說：「要使你擁有四千匹馬嗎？」羣公子把此話告訴了齊悼公。齊悼公對鮑牧說：「有人說您的壞話，您姑且住在潞地而等待調查此事。如果有這件事，您就把家產分一半帶著走；如果沒有此事，就回到您原來的地方去。」鮑牧出門時，讓他帶著家產的三分之一走；走到半路，只讓他帶著兩輛車子走。到了潞地，就把他捆綁了進去，殺死了他。

冬季十二月，齊國人歸還讙地和闡地給魯國，這是因為季姬受到寵愛的緣故。

【說　明】這一大段主要記載齊國和魯國之間聯姻的事。第一節追敘齊悼公未即位前之事，當時作為齊國的公子陽生逃難到魯國，季康子就把妹妹許配給公子陽生，此事發生在魯哀公五年，如今事隔三年，公子陽生已經做了齊國國君，要求迎娶季康子的妹妹季姬，但季康子卻不敢把妹妹嫁給他了。原因是季姬與叔父魴侯私通。但齊悼公不明原因，所以派兵攻打魯國，佔領了讙地和闡地，矛盾激化。第三節齊悼公派人請吳國出兵攻打魯國，是齊魯矛盾的進一步發展。魯國為了緩和矛盾，把上年俘虜的邾隱公放回去。第四節說明魯國答應把季姬嫁到齊國去，才使矛盾緩和，兩國訂立盟約。出乎意料之外的是季姬嫁到齊國後竟受到齊悼公的寵愛，所以第六節記載的是齊國把佔領的讙地和闡地歸還給魯國，齊魯矛盾徹底解決。

第二節插敘齊悼公殺齊景公之妾胡姬，與前哀公六年傳文「使胡姬以安孺子如賴」相呼應。

第三節記載魯國讓邾隱公回國後仍無道，吳國囚禁了他，並讓太子革主持國政，這為後來邾隱公奔逃到魯國張本。

第五節記載鮑牧挑撥羣公子與齊悼公的關係，因為他本來不想讓悼公即位。結果，齊悼公殺了鮑牧。這又為後來齊悼公被弒伏下了危機。

九年

乙卯，西元前四八六年。周敬王三十四年、齊悼公三年、晉定公二十六年、秦悼公六年、楚惠王三年、宋景公三十一年、衛出公七年、陳閔公十六年、蔡成侯五年、鄭聲公十五年、燕獻公七年、吳夫差十年、越句踐十一年、杞閔公維元年。

經 九年春王二月，葬杞僖公。

宋皇瑗帥師取鄭師于雍丘。

夏，楚人伐陳。

秋，宋公伐鄭。

冬十月。

傳 九年春，齊侯❶使公孟綽❷辭師❸于吳。吳子❹曰：「昔歲❺寡人聞命，今又革❻之，不知所從，將進受命❼於君。」

鄭武子賸❽之嬖許瑕❾求邑，無以與之。請外取❿，許之，故圍宋雍丘⓫。宋皇瑗⓬圍鄭師，每日遷舍，壘合⓭。鄭師哭。子姚⓮救之，大敗。二月甲戌⓯，宋取鄭師于雍丘，使有能者無死，以郟張⑯與鄭羅⑰歸。

夏，楚人伐陳，陳即⑱吳故也。

宋公伐鄭。

秋，吳城邗⑲，溝⑳通江、淮。

晉趙鞅卜救鄭，遇水適火，占諸史趙㉑、史墨㉒、史龜㉓。史龜曰：「是謂沉陽㉔，可以興兵，利以伐姜㉕，不利子商㉖。伐齊則可，敵宋不吉。」史墨曰：「盈，水名也；子，水位也。名位敵㉗，不可干㉘也。炎帝㉙為火師㉚，姜姓其後也。水勝火，伐姜則可。」史趙曰：「是謂如川之滿，不可游㉛也。鄭方有罪，不可救也。救鄭則不吉，不知其他。」陽虎以《周易》㉜筮㉝之，遇〈泰〉䷊之〈需〉䷄㉞，曰：「宋方吉，不可與也。微子啟㉟，帝乙㊱之元子㊲也。宋、鄭，甥舅㊳也。祉㊴，祿㊵也。若帝乙之元子歸妹㊶而有吉祿，我安得吉焉？」乃止。

冬，吳子使來儆㊷師伐齊。

【注釋】❶齊侯　指齊悼公。❷公孟綽　齊國臣。❸辭師　辭謝出兵。❹吳子　指吳王夫差，子爵。❺昔歲　去年。❻革　更改。❼進受命　進到貴國去接受命令。❽武子賸　即罕達。字子賸，又字子姚。武，他的諡號。《逸周書・諡法解》：「剛彊理直曰武。」❾許瑕　罕達的寵臣。❿外取　取別國的城邑。⓫雍丘　宋國邑名。在今河南杞縣。⓬皇瑗　宋國大夫。⓭壘

合　堡壘合圍。⑭子姚　即武子賸。亦即罕達。字子姚，又字子賸。⑮二月甲戌　二月十四日。⑯郟張　人名。鄭國有才能的人。⑰鄭羅　人名。鄭國有才能的人。⑱即　靠近。⑲邗　吳國地名。在今江蘇揚州市。⑳溝　挖溝。動詞。㉑史趙　晉國史官。㉒史墨　晉國史官。㉓史龜　晉國史官。㉔沉陽　陽氣下沉。杜預注：「火陽，得水故沉。」㉕姜　姜姓之國。指齊國。㉖子商　指宋國。宋國是子姓，又是商朝的後代。㉗敵　相當。㉘干　觸犯。㉙炎帝　傳說中上古姜姓部族首領。號烈山氏。一說即神農氏。㉚火師　官名。掌管火的官。杜預注：「神農有火瑞，以火名官。」古籍中多稱孟夏：其帝為炎帝，其神為祝融。祝融即後世所稱的火神。㉛游　游泳。㉜周易　書名。又稱《易經》，簡稱《易》。儒家重要經典之一。內容包括「經」和「傳」兩部分。「經」主要是六十四卦和三百八十四爻，卦、爻各有說明，作為占卦之用。「傳」是對「經」的解說。有十篇，稱「十翼」。㉝筮　占卦。㉞遇泰䷊之需䷄　得到〈泰〉卦變為〈需〉卦。〈泰〉卦是〈乾〉卦在下〈坤〉卦在上；〈需〉卦是〈乾〉卦在下〈坎〉卦在上。其變化是上卦的中間爻由陰爻變成陽爻。㉟微子啟　宋國的始祖。名啟。商朝帝乙的長子，紂的庶兄。周武王滅商時，向周乞降。周公旦攻滅武庚以後，封他在宋。㊱帝乙　商代國王。紂和微子之父。㊲元子　長子。㊳甥舅　甥舅之國。兩國間通婚。宋國之女嫁給鄭國。㊴祉　福。㊵祿　俸祿；爵祿。㊶歸妹　嫁女。妹，少女。歸妹是六十四卦之一，兌下震上。㊷儆　告戒；警戒。

【語譯】魯哀公九年春天，齊景公派公孟綽到吳國辭謝出兵。吳王夫差說：「去年我聽從您的命令，現在又更改了，不知道應該聽從什麼，我準備到貴國去接受您的命令。」

鄭國大夫子姚的寵臣許瑕請求封邑，沒有地方可以給他。許瑕請求到別國去佔取，子姚答應了，所以包圍了宋國的雍丘。宋國的皇瑗又包圍鄭軍，每天遷換一個地方構築堡壘，堡壘連成一圈圍合。鄭國士兵大哭。子姚前去救援他們，被打得大敗。二月十四日，宋國在雍丘全殲鄭軍，讓有才能的人留下不死，帶了郟張和鄭羅回去。

夏天，楚國人攻打陳國，這是因為陳國靠攏吳國的緣故。

宋景公攻打鄭國。

秋天，吳國在邗地築城，挖溝貫通長江、淮水。

晉國的趙鞅為救援鄭國而占卜，得到的兆象是水流向火，向史趙、史墨、史龜詢問兆象的吉凶。史龜說：「這叫做陽氣下沉，可以發兵，利於攻打姜氏，不利於攻打子氏商的後代。攻打齊國就可以，攻打宋國不吉利。」史墨說：「盈，是水的名稱；子，是水的方位。名稱和方位相當，不能觸犯。炎帝是火師，姜姓是他的後代。水勝火，攻打姜姓就是可以的。」史趙說：「這叫做像河水漲滿，不可游泳。鄭國正有罪，不能去救。救援鄭國就不吉利，其他的不知道。」陽虎用《周易》占筮，得到〈泰〉卦☷變成〈需〉卦☵，說：「宋國正在吉利的時候，不能和他為敵。微子啟，是帝乙的長子。宋國和鄭國，是舅舅和外甥關係的國家。福祉，是爵祿。如果帝乙的大兒子嫁女兒而又有吉祥和爵祿，我們怎能得到吉利呢？」於是就停止出兵。

冬天，吳王夫差派人來魯國通知出兵攻打齊國。

【說　明】本年記載的七小節事相互間有聯繫。第一小節齊國派人到吳國去請求不要出兵，這與上年齊國派人到吳國請求出兵攻打魯國相呼應。現在因為齊魯和好，所以請吳國不要出兵。但這激怒了吳王夫差，他說「將進受命於君」，實際上是對齊國的威脅，也為明年吳國攻打齊國埋下了伏線。本年最後一節吳王派人到魯國通知出兵伐齊，就是明年攻打齊國的前奏。

第二小節記載宋國和鄭國的戰爭。起因是鄭國子姚的寵臣許瑕企圖侵佔宋國雍丘，結果被宋軍包圍而內外夾攻，鄭軍全軍覆沒。第四小節記載宋景公在已敗鄭軍的基礎上，乘勢攻打鄭國，而第六節晉國趙鞅占卜救鄭國，就是由此引起的。由於占卜、筮卦的卦兆都是不利於攻打宋國，所以晉國只得停止而沒有去救援鄭國。

本段第三小節是解釋《春秋》經文「楚人伐陳」的原因，這與前哀公六年吳國伐陳、楚國派兵救陳而不得相呼應；也為明年吳國派兵救陳張本。

第五小節記載吳國在邗地築城，並且挖溝穿通長江和淮河，這溝就是邗江，今之古運河即古邗溝。所以這是一件水利史上有重要意義的事。

十年

丙辰，西元前四八五年。周敬王三十五年、齊悼公四年、晉定公二十七年、秦悼公七年、楚惠王四年、宋景公三十二年、衛出公八年、陳閔公十七年、蔡成侯六年、鄭聲公十六年、燕獻公八年、吳夫差十一年、越句踐十二年、杞閔公二年。

經十年春王二月，邾子益來奔。

公會吳伐齊。

三月戊戌，齊侯陽生卒。

夏，宋人伐鄭。

晉趙鞅帥師侵齊。

五月，公至自伐齊。

葬齊悼公。

衛公孟彄自齊歸于衛。

薛伯夷卒。

秋，葬薛惠公。

冬，楚公子結帥師伐陳。

吳救陳。

傳 十年春，邾隱公❶來奔；齊甥也，故遂奔齊。

公❷會吳子❸、邾子❹、郯子❺伐齊南鄙，師于鄎❻。

齊人弒悼公❼，赴❽于師。吳子三日哭于軍門之外。徐承❾帥舟師將自海入齊，齊人敗之，吳師乃還。

夏，趙鞅帥師伐齊，大夫請卜之。趙孟曰：「吾卜於此起兵❿，事不再令⓫，卜不襲吉⓬。行也！」於是乎取犂⓭及轅⓮，毀高唐⓯之郭，侵及賴⓰而還。

秋，吳子使來復儆師⓱。

冬，楚子期⓲伐陳，吳延州來季子⓳救陳，謂子期曰：「二君⓴不務德，而力爭諸侯，民何罪焉？我請退，以為子名，務德而安民。」乃還。

【注釋】❶邾隱公　邾國國君。名益。魯哀公七年曾被魯國俘虜囚禁在負瑕；魯哀公八年送歸邾國，又被吳國囚禁在樓臺，由太子革主持政權。見前傳文。❷公　指魯哀公。❸吳子　指吳王夫差。❹邾子　指邾桓公。即邾隱公之太子，名革。❺郯子　郯國國君。名不詳。郯，國名。相傳為少皞的後代。都城在今山東郯城西南。❻鄎　齊國南部邊境的城邑名。❼悼公　齊國國君。名陽生。魯哀公七年（西元前四八八年）即位，在位四年。❽赴　通「訃」，發訃告。動詞。❾徐承　吳國大夫。❿卜於此起兵　為這次起兵占卜過。指去年占卜伐宋不吉，利以伐姜，所以這次興兵伐齊。⓫令　命龜；占卜。⓬襲吉　重復吉利。⓭犂　即犂丘，齊國地名。在今山東臨邑西。⓮轅　齊國地名。在今山東禹城西北。一說在禹城南。⓯高唐　齊國地名。在今山東禹城西南。⓰賴　齊國地名。在今山東章丘西北。⓱復儆師　再一次告誡出兵。⓲子期　即公子結。楚國大夫。⓳延州來季子　此未必是季札本人。因此時季札若在，則已近百歲，率師救陳不太可能。或者此為季札的子孫，仍受延、州來之封，故仍稱「延州來季子」。⓴二君　指吳、楚兩國國君。

【語　譯】魯哀公十年春天，邾隱公逃奔來魯國；他是齊國的外甥，所以就又逃奔到齊國。

魯哀公會合吳王夫差、邾桓公、郯國國君攻打齊國南部邊境，軍隊駐紮在鄎地。

齊國人殺死了齊悼公，向聯軍發了訃告。吳王夫差在軍門外邊哭了三天。吳國大夫徐承率領水軍打算從海上進入齊國，齊國人打敗了他，吳軍就退兵回去了。

夏天，晉國的趙鞅率領軍隊攻打齊國，大夫們請求為此事占卜。趙鞅說：「我為此事占卜過吉利而興兵，事情不能再次占卜，占卜不見得重複吉利。行動吧！」因此就攻佔了犂地和轅地，拆毀了高唐的外城，侵襲到賴地然後回去。

秋天，吳王夫差派人來魯國再次通知告誡出兵。

冬天，楚國的子期攻打陳國，吳國的延州來季子救援陳國，對子期說：「兩國的國君不致力於德行，卻用武力爭奪諸侯，民眾有什麼罪過呢？我請求撤退，以此為您得到好名聲，請您致力於德行並且安定民眾。」於是就退兵回國。

【說　明】本年傳文前五節都與齊國有關。第一節記載邾隱公奔逃到魯國又奔逃到齊國，可能是下節邾國參加伐齊的原因。第二節記載魯國與吳、邾、郯三國攻打齊國，《春秋》經文不記載邾、郯兩國，因為兵都屬吳國指揮。實際上魯國出兵也是受吳國去年冬天派人通知而來的。第三節記載齊悼公被殺，齊國把訃告發到吳魯聯軍中，目的顯然希望吳國退兵。但吳王夫差除了盡諸侯之禮在軍門外哭三天，卻仍派徐承從海路攻打齊國，最後因被齊國打敗，才不得不退兵回去。但吳國仍未死心，所以第五節又有吳王夫差到魯國再次通知出兵，這為明年吳國攻打齊國埋下了伏線。

第四節記載晉國攻打齊國，這與上年晉國為救鄭伐宋而占卜之事相呼應。因為那次占卜所得是「敵宋不吉」，「伐齊則可」，所以才有這次趙鞅的「伐齊」，得到了豐碩戰果。

最後一節記載楚國攻打陳國，是上年的繼續，因為陳國靠攏吳國。而這次吳國救陳卻未動武，而是季子以德說服楚國而退兵。

十一年

丁巳，西元前四八四年。周敬王三十六年、齊簡公壬元年、晉定公二十八年、秦悼公八年、楚惠王五年、宋景公三十三年、衛出公九年、陳閔公十八年、蔡成侯七年、鄭聲公十七年、燕獻公九年、吳夫差十二年、越句踐十三年、杞閔公三年。

經 十有一年春，齊國書帥師伐我。

夏，陳轅頗出奔鄭。

五月，公會吳伐齊。甲戌，齊國書帥師及吳戰于艾陵，齊師敗績，獲齊國書。

秋七月辛酉，滕子虞毋卒。

冬十有一月，葬滕隱公。

衛世叔齊出奔宋。

傳 十一年春，齊為鄎[1]故，國書[2]、高無丕[3]帥師伐我，及清[4]。季孫[5]謂其宰[6]冉求[7]曰：「齊師在清，必魯故也，若之何？」求曰：「一子[8]守，二子[9]從公[10]禦諸竟[11]。」季孫曰：「不能。」求曰：「居封疆[12]之間。」季孫告二子，二子不可。求曰：「若不可，則君無出。一子帥師，背城而戰，不屬者[13]，非魯人也。魯之羣室[14]眾於齊之兵車，一室[15]敵車[16]優[17]矣，子何患焉？二子[18]之不欲戰也宜，政在季氏。當[19]子之身，齊人伐魯而不能戰，子之恥也大，不列於諸侯矣。」季孫使從於朝[20]，俟[21]於黨氏之溝[22]。武叔[23]呼而問戰焉。對曰：「君子有遠慮，小人何知？」懿子[24]強問之，對曰：「小人慮材[25]而言，量力[26]而共者也。」武叔曰：「是謂我不成丈夫也。」退而蒐乘[27]。孟孺子洩[28]帥右師，顏羽[29]御，邴洩[30]為右。冉求帥左師，管周父[31]御，樊遲[32]為右。季孫曰：「須[33]也弱[34]。」有子[35]曰：「就用命[36]焉。」季孫之甲七千，冉有以武城人三百為己徒卒，老幼守宮，次于雩門[37]之外。五日，右師從之。公叔務人[38]見保者[39]而泣，曰：「事充[40]，政重[41]，上不能謀，士不能死，何以治民？吾既言之矣，敢不勉乎！」

師及齊師戰于郊。齊師自稷曲[42]，師不踰溝[43]。樊遲曰：「非不能也，不信子也，請三刻[44]而踰之。」如之，眾從之。師入齊軍。

右師奔[45]，齊人從[46]之。陳瓘[47]、陳莊[48]涉泗[49]。孟之側[50]後入以為殿，抽矢策其馬，曰：「馬不進也。」林不狃(51)之伍(52)曰：「走乎？」不狃曰：「誰不如(53)？」曰：「然則止(54)乎？」不狃曰：「惡賢(55)？」徐步而死。

師(56)獲甲首八十，齊人不能師(57)。宵諜曰：「齊人遁。」冉有請從之三，季孫弗許。

孟孺子語人曰：「我不如顏羽，而賢於邴洩。子羽(58)銳敏，我不欲戰而能默(59)，洩曰：『驅之(60)。』」公為(61)與其嬖僮(62)汪錡(63)乘，皆死，皆殯。孔子曰：「能執干戈以衛社稷，可無殤(64)也。」冉有用矛於齊師，故能入其軍。孔子曰：「義也！」

【注釋】❶郎　郎地的戰役。見上年傳文。❷國書　國夏之子。齊國卿大夫。❸高無丕　高張之子。齊國卿大夫。❹清　齊國地名。在今山東東阿南，大清河西。❺季孫　指季康子。❻宰　家臣之長。❼冉求　魯國人。孔子的弟子。❽一子　指季孫、孟孫、叔孫三人中的一人。❾二子　指季孫、孟孫、叔孫三人中的二人。❿公　指魯哀公。⓫禦諸竟　到邊境抵禦敵人。諸，「之於」的合音合義。竟，通「境」。邊境。⓬封疆　境內近郊之地。⓭不屬者　不跟隨出戰的人。⓮羣室　居家都邑的卿大夫之家。⓯一室　指季氏一家的戰車。⓰敵車　抵禦齊軍戰車。⓱優　有餘。⓲二子　指孟孫和叔孫。⓳當　承擔；負國政之責。⓴使從於朝　讓冉求跟隨自己上朝。㉑俟　等。㉒黨氏之溝　國君宮室與黨氏之間的溝。㉓武叔　即叔孫氏。名州仇。㉔懿子　即孟懿子，名何忌。㉕慮材　考慮才能。㉖量力　衡量力量。㉗蒐乘　檢閱軍隊。㉘孟孺子洩　孟懿子的兒子。名彘，字洩，諡武伯。已立為孟孫的繼承人，故稱「孺子」。㉙顏羽　字子羽。孟孫的家臣。㉚邴洩　孟孫的家臣。㉛管周父　季孫的家臣。㉜樊遲　名須，孔子的弟子。㉝須　即樊須，樊遲的名。㉞弱　年幼。㉟有子　即冉求。字子有。㊱用命　遵從命令。㊲雩門　魯國都城南門。㊳公叔務人　即公為。魯昭公之子。㊴保者　守城人。㊵事充　指徭役繁多煩人。充，繁重。㊶政重　指賦稅重。政，通「征」。指賦稅。㊷稷曲　魯國都城正南門稷門外郊區地方。㊸師不踰溝　魯軍不敢越過溝迎戰。㊹三刻　申明號令三次。刻，戒約；號令。㊺奔　逃跑。㊻從　追逐。㊼陳瓘　陳恆之兄，字子玉，齊國大夫。㊽陳莊　陳恆之弟，即昭子。齊國大夫。㊾泗　水名。經過魯國都城曲阜的北邊和西邊。㊿孟之側　孟孫的族人，字反。51林不狃　魯軍右師中的軍士。52伍　同軍營中的人。53如　通「能」。54止　留下來抗敵。55惡賢　何足為賢。惡，何。56師　此「師」指冉求的軍隊。57師　此「師」字是動詞，指整頓軍隊。58子羽　即顏羽。59默　沉默；不說話。60驅之　趕著馬逃跑。61公為　魯昭公之子。即前文的「公叔務人」。62嬖僮　寵愛的小童。僮，同「童」。63汪錡　公為所寵的小童之名。64無殤　不作為夭折來治葬禮。殤，夭折；未成年而死。

【語　譯】魯哀公十一年春天，齊國因為鄎地這一戰役的緣故，國書、高無丕率領軍隊攻打魯國，到達清地。季康子對他的家臣之長冉求說：「齊軍駐紮在清地，一定是為了魯國的緣故，怎麼辦？」冉求說：「您們三人中一位留守，兩位跟著國君到邊境去抵禦齊軍。」季康子說：「這是不能做到的事。」冉求說：「那就在境內近郊抵禦。」季康子告訴了叔孫和孟孫，他們兩人不同意。冉求說：「如果不同意，那麼國君就不要出去。您一人率領軍隊，背城而作戰，不跟隨您出戰的人，就不能算是魯國人。魯國在都城的卿大夫各家戰車的總數比齊國的戰車多得多，您一家的戰車抵禦齊國戰車還綽有餘裕，您擔心什麼呢？他們兩位不想作戰是很自然的，因為政權掌握在您季氏手裏。責任承擔在您的身上，齊國人攻打魯國而您不能作戰，您的恥辱就大了，就不能並列在諸侯中了。」季康子讓冉求跟從他上朝，請冉求在黨氏之溝等著。叔孫喊冉求而問他作戰的意見。冉求回答說：「君子有著深遠的考慮，我小人知道什麼？」孟孫硬是問他，要他回答，冉求回答說：「小人是考慮才能而說話，估計力量而效力的。」叔孫說：「這是說我不能成為大丈夫啊。」回去後檢閱軍隊。孟孺子洩率領右軍，顏羽為他駕御戰車，邴洩做車右。冉求率領左軍，管周父為他駕御戰車，樊遲做車右。季康子說：「樊遲年紀太小了。」冉求說：「只因他能服從命令。」季康子的甲士七千人，冉求帶著三百個武城人作為自己的部屬親兵，年老的和年幼的守衛宮室，駐紮在南門的外邊。過了五天，右軍才跟從左軍而來。公為見到守城人就哭，說：「徭役煩，賦稅多，上面的人不能謀劃，戰士不能死戰，用什麼來治理百姓？我已經這麼說了，怎敢不努力呢！」

魯軍和齊軍在郊外作戰。齊軍從稷曲攻擊魯軍，魯軍不敢越溝迎戰。樊遲說：「不是不能做到，是因為不相信您，請您號令三次而帶頭過溝。」冉求照他說的那樣辦，眾兵都跟從著他過溝。魯軍攻入齊軍。

魯國的右軍奔逃，齊國人追逐他們。陳瓘、陳莊徒步渡過泗水。孟之側在全軍之後最後回來，他抽出箭鞭打他的馬，說：「我走在最後是馬不肯前進。」林不狃的部卒說：「逃跑吧？」林不狃說：「誰不能逃跑？」部卒說：「那麼就停下來抵抗吧？」林不狃說：「有什麼高明呢？」於是慢步行走而被殺死。

魯軍砍獲齊軍甲士的腦袋八十個，齊國人潰敗得不能整頓軍隊。夜裏有間諜來報告說：「齊國人逃跑了。」冉求三次請求追擊，季康子卻不允許。

孟孺子對別人說：「我不如顏羽，但比邴洩高明。顏羽精銳敏捷，我不想作戰而能沉默不語，邴洩卻說『趕著馬逃走』。」公為和他寵愛的小童汪錡同乘一輛車，一起戰死，一起殯葬。孔子說：「能拿起武器而保衛國家，可以不作為夭折而不用殤葬。」冉求使用矛對付齊軍，所以能攻入到齊國的軍隊中去。孔子說：「這是正確的。」

【說　明】這一大段都是記敘齊魯之戰。第一節首先交代「齊伐魯」的原因是因為去年魯國曾同吳國一起在郎地攻打齊國。其次通過季孫和冉求的對話，記載了魯國內部的不團結，冉求分析形勢認為，即使叔孫、孟孫不參戰，只需季氏一家的兵力就可戰勝齊軍。而當孟孫、叔孫問冉求戰事時，冉求故意激怒他們，使他們感到羞愧而勉強參戰，但孟懿子和武仲不出去，卻叫孟孺子率軍，並且遲五天到達。這就為下文冉求的左軍勝而孟孺子的右軍敗作了鋪墊。再次，公為對這次戰役擔憂而哭泣，他認為役煩稅重使士兵不肯死戰，而上面又不能謀劃，但他表示要努力死戰，這又為下文記載公為的戰死埋下了伏線。

第二節和第四節都是敘述冉求率領的左軍與齊軍作戰的情況。開始是齊軍進攻，魯軍卻不敢越溝迎戰；而冉求能聽從樊遲提出的意見，帶頭越溝迎戰，身先士卒，終於使士氣振奮，進入齊軍追殺，斬齊人首級八十，使齊軍潰敗宵遁，大獲全勝。

第三節記敘孟孺子的右軍毫無戰意，不戰而奔。結果被齊軍追逐。林不狃等戰死。

第五節是對這次戰役的總結。首先，孟孺子的總結認為自己比邴洩高明，因為自己不想作戰而沉默，而邴洩則公開說逃跑，這正是無恥之極。其次，記公為和他的小童一起戰死，孔子稱讚這位小童之死是為了保衛國家，所以可以不作為殤葬。這是對公為及小童的表揚。最後是總結冉求得勝的原因，是因為冉求早就探明齊軍軍情，深知只有用矛可以戰勝齊軍，所以冉求率領的軍隊都用矛進攻，果然能衝入齊軍，使齊軍潰敗而逃。通過孔子稱讚他「義也」，表揚了冉求的「知己知彼」戰略戰術的正確性。

傳 夏，陳轅頗❶出奔鄭。初，轅頗為司徒，賦❷封田❸以嫁公女❹；有餘，以為己大器❺。國人逐之，故出。道渴，其族❻轅咺❼進稻醴❽、粱糗❾、腶脯❿焉。喜曰：「何其⓫給⓬也？」對曰：「器成而具⓭。」曰：「何不吾諫？」對曰：「懼先行⓮。」

為郊戰⓯故，公會吳子伐齊。五月，克博⓰。壬申⓱，至于嬴⓲。中軍⓳從王⓴，胥門巢㉑將上軍，王子姑曹㉒將下軍，展如㉓將右軍。齊國書將中軍，高無丕將上軍，宗樓㉔將下軍。陳僖子㉕謂其弟書㉖：「爾死，我必得志。」宗子陽㉗與閭丘明㉘相厲㉙也。桑掩胥㉚御國子㉛。公孫夏㉜曰：「二子㉝必死。」將戰，公孫夏命其徒歌〈虞殯〉㉞，陳子行㉟命其徒具含玉㊱。公孫揮㊲命其徒曰：「人尋約㊳，吳髮短。」東郭書㊴曰：「三戰必死，於此三㊵矣。」使問㊶弦多㊷以琴，曰：「吾不復見子矣。」陳書曰：「此行也，吾聞鼓㊸而已，不聞金㊹矣。」

甲戌㊺，戰于艾陵㊻。展如敗高子㊼，國子敗胥門巢，王卒㊽助之，大敗齊師，獲國書、公孫夏、閭丘明、陳書、東郭書，革車八百乘，甲首三千，以獻于公㊾。

將戰，吳子㊿呼叔孫(51)，曰：「而(52)事何(53)也？」對曰：「從司馬(54)。」王賜之甲、劍鈹(55)，曰：「奉爾君事(56)，敬無廢命(57)！」叔孫未能對。衛賜(58)進，曰：「州仇(59)奉甲(60)從君。」而拜(61)。

公(62)使大史固(63)歸國子之元(64)，寘之新篋(65)，褽(66)之以玄纁(67)，加組帶(68)焉。寘書于其上，曰：「天若不識不衷(69)，何以使下國(70)？」

【注釋】❶轅頗　陳國大夫。❷賦　徵收賦稅。動詞。❸封田　封邑內的土地。❹公女　國君的女兒。❺大器　鐘鼎之類的大銅器。❻族　部屬；屬下。❼轅咺　轅頗的部下。❽稻醴　用稻米釀的甜酒。❾粱糗　用精細小米做的乾飯。❿腶脯　加薑桂所醃的乾肉。⓫何其　怎麼那樣。⓬給　足；豐富。⓭具　準備好。⓮懼先行　害怕您不聽從我的話先把我趕走。⓯郊戰　指前文「師及齊師戰于郊」。⓰博　齊國地名。在今山東泰安東南。⓱壬申　五月二十五日。⓲嬴　齊國地名。在今山東萊蕪西北。⓳中軍　指吳國的中軍。當時魯哀公及魯三卿都在中軍。⓴王　指吳王夫差。㉑胥門巢　吳國大夫。胥門，吳都城門名，以所居地為氏。名巢。㉒王子姑曹　吳國大夫。以王子為氏。名姑曹。㉓展如　吳國大夫。㉔宗樓　字子陽。齊國大夫。㉕陳僖子　名乞。諡號僖。齊國執政大臣。㉖書　陳僖子之弟，名書，字子占。㉗宗子陽　即宗樓。字子陽。㉘閭丘明　齊國大夫。複姓閭丘，名明。㉙厲　通「勵」。勉勵。㉚桑掩胥　齊國人。㉛國子　指國書。㉜公孫夏　齊國大夫。

㉝二子　指桑掩胥和國書。㉞虞殯　送葬的輓歌。唱此歌以示必死。㉟陳子行　名逆。字子行。齊國大夫。㊱具含玉　準備好嘴裏含的玉。以示必死。㊲公孫揮　齊國大夫。㊳尋約　八尺長的繩子。尋，八尺。約，繩。用以綑敵人或敵人之首。㊴東郭書　齊國大夫。㊵三　東郭書曾經歷三次戰爭。據杜預注指夷儀之戰、五氏之戰和這次。㊶問　問好而兼送禮物。㊷弦多　本是齊國人，魯哀公六年逃奔到魯國。㊸鼓　進軍擊鼓。㊹金　退兵鳴金。金，指鉦，軍中的金屬樂器，擊鉦作為退兵號令，稱為「金聲」。㊺甲戌　五月二十七日。㊻艾陵　齊國地名。在今山東泰安市東。㊼高子　指齊軍上軍統帥高無丕。㊽王卒　中軍及吳王自率的士兵。㊾公　指魯哀公。當時魯哀公也帶兵在軍中，所以獻給哀公。㊿吳子　吳王夫差。51叔孫　指武叔州仇。52而　你。第二人稱代詞。53事何　擔任什麼職務。54從司馬　做司馬。從，跟從。謙詞。55劍鈹　劍裝刀鞘。56奉爾君事　承擔你國君給的任務。57無廢命　不要廢棄命令。無，通「毋」。不要。58衛賜　即子貢。孔子弟子。名賜，字子貢。因是衛國人，所以稱「衛賜」。59州仇　武叔之名。60奉甲　敬受皮甲。61拜　拜受賞賜。62公　指魯哀公。63大史固　魯國太史，名固。64元　頭；腦袋。65篋　竹箱子。66褧　墊在下面。67玄纁　黑色和絳色的帛。68組帶　綢帶。組，編絲成帶。69不衷　行為不正；內心不善。70下國　魯國對自己的謙稱。

【語　譯】夏天，陳國的轅頗逃奔到鄭國。起初，轅頗做司徒，對封邑內的土地徵收賦稅用來出嫁國君的女兒；還有剩餘的，就用來為自己鑄造大銅器。國內的人驅逐他，所以出逃。在路上口渴，他的部屬轅咺奉上稻米甜酒、小米乾飯、腌肉乾。轅頗高興地說：「怎麼這樣豐富？」轅咺回答說：「器物鑄成就準備好了。」轅頗說：「為什麼不勸阻我？」轅咺回答說：「害怕被您先把我趕走。」

為報復郊外之戰的緣故，魯哀公會合吳王夫差攻打齊國。五月，攻下了博地。五月二十五日，到達嬴地。中軍跟從吳王，胥門巢率領上軍，王子姑曹率領下軍，展如率領右軍。齊國的國書率領中軍，高無丕率領上軍，宗樓率領下軍。陳僖子對他的弟弟陳書說：「你如果戰死，我一定能達到願望。」宗子陽和閭丘明也互相勉勵。桑掩胥為國書駕御戰車，公孫夏說：「這兩人一定戰死。」將要作戰時，公孫夏命令他的部下唱〈虞殯〉，陳子行命令他的部下準備好含玉。公孫揮命令他的部下說：「每人拿條八尺的繩子，吳國人頭髮短。」東郭書說：「打三次仗一定會死，在這裏我是第三次了。」派人拿琴做禮品去問候弦多，說：「我不會再見到您了。」陳書說：「這次行動，我只是聽到鼓聲進軍罷了，不能聽到收兵的金聲了。」

五月二十七日，兩軍在艾陵作戰。展如打敗高無丕，國書打敗胥門巢，吳王率領的部隊救助胥門巢，大敗齊軍，俘虜了國書、公孫夏、閭丘明、陳書、東郭書，革車八百輛，甲士的腦袋三千個，拿來獻給魯哀公。將要作戰時，吳王夫差曾呼喊叔孫州仇，說：「您擔任什麼職務？」叔孫州仇回答說：「做司馬。」吳王賜給他護身的甲、劍鈹，說：「認真地承擔你國君給的任務，敬請你不要廢棄命令。」叔孫州仇不能回答。子貢走進到前面，說：「州仇敬受皮甲跟隨著您。」並叩頭拜謝。

魯哀公派太史固送回國書的頭給齊國，把它放在新的箱子裏，用黑絳色的絲綢墊在下面，再加上綢帶。在上面放著一封信，說：「上天如果不瞭解你們行為不正，怎麼能讓我下國得勝？」

【說　明】這一大段除第一節是補充說明《春秋》經文「陳轅頗出奔鄭」的原因外，後四節都是記敘吳魯聯軍攻打齊國之事，即艾陵之戰。

第一節說明陳國轅頗因為用國君嫁女的剩餘錢為自己鑄造大銅器，所以被國人逐出國，而他的部下轅咺早就看到他會有這一天，所以早有準備。

第二節先說明吳魯兩國攻打齊國的原因，承接前文的魯郊之戰。再敘述兩軍的陣營，接著描寫齊軍中普遍存在的士氣低沉，對戰爭前途必敗的悲觀心態。描寫得非常細緻。為後面齊軍的大敗作了鋪墊。

第三節正面記敘艾陵之戰，齊軍徹底失敗，吳魯聯軍大獲全勝。

第四節追敘將要作戰時吳王與叔孫州仇的對話，反映出吳王夫差的盛氣逼人。因為古代君賜臣劍，是要他死的意思，所以叔孫州仇對吳王賜他甲和劍鈹不知怎樣回答才好，反映出叔孫州仇的怯懦心態。而子貢卻能上前代叔孫州仇回答，他只說「奉甲從君」，迴避了受劍鈹，非常巧妙。反映出子貢的聰明伶俐，善於應付。

第五節記載魯哀公把齊國卿大夫國書的腦袋厚禮包裝，送回齊國，還送上一封信，表示這次齊國大敗乃是天意。這反映出魯哀公的躊躇滿志。因為在此以前，魯國常被齊國欺凌，齊魯之間的戰爭，多數是齊勝魯敗。而這次卻使齊國大敗，所有大將都被俘虜而殺死，魯國在哀公時期這是少有的一次大勝仗。所以魯哀公才作出這個行動，使齊國國君難堪。這一節描寫也顯得非常生動。

傳 吳將伐齊，越子❶率其眾以朝焉❷，王❸及列士皆有饋賂❹。吳人皆喜，唯子胥懼❺，曰：「是豢吳也夫❻！」諫曰：「越在我，心腹之疾也，壤地❼同，而有欲於我。夫其柔服，求濟❽其欲也，不如早從事焉❾。得志❿於齊，猶獲石田⓫也，無所用之。越不為沼⓬，吳其泯⓭矣。使醫除疾，而曰『必遺類⓮焉』者，未之有⓯也。〈盤庚之誥〉⓰曰：『其有顛越⓱不共⓲，則劓殄⓳無遺育⓴，無俾㉑易種㉒于茲邑。』是㉓商所以興也。今君易之㉔，將以求大㉕，不亦難乎！」弗聽。使於齊，屬㉖其子於鮑氏㉗，為王孫氏㉘。反役㉙，王聞之，使賜之屬鏤㉚以死。將死，曰：「樹㉛吾墓檟㉜，檟可材也。吳其㉝亡乎！三年，其始弱矣。盈必毀㉞，天之道㉟也。」

【注釋】❶越子 指越王句踐。❷朝焉 朝於他；向他朝見。焉，於之。之，指吳王。❸王 指吳王夫差。❹饋賂 贈送食物和財禮。❺懼 害怕；憂慮。❻是豢吳也夫 這是把吳國當作牲畜餵養啊。是，這。豢，餵養牲畜。也夫，兩個助詞連用，表示加重語氣。❼壤地 土地。❽濟 成功；達到。❾從事焉 處置於他；對付於他。焉，於之。之，指越國。❿得志 達到願望；得到勝利。⓫石田 不能生長莊稼的石頭田。⓬沼 池沼。指滅亡。⓭泯 滅亡。⓮遺類 遺留病種；保存病根。⓯未之有 即「未有之」。從未有過這樣的事。⓰盤庚之誥 今本《尚書》有〈盤庚〉上中下三篇。此處引文在中篇，似有節略。⑰顛越　顛倒搗亂。⑱共　通「恭」。恭敬。⑲劓殄　割除滅絕。⑳無遺育　不遺留後裔。育，後代。㉑俾　使；讓。㉒易種　延長種子；傳宗接代。㉓是　此；這就是。㉔易之　違反了它；跟它相反。㉕求大　追求稱霸諸侯的大業。㉖屬　通「囑」。囑託；託付。㉗鮑氏　齊國大夫。㉘為王孫氏　以王孫為氏。伍子胥將兒子託付到齊國，其後代改姓王孫。㉙反役　從艾陵之役結束回來。㉚屬鏤　劍名。㉛樹　栽種。㉜檟　樹名。即楸樹。古人常用此樹材做棺槨。㉝其　大概。㉞盈必毀　自滿一定會毀壞。㉟天之道　自然的道理。

【語　譯】吳國將要攻打齊國的時候，越王句踐率領他的羣臣來向吳王朝見，對吳王夫差和吳國各大臣都贈送了食物財禮。吳國君臣都很高興，只有伍子胥感到憂慮，說：「這是把吳國當作牲畜餵養啊！」就向吳王夫差勸告說：「越國存在對我們來說，是心腹的大患，同處在相連的土地上，而對我們有侵吞的欲望。至於句踐的柔順馴服，是為了求得達到他的欲望，我們不如及早對付他。我們在齊國達到願望，就好像得到了一塊石頭田，沒有辦法使用它。越國如果不被滅亡成為池沼，吳國恐怕就要被滅掉了。讓醫生治病，而說『一定要留下病根』，是從來沒有的。〈盤庚之誥〉說：『如果有搗亂不恭敬從命的，就割除消滅不留後代，不要讓他們在這裏傳種接代』，這就是商代所以興旺的原因。現在您違反了它，打算用您的辦法來追求稱霸諸侯的大業，不也是很難嗎！」吳王夫差不聽從他的話。吳王夫差派伍子胥出使齊國，伍子胥把兒子託付給齊國的鮑氏，就是後來的王孫氏。從艾陵戰役回來後，吳王夫差聽到了這件事，派人賜給伍子胥屬鏤寶劍而讓他自殺。伍子胥臨死的時候，說：「在我的墳墓上栽種檟樹，檟樹可以成材。吳國大概要滅亡了吧！三年以後，它就要開始衰弱了。自滿驕傲一定會失敗，這是自然的道理。」

【說　明】這一段記敘吳國的事。事情發生在艾陵之戰的前後。越王句踐乘吳王夫差將要攻打齊國的機會，帶領羣臣到吳王處，表面上是馴服恭敬而來朝見，而且贈送禮物，實際上是讓吳國君臣放鬆警惕，同時可窺探吳國虛實。這個意圖在吳國只有伍子胥洞察得很清楚，所以勸諫吳王夫差放棄攻打齊國而改為消滅越國。但吳王夫差不聽從。這就為後來越國滅亡吳國埋下了伏筆。

伍子胥因為知道越國的意圖，也就知道吳國必將被越國滅亡，所以乘出使齊國的機會，把自己的兒子帶到齊國去託付給鮑氏。

以上兩件事都發生在艾陵之戰前。等到艾陵之戰結束後回到吳國，吳王夫差知道伍子胥把兒子託付到齊國之事，就賜劍讓他自殺。而伍子胥臨死的話又加強了後來越滅吳的伏筆。

傳 秋，季孫命修守備❶，曰：「小勝大❷，禍也，齊至無日矣。」

冬，衛大叔疾❸出奔宋。初，疾娶于宋子朝❹，其娣❺嬖。子朝出，孔文子❻使疾出其妻❼，而妻之❽。疾使侍人❾誘其初妻❿之娣寘於犂⓫，而為之一宮，如二妻⓬。文子怒，欲攻之，仲尼止之。遂奪其妻⓭。或淫⓮于外州⓯，外州人奪之軒⓰以獻。恥是二者⓱，故出。衛人立遺⓲，使室孔姞⓳。疾臣向魋⓴，納美珠焉㉑，與之城鉏㉒。宋公㉓求珠，魋不與，由是得罪。及桓氏㉔出㉕，城鉏人攻大叔疾，衛莊公㉖復之㉗，使處巢㉘，死焉。殯於鄖㉙，葬於少禘㉚。

初，晉悼公子慭㉛亡在衛，使其女僕㉜而田㉝，大叔懿子㉞止而飲之酒，遂聘之，生悼子㉟。悼子即位㊱，故夏戊㊲為大夫。悼子亡㊳，衛人翦㊴夏戊。

孔文子之將攻大叔也，訪於仲尼。仲尼曰：「胡簋㊵之事，則嘗學之矣；甲兵之事，未之聞也。」退，命駕而行，曰：「鳥則擇木，木豈能擇鳥？」文子遽㊶止之，曰：「圉㊷豈敢度其私㊸，訪㊹衛國之難也。」將止，魯人以幣㊺召之，乃歸。

季孫欲以田賦㊻，使冉有訪諸仲尼。仲尼曰：「丘不識也。」三發㊼，卒㊽曰：「子為國老㊾，待子而行，若之何子之不言也？」仲尼不對，而私㊿於冉有曰：「君子之行(51)也，度(52)於禮：施取其厚，事舉其中，斂從其薄。如是，則以丘(53)亦足矣。若不度於禮，而貪冒(54)無厭，則雖以田賦，將又不足。且子季孫若欲行而法，則周公之典(55)在；若欲苟(56)而行，又何訪焉？」弗聽。

【注釋】❶修守備　修築防禦工事。❷小勝大　指艾陵戰役魯國戰勝齊國。魯國小，齊國大。❸大叔疾　即《春秋》經文的「世叔齊」。衛國大夫。❹子朝　宋國公子，舊與衛靈公夫人南子私通。後南子到衛國。見前魯定公十四年傳文。❺娣　女弟；妹妹。❻孔文子　姓孔，名圉，諡號文。衛國卿。❼出其妻　休棄他的妻，即休棄子朝的女兒，包括她的妹妹。❽妻之　把自己的女兒嫁給他為妻。妻，動詞。❾侍人　服侍他的人；隨從之人。❿初妻　原來的妻子。即子朝之女。⓫犁　衛國邑名。在今河南范縣。一說在今山東鄆城西。⓬二妻　兩個妻子。即以孔文子女為妻，同時又以待妻之禮對待初妻之妹。⓭奪其妻　奪回太叔疾的妻子，即孔文子奪回自己的女兒。⓮或淫　又與另一女人通姦。⓯外州　衛國地名。具體地點不詳。⓰奪之軒　奪走他的車子。之，其；他的。軒，車子。⓱恥是二者　以此二者為恥。二者，指妻被奪，通姦時軒又被奪。⓲遺　人名。太叔疾之弟。⓳室孔姞　娶孔姞為妻室。室，娶為妻室。動詞。孔姞，孔文子之女。即原來為太叔疾之妻者。亦即遺娶其嫂。⓴臣向魋　做向魋之臣。臣，做臣下。動詞。向魋，一名桓魋。宋國大夫。官司馬，故又稱桓司馬。㉑納美珠焉　送美好的珍珠給他。焉，於之；於他（指向魋）。㉒城鉏　本為宋國邑名，後屬衛國。在今河南滑縣東。㉓宋公　指宋景公。㉔桓氏　即指桓魋（向魋）。㉕出　出奔。按桓魋出奔在哀公十四年。此處以下都是探後言之。㉖衛莊公　衛靈公之子，即太子蒯聵。魯哀公十六年自戚地回國都即位，在位二年。莊，諡號。《逸周書・諡法解》：「兵甲亟作曰莊。」㉗復之　讓他回國。㉘巢　衛國邑名。舊說在今河南睢縣。疑非。㉙郥　衛國地名。具體地點不詳。㉚少禘　衛國地名。具體地點不詳。

㉛慹　晉悼公之子。㉜僕　駕車。㉝田　打獵。㉞大叔懿子　名申。衛國人。大叔儀之孫。懿，諡號。㉟悼子　即太叔疾。悼，諡號。㊱即位　指繼承其父為大夫。㊲夏戊　太叔疾的外甥。太叔懿子娶慹女為妻，生太叔疾和一女，女嫁夏氏，生戊。夏戊字丁，見後哀公二十五年傳文。㊳亡　逃亡；出奔。㊴翦　滅；削除爵邑，奪其家室財產。㊵胡簋　即簠簋。古代祭祀時盛黍稷稻粱的禮器。方的叫簠，圓的叫簋。㊶遽　急忙。㊷圉　孔文子之名。㊸度其私　為自己打算。㊹訪　一作「防」。㊺幣　財禮。㊻田賦　按田畝徵稅。㊼三發　三次發問。㊽卒　最後。㊾國老　國家元老。㊿私　私下；不當面公開說。(51)行　行政事。(52)度　衡量。(53)丘　賦的常法：十六井，出戎馬一疋，牛三頭。此乃成公元年作丘甲以後的兵役法。(54)貪冒　貪婪。(55)周公之典　周公旦製定的典章。(56)苟　苟且；草率。

【語　譯】秋天，季康子命令修築防禦工事，說：「小國戰勝大國，這是禍患，齊國沒有幾天就要來到了。」

冬天，衛國的太叔疾逃奔到宋國。起初，太叔疾娶了宋國子朝的女兒為妻，她的妹妹受到寵愛。等到子朝逃亡出國以後，孔文子讓太叔疾休棄了他的妻子，而把自己的女兒嫁給他為妻。太叔疾派隨從勸誘他前妻的妹妹把她安置在犁地，並且為她修造了一座宮室，好像有兩個妻子一樣。孔文子發怒，想攻打太叔疾，孔子勸阻了他。孔文子就奪回了自己的女兒。太叔疾又在外州同別的女人通姦，外州人奪走他的車子而獻上來。太叔疾為這兩件事感到恥辱，所以逃奔出國。衛國人立了遺做他的繼承人，讓他娶了孔姞為妻室。太叔疾做了桓魋的臣下，送美好的珍珠給桓魋，桓魋給了他城鉏這座城邑。宋景公索取珍珠，桓魋不給，因此得罪了宋景公。等到桓魋逃亡出國以後，城鉏人就攻打太叔疾，衛莊公又讓他回衛國，讓他在巢地居住，死在那裏。棺材停放在鄖地，安葬在少禘。

當初，晉悼公的兒子慹逃亡在衛國時，曾讓他的女兒為他駕車去打獵，太叔懿子留他而請他喝酒，於是就聘他的女兒做妻子，生下了悼子即太叔疾。太叔疾做了繼承人，所以夏戊做了大夫。太叔疾逃亡出國，衛國人就削去了夏戊的官爵封邑。

孔文子打算攻打太叔疾的時候，曾向孔子徵求意見。孔子說：「祭祀的事情，那是我曾經學過的；戰爭的事情，我沒有聽說過。」退出去，叫人駕了車就走，說：「鳥可以選擇樹木，樹木怎麼能選擇鳥？」孔文子急忙勸阻他，說：「我怎麼敢為自己打算，而是為了防止衛國的禍患。」孔子打算留下不走，魯國人用財禮來召請他，於是就回到魯國。

季康子想要按田畝徵稅，派冉有徵求孔子的意見。孔子說：「我不懂。」問了三次，最後說：「您是國家的元老，等著您的意見來行事，為什麼您不說話呢？」孔子不正式回答，而私下對冉有說：「君子的推行政事，要根據禮來衡量：施捨要力求豐厚，事情要做得適中恰當，賦斂要儘量微薄。如果這樣，那麼按丘法徵稅也就夠了。如果不根據禮來衡量，而貪婪沒有滿足，那麼即使按田畝徵稅，將還會不滿足的。而且您季孫如果要辦事而合於法度，那麼周公的典章就在那裏；如果想草率隨便地辦事，又為什麼向我徵求意見呢？」季康子不聽從。

【說　明】這一大段第一小節記載季康子修築工事防備齊國入侵，最後一小節記載季康子想按田畝徵收賦稅而徵求孔子意見，中間三小節都是記載衛國太叔疾與孔文子關係的事。首先，記敘太叔疾出奔到宋國的兩個原因：妻子被奪和在外州與別女通姦被揭發。而妻子被奪是因為娶了孔文子之女為妻後，仍同前妻之妹同居如妻，結果孔文子就奪回了女兒，與孔文子結下怨仇。其次，記敘太叔疾到宋國後，投靠桓魋，用美珠換取了城鉏之地。再次，記敘後來桓魋出逃後，太叔疾被城鉏人攻打，幸而衛莊公讓他回衛國，居住在巢地，一直到死、殯、葬。這都是若干年以後的事，《左傳》在此連帶敘及，就是探後言之。這是第二節記敘的事。

第三節記載太叔疾的父母及妹妹、外甥之事。太叔疾在衛國得勢時，外甥夏戊也做了大夫，但當他逃亡後，衛國人就削除了他外甥的官爵封邑。說明家族受到牽連。

第四節追敘太叔疾戀前妻之妹時，孔文子想攻打他，為此曾徵求過孔子意見。孔子反對，孔文子才放棄原來想法。

最後一節「季孫欲以田賦」應與下年傳文開頭「用田賦」連讀，說明季孫「弗聽」孔子言。

十二年

戊午，西元前四八三年。周敬王三十七年、齊簡公二年、晉定公二十九年、秦悼公九年、楚惠王六年、宋景公三十四年、衛出公十年、陳閔公十九年、蔡成侯八年、鄭聲公十八年、燕獻公十年、吳夫差十三年、越句踐十四年、杞閔公四年。

經 十有二年春，用田賦。

夏五月甲辰，孟子卒。

公會吳于橐皐。

秋，公會衛侯、宋皇瑗于鄖。

宋向巢帥師伐鄭。

冬十有二月，螽。

傳 十二年春王正月，用田賦❶。

夏五月，昭夫人❷孟子❸卒。昭公娶于吳，故不書姓。死不赴❹，故不稱夫人。不反哭❺，故不言葬小君❻。孔子與弔❼，適季氏。季氏不絻❽，放絰❾而拜。

公會吳于橐皐❿，吳子使大宰嚭請尋盟⓫。公不欲，使子貢對曰：「盟，所以周⑫信也，故心以制之⑬，玉帛以奉之，言以結之⑭，明神以要之⑮。寡君以為苟有盟焉，弗可改也已。若猶可改，日盟何益？今吾子曰『必尋盟』，若可尋也，亦可寒⑯也。」乃不尋盟。

吳徵⑰會于衛。初，衛人殺吳行人⑱且姚⑲而懼，謀於行人子羽⑳。子羽曰：「吳方無道，無乃辱吾君，不如止也。」子木㉑曰：「吳方無道，國無道，必棄疾㉒於人。吳雖無道，猶足以患衛。往也！長木㉓之斃㉔，無不摽㉕也；國狗之瘈㉖，無不噬㉗也，而況大國乎！」秋，衛侯會吳于鄖㉘。公及衛侯、宋皇瑗㉙盟，而卒辭吳盟。吳人藩㉚衛侯之舍。子服景伯謂子貢曰：「夫諸侯之會，事既畢矣，侯伯㉛致禮，地主歸餼㉜，以相辭也。今吳不行禮於衛，而藩其君舍以難之，子盍㉝見大宰㉞？」乃請束錦㉟以行。語及衛故㊱，大宰嚭曰：「寡君願事衛君，衛君之來也緩，寡君懼，故將止之㊲。」子貢曰：「衛君之來，必謀於其眾，其眾或欲或否，是以緩來。其欲來者，子之黨㊳也；其不欲來者，子之讎也。若執衛君，是墮㊴黨而崇㊵讎也，夫墮子者得其志矣。且合諸侯而執衛君，誰敢不懼？墮黨，崇讎，而懼諸侯㊶，或者㊷難以霸乎！」大宰嚭說㊸，乃舍㊹衛侯。衛侯歸，效㊺夷言㊻。子之㊼尚幼，曰：「君必不免㊽，其死於夷乎！執焉而又說其言㊾，從之固(50)矣。」

冬十二月，螽(51)，季孫問諸仲尼。仲尼曰：「丘聞之，火(52)伏而後蟄(53)者畢。今火猶西流(54)，司曆過(55)也。」

宋、鄭之間有隙地(56)焉，曰彌作、頃丘、玉暢、嵒、戈、錫(57)。子產與宋人為成，曰：「勿有是(58)。」及宋平、元之族(59)自蕭奔鄭，鄭人為之城嵒、戈、錫。九月，宋向巢(60)伐鄭，取錫，殺元公之孫，遂圍嵒。十二月，鄭罕達(61)救嵒。丙申(62)，圍宋師。

【注　釋】❶用田賦　採用按田畝徵稅的制度。❷昭夫人　魯昭公夫人。❸孟子　吳國之女，與魯國同姓，如果稱「吳姬」或「孟姬」，就違背「同姓不婚」之禮，所以改稱「吳孟子」或「孟子」。孟，排行老大，春秋時女子出嫁後，常以排行置於姓氏之上作為名字。❹赴　同「訃」。訃告。❺反哭　安葬後其子回到祖廟號哭。❻小君　古代稱諸侯妻子。❼與弔　參加弔唁。❽絻　免冠而用布包裹髮髻。古代喪服之一。❾放絰　除去喪服。絰，古代喪服中的麻帶。戴於頭者稱首絰，繫於腰者稱腰絰。❿橐皋　吳國地名。在今安徽巢湖市西北拓皋鎮。⓫尋盟　重溫過去的盟約。魯國與吳國曾在鄫地訂盟，見前哀公七年經文和傳文。⓬周　鞏固。⓭心以制之　用內心不忘盟而自克制它。⓮言以結之　用言語來結成它。結盟必有辭言。⓯明神以要之　用鬼神來約束它。盟辭常用「有渝此盟，明神殛之」等語。要，約束。⓰寒　與「尋」相反，尋有溫暖之義，寒即冷卻之義。⓱徵　徵召。⓲行人　使者。⓳且姚　吳國大夫。⓴子羽　衛國大夫。㉑子木　衛國大夫。㉒棄疾　加害。㉓長木　大樹。㉔斃　死而倒下。㉕摽　擊；打。㉖瘈　瘋狂。特指犬發狂。㉗噬　咬。㉘鄖　吳國地名。在今江蘇如皋東。一說在今山東莒縣南。㉙皇瑗　宋國大夫。㉚藩　圍。㉛侯伯　盟主；霸主。此處指吳國。㉜歸餼　致餼；贈送食物。歸，通「饋」。贈送。㉝盍　何不。㉞大宰　指吳國太宰伯嚭。㉟束錦　五匹絲綢。作為賄賂吳國用。㊱語及衛故　閑談中說到衛國的事。故，事。㊲止之　留下他；扣留他。㊳黨　朋友。㊴墮　毀。㊵崇　抬高。㊶懼諸侯　使諸侯懼。懼，使……害怕。㊷或者　也許。㊸說　通「悅」。高興。㊹舍　同「捨」。釋放。㊺效　倣效；學著說。㊻夷言　夷人的語言。指吳方言。㊼子之　即公孫彌牟。衛國將軍。姓公孫氏，名彌牟，字子之，謚號文，故又稱「將軍文子」。㊽不免　不能免除禍難。㊾說其言　喜歡他們的語言。說，通「悅」。喜歡。㊿固　必然；一定。(51)螽　即螽斯，蝗蟲。(52)火　指二十八宿的心宿。古代天文學以二十八羣恆星稱為二十八宿，作為行星運行的座標。但二十八宿是不等分的，古人又把周天劃分成十二等分，叫做「次」，每個次都有名稱，大火即為十二次名之一，大火次中的主宿即為心宿，所以「火」或「大火」可代指心宿。一般在夏曆十月以後的晚上心宿不見於天空，稱為「火伏」。此時天已寒冷，昆蟲都蟄入地下。(53)蟄　動物冬眠時潛伏在土中或洞穴中不食不動的狀態。(54)西流　向西流去。指還見於西方天空，逐漸沉沒。(55)司曆過　掌管曆法官員的過失。杜預注：「知是九月，曆官失一閏。」其實此年不應當閏，而閏當在十二月後。據《春秋》，明年十二月仍有蝗災，所以這與曆法沒有關係。(56)隙地　閑田；可墾而未墾之田。(57)彌作頃丘玉暢嵒戈錫　宋國和鄭國交界的六個地名。約在今河南杞縣、通許縣、陳留鎮三角地區。(58)勿有是　不要這些地方。(59)平元之族　宋平公、宋元公的子孫。按宋平公名成，在魯成公十六年（西元前五七五年）即位，在位四十四年。宋元公名佐，在魯昭公十一年（西元前五三一年）即位，在位十五年。元公是平公的太子，而宋景公欒是元公的太子。平公、元公子孫奔鄭當在魯定公十五年。(60)向巢　宋國大夫。官左師，故又稱左師巢。(61)罕達　字子姚，又稱武子賸。鄭國大夫。(62)丙申　十二月二十八日。

【語　譯】魯哀公十二年春天周曆正月，魯國採用按田畝徵收賦稅的制度。

夏季五月，魯昭公夫人孟子死。魯昭公是從吳國娶妻的，所以《春秋》不記載夫人孟子的姓。死後不發訃告，所以《春秋》不稱她夫人。安葬以後其子沒有回到祖廟號哭，所以《春秋》不說葬小君。孔子參加弔唁，到了季氏那裏。季氏不免冠行喪禮，孔子就除去喪服而下拜。

魯哀公在橐皋會見吳國人，吳王夫差派太宰嚭來請求重溫過去的盟約。魯哀公不願意，派子貢回答說：「盟誓，是用來鞏固信用的，所以用內心不忘盟來克制它，用玉帛來奉獻給它，用言語來結成它，用鬼神來約束它。我們的國君認為如果有了盟約，就不能更改了。如果還是可以更改，即使每天盟誓又有什麼好處？現在您說『一定要重溫過去的盟約』，如果可以重溫，那也就是同樣可以冷下去的了。」於是就沒有重溫舊盟。

吳國徵召衛國參加諸侯會見。起初，衛國人殺了吳國使者且姚因而很害怕，就和本國使者子羽商量。子羽說：「吳國正是無道之時，恐怕會羞辱我們國君，不如停止不去。」子木說：「吳國正是無道的時候，國家無道，一定加害於別人。吳國即使無道，還足以使衛國遭受禍患。去吧！大樹倒下，沒有不被打擊的；國狗發瘋，沒有不咬人的，而何況是大國呢！」秋天，衛出公在鄖地會見吳國人。魯哀公和衛出公、宋國的皇瑗訂了盟約，而終於辭謝和吳國結盟。吳國人圍住了衛出公的館舍。子服景伯對子貢說：「諸侯的會見，事情已經完了，盟主向賓客致禮，所在地主人贈送食物，以此互相辭別。現在吳國對衛國不執行禮節，反而圍住他們國君的館舍來使他為難，您何不去見吳國的太宰？」於是子貢請求帶了五匹絲錦而去了。在談話中說到衛國的事，吳國太宰伯嚭說：「我們的國君願意事奉衛國國君，可是衛國的國君來得晚，我們的國君害怕，所以打算留下他。」子貢說：「衛國國君到來前，一定要和他的眾臣商量，他的眾臣中有的願意讓他來，有的不願讓他來，因此就晚來了。那些願意讓他來的人，是你們的朋友；那些不願讓他來的人，是你們的仇人。如果拘留了衛國國君，這就毀壞了朋友而抬高了仇人，那些想毀你們的人就達到他們的願望了。而且會合諸侯而拘禁衛國國君，誰敢不害怕？毀壞朋友，抬高仇人，而又使諸侯害怕，也許難以稱霸吧！」太宰伯嚭高興了，於是就釋放了衛出公。衛出公回國後，學說吳國人的語言。公孫彌牟當時還年幼，說：「國君一定不能免於禍難，大概會死在夷人那裏吧！被他們拘禁在那裏而又喜歡他們的語言，要跟隨他們去是必然的了。」

冬季十二月，蝗蟲成災。季康子向孔子詢問這件事。孔子說：「我聽說，心宿不見以後昆蟲也蟄伏完畢。現在心宿還在天空向西流下去，這是掌管曆法官員的過錯。」

宋國和鄭國之間有幾塊空閑的土地，名叫彌作、頃丘、玉暢、嵒、戈、錫。子產與宋國人媾和的時候，說「不要這些地方了」。等到宋平公、宋元公的子孫從蕭地逃奔到鄭國時，鄭國人為他們在嵒地、戈地、錫地築了城。九月，宋國的向巢攻打鄭國，佔取了錫地，殺了宋元公的孫子，於是包圍了嵒地。十二月，鄭國的罕達救援嵒地。十二月二十八日，包圍了宋國軍隊。

【說　明】本年傳文記載的六件事都是對《春秋》經文的解釋和補充。

第一小節經、傳文字一樣，既無補充又無解釋。

第二小節說明《春秋》經文不寫魯昭公夫人的姓、不稱夫人、不稱葬小君的原因。並且補充記載孔子弔喪和季氏不行喪禮的情景。

第三小節傳文解釋《春秋》「公會吳于橐皋」的原因是為了吳國請求重溫過去的盟約。補充說明魯哀公不願意這樣做，所以派子貢去說了一番大道理，結果沒有重訂盟約。

第四小節首先記載吳國徵召衛國參加盟會，衛國因懼怕吳國，展開了一場去與不去的討論，結果還是去參加。其次記載魯國只與衛、宋兩國結盟，不與吳國結盟。再次記載吳國人扣留衛出公，表面理由是因為他遲到。後經子貢對吳太宰說的一番利害關係的話，終於使吳國放了衛出公。但衛出公卻對吳地語言感興趣。《左傳》通過公孫彌牟（子之）的話，預言衛出公將死於夷人之手，這就為後來衛出公死於越地埋下了伏筆。

第五小節傳文通過孔子的話解釋《春秋》記載的十二月魯國發生蝗災的原因。《春秋》記載蝗災十多次，大都發生在八、九月，最遲在十月，只有本年及明年發生在十二月，所以季康子問孔子。而孔子則認為這是管曆法的官員把月份搞錯了。

第六節傳文解釋《春秋》記載的「宋向巢帥師伐鄭」的原因。這是因為宋、鄭兩國間有六塊空地，鄭國在子產執政時就與宋國達成協議都不要這些土地。但後來宋國一些公子逃奔鄭國時，鄭國人安置他們在這些地方並為他們築城，這就違背了原來的約定，所以宋國向巢攻打鄭國。但結果是鄭國出兵包圍了宋國的軍隊。這場戰爭一直延續到下年，所以這一節應與下年傳文連讀。也因為這一緣故，《春秋》記蝗災在宋伐鄭後，而傳文把蝗災提到宋伐鄭之前了。

十三年

己未，西元前四八二年。周敬王三十八年、齊簡公三年、晉定公三十年、秦悼公十年、楚惠王七年、宋景公三十五年、衛出公十一年、陳閔公二十年、蔡成侯九年、鄭聲公十九年、燕獻公十一年、吳夫差十四年、越句踐十五年、杞閔公五年。

經 十有三年春，鄭罕達帥師取宋師于嵒。

夏，許男成卒。

公會晉侯及吳子于黃池。

楚公子申帥師伐陳。

於越入吳。

秋，公至自會。

晉魏曼多帥師侵衛。

葬許元公。

九月，螽。

冬十有一月，有星孛于東方。

盜殺陳夏區夫。

十有二月，螽。

傳 十三年春，宋向魋❶救其師。鄭子賸❷使徇❸曰：「得桓魋者有賞。」魋也逃歸。遂取宋師于嵒，獲成讙❹、郜延❺。以六邑為虛❻。

夏，公會單平公❼、晉定公❽、吳夫差❾于黃池❿。

六月丙子⓫，越子⓬伐吳，為二隧⓭，疇無餘⓮、謳陽⓯自南方，先及郊⓰。吳大子友⓱、王子地⓲、王孫彌庸⓳、壽於姚⓴自泓㉑上觀之。彌庸見姑蔑㉒之旗，曰：「吾父之旗㉓也。不可以見讎而弗殺也！」大子曰：「戰而不克，將亡國，請待之㉔。」彌庸不可㉕，屬徒㉖五千，王子地助之。乙酉㉗，戰，彌庸獲疇無餘，地獲謳陽。越子至，王子地守㉘。丙戌㉙，復戰，大敗吳師，獲大子友、王孫彌庸、壽於姚。丁亥㉚，入吳，吳人告敗于王。王惡其聞㉛也，自剄㉜七人㉝於幕下㉞。

【注釋】❶向魋　即桓魋。宋國大夫。❷子賸　即罕達。字子姚。又稱武子賸。鄭國大夫。❸徇　對眾宣示；通告全軍。❹成讙　宋國大夫。❺郜延　宋國大夫。❻虛　空。兩國都不加管轄。❼單平公　周王室的卿士。單武公之子。❽晉定公　晉國國君。名午。魯昭公三十一年（西元前五一一年）即位，在位三十七年。定，諡號。《逸周書・諡法解》：「大慮靜民曰定。」❾吳夫差　吳國國君。名夫差。❿黃池　地名。在今河南封丘南。⓫六月丙子　六月十一日。⓬越子　越國國君。名句踐。⓭隧　道；路。⓮疇無餘　越國大夫。⓯謳陽　越國大夫。⓰郊　吳國國都的郊區。⓱大子友　吳國太子，名友。即夫差之子。⓲王子地　吳國公子。⓳王孫彌庸　吳國公子。⓴壽於姚　吳國大夫。㉑泓　水名。在吳國都城近郊。㉒姑蔑　魯國地名。在今山東泗水縣東。見定公十二年傳文及注。一說，越國地名。在今浙江衢州東北。㉓吾父之旗　彌庸父曾被越國俘虜，旌旗也落入越人之手，改署為姑蔑，但彌庸認出這旗原是他父親的旌旗。㉔待之　等待救兵。㉕不可　不同意；不聽從。㉖屬徒　集合部下。㉗乙酉　六月二十日。㉘守　防守都城。㉙丙戌　六月二十一日。㉚丁亥　六月二十二日。㉛惡其聞　害怕諸侯聽到這件事。㉜自剄　親自殺死。㉝七人　七個報信的人。㉞幕下　會盟時各諸侯自立的帳幕之下。

【語　譯】魯哀公十三年春天，宋國的桓魋救援他們的軍隊。鄭國的罕達派人通告全軍說：「抓到桓魋的人有賞。」桓魋就逃跑回國。於是鄭軍就在嵒地全部殲滅宋軍，俘虜了成讙、郜延。把六個城邑擄掠一空而後兩國都不加管轄。

夏天，魯哀公在黃池會見單平公、晉定公、吳王夫差。

六月十一日，越王句踐攻打吳國，分兩路進兵，疇無餘、謳陽從南部進軍，先到達吳國都城的郊區。吳國的太子友、王子地、王孫彌庸、壽於姚在泓水上觀察越軍。彌庸見到姑蔑的旗幟，說：「那原是我父親的旗幟。我不能見到仇人而不殺死他們。」太子友說：「如果作戰而不能取勝，我們將會亡國，請等待救兵吧。」彌庸不聽從，集合部下五千人出戰，王子地幫助他。六月二十日，兩軍交戰，彌庸俘虜了疇無餘，王子地俘虜了謳陽。越王句踐的大軍到達，王子地退守都城。二十一日，再次交戰，越軍大敗吳軍，俘虜了太子友、王孫彌庸、壽於姚。二十二日，越軍進入吳國都城。吳國人向吳王夫差去報告被打敗的情況。吳王夫差害怕諸侯聽到這件事，就親自把七個報信的人殺死在帳幕之下。

【說　明】這一大段的第一節應與上年傳文的最後一節連讀。本是一件事，《左傳》古本當是連在一起的。後人為了配合經文，把傳文割散開，遂分置於兩年之下。

第二小節記載黃池之會參加的成員，傳文比《春秋》多一位單平公。《春秋》不記載單平公，因為他是周王室卿士，為了尊重他，而且他也不參加盟約。

第三節是本段的主要內容，越國乘吳王夫差不在國內而襲擊吳國。詳細記敘了越國兵分兩路進攻，先到的部隊被吳軍打敗，但後到的主力部隊則大敗吳軍，將吳國主將全部俘虜，終於進入吳國都城。這就為後來越國滅亡吳國奠定了基礎。而此時吳王夫差還在黃池爭霸，當他聽到國內守衛部隊被越軍打敗、國都已經失守時，竟把報信的人全部殺死，目的是為了不使這個消息傳到各國諸侯那裏去。這也說明夫差的殘忍，他的滅亡也是必然的了。

傳 秋七月辛丑❶盟，吳、晉爭先❷，吳人曰：「於周室，我為長❸。」晉人曰：「於姬姓，我為伯❹。」趙鞅呼司馬寅❺曰：「日旰❻矣，大事❼未成，二臣❽之罪也。建鼓❾整列❿，二臣死之⓫，長幼⓬必可知也。」對曰：「請姑視之⓭。」反⓮曰：「肉食者⓯無墨⓰，今吳王有墨，國勝⓱乎？大子死乎？且夷德輕⓲，不忍久⓳，請少待⓴之。」乃先晉人㉑。

吳人將以公㉒見晉侯㉓，子服景伯對使者曰：「王合諸侯，則伯㉔帥侯牧㉕以見於王；伯合諸侯，則侯帥子、男以見於伯。自王以下，朝聘玉帛不同；故敝邑之職貢於吳，有豐於晉，無不及焉，以為伯也。今諸侯會，而君將以寡君見晉君，則晉成為伯矣，敝邑將改職貢：魯賦於吳八百乘，若為子、男，則將半邾㉖以屬於吳，而如邾以事晉。且執事㉗以伯召諸侯，而以侯終之，何利之有焉？」吳人乃止。既而悔之，將囚景伯。景伯曰：「何㉘也立後於魯矣，將以二乘與六人從，遲速㉙唯命。」遂囚以還。及戶牖㉚，謂太宰曰：「魯將以十月上辛㉛有事㉜於上帝、先王，季辛㉝而畢，何世有職焉㉞，自襄㉟以來，未之改也。若不會㊱，祝宗㊲將曰『吳實然㊳』，且謂魯不共㊴，而執其賤者七人，何損焉？」大宰嚭言於王曰：「無損於魯，而祇為名㊵，不如歸之。」乃歸景伯。

吳申叔儀㊶乞糧於公孫有山氏㊷，曰：「佩玉繠㊸兮，余無所繫之；旨酒㊹一盛㊺兮，余與褐之父㊻睨㊼之。」對曰：「粱㊽則無矣，麤㊾則有之。若登首山㊿以呼曰『庚癸(51)乎』，則諾(52)。」

王欲伐宋，殺其丈夫(53)而囚其婦人。大宰嚭曰：「可勝也，而弗能居也。」乃歸。

冬，吳及越平(54)。

【注釋】❶辛丑　七月初六日。❷爭先　爭執歃血的先後。古代訂盟規定：先歃血的是盟主。❸我為長　吳國祖先太伯是長房。太伯是古公亶父的長子，季歷的長兄，文王的大伯父。❹伯　通「霸」。霸主；領袖。晉國自文公後，歷襄公以至悼公、平公都為霸主。❺司馬寅　晉國大夫。名寅。官司馬。❻旰　晚。❼大事　指訂盟之事。❽二臣　指趙鞅自己和司馬寅。❾建鼓　樹立起戰鼓。❿整列　整頓隊列。指準備作戰。⓫死之　為之死戰。⓬長幼　指歃血先後。⓭姑視之　姑且觀察一下吳營。⓮反　通「返」。回來。⓯肉食者　吃肉的人；享厚祿之官。⓰墨　氣色灰暗無神。⓱國勝　國家被敵人戰勝。⓲夷德輕　吳人性情輕浮不沉著。夷，指吳國人。德，指性情。輕，沉不住氣。⓳忍久　耐久。⓴少待　稍等。㉑先晉人　讓晉國人先歃血。㉒公　指魯哀公。㉓晉侯　晉定公。㉔伯　霸主；諸侯之長。㉕侯牧　諸侯。㉖半邾　邾國的一半。邾國按六百輛戰車確定貢品，邾半即按三百輛戰車確定貢品。㉗執事　對對方國君的敬稱。㉘何　子服景伯的名。㉙遲速　晚走或早走。

㉚戶牖　地名。在今河南蘭考東北。㉛上辛　第一個辛日。古代以天干地支記日，辛是天干的第八位。㉜有事　指祭祀。㉝季辛　最後一個辛日。㉞有職焉　指在祭祀中擔任職務。㉟襄　指魯襄公。㊱不會　不參加。㊲祝宗　古代祭祀時掌管祝告鬼神的長官。㊳吳實然　是吳國實在造成這樣。㊴共　通「恭」。㊵祇為名　只會造成壞名聲。㊶申叔儀　吳國大夫。㊷公孫有山氏　魯國大夫。與申叔儀為舊相識。㊸縈　下垂貌。㊹旨酒　美酒。㊺一盛　一杯。㊻褐之父　穿粗布短衣的老翁。褐，貧人所穿的粗布短衣。㊼睨　斜視。㊽粱　細糧；精細的小米。㊾麤　「粗」的古字。粗糧。㊿首山　山名。今河南襄城縣南有首山，不知是否此山。51庚癸　下等貨。古代分貨為十等，甲乙為高等，庚為下等，癸更下等。52諾　答應。53其丈夫　宋國的男人。54平　媾和。

【語　譯】秋季七月初六日訂盟時，吳國和晉國爭執歃血的先後。吳國人說：「在周王室中，我們吳國的祖先太伯是長房。」晉國人說：「在姬姓諸侯中，我們晉國是領袖。」趙鞅喊司馬寅說：「天晚了，訂盟大事沒有完成，是我們兩人的罪過。就樹立戰鼓整頓隊列，我們兩人為之死戰，誰先誰後歃血一定可以知曉了。」司馬寅回答說：「請姑且去觀察一下吳營。」回來，說：「享厚祿的人沒有氣色灰暗的。現在吳王夫差氣色暗淡無神，是他的國家被敵人戰勝了嗎？或是太子死了嗎？而且吳國人性情輕浮不沉著，不能耐久，請稍等他們一下。」於是吳國人先讓晉國人歃血。

吳國人要帶領魯哀公去見晉定公，子服景伯對使者說：「天子會合諸侯，就由諸侯的領袖率領諸侯而向天子朝見；諸侯的領袖會合諸侯，就由侯爵率領子爵、男爵而向諸侯領袖朝見。從天子以下，朝聘時所使用的玉帛各不相同；所以我國對吳國的進貢，要比給晉國的豐厚而沒有比給晉國不如的，因為把吳國作為諸侯的領袖。現在諸侯會見，您的國君將要帶領我國國君去進見晉國國君，那晉國就成為領袖了，我們國家將要改變進貢的數量：魯國是按照八百輛戰車確定獻給吳國貢品數量的，如果變為子爵、男爵，那麼將會按邾國戰車的半數確定貢品數量來獻給吳國，而像邾國一樣來事奉晉國。而且貴國以諸侯領袖的身分召集諸侯，而以一般諸侯的身分結束，對此有什麼好處呢？」吳國人就停止而沒有那樣做。不久又後悔此事，要囚禁子服景伯。景伯說：「我已經在魯國立了繼承人了，打算帶兩輛車子和六個人跟隨你們去，早走晚走只聽你們的命令。」於是吳國人囚禁了景伯帶回去。到達戶牖地方，景伯對太宰伯嚭說：「魯國將要在十月的第一個辛日向天帝和先王祭祀，到最後一個辛日而完畢，我世世代代在祭祀中擔任著職務，自從魯襄公以來，沒有改變過。如果我不參加，掌管祝告的長官將會說『是吳國使他這樣的』，並且貴國認為魯國不恭敬，而只逮捕了那七個低賤的人，對魯國有什麼損害呢？」太宰伯嚭對吳王夫差說：「對魯國沒有損傷，而只能造成壞名聲，不如放他回去。」於是就把景伯放了回去。

吳國的申叔儀向魯國的公孫有山氏討糧食，說：「佩玉下垂啊，我沒有地方繫著它；美酒一杯啊，我和貧困的老翁斜看著它。」公孫有山氏回答說：「細糧已經沒有了，粗糧還有一些。如果你登上首山喊道『下等貨啊』，就會答應你。」

吳王夫差想攻打宋國，準備殺死那裏的男人而囚禁那裏的女人。太宰伯嚭說：「我們能夠戰勝他們，但不能在那裏居住下去。」於是吳王夫差才回國。

冬天，吳國和越國媾和。

【說　明】這一大段主要記載歷史上著名的黃池之會。

第一節記載在訂盟時吳、晉兩國爭長。因雙方談判的代表都不是國君，所以稱「吳人」、「晉人」。當爭執不下、趙鞅準備用戰爭勝負來決定誰先歃血時，被他的部下司馬寅阻止了。因為司馬寅已看出吳王夫差氣色不好，猜出吳國已被敵國打敗，太子已死，所以主張等待。結果還是讓晉國先歃血而成為諸侯之長。

第二節記載吳國人要帶魯哀公去進見晉定公，被子服景伯的一番話說服而沒有做。但後來又悔恨而囚禁了子服景伯，要把他帶回吳國去。但在半路上子服景伯又向吳國太宰說了一番話，又把景伯放了回去。這裏充分表現出子服景伯的聰明機智。

第三節記載吳國的申叔儀用詩歌向魯國公孫有山氏乞討糧食，意思主要在下一句，雖有美酒一杯，我與老翁只能斜視而不得飲用，說明吳國的貧困。但公孫有山氏表示只能提供最下等粗糧。說明魯國人並不真心願意救濟吳國。

第四小節記載吳王夫差準備攻打宋國，並且要殺盡宋國的男人和囚禁婦女，原因是宋國沒有來參加黃池之會。最後被太宰伯嚭勸阻而沒有這樣做，但已充分反映了吳王夫差的殘忍用心。

最後一小節記載吳國與越國媾和，既說明吳王夫差已回到國內，又說明越國此時尚沒有足夠力量來滅亡吳國。但已顯示出吳國從此走向衰亡了。這就與前年伍子胥所說的三年始弱相呼應。

十四年

庚申，西元前四八一年。周敬王三十九年、齊簡公四年、晉定公三十一年、秦悼公十一年、楚惠王八年、宋景公三十六年、衛出公十二年、陳閔公二十一年、蔡成侯十年、鄭聲公二十年、燕獻公十二年、吳夫差十五年、越句踐十六年、杞閔公六年。

經 十有四年春，西狩獲麟。

小邾射以句繹來奔。

夏四月，齊陳恆執其君，寘于舒州。

庚戌，叔還卒。

五月庚申朔，日有食之。

陳宗豎出奔楚。

宋向魋入于曹以叛。

莒子狂卒。

六月，宋向魋自曹出奔衛。

宋向巢來奔。

齊人弒其君壬于舒州。

秋，晉趙鞅帥師伐衛。

八月辛丑，仲孫何忌卒。

冬，陳宗豎自楚復入于陳，陳人殺之。

陳轅買出奔楚。

有星孛。

饑。

傳 十四年春，西狩❶於大野❷，叔孫氏之車❸子鉏商❹獲麟❺，以為不祥，以賜虞人❻。仲尼觀之，曰：「麟也。」然後取之。

小邾❼射❽以句繹❾來奔，曰：「使季路❿要⓫我，吾無盟矣。」使子路，子路辭。季康子使冉有謂之曰：「千乘之國，不信其盟，而信子之言，子何辱焉⓬？」

對曰：「魯有事⑬于小邾，不敢問故⑭，死其城下可也。彼不臣⑮，而濟⑯其言，是義之⑰也，由⑱弗能。」

齊簡公⑲之在魯⑳也，闞止㉑有寵焉。及即位，使為政㉒。陳成子㉓憚之，驟顧諸朝㉔。諸御㉕鞅㉖言於公曰：「陳、闞不可並㉗也，君其擇焉㉘。」弗聽。子我㉙夕㉚，陳逆㉛殺人，逢之，遂執以入。陳氏方睦，使疾㉜，而遺㉝之潘㉞沐，備酒肉焉，饗守囚者，醉而殺之，而逃。子我盟諸陳於陳宗㉟。

初，陳豹㊱欲為子我臣，使公孫㊲言己，已㊳有喪而止，既㊴，而言之，曰：「有陳豹者，長㊵而上僂㊶，望視㊷，事君子必得志，欲為子臣。吾憚其為人㊸也，故緩以告。」子我曰：「何害？是其在我也。」使為臣。他日，與之言政，說㊹，遂有寵，謂之曰：「我盡逐陳氏而立女㊺，若何？」對曰：「我遠於陳氏㊻矣，且其違者㊼不過數人，何盡逐焉？」遂告陳氏。子行㊽曰：「彼㊾得君，弗先，必禍子㊿。」子行舍(51)於公宮。

夏五月壬申(52)，成子兄弟(53)四乘(54)如公。子我在幄(55)，出，逆之，遂入，閉門。侍人(56)禦之，子行殺侍人。公與婦人飲酒于檀臺(57)，成子遷諸寢(58)。公執戈，將擊之。大史子餘(59)曰：「非不利也，將除害也。」成子出舍于庫，聞公猶怒，將出(60)，曰：「何所無君？」子行抽劍，曰：「需❻❶，事之賊❻❷也。誰非陳宗？所不殺子者，有如陳宗！」乃止。

子我歸，屬❻❸徒，攻闈❻❹與大門，皆不勝，乃出。陳氏追之，失道❻❺於弇中❻❻，適豐丘❻❼。豐丘人執之，以告，殺諸郭關❻❽。成子將殺大陸子方❻❾，陳逆請而免之。以公命取車於道，及耏❼⓿，眾知而東之❼❶，出雍門❼❷，陳豹與之車，弗受，曰：「逆為余請，豹與余車，余有私❼❸焉。事子我而有私於其讎，何以見魯、衛之士？」東郭賈❼❹奔衛。

庚辰❼❺，陳恆執公于舒州❼❻。公曰：「吾早從鞅❼❼之言，不及此。」

【注釋】❶狩　打獵。特指君主冬天打獵。❷大野　魯國澤名。在今山東巨野北，嘉祥西，鄆城東。❸車　駕車人。❹子鉏商　人名。複姓子鉏，名商。❺麟　麒麟。古代傳說中的一種吉祥動物。其狀如鹿，獨角，全身有鱗甲，尾像牛。❻虞人　掌管山澤的官員。❼小邾　國名。亦稱「郳」。曹姓。開國國君是邾文公之子友。都城在今山東滕州市東。詳見前莊公五年經文、傳文「郳犁來來朝」注。❽射　小邾國大夫之名。❾句繹　小邾國地名。在今山東滕州市北。❿季路　即子路。孔子的弟子。⓫要　約定。⓬何辱焉　對此有什麼屈辱呢。焉，於之。⓭有事　指戰爭之事。⓮故　事件起因和曲直。⓯不臣　指射以其國之地來奔魯，是對小邾國不盡臣道。⓰濟　成全；實現。⓱義之　當作正義看待。⓲由　子路的名。⓳齊簡公　齊國國君。名壬。齊悼公陽生之子。魯哀公十一年（西元前四八四年）即位，在位四年。⓴在魯　齊悼公陽生與其子壬曾逃亡在魯國，見哀公六年傳。㉑闞止　字子我。齊悼公陽生的家臣。見哀公六年傳和注。㉒為政　執掌政權。㉓陳成子　即陳恆。陳乞之子。《史記・田敬仲完世家》因避漢文帝諱，改稱為陳（田）常，又稱田成子。成，諡號。㉔驟顧諸朝　在朝廷上屢次回頭看他。驟，屢次。顧，回頭看。諸，「之於」的合音合義。㉕諸御　一般僕御之官。㉖鞅　人名。為僕御之官。陳氏族人。㉗並　並列。㉘擇焉　從中選擇一個。焉，於之；從其中。㉙子我　闞止字。㉚夕　晚上朝見。㉛陳逆　人名。字子行。陳氏族人。㉜使疾　讓他假裝生病。㉝遺　送。㉞潘　淘米水。可洗頭。㉟陳宗　陳氏宗主之家。㊱陳豹　字子皮。陳氏族人。㊲公孫　齊國大夫。缺名。㊳已　不久。㊴既　完畢。指陳豹喪事終了。㊵長　身高；高個子。㊶上僂　肩背屈曲；上部駝背。㊷望視　仰視。㊸為人　指其作風和品德。㊹說　通「悅」。高興。㊺女　通「汝」。你。㊻遠於陳氏　在陳氏族中是遠房。㊼違者　違背你的人。指不服從闞止的人。㊽子行　即陳逆的字。㊾彼　他。指闞止。㊿子　您。指陳成子。(51)舍　住宿。(52)五月壬申　五月十三日。(53)成子兄弟　杜預注：「成子之兄弟，昭子莊、簡子齒、宣子夷、穆子安、廩丘子意茲、芒子盈、惠子得，凡八人。」(54)四乘　乘四輛車。(55)幄　帳幕；聽政之處。(56)侍人　侍者；在國君周圍聽候使喚的人。(57)檀臺　樓臺名。在齊國都城臨淄東北一里。(58)遷諸寢　讓他遷到寢室去。(59)子餘　陳氏黨羽。官太史。(60)將出　打算逃亡出國。(61)需　遲疑。(62)賊　危害。(63)屬　集合。(64)闈　宮牆的小門。(65)失道　迷路。(66)弇中　齊國都城臨淄西南的弇中峪。(67)豐丘　陳氏的封邑。(68)郭關　齊國都城臨淄的郭門。(69)大陸子方　即東郭賈。字子方，封邑大陸，故稱大陸子方。(70)耏　齊國與魯國交界處地名。子方擬奔魯國或衛國，所以往西行。(71)東之　逼使他往東走。(72)雍門　齊國都城的城門名。(73)私　私交。(74)東郭賈　即大陸子方的姓名。(75)庚辰　五月二十一日。(76)舒州　齊國西北邊界地名。(77)鞅　即前文的「諸御鞅」。

【語譯】魯哀公十四年春天，在西部的大野澤打獵，叔孫氏的駕車人子鉏商獵獲一頭麒麟，認為不吉利，把牠賞賜給管山澤的官員。孔子仔細觀牠，說：「這是麒麟。」然後把牠取走。

小邾國的大夫射用句繹之地進獻而逃奔來魯國，說：「派子路來和我口頭約定，我們可以不用盟誓了。」派子路去，子路推辭。季康子派冉有對子路說：「他對我們一千輛戰車的國家的盟誓不相信，而相信您的話，您對此有什麼屈辱呢？」子路回答說：「魯國如果與小邾國發生戰事，我不敢詢問原因曲直，戰死在那城下就行了。他不盡為臣之道，反而要使他的話得以實現，這是把他的不盡臣道當成正義，我不能那樣做。」

齊簡公在魯國的時候，闞止受到寵信。等到簡公即位，就讓闞止執政。陳成子很怕他，在朝廷上屢次回頭看他。僕御鞅對齊簡公說：「陳氏、闞氏不能並列，國君您還是從他們中選擇一個。」齊簡公不聽。

闞止在晚上去朝見齊簡公，陳逆殺人，闞止碰見了，就把他逮捕帶進宮去。當時陳氏一族正和睦團結，族人讓陳逆假裝生病，並送給他洗頭的淘米水，備好酒肉，陳逆請看守囚犯的人吃喝，看守喝醉後陳逆就殺了他，然後陳逆就逃走了。闞止和陳氏一族在陳氏宗主家裏結盟。

起初，陳豹想做闞止的家臣，請公孫推薦自己。不久陳豹有喪事而停了下來，喪事完畢後，公孫對闞止談起這件事，說：「有一個叫陳豹的人，個子高而上部駝背，眼睛總是往上看，事奉君子一定能讓人滿意，想要做您的家臣。我怕他的人品不好，所以延遲到今天才告訴您。」闞止說：「有什麼害處？這些大概都在於我了。」就讓陳豹做了家臣。過了些日子，闞止和陳豹談論政事，談得很高興，於是陳豹就得到闞止的寵信。闞止對他說：「我把陳氏全部驅逐出去而立你做繼承人，怎麼樣？」陳豹回答說：「我在陳氏族中是遠房了，而且他們中違抗您的不過幾個人，為什麼要把他們全部驅逐呢？」於是陳豹就把闞止的話告訴了陳氏。陳逆對陳成子說：「他得到國君的信任，我們不先下手，他必然要加禍於您。」陳逆就在公宮裏住下。

夏季五月十三日，陳成子兄弟乘四輛車子到齊簡公那裏去。闞止正在帳幕裏，出來，迎接他們，陳成子兄弟走了進去，就關門把闞止關在外邊。侍從人員抵禦陳氏，陳逆就殺了侍從人員。齊簡公和女人在檀臺上飲酒，陳成子要他們遷移到寢室裏去。齊簡公拿起戈，打算擊打他們，太史子餘說：「他們不是要對國君不利，而是打算除掉有害的人。」陳成子搬出去住在府庫裏，聽到齊簡公還在發怒，打算出逃，說：「何處沒有國君？」陳逆抽出劍，說：「遲疑，是辦事的危害。您要走，誰不能做陳氏的宗主？您走而我要是不殺您，有歷代陳氏宗主為證！」陳成子就停下沒有走。

闞止回去，集合部下，攻打宮牆的小門和大門，都沒有得勝，於是就出逃。陳氏追他，闞止在弇中迷了路，到了豐丘。豐丘人拘捕了他，把這消息報告了陳成子，在外城城關殺死了他。陳成子打算殺死大陸子方。因陳逆請求而赦免了他。子方用齊簡公的命令在路上得到一輛車，到達耏地，陳氏眾人知道而逼他往東回去，出了雍門，陳豹給他車子，他不接受，說：「陳逆為我請求，陳豹給我車子，我和他們有私交。事奉闞止而和他的仇人有私交，怎麼能和魯國、衛國之士相見？」子方就奔逃到衛國。

五月二十一日，陳成子在舒州拘捕了齊簡公。齊簡公說：「我如果早聽從御鞅的話，不會到這個地步。」

【說明】 這一大段除第一、二兩小節記載魯國之事外，都是記敘齊國的國內鬥爭。

第一小節記載魯國人獵得麒麟。前人認為孔子作《春秋》，絕筆於獲麟。《公羊傳》、《穀梁傳》都到此為止。其實，《春秋》並非到此結束，後面還有兩年，到孔子卒而止。

第二小節敘小邾國的大夫射逃奔來魯國，只要子路口頭之約而不要與魯國訂盟，說明子路的為人誠信素著。而子路卻不肯與他口約，因為子路認為他不盡臣職，這又說明子路對人的品德非常看重。

第三小節記載齊國執政大臣闞止和陳成子的矛盾，齊簡公不聽御鞅選用一人的勸告，這就使矛盾逐漸發展。矛盾發展的第一個因素是陳逆殺人被闞止逮捕，而陳氏設法讓陳逆逃走。這是第四節的內容。闞止與陳氏訂了盟約，矛盾似乎得到暫時抑制。矛盾發展的第二個因素是第五小節的內容，陳豹做了闞止的家臣，得到闞止的寵信，居然與陳豹商量要全部驅逐陳氏，陳豹將此事報告陳氏族人，陳氏意識到不先下手將受害，這就使矛盾發展到了高潮。

第六小節是矛盾高潮的正面衝突。陳成子兄弟進入公宮，把闞止關在門外，殺了侍從人員，逼齊簡公進寢室，齊簡公反抗，陳成子因害怕而準備出逃，但被陳逆等族人所逼而只得留下。第七小節敘矛盾的另一方闞止攻打失敗而出逃，被擒殺。大陸子方逃亡。第八小節記載陳成子擒獲齊簡公，使矛盾基本解決，陳成子取得勝利。後面陳成子殺齊簡公，立齊平公，只是這一矛盾的結局和餘波了。歷史上齊國由陳氏代姜氏在此已奠定了基礎。

這一大段中記載陳成子與齊簡公、闞止的矛盾，從開端到發展，到高潮，到結局，脈絡清晰，層次分明。是《左傳》富有文學性的章節之一。

傳 宋桓魋❶之寵害於公❷，公使夫人❸驟請享❹焉，而將討之。未及，魋先謀公，請以鞌❺易薄❻，公曰：「不可。薄，宗邑❼也。」乃益鞌七邑，而請享公❽焉。以日中❾為期，家備❿盡往。公知之，告皇野⓫曰：「余長⓬魋也，今將禍余，請即救⓭。」司馬子仲⓮曰：「有臣不順⓯，神之所惡也，而況人乎？敢不承命。不得左師⓰不可，請以君命召之。」左師每食，擊鐘。聞鐘聲，公曰：「夫子將食。」既食，又奏⓱。公曰：「可矣。」以乘車往，曰：「迹人⓲來告曰：『逢澤⓳有介⓴麇焉。』公曰：『雖魋未來，得左師，吾與之田，若何？』君憚告子㉑，野曰：『嘗私焉㉒。』君欲速，故以乘車逆子㉓。」與之乘，至，公告之故㉔，拜，不能起。司馬曰：「君與之言㉕。」公曰：「所難子㉖者，上有天，下有先君。」對曰：「魋之不共㉗，宋之禍也，敢不唯命是聽。」司馬請瑞㉘焉，以命其徒攻桓氏㉙。其父兄故臣曰：「不可。」其新臣曰：「從吾君之命。」遂攻之。子頎㉚騁而告桓司馬㉛。司馬㉜欲入，子車㉝止之，曰：「不能事君，而又伐國，民不與也，祇取死焉。」向魋遂入于曹㉞以叛。六月，使左師巢伐之，欲質大夫㉟以入焉。不能，亦入于曹，取質。魋曰：「不可。既不能事君，又得罪于民，將若之何？」乃舍㊱之。民遂叛之。向魋奔衛。向巢來奔，宋公使止之，曰：「寡人與子有言矣，不可以絕向氏之祀。」辭曰：「臣之罪大，盡滅桓氏可也。若以先臣之故，而使有後，君之惠也。若臣，則不可以入矣。」司馬牛㊲致其邑與珪㊳焉，而適齊。向魋出於衛地，公文氏㊴攻之，求夏后氏之璜㊵焉。與之他玉，而奔齊。陳成子使為次卿，司馬牛又致其邑焉㊶，而適吳。吳人惡之，而反㊷。趙簡子召之，陳成子亦召之，卒於魯郭門之外，阬氏㊸葬諸丘輿㊹。

甲午㊺，齊陳恆㊻弒其君壬㊼于舒州。孔丘三日齊㊽，而請伐齊三，公曰：「魯為齊弱久矣，子之伐之，將若之何？」對曰：「陳恆弒其君，民之不與者半。以魯之眾加齊之半，可克也。」公曰：「子告季孫。」孔子辭，退而告人曰：「吾以從㊾大夫之後㊿也，故不敢不言。」

初，孟孺子洩(51)將圉(52)馬於成(53)，成宰公孫宿(54)不受，曰：「孟孫(55)為成之病(56)，不圉馬焉。」孺子怒，襲成，從者不得入，乃反。成有司(57)使，孺子鞭之。秋八月辛丑(58)，孟懿子卒，成人奔喪，弗內(59)；袒免(60)，哭于衢(61)，聽共(62)，弗許；懼，不歸。

【注釋】❶桓魋　即向魋。宋國大夫。❷害於公　損害到宋景公。❸夫人　宋景公之母。❹驟請享　突然邀請桓魋參加享禮。驟，急；突然。❺鞌　宋國地名。約在今山東定陶南，河南商丘北。是向魋的食邑。按此「鞌」地與前成公二年鞌之戰的「鞌」是兩個不同的地方。前「鞌」乃齊國之地。❻薄　即「亳」。宋國邑名。在今河南商丘北。商朝初期的都城。❼宗邑宗廟所在的城邑。宋國祖先發跡和宗廟都在亳。❽請享公　請求設享禮答謝宋景公。❾日中　古代時段名。即午時。相當於今之十一時至十二時。❿家備　私家的武備。⓫皇野　皇瑗的兄弟。字子仲。官司馬。宋國大夫。⓬長　養育；養大。⓭即救　立即救援。⓮司馬子仲　即皇野。司馬，皇野現任官職。⓯順　順服；服從。⓰左師　指向巢。向魋之兄。官職為左師。⓱奏　奏樂。⓲迹人　掌管田獵足跡知禽獸所在的人。⓳逢澤　地名。在今河南商丘南。⓴介　個；頭。量詞。㉑憚告子　難以把遊戲事直接告訴您。憚，怕。㉒嘗私焉　嘗試著以私人身分和他談。㉓逆子　迎接您。㉔告之故　告訴他請他的緣故。即把桓魋將害國君故請他救的事告訴他。㉕言　盟誓。㉖難子　使您遭到禍難。㉗共　通「恭」。恭敬。㉘瑞　符節，用作發兵的憑證。㉙桓氏　指桓魋，即向魋。㉚子頎　桓魋之弟。㉛桓司馬　即指桓魋。㉜司馬　此司馬指向魋，非指皇野。㉝子車　亦向魋之弟。㉞曹　本為國名。魯哀公八年（西元前四八七年）已被宋國所滅，可能即為向魋的封邑。㉟質大夫　得到大夫做人質。㊱舍　通「捨」。放棄；釋放。㊲司馬牛　向魋之弟。㊳珪　用來表示守邑信符的玉版。㊴公文氏　衛國大夫。㊵璜　古代玉石器名。形狀像璧的一半。㊶致其邑焉　把他的封邑交還給齊國。致，交還。㊷反　通「返」。返回宋國。㊸阬氏　魯國人。㊹丘輿　魯國地名。在今山東費縣西。㊺甲午　六月初五日。㊻陳恆　即陳成子的姓名。㊼王　齊簡公的名。㊽齊　通「齋」。齋戒。㊾從　位列；跟從。㊿後　末。51孟孺子洩　即孟武伯。孟懿子之子。名洩。諡號武。因年幼，故稱孺子。52圉　畜養。53成　魯國孟氏的封邑。在今山東寧陽東北。54公孫宿　魯國孟孫的家臣。成邑的長官。55孟孫　此處指孟懿子。56病　貧困。57有司　官員。58八月辛丑　八月十三日。59內　通「納」。接納。60袒免　露左臂，脫去帽子。古代五服以外的喪禮儀節。61衢　大道；四通八達的道路。62聽共　聽命供驅使。共，通「供」。

【語　譯】宋國的桓魋受寵擴展勢力而危害到宋景公，宋景公讓母親突然邀請桓魋參加享禮，而打算乘機討伐他。還沒有來得及，桓魋已先謀劃對付宋景公，請求用鞌地交換亳地。宋景公說：「不行。亳地是宋國宗廟所在的城邑。」於是把七個城邑併入鞌地，而請求設享禮答謝宋景公，以午時為期限，私家的武裝全都去了。宋景公知道他的用意，告訴皇野說：「我把桓魋養大了，現在他打算加禍於我，請你立即來救我。」皇野說：「臣子不順從，是神靈所厭惡的，何況人呢？豈敢不接受命令。但不得到左師向巢是不行的，請用您的名義召見他。」左師每次吃飯，要敲擊樂鐘。聽到鐘聲，宋景公說：「那一位要吃飯了。」吃完飯以後，又奏樂。宋景公說：「可以了。」皇野就用一輛車乘著前去，說：「迹人來報告說：『逢澤有一頭大獐在那裏。』國君說：『即使桓魋沒有來，有左師，我就和他一起打獵，怎麼樣？』國君難於直接告訴您，我說：『我嘗試以私人身分與他談談。』國君想要快些，所以我用一輛車來迎接您。」左師就和皇野一起乘車，到達宋景公那裏，宋景公就把真正原因告訴了他，左師向巢下拜，不能站起來。皇野說：「國君與他盟誓。」宋景公說：「如果要使您遭到禍難，上有天，下有先君。」左師回答說：「桓魋不恭敬，是宋國的禍患，豈敢不唯命是聽。」皇野請求符節，以命令他的部下攻打桓魋。他的父老兄長和舊臣都說：「不行。」他的新臣說：「服從我們國君的命令。」於是皇野就發兵攻打桓魋。桓魋之弟子頎縱馬奔告桓魋。桓魋想攻入公宮，他的弟弟子車勸住了他，說：「不能事奉國君，而又要攻打公室，民眾是不會親附你的，只能找死呢。」桓魋於是就進入曹地而叛變。六月，宋景公派左師向巢攻打桓魋，向巢想得到大夫做人質而回來。沒有能辦到，也進入曹地，取得人質。桓魋說：「不行。既不能事奉國君，又得罪了百姓，打算怎麼辦呢？」於是就釋放了人質。百姓就背叛他們。桓魋逃奔到衛國。向巢逃奔來魯國，宋景公派人阻止他，說：「我和您有過盟誓了，不能斷絕向氏的祭祀。」向巢辭謝說：「我的罪過很大，國君全部滅亡桓氏是可以的。如果因為先臣的緣故，而使桓氏有繼承人，是國君的恩惠了。至於我，那是不能再回來了。」桓魋之弟司馬牛把他的封邑和玉珪交還宋國，而去到齊國。桓魋出逃到衛國，公文氏攻打他，向他索求夏后氏的玉璜。桓魋給了他別的玉，而逃奔到齊國，陳成子讓桓魋做次卿。司馬牛又把封邑交還齊國，而去到吳國。吳國人討厭他，他就返回宋國。晉國的趙簡子召喚他去，齊國的陳成子也召喚他去，途中死在魯國都城的外城門外，阬氏把他葬在丘輿。

六月初五日，齊國的陳恆在舒州殺了他的國君壬。孔子齋戒三天，而三次請求攻打齊國。魯哀公說：「魯國被齊國削弱已經很久了，您攻打他們打算怎麼辦？」孔子回答說：「陳恆殺死他們的國君，百姓不親附他的有一半。用魯國的民眾加上齊國的一半，是可以戰勝的。」魯哀公說：「您去告訴季孫。」孔子告辭，退出來而告訴別人說：「我因為位列大夫之末，所以不敢不說。」

當初，孟孺子洩打算在成地養馬，成邑的長官公孫宿不接受，說：「孟懿子認為成地貧困，不在這裏養馬。」孺子發怒，襲擊成地，跟從的人不能攻入，就回去了。成地的官員派人去，孺子就鞭打來人。秋季八月十三日，孟懿子死，成地的人去奔喪，孺子不接納；成地的人脫去上衣、帽冠，在大路上號哭。表示願意聽從供驅使，孺子不允許；成地人害怕，就不敢回成地去。

【說　明】這一大段主要記載宋國清除恃寵危害國家的卿大夫桓魋的經過。宋景公已經發覺了桓魋的危害，準備採取措施，但已經來不及，桓魋已先想用換城邑而宴享宋景公時下手了。矛盾已激化。幸有皇野為宋景公定計，第一步是將桓魋的兄長左師向巢騙到宋景公處，讓宋景公把桓魋將要害自己的事情挑明，然後與向巢訂立盟約，先把左師向巢穩住。第二步由皇野請求符節發兵攻打桓魋，使桓魋措手不及，只能逃到曹地而叛變。第三步即派左師向巢去討伐桓魋，使他們兄弟互相攻打。向巢害怕因不能勝桓魋而觸怒宋景公，想抓一個國內大夫為人質來保護自己；當這一辦法做不到時，又想抓一個曹地子弟做人質，但又被桓魋反對，結果曹地民眾也反對他們，桓魋逃奔衛國，向巢也只能逃奔到魯國。第四步宋景公用曾有盟誓來挽留向巢，但向巢還是害怕而謝絕。

此事敘述至此，說明宋景公已取得勝利，解除了心腹之患。但《左傳》還接著記敘了桓魋之弟司馬牛的情況。因為桓魋是他的兄，所以司馬牛也離開宋國到了齊國，但走前把封邑和玉珪都交還給宋國，說明他是正大光明的。但當桓魋也從衛國逃到齊國時，司馬牛又把封邑交還齊國而到吳國去，再一次表明他光明磊落。而當吳國討厭他時，他就返回到宋國。正因為他心地善良光明，所以晉國、齊國都要召喚他去，但不幸死於魯國。這是與桓魋作鮮明對照的一個人物形象。

第二節記載齊國陳成子殺死齊簡公，孔子認為魯國應該出兵討伐。但魯哀公因為害怕齊國，所以不敢出兵。

最後一節記載孟孺子洩與成地長官的矛盾。這一節應與下年傳文開頭一節連讀。本來這一節是下年開頭一節「成叛于齊」的追敘之文，是連在一起的，這一節是下年「成叛」的原因，所以要追敘。後人為了使《左傳》的文字與《春秋》經文完全相配，而這追敘的事是發生在本年，「成叛」是發生在明年，於是就把傳文割裂開來，分置於本年和明年的經文之後，這樣，就使原來連在一起的傳文被經文分隔開了。

十五年

辛酉，西元前四八〇年。周敬王四十年、齊平公驁元年、晉定公三十二年、秦悼公十二年、楚惠王九年、宋景公三十七年、衛出公十三年、陳閔公二十二年、蔡成侯十一年、鄭聲公二十一年、燕獻公十三年、吳夫差十六年、越句踐十七年、杞閔公七年。

經 十有五年春王正月，成叛。

夏五月，齊高無丕出奔北燕。

鄭伯伐宋。

秋八月，大雩。

晉趙鞅帥師伐衛。

冬，晉侯伐鄭。

及齊平。

衛公孟彄出奔齊。

傳 十五年春，成❶叛于齊❷。武伯❸伐成，不克，遂城輸❹。

夏，楚子西❺、子期❻伐吳，及桐汭❼，陳侯❽使公孫貞子❾弔焉❿，及良⓫而卒，將以尸入⓬。吳子⓭使大宰嚭勞⓮，且辭曰：「以水潦⓯之不時，無乃廩然⓰隕⓱大夫之尸，以重寡君之憂，寡君敢⓲辭。」上介⓳芋尹蓋⓴對曰：「寡君聞楚為不道，荐㉑伐吳國，滅厥民人，寡君使蓋備使㉒，弔君之下吏。無祿㉓，使人逢天之慼㉔，大命隕隊㉕，絕世㉖于良。廢日共積㉗，一日遷次㉘。今君命逆使人曰：『無以尸造㉙于門。』是我寡君之命委㉚于草莽也。且臣聞之曰：『事死如事生，禮也。』於是乎有朝聘而終、以尸將事㉛之禮，又有朝聘而遭喪㉜之禮。若不以尸將命，是遭喪而還也，無乃不可乎？以禮防民，猶或踰之，今大夫曰『死而棄之』，是棄禮也，其何以為諸侯主？先民有言曰：『無穢虐士㉝。』備使奉尸將命，苟我寡君之命達于君所，雖隕于深淵，則天命也，非君與涉人㉞之過也。」吳人內㉟之。

秋，齊陳瓘㊱如楚，過衛，仲由㊲見之，曰：「天或者以陳氏為斧斤㊳，既斲喪㊴公室，而他人有之，不可知也；其㊵使終饗之㊶，亦不可知也。若善魯㊷以待時，不亦可乎？何必惡焉㊸？」子玉曰：「然。吾受命矣，子使告我弟㊹。」

冬，及齊平。子服景伯如齊，子贛㊺為介㊻，見公孫成㊼，曰：「人皆臣人㊽，而有背人之心，況齊人雖為子役，其㊾有不貳乎？子，周公之孫也，多饗大利，猶思不義。利不可得，而喪宗國㊿，將焉用之？」成曰：「善哉！吾不早聞命。」陳成子館客(51)，曰：「寡君使恆告曰：『寡人願事君如事衛君(52)。』」景伯揖(53)子贛而進之，對曰：「寡君之願也。昔晉人伐衛，齊為衛故，伐晉冠氏(54)，喪車五百。因與衛地，自濟(55)以西，禚(56)、媚(57)、杏(58)以南，書社(59)五百。吳人加敝邑以亂，齊因其病，取讙(60)與闡(61)，寡君是以寒心。若得視衛君之事君也，則固所願也。」成子病之(62)，乃歸成，公孫宿以其兵甲入于嬴(63)。

【注釋】❶成　魯國地名。孟孫封邑。見上年傳文及注。❷叛于齊　背叛孟氏而投靠齊國。❸武伯　即孟孺子，名彘，字洩，諡號武。孟懿子之子。伯，排行老大。❹城輸　在輸地築城。輸，魯國地名。靠近成地。❺子西　即楚公子申。楚平王的庶長子。楚國卿士。❻子期　即楚公子結。楚平王之子，楚昭王之兄。楚國卿士。❼桐汭　水名。即桐水。源出今安徽廣德縣，西北流經郎溪縣至今江蘇高淳縣，注入丹陽湖（今石臼湖、固城湖乃古丹陽湖殘留部分）。❽陳侯　指陳閔公。❾公孫貞子　陳國大夫。官司城，故又稱司城貞子。❿弔焉　向吳國慰問。弔，慰問遭遇不幸者。焉，之。⓫良　吳國地名。疑近吳國都城。⓬以尸入　把靈柩運進城裏。⓭吳子　指吳王夫差。⓮勞　慰勞。⓯潦　雨水過多。⓰廩然　通「懍然」。恐懼貌；傾動貌。⓱隕　墜落；毀壞。⓲敢　自言冒昧之詞。⓳上介　第一副使。⓴芋尹蓋　官芋尹的人名蓋。芋尹，陳國官名。(21)荐　通「洊」。屢次；接連。(22)備使　在使者中充數。自謙之詞。(23)無祿　無福；不幸。(24)慼　不高興。(25)隕隊　墜落；喪失。隊，同「墜」。(26)絕世　去世。(27)共積　聚積殯殮的財物。(28)一日遷次　每天變換住地。(29)造　到。(30)委　丟棄。(31)將事　奉命行事。(32)朝聘而遭喪　在朝聘過程中受聘國遭喪。(33)虐士　虛士；死者。虐，「虛」字形近而誤。(34)涉人　渡船人。(35)內　通「納」。接納。(36)陳瓘　齊國大夫。字子玉。陳恆之兄。(37)仲由　即子路。孔子弟子。(38)斧斤　斧頭。斤，與「斧」

同義。(39)斲喪　摧殘；傷害。(40)其　大概。(41)饗之　享有它；享有齊國。饗，同「享」。(42)善魯　和魯國友好。(43)惡焉　與它搞壞關係。焉，之。(44)我弟　指陳恆。(45)子贛　即子貢。孔子弟子。(46)介　副使。(47)公孫成　即成地長官公孫宿。(48)臣人　別人的臣下。(49)其　豈；難道。(50)宗國　祖國。(51)館客　在賓館見客。(52)事衛君　指當時齊國與衛國友好。(53)揖　作揖而讓。(54)冠氏　晉國地名。在今山東冠縣北。(55)濟　水名。流經今山東濟南北至博興入海。(56)禚　本齊國地名。疑在今山東長清縣境。(57)媚　本齊國地名。在今山東禹城市境。(58)杏　本齊國地名。在今山東茌平縣南。(59)書社　書寫社人戶籍於冊。社，古代二十五家為一社。(60)讙　魯國地名。在今山東寧陽縣北。(61)闡　魯國地名。在今山東寧陽縣東北。(62)病之　愧恨他說的話。(63)嬴　齊國邑名。在今山東萊蕪市西北。

【語　譯】魯哀公十五年春天，魯國成地官民背叛孟孫而投靠齊國。孟孺子武伯攻打成地，沒有攻下來，於是就在輸地築城。

夏天，楚國的子西、子期攻打吳國，到達桐汭，陳閔公派公孫貞子往吳國慰問，到達良地而死，副使打算把靈柩運入吳國都城。吳王夫差派太宰伯嚭慰勞，並且辭謝說：「因為雨水過多不合時令，恐怕會傾倒毀壞大夫的靈柩，因此增加我國國君的憂慮，我國國君謹冒昧辭謝。」陳國第一副使芋尹蓋回答說：「我國的國君聽說楚國無道，屢次攻打吳國，消滅你們的民眾，我國國君派我在使者中充數，慰問貴國國君的下級官史。不幸，我們的使臣遇到上天的不高興，喪失了性命，在良地棄世。我們耗費時日積聚殯殮的財物，為了完成使命而加緊趕路每天都變換住地。現在您命令迎接使臣說：『不要讓靈柩到門上來。』這就使我國國君的命令丟棄在雜草叢林之中了。而且我聽說過這樣的話：『事奉死人像事奉他活著時一樣，這是禮。』因此而有在朝聘過程中使臣死去、奉著靈柩完成使命的禮儀，又有在朝聘過程中遇到受聘國發生喪事的禮儀。如果不奉靈柩完成使命，這就像遇到受聘國發生喪事而回國了，恐怕不可以吧？用禮儀防止百姓，還怕有時逾越禮儀，現在您說『死了就丟棄他』，這就是丟棄禮儀，那還怎麼能當諸侯的盟主？從前的人有話說：『不要把死者看成污穢。』我奉著靈柩完成使命，如果我國國君的命令能夠上達到貴國國君那裏，即使墜入深淵，那也是上天的意志，不是貴國國君和渡船人的過錯。」吳國人終於接納了他們和靈柩。

秋天，齊國的陳瓘去到楚國，經過衛國，子路拜見他，說：「上天或許把陳氏作為斧子，既把公室砍削摧殘，而又讓別人佔有它，現在不能知道；大概讓陳氏最後享有它，現在也是不能知道的。如果和魯國友善以等待時機，不也是可以的嗎？為什麼一定要搞壞關係呢？」陳瓘說：「對。我接受您的命令了，您派人去告訴我的弟弟。」

冬天，魯國和齊國媾和。子服景伯去到齊國，子貢做副使，拜見原來的魯國成地長官公孫宿，說：「人們都是別人的臣下，而還有背叛別人的想法，何況齊國人雖然為您服役，難道會沒有三心二意嗎？您，是周公的後代，享受到巨大的利益很多，還想做不義的事情。利益不能得到，反而喪失了祖國，您哪裏用得著這樣呢？」公孫宿說：「對啊！我沒有早些聽到您的命令。」陳成子在賓館會見客人，說：「我國國君派我向您報告說：『我願意事奉貴國國君像事奉衛國國君一樣。』」子服景伯向子貢作揖，而讓他進前回答說：「這正是我國國君的願望。從前晉國人攻打衛國，齊國因為衛國的緣故，攻打晉國的冠氏，喪失了五百輛戰車。因此齊國就給了衛國土地，從濟水以西，禚地、媚地、杏地以南，書寫了共五百個村子的戶籍。吳國人把動亂加於我國，齊國乘我國的困難，佔取了讙地和闡地，我國國君因此而寒心。如果能比照衛國國君那樣事奉貴國國君，那本來就是我們所願望的。」陳成子對此感到愧恨，於是就把成地歸還魯國，公孫宿帶了他的武裝部隊進入到嬴地。

【說　明】這大段的第一小節應與上年的最後一節連讀。上年的孟孺子虐待成地長官是本年成地長官叛變的原因，是追敘；本年成地叛變是上年孟孺子虐待成地長官的後果，是正面記載。

第二節記載陳國因吳國被楚國侵襲而派使者去慰問吳國，不料使者在途中死於吳國境內，副使打算抬著靈柩到吳國都城去完成使命，吳王夫差卻派伯嚭去阻止他們入城。陳國的第一副使據「禮」力爭，終於使吳國同意接納他們和靈柩入城。說明陳國的使者能不辱使命，也說明春秋時期各國對禮的重視。

第三小節記載子路在衛國拜見陳瓘，預言齊國最後將為陳氏所有。作為魯國人，子路請求齊國與魯國友好。陳瓘被子路所說服，所以轉請子路告訴他的弟弟陳成子。因為當時陳成子是齊國實際掌權者。

第四節記載魯國與齊國媾和，分兩小節：首先是子服景伯說服原魯國成地長官公孫宿：魯國是他的祖國，他是周公的後代，在魯國得大利很多，不能叛變祖國；而齊國人不可能真心待他，所以他不可能長期在齊國，終於打動了公孫宿的心。其次，子貢列舉史實，在陳成子面前指出齊國過去並沒有像對待衛國那樣對待魯國。一是魯定公九年齊國為了替衛國報仇而去攻打晉國，齊國喪車五百輛，還給衛國土地，說明齊國對衛國確實友好。另一是魯哀公八年當吳國侵襲魯國時齊國則乘機奪取魯國的讙地和闡地，說明齊國不友好。陳成子被子貢說得愧恨而歸還成地給魯國，迫使公孫宿從成遷到嬴。這說明子貢外交辭令的勝利。

傳 衛孔圉❶取❷大子蒯聵❸之姊❹，生悝❺。孔氏之豎❻渾良夫長而美，孔文子❼卒，通於內❽。大子在戚❾，孔姬❿使之焉⓫。大子與之言曰：「苟使我入獲國，服冕⓬、乘軒⓭，三死⓮無與⓯。」與之盟，為請於伯姬⓰。

閏月⓱，良夫與大子入，舍於孔氏之外圃⓲。昏⓳，二人⓴蒙衣㉑而乘，寺人羅㉒御，如孔氏。孔氏之老欒寧㉓問之，稱姻妾㉔以告，遂入，適伯姬氏。既食，孔伯姬杖戈㉕而先，大子與五人介㉖，輿豭㉗從之。迫孔悝於廁㉘，強盟之，遂劫以登臺㉙。欒寧將飲酒，炙㉚未熟，聞亂，使告季子㉛；召獲㉜駕乘車，行爵食炙㉝，奉衛侯輒㉞來奔。

季子將入，遇子羔㉟將出，曰：「門已閉矣。」季子曰：「吾姑至焉。」子羔曰：「弗及，不踐㊱其難！」季子曰：「食焉，不辟㊲其難。」子羔遂出，子路入。及門，公孫敢㊳門焉，曰：「無入為也。」季子曰：「是公孫也，求利焉，而逃其難。由不然，利其祿，必救其患。」有使者出，乃入，曰：「大子焉㊴用孔悝？雖㊵殺之，必或繼之㊶。」且曰：「大子無勇，若燔㊷臺，半，必舍㊸孔叔㊹。」大子聞之，懼，下石乞㊺、盂黶㊻敵子路，以戈擊之，斷纓㊼。子路曰：「君子死，冠不免㊽。」結纓㊾而死。孔子聞衛亂，曰：「柴㊿也其來，由(51)也死矣。」

孔悝立莊公(52)。莊公害故政(53)，欲盡去之，先謂司徒瞞成(54)曰：「寡人離(55)病於外久矣，子請亦嘗之。」歸告褚師比(56)，欲與之伐公，不果。

【注　釋】❶孔圉　即孔文子。名圉。亦稱仲叔圉、文叔。文，諡號。衛國大夫。❷取　同「娶」。❸蒯聵　即衛莊公。衛靈公之子。衛出公之父。❹姊　蒯聵之姊，即下文的孔伯姬。❺悝　孔文子之子。名悝。❻豎　豎子；童僕。❼孔文子　即孔圉。❽內　指孔文子之妻，蒯聵之姊，即下文的孔姬、孔伯姬。❾戚　衛國邑名，在今河南濮陽北，按衛太子蒯聵因謀殺繼母南子不成而出奔宋國，見前定公十四年傳文。後來晉國趙鞅把蒯聵送入戚邑，見前哀公二年傳文及注。❿孔姬　即孔文子之妻，衛太子蒯聵之姊。⓫使之焉　派渾良夫到那裏去。之，指渾良夫。焉，於之；到蒯聵所在的戚邑去。⓬冕　大夫戴的禮冠。⓭軒　大夫乘坐的車子。⓮三死　三次死罪。⓯無與　不加罪；赦免。⓰伯姬　即孔姬。孔文子之妻。蒯聵之姊。⓱閏月　閏十二月。⓲圃　菜園。⓳昏　黃昏。⓴二人　指蒯聵和渾良夫。㉑蒙衣　用頭巾遮蓋住臉，偽裝婦人。㉒寺人羅　衛國宮內的小臣，名羅。寺人，官名，古代宮中供使喚的小臣。㉓欒寧　孔氏的家臣之長。㉔姻妾　姻親家的侍妾。古代稱女婿的父親為姻，媳婦的父親為婚。㉕杖戈　拿著戈。杖，執持。㉖介　披著皮甲。㉗豭　公豬。㉘廁　通「側」。邊側；

牆角。㉙登臺　登孔氏的家臺。㉚炙　烤肉。㉛季子　即子路。時為衛國孔悝的邑宰。㉜獲　人名。衛國人。㉝行爵食炙　在行車中喝酒吃肉。爵，酒杯。㉞衛侯輒　即衛出公。名輒。衛莊公蒯聵之子。㉟子羔　姓高，名柴，字子羔。衛國大夫。孔丘的弟子。㊱不踐　不要去遭受。㊲辟　通「避」。躲避。㊳公孫敢　孔悝的家臣。㊴焉　怎麼；哪裏。㊵雖　即使。㊶繼之　繼承他；接替他。㊷燔　焚燒。㊸舍　同「捨」。捨棄；釋放。㊹孔叔　指孔悝。㊺石乞　太子蒯聵的黨羽。即前文「五人介」之一。㊻盂黶　太子蒯聵黨羽。也是前文「五人介」中之一。㊼纓　冠帶；繫冠的帶子。㊽免　除掉。㊾結纓　把冠帶結緊，死時人倒而冠不落。㊿柴　高柴，即子羔。(51)由　季由，即子路。(52)莊公　衛莊公。即蒯聵。莊，諡號。《逸周書．諡法解》：「兵甲亟作曰莊。」在位僅二年。(53)故政　舊大臣。(54)瞞成　即下年《春秋》經文的「子還成」。子還，姓氏，名成。衛國大夫。(55)離　通「罹」。遭遇。(56)褚師比　即褚師聲子。複姓褚師，名比。聲，諡號。衛國大夫。

【語　譯】衛國的孔文子娶了衛靈公太子蒯聵的姊姊為妻，生了悝。孔家的小童僕渾良夫個子高而漂亮，孔文子死後，就和孔文子之妻孔姬私通。太子在戚地，孔姬派渾良夫到那裏去。太子和他談話說：「如果讓我回國獲得國君位置，就給你大夫的冠服、車子，赦免死罪三次。」太子和渾良夫盟誓，渾良夫為太子向孔伯姬請求。

閏十二月，渾良夫和太子進入國都，住在孔氏家的外面菜園子裏。黃昏時，兩人用頭巾蓋住臉而乘車，宮中小臣羅為他們駕車，到了孔氏家裏。孔氏的家臣之長欒寧問他們，他們說是姻親家的侍妾，就進了門，到了孔伯姬那裏。吃完飯，孔伯姬拿著戈而走在前面，太子和五個人身披甲冑，用車子裝著公豬跟從著在後面。把孔悝逼迫到牆角處，強迫他盟誓，於是就劫持他而登上臺去。欒寧正要飲酒，烤肉還沒有熟，聽到有動亂，派人去告訴子路；還召喚獲駕上坐車，在車上喝酒吃肉，事奉衛出公輒逃奔到魯國。

子路正要進入國都，遇到子羔正要出來，說：「城門已經關上了。」子路說：「我姑且到那裏去一下。」子羔說：「來不及了，不要去遭受那禍難！」子路說：「吃了他的俸祿，不能躲避他的禍難。」子羔出去了，子路進了城。到達孔氏家門口，公孫敢在那裏守門，說：「不要進去幹什麼了。」子路聽出聲音，說：「這是公孫，在這裏謀求利益，卻躲避他的禍難。我不是這樣，以他的俸祿為利益，就一定要救援他的患難。」

有使者從門裏出來，子路就乘機進去，說：「太子怎麼用得著孔悝？即使殺了他，一定有人接替他。」並且說：「太子沒有勇氣，如果放火燒臺，燒到一半，必然會釋放孔悝。」太子聽到這些話，很害怕，派石乞、盂黶下臺去抵抗子路，用戈擊打子路，子路的冠帶被截斷了。子路說：「君子死，冠不能除掉。」結緊冠帶而死。孔子聽到衛國發生動亂，說：「子羔大概能出來，子路可就會戰死了。」

孔悝立莊公為國君。莊公認為舊大臣都是有害的，想要全部去掉他們。他先對司徒瞞成說：「我在外邊遭受患難很久了，請您也去嘗嘗這種滋味。」瞞成回去告訴褚師比，想和他一起攻打衛莊公，沒有成為事實。

【說　明】這一大段記載衛國的內亂。第一節交代太子蒯聵與孔氏的關係。孔文子是蒯聵的姊夫，孔悝是蒯聵的外甥，蒯聵想當國君，奪取他兒子衛出公的位置，必須依靠姊姊和外甥孔悝的支持，所以首先爭取到姊姊孔姬的幫助。

第二節記載蒯聵用偽裝混進孔府後，在姊姊幫助下，逼迫孔悝訂立盟約。而孔氏的家臣之長欒寧聽到孔悝被劫持登臺後，一方面派人報告子路，另一方面自己去事奉衛出公輒乘車逃奔到魯國。這為下文的子路戰死和孔悝立莊公作了鋪墊。

第三節描寫孔子的兩位弟子子羔和子路在這場動亂中的表現。子路聞訊從外地守邑來到都城，子羔則在都城聞亂而逃亡。子路不聽子羔和公孫敢的勸阻，進城與蒯聵的部下作戰，還「結纓而死」，表現出「食其祿不避其難」的正義感。

第四節記載莊公即位後要全部除掉舊臣，瞞成等攻打莊公失敗，應與下年傳文開頭連讀。

十六年

壬戌，西元前四七九年。周敬王四十一年、齊平公二年、晉定公三十三年、秦悼公十三年、楚惠王十年、宋景公三十八年、衛莊公蒯聵元年、陳閔公二十三年、蔡成侯十二年、鄭聲公二十二年、燕獻公十四年、吳夫差十七年、越句踐十八年、杞閔公八年。

經 十有六年春王正月己卯，衛世子蒯聵自戚入于衛，衛侯輒來奔。

二月，衛子還成出奔宋。

夏四月己丑，孔丘卒。

傳 十六年春，瞞成❶、褚師比❷出奔宋。

衛侯❸使鄢武子❹告于周曰：「蒯聵❺得罪于君父、君母，逋❻竄于晉。晉以王室之故，不棄兄弟❼，寘諸河上❽。天誘其衷❾，獲嗣守封❿焉，使下臣肸⓫敢告執事⓬。」王⓭使單平公⓮對，曰：「肸以嘉命來告余一人⓯，往謂叔父⓰：『余嘉乃成世⓱，復爾祿次⓲。敬之哉！方天之休⓳。弗敬弗休，悔其⓴可追㉑？』」

夏四月己丑㉒，孔丘卒。公誄㉓之曰：「旻天㉔不弔㉕，不慭㉖遺一老㉗，俾屏㉘余一人以在位，煢煢㉙余在疚㉚。嗚呼哀哉尼父㉛！無自律㉜。」子贛㉝曰：「君其㉞不沒㉟於魯乎！夫子之言曰：『禮失則昏，名失則愆㊱。』失志為昏，失所㊲為愆。生不能用，死而誄之，非禮也；稱『一人㊳』，非名也。君兩失㊴之。」

六月，衛侯飲孔悝㊵酒於平陽㊶，重酬㊷之。大夫皆有納㊸焉。醉而送之，夜半㊹而遣之㊺。載伯姬㊻於平陽而行，及西門，使貳車㊼反祏㊽於西圃㊾。子伯季子㊿初為孔氏臣，新登(51)于公，請追之，遇載祏者，殺而乘其車。許公為(52)反祏(53)，遇之，曰：「與不仁人(54)爭明(55)，無不勝。」必使先射，射三發，皆遠許為(56)，許為射之，殪(57)。或以其車從，得祏於橐(58)中。孔悝出奔宋。

【注　釋】❶瞞成　即《春秋》經文的「子還成」。衛國大夫。❷褚師比　複姓褚師，名比。衛國大夫。❸衛侯　指衛莊公。❹鄢武子　衛國大夫。❺蒯聵　衛莊公之名。❻逋　逃亡。❼兄弟　衛國和晉國同為姬姓，故稱「兄弟」。❽河上　黃河邊上。戚地靠近黃河。❾誘其衷　當時習慣用語。引導我的內心。即保佑我，對我開恩。❿封　封地。⓫肸　即鄢武子。名肸，武，諡號。⓬執事　對對方的敬稱。⓭王　指周敬王。⓮單平公　周王室卿士。⓯余一人　周敬王自稱。⓰叔父　指衛莊公蒯聵。周王室對同姓諸侯的稱呼。⓱乃成世　你繼承先世。乃，你。⓲祿次　祿位。此指國君之位。⓳休　賜；賜福。⓴其　豈；哪裏。㉑追　追悔；補救。㉒四月己丑　四月十一日。㉓誄　猶言悼辭。古代用來表彰死者德行並致哀悼的文辭。亦即為諡法所本。只能用於上對下。㉔旻天　上天。㉕不弔　不仁；不善。㉖憖　願。㉗老　國老。古時對公卿大夫的尊稱。㉘俾屏　使他捍衛。俾，使。屏，捍衛；保護。㉙煢煢　孤獨無依貌。㉚疚　憂慮。㉛尼父　孔丘字仲尼。父，對老年男性的尊稱。㉜無自律　沒有律己的榜樣。㉝子贛　即子貢。孔子弟子。㉞其　大概。㉟沒　死。㊱愆　過錯。㊲所　身分。㊳一人　指前文哀公稱「余一人」。㊴兩失　指禮儀和名分都喪失。㊵孔悝　孔文子之子。衛國大夫。㊶平陽　衛國地名。在今河南滑縣東南。㊷酬　報謝。㊸納　贈送。㊹夜半　古代時段名。即子時，今二十三時至凌晨一時。㊺遣之　讓他走。㊻伯姬　即孔姬。衛莊公之姊，孔悝之母。㊼貳車　副車。㊽反祏　回去取宗廟中的神主匣子。反，通「返」。回去。祏，宗廟中藏神主的石匣。㊾西圃　孔悝家廟所在地。㊿子伯季子　原是孔氏家臣，衛莊公即位後升為衛莊公之臣。(51)登　升。晉升為大夫。(52)許公為　孔悝的家臣。(53)反祏　回去迎接取神主石匣的人。(54)不仁人　指子伯季子。(55)爭明　爭強；爭高低。(56)許為　即許公為。㊼殪　死。㊽橐　袋子。

【語　譯】魯哀公十六年春天，瞞成、褚師比逃奔到宋國。

衛莊公派鄢武子向周王室報告說：「蒯聵得罪了君父、君母，逃竄在晉國。晉國因為周王室的緣故，不拋棄兄弟，把蒯聵安置在黃河邊上。上天誘導開恩，得以繼承保有封地於此，派下臣肸謹向執事報告。」周敬王派單平公回答，說：「肸把好消息帶來告訴我，回去告訴叔父：『我贊許你繼承先世，恢復你國君的祿位。要恭敬啊！這樣方能得到上天的賜福。不恭敬就得不到上天的賜福，後悔豈能追得及？』」

夏季四月十一日，孔丘死。魯哀公致悼辭說：「上天不肯善待，不願留下一位國老，使他保護我一人居於君位，我孤零零地處在憂愁之中。嗚呼哀哉尼父！我沒有作為自己效法的榜樣了。」子貢說：「國君大概不能在魯國善終吧！夫子的話說：『禮儀喪失就要昏暗，名分喪失就有過錯。』失去意志是昏暗，失去身分是過錯。活著不能任用，死了又致悼辭，這不合於禮；自稱『一人』，這不合於名分。國君兩樣都喪失了。」

六月，衛莊公在平陽招待孔悝飲酒，豐厚地酬賞他。對大夫們也都贈送財貨。孔悝喝醉而送他，子夜時打發他走。在平陽用車載了伯姬而動身，到達西門，孔悝派副車回到西圃宗廟中去取神主匣子。子伯季子起初是孔氏的家臣，新近晉升到衛莊公那裏為大夫，請求追趕孔悝，路上遇到裝載神主匣子的車子，就殺了駕車人而乘上他的車。許公為回去迎接神主匣子，遇到子伯季子，許公為說：「和不仁的人爭高低，沒有不勝的。」就一定要讓子伯季子先向他射箭，射了三箭，箭矢都落在離許公為很遠的地方。許公為射他，一箭就把他射死了。有人用他的車子跟隨許公為，在袋子裏得到了神主匣子。孔悝逃奔到宋國。

【說　明】這一大段的第一節應與上年的最後一節傳文連讀。第二節記載衛莊公蒯聵即位後向周王室報告，周敬王派人答話，告誡他恭敬做事。第四節記載衛莊公設宴招待孔悝，孔悝在半夜裏派人到宗廟中取神主石匣，表明他正準備逃亡出國。子伯季子請求追孔悝，結果被殺。孔悝終於逃奔到宋國，因為孔悝立莊公是被逼的，這些都應與上年傳文參讀。這也說明衛莊公奪兒子的君位得不到國人的支持，為他後來的被逐作了鋪墊。

第三節記載孔子死和魯哀公致悼辭，子貢批評哀公的悼辭是失禮和失名，預言哀公不在魯國善終，為後來哀公卒於逃亡途中埋下伏筆。《春秋》經文至此結束。但《左傳》並未結束，所以有人認為《左傳》不是專為解釋《春秋》的一部獨立的史書。

傳 楚太子建❶之遇讒也，自城父奔宋❷；又辟❸華氏之亂❹於鄭。鄭人甚善之。又適晉，與晉人謀襲鄭，乃求復焉❺。鄭人復之如初❻。晉人使諜❼於子木❽，請行❾而期❿焉。子木暴虐於其私邑，邑人訴⓫之。鄭人省⓬之，得晉諜焉，遂殺子木。其子曰勝，在吳，子西⓭欲召之。葉公⓮曰：「吾聞勝也詐而亂，無乃害乎？」子西曰：「吾聞勝也信⓯而勇，不為不利。舍諸⓰邊竟⓱，使衛藩⓲焉。」葉公曰：「周仁⓳之謂信，率義⓴之謂勇。吾聞勝也好復言㉑，而求死士㉒，殆有私乎！復言，非信也；期死㉓，非勇也。——子必悔之。」弗從。召之，使處吳竟㉔，為白公㉕。請伐鄭，子西曰：「楚未節㉖也。不然，吾不忘也。」他日，又請，許之，未起師。晉人伐鄭，楚救之，與之盟。勝怒，曰：「鄭人在此，讎不遠矣。」

勝自厲㉗劍，子期㉘之子平見之，曰：「王孫㉙何自厲也？」曰：「勝以直聞，不告女㉚，庸㉛為直乎？將以殺爾父㉜。」平以告子西。子西曰：「勝如卵，余翼而長之㉝。楚國，第㉞我死，令尹、司馬，非勝而誰？」勝聞之，曰：「令尹之狂也！得死[35]，乃非我[36]。」子西不悛[37]。勝謂石乞[38]曰：「王與二卿士[39]，皆[40]五百人當之，則可矣。」乞曰：「不可得也。」曰[41]：「市南有熊宜僚者，若得之，可以當五百人矣。」乃從白公而見之。與之言，說[42]。告之故[43]，辭[44]。承之以劍，不動。勝曰：「不為利諂[45]、不為威惕[46]、不洩人言以求媚[47]者，去之。」

吳人伐慎[48]，白公敗之。請以戰備獻[49]，許之，遂作亂。秋七月，殺子西、子期于朝，而劫惠王[50]。子西以袂[51]掩面[52]而死。子期曰：「昔者吾以力事君，不可以弗終。」抉豫章[53]以殺人而後死。石乞曰：「焚庫、弒王。不然，不濟[54]。」白公曰：「不可。弒王，不祥；焚庫，無聚[55]，將何以守矣？」乞曰：「有楚國而治其民，以敬事神，可以得祥，且有聚矣，何患？」弗從。

葉公在蔡[56]，方城[57]之外皆曰：「可以入矣。」子高[58]曰：「吾聞之，以險徼幸[59]者，其求無饜[60]，偏重[61]必離[62]。」聞其殺齊管脩[63]也，而後入。

白公欲以子閭[64]為王，子閭不可，遂劫以兵。子閭曰：「王孫若安靖[65]楚國，匡正[66]王室，而後庇[67]焉，啟[68]之願也，敢[69]不聽從？若將專利以傾王室，不顧楚國，有死不能[70]。」遂殺之，而以王如高府[71]。石乞尹門[72]。圉公陽[73]穴宮[74]，負王以如昭夫人[75]之宮。

葉公亦至，及北門，或遇之，曰：「君胡[76]不胄[77]？國人望君如望慈父母焉，盜賊之矢若傷君，是絕民望也，若之何不胄？」乃胄而進。又遇一人曰：「君胡胄？國人望君如望歲[78]焉，日日以幾[79]，若見君面，是得艾[80]也。民知不死，其亦夫[81]有奮心，猶將旌[82]君以徇[83]於國；而又掩面[84]以絕民望，不亦甚乎！」乃免胄而進。遇箴尹固[85]帥其屬，將與[86]白公。子高曰：「微[87]二子[88]者，楚不國矣。棄德從賊，其[89]可保[90]乎？」乃從葉公。使與國人以攻白公，白公奔山而縊。其徒微[91]之。生拘[92]石乞而問白公之死[93]焉。對曰：「余知其死所，而長者[94]使余勿言。」曰：「不言，將烹。」乞曰：「此事克則為卿，不克則烹，固其所也，何害？」乃烹石乞。王孫燕[95]奔頯黃[96]氏。

沈諸梁兼二事[97]，國寧[98]，乃使寧為令尹，使寬[99]為司馬，而老[100]於葉。

【注釋】❶太子建　楚國太子，名建。太子建居於城父，見昭公十九年傳。❷自城父奔宋　見昭公二十年傳。城父，楚國邑名。在今河南寶豐東。❸辟　通「避」。逃避。❹華氏之亂　宋國華定、華亥劫宋元公，殺諸公子等，見前昭公二十年傳文。❺求復焉　請求回到鄭國。復，返回。焉，於之；到鄭國。❻復之如初　又待他像以前一樣。復，又。❼諜　間諜；偵探。❽子木　即楚太子建的字。❾請行　指晉國間諜事情完後請求回國。❿期　相約襲擊鄭國的日期。⓫訴　控訴；告發。⓬省　考察；查稽。⓭子西　即楚公子申。字子西。楚平王的庶長子。楚國令尹。⓮葉公　即沈諸梁。字子高。楚國左司馬沈尹戌之子。封於葉，故稱之為「葉公」。楚國大夫。以沈為氏。⓯信　誠實。⓰舍諸　安置他在。⓱竟　同「境」字。邊境。⓲衛

藩　保衛邊地。⑲周仁　親和仁愛。周，親和；調合。⑳率義　遵循道義。㉑復言　實踐說過的話。此為當時的常用語。㉒死士　敢死之士；不怕死的人。㉓期死　必死；期待著死。㉔吳竟　楚國與吳國接界的邊境。㉕白公　勝的封邑在白，在今河南息縣東，是當時楚國靠近吳國的一個邑名，故稱勝為「白公」。㉖節　節度；法度。㉗厲　「礪」的本字。磨礪。㉘子期　即楚公子結。楚平王之子。楚國司馬。㉙王孫　勝是楚平王的嫡孫，所以稱他為王孫。㉚女　同「汝」。你。第二人稱代詞。㉛庸　豈。反詰副詞。㉜爾父　你的父親。指子期。因為勝仇恨子西，所以也仇恨子期。㉝翼而長之　孵育翼護而使他長大。㉞第　只要。㉟得死　得到好死。㊱乃非我　我就不是我。㊲悛　覺悟；發覺。㊳石乞　勝的黨羽。㊴二卿士　指令尹子西和司馬子期。㊵皆　共。㊶曰　這個「曰」字下的話也是石乞說的。㊷說　通「悅」。高興。主語是石乞和白公勝，承上省略。㊸故　事由；來意。指要殺二卿之事。㊹辭　推辭；拒絕。㊺諂　勸誘。㊻威惕　威脅。㊼求媚　討好別人。㊽慎　楚國地名。在今安徽潁上縣北。㊾戰備獻　戰爭裝備奉獻於朝廷。㊿惠王　名章。楚昭王之子。魯哀公七年（西元前四八八年）即位。惠，諡號。《逸周書．諡法解》：「柔質慈民曰惠。」(51)袂　衣袖。(52)掩面　遮住臉面。表示自慚於葉公。(53)抉豫章　拔取樟樹。抉，拔取。豫章，即今之樟木。(54)濟　成功。(55)聚　積聚。(56)蔡　蔡國都城新蔡，被楚逼遷往州來即下蔡（今安徽鳳臺），原新蔡一帶遂為楚國所有。(57)方城　山名。在今河南葉縣南、方城縣東北，西連伏牛山脈。(58)子高　即葉公的字。(59)徼幸　即僥幸，獲得意外的成功。徼，「僥」的異體字。(60)饜　滿足。(61)偏重　不平；不公平。(62)離　離心；眾心不附。(63)管脩　齊桓公時賢相管仲的後代，從齊國去到楚國，為楚國大夫。封於陰，其後世即以陰為氏。(64)子閭　楚平王之子，名啟，字子閭。曾五次辭去王位。見前哀公六年傳文。(65)安靖　安定。(66)匡正　扶正。(67)庇　遮護；掩護。(68)啟　子閭之名。(69)敢　豈敢。(70)有死不能　寧死不能聽從。(71)高府　楚國儲藏糧食的府庫。(72)尹門　守門。(73)圉公陽　楚國大夫。(74)穴宮　在宮牆上挖洞。(75)昭夫人　楚昭王的夫人，楚惠王章之母。即哀公六年傳「逆越女之子章立之」的「越女」。(76)胡　通「何」。為什麼。(77)冑　頭盔；古代戰士所戴的帽子。(78)望歲　盼望一年的好收成。(79)幾　通「冀」。希望。(80)艾　通「乂」。安心；安定。(81)夫　凡；人人。(82)旌　表彰。(83)徇　對眾宣示。(84)掩面　遮掩臉面。古代的頭盔兩旁很長，遮掩臉頰。(85)箴尹固　即鍼尹固。楚國大臣。參見定公四年傳。(86)與　從；助。(87)微　無；沒有。(88)二子　指子西、子期。(89)其　豈；難道。(90)保　安全。(91)微　隱藏。(92)生拘　活捉。(93)死　屍體。(94)長者　指白公勝。(95)王孫燕　白公勝之弟。(96)頯黃　地名。在今安徽宣城境內。(97)兼二事　兼任令尹、司馬二職。(98)寧　子西之子。名寧，字子國。(99)寬　子期之子。名寬。又稱魯陽公、魯陽文子。(100)老　退休養老。

【語　譯】楚國太子建遭到誣陷的時候，從城父逃奔到宋國；又為躲避宋國華氏之亂逃到鄭國。鄭國人待他很好。又到晉國，和晉國人謀劃襲擊鄭國，於是又要求回到鄭國去。鄭國人待他又像以前一樣。晉國人派間諜和楚太子建聯繫，事情完後請求回國時約定了襲擊的日期。楚太子建在他的封邑裏大肆暴虐，封邑中的人控告他。鄭國人來查察，在這裏得到了晉國間諜，於是就殺死了楚太子建。太子建的兒子名叫勝，在吳國，楚國執政官子西想召他回國。葉公說：「我聽說勝這個人狡詐而好作亂，恐怕有禍害吧？」子西說：「我聽說勝這個人誠實而勇敢，不做不利的事。把他安置在邊境，讓他在那裏保衛邊疆。」葉公說：「親和仁愛叫做誠信，遵循道義叫做勇敢。我聽說勝這個人喜歡實現說過的話，而且遍求不怕死的人，大概有私心吧！不管什麼話都要實現，這不是誠信；不管什麼事都期待必死，這不是勇敢。——將來您一定會後悔召他回來。」子西不聽從。把勝召回來，讓他住在和吳國交界的地方，號稱白公。勝請求攻打鄭國，子西說：「楚國上下還沒有調節合度。不這樣，我是不會忘記的。」過了一些時日，又請求，子西答應了他，但沒有發兵。晉國攻打鄭國的時候，楚國卻去救援鄭國，與鄭國結盟。勝大怒，說：「鄭國人就在這裏，仇人不在遠處了。」

勝親自磨劍，子期的兒子平看見他，說：「您為什麼親自磨劍呢？」勝說：「我是以爽直聞名於世的，不告訴你，難道能算得上是爽直嗎？我打算用它來殺死你的父親。」平把這些話告訴了子西。子西說：「勝就像蛋，是我翼護而使他長大。在楚國，如果我死，令尹、司馬，不是勝擔任還有誰擔任？」勝聽到了這話，說：「令尹真狂妄啊！他如果得到好死，我就不是我。」子西沒有覺悟。勝對石乞說：「國君和兩位卿士，共用五百個人對付他們，就可以了。」石乞說：「這五百人不能得到。」又說：「市場的南邊有個叫熊宜僚的人，如果能得到他，可以抵五百個人了。」石乞就隨從白公勝而去見熊宜僚。和他談話，很高興。石乞把來意和要辦的事告訴他，熊宜僚推辭拒絕。用劍架在他脖子上，他也不動。白公勝說：「這是一個不為利誘、不怕威脅、不洩漏別人的話去討好的人，離開他吧。」

吳國人攻打慎地，白公勝打敗了他們。白公勝請求用戰爭裝備奉獻於朝廷，楚惠王允許了他，於是白公勝就乘機發動叛亂。秋季七月，在朝廷上殺了子西、子期，而且劫持了惠王。子西用衣袖遮掩著臉而死去。

子期說：「過去我用勇力事奉國君，不可以有始而無終。」拔起一棵樟樹用來打死敵人然後死去。石乞說：「焚燒府庫，殺死國君。不這樣，事情不能成功。」白公勝說：「不行。殺死國君，不吉祥；焚燒府庫，就沒有積聚，打算用什麼來保守呢？」石乞說：「佔有楚國而治理那裏的百姓，用恭敬來事奉神靈，可以得到吉祥，而且還有積聚呢，憂慮什麼？」白公勝不聽從。

葉公住在蔡地，方城山外邊的人都說：「可以進入國都了。」葉公說：「我聽說，用冒險而僥幸成功的人，他的奢求不會滿足，辦事不公平百姓必然離心。」聽到白公勝殺了賢大夫齊國人管脩，而後葉公才進入郢都。

白公勝想要子閭做國君，子閭不同意，就用武力劫持了他。子閭說：「您如果安定楚國，扶助王室，然後對我加以遮護，這是我的願望，豈敢不聽從？如果打算專謀私利來傾覆王室，不顧楚國的國家利益，我就寧死不從。」白公勝就殺了子閭，而帶著楚惠王去到高府。石乞守門。圉公陽在宮牆上挖了一個洞，背著楚惠王來到昭夫人的宮裏。

葉公也在此時來到，到達北門，有人遇到他，說：「您為什麼不戴頭盔？國內的人盼望您好像盼望慈愛的父母一樣，盜賊的箭如果射傷您，這就斷絕了民眾的盼望，為什麼不戴上頭盔？」於是葉公就戴上頭盔而進入。又遇到一個人說：「您為什麼戴著頭盔？國內的人盼望您就像盼望一年的好收成，天天抱著希望，如果見到您的面，這就能安心了。民眾知道您沒有死，那也就人人有奮戰之心，還要表彰您而在都城裏對民眾宣傳；你卻又把臉遮掩著而斷絕民眾的盼望，不也太過分了嗎！」於是葉公就脫下頭盔而進入。遇到箴尹固率領他的部下，打算去幫助白公。葉公說：「如果沒有子西和子期兩位，楚國就不成為國家了。拋棄德行跟隨盜賊，難道能保障安全嗎？」於是箴尹固就跟從葉公。葉公派他和國內的人去攻打白公勝，白公勝逃奔到山上自己上吊而死。他的部下把他的屍體隱藏起來。葉公活捉石乞而查問白公勝的屍體。石乞回答說：「我知道他屍體所藏的地方，但白公囑我不要說。」葉公說：「不說，就煮了你。」石乞說：「這件事成功就是卿，不成功就被煮死，本來是那應有的結果，有什麼妨害？」於是就煮了石乞。王孫燕逃奔到頯黃氏。

葉公兼任二職，國家安定以後，就讓寧做令尹，讓寬做司馬，而自己在葉地退休養老。

【說 明】這一大段都是記敘楚國的內亂。

第一節是追敘。從四十三年前的楚平王太子建被讒自城父奔宋又奔鄭敘起，到太子建因與晉國間諜陰謀襲鄭而被鄭國所殺，這都是發生在許多年以前的事。這裏追敘是為了說明白公勝與鄭國怨仇的由來。接著又追敘太子建之子勝在吳國，子西不聽葉公的勸告，把勝召回楚國，安置在與吳國交界之地，這是發生在八年以前的事。這裏追敘是說明勝從吳國回楚國是得到子西的幫助。尤其重要的是通過葉公與子西的一段對話，說明勝的為人狡詐而好作亂，為下文的叛亂埋下了伏線。再接著追敘白公勝一再請求伐鄭以報殺父之仇，子西卻從推託不聽到允許而不出兵，又到晉伐鄭時楚卻救鄭並訂盟，這是發生在近幾年的事。這裏的追敘就是為了說明白公勝叛亂的導火線。勝因此而把子西、子期等楚國執政的卿士都看成是自己的仇人。是與殺父仇敵鄭國一樣的仇敵。於是白公勝為了報仇而準備叛亂。

第二節是記敘白公勝叛亂的準備。勝親自磨劍並直言不諱地告訴子期之子是為了殺子期，但子西等卻始終沒有覺察到白公勝在為報父仇而準備叛亂，卻錯誤地認為勝只是為了奪權，以為子西死後讓他當上令尹或司馬，矛盾就會解決，於是放鬆了警惕，為白公勝叛亂的得逞提供了可乘之機。白公勝與石乞商量傾覆楚國的力量需要五百人，而如果得到熊宜僚一個人就可抵上五百人，所以他們去請熊宜僚幫助，但結果是被熊宜僚所拒絕。白公勝的叛亂準備至此告一挫折。

第三節正面記敘白公勝的叛亂。吳國攻打慎地被白公勝打敗，於是白公勝以用戰備到朝廷獻捷為名，乘機發動了叛亂。子西、子期被殺，國君楚惠王被劫持。石乞還勸白公勝焚燒府庫，殺掉惠王，雖然白公勝沒有同意，叛亂很快進入了高潮。

第四節記敘葉公在蔡地靜觀形勢，沒有冒險入都，等到聽說白公勝殺了賢大夫管脩，知道白公勝不能成事，才發兵向郢都進發。說明葉公做事很謹慎。

第五節記敘子閭在白公勝威逼下，寧死不當國君，大義凜然。而圉公陽在宮牆上挖洞而救出楚惠王，也是忠節可嘉。

第六節記敘葉公進入郢都後，順從民心，以大義規勸箴尹固走從德討賊的正路，終於使戰爭大獲全勝。白公勝自縊而死，石乞被活捉而煮死。白公勝的弟弟逃奔吳地，叛亂終於平定。這是矛盾的結局。

第七節是餘波。葉公把令尹和司馬的官職都託付年輕人，自己退休養老。說明他不貪戀爵祿。一心為國。

傳 衛侯❶占夢❷，嬖人❸求酒於大叔僖子❹，不得，與卜人比❺，而告公❻曰：「君有大臣在西南隅❼，弗去，懼害。」乃逐大叔遺❽。遺奔晉。

衛侯謂渾良夫❾曰：「吾繼先君而不得其器，若之何？」良夫代執火者❿而言，曰：「疾⓫與亡君⓬，皆君之子也，召之而擇材焉可也。若不材，器可得也。」豎⓭告大子⓮。大子使五人輿豭⓯從己，劫公而強盟⓰之，且請殺良夫。公曰：「其盟免三死⓱。」曰：「請三之後有罪殺之。」公曰：「諾哉！」

【注釋】❶衛侯 指衛莊公。名蒯聵。❷占夢 做夢而占卜。❸嬖人 寵臣。❹大叔僖子 名遺。僖，諡號。衛國大夫。❺比 勾結。❻公 指衛莊公。❼隅 角落。❽大叔遺 即大叔僖子。❾渾良夫 本為孔文子家童僕，因與孔文子夫人私通，得與衛莊公交結，成為衛莊公回都即位的功臣。見上年傳文。❿執火者 拿燭的人。⓫疾 衛莊公的太子，名疾。⓬亡君 指衛出公。名輒。衛莊公之子。上年孔悝立莊公，輒逃亡到魯國。見上年的傳文。⓭豎 童僕。⓮大子 即太子疾。⓯豭 公豬。⓰強盟 強迫與他盟誓必立己為太子。⓱免三死 赦免三次死罪。衛大子蒯聵與渾良夫盟誓見上年傳。

【語譯】衛莊公為自己做夢而占卜，他的寵臣向太叔遺要酒，沒有得到，就和卜人勾結，而告訴衛莊公說：

「您有大臣住在西南角上，不除掉他，恐怕有危害。」於是就驅逐太叔遺。太叔遺逃奔到晉國。

衛莊公對渾良夫說：「我繼承了先君而沒有得到他的寶器，怎麼辦？」渾良夫讓拿燭的侍者出去而自己代他執燭而說話，說：「疾和逃亡在外的國君，都是您的兒子，召他回來而可以量材選擇。如果沒有才能，可以廢掉他，寶器就可以得到了。」童僕就去密告太子疾。太子派五個人用車子裝著公豬跟隨自己，劫持衛莊公而強迫他和自己盟誓，而且請求殺死渾良夫。衛莊公說：「我和他的盟誓說過赦免三次死罪。」太子疾說：「請在三次以後有罪就殺了他。」衛莊公說：「好啊！」

【說　明】這一段記載衛莊公的兩件事。一是為做夢而占卜，結果被卜人愚弄，把一位大夫太叔遺驅逐出國。另一是想得到傳國寶器，結果渾良夫的話引起太子疾的忿恨，逼著他盟誓要立他為太子，並請求以後殺掉渾良夫。

從這兩件事上可看出衛莊公是個既平庸又心胸狹隘的國君。由於他逃亡在外日久，好不容易通過姊姊的關係從自己的兒子手裏奪得國君位置，但他對原來朝中的舊臣都不信任，一心想把所有舊臣全部除掉，所以許多大臣都出奔他國。衛莊公即位的時候，他的兒子衛出公輒就逃亡到魯國，把傳國的寶器也帶走了。現在衛莊公又想把寶器也奪到手，所以和渾良夫商量。這是一件極為機密的事，所以渾良夫讓執燭的侍從人員都退走，然後他自己代做執燭人為衛莊公出謀劃策：只要把兒子衛出公輒召回來，事情就好辦，如果有才能，就把他立為太子，寶器可交出來。如果無才能，就把他廢為一般的公子，寶器也可到衛莊公手裏。但這又激起了兩個兒子疾和輒的矛盾。疾強迫父親盟誓要立他為太子，並要殺渾良夫，這與下年第一節實為一件事，應連讀。

十七年

《春秋》經文至本年結束。下年起只有《左傳》傳文了。

癸亥，西元前四七八年。周敬王四十二年、齊平公三年、晉定公三十四年、秦悼公十四年、楚惠王十一年、宋景公三十九年、衛莊公二年、陳閔公二十四年、蔡成侯十三年、鄭聲公二十三年、燕獻公十五年、吳夫差十八年、越句踐十九年、杞閔公九年。

傳 十七年春，衛侯為虎幄❶於藉圃❷，成，求令名者而與之始食焉❸。大子請使良夫。良夫乘衷甸❹兩牡❺，紫衣狐裘。至，袒裘❻，不釋劍而食。大子使牽以退，數❼之以三罪而殺之。

三月，越子❽伐吳，吳子❾禦之笠澤❿，夾水而陳⓫。越子為左右句卒⓬，使夜或左或右，鼓譟⓭而進，吳師分以禦之。越子以三軍潛涉⓮，當⓯吳中軍而鼓之，吳師大亂，遂敗之。

晉趙鞅⓰使告于衛，曰：「君之在晉也，志父⓱為主。請君若⓲大子來，以免志父。不然，寡君其⓳曰志父之為也。」衛侯辭以難，大子又使椓⓴之。夏六月，趙鞅圍衛。齊國觀㉑、陳瓘㉒救衛，得晉人之致師㉓者。子玉㉔使服㉕而見之，曰：「國子實執齊柄，而命瓘曰：『無辟㉖晉師！』豈敢廢命？子又何辱？」簡子㉗曰：「我卜伐衛，未卜與齊戰。」乃還。

【注釋】❶虎幄　刻有虎紋的大木帳。幄，通「楃」。形如屋的大木帳。❷藉圃　園圃名。❸始食焉　在那裏吃第一頓飯。

焉，於之；在那裏。❹衷甸　古代卿所乘的二馬一轅的車子。❺牡　雄馬。❻袒裘　把皮袍敞開。❼數　列舉罪狀。❽越子　越國國君句踐。子爵。❾吳子　吳國國君夫差。子爵。❿笠澤　即今吳淞江，又稱蘇州河。黃浦江支流。源出太湖瓜涇口，東流到上海市區外白渡橋人黃浦江。⓫陳　排列陣勢。⓬句卒　句伍；支隊。句，同「勾」。⓭鼓譟　擊鼓吶喊。⓮潛涉　偷渡。⓯當　向；對準。⓰趙鞅　即趙簡子。晉國卿士，執政大臣。⓱志父　即趙鞅的名字。⓲若　或者。⓳其　大概；恐怕。⓴椓　通「諑」。毀謗。㉑國觀　國書之子。齊國大夫。㉒陳瓘　齊國大夫。陳恆之兄。㉓致師　在陣前挑戰。㉔子玉　即陳瓘的字。㉕服　釋囚服，穿本衣。㉖辟　通「避」。逃避。㉗簡子　趙簡子。即趙鞅。

【語　譯】魯哀公十七年春天，衛莊公在藉圃造了一座刻有虎紋的屋帳，造成後，尋找一個有好名聲的人而和他在那裏吃第一頓飯。太子疾請求讓渾良夫。渾良夫乘坐兩匹公馬駕的單轅的車子，穿著紫衣服狐皮袍。來到以後，敞開皮袍，沒有解下佩劍就吃飯。太子疾派人牽著他退下，列舉他的三條罪狀以後另有罪而殺了他。

三月，越王句踐攻打吳國，吳國夫差在笠澤抵禦，夾河排列開陣勢。越王句踐把軍隊分出左右兩隊，讓他們在夜裏或從左邊或從右邊，擊鼓吶喊著前進；吳軍只得用分兵來抵禦他們。越王句踐帶領三軍偷渡過河，正面對著吳國的中軍擊鼓進攻，吳軍大亂，於是越軍打敗了吳軍。

晉國的趙鞅派人向衛莊公通告，說：「您在晉國的時候，我是主人。現在請您或者請您的太子來一下，以免除我的罪過。不這樣，我的國君恐怕會說這是我授意您這樣做的。」衛莊公用國內有禍難加以推辭，太子疾又派人在使者面前毀謗衛莊公。夏季六月，趙鞅率兵包圍衛國。齊國的國觀、陳瓘救援衛國，俘虜了晉國在陣前挑戰的人。陳瓘讓被俘者脫去囚服穿上原來的衣服而接見他，說：「國氏實在掌握著齊國的權力，而命令我說『不要躲避晉國的軍隊！』我怎敢廢棄這個令？又何必煩勞您呢？」趙鞅說：「我對攻打衛國曾占卜過，與齊軍作戰沒有占卜過吉凶。」於是就率兵回去。

【說　明】這段第一節應與上年末節連讀。上年末節與這一節實為一件事。本年衛太子疾設計殺渾良夫，就是上年末節渾良夫替衛莊公謀劃立太子事的結果。

第二節記載越國攻打吳國，越軍故意分出兩小支隊伍從左右兩側攻打吳軍，以分散吳軍兵力，然後以三軍攻打吳國中軍一軍，使吳軍大敗。這就為後來越國滅亡吳國奠定了基礎。

第三節記敘趙鞅以衛莊公過去曾在晉國避難為由，要他來朝拜晉國。但遭到衛莊公的拒絕，衛太子疾又說其父的壞話，促使趙鞅包圍衛國。而齊國郤來救援衛國。齊國陳瓘故意在晉國俘虜前說自己不想打晉軍，讓俘虜回去告訴趙鞅，所以趙鞅才退兵回去。

傳 楚白公之亂❶，陳人恃其聚❷而侵楚。楚既寧，將取陳麥。楚子❸問帥❹於大師❺子穀❻與葉公諸梁❼，子穀曰：「右領❽差車❾與左史❿老⓫皆相⓬令尹、司馬以伐陳，其可使也。」子高曰：「率賤⓭，民慢⓮之，懼不用命焉。」子穀曰：「觀丁父⓯，鄀⓰俘也，武王⓱以為軍率⓲，是以克州⓳、蓼⓴，服隨㉑、唐㉒，大啟㉓羣蠻。彭仲爽㉔，申㉕俘也，文王㉖以為令尹，實㉗縣申、息㉘，朝陳、蔡，封畛㉙於汝㉚。唯其任㉛也，何賤之有㉜？」子高曰：「天命不諂㉝。令尹㉞有憾於陳㉟，天若亡之，其必令尹之子是與㊱，君盍舍焉㊲？臣懼右領與左史有二俘之賤而無其令德也。」王卜之，武城尹㊳吉。使帥師取陳麥。陳人御之，敗，遂圍陳。秋七月己卯㊴，楚公孫朝㊵帥師滅陳。

王與葉公枚卜㊶子良㊷以為令尹。沈尹朱㊸曰：「吉。過於其志㊹。」葉公曰：「王子而相國，過將何為！」他日，改卜子國㊺而使為令尹。

【注　釋】❶白公之亂　見上年傳。❷聚　積聚；豐厚的物資財富。❸楚子　指楚惠王。子爵。❹帥　統帥的人選。❺大師　太師，官名。春秋時晉、楚等國以此官輔弼國君。❻子穀　楚國人。官太師。❼葉公諸梁　即沈諸梁，字子高。封於葉，故名葉公。見上年傳文及注。❽右領　楚國官名。❾差車　楚國人名。官為右領。❿左史　楚國官名。⓫老　楚國人名。⓬相　輔佐。⓭率賤　都當過俘虜。率，都；皆。賤，人格低下。此處指當過俘虜。⓮慢　輕視。⓯觀丁父　周平王時楚國人。⓰鄀　古國名。允姓。有上鄀、下鄀之分。上鄀，一作「若」，在今湖北宜城東南，被楚所滅，春秋後期為楚國都城。下鄀，金文作「蠚」或「蛕」，在今河南內鄉、陝西商縣間，被晉所滅，為晉邑。⓱武王　指楚武王，名熊通。西元前七四〇年即位，在位五十一年。⓲軍率　即軍帥。⓳州　古國名。偃姓。在今湖北洪湖市東北，被楚國所滅。⓴蓼　古國名。在今河南唐河縣南。被楚國所滅。㉑隨　國名。姬姓。在今湖北隨州市。後被楚國所滅。㉒唐　國名。姬姓。在今湖北隨州市西北唐城鎮。魯定公五年（西元前五〇五年）被楚國所滅。㉓啟　開導。㉔彭仲爽　楚文王時令尹。大約在鬬祁之後，子元之前為令尹。楚國令尹見於《左傳》的有二十八人，只有彭仲爽為申國俘虜，其他都是楚國王族。㉕申　國名。姜姓。在今河南南陽。被楚文王所滅。㉖文王　指楚文王，名熊貲。魯莊公五年（西元前六八九年）即位，在位十三年。㉗實　語首助詞。㉘息　國名。姬姓。在今河南息縣。魯莊公十四年（西元前六八〇年）被楚國所滅。㉙畛　疆界。㉚汝　水名。上游即今河南北汝河；自郾城以下，南經西平東會溉水(今洪河)，又南經上蔡西至遂平東會瀙水(今沙河)；此下即今南汝河及新蔡以下的洪河。㉛任　勝任。㉜何賤之有　有何賤。之，賓語置於動詞前的標誌詞。㉝諂　疑惑。㉞令尹　指前令尹子西。㉟有憾於陳　對陳國有遺恨。指哀公十五年子西伐吳，陳國派公孫貞子到吳國慰問。㊱令尹之子是與　與令尹之子。是，賓語置於動詞前的標誌詞。㊲盍舍焉　何不任命於他。盍，何不。舍，安置；任命。焉，於之。㊳武城尹　指子西之子公孫朝。時為武城的長官。武城，楚國邑名。在今河南信陽東北。㊴七月己卯　七月初八日。㊵公孫朝　即武城尹，子西之子。㊶枚卜　古代用占卜法選官，所以稱選用官員為「枚卜」。㊷子良　楚惠王之弟。字子良。㊸沈尹朱　即子朱，後為太宰之官。㊹志　期望。㊺子國　名寧。即上年「使寧為令尹」的「寧」。子西之子。

【語　譯】楚國白公發動叛亂的時候，陳國人依仗著他們有豐厚積聚而侵襲楚國。楚國安定以後，打算奪取陳國的麥子。楚惠王向太師子穀和葉公諸梁詢問統帥的人選，子穀說：「右領差車和左史老都輔佐過令尹子西和司馬子期攻打陳國，大概是可以派遣的。」葉公說：「這兩個人都是做過俘虜而人格低賤，民眾輕視他們，怕不會聽從命令於他們。」子穀說：「觀丁父，做過鄀國的俘虜，當年楚武王用他做軍帥，因此攻克州國、蓼國，使隨國、唐國順服，大大地開導了各部蠻人。彭仲爽，做過申國的俘虜，當年楚文王用他做令尹，使申國、息國成為我楚國的兩個縣，使陳國、蔡國來朝拜我國，開拓楚國的封疆到達汝水。只要他能夠勝任，有什麼俘虜的卑賤呢？」葉公說：「上天的命令不容懷疑。令尹子西對陳國有遺恨，上天如果要滅亡陳國，大概一定會保祐令尹的兒子去完成，您何不任命他呢？我怕右領和左史有兩俘虜的卑賤而沒有他們的美德。」楚惠王為此占卜，武城尹公孫朝吉利。就派他領兵去奪取陳國的麥子。陳國人抵禦楚軍，戰敗，於是公孫朝就包圍了陳國。秋季七月初八日，楚國公孫朝領兵滅亡了陳國。

楚惠王和葉公為讓子良做令尹而占卜。沈尹朱說：「吉利。他的志望超過於令尹。」葉公說：「以王子地位而輔佐國君，超過令尹地位將要做什麼！」過了些日子，改為子國占卜而讓他做令尹。

【說　明】這段記載楚國之事。第一節主要記敘滅亡陳國。起因是上年楚國內亂時陳國曾乘機侵襲楚國。如今楚國安定了，就要對陳國進行報復。報復的內容是要奪取陳國的積聚——麥子，因為陳國就是依仗其積聚豐厚而來侵襲的。但對任命誰去完成這個任務，子穀和葉公展開了一場爭論，最後還是由楚惠王占卜決定，讓前令尹子西之子公孫朝領兵去奪取陳國的麥子。結果不但奪取了麥子，還滅亡了陳國。證明葉公的判斷是正確的：老天如果要滅亡陳國，大概一定要給令尹之子去完成，因子西對陳有遺恨。

第二節是為選任誰為令尹而占卜。先是想讓楚惠王之弟子良為令尹，但沈尹朱認為他的志望不止於令尹。這就使葉公警惕起來，因為王子當令尹而還要超過這位置，那就是要做國君了。所以最後又改卜而選子西之子子國當令尹。子國名寧，也就是上年傳文所說的「使寧為令尹」。實際上是一件事。上年傳文是探後言之，實際任命是在本年。

傳　衛侯夢于北宮❶，見人登昆吾之觀❷，被❸髮北面❹而譟❺曰：「登此昆吾之虛⑥，緜緜⑦生之瓜。余為渾良夫，叫天無辜⑧。」公親筮之，胥彌赦⑨占之，曰：「不害。」與之邑，寘⑩之而逃，奔宋。衛侯貞卜⑪，其繇⑫曰：「如魚竀⑬尾，衡⑭流而方羊⑮。裔焉⑯大國，滅之，將亡。闔⑰門塞竇⑱乃自後踰。」

冬十月，晉復伐衛，入其郛，將入城。簡子曰：「止！叔向⑲有言曰：『怙⑳亂滅國者無後。』」衛人出莊公而與晉平。晉立襄公㉑之孫般師㉒而還。

十一月，衛侯自鄄㉓入，般師出。初，公登城以望，見戎州㉔。問之，以告。公曰：「我，姬姓也，何戎之有焉？」翦㉕之。公使匠㉖久㉗。公欲逐石圃㉘，未及而難作。辛巳㉙，石圃因匠氏㉚攻公。公闔㉛門而請，弗許。踰于北方㉜而隊㉝，折股㉞。戎州人攻之，大子疾、公子青㉟踰從公，戎州人殺之。公入于戎州己氏㊱。初，公自城上見己氏之妻髮美，使髡㊲之，以為呂姜㊳髢㊴。既入焉，而示之璧㊵，曰：「活我㊶，吾與女㊷璧。」己氏曰：「殺女，璧其焉往？」遂殺之，而取其璧。衛人復公孫般師㊸而立之。十二月，齊人伐衛，衛人請平，立公子起㊹，執般師以歸，舍諸潞㊺。

公會齊侯㊻盟于蒙㊼，孟武伯㊽相㊾。齊侯稽首㊿，公拜[51]。齊人怒。武伯曰：「非天子，寡君無所稽首。」武伯問於高柴[52]曰：「諸侯盟，誰執牛耳？」季羔[53]

曰：「鄫衍之役(54)，吳公子姑曹；發陽之役(55)，衛石魋(56)。」武伯曰：「然則彘(57)也。」

宋皇瑗(58)之子麇(59)有友曰田丙，而奪其兄劖般(60)邑以與之。劖般慍(61)而行，告桓司馬(62)之臣子儀克(63)。子儀克適宋(64)，告夫人(65)曰：「麇將納桓氏(66)。」公問諸子仲(67)。初，子仲將以杞姒(68)之子非我為子(69)。麇曰：「必立伯(70)也，是良材。」子仲怒，弗從，故對曰：「右師(71)則老矣，不識麇也。」公執之。皇瑗奔晉，召之。

【注釋】❶北宮　衛莊公的別宮；在北部的寢宮。❷昆吾之觀　在北宮之南，建築在昆吾廢址上的樓觀。❸被　通「披」。❹北面　臉面朝著北邊。❺譟　叫嚷；喧譁。❻虛　「墟」的本字。土丘；遺址。❼緜緜　綿延不斷貌。❽無辜　無罪。衛莊公曾與渾良夫盟誓赦免他三次死罪，見哀公十五年傳。但太子疾以一時之事數為三罪而殺之，所以他自稱無辜。❾胥彌赦　衛國占筮的官員。❿寘　棄置；廢棄。⓫貞卜　占卜。⓬繇　卜兆的占詞。⓭竀　通「赬」。赤色。⓮衡　橫。⓯方羊　同「彷徉」。遊蕩不定。⓰裔焉　邊於。裔，邊。焉，於。⓱闔　閉；關。⓲竇　洞；孔穴。⓳叔向　晉國大夫。羊舌氏，名肸。晉平公時為太傅。⓴怙　依仗；趁機。㉑襄公　衛襄公。名惡。衛靈公之父。魯襄公三十年（西元前五四三年）即位，在位九年。㉒般師　衛襄公之孫。名般師。㉓鄄　本為衛國邑名。在今山東鄄城北。此時已為齊國所有。衛莊公出奔，即到齊地，故此時從鄄地入衛都。㉔戎州　衛國都城內戎人居住之地。㉕翦　毀；滅。㉖匠　工匠；百工。㉗久　長期勞動不讓休息。㉘石圃　石惡之子。衛卿。㉙辛巳　十一月十二日。㉚因匠氏　依靠工匠。㉛闔　一作「閉」。㉜北方　北牆。㉝隊　同「墜」。墜落。㉞股　大腿。㉟公子青　衛莊公之子，太子疾之弟。㊱己氏　戎人的姓。㊲髡　古代一種剃去頭髮的刑罰。此處指剃去頭髮、剪下頭髮。㊳呂姜　衛莊公夫人。㊴髢　假髮。㊵璧　美玉；平圓形正中有孔的玉器。㊶活我　使我活命。

㊷女　通「汝」。你。㊸公孫般師　即般師。因是衛襄公之孫，故稱公孫般師。㊹公子起　衛靈公之子。名起。㊺舍諸潞　讓他住在潞地。舍，住居。諸，「之於」的合音合義。之，代指般師。潞，齊國地名。約在齊都郊外。㊻齊侯　指齊平公。名鶩。齊悼公之子，齊簡公之弟。魯哀公十五年（西元前四八〇年）即位，在位三十五年。㊼蒙　魯國地名。在今山東蒙陰西南。㊽孟武伯　名彘，諡號武。孟懿子的兒子。魯卿。㊾相　贊禮。㊿稽首　叩頭到地。是古代九拜中最恭敬的跪拜禮。(51)拜　彎腰作揖。(52)高柴　字季羔，孔子弟子。孟武伯的家臣。(53)季羔　即高柴的字。(54)鄫衍之役　指魯哀公七年夏魯國與吳國在鄫地的會盟。(55)發陽之役　指魯哀公十二年魯國與衛國、宋國在鄖地之盟。(56)石魋　石曼姑之子。衛卿。死後諡號昭，稱昭子。(57)彘　孟武伯之名。(58)皇瑗　宋國大夫。官右師。(59)麇　皇瑗之子。名麇。(60)劓般　皇瑗之子，皇麇之兄。(61)慍　含怒；怨恨。(62)桓司馬　即向魋，亦稱桓魋。宋國司馬。(63)子儀克　桓魋的家臣。因為在外邑，未參與桓魋之亂，所以還在宋國。(64)適宋　到宋國都城。(65)夫人　宋景公之母。(66)桓氏　指向魋一族。宋桓魋之亂，向巢等兄弟都出奔他國，見前哀公十四年傳文。(67)子仲　即皇野。字子仲。宋國大夫。(68)杞姒　皇野之妻。(69)子　嫡子；繼承人。(70)伯　長子；老大。指非我之兄。(71)右師　指皇瑗。

【語　譯】衛莊公在北宮做了一個夢，夢見一個人登上昆吾的樓觀，披頭散髮臉朝北邊叫嚷說：「登上這個昆吾之墟，有綿延不斷生長的瓜。我是渾良夫，向上天叫呼無辜。」衛莊公親自為此占筮，筮官胥彌赦占測，說：「沒有禍害。」衛莊公給他封邑，他放棄封邑而逃亡，奔往宋國。衛莊公又占卜，那繇辭說：「像一條紅尾的魚，橫穿急流而徘徊彷徉。邊於大國，消滅他，將要滅亡。關門塞洞，就越過後牆。」

冬季十月，晉國再次攻打衛國，進了衛國的外城，將要進入內城。趙簡子說：「停止！叔向說過：『依仗動亂而滅亡別國的人沒有後嗣。』」衛國人把衛莊公逐出國而和晉國媾和。晉國人立衛襄公的孫子般師為國君然後回國。

十一月，衛莊公從鄄地回到國都，般師出奔。當初，衛莊公登上城樓而遠望，見到戎人的居住地。他問左右的人，人們就把戎人居地告訴他。衛莊公說：「我是姬姓，為什麼有戎人在那裏住？」於是就毀了戎人居住地。衛莊公使用工匠長期不讓休息。衛莊公想要驅逐國卿石圃，沒有來得及而禍難發生了。十月十二日，石圃依靠工匠攻打衛莊公。衛莊公關上門而請求退兵，石圃不允許。衛莊公從北牆跳越而墜落下去，折斷了大腿骨。戎人也攻打衛莊公，太子疾、公子青越牆跟隨衛莊公，戎人殺了他們。衛莊公逃入到戎州己氏那裏。當初，衛莊公從城上看到己氏的妻子頭髮很美，使人剪下它，把它做了自己夫人呂姜的假髮。如今既到了己氏那裏，而拿出玉璧給己氏看，說：「使我活命，我給你玉璧。」己氏說：「殺了你，玉璧還能往哪裏去？」於是就殺了衛莊公，而拿走了他的玉璧。衛國人又讓公孫般師回來而立他為國君。十二月，齊國人攻打衛國，衛國人請求媾和，齊國人立公子起為衛國國君，拘捕了般師回去，安置他住在潞地。

魯哀公在蒙地會見齊平公並且結盟，孟武伯贊禮。齊平公向魯哀公叩頭，魯哀公向齊平公只彎腰作揖。齊國人很惱怒。孟武伯說：「不是天子，我們的國君不能向別人叩頭。」孟武伯向高柴詢問說：「諸侯結盟，誰執牛耳？」高柴說：「鄫地的那次結盟，執牛耳的是吳國公子姑曹；發陽的那次結盟，是衛國的石魋。」孟武伯說：「那麼這次就是我了。」

宋國皇瑗的兒子麇有個朋友叫田丙，麇奪取他哥哥劖般的封邑給了田丙。劖般怨恨而出走，告訴了桓魋的家臣子儀克。子儀克到宋國都城，告訴夫人說：「麇打算接納桓氏。」宋景公向皇野詢問。當初，皇野想要把杞姒之子非我作為嫡子。麇說：「一定要立長子，這是好材料。」皇野發怒，不聽從，所以這時回答宋景公說：「右師皇瑗已經老了，不會作亂，對麇就不知道了。」宋景公就逮捕了麇。皇瑗出奔到晉國，宋景公召他回國。

【說　明】這段第一、二、三節是記載衛國的反覆動亂。衛莊公從兒子那裏奪取國君位置後，一直心魂不安，但又不斷做些不合道義的事，這就決定了他不會有好下場。第一節記載他夢見渾良夫叫屈，為此而占筮占卜。占筮的結果，筮官口上說沒有禍害，實際上是有禍，所以他逃跑了；占卜的繇辭實際上是暗示衛莊公以後的遭遇。必須說明的是渾良夫的叫呼和卜辭都是押韻的。渾良夫的話是以「墟」、「瓜」、「夫」、「辜」為韻，屬魚模韻部；卜辭是以「羊」、「亡」為韻，屬陽唐韻部；「竇」、「踰」為韻，屬侯部。第二節記載晉國攻打衛國，結果是衛莊公被驅逐出國，晉國人立公孫般師為國君。這是衛莊公又一次出逃。第三節記載衛莊公又回國當國君，般師出逃。然後追敘了以往的兩件事：一是衛莊公曾毀除戎人的居住地；一是衛莊公役使工匠長期不讓休息，這都結了怨仇。所以，當衛莊公想驅逐石圃時，石圃就利用工匠攻打他，當他逃到戎人己氏處時，又因為他曾剪下己氏妻子的美髮作為自己夫人的假髮，因此被己氏所殺。這說明衛莊公確實做了許多壞事，民眾怨恨很深，他的被殺是咎由自取。而衛國也因此多災多難。衛國人在衛莊公被殺後立公孫般師為國君，接著齊國來攻打衛國，又立公子起為衛國國君，擒拿般師到齊國。這又為下年石圃驅逐公子起埋下了伏線。

第四節記載魯哀公和齊平公結盟，由孟武伯執牛耳。但魯哀公對齊平公不稽首事，為後來哀公二十一年齊國人的責備張本。

第五節記載宋國皇瑗之子兄弟叔姪間的矛盾。皇麇奪了其兄劉般的封邑，形成兄弟間的矛盾。劉般把此事告訴了子儀克，而子儀克報告宋國國君說麇要接納桓氏，使宋國形勢危急。當國君問皇野時，皇野又因曾與麇在立嫡嗣問題上有不同看法，因此回答國君說麇是否會作亂不可知。這本是叔姪間的私人矛盾，卻促使宋景公把麇抓了起來，並使麇的父親嚇得出逃到晉國，而宋景公又把他召回來。這一節應與下年第一節連讀。因為本節內容就是下年殺皇瑗的原因。

十八年

甲子，西元前四七七年。周敬王四十三年、齊平公四年、晉定公三十五年、秦悼公十五年、楚惠王十二年、宋景公四十年、衛起元年、蔡成侯十四年、鄭聲公二十四年、燕獻公十六年、吳夫差十九年、越句踐二十年、杞閔公十年。

傳 十八年春，宋殺皇瑗。公❶聞其情，復皇氏之族，使皇緩❷為右師。

巴人伐楚，圍鄾❸。初，右司馬子國❹之卜也，觀瞻❺曰：「如志。」故命之。及巴師至，將卜帥。王曰：「寧❻如志，何卜焉？」使帥師而行。請承❼，王曰：「寢尹❽、工尹❾勤先君❿者也。」三月，楚公孫寧⓫、吳由于⓬、薳固⓭敗巴師于鄾，故封子國於析⓮。君子曰：「惠王知志。〈夏書〉⓯曰：『官占⓰唯能蔽⓱志，昆⓲命于元龜⓳。』其是之謂⓴乎！《志》曰：『聖人不煩㉑卜筮。』惠王其有焉㉒。」

夏，衛石圃㉓逐其君起㉔，起奔齊。衛侯輒㉕自齊復歸，逐石圃，而復石魋㉖與大叔遺㉗。

【注釋】❶公　指宋景公。❷皇緩　皇瑗的姪子。❸鄾　楚國邑名。在今湖北襄陽舊城東北。❹子國　子西之子。名寧，字子國。❺觀瞻　楚國開卜大夫。觀從的後代。❻寧　子國之名。又稱公孫寧。❼承　輔佐；任命副手。❽寢尹　楚國官名。指吳由于。見定公四年傳及注。❾工尹　楚國官名。即箴尹，指薳固。見定公四年及哀公十六年傳及注。❿勤先君　為先君出過力。按寢尹吳由于和鍼尹薳固在吳楚柏舉之戰中都有功勞。⓫公孫寧　即子國。名寧。⓬吳由于　即任寢尹官職者。⓭薳固　即箴尹固。⓮析　楚國邑名。在今河南內鄉、淅川西北境。⓯夏書　古書名。今已逸。⓰官占　占卜的官。⓱蔽　判斷。⓲昆　後。猶言然後。⓳元龜　大龜；龜甲。⓴是之謂　謂是；說的就是這個。是，此。之，賓語置於動詞前的標誌詞。㉑不煩　不糾纏；用不著。㉒有焉　有於此；能這樣。㉓石圃　衛卿。㉔起　衛國國君之名。㉕衛侯輒　指衛出公，名輒。哀公十五年逃奔魯國，後至齊國。㉖石魋　衛國大夫。被衛莊公逐出國。㉗大叔遺　衛國大夫。被衛莊公驅逐出國。見哀公十六年傳。

【語　譯】魯哀公十八年春天，宋國殺了皇瑗。宋景公聽到他們父子冤屈的情況，恢復了皇氏的家族，派皇緩做了右師。

巴地人攻打楚國，包圍了鄾地。當初，右司馬子國占卜，觀瞻說：「符合你的意願。」所以任命他為右司馬。等到巴軍到來，將要占卜統帥的人選。楚惠王說：「子國符合意願，對此還占卜什麼？」就派子國率領軍隊出行。子國請求任命副手，楚惠王說：「寢尹吳由于、工尹薳固都是為先君出過力的人。」三月，楚國的子國、吳由于、薳固在鄾地打敗了巴軍，所以把析地給子國做封邑。君子評論說：「楚惠王知道人的意願。〈夏書〉說：『占卜的官員只能判斷人的意願，然後使用龜甲。』大概說的就是這個吧！《志》說：『聖人用不著占卜占筮。』楚惠王大概能這樣。」

夏天，衛國的石圃驅逐了他的國君起，起逃奔到齊國。衛出公輒又從齊國回衛國，驅逐了石圃，而恢復了石魋和太叔遺原來的官職。

【說　明】本段第一節應與上年末節連讀。第二節記載巴軍攻打楚國，被子國率領的軍隊打敗。本來任命將帥要占卜，楚惠王卻認為用不著，所以君子讚賞他。第三節記載衛國的又一次動亂，與上年的記載相呼應。

十九年

乙丑，西元前四七六年。周敬王四十四年、齊平公五年、晉定公三十六年、秦厲共公元年、楚惠王十三年、宋景公四十一年、衛出公輒後元元年、蔡成侯十五年、鄭聲公二十五年、燕獻公十七年、吳夫差二十年、越句踐二十一年、杞閔公十一年。

傳 十九年春，越人侵楚，以誤吳❶也。夏，楚公子慶❷、公孫寬❸追越師，至冥❹，不及，乃還。

秋，楚沈諸梁❺伐東夷，三夷❻男女及楚師盟于敖❼。

冬，叔青❽如京師，敬王❾崩故也。

【注釋】❶誤吳　迷惑吳國，使吳國不作準備。❷公子慶　楚國公子，名慶。❸公孫寬　子期之子，名寬。官司馬。見前哀公十七年傳文及注。❹冥　越國地名。在今安徽廣德東南與浙江長興西南之間。❺沈諸梁　即葉公子高。❻三夷　約在今浙江寧波、台州、溫州三地之間。❼敖　東夷地名。在今浙江濱海處。❽叔青　叔還之子。魯國大夫。❾敬王　即周敬王。名匄。西元前五一九年即位，在位四十四年。敬，諡號。《逸周書・諡法解》：「夙夜警戒曰敬。」

【語譯】魯哀公十九年春天，越國人侵襲楚國，用來迷惑吳國。夏天，楚國的公子慶、公孫寬追逐越軍，到達冥地，沒有追上，就回師了。

秋天，楚國的沈諸梁攻打東夷，三地的男女夷人和楚軍在敖地結盟。

冬天，魯國大夫叔青去到京師，這是因為周敬王去世的緣故。

【說明】本年記載三件事。第一節記載越國侵襲楚國，但目的不在奪取楚國的土地，而只是一個轉移視線的手段，是為了迷惑吳國，使吳國人麻痺不注意而放鬆警惕，不作防越的戰備。所以當楚軍迎戰時，越軍就快速退兵，楚軍追趕都追不上，說明越軍是故意退走的，事先早就安排好的。為下年越國攻打吳國作鋪墊。

第二節記載楚國的沈諸梁攻打東夷，東夷即為越國之地，顯然是為了報復春天越國對楚國的侵襲。

第三節記載魯國派大夫到京師，是為了弔周敬王的喪事。歷史紀年一般都以本年周敬王的死作為春秋時期的結束，明年即作為戰國時期的開始。但《左傳》並未至此結束。

二十年

丙寅，西元前四七五年。周元王仁元年、齊平公六年、晉定公三十七年、秦厲共公二年、楚惠王十四年、宋景公四十二年、衛出公後元二年、蔡成侯十六年、鄭聲公二十六年、燕孝公二十三年、吳夫差二十一年、越句踐二十二年、杞閔公十二年。

傳 二十年春，齊人來徵會❶。夏，會于廩丘❷，為鄭故❸，謀伐晉。鄭人辭諸侯。秋，師還。

吳公子慶忌❹驟❺諫吳子，曰：「不改❻，必亡。」弗聽。出居于艾❼，遂適楚。聞越將伐吳，冬，請歸平越❽，遂歸。欲除不忠者以說❾于越。吳人殺之❿。

十一月，越圍吳，趙孟⓫降⓬於喪食⓭。楚隆⓮曰：「三年之喪，親暱之極也，主又降之，無乃有故乎？」趙孟曰：「黃池之役⓯，先主⓰與吳王有質⓱，曰：『好惡同之。』今越圍吳，嗣子⓲不廢舊業而敵之⓳，非晉之所能及也，吾是以為降。」楚隆曰：「若使吳王知之，若何？」趙孟曰：「可乎？」隆曰：「請嘗之。」乃往，先造⓴于越軍，曰：「吳犯間㉑上國㉒多矣，聞君親討焉，諸夏㉓之人莫不欣喜，唯恐君志之不從㉔，請入視之。」許之。告于吳王曰：「寡君之老㉕無恤使陪臣㉖隆，敢展謝㉗其不共㉘：黃池之役，君之先臣志父㉙得承齊盟㉚，曰：『好惡同之。』今君在難，無恤㉛不敢憚勞，非晉國之所能及也，使陪臣敢展布㉜之。」王拜稽首曰：「寡人不佞㉝，不能事越，以為大夫憂，拜命之辱。」與之一簞㉞珠，使問㉟趙孟，曰：「句踐將生憂㊱寡人，寡人死之不得矣。」王曰：「溺人㊲必笑㊳，吾將有問也。史黯㊴何以得為君子？」對曰：「黯也進㊵不見惡㊶，退㊷無謗言。」王曰：「宜㊸哉！」

【注釋】❶徵會　徵召會見。❷廩丘　齊國邑名。在今山東范縣東。❸為鄭故　因為鄭國曾被晉國攻打的緣故。❹慶忌　吳王僚之子。故又稱王子慶忌。❺驟　屢次。❻不改　不改變當時所行的政令。❼艾　吳國邑名。在今江西修水西。❽平越　與越國媾和。❾說　用話勸說別人使聽從自己的意見。❿之　他。指慶忌。⓫趙孟　指趙襄子。名無恤。趙簡子（趙鞅）之子。趙簡子鞅死於此年，所以襄子無恤繼承卿位，正在守父喪。襄，諡號。⓬降　降下一等。⓭喪食　古代禮制，守喪時飲食必須減少，稱為「喪食」。⓮楚隆　趙襄子的家臣。⓯黃池之役　見哀公十三年魯哀公與吳王夫差、晉定公等在黃池的會盟。⓰先主　指趙簡子。⓱質　盟誓。⓲嗣子　繼承人。趙襄子自稱。⓳敵之　敵越救吳。⓴造　往；到。㉑犯間　冒犯。㉒上國　對越國的尊稱。㉓諸夏　指中原各諸侯國。㉔不從　不能從願。㉕老　對公卿大臣的尊稱。趙襄子無恤此時為晉國正卿，故稱「老」。㉖陪臣　楚隆是趙襄子的家臣，所以自稱「陪臣」。㉗展謝　告罪。展，陳告。謝，謝罪。㉘共　通「恭」。恭敬。㉙志父　趙簡子鞅的字。㉚齊盟　同盟。㉛無恤　趙襄子之名。㉜展布　陳述報告。㉝不佞　不才；沒有才能。㉞簞　竹盒子；小竹盒。㉟問　贈送。㊱生憂　使活著受苦。㊲溺人　被淹死的人。㊳笑　強作笑而不歡。㊴史黯　即史墨。史墨曾預言不到四十年越國佔有吳國，見昭公三十二年傳。㊵進　仕進；做官。㊶不見惡　不被人嫌惡。㊷退　隱退；不做官。㊸宜　恰當。

【語　譯】魯哀公二十年春天，齊國人來魯國徵召會見。夏天，在廩丘會見，因為鄭國曾被晉國攻打的緣故，謀劃討伐晉國。鄭國人向諸侯辭謝。秋天，軍隊回國。

吳國的公子慶忌屢次勸諫吳王，說：「如果不改變政令，一定要被滅亡。」吳王不聽信。慶忌離開國都而住在艾地，於是又到了楚國。他聽到越國將要攻打吳國，冬天，他請求回國和越國媾和，於是又回到國內。慶忌想要除掉不忠於吳國的人以說服越國聽從自己的意見。吳國人殺了慶忌。

十一月，越國包圍吳國，趙襄子的飲食比居喪飲食還要降等。他的家臣楚隆說：「三年的喪禮，是表示親人愛心的頂點，現在您又降等，恐怕有別的緣故吧？」趙襄子說：「黃池的那次盟會，我的先父與吳王有過盟誓，說：『同好共惡。』現在越國包圍吳國，我想不廢棄過去的誓言而抗敵越國救援吳國，但又不是晉國的力量所能做到的，我因此而飲食降等以表心意。」楚隆說：「如果讓吳王知道這情況，怎麼樣？」趙襄子說：「行嗎？」楚隆說：「請讓我嘗試一下。」於是就前往，先到越軍那裏，對越王說：「吳國冒犯貴國已經多次了，聽說您親自對吳國討伐，中原各國的人沒有不高興歡喜的，只恐您的意願不能實現，請讓我進去看看他們吳軍的情況。」越王允許了他。楚隆向吳王報告說：「我們國君的正卿趙無恤派我來，謹為他的不恭而告罪：黃池的那次結盟，我國國君的先臣志父得以參加盟會，盟誓說：『同好共惡。』現在您處在危難之中，無恤不敢害怕辛勞，但又不是晉國的力量所能做得到的，謹派我來向您陳述報告。」吳王夫差下拜叩頭說：「我沒有才能，不能事奉越國，為此使大夫憂慮，謹拜謝他的命令。」給楚隆一小盒珍珠，讓他送給趙襄子，說：「句踐將使我活著受罪，我不得好死了。」吳王又說：「快要淹死的人必然強作歡笑，我還要問你呢，史黯為什麼能成為君子？」楚隆回答說：「史黯這個人做官時沒有人討厭他，隱退時沒有毀謗他的言論。」吳王夫差說：「稱他為『君子』真是恰當啊！」

【說　明】本年第一節記載廩丘之會，是齊國發起召集的。此時晉國公室已弱，四卿爭權，已經失去霸主地位。楚國有吳、越之患，無力爭霸。齊國的陳恆想因此主持盟會，在諸侯中樹立自己的聲勢。本想乘會盟之機攻打晉國，來討好鄭國，但因鄭國辭謝，所以作罷。各國軍隊都各自回國。

第二節記載吳國公子慶忌的活動。慶忌想除掉不忠於吳國的人，應當是指接受越國賄賂而又諂媚吳王夫差的太宰嚭等人。他這樣做對吳國圖強有好處，對越國是不利的，所以「以說于越」的「說」不能解釋為取悅於越，只能解釋為說服越國媾和。而殺慶忌的「吳人」也應該就是太宰伯嚭之流。所以，慶忌的被殺，不忠於吳的太宰嚭等人不除，吳國就失去了抗越圖存的機會了。

第三節記載越國包圍吳國，趙襄子想救吳國但又沒有力量，而他的心意又想讓吳王知道，所以才有楚隆的吳國之行。但此時吳國已被越軍包圍，要進入吳國都城必然要經過越軍，所以楚隆只能先入越軍，向越王句踐恭維一番，得到他的允許，才進入吳國都城面見吳王夫差。楚隆轉達了趙襄子對吳國的心意，使吳王夫差大為感激，還特地請楚隆轉送一盒珍珠給趙襄子表示謝忱。並請他轉告趙襄子自己將不得善終。最後吳王夫差又對楚隆私下問一個問題：史墨為什麼能稱得上君子。因為四十年前史墨曾預言吳國將被越國滅亡，這又與前面昭公三十二年的傳文相呼應。

二十一年

丁卯，西元前四七四年。周元王二年、齊平公七年、晉出公鑿元年、秦厲共公三年、楚惠王十五年、宋景公四十三年、衛出公後元三年、蔡成侯十七年、鄭聲公二十七年、吳夫差二十二年、越句踐二十三年、杞閔公十三年。

傳 二十一年夏五月，越人始來❶。

秋八月，公及齊侯、邾子盟于顧❷，齊人責稽首❸，因歌之曰：「魯人之皋❹，數年不覺，使我高蹈❺。唯其儒書，以為二國❻憂。」是行也，公先至于陽穀❼。齊閭丘息❽曰：「君辱舉玉趾❾，以在❿寡君之軍，羣臣將傳遽⓫以告寡君。比⓬其復也，君無乃勤⓭？為僕人之未次⓮，請除館於舟道⓯。」辭曰：「敢勤僕人？」

【注釋】❶始來　第一次來魯國。❷顧　齊國地名。在今河南范縣舊治東南。❸責稽首　責備魯哀公不回拜齊平公稽首之禮。見前哀公十七年傳文及注。❹皋　通「咎」。罪。❺高蹈　發怒而高躍；暴跳。❻二國　指齊國和魯國。❼陽穀　齊國邑名。在今山東陽穀東北。❽閭丘息　閭丘明的後代。複姓閭丘，名息。齊國大夫。❾玉趾　猶言玉步。稱人行止的敬詞。❿在　存問；慰勞。⓫傳遽　驛站車馬。⓬比　及；等到。⓭勤　勞苦。⓮次　準備賓館。動詞。⓯舟道　齊國地名。

【語譯】魯哀公二十一年夏季五月，越國人第一次來魯國。

秋季八月，魯哀公和齊平公、邾桓公在顧地結盟。齊國人責備以前魯哀公不回拜齊平公叩頭禮之事，就此歌唱說：「魯國人的罪過，幾年後還沒有自己覺悟，使我們發怒而暴跳。只因為他們拘信儒家禮書，造成了兩國的憂愁苦惱。」這次出行，魯哀公先到陽穀。齊國的閭丘息說：「承蒙您親舉玉步光臨，來慰問我國國君的軍隊，羣臣將要用驛車去向我國國君報告。等到他們報告後回來，您恐怕太勞苦了吧？因為僕人沒有準備好賓館，請在舟道下榻。」魯哀公辭謝說：「豈敢煩勞貴國的僕人？」

【說　明】本年記載越國第一次派使者來魯國，表明越國戰勝吳國後，想稱霸諸侯了。齊國人責備魯哀公不回拜齊平公稽首禮之事，並唱歌嘲笑，反映出齊國對魯國的不滿。歌詞以「皋」、「蹈」、「憂」為韻，古音都是幽韻。「覺」是幽部入聲字，也可入韻。魯哀公在陽穀的遭遇，說明齊國人既客氣又怠慢。

二十二年

戊辰，西元前四七三年。周元王三年、齊平公八年、晉出公二年、秦厲共公四年、楚惠王十六年、宋景公四十四年、衛出公後元四年、蔡成侯十八年、鄭聲公二十八年、吳夫差二十三年、越句踐二十四年、杞閔公十四年。

傳 二十二年夏四月，邾隱公❶自齊奔越，曰：「吳為無道，執父立子。」越人歸之，大子革❷奔越。

冬十一月丁卯❸，越滅吳，請使吳王居甬東❹。辭曰：「孤老矣，焉能事君？」乃縊。越人以歸❺。

【注釋】❶邾隱公　原邾國國君。名益。在位二十年，被吳國所囚禁，見哀公八年傳。後奔魯國又奔齊國，見前哀公十年傳文。本年越國人送他回國，在位二年，又被越人所擒。隱，謚號。❷大子革　即邾桓公。邾隱公之子。名革。魯哀公八年邾隱公被吳國囚禁後，太子革便即位為國君。在位十四年，越國人送邾隱公回國重新即位，革逃到越國。❸十一月丁卯　十一月二十七日。❹甬東　在今浙江定海東的翁山。❺以歸　把他的屍體帶回去。

【語譯】魯哀公二十二年夏季四月，邾隱公從齊國逃奔到越國，說：「吳國無道，囚禁父親而立兒子為國君。」越國人把他送回國，太子革就逃奔到越國。

冬季十一月二十七日，越國滅亡吳國，請吳王夫差住在甬東。吳王夫差辭謝說：「我老了，怎麼能再事奉您？」於是就上吊而死。越國人把他的屍體帶了回去。

【說明】越國的勢力強盛，所以邾隱公從齊國逃奔到越國求助，越王句踐果然幫助他回國再登君位，這就使邾國父子的矛盾又激化了，而奇怪的是太子革竟也逃奔到越國。這都說明越國此時已成為中原各國逃亡者理想的藏身之地。

越國在本年滅了吳國。從魯哀公元年吳王夫差在夫椒打敗越國，到本年吳國被越國所滅，前後隔二十二年，這與哀公元年傳文伍子胥所說的「二十年之外，吳其為沼乎」相符。從此以後，吳國之地全為越國所有，越國邊境北與魯國、邾國相連。這為後來越國干預邾國廢立國君、威脅魯國執政者奠定了堅實的基礎，也為越王句踐想稱霸諸侯創造了有利的條件。

二十三年

己巳，西元前四七二年。周元王四年、齊平公九年、晉出公三年、秦厲共公五年、楚惠王十七年、宋景公四十五年、衛出公後元五年、蔡成侯十九年、鄭聲公二十九年、越句踐二十五年、杞閔公十五年。

傳 二十三年春，宋景曹❶卒。季康子❷使冉有❸弔，且送葬，曰：「敝邑❹有社稷之事，使肥❺與有職競❻焉，是以不得助執紼❼，使求❽從輿人❾，曰：『以肥之得備彌甥❿也，有不腆⓫先人之產馬，使求薦諸⓬夫人之宰，其可以稱⓭旌繁⓮乎！』」

夏六月，晉荀瑤⓯伐齊，高無丕⓰帥師御之。知伯⓱視齊師，馬駭⓲，遂驅之，曰：「齊人知余旗，其謂余畏而反也。」及壘而還。將戰，長武子⓳請卜，知伯曰：「君告於天子，而卜之以守龜⓴於宗祧㉑，吉矣，吾又何卜焉？且齊人取我英丘㉒，君命瑤，非敢耀武也，治㉓英丘也。以辭伐罪足矣，何必卜？」壬辰㉔，戰于犁丘㉕，齊師敗績。知伯親禽㉖顏庚㉗。

秋八月，叔青㉘如越，始使越也。越諸鞅㉙來聘，報叔青也。

【注釋】❶宋景曹　宋元公的夫人，宋景公之母。景，諡號。曹，姓氏。她是小邾國之女，小邾國為曹姓。❷季康子　名肥。魯國執政大臣。❸冉有　名求。孔丘的弟子。季氏家臣。❹敝邑　對自己國家的謙稱。❺肥　季康子之名。❻職競　職務繁劇。❼執紼　拉著引柩入穴的繩索。指送葬。❽求　冉有的名。❾輿人　古代職位低微的吏卒。此處指拉柩車的人。「從輿人」是冉有的謙詞。❿彌甥　遠房外甥。按宋元公夫人景曹是季桓子的外祖母，所以季康子自稱是遠甥。⓫腆　豐厚。⓬薦諸　把它進獻給。薦，獻。諸，「之於」的合音合義。⓭稱　相稱；匹配。⓮旌繁　車馬的裝飾。旌，旌旗。車的裝飾。繁，繁纓。馬的裝飾。⓯荀瑤　即智伯襄子。荀躒之孫。晉國大夫。⓰高無丕　齊國大夫。⓱知伯　智伯襄子，即荀瑤。⓲駭　驚嚇。⓳長武子　即張武。晉國大夫。⓴守龜　用龜甲占卜。㉑宗祧　祖廟。㉒英丘　晉國地名。具體地點不詳。㉓治　報復怨仇。㉔壬辰　六月二十六日。㉕犁丘　即隰，齊國地名。在今山東臨邑西。㉖禽　通「擒」。捉拿。㉗顏庚　即顏涿聚。㉘叔青　叔還之子。魯國大夫。㉙諸鞅　越國大夫。

【語譯】魯哀公二十三年春天，宋元公夫人景曹去世。季康子派冉有去弔唁，並且送葬，說：「我國有國家大事，使肥參與的職事繁劇，因此不能來幫助執紼送葬，派我來跟從在輿人之後，說：『因為肥忝為遠房外甥，有不豐厚的先人的馬匹，派我把牠們奉獻給夫人的宰臣，大概能和夫人的車飾馬飾相配吧！』」

夏季六月，晉國的荀瑤攻打齊國，高無丕領兵抵禦他們。荀瑤觀察齊軍的情況，馬受到驚嚇，於是就驅馬前進，說：「齊國人已看到我的旗幟，如果不向前去恐怕會說我害怕而回去了。」到達齊軍的營壘然後才回去。將要作戰的時候，長武子請求占卜。荀瑤說：「國君向天子報告了，而且在祖廟裏用龜甲占卜過，是吉利的，我又占卜什麼呢？而且齊國人佔取了我國的英丘，國君命令我，不是敢於炫耀武力，而是為了報復英丘的怨仇。用正當的理由攻打罪人就足夠了，何必要占卜？」六月二十六日，在犁丘作戰，齊軍大敗。荀瑤親自擒捉了顏庚。

秋季八月，叔青往越國，這是魯國第一次派使者至越國。越國的諸鞅來魯國聘問，這是回報叔青的聘問。

【說　明】本年記載的第一件事是宋國的元公夫人死，這位夫人是宋景公的母親，又是魯國季康子的父親季桓子的外祖母，所以季康子派冉有去弔喪和送葬，還送了幾匹馬去。

第二節記載晉國和齊國的犁丘之戰，也就是後面哀公二十七年傳文所說的「隰之役」。結果是齊國大敗，顏庚被擒。據哀公二十七年傳文，顏庚（即顏涿聚）死於這次戰役。這就為後來晉國攻打鄭國時齊國救鄭一事埋下了伏筆。

第三小節記載越國和魯國首次互派使者聘問，建立友好關係，這既是越王句踐圖霸而做的一件重要事情，也是魯國為了邊境安全而採取的一項措施。

二十四年

庚午，西元前四七一年。周元王五年、齊平公十年、晉出公四年、秦厲共公六年、楚惠王十八年、宋景公四十六年、衛出公後元六年、蔡聲侯產元年、鄭聲公三十年、越句踐二十六年、杞閔公十六年。

傳 二十四年夏四月，晉侯❶將伐齊，使來乞師，曰：「昔臧文仲❷以楚師伐齊，取穀❸；宣叔❹以晉師伐齊，取汶陽❺。寡君欲徼❻福於周公，願乞靈於臧氏❼。」臧石❽帥師會之，取廩丘❾。軍吏令繕❿，將進。萊章⓫曰：「君卑、政暴，往歲克敵⓬，今又勝都⓭，天奉多矣，又焉能進？是躗言⓮也。役將班⓯矣。」晉師乃還。餼⓰臧石牛，大史謝⓱之，曰：「以寡君之在行⓲，牢禮⓳不度⓴，敢展㉑謝之。」

邾子㉒又無道，越人執之以歸，而立公子何㉓。何亦無道。

公子荊㉔之母嬖，將以為夫人，使宗人㉕釁夏㉖獻其禮。對曰：「無之。」公怒曰：「女㉗為宗司㉘，立夫人，國之大禮也，何故無之？」對曰：「周公及武公㉙娶於薛㉚，孝㉛、惠㉜娶於商㉝，自桓㉞以下娶於齊，此禮也則有。若以妾為夫人，則固無其禮也。」公卒立之，而以荊為大子，國人始惡之。

閏月，公如越，得㉟大子適郢㊱，將妻公㊲而多與之地。公孫有山㊳使告于季孫㊴。季孫懼，使因大宰嚭㊵而納賂㊶焉，乃止。

【注釋】❶晉侯 指晉出公。❷臧文仲 即臧孫辰。臧孫氏，名辰。文，諡號。仲，排行。❸取穀 佔取穀地。見前僖公二十六年傳文及注。❹宣叔 臧宣叔。臧文仲之子，名許。魯國大夫。❺取汶陽 佔取汶陽地。見前成公二年傳文及注。❻徼 通「邀」。求取。❼臧氏 指世代勝戰齊國的臧文仲父子等。❽臧石 臧賓如之子。魯國大夫。❾廩丘 齊國邑名。在今山東范縣東。❿繕 修治戰備。⓫萊章 齊國大夫。⓬往歲克敵 去年戰勝敵人。指擒獲顏庚。⓭今又勝都 現在又攻佔都邑。⓮躗言 虛誇不足信的話。⓯班 班師；還師；軍隊出征歸來。⓰餼 活的牲口。⓱謝 致歉。⓲行 在軍行中；出行在外。⓳牢禮 古代以牛羊豬三牲宴請賓客之禮。⓴不度 不合禮儀規定的標準。㉑展 陳述。㉒邾子 指邾隱公。

名益。哀公二十二年越國送他回國重新即位為國君。見前哀公二十二年傳文。㉓公子何　邾隱公之子，太子革之弟。名何。㉔公子荊　魯哀公的庶子。㉕宗人　官名。掌管宗族祭祀之禮。㉖釁夏　魯國掌管宗族祭祀的禮官。古代釁廟、釁器都由宗人掌管，此人即以事為姓氏。夏，是他的名。㉗女　通「汝」。你。㉘宗司　即指宗人。㉙武公　魯武公，名敖。魯國第九位國君。當周宣王時。武，諡號。㉚薛　國名。任姓。㉛孝　魯孝公，名稱。當周幽王時。孝，諡號。㉜惠　魯惠公，名弗皇。即魯隱公、魯桓公之父。㉝商　指宋國。因宋國是商朝的後代。子姓。㉞桓　即魯桓公。始娶齊國之女為妻。齊國為姜姓。㉟得　相處親密融洽。㊱適郢　越王句踐的太子之名。㊲妻公　把女兒嫁給魯哀公為妻。㊳公孫有山　魯國大夫。㊴季孫　指季康子。㊵大宰嚭　原為吳國的太宰，名嚭。大概吳國亡後，在越國做官。㊶納賂　送上財禮。

【語　譯】魯哀公二十四年夏季四月，晉出公將要攻打齊國，派人來魯國請求出兵，說：「從前臧文仲帶領楚軍攻打齊國，佔取了穀地；臧宣叔帶領晉軍攻打齊國，佔取了汶陽。我國國君想向周公求福，也願向臧氏求福。」臧石率軍和晉軍會合，佔取了廩丘。晉國軍吏下令修治戰備，將要進軍。齊國大夫萊章說：「晉國國君地位低下、政事暴虐，去年戰勝敵人，現在又佔取都邑，上天賜給他們的很多了，又怎麼能夠再前進？這是在說虛誇不足信的話。戰役結束將要班師回去了。」晉軍果真撤退回國。晉國人把活牛送給臧石慰勞，晉國太史致歉說：「因為我國國君出行在外，慰勞的牲口不合禮儀規定的標準，謹陳述致歉。」

邾隱公又無道，越國人拘捕他帶回去，而立公子何為邾國國君。但何也是無道之君。

魯國公子荊的母親受到寵愛，魯哀公準備立她為夫人，派宗人釁夏獻上立她為夫人的禮儀。釁夏回答說：「沒有這樣的儀節。」哀公發怒說：「你做宗人，立夫人是國家的大禮，什麼緣故沒有禮儀？」釁夏回答說：「周公和武公在薛國娶妻，孝公、惠公在宋國娶妻，從桓公以後在齊國娶妻，這樣的禮儀是有的。如果把妾立為夫人，本來就沒有那樣的禮儀。」哀公最終還是立了她為夫人，而把荊立為太子，魯國的人開始厭惡哀公。

閏月，魯哀公往越國，與越國太子適郢相處得很親密融洽。適郢打算把女兒嫁給魯哀公為妻而且多給他土地。公孫有山派人向季康子報告。季康子很害怕，派人通過太宰嚭的關係而且送上財物給他，於是中止了這件事。

【說 明】本年第一節記載晉國請魯國出兵一起攻打齊國，魯國派臧石領兵，跟僖公二十六年派臧文仲領兵取得齊國的穀地、成公二年派臧宣叔領兵取得齊國汶陽一樣，這次臧石領兵又取得齊國的廩丘，說明臧氏家族確有每戰必勝的威靈。

第二節記載邾隱公又無道而被越國抓了回越國，立公子何為國君。說明邾國的政權完全操縱在越王句踐手裏了。

第三節記載魯哀公不顧宗人的勸告，把寵妾立為夫人，這是違背古代禮儀的。不僅如此，而且把寵妾生的兒子立為太子，因此，魯國人開始討厭他。說明魯哀公的作為完全失去了民眾，這為魯哀公的可悲下場埋下了伏線。

第四節記載魯哀公在越國的活動，越國太子要把女兒嫁給哀公為妻，一方面說明越國有吞併魯國之心，另一方面也說明魯哀公別有用心。季康子聽到此事後非常害怕，杜預注認為季康子是害怕魯哀公依靠越國來討伐自己。從哀公二十七年傳文記載看，季康子確實可能有這種想法。因此，這一事件也是魯哀公「欲以越伐魯而去三桓」的前奏。

二十五年

辛未，西元前四七〇年。周元王六年、齊平公十一年、晉出公五年、秦厲共公七年、楚惠王十九年、宋景公四十七年、衛出公後元七年、蔡聲侯二年、鄭聲公三十一年、越句踐二十七年、杞哀公閼路元年。

傳 二十五年夏五月庚辰❶，衛侯❷出奔宋。

衛侯為靈臺于藉圃❸，與諸大夫飲酒焉，褚師聲子❹韈而登席，公怒。辭曰：「臣有疾❺，異於人；若見之，君將嗀❻之，是以不敢。」公愈怒。大夫辭之❼，不可。褚師出。公戟其手❽，曰：「必斷而❾足！」聞之。褚師與司寇亥❿乘，曰：「今日幸而後亡。」

公之入⓫也，奪南氏⓬邑，而奪司寇亥政⓭。公使侍人納公文懿子⓮之車于池。

初，衛人翦夏丁氏⓯，以其帑⓰賜彭封彌子⓱。彌子飲公酒，納夏戊之女，嬖，以為夫人。其弟期⓲，大叔疾⓳之從孫甥⓴也，少畜㉑於公，以為司徒㉒。夫人寵衰，期得罪。公使三匠㉓久。公使優狡㉔盟拳彌㉕，而甚近信之。故褚師比㉖、公孫彌牟㉗、公文要㉘、司寇亥、司徒期因三匠與拳彌以作亂，皆執利兵，無者執斤㉙。使拳彌入于公宮，而自大子疾㉚之宮譟㉛以攻公。鄄子士㉜請禦之，彌援其手，曰：「子則勇矣，將若君何？不見先君㉝乎？君何所不逞欲㉞？且君嘗在外矣，豈必不反？當今不可，眾怒難犯。休㉟而易間㊱也。」乃出。將適蒲㊲，彌曰：「晉無信，不可。」將適鄄㊳，彌曰：「齊、晉爭我，不可。」將適泠㊴，彌曰：「魯不足與。請適城鉏㊵，以鉤㊶越。越有君。」乃適城鉏。彌曰：「衛盜不可知也，請速，自我始。」乃載寶以歸。

公為支離㊷之卒，因祝史揮㊸以侵衛。衛人病之。懿子㊹知之㊺，見子之㊻，請逐揮。文子㊼曰：「無罪。」懿子曰：「彼好專利而妄㊽，夫見君之入也，將先道㊾焉。若逐之，必出於南門，而適君所。夫越新得諸侯，將必請師焉。」揮在朝，使吏遣諸其室㊿。揮出，信(51)，弗內。五日，乃館諸外里(52)，遂有寵，使如越請師。

【注釋】❶五月庚辰　五月二十五日。❷衛侯　指衛出公。名輒。❸藉圃　衛國園圃名。❹褚師聲子　即褚師比。複姓褚師，名比。聲，諡號。衛國大夫。❺疾　指腳上有瘡。❻嗀　嘔吐。❼辭之　為褚師比解釋。❽戟其手　用他的左手叉腰右手橫指如戟的形狀。❾而　通「爾」。你的。❿司寇亥　衛卿。官司寇，名叫亥。其後代以司寇為氏。⓫入　指回國之時。⓬南氏　即子南彌牟。衛靈公之子公子郢字子南，他的後代就以子南為氏。又稱公孫彌牟。⓭政　官職。⓮公文懿子　即公文要。氏公文，名要。懿，諡號。衛國大夫。⓯夏丁氏　即夏戊。見前哀公十一年傳文。姓夏，名戊，字丁。⓰帑　妻與子。帑，同「孥」。⓱彭封彌子　即彌子瑕。衛國大夫。⓲期　夏期。夏戊之子。⓳大叔疾　衛國大夫。諡號悼，故又稱悼子。見哀公十一年傳及注。⓴從孫甥　從外孫；姊妹之孫。㉑畜　養。㉒司徒　官名。掌管國家的土地和人民。㉓三匠　三種匠人。㉔優狡　以樂舞諧戲為業的藝人名狡。㉕拳彌　衛國大夫。㉖褚師比　即前文「韈而登席」的褚師聲子。㉗公孫彌牟　即前文被奪邑的南氏（子南彌牟）。㉘公文要　即前文被投車於池的公文懿子。㉙斤　砍樹木的斧。㉚大子疾　即衛莊公的太子，名疾。已被戎人所殺，見哀公十七年傳。㉛譟　羣呼；喊叫。㉜鄄子士　衛國大夫。㉝先君　指衛莊公蒯聵。亂時未速奔而被戎人所殺。見前哀公十七年傳文。㉞逞欲　滿足欲望。㉟休　指暴亂平定。㊱易間　容易離間。㊲蒲　衛國邑名。在今河南長垣稍東。靠近晉國。㊳鄄　衛國邑名。在今山東鄄城西北。靠近齊國和晉國。㊴泠　衛國邑名。靠近魯國。㊵城鉏　衛國邑名。在今河南滑縣東。靠近宋國。㊶鉤　鉤牽；聯繫。㊷支離　分散。㊸祝史揮　兼任祝和史二職的官員名叫揮。㊹懿子　即公文懿子。名要。㊺知之　知道他為內應間諜。㊻子之　即公孫彌牟。字子之。諡號文，故又稱文子。㊼文子即公孫彌牟。㊽妄　妄為不法；胡作非為。㊾先道　在前面引路。道，通「導」。導引。㊿遣諸其室　從他的家裏把他遣送走。諸，「之於」的合音合義。(51)信　住了兩夜。(52)外里　衛國地名。即衛出公所在的城鉏。

【語譯】魯哀公二十五年夏季五月二十五日，衛出公逃奔到宋國。

衛出公在藉圃建造了靈臺，和各位大夫在那裏喝酒。褚師比穿著襪子登席，衛出公發怒。褚師比解釋說：「我腳上有瘡，與別人不同；如果看見這瘡，您將會嘔吐的，因此不敢脫去襪子。」衛出公更加發怒。大夫們都為褚師比解說，衛出公仍然不認可。褚師比退出。衛出公用他的手做著戟的形狀，說：「一定要砍斷你的腳！」褚師比聽到了這句話。褚師比和司寇亥一起乘車，說：「今天有幸不死而能夠逃亡。」

當衛出公回國的時候，奪取了公孫彌牟的封邑，又剝奪了司寇亥的官職。衛出公還派侍者把公文要的車子推入池塘中。當初，衛國人滅夏戊，把他的妻子兒女賜給彌子瑕。彌子瑕請衛出公喝酒，送進夏戊的女兒，衛出公寵愛她，把她立為夫人。她的弟弟名期，是太叔疾的從外孫，小時候養在衛出公那裏，衛出公讓他做了司徒。夫人的愛寵日漸衰減，司徒期也就有了罪過。衛出公役使三種匠人長久不讓休息。衛出公派優狡去和拳彌盟誓，而又很親近信任他。所以褚師比、公孫彌牟、公文要、司寇亥、司徒期依靠三種匠人和拳彌來發動叛亂，都拿著銳利的兵器，沒有兵器的人拿著斧子。派拳彌進入到衛出公的宮室裏，而大家從太子疾的宮室裏叫喊著來攻打衛出公。鄄子士請求抵禦他們，拳彌拉著他的手，說：「您就是勇敢了，將把國君怎麼辦？您沒有看到先君衛莊公不逃而被殺嗎？國君什麼地方不能滿足欲望？而且國君曾經在外面生活過了，難道一定不能回來？現在不能敵作亂者，眾怒難犯。叛亂平定後就容易離間作亂的人。」於是衛出公就出逃。打算到靠近晉國的蒲邑去，拳彌說：「晉國沒有信用，不可去。」打算到靠近齊國和晉國的鄄邑去，拳彌說：「齊國和晉國在爭奪我國，不可去。」打算到靠近魯國的泠邑去，拳彌說：「魯國弱小不足以親附。請到城鉏去，可以鉤連越國。越國有可靠的國君。」於是就往城鉏。拳彌說：「衛國的盜賊所作所為是不可知的，請趕快離開，從我開始。」於是裝載了寶物而回去。

衛出公把兵力加以分散，依靠祝史揮作內應而侵襲衛國。衛國人憂患此事。公文要知道祝史揮為內部敵人，去見公孫彌牟，請求他驅逐祝史揮。公孫彌牟說：「他沒有罪。」公文要說：「他喜歡專權謀私利而又胡作非為，他如果看見國君有進入之勢，將會在前面引導的。如果驅逐他，一定會從南門出去，而到國君所在地。越國最近得到諸侯的擁護，他們將一定會在那裏請越國出兵的。」祝史揮在朝廷上，公文要等他下朝後就派官吏從他的家裏把他遣送走。揮出城後，在城外住了兩夜，想回城沒有被接納。過了五天，就住到外里去了，於是受到衛出公的寵信，派他到越國去請求出兵。

【說　明】這一大段記載衛國的動亂。第一節記載衛出公逃奔到宋國。但從第三節記載的情況可以看出，衛出公是逃到城鉏，仍在衛國境內。大概因為城鉏在衛國與宋國交界處，以前曾屬於宋國，但此時已屬衛國。可能衛國向魯國報告稱衛出公奔宋國，所以《左傳》如此記載。

以下便是記載衛出公奔逃的原因。第二節記載褚師比因腳上有瘡而不脫襪登席，衛出公卻惱怒得要砍斷他的腿，迫使褚師比逃亡。說明衛出公確實非常專橫殘暴。

第三節記載衛出公回國復位後，奪了公孫彌牟的封邑，剝奪了司寇亥的官職，派人把公文要的車子拋到池中，寵愛夫人而提升其弟為司徒，失寵後就把其弟治罪，又長期役使三匠，還派俳優和拳彌盟誓來羞辱他。這樣衛出公幾乎虐待了所有大臣和國人，於是這些人聯合起來攻打他就不可避免了。這一節突出描寫了拳彌這個人物。他因為被迫與俳優盟誓蒙受恥辱而參加叛亂，但同時又因被衛出公信任而替他留一條後路，當鄄子士主張抵抗叛亂時，拳彌卻叫他事奉衛出公逃走。因為抵抗肯定是死路一條，而出逃則將來還可回來。並且還與他們認真討論了逃到何處是最佳方案，最後才決定讓衛出公逃到城鉏。因為城鉏靠近宋國，宋國又鄰近越國，此時越國正是最強盛之時，可以依靠越國的幫助再回到都城。後來衛出公也正是這樣做的。說明拳彌確是在為衛出公著想的。但他同時又欺騙衛出公，叫他不要把寶物帶走，因為可能會導致盜賊的危害，請他們快走，而他自己卻把寶物裝載著帶了回來。說明拳彌是個很有心機的人物。

第四節記載衛出公準備依靠祝史揮做他的內應，被公文要識破，說服公孫彌牟把他驅逐出去。祝史揮雖然開始裝模作樣想回城，但最後果然投靠衛出公，並得到寵信而派他到越國去請救兵。這說明衛國的大臣們清除了一個內患。

傳 六月，公❶至自越❷，季康子、孟武伯逆於五梧❸。郭重❹僕❺，見二子❻，曰❼：「惡言❽多矣，君請盡之❾。」公宴於五梧，武伯為祝❿，惡郭重，曰：「何肥也？」季孫曰：「請飲彘⓫也！以魯國之密邇⓬仇讎⓭，臣是以不獲從君，克免於大行⓮，又謂重也肥？」公曰：「是食言⓯多矣，能無肥乎？」飲酒不樂，公與大夫始有惡。

【注釋】❶公　指魯哀公。❷至自越　從越國回到魯國。魯哀公於上年閏十月往越國，見上年傳。❸五梧　魯國南部邊境地名。❹郭重　魯哀公的侍從人員。❺僕　僕御；駕車。❻二子　指季康子和孟武伯。❼曰　指郭重見過兩人後回去對魯哀公說的話。❽惡言　壞話。❾盡之　全部詰問；一一追究。❿祝　祝酒。⓫彘　孟武伯之名。⓬密邇　靠近。⓭仇讎　指齊國。齊國與魯國常為仇敵。⓮大行　遠行。⓯食言　吃掉自己說的話；不履行諾言。

【語譯】六月，魯哀公從越國回到魯國，季康子、孟武伯在五梧迎接。郭重為魯哀公駕車，見到了他們兩人，回來對哀公說：「他們兩人說的壞話太多了，請您一一詰問他們。」哀公在五梧設宴，孟武伯祝酒，他厭惡郭重，說：「你為什麼這樣肥胖？」季康子說：「請罰彘喝酒！因為魯國緊靠著仇敵，我因此不能跟隨國君，得以免去遠行，可是他又怎麼能說辛苦奔波的郭重長得肥胖？」魯哀公說：「這是吃掉自己的話多了，能不肥胖嗎？」大家飲酒都不快樂，魯哀公和大夫從此開始互相有討厭情緒。

【說　明】這一大段承接上年魯哀公在越國的活動。他在越國住了九個月才回國，但一回國就和季孫、孟孫發生矛盾衝突。表面上雙方都很客氣，季孫、孟孫到邊境去迎接魯哀公，魯哀公也設宴款待季孫和孟孫。實際上內心都有戒備。首先是郭重在哀公面前挑撥離間，使哀公心頭已蒙上陰影；其次是孟孫因知道郭重的挑撥離間而討厭他，以至失言說了不該說的話。接著是季孫想打圓場，一方面說要罰孟孫喝酒，因為他失言；另一方面說明自己因為要防止齊國入侵而留守，未能跟隨國君遠行，這實際上是檢討自己。同時也是恭維郭重能隨君遠行辛苦奔波。這樣似乎可以打破尷尬局面。但魯哀公卻不肯罷休，說了一句指桑罵槐的話，表面上是說郭重肥胖的原因，實際上是罵季孫、孟孫經常食言，不履行諾言。所以不但這次飲酒不快樂，也是互相厭惡而設法除去對方的開端。

二十六年

壬申，西元前四六九年。周元王七年、齊平公十二年、晉出公六年、秦厲共公八年、楚惠王二十年、宋景公四十八年、衛悼公黚元年、蔡聲侯三年、鄭聲公三十二年、越句踐二十八年、杞哀公二年。

傳　二十六年夏五月，叔孫舒❶帥師會越皋如❷、舌庸❸、宋樂茷❹納衛侯❺，文子❻欲納之。懿子❼曰：「君愎❽而虐，少❾待之，必毒於民，乃睦於子矣。」師侵外州，大獲❿。出禦之，大敗。掘褚師定子⓫之墓，焚之于平莊⓬之上。文子使王孫齊⓭私於皋如，曰：「子將大滅衛乎？抑⓮納君而已乎？」皋如曰：「寡君之命無他，納衛君而已。」文子致眾而問焉，曰：「君以蠻夷伐國，國幾亡矣，請納之。」眾曰：「勿納。」曰：「彌牟亡而有益，請自北門出。」眾曰：「勿出。」重賂越人，申開⑮守陴⑯而納公，公不敢入。師⑰還。立悼公⑱，南氏⑲相之。以城鉏⑳與越人。公曰：「期㉑則為此。」令苟有怨於夫人㉒者報之。司徒期聘㉓於越，公攻而奪之幣㉔。期告王，王命取之，期以眾取之。公怒，殺期之甥㉕之為大子者。遂卒于越。

【注　釋】❶叔孫舒　魯國大夫。❷臯如　越國大夫。❸舌庸　越國大夫。一作「后庸」，誤。❹樂茷　字子潞，宋國大夫。官司城。❺衛侯　指衛出公，名輒。❻文子　即公孫彌牟。見上年傳及注。❼懿子　即公文要。見上年傳及注。❽愎　執拗。❾少　稍。❿大獲　指大肆劫掠民家。⓫褚師定子　即褚師子申。褚師比之父。定，謚號。⓬平莊　陵名。⓭王孫齊　王孫賈之子。衛國大夫。謚號昭，故又稱昭子。⓮抑　抑或；還是。⓯申開　郭門、城門都打開。申，重；各重城門，包括郭門、內城門的多道城門。⓰守陴　守衛城上女牆。⓱師　指越軍、魯軍和宋軍。⓲悼公　衛莊公蒯聵之弟，衛出公輒之叔。名黚。一作「黔」，又一作「虔」，古音相近而通假。悼，謚號。《逸周書・謚法解》：「恐懼從處曰悼。」⓳南氏　即公孫彌牟，見上年傳文及注。⓴城鉏　衛國邑名。見上年傳及注。㉑期　即夏期。官司徒，故稱司徒期。㉒夫人　宋出公的夫人即司徒期之姊。見上年傳及注。㉓聘　聘問。為衛悼公使者。㉔幣　財禮。㉕期之甥　即衛出公之子。司徒期之姊嫁給衛出公為夫人，所生之子即司徒期外甥，其時已立為太子。

【語　譯】魯哀公二十六年夏季五月，叔孫舒率兵會合越國的臯如、舌庸、宋國的樂茷送衛出公回國，公孫彌牟想接納他。公文要說：「國君執拗而暴虐，稍等一些時日，必定對民眾毒害，於是民眾就與您和睦了。」魯、越、宋聯軍侵襲外州，大肆劫掠民家。衛軍出去抵禦他們，被打得大敗。衛出公挖掘褚師定子的墳墓，把棺材放在平莊陵上放火燒掉。

公孫彌牟派王孫齊私下去見皋如，說：「您打算大舉滅亡衛國嗎？還是把衛國國君送進來就完事呢？」皋如說：「我國國君的命令沒有別的，把衛國國君送回來就完了。」公孫彌牟召集民眾而向眾人詢問，說：「國君帶著蠻夷軍隊來攻打國家，國家幾乎要滅亡了，請接納他。」眾人說：「不要接納。」公孫彌牟說：「我逃亡對大家有好處，請讓我從北門出去。」眾人說：「不要出逃。」公孫彌牟重重地賂賄越國人，打開各重城門，士兵在城上女牆邊嚴密守衛，以接納衛出公，衛出公不敢進城。聯軍退兵回去。衛國人立悼公為國君。公孫彌牟輔佐他。衛國把城鉏給予了越國人。衛出公說：「是司徒期做了這件事。」命令如果對夫人有怨恨的人可以報復她。司徒期到越國聘問，衛出公攻擊他並且奪走了財禮。司徒期報告越王句踐，越王命令把財禮取回來，司徒期帶領眾人取回了財禮。衛出公發怒，殺死了司徒期的外甥就是已立為太子的那個人。衛出公就死在越國。

【說　明】這段應與上年的記載參讀。衛出公被大夫們攻打而出逃到城鉏後，想依靠越、魯、宋三國的軍隊攻打衛國而送他回國。聯軍既打敗外州的守衛，又劫掠民家財物，衛軍抵禦又被打得大敗，衛出公還掘了褚師比的父親之墓，焚燒了棺材。說明聯軍勢力很大，衛國形勢危急。

但公孫彌牟等一方面激勵眾心團結一致，另一方面又採取私下聯繫和賄賂越軍等辦法，然後打開城門接納衛出公，衛出公因無兵甲隨從，而城牆上守衛很嚴，所以不敢進城，只得跟著越軍回去。衛出公因回國重登君位的願望失敗，便設法報復。當衛國把城鉏給予越國後，衛出公就等於住在越國了。他認為這些都是他的小舅子司徒期所為，所以一心要報復司徒期。首先，因為他的夫人是司徒期的姊姊，他便叫宮女有怨恨夫人的可以報復她；其次，當司徒期接受衛悼公使命聘問越國時，衛出公就攻打他並且奪走財禮；第三，當司徒期得越王之命率眾取回財禮後，衛出公在大怒之下竟殺死了自己的太子，只因為他是司徒期的外甥。這些都充分說明，衛出公的為人確實非常殘忍。因此，他被國人趕走，在重兵臨城下時國人也不肯接納他，也就完全可以理解了。最後他也只能落個終死在越國的下場。

這段記載描寫得非常細緻，尤其是對公孫彌牟的言行的描寫非常生動，人物形象非常鮮明。

傳 宋景公❶無子，取公孫周❷之子得❸與啟❹畜❺諸公宮，未有立焉。於是❻皇緩❼為右師，皇非我❽為大司馬，皇懷❾為司徒，靈不緩❿為左師，樂茷⓫為司城，樂朱鉏⓬為大司寇，六卿⓭三族⓮降⓯聽政，因大尹⓰以達。大尹常不告，而以其欲稱君命以令。國人惡之。司城欲去大尹，左師曰：「縱之，使盈其罪。重而無基，能無敝⓱乎？」

冬十月，公⓲游于空澤⓳，辛巳⓴，卒于連中㉑。大尹興空澤之士千甲㉒，奉公㉓自空桐㉔入如沃宮㉕，使召六子㉖，曰：「聞下㉗有師，君請六子畫㉘。」六子至，以甲㉙劫之曰：「君有疾病，請二三子盟。」乃盟于少寢㉚之庭，曰：「無為公室不利！」大尹立啟，奉喪㉛殯㉜于大宮㉝，三日而後國人知之。司城茷使宣言于國曰：「大尹惑蠱㉞其君，而專其利，今君無疾而死，死又匿之，是無他矣，大尹之罪也。」

得夢啟北首㉟而寢於盧門㊱之外，己為烏而集於其上，咮㊲加於南門，尾加於桐門㊳。曰：「余夢美，必立。」

大尹謀㊴曰：「我不在盟㊵，無乃逐我？復盟之乎！」使祝為載書㊶。六子在唐盂㊷，將盟之。祝襄㊸以載書告皇非我。皇非我因子潞㊹、門尹得㊺、左師謀曰：「民與㊻我，逐之乎！」皆歸授甲㊼，使徇㊽于國曰：「大尹惑蠱其君，以陵虐公室；與我者，救君者也。」眾曰：「與之！」大尹徇曰：「戴氏㊾、皇氏將不利公室，與我者，無憂不富。」眾曰：「無別！」戴氏、皇氏欲伐公㊿，樂得曰：「不可。彼以陵公有罪；我伐公，則甚焉。」使國人施[51]于大尹，大尹奉啟以奔楚，乃立得[52]。司城為上卿，盟曰：「三族共政，無相害也！」

【注釋】❶宋景公　宋國國君。名欒。魯昭公二十六年（西元前五一六年）即位，在位四十八年。景，諡號。《逸周書・諡法解》：「布義行剛曰景。」❷公孫周　宋元公之孫，名周，字子高。❸得　即宋昭公。名得。公孫周之子。❹啟　宋昭公得之弟。公孫周之子。❺畜　養育。❻於是　在此時。❼皇緩　宋國六卿之一，官右師。❽皇非我　皇野之子。宋國六卿之一，官大司馬。❾皇懷　皇非我的從兄弟。宋國六卿之一，官司徒。❿靈不緩　子靈圍龜的後代。公子圍龜字子靈，後代以其祖之字為氏。宋國六卿之一，官左師。⓫樂茷　字子潞，宋國六卿之一。官司城。⓬樂朱鉏　樂輓之子。宋國六卿之一，官大司寇。⓭六卿　宋國六卿指右師、左師、司馬、司徒、司城、司寇。⓮三族　指皇、靈、樂三家族。⓯降　和同；共同。⓰大尹　官名。一說宋國外戚的官名。⓱敝　敗。⓲公　指宋景公。⓳空澤　即空桐澤，宋國澤名。在今河南虞城縣南。⓴辛巳　十月初四日。㉑連中　館名。連中館在空澤後，遺址高二丈。㉒士千甲　甲士千人。㉓奉公　帶奉宋景公的屍體。㉔空桐　地名。即空澤。㉕沃宮　宋國都城內宮名。㉖六子　即上文六卿。㉗下　下邑。㉘畫　謀劃；商量。㉙甲　甲士。㉚少寢　小寢；諸侯退朝後休息之處。㉛奉喪　事奉棺材。㉜殯　給屍體穿著下棺而未葬。㉝大宮　宋國的祖廟。㉞惑蠱　迷惑；使人迷亂。㉟北首　頭朝向北。死的跡象。㊱盧門　宋國東城的南門。杜預注：「在門外，失國也。」㊲咮　鳥嘴。㊳桐門宋國都城的北門。㊴謀 與別人商量。㊵我不在盟 指大尹未參加六卿在少寢的盟誓。㊶載書 盟書；記載盟辭之書。㊷唐盂 宋國地名。可能在宋都郊外。㊸祝襄 太祝名叫襄。㊹子潞 樂茷的字。㊺門尹得 即樂得，官門尹。㊻與 親附。㊼授甲 把武器裝備發給部下戰士。㊽徇 巡行宣示。㊾戴氏 即樂氏。樂氏為宋戴公之後代。㊿公 此處指被大尹擁立的宋國國君啟。(51)施 施加罪名。(52)立得 立得為國君。即宋昭公。

【語　譯】宋景公沒有兒子，取公孫周的兒子得和啟養在公宮裏，還沒有立繼承人。在這時皇緩做右師，皇非我做大司馬，皇懷做司徒，靈不緩做左師，樂茷做司城，樂朱鉏做大司寇，六卿三族共同執政，通過大尹而上達國君。大尹經常不向宋景公報告。而按照他自己的意願假稱君命來發布命令。國人都討厭他。司城樂茷想要除掉大尹，左師靈不緩說：「放縱他，讓他惡貫滿盈，權勢重而無德作為基礎，能夠不敗嗎？」

冬季十月，宋景公在空桐澤遊玩。十月初四日，死在連中館。大尹動用空桐地方的甲士一千人，帶著宋景公的屍體從空桐進到都城的沃宮，派人召來六卿，說：「聽說下邑有戰事，國君請六卿來商量。」六卿到達，大尹用甲士劫持他們說：「國君有重病，請諸位盟誓。」於是在小寢的庭院中盟誓，說：「不做對公室不利的事！」大尹立了啟為國君，奉棺材安放在祖廟裏。三天以後國內的人們才知道此事。司城樂茷派人在國內發布宣言說：「大尹迷惑他的國君，而專權謀他的利，現在國君無病而死，死後又被藏匿遺體，這沒有別的原因了，都是大尹的罪過。」

得夢見啟頭朝向北而睡在盧門之外，自己變作烏鴉而棲息在它的上面，嘴擱在南門上，尾擱在北門上。醒後說：「我做的夢很美好，一定會立為國君。」

大尹和別人商量說：「我沒有參加六卿的盟誓，恐怕會驅逐我吧？再和他們盟誓吧！」派太祝做好了盟書。六卿在唐盂，打算和他盟誓。太祝襄把盟書的內容告訴了皇非我。皇非我依靠樂茷、門尹得、左師靈不緩一起謀劃說：「民眾親附我們，驅逐他吧！」於是都回去把武器裝備發給部下士兵，派人在國內巡行宣示說：「大尹迷惑他的國君，而欺壓虐待公室；親附我們的人，就是救援國君的人。」眾人說：「親附你們！」大尹也巡行宣示說：「戴氏、皇氏將要對公室不利，親附我的人，不要憂慮不富起來。」眾人說：「你與不利公室的人沒有什麼區別！」戴氏、皇氏想要攻打啟，樂得說：「不可以。大尹因為欺陵國君而有罪，我們攻打國君，那罪就更大了。」讓國內的人們把罪名施加在大尹身上，大尹事奉啟而逃奔到楚國，於是就立得為國君。司城樂茷做了上卿，盟誓說：「三族共同執掌國政，不要互相傷害！」

【說　明】這段記載宋國的內亂。首先，交代宋景公有兩個養子和六卿的分工情況以及六卿和大尹之間的矛盾。其次，記載景公之死和大尹詐騙六卿盟誓，大尹瞞著六卿和國人立啟為君，使矛盾激化。六卿向國人宣布大尹之罪，爭取民眾的擁護。

第三節插敘了得的夢境及其心態，是作者在矛盾激化記敘中故作延宕之筆。

第四節是矛盾的高潮。大尹做賊心虛，怕被逐而想與六卿盟誓，但他先叫太祝寫好了盟書。六卿正要盟誓時，聽太祝說了盟誓內容，就立即商量對策，武裝了部下，又進一步宣布大尹之罪，號召民眾站到六卿一邊，終於取得了民眾的支持。而大尹向民眾宣布六卿將不利於公室時卻遭到民眾的駁斥。最後大尹不得不帶著啟出逃到楚國，宋國六卿就共同立了宋昭公。並且盟誓明確「三族共政，無相害也」，這就為宋國政局的安定奠定了基礎。這也是這次宋國內亂的最好結局。

《左傳》記載宋國的事至此結束。宋國後來的發展就已是戰國時代的事，《左傳》當然不予記載了。

傳 衛出公❶自城鉏使以弓問子贛❷，且曰：「吾其入乎？」子贛稽首受弓，對曰：「臣不識也。」私於使者曰：「昔成公❸孫於陳❹，甯武子❺、孫莊子❻為宛濮之盟❼而君入。獻公❽孫於齊❾，子鮮❿、子展⓫為夷儀之盟⓬而君入。今君再在孫⓭矣，內不聞獻之親⓮，外不聞成之卿⓯，則賜⓰不識所由入也。《詩》⓱曰：

『無競惟人⑱，四方其順⑲之。』若得其人，四方以為主，而國於何有⑳？」

【注　釋】❶衛出公　名輒。衛國國君。前後在位共二十年。出，諡號。❷子贛　即子貢。孔丘弟子。❸成公　衛成公，名鄭。魯僖公二十六年（西元前六三四年）即位，在位三十五年。❹孫於陳　指衛成公於僖公二十八年逃亡到陳國，見前僖公二十八年傳文。孫，通「遜」。逃亡；奔遁。❺甯武子　名俞，衛國卿大夫。❻孫莊子　衛國卿大夫。❼宛濮之盟　見僖公二十八年傳及注。宛濮，衛國地名。在今河南長垣西南。❽獻公　衛獻公。衛國國君。名衎。魯成公十五年（西元前五七六年）即位，在位三十三年。❾孫於齊　逃奔到齊國。見襄公十四年傳衛獻公「出奔齊」。❿子鮮　衛獻公之弟。名鱄，字子鮮。⓫子展　衛獻公之弟。⓬夷儀之盟　見襄公二十六年傳。夷儀，晉國地名。在今河北邢臺西。⓭再在孫　再次在逃亡中。指衛出公輒在哀公十五年逃奔魯國，今又再次逃到宋國。⓮獻之親　有像獻公逃亡時的親信。指子鮮、子展隨從獻公在外，而與甯喜商量接納獻公。⓯成之卿　有像成公逃亡時的卿。指甯武子、孫武子都是成公的卿。⓰賜　子貢之名。⓱詩　指《詩經・周頌・烈文》篇。⓲無競惟人　最強只有得到賢人。競，強。惟，唯；只有。人，賢人。⓳其順　將會順從。其，將。⓴何有　何難。

【語　譯】衛出公從城鉏派人用弓去問候子貢，並且說：「我將能回國嗎？」子貢叩頭受弓，回答說：「我不知道。」私下對使者說：「從前衛成公逃亡在陳國，甯武子、孫莊子在宛濮結盟而後國君回國。衛獻公逃亡在齊國，子鮮、子展在夷儀結盟而後國君回國。現在您的國君再次逃亡在外了，內部沒有聽到有像獻公時子鮮、子展那樣的親信，外部沒有聽到有像成公時甯武子、孫莊子那樣的卿，那麼我就不知道從什麼道路能回國了。《詩・周頌・烈文》說：『只有得到賢人才能強大，四方將會順從他。』如果得到那樣的人，四方把他作為主人，而取得國家又有什麼困難？」

【說　明】這段記載衛出公派使者向子貢詢問自己能否回國。子貢指出他既無親信，又無忠於他的大臣，就沒有回國的道路了。並用《詩經》中的話告誡他，只有得到賢人幫助，才能回國。對照前文記載的衛出公執拗而暴虐，做了許多殘忍的事，甚至把自己的夫人也可交給宮女報怨，還親手殺死自己的無辜兒子，像這樣的人要得到賢人的幫助，顯然是不可能的。因此他只能死在越國了。

上文已說到衛出公「遂卒於越」，那是探後言之，並不是說死於本年，而是說最後他死在越國。所以這一段向子貢詢問以及子貢所說的話是補敘。補充記載衛出公在跟隨越軍退回去後還做過這件事。

二十七年

癸酉，西元前四六八年。周貞定王介元年、齊平公十三年、晉出公七年、秦厲共公九年、楚惠王二十一年、宋昭公得元年、衛悼公二年、蔡聲侯四年、鄭聲公三十三年、越句踐二十九年、杞哀公三年。

傳 二十七年春，越子❶使舌庸❷來聘，且言邾田❸，封❹于駘上❺。二月，盟于平陽❻，三子❼皆從。康子❽病之❾，言及子贛，曰：「若在此，吾不及此夫！」武伯❿曰：「然。何不召？」曰：「固將召之。」文子⓫曰：「他日請念。」

夏四月己亥⓬，季康子卒。公弔焉，降禮⓭。

晉荀瑤⓮帥師伐鄭，次于桐丘⓯。鄭駟弘⓰請救于齊。齊師將興⓱，陳成子⓲屬⓳孤子⓴三日朝。設乘車兩馬，繫五邑㉑焉。召顏涿聚㉒之子晉，曰：「隰之役㉓，而㉔父死焉。以國之多難，未女恤㉕也。今君命女以是邑也，服車㉖而朝，毋廢前勞㉗！」乃救鄭。及留舒㉘，違穀㉙七里，穀人不知。及濮㉚，雨，不涉㉛。子思㉜

曰：「大國㉝在敝邑之宇㉞下，是以告急。今師不行，恐無及也。」成子衣製㉟杖戈，立於阪㊱上，馬不出㊲者，助之鞭之。知伯㊳聞之，乃還，曰：「我卜伐鄭，不卜敵齊。」使謂成子曰：「大夫陳子，陳之自出。陳之不祀，鄭之罪也，故寡君使瑤察陳衷㊴焉，謂大夫其恤陳乎？若利本之顛㊵，瑤何有焉？」成子怒曰：「多陵㊶人者皆不在㊷，知伯其㊸能久乎？」中行文子㊹告成子曰：「有自晉師告寅㊺者，將為輕車千乘以厭㊻齊師之門，則可盡也。」成子曰：「寡君命恆曰：『無及寡㊼，無畏眾。』雖過千乘，敢辟㊽之乎？將以子之命告寡君。」文子曰：「吾乃今知所以亡。君子之謀也，始、衷㊾、終皆舉㊿之，而後入51焉。今我三不知而入之，不亦難乎？」

【注釋】❶越子　指越王句踐。❷舌庸　一作「后庸」，越國大夫。❸邾田　邾國的土地。指曾被魯國侵奪的邾國土地。❹封　疆界；範圍。❺駘上　即狐駘，魯國與邾國交界處地名。在今山東滕州市東南。❻平陽　魯國地名。在今山東鄒城市。❼三子　指季康子、叔孫文子、孟武伯。❽康子　季康子。名肥。魯國三卿之一。即季孫氏。執政大臣。康，諡號。❾病之　以公、卿與蠻夷大夫盟誓為恥。❿武伯　孟武伯。名彘，字洩。魯國三卿之一。即孟孫氏。武，諡號。⓫文子　叔孫文子。武叔州仇之子。魯國三卿之一。即叔孫氏。文，諡號。⓬四月己亥　四月二十五日。⓭降禮　禮節降等。⓮荀瑤　即智襄子。姓荀，氏智，名瑤。諡號襄。⓯桐丘　鄭國地名。在今河南扶溝西。⓰駟弘　字子般。駟歂之子。鄭國大夫。⓱興　出發。⓲陳成子　名恆。齊國執政大臣。成，諡號。⓳屬　會；集合。⓴孤子　為國戰死者的兒子。㉑邑　通「裛」。書袋。古代書用竹簡，極繁重，故一策書分成五袋。㉒顏涿聚　即顏庚，齊國大夫。㉓隰之役　見哀公二十三年傳「知伯親禽顏庚」。㉔而通「爾」。你的。㉕未女恤　未恤你。沒有能撫恤你。女，通「汝」。你。㉖服車　駕車。㉗前勞　指顏涿聚的功勞。㉘留舒　一作「柳舒」，齊國地名。在今山東東阿縣舊治東北。㉙違穀　距離穀地。穀，齊國地名。在今山東東阿縣舊治。㉚濮　水名。濮水有二：一在今山東菏澤北，一在今河南滑縣與延津縣境。此處指後者。㉛涉　渡河。㉜子思　即國參。字子思。子產之子。㉝大國　指晉國。㉞宇　屋子。㉟製　雨衣；今之斗篷。㊱阪　山坡。㊲出　出步前行。㊳知伯　即荀瑤，智襄子。知，通「智」。㊴衷　其中內情。㊵本之顛　樹幹的倒覆。喻指陳國的滅亡。㊶陵　欺淩；欺壓。㊷不在　不終；沒有好結果。㊸其　豈；難道。㊹中行文子　即荀寅。姓荀，氏中行。名寅。文，諡號。當時出奔在齊國。㊺寅　中行文子之名。㊻厭　同「壓」。迫擊。㊼及寡　攻擊少數人。㊽辟　同「避」。躲避；避開。㊾衷　同「中」。中間。㊿舉　謀劃；考慮。51入　入言於上；向上報告。

【語　譯】魯哀公二十七年春天，越王句踐派舌庸來魯國聘問，並且商談關於邾國土地的事，商定以駘上作為魯、邾兩國的邊界。二月，在平陽結盟，季康子、叔孫文子、孟武伯三人都跟隨前去。季康子對以公卿去與蠻夷一大夫結盟感到不舒服，談到子贛，說：「如果他在這裏，我不會到這種地步的！」孟武伯說：「對。為什麼不召他來？」季康子說：「本來打算召他的。」叔孫文子說：「過些日子仍請記著他。」

夏季四月二十五日，季康子死。魯哀公去弔喪，禮節降等。

晉國的荀瑤率軍攻打鄭國，駐紮在桐丘。鄭國的駟弘到齊國請求救援。齊軍將要出發，陳成子集合為國戰死者的兒子三天內朝見。設置了一輛車兩匹馬，在上面繫著五個口袋的策書。召見顏涿聚的兒子晉，說：「隰地的戰役，你的父親死在那裏。因為國家的多難，沒有能撫恤你。現在國君命令把這個城邑給你，駕著車子而去朝見，不要廢棄以前你父親的功勞！」於是去救鄭國。到達留舒，距離穀地七里，穀地人沒有發覺。到達濮水，天下雨，軍隊不肯渡河。國參說：「大國的軍隊就在敝邑的屋子底下，因此向貴國告急。現在軍隊不前行，恐怕來不及了。」陳成子披著雨衣拄著戈，站在山坡上，馬不出步前行的，就拉著牠或鞭打牠讓牠走。荀瑤聽到這事，就收兵回去，說：「我占過卜攻打鄭國，沒有占卜與齊國敵對。」派人對陳成子說：「大夫陳子，您是從陳國分支出來的。陳國的滅亡而斷絕祭祀，是鄭國的罪過，所以我國國君派我來察看陳國被滅亡的內情，請問大夫將為陳國憂慮嗎？如果您對樹幹的顛覆認為有利，我還有什麼可說呢？」陳成子發怒說：「經常欺壓別人的人都不得善終，荀瑤難道能長久嗎？」荀寅報告陳成子說：「有一個從晉軍中來的人告訴我，晉軍將要出動輕車一千輛來迫擊齊軍的營門，就可全部殲滅齊軍了。」陳成子說：「我們的國君命令我說：『不要攻擊零星的士卒，不要害怕大批的軍馬。』即使超過一千輛戰車，哪裏敢避開他們呢？我將把您的話報告我們的國君。」荀寅說：「我今天才知道自己所以逃亡在外的原因。君子謀劃一件事，從開始、發展、結果都要考慮到，然後向上報告。現在我對三方面都不知道而就向上進言，不也是很難嗎？」

【說　明】這一段記載了三件事。第一節記載魯國和越國使者商談魯邾兩國邊境並結盟。季康子認為越國是蠻夷之國，來的是一位大夫；而魯國是中原姬姓諸侯，由公、卿一起出場與越國結盟，有失身分。但迫於兵力上越強魯弱，不得不如此。季康子此時想到子貢善於言辭，哀公十二年子貢曾推卻吳王夫差的請求尋盟，如果此時有子貢在，也可能用辭令來拒絕結盟。叔孫文子則嘲笑季康子在此之前未想到子貢，臨難而想到他，所以含蓄地說以後請你想著他。

第二節記載季康子死。魯哀公去弔喪，卻不按照正常禮節，故意降等，減於常例，說明魯哀公對季康子恨得很深。前文已說到哀公「與大夫始有惡」，後文還談到「三桓亦患公之妄也」，都說明哀公與三桓的矛盾已不可調和。

第三節記載晉國伐鄭而齊軍相救。著重描敘陳成子的形象。首先，齊軍出發前，陳成子集合功臣之子，鼓勵他們繼承父業。其次，行軍途中遇雨，軍隊不能前進時，陳成子身先士卒，穿著雨衣拄著戈，站在山坡上，看到馬不肯前進，就去幫助推拉鞭打。這些行為確實令人感動。第三，當荀瑤派人對他說，陳國滅亡是鄭國之罪，所以晉國伐鄭是為了陳國，而陳成子是陳國分支出來的，所以荀瑤指責陳成子助鄭是忘本了。其實陳國是被楚國滅亡的，見前哀公十七年傳文，與鄭國無關，這裏荀瑤是故意誣陷陳成子才胡說，所以陳成子怒罵他不得善終。第四，用荀寅告訴陳成子消息，而陳成子說的謀事要周密考慮，使荀寅大悟自己無知，反襯陳成子的遠見，使陳成子的形象躍然紙上。

傳 公患三桓❶之侈❷也，欲以諸侯去之；三桓亦患公之妄也，故君臣多間❸。公游于陵阪❹，遇孟武伯於孟氏之衢❺，曰：「請有問於子：余及死❻乎？」對曰：「臣無由知之。」三問，卒辭不對。公欲以越伐魯而去三桓，秋八月甲戌❼，公如公孫有陘氏❽。因孫於邾，乃遂如越。國人施❾公孫有山氏。

悼❿之四年⓫，晉荀瑤帥師圍鄭，未至，鄭駟弘曰：「知伯愎而好勝，早下之⓬，則可行⓭也。」乃先保南里⓮以待之。知伯入南里，門于桔柣之門⓯。鄭人俘酅魁壘⓰，賂之以知政⓱，閉其口而死。將門⓲，知伯謂趙孟⓳：「入之！」對曰：「主⓴在此。」知伯曰：「惡㉑而無勇，何以為子㉒？」對曰：「以能忍恥，庶無害趙宗㉓乎！」知伯不悛㉔，趙襄子由是惎㉕知伯，遂喪之㉖。知伯貪而愎㉗，故韓㉘、魏㉙反而喪之。

【注釋】❶三桓　即指季孫氏、孟（仲）孫氏、叔孫氏。三族是魯桓公之子仲慶父、叔牙、季友的後代，故稱「三桓」。三桓長期掌握魯國政權。❷侈　威脅。❸間　嫌隙。❹陵阪　魯國地名。在今山東曲阜東北。❺孟氏之衢　孟武伯居住地的大道。❻及死　壽死；正常之死。即善終。❼八月甲戌　八月初一日。❽公孫有陘氏　即公孫有山氏。氏，猶言家。❾施　拘捕。一說加罪。❿悼　魯悼公，名寧。魯哀公之子。⓫四年　魯悼公於晉出公九年（西元前四六六年）即位，悼公四年為晉出公十二年（西元前四六三年）。⑫下之　在他之下。表示無能。⑬可行　可使他退走。⑭南里　鄭國都城外地名。在今河南新鄭南。⑮桔柣之門　鄭國遠郊之門。見莊公二十八年傳及注。⑯酅魁壘　晉國人。⑰知政　主持政事。即卿。⑱將門　將攻城門。⑲趙孟　指趙襄子，名無恤。晉卿。⑳主　主人。指知伯，即荀瑤。㉑惡　指容貌醜陋。㉒子　太子；繼承人。㉓趙宗　趙氏宗族。㉔悛　改悔。㉕惎　憎恨。㉖喪之　使他滅亡。㉗愎　執拗；固執。㉘韓　國名。戰國七雄之一。晉國大夫韓武子和魏、趙瓜分晉國。西元前四〇三年被周威烈王承認為諸侯，開國君主為韓景侯，名虔。建都陽翟，在今河南禹州市。㉙魏　國名。戰國七雄之一。開國君主魏文侯名斯，是畢萬的後代，和趙、韓一起瓜分晉國。西元前四〇三年被周威烈王承認為諸侯。建都安邑，在今山西夏縣北。

【語　譯】魯哀公憂慮三桓的威脅，想利用諸侯除掉他們；三桓也憂慮哀公的不自量而昏亂，所以君臣之間嫌隙很深。哀公到陵阪遊玩，在孟氏之衢遇到孟武伯，說：「請問您：我能得到正常善終嗎？」孟武伯說：「我無從知道這種事。」哀公問了三次，孟武伯始終辭謝而不回答。魯哀公想要利用越國攻打魯國來除掉三桓，秋季八月初一日，魯哀公到了公孫有山氏處。乘機逃亡到邾國，於是就到了越國。魯國人拘捕了公孫有山氏。

魯悼公四年，晉國的荀瑤率軍包圍鄭國，還沒有到達，鄭國的駟弘說：「荀瑤固執而好勝，我們及早向他表示軟弱無能，他就可以退走了。」於是先在南里據守而等待著晉軍。荀瑤進入南里，又在桔柣之門攻打城門。鄭國人俘虜了酅魁壘，用卿的地位來賄賂引誘他投降，因不答應就塞住他的嘴而殺了他。將要攻打城門時，荀瑤對趙襄子說：「攻進去！」趙襄子回答說：「主人在這裏。」荀瑤說：「你面貌醜陋而又沒有勇氣，憑什麼做了繼承人？」趙襄子回答說：「因為我能夠忍受恥辱，也許對趙氏宗族沒有害處吧！」荀瑤不改悔，趙襄子從此憎恨荀瑤，荀瑤就想要消滅趙襄子。荀瑤貪婪而又固執，所以韓、魏反倒聯合趙而消滅了他。

【說　明】這一段記載了兩件事。第一節是記載魯哀公與三桓的矛盾發展為正面衝突，哀公害怕被殺而逃亡到越國。但據《史記・魯周公世家》記載，後來魯國人又迎哀公復歸，死在公孫有山氏處。

第二節記載的是五年後發生的事，乃探後言之。表面上是記載晉國荀瑤攻打鄭國之事，實際上由此敘及荀瑤的剛愎自用和驕橫狂妄引起與趙襄子的矛盾。據《史記》記載，荀瑤率韓、魏包圍趙襄子於晉陽，結果韓康子、魏桓子反與趙氏合謀，殺荀瑤，共分其地。事在晉哀公之四年（西元前四五三年）。那已是戰國時代。《左傳》之所以要敘及此事，是為了證實陳成子在本年所說的話：「經常欺凌別人的人都不得善終，知伯（荀瑤）難道能長久嗎！」

《左傳》全書至此結束。

◎新譯尚書讀本

郭建勳／注譯

《尚書》即「上古之書」之意，為中國最早的史書。書中涉及中國原始社會末期到春秋時期的歷史，記敘其間的歷史事件和政治、社會制度，甚至有天文地理介紹，內容豐富廣泛。它同時也是中國散文史上最早的文本之一。雖然它的內容古奧難懂，但透過本書準確、簡練而流暢的注譯解析，讓您閱讀《尚書》一點都不困難。

◎新譯國語讀本

易中天／注譯　侯迺慧／校閱

《國語》是中國最早的一部國別史著作，記錄了周朝王室和魯國、齊國、晉國、鄭國、楚國、吳國、越國等諸侯國的歷史，在內容上偏重於記述歷史人物的言論。它歷經兩千多年的時間淘洗卻歷久彌新，沾溉了歷朝歷代無數文人的筆鋒。本書以淺顯的注釋、生動流暢的語譯，消泯文言文的障礙，讓您能深刻體會《國語》之所以成為中國古代說話寶典的精采之處。

◎新譯戰國策

溫洪隆／注譯　陳滿銘／校閱

《戰國策》是一部記載戰國時期以策士言行為主的史書。戰國之際各國之間攻伐會盟頻仍，合縱連橫之術盛行，策士們翻手為雲，覆手為雨，朝為布衣，暮為卿相，演出一幕幕驚心動魄的歷史。書中運用大量的寓言故事來說理，在語言藝術上甚具特色，不僅可以當作史書看，也可以當作智慧書、文學書來讀。本書「導讀」析論詳盡，校勘謹嚴，注譯精當，是今人研讀《戰國策》的最佳讀本。